市场营销学——理论与实务

（第4版）

主　编　连　漪

副主编　梁健爱　严宗光　田巧莉

北京理工大学出版社

BEIJING INSTITUTE OF TECHNOLOGY PRESS

内 容 简 介

本教材系统地介绍了现代市场营销学的基本理论和方法，按照营销管理的思考框架"R—STP—4P—I—C"，通过理论知识的学习与案例分析，促进读者举一反三，触类旁通，重点培养读者解决市场实际问题的能力。

本教材共十五章，包括市场营销导论、战略规划与市场营销管理过程、市场营销环境分析、市场购买者行为分析、市场调查与预测、市场竞争战略、目标市场营销、产品策略、品牌与包装策略、价格策略、分销渠道策略、促销策略、营销行动管理、营销策划和市场营销新发展。本教材引导读者从应用案例分析入手，通过对市场营销知识的学习与理解，掌握系统思考、一点突破的方法，洞察顾客心扉，满足顾客需求，有效配置和运用企业内外的资源，选择可行的方案，以达成解决企业营销问题、实现企业健康发展的目标。

本教材可作为应用型本科院校工商管理类各专业的教材，也可作为高等职业院校经济与管理类各专业的教材，还可作为企业管理与营销人才的培训用书。

图书在版编目（CIP）数据

市场营销学：理论与实务 / 连漪主编. --4 版.

北京：北京理工大学出版社，2024.8.

ISBN 978-7-5763-4432-5

Ⅰ. F713.50

中国国家版本馆 CIP 数据核字第 2024687SG5 号

责任编辑：龙 微 　　**文案编辑**：李 硕
责任校对：刘亚男 　　**责任印制**：李志强

出版发行 / 北京理工大学出版社有限责任公司
社　　址 / 北京市丰台区四合庄路 6 号
邮　　编 / 100070
电　　话 / (010) 68914026（教材售后服务热线）
　　　　　　 (010) 63726648（课件资源服务热线）
网　　址 / http://www.bitpress.com.cn

版 印 次 / 2024 年 8 月第 4 版第 1 次印刷
印　　刷 / 涿州市新华印刷有限公司
开　　本 / 787 mm×1092 mm 1/16
印　　张 / 24.5
字　　数 / 575 千字
定　　价 / 119.00 元

习近平总书记强调，要"用心打造培根铸魂、启智增慧的精品教材，为培养德智体美劳全面发展的社会主义建设者和接班人、建设教育强国作出新的更大贡献"。优质教材的建设，对加快推进中国自主知识体系构建具有重要意义。在这个瞬息万变的移动互联时代，市场营销作为一门实践性与理论性并重的学科，正以前所未有的速度发展着。营销改变世界，中国高质量的社会经济发展需要市场营销学科的贡献，需要培养更多的市场营销人才，我们处在最需要营销人才而又紧缺营销人才的时代，作为教育部首批市场营销专业虚拟教研室负责人及市场营销领域的资深学者，我深感有责任为广大学子推荐一本既具时代感又具实用价值的教材。连漪教授的《市场营销学——理论与实务（第4版）》正是这样一本理论联系实际的教材，特别是作者能够将多年的应用研究成果融入教材，在同类教材中有自己的鲜明特色。它不仅紧跟时代步伐，融合最新的营销理论与实践，注重培养学生的实践能力和创新、批判性思维，还融入中国特色，服务于中国式现代化建设是市场营销学教材中非常具有特色的精品教材之一。

一、紧跟时代，融入最新营销理论与实践

《市场营销学——理论与实务（第4版）》在保留第3版经典营销理论的基础上，大胆创新，融入了大数据、人工智能等前沿科技，对营销学科交叉运用新知识、新案例。这些新元素的加入，不仅丰富了教材的内容，更使学生在学习过程中能够紧跟市场营销发展的前沿，掌握最新的营销理论与方法。这种与时俱进的精神，正是我们教育工作者所追求的。

二、理论与实践并重，注重培养应用能力

连漪教授在编写本教材时，特别注重理论与实践的结合。教材中不仅详细阐述了市场营销的基本理论和方法，还通过大量的实际案例和操作分析，帮助学生将所学知识应用于实际工作中。这种理论与实践并重的编写方式，有助于培养学生的实践能力，使他们能够在未来的职业生涯中更好地适应市场需求。

三、培养创新思维与批判性思维

《市场营销学——理论与实务（第4版）》注重培养学生的创新思维和批判性思维。教材中通过引导学生分析和研讨营销案例，激发他们的创新思维和独立思考能力。每章的实训安排，强化学生将知识转化为实践的能力，对于学生在未来职业生涯中应对复杂多变的营销环境具有重要意义。

四、融入中国特色，服务中国式现代化建设

本教材融入课程思政元素，强化习近平新时代中国特色社会主义思想、党的二十大精神及社会主义核

心价值观的引领作用，突出了具有中国特色的本土案例，使学生能够更好地了解中国市场的特点和规律。这种贴近实际的编写方式，不仅增强了教材的针对性和实用性，更为培养适合中国的营销人才提供了有力支持。在当前中国式现代化建设的大背景下，这样的教材无疑具有深远的意义。

综上所述，《市场营销学——理论与实务（第4版）》是一部紧跟时代步伐、理论与实践并重、注重培养创新思维、融入中国特色的优秀教材。该教材理论架构体系完善，定位准确，内容编写简明，针对性强，及时根据市场营销学的发展，更新教材内容；重视知识转化为实践能力的内容设计，是一本适合应用型人才培养的教材。我深信，广大工商管理类专业的师生及从事市场营销工作的专业人士通过学习这本教材，一定能拓宽视野、启迪思维，对学习和工作产生积极的促进作用，谱写出新的篇章。

教育部高校哲学社会科学自主知识体系建设战略咨询委员会委员
教育部高等学校工商管理类专业教学指导委员会委员
浙江工商大学校长，教育部长江学者特聘教授
2024 年 7 月

　　在移动互联时代，市场营销领域正经历着前所未有的变革。随着大数据、人工智能等技术的飞速发展，市场营销策略与手段日新月异，对营销人才的需求也提出了新的要求。传统的营销知识结构已经无法满足市场的需求，新时代的营销人才需要具备更加全面和深入的知识体系。他们不仅需要掌握营销的基本理论与方法，还需要具备数据分析能力、数字化营销技能以及创新思维。企业不再满足于传统的"广撒网"式营销，而是更加注重精准定位与用户体验。通过大数据分析，企业能够深入了解消费者需求，实现个性化推荐；社交媒体成为企业与消费者互动的重要平台，企业通过发布有趣、有用的内容，提升用户品牌认知度和忠诚度；移动支付则极大地便利了消费者的购物体验，同时为企业提供了丰富的用户数据资源，助力精准营销。在这样的背景下，营销教师作为培养营销人才的重要力量，肩负着义不容辞的责任与使命。他们需要不断更新自己的知识结构，紧跟时代发展的步伐，将最新的营销理念与技术融入教学内容中。同时，他们需要注重培养学生的实践能力与创新精神，引导学生将理论知识应用于实际营销活动中，提升学生的职业素养与综合能力。因此，写好一本教材，不仅是教育工作的基础，更是时代发展的迫切呼唤。

　　连漪教授主编的《市场营销学——理论与实务（第4版）》正是基于上述背景和需求而精心修订的。本教材定位于创新型应用人才的培养目标，以立德树人为根本任务。在教材的修订过程中，连漪教授及其团队付出了大量的心血和努力。根据"CHINAMKT培养模式"（沟通传播Communication、诚实可靠Honesty、开拓创新Innovation、领航主导Navigation、积极上进Activeness、多才善能Multi-skill、知识厚重Knowledgeability、团队合作Teamwork），强调中国市场情景，连漪教授及其团队深入研究了市场营销学的最新发展动态，广泛收集了国内外相关领域的权威资料和研究成果，确保教材内容的准确性和前沿性。同时，他们注重与业界专家的交流和合作，将实际工作中的经验和案例融入教材中，使教材内容更加贴近实际，更具实用性。这本教材具有以下四个特点。

　　（1）强化市场营销学的原点。从企业营销的问题导向、竞争导向和需求导向出发，始于市场，终于市场；通过教材体系的系统设计，强化营销管理的经典思考框架"R-STP-4P-I-C"的同时，设计营销策划内容的章节，培养学生将现代营销理论与实际应用相结合的能力。

　　（2）将思政元素融入教材，强化习近平新时代中国特色社会主义思想、党的二十大精神及社会主义核心价值观的引领作用。结合课程内容与中国改革开放取得的成果，深度挖掘中国情景下，企业营销策略的关键点和突破点，实现教材内容的创新。

　　（3）结合作者多年为企业进行营销咨询服务的案例，同时选择本土优秀案例充实教材，加深学生对中国情景下企业营销策略的了解，强化其将理论知识转化为实践的能力；每一章专门设计实训内容，培养学生对所学知识的应用能力。

　　（4）结合数字时代的特点，通过营销链接的方式，增加大数据、人工智能对营销赋能的理论知识和方法，将数字营销的前沿知识与经典知识相融合，与时俱进，促进学习者突破定式思维、知行合一，适应时代发展对这门课程知识的要求。

在此，我衷心推荐连漪教授编写的《市场营销学——理论与实务（第4版）》给所有对市场营销感兴趣的学生和从业者。这不仅是一本优秀的教材，更是一位智慧的导师，将引领你走进市场营销的广阔天地，探索营销的真谛与奥秘。教材编写过程的严谨与用心，使其内容更加丰富、实用，无论你是初学者，还是有一定基础的市场营销专业人士，都能从这本教材中获得宝贵的启示和帮助。让我们一起携手共进，在市场营销的征途中创造更加辉煌的成就！

中国人民大学商学院二级教授、博士生导师
中国市场营销研究中心主任
中国商业史学会副会长
2024 年 7 月

市场营销学是一门以经济科学、行为科学、管理理论和现代科学技术为基础，研究以满足消费者需求为中心的企业市场营销活动及其计划、组织、执行、控制的应用科学。它系统地研究市场营销活动规律，旨在指导企业通过市场活动满足消费者需求，从而实现企业的经营目标。当前我国社会主要矛盾已经转化为人民日益增长的美好生活需要和不平衡不充分的发展之间的矛盾，习近平总书记指出"人民对美好生活的向往，就是我们的奋斗目标"。营销的本质就是满足需求，挖掘潜在需求，为顾客创造价值。中国人民大学郭国庆教授在其2020年出版的《市场营销学通论（第8版）》中，率先将市场营销学定义为"研究以满足人民日益增长的美好生活需要为中心的营销活动及其规律的综合性应用科学"，强调营销让生活更美好，让世界更美好。

随着移动互联网、大数据、云计算和人工智能等新技术的广泛应用，市场营销学科将迎来更加广阔的发展空间和更多的创新机会。经过40多年的发展，中国的经济总量已跃居世界第二，中国市场在各个领域里涌现了许多知名品牌，如华为、海尔、美的、比亚迪、大疆、宁德时代等，尤其在移动互联时代，诞生了许多令世界瞩目的移动互联品牌，如阿里巴巴、京东、腾讯、百度、拼多多、滴滴打车、美团和字节跳动旗下的一系列社交媒体等。近几年来新锐品牌的崛起，如三只松鼠、完美日记、花西子、元气森林、瑞幸咖啡、喜茶、霸王茶姬等，充分证明了坚持文化自信，用好中国元素，创意无限，市场空间无限。洞察消费者心扉，满足需求，为顾客创造价值，成就了许多中国本土的经典案例，极大丰富了市场营销的教学内容。中国经济高质量发展，供给侧结构性改革都需要市场营销理论知识的指导与应用实践的创新。

现代管理学之父彼得·德鲁克指出，企业有两项基本职能：创新与营销。营销最简短的定义，就是有利益地满足需求。通过洞察顾客需求，协同企业各职能部门，为目标客户长期稳定地提供价值，解决他们的问题。通过对需求方消费者行为的把握，解决社会主要矛盾，推动经济社会的发展。重新思考市场营销的职能，更有利于推动市场营销主动服务我国经济高质量发展。北京大学符国群教授认为，市场营销的职能可以从三个层面来认识与理解，一是从活动与任务层面，二是从组织职能层面，三是从营销理念层面，不同层次的营销人员或营销管理者由于在企业中所处的地位和看待问题的视角不同，学习市场营销的重点也不同。例如，一线的营销人员通常从活动与任务层面理解市场营销；企业的营销经理通常从产品情感和功能的角度来理解市场营销；企业高层领导者则需要坚守长期主义，坚守以人为本的价值主张，引领企业开展可持续发展的市场营销。市场营销可以从需求侧出发，也可以从供给侧出发，正如营销大师西奥多·莱维特所言，营销需要想象力。

《市场营销学——理论与实务（第4版）》是在《市场营销学——理论与实务（第3版）》的基础上进行修订的。市场营销作为商业活动的核心环节，就是"以客户为中心"，通过洞察客户需求，协同企业各职能部门，为目标客户长期提供价值，解决他们的问题，在这个过程中和客户建立互信共赢的关系。随着经济环境的变化和科技的不断进步，全球正经历着前所未有的变革。特别是在中国，随着市场经济的快速发展和新技术（如移动互联网、大数据、云计算、人工智能等）的广泛应用，学科知识的交叉融合，极大地推动了营销学科的发展，丰富了市场营销的教学内容，也对市场营销知识更新提出了更高的要求。这次修订是为了适应中国国情和百年未有之大变局下营销环境的变化，坚持以立德树人根本任务为中心；融入课程思政元素，强化习近平新时代中国特色社会主义思想、党的二十大精神及社会主义核心价值观的引领作用；增强教材的育人功能，补充新知识、新内容与新的中国本土案例；特别关注了移动互联网、大数据、云计算、人工智能等重要主题及其对市场营销的影响，强化了本书的时代性、针对性和实用性；从数字化技术（人工智能、大数据、云计算、物联网等）及其广泛应用的思维视角，来提高对市场营销学的认知高度，培养学生综合应用知识的能力，实现知识与能力的转化。在数智化时代，开展市场营销工作不仅需要智商，更需要情商，深入了解中国情景，全面理解市场营销是一门跨学科的学问，需要与环境互动，既要学好理论，又要不断实践，更要与时俱进，不断吸纳新知识和新技术。

《市场营销学——理论与实务（第4版）》保留了原书的内容结构，这次修订突出课程思政、大数据、人工智能引领的指导思想，更新和完善了绝大部分导入案例和案例分析，全面更新了以数字营销、内容营销为主的营销案例，增加了大数据营销的内容，在营销视点链接中选择与本章密切相关的数字营销的相关知识与内容，补充与更新数字营销的本土案例。

《市场营销学——理论与实务（第4版）》由桂林理工大学连漪教授担任主编，负责拟定修订大纲，组织协调并统稿，最终审定全书。桂林理工大学梁健爱教授、桂林电子科技大学严宗光副教授和桂林旅游学院田巧莉副教授共同参与了修订大纲的研讨，桂林理工大学潘海利副教授编写了第十五章第八节，田巧莉副教授负责更新了部分章节营销案例。此外，参与本书部分案例资料收集工作的还有研究生陈文辉、董华龙，在此对他们所付出的辛勤劳动表示感谢！

本书荣获 2022 年广西本科高校优秀教材一等奖（经管类唯一）。

本书在修订过程中参阅了国内外市场营销方面的有关文献资料，特别是有关数字营销、内容营销等的内容，在此对作者深表谢意！

因受编者的学识和水平所限，书中难免存在有待商榷和不当之处，恳请广大同仁和读者批评指正。如有建议与意见，请发至 E-mail "lianyi63@263.net"，我们共同对这个领域进行探讨。

连 漪
2024 年 7 月于桂林

目 录

第一章 市场营销导论

章节图解

第一节 市场营销学的产生和发展	一、市场营销学的产生
	二、市场营销学的发展
	三、市场营销学在中国的传播
第二节 市场营销学的研究对象和方法	一、市场营销学的研究对象
	二、市场营销学的特点
	三、市场营销学的研究方法
第三节 市场与市场营销	一、市场及其相关概念
	二、市场营销的含义
	三、营销管理的主要任务
	四、市场营销在企业中的地位
第四节 市场营销哲学	一、生产观念
	二、产品观念
	三、推销观念
	四、市场营销观念
	五、社会市场营销观念
第五节 现代市场营销理论	一、麦卡锡的4P理论
	二、服务营销的7P理论
	三、科特勒的10P营销管理理论
	四、以顾客为中心的4C理论
	五、关系营销的4R理论
	六、现代营销理论的发展

🎯 学习目标

知识目标：
- 了解市场营销学研究的主要内容
- 掌握市场营销的核心概念
- 掌握市场营销的五大观念

素养目标：
- 学习市场营销所需交叉学科的综合知识
- 通过教学提高学生对市场营销的认知度
- 强化市场营销的道德伦理与社会责任

✒ 关键概念

市场，市场营销，需要、欲望与需求，交易与关系营销，市场营销五大观念，营销管理，4P，6P，7P，4C，4R

📦 导入案例

希音(SHEIN)为什么能够这么成功？

希音(SHEIN)，全称广州希音国际进出口有限公司，是一家总部位于中国广州的全球化时尚与生活方式在线零售商(Logo 如图 1-1 所示)。SHEIN 由创始人兼 CEO 许仰天于 2008 年创立，以跨境婚纱电商起步，后转型为跨境快时尚女装，并迅速拓展至男装、童装、饰品、鞋类等多个领域。如今，SHEIN 已成为全球领先的时尚电商平台之一，直接服务超过 150 个国家和地区的消费者，以"多快新省"著称，即品类多样、上新速度快、款式新颖、价格亲民。

SHEIN
希音

图 1-1　希音 Logo

1. 重新定义时尚

SHEIN 通过其独特的商业模式重新定义了时尚行业。传统快时尚品牌依赖于大规模的库存和线下门店，SHEIN 则采用了"按需生产"的模式，利用大数据和算法分析消费者偏好，快速响应市场需求，减少库存积压，实现零售业的灵活性和高效性。这种模式不仅降低了成本，还使 SHEIN 能够持续提供紧跟潮流、价格亲民的时尚产品，满足了年轻消费者对于新鲜感和性价比的双重追求。

2. 算法驱动需求

SHEIN 利用大数据分析和智能算法，开发了一套独一无二的算法系统，对海量用户数据进行深度挖掘和分析，精准预测消费者需求变化。这些数据包括但不限于用户的搜索词、浏览模式、点击行为、购买记录以及社交媒体上的时尚趋势等。从用户浏览行为、购买记录到社交媒体趋势，SHEIN 都能迅速捕捉到时尚潮流的蛛丝马迹，为新品开发和市场推广提供有力支持。通过对这些数据的综合分析，SHEIN 能够提前洞察消费者的偏好和需求，为新品开发和市场推广提供科学依据。

3. 快速推新引领潮流

为了满足消费者对时尚的不断追求，SHEIN 采用了"小单快返"的生产模式。通过极小的首单单量测试市场反应，一旦某款商品成为"准爆款"，便立即增加生产订单，快速推向市场。这种灵活的生产方式极大地降低了库存风险，提高了供应链效率。结合数字化系统的赋能，SHEIN 能够实现从设计到生产再到销售的全程可视化管理，确保新品能够快速、准确地满足市场需求。

4. 精准广告投放和社交媒体营销

基于算法分析的用户画像，SHEIN 能够精准定位目标消费群体，进行个性化广告投放。无论是 Google

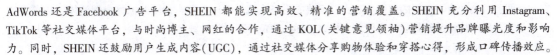

AdWords 还是 Facebook 广告平台，SHEIN 都能实现高效、精准的营销覆盖。SHEIN 充分利用 Instagram、TikTok 等社交媒体平台，与时尚博主、网红的合作，通过 KOL(关键意见领袖)营销提升品牌曝光度和影响力。同时，SHEIN 还鼓励用户生成内容(UGC)，通过社交媒体分享购物体验和穿搭心得，形成口碑传播效应。

综上所述，SHEIN 通过重新定义时尚、算法驱动需求、快速推新满足需求和精准营销推广等策略，成功在全球时尚电商领域脱颖而出。未来，随着其持续创新和全球化布局的深入，SHEIN 有望引领更多时尚潮流，成为全球时尚电商的引领者。

资料来源：根据网络资料改编

引导问题：

1. SHEIN 是如何在激烈竞争的服装市场中脱颖而出的？
2. 这个案例告诉我们，应该树立什么样的营销观念？

第一节　市场营销学的产生和发展

一、市场营销学的产生

"市场营销学"一词译自英文"Marketing"，它是 20 世纪初发源于美国的一门新兴学科，它的产生和发展是美国社会经济环境发展变化的产物。

美国西北大学菲利普·科特勒博士在美国市场营销协会(American Marketing Association，AMA)50 周年的纪念大会上说："经济学是营销学之父。"1902 年，密歇根大学开设的这门学科的名称是"美国的分配和管理行业"；1906 年，俄亥俄州立大学开设的学科名称为"产品的分配"；1910 年，威斯康星大学的拉尔夫·巴特勒提出应把这门学科改名为"营销"。

根据西奥多·巴特尔教授的观点，营销学可以大致分为四个学派(表 1-1)。

表 1-1　营销学的四个学派

学派	主要研究范围	代表人物
威斯康星学派	主要研究农产品的分配问题。明确了市场营销的概念及范围，并在威斯康星大学首先开设了有关农产品的市场营销学课程	W. A. 司各特(W. A. Scott)、J. R. 康门斯(J. R. Commons)、H. C. 泰勒(H. C. Taylor)
哈佛学派	主要以案例研究为特点。提出了关于市场分配问题新的分析方法和市场营销学教学中的案例教学法，还撰写了大量有关广告、商品、推销管理、零售和一般市场营销学的专著	切林顿(Cherington)、肖(Shaw)、韦特勒(Weidler)、梅那特(Maynand)、麦克耐尔(Mcnair)、鲍顿(Borden)
中西部学派	主要以运用综合分析方法为特点。对市场营销思想的综合和发展起着重要影响，奠定了传统市场营销学基础。强调基础研究和基本原理的研究，从而形成了美国市场营销思想的核心	韦特勒(Weidler)、贝克曼(Beckman)、康佛斯(Converse)、韦尔德(Weld)、克拉克(Clark)
纽约学派	以侧重于批发、零售等机构研究为特色。首创了市场营销的机构研究法，比较注重实际，是美国市场营销学派的重要补充	尼斯特罗姆(Nystrom)、阿格纽(Agnew)、亚历山大(Alexander)、温盖特(Wingare)

二、市场营销学的发展

在营销学的发展史中，可以发现这样一个规律：自 20 世纪 50 年代以来，营销理论体系每经过 10 年左右的时间，就会产生一批新的概念和观点，反映或促进实践，引发争论，并因此把整个理论体系向前推进一大步。营销从传统的经济学转入管理学研究，标志营销管理时代的开始。

1. 20 世纪 50 年代是营销学的金色年代

1950 年左右，尼尔·鲍顿开始采用"市场营销组合"这个概念。在同一时间，齐尔·迪安在他的一篇关于有效定价策略的文章中提出了"产品生命周期"的概念，阐述了市场萌芽期、发展期、成熟期和衰退期等不同的市场发展阶段和相应的产品命运。

1955 年，西德尼·莱维提出"品牌"形象的概念，这实际上标志着差异化竞争时代的来临。

1956 年，温德尔·史密斯提出了"市场细分"的概念，将营销实践在企业运作的过程中提升到战略的高度。

1957 年，通用电气公司的约翰·麦克金特立克阐述了所谓"市场营销概念"的哲学，指出它是公司效率和长期盈利的关键。

1959 年，哥伦比亚大学的艾贝·肖克曼提出了"营销审计"这一概念。

20 世纪 50 年代产生了很多营销概念（表 1-2）。

表 1-2　20 世纪 50 年代产生的营销概念

年份	产生的营销概念	提出者
1950 年	市场营销组合	尼尔·鲍顿
1950 年	产品生命周期	齐尔·迪安
1955 年	品牌	西德尼·莱维
1956 年	市场细分	温德尔·史密斯
1957 年	市场营销概念	约翰·麦克金特立克
1959 年	营销审计	艾贝·肖克曼

2. 20 世纪 60 年代是营销学高涨的年代

1960 年，麦卡锡和普利沃特合著的《基础营销》第一次将企业的营销要素归结为四个基本策略的组合，即著名的 4P 理论（Product、Price、Place、Promotion）。

1961 年，西奥多·莱维特发表了著名的"营销近视症"说。他指出有些行业在困难期间衰退的原因在于它们重视的是"产品"，而不是"顾客需要"。

1963 年，威廉·莱泽提出了"生活方式"这样一个早已为社会学家所熟悉的概念，指出它对营销领域可能发生的深刻影响。

1967 年，约翰·霍华德和杰迪逊·西斯提出了精湛的"买方行为理论"，并出版了《买方行为理论》专著。同年，菲利普·科特勒出版了《营销管理——分析、计划与控制》一书，从企业管理和决策的角度，系统地提出了营销环境、市场机会、营销战略计划、购买行为分析、市场细分和目标市场及营销策略组合等市场营销的完整理论体系，成为当代市场营销学的经典著作，使市场营销学理论趋于成熟。

20 世纪 60 年代末，西德尼·莱维和菲利普·科特勒提出"扩大的营销"概念，认为营销学不仅适用于产品和服务，也适用于非营利组织、个人和意识形态等。20 世纪 70 年代，在这种概念的基础上逐渐发展起"社会大营销"的完善理论。

3. 20 世纪 70 年代是营销学动荡不定的年代

20 世纪 70 年代早期的经济危机，导致了"战略计划"概念的产生，在这方面成绩卓著的是波士顿咨询公司。它说服企业不能对所有的业务一视同仁，而应该根据各种业务的市场份额成长的情况，决定取舍。这就是建立在波士顿矩阵分析之上的著名的"业务经营组合法"。对营销者而言，营销并不仅仅是意味着增加销售额，而是要系统思考"战略营销"的概念。

1971 年，杰拉尔德·泽尔曼和菲利普·科特勒提出了"社会营销"的概念，促使人们注意营销学在传播意义重大的社会目标方面可能产生的作用。

1972 年，阿尔·里斯和杰克·特劳特在《广告时代》杂志上，提出"定位"这个富有吸引力的概念。

20 世纪 70 年代后期，美国的服务业得到迅速发展，随即林恩·肖斯塔克在 1977 年的《营销杂志》上阐述了其对服务营销的独到见解。林恩认为，因为服务性商品和实物性商品在生产和消费的过程中存在着显著差异，所以对服务性商品的营销应该从实物产品营销思路的束缚中解脱出来。至此，学者掀起对服务营销学的研究热潮，使其逐渐发展成营销理论体系中成熟的一支。

4. 20 世纪 80 年代是营销学滞缓发展的年代

1981 年，雷维·辛格和菲特普·科特勒考证了"营销战"概念及军事理论在营销战中的应用。同年，瑞典的克里斯琴·格罗路斯发表了论述"内部营销"的论文。

1983 年，西奥多·莱维特提出另一个堪称里程碑的"全球营销"概念。他呼吁跨国公司向全世界提供一种统一的产品，采用统一的沟通手段。

1985 年，巴巴拉·本德·杰克逊提出了"协商营销"的新观点。

1986 年，菲利普·科特勒提出了"大营销"的概念，针对公司进入地方保护市场的问题，指出当代的营销者越来越需要借助政治权力和公共关系，克服各种地方保护主义、政治壁垒和公众舆论方面的障碍等，以便在全球市场有效地开展工作。

"直接营销"也在 20 世纪 80 年代中期进入人们的视野，它是指在零售商店外向顾客销售的一种新方式。它从最初的上门推销和邮售，发展到电话推销、电视直销和网上销售等。同一时期，查里斯·古德曼又提出了"关系营销"的概念，指出"公司不是在创造购买，而是要建立各种关系"。这一观点对营销的认识更接近本质。

20 世纪 80 年代中期，顾客满意度开始流行。满意是一种感觉状态的水平，源于对产品的绩效或产出与人们的期望所进行的比较。顾客的期望源于自己和别人的经验、公司的承诺，而绩效源于整体顾客价值（产品价值+服务价值+人员价值+形象价值）与整体顾客成本（货币成本+时间成本+体力成本+精神成本）的差异。它与顾客对品牌或公司的忠诚度密切相关。

在 20 世纪 80 年代，另一种流行的概念是品牌资产（Brand Equity），大卫·A. 艾克（Aker）提出，构筑品牌资产的五大元素为品牌忠诚度、品牌知名度、品质认知度、品牌联想性和其他独有资产。作为公司的无形资产，品牌资产往往又构成公司最有价值的资产。

5. 20 世纪 90 年代是营销学动荡、快变的年代

20 世纪 90 年代至今，人类在沟通领域经历了一场革命。伴随着制造业（柔性制造、CAM、CAD）和信息技术的发展，与 4P 观点相适应的大宗消费市场终于可以实现极限的细分，呼吁更具灵活性和适应性的营销观点。信息技术在 20 世纪 90 年代的蓬勃兴起将营销带进了"定制营销"的时代，使企业"一对一沟通"顾客成为可能，出现了数据库营销。理论界也由斯坦莱·戴维斯率先出版了《大规模定制化》的专著。

舒尔茨（Don Schultz）提出整合营销传播，包括营销战略与活动的整合、信息与服务的整合、传播渠道的整合、产品与服务的整合。营销领域越来越多的人转向劳特朋（Lauterborn）提出的 4C 理论，4P 与 4C 比较见表 1-3。

表 1-3　4P 与 4C 比较

类别		4P		4C
阐释	Product（产品）	产品体系，包括产品线宽度、广度、产品定位等	Customer（客户）	研究客户的需求欲望，制造他们想要的产品
	Price（价格）	价格体系，包括各个环节的价格策略	Cost（成本）	考虑客户愿意付出的价格而不是从成本角度考虑
	Place（渠道）	分销渠道策略	Convenience（便利）	考虑客户如何便利地选购产品
	Promotion（促销）	总体促销策略，包括产品流通过程中的每个对象	Communication（沟通）	企业应积极与客户沟通，建立新型的利益关系

续表

类别	4P	4C
出发点	企业	消费者
营销重心	消费者请注意	请注意消费者
时间	20世纪60年代中期（麦卡锡）	20世纪90年代初期（劳特朋）

营销全球化的竞争催生了"营销网络"。在营销网络中，公司可以找到战略伙伴，并与之结合，以获得一个更广泛、更有效的市场，世界范围内的企业战略联盟使营销网络超出单纯的"营销渠道"范畴，寻找战略伙伴或同盟者已成趋势。这种营销网络使一家公司在北美、欧洲和东亚这样的三地市场同时推出一种新产品成为可能，降低了因为产品进入市场的时间滞后而被富有攻击性的模仿者夺走市场的风险。

基于信息技术的"营销决策支持系统"使一个公司不仅可以锁定一个细分市场，还可以为每一个特定的顾客定制产品，以满足其个性化的需求。这种营销方式是能够在现实中成功付诸实践的。如Dell电脑的个性化服务使其成长为世界电脑制造领域的领先者。

进入21世纪，互联网的发展给人类社会的方方面面带来了革命性的变化，营销工作也不例外。互联网的交互式、动态性、即时性和全球无障碍等特性使其作为一种全新的沟通方式，成为一个最高效的营销工具。"网络营销"方兴未艾，随着科技的不断进步和全球化的深入发展，其发展趋势呈现出多元化和高度技术化的特点，特别是在移动互联、大数据、人工智能等领域，市场营销正经历着前所未有的变革和发展。这些趋势不仅改变了传统的营销方式和方法论，还为企业提供了更加精准、高效和个性化的营销手段。未来的市场营销将更加注重数字化、智能化、个性化、互动化以及可持续性和道德性。企业需要紧跟时代步伐，不断创新营销策略和方式，以适应市场变化和消费者需求的变化。

三、市场营销学在中国的传播

市场营销理论自20世纪70年代末80年代初引入我国，经过40多年的发展，目前步入需要全面创新和拓展的时代。中国营销学可划分为四个发展阶段（表1-4）。

表1-4 中国营销学的四个发展阶段

阶段（时间）	主要内容
引进阶段（1978—1982年）	主要通过翻译、考察及邀请专家的形式，系统介绍和引进国外的市场营销理论。这是营销中国化非常重要的基础性工作，但受当时社会条件的限制，参与研究者少，研究比较局限，对西方营销理论的认识也相对肤浅
传播阶段（1983—1991年）	1984年1月，全国高等综合大学、财贸院校的"市场学教学研究会"成立，这大大促进了营销理论在全国范围内的传播，营销学开始得到高校教学的重视，有关营销学的著作、教材和论文在数量和质量上都有了很大的提高
应用阶段（1992—2000年）	伴随中国经济体制改革和经济发展的全面转型，市场环境的改善为企业应用现代营销原理指导自身经营创造了条件，到20世纪90年代末，中国已出现一批市场营销活动中取得显著成效的大型企业，它们富有创新意识的营销实践已经引起海内外企业界和学术界的重视
创新阶段（2001年至今）	21世纪以来，中国的企业界和学术界对市场营销理论与实践作出了自己独特的贡献。无论是市场营销的研究队伍，还是市场营销教学、学术研究和应用的内容，都有了极大的发展。研究重点也从过去的单纯教学转向了应用研究，以及利用数字化技术和社交媒体等新兴渠道进行营销推广。深度探讨中国市场转型中的营销问题，迈向为结合企业营销实践的研究，促进一批本土企业的崛起，开始形成具有中国特色的市场营销理论和方法

第二节　市场营销学的研究对象和方法

一、市场营销学的研究对象

市场营销学是一门以经济科学、行为科学、现代管理理论和现代科学技术为基础，研究以满足消费者需求为中心的企业营销活动及其规律的综合性应用科学。

市场营销学是在 20 世纪初从经济学的母体中脱胎出来的，其发展经历了一个充分吸收相关学科的研究成果、博采众家之长的跨学科的演变过程，进而形成了具有特定研究对象和研究方法的独立学科。其中，经济学、心理学、社会学以及管理学等相关学科对市场营销思想的贡献最为显著。

市场营销学的研究对象是以满足消费者需求为中心的企业营销活动过程及其规律。营销学作为一门应用型科学是和实践紧密相连的。

二、市场营销学的特点

1. 动态性

在现代社会，随着经济的发展和科学技术的进步，市场总是处在不断变化之中的。这就要求企业能够根据不断变化的市场环境，及时调整自己的各项营销策略，以适应新的市场环境的需要。所以，市场营销学的内容也是随着市场环境和企业营销策略及经营活动方式的改变而不断更新的，市场营销学的动态性要求我们要用发展的观点来学习、研究市场营销学。

2. 实用性

市场营销学是适应商品经济的需要而产生和发展起来的，具有很强的实用性。企业在从事生产经营活动的过程中，不仅要面对异常复杂、变化的市场环境，还要面对企业自身的诸如企业的规模、资源的状况、产品系列的多少、企业的组织结构以及企业的相对优势和劣势等问题。而市场营销学恰恰可以为企业提供一把解决这类问题的钥匙，实实在在为企业家出谋划策、拓展思路，求得企业的更大发展。

3. 系统性

市场营销学与其他学科一样，处在不断发展与完善之中，但其理论体系是完整的。市场营销学系统地研究了企业在生产前、生产中和生产后的整个生产经营过程，指出企业要以市场为中心，要积极参与市场竞争，把握市场走势，按质、按量、适时、适地、适价地为市场提供产品或劳务，最大限度地满足市场的需求。

4. 预见性

市场营销学重视市场的调查、分析和研究，收集的相关资料准确、及时和全面，为企业家经营决策提供了可靠的依据，避免了企业生产经营活动的盲目性，减少了企业的经营风险，使企业掌握了从事营销活动的主动权，这些都与市场营销学所具有的预见性特点有关。

三、市场营销学的研究方法

1. 传统研究法

传统研究法在 20 世纪二三十年代较为流行，主要有三种（表 1-5）。

表 1-5　三种传统研究法

研究方法	定义
产品研究法	产品研究法是在产品分类的基础上，对各类产品（如农产品、工业品、劳务等）如何生产、分销、促销等市场营销问题进行分析研究

续表

研究方法	定义
机构研究法	机构研究法主要研究市场营销系统中各种机构（如生产者、中间商及各种辅助机构等）的性质及职能，使市场营销职能被合适的机构有效地执行。在西方，主要在一些高级营销学课程中采用此法
功能研究法	功能研究法是以市场营销职能为中心的研究方法。它通过详细分析各种市场营销职能的特性以及在执行各种市场营销职能过程中所遇到的问题，研究不同的营销组织在不同的市场上应如何执行这些职能

2. 历史研究法

历史研究法是以市场营销的发展历程为中心的研究方法。它是从事物发展的角度来分析研究有关市场营销问题的产生、发展和衰亡的过程，并寻找其发展变化的成因，掌握其规律性。

3. 管理研究法

管理研究法也叫决策研究法，是以管理决策为中心的研究方法。这种方法强调通过营销实行组织和产品的有效的市场定位，并且特别重视市场营销的分析、计划、组织、实施和控制。

4. 社会研究法

社会研究法是研究各种营销活动和营销机构对社会的贡献及其所付出的成本。这种方法提出的课题有市场效率、产品更新换代、广告真实性以及市场营销对生态系统的影响等。

5. 系统研究法

系统研究法是研究企业在进行市场营销决策时，把有关环境因素和市场营销活动过程视作一个系统，统筹兼顾其各个组成部分（生产者或卖方、中间商、顾客、竞争对手、政府机构、大众媒介、消费者协会等各种公众，经济环境、人口环境等宏观力量）的相互影响、相互作用，千方百计地使各个部分协调行动，产生大于单独行动时的协同效应。

第三节　市场与市场营销

一、市场及其相关概念

市场是由那些具有特定的需要或欲望，而且愿意并能通过交换来满足这种需要或欲望的全部潜在顾客构成的，市场是买卖关系的总和。一个简单的市场营销系统见图1-2。

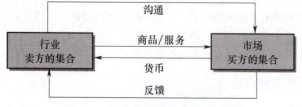

图1-2　一个简单的市场营销系统

市场由三个要素构成：有某种需要的人、为满足这种需要的购买力和购买欲望。只有当三要素同时具备时，企业才拥有市场，或者说拥有顾客。市场三要素见图1-3。

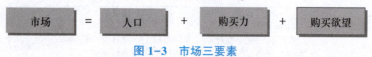

图1-3　市场三要素

二、市场营销的含义

1. 市场营销的定义

市场营销不同于销售和促销，营销主要是辨别和满足人类和社会的需要，把社会或个人的需要变成有利可图的商机的行为。对市场营销所下的最简短定义就是"有利益地满足需求"。对市场营销的定义，近几十年来，中外学者表述各异，具有代表性的有以下几种，见表1-6。

表1-6 不同学者或机构对市场营销所下的定义

学者/机构	所下定义
尤金·麦卡锡	市场营销是引导物品及劳务从生产者至消费者或使用者的企业活动，以满足顾客并实现企业的目标
美国市场营销协会（AMA）	市场营销是关于构思、货物和服务的设计、定价、促销和分销的规划实施过程。目的是创造实现个人和组织的目标的交换
菲利普·科特勒	市场营销是个人和集体通过创造并同他人交换产品和价值以满足需求和欲望的一种社会管理过程

上述关于市场营销定义的几种表述各有特点，通常认为美国市场营销协会于1985年所下的定义较好地表达了市场营销的全部含义。本教材采用该定义，基于以下三点。

(1) 该定义兼蓄了当代有关营销的各种不同观点，较为全面、客观地反映了现代营销的本质特征，即以交换为中心，以顾客为导向，协调各种营销活动，通过使顾客满意来实现组织的诸目标。

(2) 该定义强调管理导向，强调管理是一个过程，包括分析、计划、执行和控制。

(3) 该定义的适用范围较广。它适用于个人和组织，包括营利性组织和非营利组织，大小公司，国内、国际企业，有形和无形产品，消费品市场、工业品市场、劳务市场等。

2004年美国营销协会（AMA）又公布了市场营销的新定义："市场营销既是一种组织职能，也是为了组织自身及利益相关者的利益而创造、沟通、传递客户价值，管理客户关系的一系列过程。"

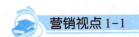 营销视点 1-1

什么是真正的市场营销？

传统上市场营销被概括为"4P"，即产品（Product）、价格（Price）、渠道（Place）和促销（Promotion），通过销售团队、广告来提升销量。现在的市场营销，名为CCDV（Create，Communicate，and Deliver Value），即为目标市场创造、沟通和交付价值。市场营销是驱动企业增长的商业准则，也就是说它的功能是促进企业未来增长。CCDVTP框架，即创造（Create）、交流（Communicate）和传递（Deliver）价值（Value），帮助目标市场（Target Market）获取利润（Profit）的行动。这一框架强调了市场营销的核心在于创造价值，并通过有效的沟通和传递机制实现价值的交付，最终帮助企业和客户共同获取利润。

——菲利普·科特勒，2019年营销的未来峰会演讲稿

2. 市场营销的核心概念

营销学包含了许多核心概念，其中主要有：需要、欲望和需求，产品及相关的效用、价值和满意，交换和交易，关系和网络，市场和行业，营销管理。

(1) 需要、欲望和需求。

人的需要和欲望是市场营销学的出发点。心理学家马斯洛（Maslow）提出的需要层次理论说明了人类的需要，即人类的需要有五个层次：生理、安全、爱与归属、尊重和自我实现。

需要是指人们没有得到某些基本满足的感受状态。人们在生活中，需要食品、衣服、住所、安全、爱

情以及其他一些东西。这些需要都不是社会和营销者所能创造的，它们存在于人类自身的生理结构和情感中。

欲望是指人们想得到这些基本需要的具体满足物的愿望。一个人需要食品，想要得到一个汉堡包；需要令人注意，想要得到一件名牌西装；需要娱乐，想到电影院去看一场电影。

需求是指人们有能力购买并且愿意购买某个具体商品的欲望。当具有购买能力时，欲望便转换成需求。许多人都想要一辆轿车，但只有一部分人能够并愿意购买一辆。因此，公司不仅要估量有多少人想要本公司的商品，更重要的是应该了解有多少人真正愿意并且有能力购买。

 【营销案例1-1】小米手机的成功：用户导向战略

（2）产品及相关的效用、价值和满意。

产品是指用来满足顾客需求和欲望的物体。产品包括有形与无形的、可触摸与不可触摸的。有形产品是为顾客提供服务的载体；无形产品是通过其他载体，诸如人、地、活动、组织和观念等来提供的。当我们感到疲劳时，可以到音乐厅欣赏歌星唱歌（人），可以到公园去游玩（地），可以到室外散步（活动），可以参加俱乐部活动（组织），或者接受一种新的意识（观念）。服务也可以通过有形物体和其他载体来传递。市场营销者切记，销售产品是为了满足顾客需求，如果只注意产品而忽视顾客需求，就会产生"市场营销近视症"。

效用是消费者对满足其需要的产品的全部效能的估价。消费者主要是根据对满足其需要的每种产品的效用进行估价，来决定所选择的产品。产品全部效能（或理想产品）的标准如何确定？例如，某消费者到某地去的交通工具，可以是自行车、摩托车、汽车、飞机等。这些可供选择的产品构成了产品的选择组合。又假设某消费者要求满足不同的需求，即速度、安全、舒适及节约成本，这些构成了其需求组合。消费者决定哪一项最能满足其需要的产品时，通常是将最能满足其需求到最不能满足其需求的产品进行排列，从中选择出最接近理想的产品。如顾客到某目的地所选择理想产品的标准是安全、速度，他可能会选择飞机。

价值是顾客付出与顾客得到之间的比例函数，用公式表示为

价值＝利益/成本＝功能利益＋情感利益/金钱成本＋时间成本＋精力成本＋体力成本

营销人员可以通过以下几种方法提高顾客的价值：

◆ 增加利益；

◆ 降低成本；

◆ 增加利益的同时降低成本；

◆ 利益增加幅度比成本增加幅度大；

◆ 成本降低幅度比利益降低幅度大。

向目标顾客传递了价值和满意，就表示成功。顾客在对两种产品进行选择时，将比较两者价值 V_1 与 V_2 的比率（V_1/V_2），若比率大于1，他将更喜欢 V_1；若比率小于1，他将选择 V_2；若比率等于1，他将保持中性态度，任选 V_1 或 V_2。

（3）交换和交易。

人们有了需求和欲望，企业也将产品生产出来，但还不能解释为市场营销，产品只有通过交换才能使市场营销产生。人们通过四种方式获得产品：自行生产方式、通过强制取得方式、通过乞求方式获得产品和等价交换。但只有通过等价交换，买卖双方彼此获得各自所需，才产生市场营销。可见，交换是市场营销的核心概念。

交换的五个条件：双方、价值、信息与物品、接受与拒绝、适当与满意。

交换是一个过程，而不是一起事件。如果双方正在洽谈并逐渐达成协议，称为在交换中。如果双方通过谈判并达成协议，交易便发生。交易是交换的基本组成部分。交易是指买卖双方价值的交换，它是以货

币为媒介的；而交换不一定以货币为媒介，它可以是物物交换。

交换有三个实质：至少有两个有价值的事物、买卖双方同意的条件、协议时间与地点。交换还有一个重要因素，即维护和迫使交易双方执行承诺的法律制度。

(4)关系和网络。

交易营销是关系营销大观念中的一部分。关系营销是要与顾客、分销商等建立长期、信任和互利的关系，以便获得和保持长期的业绩和业务。而这些关系要靠不断承诺以及为对方提供高质量产品、良好服务及公平价格来实现，靠双方加强经济、技术及社会联系来实现。关系营销可以减少交易费用和时间，最好的交易是使协商成为惯例。

处理好企业同顾客关系的最终结果是建立起公司的独特资产——营销网络。营销网络是由公司与利益相关者(顾客、员工、供应商和营销中介等)建立起的牢固的业务关系，其中交易营销与关系营销的比较见表1-7。

表1-7　交易营销与关系营销的比较

交易营销	关系营销
短期，关注单次销售 产品特征导向 价格是主要因素 市场占有率 不太强调顾客服务 质量是产品的首要问题	长期，关注保持顾客 产品利益导向 价格不是主要因素 顾客忠诚度 高度强调顾客服务 质量是全方位的问题

(5)市场和行业。

市场由一切有特定需求或欲望并且愿意和可能从事交换来使需求和欲望得到满足的潜在顾客组成。一般说来，市场是买卖双方进行交换的场所，但从市场营销学角度来看，卖方组成行业，买方组成市场。行业和市场构成了简单的市场营销系统。卖者将货物、服务和信息传递到市场，然后收回货币及信息。

现代市场经济中的市场是由诸多种类的市场及多种流程联结而成的。生产商到资源市场购买资源(包括劳动力、资本及原材料)，转换成商品和服务之后卖给中间商，再由中间商出售给消费者。消费者则到资源市场上出售劳动力而获取货币来购买产品和服务。政府从资源市场、生产商及中间商购买产品，支付货币，再向这些市场征税及提供服务。因此，整个国家的经济及世界经济都是由交换过程形成的复杂的相互影响的各类市场所组成的。

(6)营销管理。

营销管理是指为创造达到个人和机构目标的交换，而规划和实施理念、产品和服务的构思、定价、分销和促销的过程。营销管理是一个过程，包括分析、规划、执行和控制。其管理的对象包含理念、产品和服务。

三、营销管理的主要任务

营销管理不仅要刺激消费者对产品的需求，还要帮助公司在实现其营销目标的过程中，影响需求水平、需求时间和需求构成。因此，市场营销管理的任务是刺激、创造、适应及影响消费者的需求。从此意义上说，营销管理的本质是需求管理(Demand Management)。表1-8区分了七种不同类型的需求状况分析及其营销经理面临的相应任务。

表1-8　各种需求状况分析及其营销任务

需求类型	需求状况分析	营销任务
潜在需求	有相当一部分消费者可能对某物有强烈的渴求，而现成的产品或服务又无法满足这一需求。例如，人们对于无害香烟、安全的居住区及节油汽车等有强烈的潜在需求	衡量潜在市场的范围，开发有效的商品和服务来满足这些需求，将潜在需求变为现实需求

续表

需求类型	需求状况分析	营销任务
负需求	如果大多数人对某个产品感到厌恶，甚至愿意出钱回避它，那么，这个产品市场便是处于一种负需求状态。例如，人们对接种疫苗、拔牙和胆囊手术有负需求	分析市场为什么不喜欢这种产品，是否可以通过产品重新设计、降低价格和更积极推销的营销方案来改变市场的信念和态度，将负需求转变成正需求
下降需求	每个组织都会面临市场对一个或几个产品的需求下降的情况。例如，在新加坡参加课余活动的学生人数越来越少	分析需求衰退的原因，决定能否通过开辟新的目标市场，改变产品特色，或者采用更有效的沟通手段来重新刺激需求。通过创造性的再营销来扭转需求下降的局面
不规则需求	许多组织面临着每季、每天甚至每小时都在变化的需求，这种情况导致了生产力不足或过剩的问题。例如，在大规模的交通系统中，大量设备在交通低潮中常常闲置不用，而在高峰时又不够用。平时参观博物馆的人很少，但到周末，博物馆却门庭若市	通过灵活定价、推销和其他刺激手段来改变需求的时间模式
充分需求	当组织对其业务量感到满意时，就达到了充分需求。各组织必须保证产品质量，不断地衡量消费者的满意程度，以确保企业的工作效率	经常关注顾客的满意程度，激励推销人员和经销商加大推销力度，以确保现有的需求水平
超饱和需求	有些组织面临的需求水平会高于其能够或者想要达到的水平。例如，新加坡通过定额制度限制新汽车登记，以保证每年固定的汽车数量增长	降低市场营销，就是设法暂时地或者永久地降低需求水平，也就是不鼓励需求，它包括下列步骤：提高价格，减少推销活动和服务
不健康的需求	不健康的产品将引起一些组织的抵制消费的活动，例如，人们对酒、烟和色情电影都不断举行抵制运动	反市场营销，劝说喜欢这些产品的消费者放弃这种爱好，采用的手段有宣传其危害、大幅提价及减少供应等

 营销案例 1-2

传音如何成为"非洲手机之王"？

深圳传音控股股份有限公司（简称传音公司或传音）主要从事以手机为核心的智能终端的设计、生产、销售，主要产品为 TECNO、itel 和 Infinix 三大品牌手机。在国内知道传音的人不多，但在遥远的非洲，它却创造了"非洲手机之王"的传奇。调研机构"国际数据公司"（IDC）2024 年 1 月发布的《全球手机季度跟踪报告》显示，2023 年全球智能手机出货量同比下降 3.2%，降至 11.7 亿部，这是 10 年来最低的全年出货量。而传音 2023 年全球手机销量达到 9 490 万台，同比大幅增长 30.8%，以 8.1% 的市场占有率跻身全球智能手机市场前五名，而这主要归功于非洲市场。

2005 年非洲大陆的手机普及率仅为 6%，过低的手机普及率意味着巨大的待开发市场。非洲人口数量仅次于中国、印度，但相比来说，非洲市场的手机普及率很低。截至 2008 年，非洲手机市场仅有三星、诺基亚几个品牌。当时中国其他知名品牌的目标并不在非洲，华为在中国市场外倾向发达国家市场，而小米等品牌更多关注印度市场。传音手机选择进入非洲市场，避开国内已经高度竞争的手机市场。传音手机先从市场占主导的功能手机切入，逐步发展智能机。同时针对非洲市场存在多个运营商，不同运营商之间的通话费用较高的情况，传音手机采用了国内常见的双卡双待模式，解决了多张手机卡的问题，以双卡双待 TECNO T780 手机和四卡四待 TECNO 4Runner 手机成功打开了非洲市场。TECNO 广告牌见图 1-4。

因非洲电力基础设施落后，传音开发了"火箭充电"技术，充电半小时使用时间长达 7 小时，将高充电效率与超长的待机时间作为卖点。而传音手机最贴近非洲消费者的无疑是相机的特殊功能，解决了非洲消费者深肤色而导致的拍照困扰。据《新华每日电讯》报道，站稳非洲市场后，传音并没有浅尝辄止，而是步步为营打开更大的市场空间。近些年来，传音把战略定位从"聚焦非洲"扩展到"聚焦新兴市场"，已经开拓南亚、东南亚、拉丁美洲、中东等全球新兴市场，目前在全球70多个国家和地区拥有超过2 000家代理商和零售门店。

　　资料来源：根据网络资料整理

图1-4　TECNO广告牌

　　在市场营销实践中，企业不仅可以适应需求，而且可以创造需求，即改变人们的价值观念和生活方式。在现代市场经济条件下，企业创造需求通常有以下三种途径。

　　(1)设计生活方式。

　　现代企业不但可以通过改变原有的生活方式来创造需求，而且可以主动参与新生活方式的设计。它为企业带来了创新产品、开拓市场的新机遇。例如，日本人开发的卡拉OK几乎征服了所有年龄层次和所有国家的消费者。现在场景营销的网红打卡地、旅拍和围炉煮茶等。

　　(2)把握全新机会。

　　哪里有未被满足的需求，哪里就有企业的市场机会。例如，电视机、电话等产品在尚未进入市场之前，因消费者并未意识到需求这种产品，不可能对其预先就有潜在需求，更谈不上有现实需求，只是在这些产品开发出来以后，消费者才产生了需求，这就是索尼公司所说的"生产需要"的实际含义。

　　(3)营造市场空间。

　　企业推广产品，有时可通过有预期目标的营销活动，人为地使市场形成供不应求或大量需求的局面。这种营销计划的制订与实施，不但是一种战术技巧，而且可以起到创造需求的作用。例如，吉列公司为了大量推广剃须刀片，采用免费赠送刀架的办法，有效地营造了一个市场空间，促使顾客购买配套的刀片，实现扩大销售、占领市场的预期目标。20世纪60年代，美国柯达公司曾发起一场推广胶卷的竞争攻势。它的竞争手段从开发大众化自动相机开始，声称这种相机其他公司也可仿造。这样，相机产销量剧增，导致胶卷市场需求旺盛，柯达公司乘虚而入，大量推出配套使用的胶卷，成功地拓展了全球胶卷市场。

四、市场营销在企业中的地位

　　从全球范围的企业实践来看，市场营销在不同的时期，引起了不同行业的重视。一些国际著名的公司，如通用电器公司、宝洁公司、西尔斯公司、通用汽车公司、可口可乐公司等较早地认识到了市场营销的重要性。在美国首先是包装消费品公司，其次是耐用消费品公司，再次是工业设备公司，进入20世纪80年代，服务业尤其是航空业、银行业等逐渐接受了市场营销思想。世界各国的钢铁业、化工业、造纸业等对市场营销的认识都较晚，至今与其他行业相比还差一段距离。

1. 企业何时重视市场营销

　　促使国内外企业重视营销的主要因素有：

◆ 销售额下降。

◆ 增长缓慢。

◆ 购买行为改变。

◆ 竞争加剧。

◆ 销售成本提高。

2. 市场营销在企业中地位的演进

　　上述种种因素，迫使企业努力提高市场营销的能力。从营销职能的演进过程可以看出，伴随营销实践的发展和市场竞争的加剧，越来越多的企业高层管理人员终于达成共识：市场营销部门与其他职能部门不同，它是连接市场需求与企业反应的桥梁和纽带，要想有效地满足顾客需求，就必须将市场营销置于企业的中心地位。市场营销的地位在企业中的演变见图1-5。

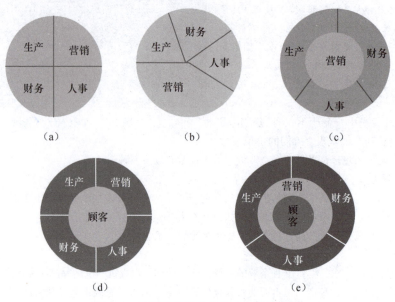

图1-5　市场营销的地位在企业中的演变
（a）营销为一般功能；（b）营销为比较重要功能；（c）营销为主要功能；
（d）顾客为核心功能；（e）顾客为核心功能，营销为整合功能

第四节　市场营销哲学

企业营销活动是在一定经营哲学指导下进行的。采用什么样的经营哲学就会产生什么样的经营结果。而"真正的市场营销是一门管理哲学，它认识到只有比竞争对手更有效地满足顾客当前或未来的需要，企业的成功才可持续"（英国，彼得·多伊尔，Peter Doyle）。市场营销哲学就是企业在开展市场营销活动过程中，处理企业、顾客和社会三者利益方面所持的态度和理念。

　营销视点1-2

企业的目的是"创造客户"

市场不是由大自然或经济力量所创造的，而是由企业家所创造的。顾客也许在得到企业家提供的产品之前，就已经察觉到自己的需求。就像大饥荒中对食物的渴求一样，未被满足的需求或许会贯穿顾客的一生，存在于他清醒的每一时刻。但是，在企业家采取行动把这种不满足变成有效需求之后，顾客才真的存在，市场也才真的诞生，之前的需求都只是理论上的需求。又或者，顾客可能根本没有察觉到自己的需求。还有一种可能，在企业家采取行动，通过广告、推销或发明新东西来创造需求之前，需求根本不存在。总之，每一种情况下，都是企业的行动创造了顾客。

顾客决定了企业是什么。只有当顾客愿意付钱购买商品或服务时，经济资源才能转变为财富，产品才能转变为商品。企业认为自己的产品是什么并不重要，对于企业的前途和成功尤其不那么重要。而顾客认为他购买的是什么，他心中的产品"价值"何在，却具有决定性影响。顾客的看法决定了这家企业是什么样的企业，它生产的产品是什么产品，以及它会不会成功。

顾客是企业的基石，是企业存活的命脉，只有顾客才能创造就业。社会将能创造财富的资源托付给企业，也正是为了供给顾客所需。

资料来源：彼得·德鲁克，企业的目的是"创造顾客"，哈佛商业评论网，经删减

企业的营销哲学通常划分为五种：生产观念、产品观念、推销观念、市场营销观念和社会市场营销观念。前三者被称为传统营销观念，后两者被称为现代营销观念。两种营销观念的比较见表1-9。

表1-9　两种营销观念的比较

营销观念		营销程序	重点	手段	营销目标
传统营销观念	生产观念	产品→市场	产品	提高生产效率	通过扩大产量、降低成本来取得利润
	产品观念	产品→市场	产品	生产优质产品	通过提高质量、扩大销量来取得利润
	推销观念	产品→市场	产品	促进销售策略	加强销售促进活动，扩大销量，取得利润
现代营销观念	市场营销观念	市场→产品→市场	消费者需求	整体市场营销活动	通过满足消费者需求和欲望，取得利润
	社会市场营销观念	市场→产品→市场	消费者需求、社会长期利益	协调性市场营销活动	企业通过满足消费者的欲望和需求，增进社会长期利益，取得利益

一、生产观念

生产观念(The Production Concept)产生于20世纪20年代前。这种观念认为，消费者喜欢那些随处可以买到，而且价格低廉的产品。

思维方式：生产→技术→销售。

典型语言：我能生产什么就卖什么。

中心任务：组织资源、增加产量、降低成本、提高销售效率。

生产观念在两种条件下合理：

◆ 产品的需求超过供给；

◆ 产品成本高，必须通过提高生产力来扩大市场，以降低成本。

例如，福特公司："不管顾客需要什么颜色的汽车，我只有一种黑色的。"

 营销案例 1-3

T 型车为什么会退出市场

为了满足市场对汽车的大量需求，福特汽车在20世纪初采用了当时颇具竞争力的营销战略，只生产一种车型，即只生产T型车，且只有一种颜色可供选择，那就是黑色。黑色的T型车甚至就是福特汽车的代名词。这一点，几乎成为所有MBA教学的经典案例。这样做的好处是福特能以最低成本生产，用最低价格向消费者提供汽车。T型车改变了日后美国人的生活方式，使美国变成了汽车王国。1908年冬天，美国人便能以825美元的价格买到一部轻巧、有力、两级变速、容易驾驶的T型车(见图1-6)。这种简单、坚固、

图1-6　T型车

实用的小汽车推出后，它的创造者——福特欣喜若狂。这大大增强了广大中产阶级对汽车的需求，而福特也因此成了美国最大的汽车制造商，到1914年的时候，福特汽车占有美国一半的市场份额。然而，到1927年，福特不得不关闭了T型车生产线，汽车多样化时代开始了。

资料来源：中国轻工业信息网

二、产品观念

这种观念认为，消费者最喜欢高质量、性能最好和特色最多、价格公道的产品。"以质取胜""以廉取胜"较生产观念进了一步。这种观点必然导致市场营销近视，甚至导致经营的失败。

 营销案例1-4

铱星手机为什么会失败？

中央电视台在2000年9月曾用《科学家的宠儿，市场的弃儿》为名报导了美国的摩托罗拉公司创造的"铱星通信系统"。由工程师提议的"铱星通信系统"被评为美国最佳科技成果和世界科技成果之一，并由此成立铱星公司（Iridium Inc.），见图1-7。铱星公司在把这种先进的设备推向全球市场时，借助一家公关集团，设计了一个耗资1.4亿美元的活动方案，在45个国家展开，邮寄材料被译成13种文字。最后，作为这次全球性产品推出的象征性活动，公关集团雇佣激光专家把公司的巨大星座标志打到云朵上面。然而，铱星公司在运营一年之后，损失100亿美元，悲情陨落。

图1-7　铱星手机

三、推销观念

推销观念产生于20世纪20年代末至50年代前。当时，社会生产力有了巨大发展，市场趋势由卖方市场向买方市场过渡，尤其在1929—1933年的特大经济危机期间，大量产品销售不出去，迫使企业重视广告术与推销术的应用研究。这种观念认为，消费者通常表现出一种购买惰性或抗衡心理，企业必须进行大量推销和促销努力，但其实质仍然是以生产为中心的。

思维方式：销售→技术→生产。

典型语言：我们卖什么，人们就买什么。

四、市场营销观念

市场营销观念定型于20世纪50年代中期。这种观念认为，要达到企业目标，关键在于确定目标市场的需求与欲望，并比竞争者更有效地满足消费者的需求。许多企业开始认识到，经营观念必须转变经营哲学，才能求得生存和发展。

思维方式：消费者需求→销售→技术→生产。

典型语言：顾客需要什么，我们就生产什么、销售什么。

营销观念有许多精辟的表述：

◆ 满足有利润的需要。

◆ 发现欲望并满足它们。

◆ 热爱顾客而非产品。

◆ 任您称心享用(汉堡王公司)。

◆ 您就是主人(联合航空公司)。

市场营销观念基于四个主要支柱，即目标市场、顾客需要、整合营销和盈利能力。

市场营销观念的出现，使企业经营哲学发生了根本性变化，也使市场营销学发生了一次革命。市场营销观念同推销观念相比具有重大的差别，见表1-10。

表1-10　市场营销观念与推销观念的主要区别

观念	出发点	中心点	手段、方法	目的
推销观念	企业	产品	推销术和促销术	通过销售获得利润
市场营销观念	市场	顾客需求	协调市场营销策略	通过顾客满意获得利润

 【营销案例1-5】《米其林指南》背后的营销思维

五、社会市场营销观念

社会市场营销观念是对市场营销观念的修改与补充，产生于20世纪70年代。这种观念认为，企业的任务是确定目标市场需求、欲望和利益，并且在保持和增进消费者和社会福利的情况下，比竞争者更有效地满足目标顾客的需要。这不仅要求企业满足目标顾客的需求与欲望，而且要考虑消费者及社会的长远利益，即将企业利益、消费者利益与社会利益有机地结合起来。社会市场营销观念的三个维度见图1-8。

这种观念的产生是由于在20世纪70年代西方资

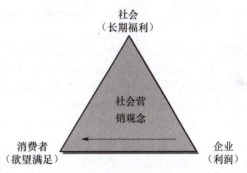

图1-8　社会市场营销观念的三个维度

本主义国家出现了能源危机，通货膨胀，失业人口增加，环境污染严重，破坏了社会生态平衡，出现了假冒伪劣产品及欺骗性广告等，从而引起了广大消费者的不满，并掀起了保护消费者权益运动及保护生态平衡运动，迫使企业营销活动必须考虑消费者及社会长远利益。其营销模式见表1-11。

表1-11　社会市场营销观念的营销模式

中心	手段	目标
消费者欲望，社会长远、根本利益	市场营销组合	满足消费者欲望，企业取得利润，增加社会长期福利

 【营销案例1-6】宜家超市为什么下雨天五折卖雨伞

第五节　现代市场营销理论

市场营销思想始于20世纪初。在市场营销研究刚刚起步时，经济学理论的研究正处于20世纪的第一个鼎盛时期，因此，其必然对这门新学科产生巨大的影响。从这个意义上讲，可以说，没有经济学，就没有今天的市场营销学。所以菲利普·科特勒教授在美国市场营销协会成立50周年纪念日的世界营销学大会上声称："经济学是市场营销学之父。"

早期研究市场营销的学者都十分熟悉当时流行的经济学思想。因而，当市场中某个问题引起他们的注意时，他们常常以经济理论作为参照框架。但市场营销学和经济学毕竟不同，经济学通常侧重于理论性研究，而市场营销学更侧重于经验和实践，或者说，市场营销理论是在对实践总结和提炼的基础上发展与演进的。自营销学产生以来，特别是20世纪50年代以后，市场营销理论研究的深度和广度都得到了重大的发展。

一、麦卡锡的 4P 理论

4P理论是随着营销组合理论的提出而出现的。1953年，尼尔·鲍顿(Neil Borden)在美国市场营销协会就职演说中创造了"市场营销组合"(Marketing Mix)这一术语，其意是指市场需求或多或少地在某种程度上受到所谓"营销变量"或"营销要素"的影响，为了寻求一定的市场反应，企业要对这些要素进行有效的组合，从而满足市场需求，获得最大利润。

麦卡锡(McCarthy)于1960年在其《基础营销》(*Basic Marketing*)一书中将这些要素一般地概括为四类：产品(Product)、价格(Price)、渠道(Place)、促销(Promotion)，即著名的4P。1967年，菲利普·科特勒在其畅销书《营销管理——分析、计划与控制》中进一步确认了以4P为核心的营销组合方法。

4P的提出奠定了营销管理的基础理论框架，该理论以单个企业为分析单位，认为影响企业营销活动效果的因素有两种：一种是企业不能够控制的，如政治、法律、经济、人文、地理等环境因素，称为不可控因素，这也是企业所面临的外部环境；另一种是企业可以控制的，如生产、定价、分销、促销等营销因素，称为企业可控因素。企业营销活动的实质是一个利用内部可控因素适应外部环境的过程，即通过对产品、价格、分销、促销的计划和实施，对外部不可控因素作出积极动态的反应，从而促成交易的实现和满足个人与组织的目标，用科特勒的话说就是"如果公司生产出适当的产品，定出适当的价格，利用适当的分销渠道，并辅之以适当的促销活动，那么该公司就会获得成功"(科特勒，2001)。所以市场营销活动的核心就在于制定并实施有效的市场营销组合(图1-9)。

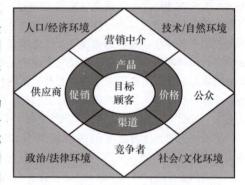

图1-9 企业的4P营销组合模型图

4P为营销提供了一个简洁和易于操作的框架，因此，它被提出以后便为人们广泛接受，成为长期占据统治地位的无可置疑的市场营销学基本理论。美国市场营销协会甚至认为市场营销是"通过对观念、产品和服务的设计、定价、促销和分销进行计划和实施，以促成交易和满足个人与组织目标的过程"。而且，如何在4P理论指导下实现营销组合，实际上也决定了公司市场营销的基本运营方法。即使在今天，几乎每份营销计划书都是以4P的理论框架为基础拟订的，几乎每本营销教科书和每个营销课程都把4P作为教学的基本内容，而且几乎每位营销经理在策划营销活动时，都自觉或不自觉地从4P理论出发考虑问题。

尽管营销组合概念和4P观点被迅速和广泛地传播开来，但同时在有些方面受到了一些营销学者特别是欧洲学派的批评，主要有以下几点。

(1)营销要素只适合微观问题，因为它只从交易的一方即卖方来考虑问题，执着于营销者对消费者做什么，而不是从顾客或整个社会利益来考虑，这实际上仍是生产观念的反映，而没有体现市场导向或顾客导向，而且它的重点是短期的和纯交易性的。

(2)4P理论是对鲍顿提出的市场营销组合概念的过分简化，是对现实生活不切实际的抽象。鲍顿认为，提出市场营销组合的这个概念并不是要给市场营销下个定义，而是为营销人员提供参考，营销人员应该将可能使用的各种因素或变量组合成一个统一的市场营销计划(Neil Borden, 1964)。但在4P模式中没有明确包含协调整合的成分，没有包括任何相互作用的因素，而且，有关什么是主要的营销因素，它们是如何被营销经理感受到并采纳等经验研究也被忽视了，"对于结构的偏好远胜于对过程的关注"(Kent, 1986)。同时，营销是交换关系的相互满足，而4P模型忽略了交换关系中大量因素的影响与作用。

（3）4P 主要关注的是生产和仅仅代表商业交换一部分的迅速流转（Fast Moving）的消费品的销售。况且，消费品生产者与顾客大多是与零售商和批发商的工业型关系，消费品零售商越来越把自己看成是服务的提供者。在这种情况下，4P 在消费品领域的作用要受到限制。

（4）4P 观点将营销定义成了一种职能活动，从企业其他活动中分离出来，授权给一些专业人员，由他们负责分析、计划和实施。"企业设立营销或销售部具体承担市场营销职能，当然，有时也吸收一些企业外的专家从事某些活动，比如像市场分析专家和广告专家。结果是，组织的其他人员与营销脱钩，而市场营销人员也不参与产品设计、生产、交货、顾客服务和意见处理及其他活动"（Christion Gronroos，1994），因此导致了与其他职能部门的潜在矛盾。而且它缺乏对影响营销功能的组织内部任务的关注，"如向企业内部所有参与营销或受营销影响的人员传播信息的人力资源管理以及设计激励和控制系统"（Vanden Bulte，1991）。

（5）市场营销组合和 4P 理论缺乏牢固的理论基础。格隆罗斯认为，4P 理论作为一种最基本的市场营销理论，在很大程度上是从实践经验中提炼出来的，在其发展过程中很可能受到微观经济学理论的影响，特别是 20 世纪 30 年代垄断理论的影响。然而，4P 理论与微观经济学的联系很快被切断了，甚至完全被人们忘记了。因此，市场营销组合只剩下一些没有理论根基的"P"因素堆砌成的躯壳（Christion Gronroos）。高斯达·米克维茨（Gosta Mickwitz）早在 1959 年就曾指出，当营销机制中基于经验性的工作表明企业采用了大量的彼此之间明显不同的参数时，市场中的企业行为理论如果只满足于处理其中的少数几个，这样的理论的现实性就很差了。

针对这些批评，后来的学者们不断对 4P 模型进行充实，在每一个营销组合因素中又增加了许多子因素，从而分别形成产品组合、定价组合、分销组合、沟通和促销组合，这四个方面中每一个因素的变化，都会要求其他因素相应变化，这样就形成了全方位的营销组合体系（图 1-10）。

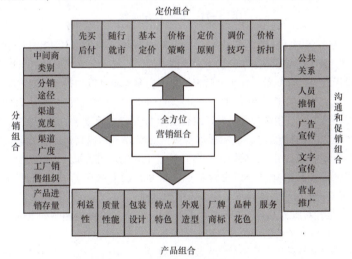

图 1-10　全方位的营销组合体系

根据实际的要求而产生的营销因素组合，变化无穷，推动着市场营销管理的发展和营销资源的优化配置。营销因素组合的要求及目的就是，用最适宜的产品，以最适宜的价格，用最适当的促销办法及销售网络，最大地满足目标市场的消费者的需求，以取得最佳的信誉及最好的经济效益。4P 理论至今仍然是营销决策实践中一个非常有效的指导理论，后面的应用分析中仍然使用了这一理论模型。

二、服务营销的 7P 理论

4P 理论统治了营销学界 30 多年。随着经济的发展和市场环境的变化，加之 4P 在企业实践中存在一些问题，西方营销学者又不断地对以 4P 为核心的营销组合因素进行改动与扩充。这些改动与扩充大多是对 4P 加上一个或更多的"P"而形成的。

在20世纪70年代，服务业迅速发展起来。服务营销与传统的4P产品营销有所不同，为了克服这一理论上的缺陷，布姆斯和比特纳于1981年在原来4P的基础上增加了三个"服务性的P"：参与者（Participants，有的学者也称之为人——People，即作为服务提供者的员工和参与到服务过程中的顾客），物质环境（Physical Evidence，服务组织的环境以及所有用于服务生产过程及与顾客沟通过程的有形物质），过程（Process，构成服务生产的程序、机制、活动流程和与顾客之间的相互作用与接触沟通），从而形成了服务营销的7P。与此相对应，格隆罗斯也主张服务营销不仅需要传统的4P外部营销，还要加上内部市场营销和交互作用的市场营销。他认为，外部市场营销是指公司为顾客准备的服务、定价、分销和促销等常规工作。内部营销是指服务公司必须对直接接待顾客的人员以及所有辅助人员进行培养和激励，使其通力合作，以便使顾客感到满意。每个员工必须实行顾客导向，否则便不可能提高服务水平并一贯坚持下去。交互作用营销是指雇员在与顾客打交道时的技能。服务质量与服务供应者密不可分。顾客评价服务质量，不仅依据其技术质量，也依据其职能质量。特别是在购买服务之前，顾客更多是通过价格、人员、和物质设施等来判断企业服务质量。交互作用营销见图1-11。

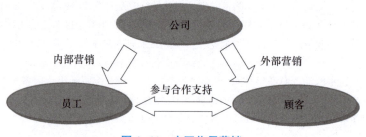

图1-11　交互作用营销

7P说虽然是基于服务营销特殊性并在4P的基础上扩充与发展起来的，但其却受到了一些营销学者的批评，沃特斯库特（Walter Van Walterschoot）认为，严格上说，所加入的三个P或者可以在4P中找到相对应的部分，或者其不属于营销组合变量。在服务营销情况下，参与者可以在很大程度上提高或损害服务效果，然而，执行服务的个人活动已属于一个"P"（Product），这一个"P"实际已经包含了目的在于使需要得到满足的产品的生产过程，员工参与生产过程是营销组合要素"产品P"所蕴含的应有之义。将顾客作为整个营销活动的参与者，这是7P的创新之处，但顾客本身按照定义并不构成营销组合要素，而只是营销活动的满足目标。服务的物质环境加上用于支持服务有形要素，显然能影响需求，但这类要素在营销者控制之下时，实际上是产品或分销要素的部分，作为营销组合要素，没有必要将其单独列出来。对于"过程P"（Process），4P执行与实现的过程，就是满足顾客需求的过程。

虽然服务营销7P是针对服务营销的特殊性而提出的，但其理论价值和实践上的指导意义却不仅仅局限于服务营销的范畴，它对整个营销理论乃至企业理论的发展都有启迪。

（1）7P提出了员工的参与对整个营销活动实现的重要意义。4P理论中对企业内部员工的态度在很大程度上秉承了西方主流企业理论和古典管理理论的思想。新古典经济学假设企业的目标函数是追求利润最大化，并先验性地认为在企业中是"资本雇佣劳动"，企业是资本家的企业，股东利益最大化构成了企业的终极目标，企业的治理结构采取的是单边治理，即企业中的决策权集中在所有者及其代理人手中，企业内部员工只是处于被管理、被支配的地位。古典管理理论则将人视为是被动与消极的因素，只把他们看成是"经济人"，忽视了人的情感、心理因素，将人视为机械的附属物。所以传统4P营销理论没有为企业员工在经营战略决策中提供应有的地位，它只是将员工当成决策的具体执行者，忽视人力资本的价值，所重视的仅仅是"管理者当局"的作用。实际上，企业的本质是各种生产要素的所有者通过一系列契约关系而联结在一起所形成的特殊的组织，这种组织不但为各种要素提供了某种发挥生产经营作用的场所，而且更重要的是通过这种组合能够形成某种"集体生产力"，创造出可观的"组织租金"（杨瑞龙，周业安，2001）。组织的存在和发展是以合作为基础的，因此企业内部的组织安排、产权配置都将影响相关当事人的工作积极性及与其他当事人的合作态度，即影响到整个"团队"的协作态度和"集体生产力"的大小。而且，随着经济的发展对技术依赖程度的增加，对企业的生存和发展来说，雇员的知识和人力资本同物质资本一样重要，甚至许多企业是通过知识雇佣资本来完成的。因此，这就要求给予企业内部员工以相应的决策权，以提高其生产积极性和协作的主动性。服务营销 7P 理论中对企业中营销活动参与者"人（People）"的重视，在一定程度上体现了"人本管理"的思想，即企业员工是企业组织的主体，员工在企业里对企业有各种各样的要求，企业只有不断满足员工的需要，员工才有积极性，企业才能成长。管理者必须面对"完整的社会人"，而不仅仅是他们的技术和能力，组织要认识到员工的需要、想法和愿望，满足他们的物质需求和精神需求，并让员工积极参与企业的经营管理决策，真正发挥员工的主人翁地位；企业应追求通过员工的成长来实现组织的成长，应该将人的发展放在第一位，通过开发人力资源，加大人力资本投资，促进企业的整体发展。

（2）重视营销活动中顾客的参与配合。在 4P 理论中，顾客只是处于被动地适应企业营销活动的地位。7P 理论虽然只是针对服务的特殊性而提出顾客参与和配合，但这实际上是关系营销思想中"与顾客关系"的雏形。关系营销理论认为，根据经济的发展和市场环境的变化，企业需要从更高层次上建立与顾客之间的互动关系，顾客不仅仅是被动地得以满足，而且应该主动加入到企业生产过程中来，企业与顾客之间必须建立起事业和命运共同体，形成一种互相适应、互助互利、和谐一致的关系，这样才能真正建立起顾客的忠诚，稳定顾客群。

（3）对过程的重视。这不仅重视企业针对顾客的外部营销活动的过程，而且启示企业，企业营销也应重视内部各部门之间分工与合作过程的管理，因为营销是一个由各部门执行的全员参与的活动，而部门之间的有效分工与合作是营销活动实现的根本保证。

三、科特勒的 10P 营销管理理论

考虑到除最具特色的目标集团之外的公众主张，科特勒（Kotler）于 1986 年提出了两个附加的和一般的"P"：政治权力（Political Power）和公共关系（Public Relations），认为除了给顾客和中间商（如代理商、分销商和经纪人）提供利益外，同样应包括政府、工会和可以阻碍企业进入某市场以获利的其他利益集团。政治权力是指为了进入和在目标市场上经营，向产业官员、立法人员和政府官僚们提出自己的主张，为了获得其他利益集团的预期反应和关注，运用谨慎的外交活动和谈判技巧；公共关系则在于影响公众的观点，在公众心目中树立良好的产品和企业形象，这主要是通过大众性的沟通技术来实现。他进一步将加入的两个要素的营销称之为"大营销"（Megamarketing），意思是说营销是在市场特征之上的，即不仅仅要考虑市场环境因素，还要考虑政治和社会因素。营销者必须借助政治技巧和公共关系技巧，以便在全球市场上有效地开展工作。这即是科特勒所主张的 6P。

同时，随着对营销战略计划过程的重视，科特勒又提出了战略营销计划过程必须优先于战术营销组合（即 4P）的制定，战略营销计划过程也可以用 4P 来表示。

（1）探查（Probing）。

"Probing"是一个医学用语，本意是指医生对病人进行深入细致的彻底的检查。在营销学上，"Probing"实际上就是市场营销调研，其含义是在市场营销观念的指导下，以满足消费者需求为中心，用科学的方法，系统地收集、记录、整理与分析有关市场营销的情报资料，比如市场由哪些人组成，市场是如何细分的，都需要些什么，竞争对手是谁，以及怎样才能使竞争更有效等，从而提出解决问题的建议，确保营销活动顺利进行。市场营销调研是市场营销的出发点。"真正的市场营销人员所采取的第一个步骤，总是要进行市场营销调研"。（科特勒，1986）

（2）分割（Partitioning）。

分割实际上就是市场细分，其含义就是根据消费者需要的差异性，运用系统的方法，把整体市场划分为若干个消费者群的过程。每一个细分市场都是由具有类似需求倾向的消费者构成的群体，因此，分属不同细分市场的消费者对同一产品的需求有着明显的差异，而属于同一细分市场的消费者的需求具有相似性。

（3）优先（Prioritizing）。

优先就是对目标市场的选择，即在市场细分的基础上，企业要进入的那部分市场，或要优先最大限度地满足的那部分消费者。企业资源的有限性和消费者需求的多样性决定了企业不能经营所有的产品并满足

所有消费者的需求。任何企业只能根据自己的资源优势和消费者的需求，经营一定的产品，满足消费者的部分需要。

（4）定位（Positioning）。

定位即市场定位，其含义是根据竞争者在市场上所处的位置，针对消费者对产品的重视程度，强有力地塑造出本企业产品与众不同的、给人鲜明印象的个性或形象，从而使产品在市场上、企业在行业中确定适当的位置。

科特勒认为，只有在做好战略营销计划过程的基础上，战术性营销组合的制定才能顺利进行。因此，为了更好地满足消费者的需要，并取得最佳的营销效益，营销人员必须精通产品（Product）、地点（Place）、价格（Price）和促销（Promotion）四种营销战术；为了做到这一点，营销人员必须事先做好探查（Probing）、分割（Partitioning）、优先（Prioritizing）和定位（Positioning）四种营销战略；同时，还要求营销人员必须具备灵活运用公共关系（Public Relations）和政治权力（Political Power）两种营销技巧的能力。这就是科特勒的10P理论。

同时，科特勒又重申了营销活动中"人（People）"的重要作用，认为这或许是所有"P"中最基本和最重要的一个。企业营销活动可分为两个部分：外部营销（External Marketing）是满足顾客的需求，让其在购买和消费中感到满意；内部营销（Internal Marketing）是满足员工的需求，让其在工作中感到满意。同时，企业的成长和利润也应该使股东及其他利益相关者感到满意。

10P建立起了一个比较完整的营销管理理论分析框架，如图1-12所示。

另外，有些学者在"P"中还加入包装（Packaging）、人员推销（Personal Selling or Peddling）等"P"因素，但这些基本上可归结到分销渠道或促销中，不再多述。

总的来说，P理论特别是科特勒10P理论的形成与发展对整个市场营销理论的发展作出了杰出的贡献，也为企业市场营销分析奠定了较为完整的理论基础，这在营销理论发展史上必将留下光辉的一笔。

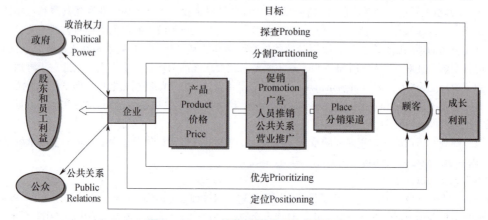

图1-12　10P的营销管理理论分析框架

四、以顾客为中心的4C理论

随着市场竞争日趋激烈，媒介传播速度越来越快，4P理论也受到挑战。1990年，美国学者罗伯特·劳特朋（Robert Lauterborn）教授在其《4P退休4C登场》一文中提出了与传统营销的4P相对应的4C营销理论。

4C理论的基本原则是以顾客为中心进行企业营销活动的规划设计，从产品到如何实现顾客需求（Consumer's Needs）的满足，从价格到综合权衡顾客购买所愿意支付的成本（Cost），从促销的单向信息传递到实现与顾客的双向交流与沟通（Communication），从渠道的产品流动到实现顾客购买的便利性（Convenience）。4C即消费者（Consumer）、成本（Cost）、便利（Convenience）、沟通（Communication）的组合。

消费者（Consumer）指有需要和欲望的消费者。企业要把重视顾客放在第一位，满足消费者的需求和欲望比产品功能更重要，不能仅仅卖企业想制造的产品，而是要提供顾客确实想买的产品。

成本（Cost），指消费者获得满足的成本，或是消费者满足自己的需要和欲望愿意付出的成本价格。企业定价要研究消费者的收入情况、消费习惯以及同类产品的市场定位。

便利（Convenience）指购买的方便性。较之传统的营销渠道，新的观念更重视服务环节，在销售过程中，强调为顾客提供便利，让顾客既买到商品，也买到便利。企业要深入了解不同的消费者有哪些不同的购买方式和偏好，把便利原则贯穿于营销活动的全过程，即售前做好服务，及时向消费者提供关于产品的性能、质量、价格、使用方法和效果的准确信息；售后重视信息反馈和追踪调查，及时处理和答复顾客意见，对有问题的商品主动退换，对使用故障积极提供维修方案，大件商品甚至终身保修。

沟通（Communication）指与用户沟通。企业要着眼于加强与顾客的双向沟通，增进相互的理解，生产真正的适销对路的产品，提供顾客需要的服务，培养忠诚的顾客。

随着竞争的不断加剧，当产品供过于求时，企业应该从产品本位转移到消费者本位，企业要以消费者需求为先，生产出让顾客满意的产品，同时降低消费者购买成本。从"产品"转向"客户"，在产品开发的基础上企业应当更注重消费者的需要。

4C 与 4P 是互补的而非替代关系。Consumer，是指用"客户"取代"产品"，要先研究顾客的需求与欲望，然后去生产、经营和销售顾客确定想要买的服务产品；Cost，是指用"成本"取代"价格"，了解顾客为满足其需要与欲求所愿意付出的成本，再去制定定价策略；Convenience，是指用"便利"取代"地点"，意味着制定分销策略时要尽可能让顾客方便；Communication，是指用"沟通"取代"促销"，"沟通"是双向的，"促销"无论是推动策略还是拉动战略，都是线性传播方式。

五、关系营销的 4R 理论

正当管理营销理论成为美国和其他许多国家确立的理论或规范的观点时，一种新的理论和模型在欧洲开始出现，20 世纪 60 年代的产业营销和 70 年代的服务业营销重视买卖双方的相互作用及营销网络，"明确地将营销视为社会环境中建立在人际关系这块牢固基石上的相互作用"（Gronroos，1994）。而 20 世纪 80 年代关系营销（Relationship Marketing）理论的出现则更进一步对传统的营销理论提出了挑战。格隆罗斯是这样定义关系营销的："营销就是在一种利益之下建立、维持、巩固与消费者及其他参与者的关系，只有这样，各方面的目标才能实现，这要通过相互的交换和承诺去达到。""这种关系哲学重在强调与顾客（及其他利益相关人、网络合作者）建立合作、信任的关系，而不是与顾客持对立态度；重在强调公司内部的合作，而不是劳动分工职能专业化；认为营销是一种遍及组织内部的兼职营销人员以市场为导向的管理活动，而不是一部分营销专家的独立职能活动。"（Gronroos，1990）

20 世纪 90 年代，美国学者唐·舒尔茨（Don. Schultz）将关系营销思想简单总结为 4R，从而阐述了一个全新的营销四要素。

（1）关联（Relevancy）。这个要素认为，企业与顾客是一个命运共同体，在经济利益上是相关的、联系在一起的，建立保持并发展与顾客之间的长期关系是企业经营中的核心理念和最重要内容。因此，企业应当同顾客在平等的基础上建立互利互惠的伙伴关系，保持与顾客的密切联系，认真听取他们提出的各种建议，关心他们的命运，了解他们存在的问题和面临的机会，通过提高顾客在购买和消费中产品价值、服务价值、人员价值及形象价值，降低顾客的货币成本、时间成本、精力成本及体力成本，从而更大程度地满足顾客的价值需求，让顾客在购买和消费中得到更多的享受和满意。特别是企业对企业的营销与消费市场营销完全不同，更需要靠关联、关系来维系。

（2）反应（Reaction）。在相互影响的市场中，对经营者来说最现实的问题不在于如何制订、实施和控制计划，而在于如何站在顾客的角度及时地倾听顾客的希望、渴望和需求，并及时答复和迅速作出反应，满足顾客的需求。当今先进企业已从过去推测性商业模式，转移成高度回应需求的商业模式。面对迅速变化的市场，要满足顾客的需求，建立关联，企业必须建立快速反应机制，提高反应速度和回应力。

（3）关系（Relationship）。在企业与客户的关系发生了本质性变化的市场环境中，抢占市场的关键已转变为与顾客建立长期而稳固的关系，与此相适应产生五个转向：从一次交易转变为强调建立友好合作关系，长期地拥有顾客；从着眼于短期利益转向重视长期利益；从顾客被动适应企业单一销售转向顾客主动参与生产过程；从相互的利益冲突变成共同的和谐发展；从管理营销组合变成管理企业与顾客的互动关系。同时，因为任何一个企业都不可能独自提供运营过程中所必需的资源，所以企业必须和与经营相关的成员建立起适当的合作伙伴关系，形成一张网络（这是企业经营过程中除了物质资本和人力资本以外的另一种不可或缺的资本——社会资本），充分利用网络资源，挖掘组织间的生产潜力，基于各自不同的核心竞争优势进行分工与合作，共同开发产品、开拓市场、分担风险、提高竞争优势，更好地为消费者和社会服务。

（4）回报（Reward）。任何交易与合作关系的巩固和发展，对于双方主体而言，都是一个经济利益问题，因此，一定的合理回报既是正确处理营销活动中各种矛盾的出发点，也是营销的落脚点。对企业来说，市场营销的真正价值在于其为企业带来短期或长期的收入和利润的能力。一方面，追求回报是企业营销发展的动力；另一方面，回报是企业从事营销活动，满足顾客价值需求和其他相关主体利益要求的必然结果。企业要满足客户需求，为客户提供价值，顾客必然予以货币、信任、支持、赞誉、忠诚与合作等物质和精神的回报，而最终又必然会归结到企业利润上。

综上所述，关系营销的4R理论以竞争为导向，在新的哲学层次上概括了营销的新框架。以"P"为核心的营销管理理论强调从企业的角度出发，通过对内部可控营销因素的有效组合，适应外部经营环境，来满足顾客的需求，从而实现企业的盈利目标；4R将企业的营销活动提高到宏观和社会层面来考虑，更进一步提出企业是整个社会大系统中不可分割的一部分，企业与顾客及其他的利益相关者之间是一种互相依存、互相支持、互惠互利的互动双赢关系，企业的营销活动应该以人类生活水平的提高、以整个社会的发展和进步为目的，企业利润的获得只是结果而不是目的，更不是唯一目的。因此，该理论提出，企业与顾客及其他利益相关者应建立起事业和命运共同体，建立、巩固和发展长期的合作协调关系，强调关系管理而不是市场交易。菲利普·科特勒在其《营销管理》（第8版）中也写道"精明的营销者都会试图同顾客、分销商和供应商建立长期的、信任的和互利的关系，而这些关系是靠不断承诺和给予对方高质量的产品、优良的服务和公平的价格来实现的，也是靠双方组织成员之间加强经济的、技术的和社会的联系来实现的。双方也会在互相帮助中更加信任、了解和关心"。在此，我们可以将"P"说与关系营销的"R"说整合成一个综合的营销理论框架（图1-13）。

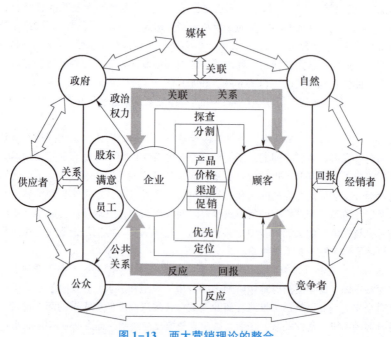

图 1-13　两大营销理论的整合

当然，4R同任何理论一样，也有其不足和缺陷。例如，与顾客建立关联、关系，需要实力基础或某些特殊条件，并不是任何企业可以轻易做到的。但不管怎样，4R提供了很好的思路，是经营者和营销人员应该了解和掌握的。4P、4C、4R 三者是什么关系呢？三者间不是取代关系，而是完善、发展的关系。由于企业层次不同，情况千差万别，市场、企业营销还处于发展之中，所以至少在一定时期内，4P 还是营销的一个基础框架，4C 也是很有价值的理论和思路。因而，两种理论仍具有适用性和可借鉴性。4R 不是取代 4P、4C，而是在 4P、4C 的基础上创新与发展，所以不可把三者割裂开来甚至对立起来。在了解、学习和掌握体现了新世纪市场营销的新发展的 4R 理论的同时，根据企业的实际，把三者结合起来指导营销实践，可能会取得更好的效果。

 营销视点 1-3

营销革命 5.0：以人为本的营销新范式

营销不仅仅是一项职能，更是一种以顾客价值为导向的不断演化的市场战略，是首席执行官（CEO）应该具备的第一思维。随着政治、经济、社会环境和消费者的需求与行为的改变，以及日新月异的技术进步，营销的思想和模式在不断迭代。科特勒教授将营销的演进划分为五个阶段。

第一个阶段是营销 1.0 时代，工业化时代以产品为中心的营销，解决企业如何实现更好地"交易"的问题。功能诉求、差异化卖点成为帮助企业从产品到利润，实现马克思所言"惊险一跃"的核心。

第二个阶段是营销 2.0 时代，这是以消费者为导向的营销。不仅仅需要产品有功能差异，更需要企业向消费者诉求情感与形象，因此这个阶段出现了大量以品牌为核心的公司。

第三个阶段是营销 3.0 时代，即"人本主义时代"。在这个新的时代，营销者不再仅仅把顾客视为消费的人，而是把他们看作具有独立思想、心灵和精神完整的人类个体，企业的盈利能力和它是否承担企业社会责任、是否与顾客价值观产生共鸣息息相关。

第四个阶段是营销 4.0 时代，它是以大数据、社群、价值观营销为基础的。企业将营销的中心转移到如何与消费者积极互动、尊重消费者作为"主体"的价值观，让消费者更多地参与营销价值的创造上。

第五个阶段是营销 5.0 时代，它是建立在营销 3.0 的人本主义和营销 4.0 的技术威力的基础上的。其定义是在顾客的整个消费体验中使用"类人技术"（如人工智能、自然语言处理、传感器、机器人、增强现实、虚拟现实、物联网和区块链等）创造、传播、交付和提高价值。

需要强调的是，营销 1.0、2.0、3.0、4.0 并不是简单的升级迭代，而是不同市场竞争格局下的营销模式选择和战略重点。在今天这样一个以数据和技术爆发为核心特征的"数智化"时代，全新的"以人为本"的营销智能化范式正在到来，科特勒教授用"营销 5.0"帮助我们构建了这个时代制胜营销策略的框架和营销新可行性的大门。

资料来源：菲利普·科特勒，陈就学，伊万·塞蒂亚万. 营销革命 5.0：以人为本的技术[M]. 曹虎，吴光权，等译. 北京：机械工业出版社，2022.

六、现代营销理论的发展

现代营销理论经历了从 4P 到 4C、4R、4V 乃至 4I 的发展过程，由企业视角转向了以消费者为中心，这些理论之间既存在区别又相互联系，共同推动了营销实践的发展。

4P 理论由产品（Product）、价格（Price）、渠道（Place）、促销（Promotion）四个要素组成，是市场营销活动的基础框架，为企业提供了可控因素的归纳，帮助企业从管理决策的角度研究市场营销问题。作为最基础的营销理论，4P 为后续理论的发展提供了坚实的基础。4C、4R、4V、4I 等理论都是在 4P 的基础上，针对市场环境的变化和消费者需求的升级而进行的拓展和深化。

4C 理论由消费者（Consumer）、成本（Cost）、便利（Convenience）、沟通（Communication）四个要素组成，是对 4P 理论的补充与拓展。4C 理论以消费者需求为导向，重新设定了市场营销组合的四个基本要素。它强调企业应该把追求顾客满意放在第一位，努力降低顾客的购买成本，并充分注意顾客购买过程中的便利性。这些理念与 4P 理论中的产品、价格、渠道、促销策略相呼应，但更加侧重于从消费者角度出发来制定营销策略。在移动互联时代，4C理论的应用更加广泛。企业可以通过大数据分析、社交媒体互动等方式深入了解消费者需求，提供更加个性化的产品和服务，从而实现精准营销。

4R理论由关联（Relevancy）、反应（Reaction）、关系（Relationship）、回报（Reward）四个要素组成。4R理论是对4C理论的深化与提升，它在4C理论的基础上进一步强调了企业与顾客之间的长期互动和关系管理。它要求企业与客户形成命运共同体，建立并发展长期而稳定的客户关系，同时提高市场反应速度和能力，及时回应消费者需求的变化，并通过兑现营销承诺、巩固双方关系来实现客户的物质需求和情感回应。在移动互联时代，4R理论的应用使企业更加灵活地应对市场变化，通过持续的互动和关系管理来增强客户忠诚度。例如，企业可以通过社交媒体平台与消费者保持实时沟通，及时了解他们的反馈和需求变化，并据此调整营销策略。

4V理论由差异化（Variation）、功能化（Versatility）、附加价值（Value）、共鸣（Vibration）四个要素组成。4V理论在4R理论的基础上进一步强调了产品或服务的差异化、功能化及附加价值的重要性。它要求企业实施差异化营销以满足消费者个性化的需求，同时提供具有更大柔性的产品或服务以满足消费者多样化的需求，并通过品牌、文化等无形要素来提升产品或服务的附加价值以满足消费者的情感需求。在移动互联时代，4V理论的应用使企业更加注重产品或服务的创新和个性化定制。例如，企业可以通过大数据分析来洞察消费者的个性化需求并据此进行产品或服务的定制化开发，同时利用社交媒体等渠道来传播品牌文化，提升品牌附加值。

4I通常指的是趣味原则（Interesting）、利益原则（Interests）、互动原则（Interaction）、个性原则（Individuality）。4I营销组合并非严格意义上的营销理论框架，但在移动互联时代，这些原则被赋予了新的内涵和重要性。4I原则是对互动与个性化的极致追求，4I原则与前面的营销理论相辅相成，共同推动了营销实践的发展。它强调在营销过程中要注重趣味性以吸引消费者注意，同时提供具有实际利益的产品或服务以满足消费者需求，并通过互动方式增强消费者的参与感和忠诚度，最后通过个性化定制来满足消费者的独特需求。在移动互联时代，企业可以利用社交媒体、短视频平台等互动渠道与消费者进行实时互动并提供个性化的产品和服务，同时利用大数据分析和人工智能技术来实现精准营销和个性化推荐，从而提升消费者的满意度和忠诚度。4I原则帮助企业更加精准地把握用户需求和市场变化，提升营销效果和用户体验。例如，通过个性化推荐算法、互动式内容营销等方式，提高用户满意度和转化率。例如，抖音、字节跳动通过个性化推荐算法，为用户推送感兴趣的短视频内容，吸引了大量用户关注和参与，成为当下最受欢迎的短视频平台之一。

综上所述，从4P到4C、4R、4V乃至4I的演进过程体现了现代营销理论随着市场环境变化和消费者需求升级而不断发展的特点。这些理论之间既存在区别又相互联系，共同构成了现代营销理论的丰富体系，为企业提供了多样化的营销策略选择。

本章小结

市场营销作为一门学科，其产生与发展紧密伴随着社会经济的变迁。市场营销学起源于20世纪初的美国，是经济环境变化的产物，特别是工业化、城市化以及消费者需求的多样化推动了市场营销学的诞生。从最初的萌芽阶段到逐渐成熟，再到现代市场营销学的形成，每一个阶段都伴随着新的理论、方法和实践的涌现，如市场细分、定位、营销组合、4P理论、顾客感知价值和品牌资产等，这些都是市场营销学不断演进的重要标志。市场营销是通过辨别和满足人类和社会的需要，将社会或个人的需要变成有利可图的商机的行为。其核心概念包括需要、欲望和需求，产品及其效用、价值和满意，交换和交易，关系和网络等。同时市场营销具有动态性、实用性、系统性和预见性等特点，要求企业不断适应市场变化，创新营销策略，以获取竞争优势。市场营销哲学是企业对待市场、顾客和竞争的基本态度和价值观，包含生产观念、产品观念、推销观念、市场营销观念和社会市场营销观念五种观念。这些观念反映了企业在不同历史时期对市场、产品和顾客的不同看法和态度。现代市场营销理论从4P理论到7P理论、10P理论、4C理论和4R理论的演进，标志着市场营销由企业视角转向以顾客为中心，这些理论之间既存在区别又相互联系，指导了企业的营销实践，丰富了现代营销理论。

市场营销是驱动企业增长的商业准则。现在管理学之父彼得·德鲁克指出：企业只有两个基本职能，营销与创新。企业问题都是增长的问题，营销的本质就是满足需求，为顾客创造价值，通过成就客户来实现企业自身的发展目标。当前我国社会主要矛盾已经转化为人民日益增长的美好生活需要和不平衡不充分的发展之间的矛盾，习近平总书记指出"人民对美好生活的向往就是我们奋斗的目标"。深入了解中国市场的环境，洞察顾客心扉，树立"四个自信"，是做好市场营销的前提。中国特色社会主义道路，成就了中国经济快速成长，中国成为世界第二大经济体，同时，巨大的市场空间和人民对美好生活的追求，为市场营销提供了广阔的前景。营销让生活更美好，其中，深刻理解并掌握正确的市场营销理念最为关键，以人为本，造福社会，主动融入到我国高质量市场经济发展中去，天地广阔，大有作为。

马克思主义哲学强调，要善于把握事物发展总体趋势和方向，强调思维的整体性、全局性、长期性、高瞻远瞩、统揽全局地看问题。什么是真正的市场营销？可以从三个方面来理解，首先，市场营销是一种"以客户为中心"的企业文化和经营管理哲学。其次，市场营销是企业的增长的驱动战略，明确谁是我们的客户，有哪些需求没有被满足。运用STP营销战略，企业做好市场细分，目标市场的选择，以及企业、产品与品牌的定位，企业各部门的协同等。最后，市场营销具有具体操作的战术，运用4P营销策略，提供价值，传播与推广价值，进而实现产品或服务的交付价值，满足客户的需求，实现企业的成长与发展。

本章通过对市场营销学的全面梳理和深入剖析，为读者提供了一幅清晰的市场营销知识体系图谱。随着大数据、人工智能等新技术的不断涌现和应用，市场营销学将面临更多的机遇和挑战。未来，市场营销学将更加注重数据驱动和智能化决策支持系统的建设，以更好地满足消费者的个性化需求和市场变化的需求。同时，企业也将更加注重跨界合作和生态系统的构建，以形成更加紧密和高效的市场营销网络。

 案例评析

ZARA与H&M的营销策略比较

背景情况

西班牙的ZARA和瑞典的H&M，是目前国际上两大成功的服装零售品牌。ZARA是于1975年，由一位铁路工人的儿子——阿曼奇奥·奥特加·乔在西班牙西北部的偏远市镇开创的一家小店铺，在传统的顶级服饰品牌和大众服饰中间独辟蹊径开创了快速时尚（Fast Fashion）模式。有人称之为"时装行业中的戴尔电脑"，也有人评价其为"时装行业的斯沃琪手表"。H&M于1947年在瑞典创立，是欧洲最大的服饰零售商，即使在经济萧条的情况下，业绩仍持续上升。H&M在全球的店铺覆盖国家没有ZARA广泛，几乎没有涉足ZARA积极开拓的南美市场，这正体现出H&M的谨慎经营、稳步扩张态度。

营销策略比较

1. 产品策略

ZARA和H&M采用的都是"少量、多款"的产品策略，两者都打破了传统服装业界季节的限定，在同一季节内也会不断推出新颖款式供消费者选择。

ZARA的"少量、多款"产品策略的实现，依靠的是公司对时尚信息和消费者反馈信息的快速采集与共享，而这主要缘于以下两个系统的构建。①庞大的设计团队的构建：ZARA拥有的新产品开发团队从米兰、巴黎时装秀取得灵感，识别流行的时尚趋势，设计与这些趋势相匹配的各种款式。ZARA只需几天的时间就可以完成对歌星的装束或顶级服装大师创意作品的模仿，两周之内可将迎合流行趋势的新款时装摆到店内。②信息共享体系的构建：ZARA的每个门店，都安装着彼此独立的信息系统。每天晚上，位于西班牙的ZARA总部和每个门店交换大量原始数据之后，各部门会根据需要分解数据，以对各地市场进行判断，

再将信息反馈到 ZARA 的设计总部，设计师们再根据各地的流行情报信息来进行设计流行趋势的识别。

H&M 为实现其"少量、多款"的产品策略，同样也在以下方面做出了努力。①消费者需求信息获取体系的建立：为了更准确地满足消费者真实需求，公司创造产品采取了一种"推—拉"的方式，即除了把公司认为消费者想要的产品"推"给消费者外，更要用消费者想要的商品来"拉"住消费者。②信息共享体系的建立：H&M 总部和 22 个生产办事处的所有部门间的沟通基于一个名为 ICT（Information and Communication Tech-nologies）的平台，在 H&M 的总部，设计与采购部门协同工作，针对每个设计理念都会建立一支由设计师、采购员、助理、打板师、财务总监及部门经理组成的团队，这样可以在设计初期便在价格、市场反馈和流行时尚之间取得平衡，而这些人员的日常信息沟通借助的就是 ICT 平台。

2. 价格策略

两家公司的在价格上都采取低价策略。ZARA 的目标消费群是收入较高并有着较高学历的年轻人，主要为 25~35 岁的顾客层，H&M 也将目标消费群定为 15~30 岁的年轻人，这一类的购买群体具备对时尚的高度敏感度并具备一定消费能力，但并不具备经常消费高档奢侈品牌的能力，两家公司频繁更新的时尚低价产品正好可以满足这类人群的需求。但是，因两家公司采取了不同的供应链策略，所以虽同为低价，却仍然存在着明显的差异。

ZARA 将大部分生产放在欧洲。在西班牙，ZARA 拥有 22 家工厂，其 50% 的产品通过自己的工厂生产，50% 的产品由 400 家供应商完成。这些供应商有 70% 位于欧洲，其他则分布在亚洲。这样的地理位置是为了保持其供应链的响应速度，但却在一定程度上提高了其物流成本。为确保商品传递的迅速，ZARA 还坚持以空运方式进行商品的运输，这也使其成本进一步提升。

与 ZARA 不同，H&M 在供应链的构建上更看重成本的因素，公司产品的制造环节被完全外包给分布在亚、欧、非洲及南美的约 700 家制造商。公司根据其销售产品的差异，采用了双供应链策略：①管控欧洲生产的快速反应供应链，大约一半的前沿时尚产品在接近欧洲市场的欧洲国家制造，以便及时根据销售反馈进行调整；②管控亚洲生产的高效供应链，基本款产品时尚风险较小，交货周期可以相对延长，为保证低价和质量则安排在低成本的亚洲国家（主要是中国、孟加拉等国）制造。

通过以上供应链的调整和安排，H&M 在价格上可以采取比 ZARA 更低一层的策略。据统计，H&M 的时装价位比 ZARA 低出 30%~50%。

3. 销售渠道策略

两家公司都不约而同地采用"直营"策略。ZARA 和 H&M 作为服装品牌的同时，也是零售连锁店的品牌，它们在世界各地拥有大量的连锁店铺，而为达到商品传递迅速、价格低廉的经营目标，两家公司的连锁店铺基本由总部进行直营，货物由总部集中进行调配。

尽管如此，H&M 并未放弃在销售渠道的拓展上的创新，到目前为止其销售渠道虽仍以直营店为主，但其目录销售、在线销售的业绩也在持续增长。1980 年，H&M 收购了 RoweHs 公司，开始在瑞典、芬兰、挪威和丹麦进行目录销售；1998 年，H&M 在瑞典开设了网上商店，随后在芬兰、挪威、丹麦都开通了在线销售。在取得初步成功的基础上，2006 年秋季，荷兰成为其在北欧地区以外首个开设在线销售的国家。2007 年秋季，德国和奥地利预计也将启动在线销售。

与 H&M 的创新不同，ZARA 始终坚持其"直营"策略，并表示在短期内不会改变。因为他们坚持认为让顾客进入店铺，直接接触商品、体验商品才是最好的经营方式。

4. 促销策略

在促销方面，两家公司采取了截然不同的策略。

ZARA 几乎不做广告宣传，它的广告成本仅占其销售额的 0~0.3%，而行业平均水平则是 3.5%，广告费用的节省几乎成为它另外的利润来源。

ZARA 的品牌宣传主要靠以下两个方面。一是其产品结构自身的特点，以时尚、现代且丰富的款式结构配合合适的价格吸引消费者，并以快捷的更新速度抓住消费者的购买心理——一旦看中而不购买，很快就会没货。二是依靠其优越的地理位置和时装摆放与展示方式：①地理位置选择方面，ZARA 一般将店铺开在高档商业区和繁华的交通枢纽。尽管在这些地方开店的成本费用很高。但 ZARA 总是在店里留出宽敞的空间，为顾客营造一种宽松愉快的购物环境。②橱窗展示方面，ZARA 聘请多名时装设计师从米兰、巴黎时装秀取得设计灵感，利用高档品牌提前发布时尚信息的传统(如 3 月发布秋冬季时装、9 月发布春夏季时装，发布时间和真正的销售季节中间通常有 6 个月的时间差)，使时尚杂志还在预告当季潮流时，ZARA 橱窗已在展示这些内容。③店内布置方面，ZARA 店一般不是按货品种类堆放，而是手表、裤子、皮包、配饰搭配放在一起，让顾客很容易一动心买走一整套东西。优越的地理位置、颇具特色的橱窗设计和独具一格的店内展示都使 ZARA 不用打广告也具有非凡吸引力。

H&M 的品牌促销与 ZARA 走的是完全不同的路线。将廉价大众品牌与时装大师联系起来的方式可以说是 H&M 在时装界的首创。2004 年和 2005 年 H&M 聘请了名设计师卡尔·拉格菲德(Karl Lagerfeld)和前披头士乐队成员 Paul McCartney 之女——著名设计师斯泰拉·麦卡特尼(Stella McCartney)为品牌设计服装。2004 年 11 月，当 H&M 与卡尔·拉格菲尔德(Karl Lagerfeld)的合作开始时，当月就创下了营业额飙升 24% 的佳绩。2006 年推出了荷兰服装设计师维克多(Victor)和罗尔夫(Rolf)设计的新款服装系列，在斯德哥尔摩以及欧洲大城市引起了疯狂抢购热潮。2007 年更是推出了 M by Madonna 系列，利用国际巨星麦当娜的设计系列配合中国香港与上海的新店铺开幕。

资料来源：聂珂，ZARA 与 H&M 的营销策略比较，论文网

评析： 西班牙的 ZARA 和瑞典的 H&M 都不是时尚潮流的创造者，而是时尚潮流的快速反应者。它们的营销策略虽然有差异，但在营运模式上均注意缩短前导时间，对市场需求变化快速反应，强调快速设计、快速生产、快速出售、快速更新。

 思考题

1. 市场营销观念与推销观念的主要区别。
2. 简述社会营销观念的含义及其产生的背景。
3. 市场营销学研究的主要对象有哪些？
4. "李晓明在情人节花了 460 元请女朋友到某一法国餐厅，吃了一顿浪漫的情人节烛光晚餐"，请就此事实，说明李晓明的需要、欲求与需求。
5. 国内有哪些厂商的做法比较接近社会营销？
6. 简述 4P、7P、10P 的主要内容。
7. 从需求管理的角度，讨论快速消费品企业请明星当形象/广告代言人来推广其产品的做法有何利弊。

 本章实训

一、实训目的

通过对实践案例的整理和分析，学生对何为市场营销有感性的认知，理解营销对企业和消费者的意义，能够发现当前环境下营销创新的机遇和挑战。

二、实训内容

1. 实训资料：搜集快速消费品行业和耐用消费品行业的营销案例各一个。
2. 具体任务：根据本章对市场营销相关核心概念和市场营销观念的介绍，分小组讨论分析案例。
3. 任务要求：
(1) 分析案例中的企业如何分析需求，其营销做法有何利弊；

（2）对比快速消费品行业和耐用消费品行业营销的不同。

三、实训组织

1. 根据全班上课人数，将全班同学分成若干小组，采取组长负责制，全体组员协作完成课堂任务。为了避免不同小组所搜集案例重复，各小组组长将所选案例进行提前汇总，并进行协商，确保所选案例不重复。

2. 确定所选案例后，各小组进行下一步分工，对案例进行分析、汇总。

3. 经过小组讨论后，完成实训报告及汇报 PPT。

4. 根据课时具体安排，不同小组分别选派成员对报告进行讲解，并回答其他组成员的问题。

5. 任课教师对实训课程的结果进行总结，提出相应的意见及建议。

四、实训步骤

1. 任课教师布置实训任务，介绍实训要点和搜集材料的基本方法。

2. 各小组明确任务后，按照教师指导根据具体情况进行分工。

3. 各小组定期召开小组会议，对取得成果进行总结，遇到问题及时与指导教师沟通。

4. 完成实训报告及展示所需要的 PPT 等材料，实训报告中应包括案例来源、案例分析，以及遇到的难题与解决方案、启示等内容。

5. 各小组对案例进行课上汇报，教师对各组的汇报进行点评及总结。

第二章 战略规划与市场营销管理过程

📖 **章节图解**

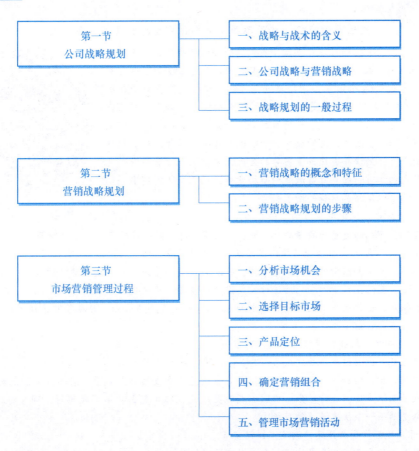

第一节 公司战略规划	一、战略与战术的含义
	二、公司战略与营销战略
	三、战略规划的一般过程

| 第二节 营销战略规划 | 一、营销战略的概念和特征 |
| | 二、营销战略规划的步骤 |

第三节 市场营销管理过程	一、分析市场机会
	二、选择目标市场
	三、产品定位
	四、确定营销组合
	五、管理市场营销活动

🎯 学习目标

知识目标：
- 了解公司战略规划的主要内容
- 掌握评价营销战略业务单位的方法
- 掌握市场营销管理过程的内容

素养目标：
- 知识学习营销战略需要战略思维与预见性
- 提高对营销战略的认知维度，将短期需求与长远谋划统一起来
- 强化营销管理过程的道德伦理与社会责任

🖊 关键概念

战略与战术，营销战略，SMART 目标准则，波士顿矩阵，产品/市场矩阵

🧊 导入案例

星巴克的战略：从西雅图小咖啡馆到全球咖啡巨头的蜕变

星巴克(Logo 见图 2-1)，这个起源于美国西雅图的小咖啡馆，在短短 30 年间，以惊人的速度成长为一个年收入超过 149 亿美元的全球咖啡巨头，其零售门店遍布 64 个国家，总数超过 2 万家。仅在美国，每周就有超过 7 000 万名顾客在星巴克享受他们钟爱的意大利经典浓咖啡。星巴克不仅提供咖啡，更创造了一个"第三场所"，成为顾客除了办公室和家之外的温馨港湾。然而，随着公司的成功，众多模仿者纷纷涌现，从直接竞争对手如驯鹿咖啡，到快餐连锁如麦当劳的麦氏咖啡，似乎所有餐馆都开始供应各具特色的咖啡。面对日益激烈的市场竞争，星巴克必须制定并实施多重增长战略，以保持其卓越的增长态势。

图 2-1　星巴克 Logo

1. 市场渗透战略：深化现有市场，提升顾客体验

首先，星巴克考虑的是市场渗透战略，即在不改变现有产品的基础上，从当前顾客群中获取更多销售。公司计划在未来 5 年内在美国增开 3 000 家门店，以吸引更多顾客。同时，星巴克通过广告、价格策略、服务优化、菜单多样化和店面设计创新等手段，鼓励顾客更频繁地光顾，延长停留时间，并增加每次光顾的消费量。例如，星巴克正对部分门店进行重新设计和装修，营造更加亲切的氛围。此外，星巴克还丰富了食品和饮料供应，如推出手工制作的苏打水和 La Boulange 品牌的糕点，并在某些市场增加了晚餐菜单，提供葡萄酒、啤酒和餐前小吃。

2. 市场开发战略：拓展新顾客群，进军新市场

其次，星巴克考虑实施市场开发战略，为其当前产品寻找并开发新的顾客群体。公司可能评估并尝试进入其他人口统计特征的市场，如鼓励老年消费者尝试星巴克或增加购买量。同时，星巴克着眼于新的地理市场，特别是亚洲市场，进行扩张。中国已成为星巴克仅次于美国的第二大市场，拥有超过 1 000 家门店，而印度则是其下一个快速进入的目标。

3. 产品开发战略：创新产品，满足多样化需求

再次，星巴克致力于产品开发战略，向现有市场提供改良或全新的产品。例如，为了在一个 20 亿美元的市场中占据一席之地，星巴克推出了 Via 牌速溶咖啡，以及适用于 Keurig 家用咖啡机的咖啡和 Tazo 茶。最近，星巴克还推出了 Blonde 轻度烘焙咖啡，以满足 40% 的美国咖啡客对轻度、中度烘焙的偏好。此外，

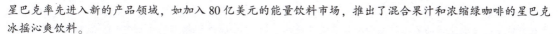

星巴克率先进入新的产品领域，如加入 80 亿美元的能量饮料市场，推出了混合果汁和浓缩绿咖啡的星巴克冰摇沁爽饮料。

4. 多元化战略：跨界拓展，开拓新业务

最后，星巴克考虑实施多元化战略，创办或收购与当前产品和市场不同的业务。例如，星巴克最近收购了提供高档鲜榨果汁的精品店 Evolution Fresh，意图利用 Evolution Fresh 品牌进入"健康"产品类别，并开设独立的 Evolution By Starbucks 商店。此外，星巴克认识到茶是仅次于水的第二大饮料，收购了茶商 Teavana，计划在未来 10 年内开设 1 000 家"Teavana 好茶和茶吧"。

综上所述，星巴克通过实施市场渗透、市场开发、产品开发和多元化等多重增长战略，不断适应市场变化，满足顾客多样化需求，保持其在全球咖啡市场的领先地位和持续增长。

引导问题：

1. 星巴克成保持全球咖啡巨头地位寻求了什么战略？
2. 针对公司战略与营销战略的内在关系，试用产品/市场矩阵分析。

第一节　公司战略规划

一、战略与战术的含义

"战略（Strategy）"一词源于希腊语，意为"将军的艺术"，原指军事方面事关全局的重大部署，现已广泛应用于社会、经济、管理等各个领域。从管理学角度讲，战略是指企业为了实现预定目标所作的全盘考虑和统筹安排。亨利·明茨伯格教授指出，战略由计划（Plan）、谋略（Ploy）、模式（Pattern）、定位（Position）和视角（Perspective）组成。换言之，战略由上述 5P 组成。

战术（Tactics）是指为实现目标的具体行动。如果说战略明确了企业努力的方向，战术则决定由何人、在何时、以何种方式、通过何种步骤将战略付诸实施。战略与战术的区别见表 2-1。

表 2-1　战略与战术的区别

战略	战术
如何赢得一场战争的概念	如何赢得一场战役的概念
包含很多因素，但其重点是战术	是一种单一的主意或谋略
用以保持竞争优势	具有某种竞争优势
是内在的，通常需要进行大量的内部组织工作	相对于产品或企业来说具有外在性，甚至不是企业自己制定的
产品导向或企业导向	沟通导向

从企业成长的规律来看，企业必须先生存才能有发展的机会，因此战术应当支配战略，然后战略推动战术。战术是直接对经营产生影响的创意，战略则为战术增添双翼，从而使企业经营展翅翱翔。

 营销案例 2-1

Lululemon 的差异化竞争战略

Lululemon（中文名：露露柠檬）成立于 1998 年，由奇普·威尔逊（Chip Wilson）在加拿大温哥华创立。起初，Lululemon 只是瑜伽馆旁的一家小店，经过二十余年的发展，现已成为全球知名的瑜伽服装品牌，被誉为"瑜伽届的爱马仕"。其产品不仅限于瑜伽服，还包括内衣、帽子、卫衣、羽绒服、T 恤等多种运动服饰及配件，深受健身爱好者的喜爱。

Lululemon 的目标市场主要定位于追求品质与时尚的"潮流都市"群体和"富裕"消费者。这些消费者活跃在大都市，注重生活品质，对运动服饰有着高要求。Lululemon 通过精准的市场定位，成功打造了高端、专业且时尚的品牌形象，满足了目标消费群体的需求。

创新的产品策略。Lululemon 聚焦女性运动服装的细分赛道，注重产品的时尚感、功能性和科技感。从瑜伽服饰到跑步、训练等多个系列，Lululemon 的产品线日益丰富。其经典面料如 Luon 等，以高弹力、高透气性著称，解决了传统瑜伽裤的痛点，拓宽了产品的应用场景。同时，Lululemon 不断研发新技术，拓展产品线，以满足不同消费者的多样化需求。

全渠道用户体验。Lululemon 在全渠道用户体验方面表现出色，通过结合直接面向消费者（Direct-to-Consumer，DTC）的销售模式，成功打造了全渠道的用户体验。将线下门店、线上商城及社交媒体等多种渠道有机结合，为消费者提供无缝的购物体验。

（1）线下门店：Lululemon 的线下门店不仅是购物场所，更是品牌文化的展示窗口和社区活动的聚集地。门店员工被称为"产品教育家"，他们不仅提供专业的产品咨询，还定期举办各类活动，增强消费者的品牌忠诚度。

（2）线上商城：Lululemon 拥有官方网站、淘宝旗舰店、微信小程序等线上购物平台，并推出 AR 虚拟试穿等新颖功能，提升消费者的购物便捷性和趣味性。

（3）社交媒体：Lululemon 充分利用小红书、抖音等社交媒体平台，通过 KOC/KOL 合作、内容营销等方式，提升品牌曝光度和用户参与度。

新市场拓展战略。Lululemon 在新市场拓展方面取得了显著成效，尤其是在中国市场。自 2013 年进入中国市场以来，Lululemon 凭借其精准的市场定位和独特的营销策略，迅速赢得了消费者的青睐。中国成为其全球收入增速最快的区域之一，门店数量也跃居全球第二。这一成功不仅为 Lululemon 带来了可观的销量增长，还提升了品牌在全球范围内的知名度和影响力。

在竞争激烈的市场环境中，Lululemon 选择差异化竞争策略，避开与耐克、阿迪达斯等传统运动品牌的正面冲突，专注于瑜伽服及运动休闲服饰领域，形成了独特的竞争优势。Lululemon 凭借其精准的目标市场定位、创新的产品策略、全渠道的用户体验及成功的新市场拓展战略，在竞争激烈的运动服饰市场中脱颖而出。

二、公司战略与营销战略

对于现代公司而言，营销战略往往是其企业战略的核心内容。因此，要理解营销战略，首先就需要了解有关企业战略的基本知识。

1. 现代公司战略一般包括的关键内容

（1）公司使命和目标。

公司的使命和目标又称为企业的经营方向，是指在较长的一段时期内企业将从事何种活动，为哪些用户和市场服务，它涉及企业的经营范围以及在整个社会分工中的地位，并把本企业和其他类型的企业区分开来。公司使命必须转化成各个管理层次和部门的具体目标。最常见的目标有盈利、销售增长、市场份额扩大、风险分散及创新等。为了便于采用，组织目标应具备层次化、数量化、现实性和协调性等条件。

（2）公司业务组合战略。

公司战略必须明确建立、扩大、维持、收缩和淘汰哪些业务。规划公司业务组合的一个有用步骤是识别和区分公司的战略业务单位，并对所有战略业务单位的盈利潜力进行评价。一般来说，战略业务单位应满足以下条件：它是一项业务或几项相关业务的集合；它有一个明确的任务；它有自己的竞争对手；它有一个专门负责的经理；它由一个或多个计划单位和职能单位组成；它能够从战略计划中获得利益；它能够独立于其他业务单位自主地制订计划。至于战略业务单位的评价方法，比较著名的有波士顿咨询公司的成长—份额矩阵，以及通用电气公司的多因素业务经营组合矩阵。

（3）新业务战略。

一个公司不仅要管理好现有的业务，还要考虑通过发展新业务，实现公司的成长。有三种成长战略可供公司选择（图 2-2）。

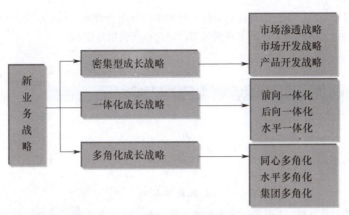

图 2-2　新业务战略

一是密集型成长战略，即在公司现有的业务领域寻找发展机会。有三种途径可以实现密集型成长，包括市场渗透战略(设法在现有市场上增加现有产品的市场份额)、市场开发战略(为公司现有产品寻找新市场)，以及产品开发战略(开发新产品)。

二是一体化成长战略，即建立或并购与目前业务有关的业务，一体化成长战略包括纵向一体化(又可以分为前向一体化和后向一体化)，以及横向一体化(即水平一体化)战略。其中，前向一体化就是通过兼并和收购若干个处于生产经营环节下游的企业实现公司的扩张和成长，如制造企业收购批发商和零售商。后向一体化则是通过收购一个或若干供应商以增加盈利或加强控制，如汽车公司对零部件制造商的兼并与收购。水平一体化就是对竞争对手的兼并与收购。

三是多角化成长战略，即寻找与公司目前业务范围无关的富有吸引力的新业务。多角化成长战略包括同心多角化(开发与公司现有产品线的技术或营销有协同关系的新产品)、水平多角化(研究开发能满足现有顾客需要的新产品)，以及集团多角化(开发与公司现有技术、产品和市场都毫无关系的新业务)。

【营销案例 2-2】宜家：逆向战略定位

2. 公司战略计划的分析框架

从公司计划的不同层次或类型来看，一个企业的内部结构及其计划、战略，存在三个层次。

一是企业总部级，企业最高层负责制订整个企业战略计划，即企业总体战略，它决定整个企业的战略方向，并决定相应的资源分配战略和新增业务战略。

二是经营单位级，一个企业内部通常会有若干个战略经营单位，分别从事不同的业务。各个经营单位要在总体战略指导下，制订自己的战略计划，即经营战略，以保证本单位的经营活动能够始终指向企业总体战略规定的目标。

三是产品级，较大的企业里，一个经营单位往往拥有若干条产品线、产品系列及品牌、项目，每一种产品都要分别制订市场营销计划，实施市场营销管理。市场营销活动及其规划，必须在战略计划的框架(图 2-3)内进行。

图 2-3　公司战略计划的框架

从市场营销部门与战略计划部门来看，市场营销部门与战略计划部门的关系密切。市场营销部门向战略计划部门提供信息和意见，以便战略计划部门对环境做出分析和评价，然后战略计划部门与各经营单位商谈目标，在这个基础上各经营单位的市场营销部门制定市场营销战略。

【营销案例2-3】中粮集团的"全产业链"战略

 营销视点 2-1

企业家论战略

华为创始人任正非谈战略，"我不仅不能预测五至十年，连三年都看不清楚，因为这个世界的发展速度实在太快了。……所以我们也不能预测三五年以后的事情，只是像'眼镜蛇'一样摆动，看到世界变化，不断跟随变得快一点，就不会被时代甩掉"。

海尔集团首席执行官张瑞敏就有一个著名的"三只眼"理论，企业必须有三只眼睛，第一只眼睛盯住内部管理，第二只眼睛盯住市场变化，第三只眼睛盯住国家宏观调控政策。

三、战略规划的一般过程

企业战略规划的步骤是：首先要确定企业的总任务；其次是根据总任务确定企业的具体目标；再次是确定企业的最佳业务组合或产品组合，并确定企业的资源在各业务单位或各产品之间的分配；最后是制定各业务单位(或各职能部门)的分战略(图2-4)。

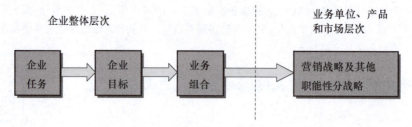

图 2-4　企业战略规划步骤

 营销视点 2-2

蓝海战略

2005 年 W. 钱·金和勒妮·莫博涅出版了《蓝海战略》一书，蓝海战略思想在全球范围内受到企业界的广泛推崇。作者基于对跨度达 100 多年、涉及 30 多个产业的 150 个战略行动的研究，提出要赢得明天，企业不能靠与对手竞争，而是要开创"蓝海"，即蕴含庞大需求的新市场空间，以走上增长之路。作者还提出了成功制定和执行蓝海战略的 6 项原则，即重建市场边界、注重全局而非数字、超越现有需求、遵循合理的战略顺序、克服关键组织障碍、将战略执行建成战略的一部分。

所谓蓝海战略，就是企业突破"红海"的残酷竞争，不把主要精力放在打败竞争对手上，而主要放在全力为买方与企业自身创造价值飞跃上，并由此开创新的"无人竞争"的市场空间，彻底甩脱竞争，开创属于自己的一片"蓝海"。红海战略是在已有的市场空间中竞争，而蓝海战略是开创无人争抢的市场空间。

蓝海战略的核心是价值创新，它是基于跨越现有竞争边界对价值元素的重新组合及对市场的重建，而不是基于对未来市场的猜测或技术上的标新立异，关键在于是否为企业和买方提供价值的飞跃，是否开启新的需求。蓝海战略要求企业把视线从竞争对手身上移到买方需求上面，通过关注产业或市场的"非顾

客"，找到重塑市场边界、开创新需求的途径。

蓝海战略思维的真谛在于跨越常规边界、独辟蹊径、重设游戏规则。

(1)确定企业的任务。

当企业规定或调整任务时，应回答这些问题：本企业经营的业务是什么？顾客是哪些人？顾客最需要的是什么？本企业未来经营的业务是什么？应当向哪个方向发展？这些问题看起来很简单，实际上很难作出准确的回答。

按传统的观点，可从产品角度或技术角度来回答，如"本公司的业务是制造计算尺"。然而，这些回答都不够恰当，因为按照市场营销观念，企业的业务活动应当被看作是一个满足顾客需要的过程，而不仅仅是一个制造某种产品的过程。产品或技术迟早会过时，会被淘汰，而市场上的基本需要却是长存的。如果企业一心只想如何制造计算尺并将企业任务规定为制造这种产品，当小型计算器大量问世的时候，企业就会同它的产品——计算尺一起被淘汰。因为顾客需要的是计算能力，小型计算器的计算能力远远胜过计算尺，它必然会取代计算尺。相反，如果企业将任务规定为满足顾客对计算能力的需要，就会注意观察这方面的市场需求动向，并及时开发更能满足这方面需求的新产品，从而使企业持久地保持竞争能力。

由此可见，企业在规定自己的任务时，应该是"市场导向"，即以市场需求为中心来规定自己的任务，应避免用"产品"或"技术"把任务定得过窄，但也不可将任务规定得过宽。例如，生产铅笔的企业如果将自己的任务规定为"生产信息传播的工具"，定得过宽，会使顾客难以理解，也会使企业职工感到方向不明。此外，企业的任务还应具有激励作用，像一只"看不见的手"，能调动起全体员工的积极性和创造性，共同为完成企业的任务而努力。表 2-2 比较了"市场导向"与"产品导向"表述使命的差异。

表 2-2　"市场导向"与"产品导向"表述使命的差异

企　业	"产品导向"表述	"市场导向"表述
玛丽化妆品公司	生产女士化妆品	创造魅力和美丽
美国电话电报公司	提供电话电报服务	提供信息沟通能力
埃克森公司	出售石油和天然气	提供能源
迪士尼公司	提供娱乐场所	组织娱乐休闲活动

界定企业任务还应考虑企业的优良传统与价值观念、企业的资源条件、企业核心能力和优势，并反映股东及管理者的意图和想法，在表达上应当富有激励性，能鼓舞人心。

(2)明确企业的目标。

企业的任务确定后，还要将这些任务具体化，为企业管理层次的目标，形成一套完整的目标体系，使每个管理人员都有明确的目标，并负责实现这些目标，这种方法又称"目标管理法"。

大多数企业、经营单位的业务，可能同时追求几个目标。若干目标项目组成了一个目标体系，从不同角度反映战略追求及业务活动所要达到的状况。同时一个较大的目标，通常又可分解为若干较小的、次级的目标。总之，确定企业目标时，要遵循 SMART 目标准则(表 2-3)。

表 2-3　SMART 目标准则

SMART 含义	简明定义
Specific	具体化
Measurable	可测量的
Attainable	可达成的
Realistic	实际的、成果型的
Time	时间具体化

（3）规划投资组合。

在确定企业任务和目标后，企业的最高管理层应着手对业务组合进行分析和规划，即确定哪些业务和产品最能使企业发挥部分优势，从而最有效地利用市场机会。

投资组合分析是企业战略规划的重要工具之一。通过这种分析，企业管理部门可对企业的各项业务进行分类和评估，然后根据其经营效果，决定给予投资的比例。对盈利的业务追加投资，对亏损的业务维持或减少投入，以便使企业资源得到最佳配置。

管理部门进行行业业务组合分析的第一步，是要辨认哪些是企业的主要业务，这些主要业务称为"战略业务单位"。一个典型的战略业务单位具有下列特征：①是一项单独的业务；②具有特定的任务；③有自己的竞争对手；④有专人负责经营；⑤掌握一定资源；⑥能从战略计划中得到好处；⑦可单独制订计划而不与其他业务发生牵连。一个战略业务单位可能是企业中的一个或几个部门，也可能是一个部门中的某种产品线，或某种产品或品牌。

管理部门进行行业业务组合分析的第二步，是评估和分析各战略业务单位的经营效果，以便进行资源配置决策。一般有专门的方法进行分析和评估，下一节中将作详细介绍。

（4）职能性战略。

企业的战略规划规定了企业的发展方向，并为每个战略业务单位确定了未来的目标。各战略业务单位为了实现既定的目标，还要制定更为详细的具体分战略，即职能性战略，如营销战略、财务战略、生产战略、人事战略等。在制定这些职能性战略时，最重要的是要处理好各种职能、各个部门之间的关系。

营销战略的内容主要由三部分构成，包括目标市场战略，营销组合战略，以及营销费用预算。若从营销管理过程的角度来看，营销战略同样可以分为三个阶段，即营销战略计划、营销战略执行和营销战略控制。其中，营销战略控制一般有年度计划控制、利润控制和战略控制三种类型。

 营销视点 2-3

华为的"五看三定"策略

"五看"包括：

一看行业趋势。瞄准行业老大，采取跟随策略，追赶行业老大，一直到行业领先。

二看客户。选择面向什么客户，不面向什么客户。华为针对运营商市场，在国内，从县城到地级市，再到省会和一线城市逐步提升；在海外，从新牌新客户到小型运营商，再到大型运营商循序渐进，从亚非拉、俄罗斯、欧洲和日本逐步提升。针对手机市场，华为先给电信运营商做贴牌手机，到中低端自主品牌手机，再到比肩苹果、三星的高端市场。洞察客户，一个最有效的办法就是成天跟客户在一起，从而捕捉、发现、理解和挖掘客户的期望及需求。

三看竞争。华为是非常谦虚地看竞争对手的，即使华为手机做到了全球第三，还一样学习 OPPO、VIVO 的渠道管理。高端手机的竞争对手是苹果和三星，华为也非常虚心地向它们学习。

四看机会。看准战略机会点，机会一旦出现，赶紧抓住，投入人力、资金等。

五看自己。每个企业都面临很多市场机会，但不一定能抓得住，看自己重点看两点：一是看财务，有多少钱可以用；二是看员工的实力，有实力才可以赢得胜利。华为从来都是找最优秀的人，创造一切条件引入最优秀的人。华为的人才厚度和梯度建设高效，在战略执行过程中，对华为来说，人才从来不是问题。

"三定"包括：

一定控制点。任何战略规划都要可控，包括风险控制，如果不可控就要放弃。

二定目标。要确定战略目标，目标根据"五看"来确定。

三定策略。策略就是具体落地，实施步骤必须细化。

第二节 营销战略规划

一、营销战略的概念和特征

营销战略是企业在现代市场营销观念的指导下，为了实现企业的经营目标，对于企业在较长时期内市场营销发展的总体设想和规划。公司营销战略是企业总战略的重要组成部分，必须与总体经营战略相吻合。

营销战略一般具有以下特征。

（1）市场性：营销战略是在市场营销观念指导下的战略。起点在市场，终点也是在市场。

（2）全局性：营销战略体现企业全局发展的需要和利益。它决定市场开发、占领和扩张的方向、速度和规模。

（3）风险性：由于环境的不确定性，公司的营销战略带有风险。然而威胁和机会是可以相互转换的，威胁也是可以化解的。

（4）多元性：市场是由人口、购买力和购买动机构成的，而影响或决定以上市场要素的因素又是多种多样的，如政治、法律、经济、技术、社会文化、地理、竞争等。

（5）可行性：企业在进行营销战略规划过程中，必须运用边际收益、现金流量和投资收益率等指标进行分析，以确保营销战略规划及其方案切实可行，具有可操作性。

 营销案例 2-4

美团的营销战略变化

美团是 2010 年 3 月成立的国内生活服务类电子商务市场的先行者。据 2019 年度财报显示，美团三大业务板块 2019 年四季度收入均实现了同比高速增长。其中，餐饮外卖业务收入同比增长 43%，至 157.2 亿元；到店酒旅业务收入同比增长 38.4%，至 64 亿元；新业务及其他分部收入同比增长 44.8%，至 61 亿元。美团抓住了市场发展的新机遇，虽技术革新的成本与压力高于后期进入的同业竞争者，但享受到的机遇优势和利润高于后期进入的同业竞争者，因而处于快速成长阶段。

美团识别到行业发展的外部支撑，细分市场里的新机会，发现科技发展对行业竞争力的影响以及供应链管理对企业竞争力的杠杆作用。因此，美团在企业战略上注重一体化战略，市场细分后避免类淘宝的业务开展，致力于餐饮外卖、生活旅游服务类的经营，联合上游供应链一起开发线下"到店、酒店及旅游业务"，同时，运用互联网科技积极创新，开发"餐饮外卖"线上平台业务，并依次衍生与线上消费有关的金融类新产品。

美团审时度势，重新分析并评估市场供需的变化，重新分析企业战略与环境、组织间的关系，发现可以利用其线下服务业的供应链资源优势以及自身具备的数字化技术开发能力，制定了积极开发多元化的线上业务、构建多场景业务协同发展、打造生态内循环的发展战略。

美团推出了"美团买菜""美团闪购"等线上业务，加速平台 B2C 业务的拓展速度。通过不断优化整合资源，包括已有的在线营销、生产及运营数字化、聚合支付、食品供应链及金融服务解决方案等，美团对外卖业务整条供应链的信息流、物流、资金流、业务流和价值流进行有效规划和管控，形成极具竞争力的战略联盟。

美团充分利用自身优势，抓住机会，基于国家"新基建"发展的总规划，快速实施一体化战略，将所有相关联系密切的经营活动纳入企业体系中，打造了全新的供应链生态体系，以求共同发展。美团不仅增加线上销售额，使本地生活领域的商家获得客源和收入，也通过供应链管理方式提供了衍生服务。例如，美团与主打 B 端食材供应链的快驴业务和餐厅管理系统（RMS）合作，为餐饮原材料采购和运营提供"一条龙"

解决方案：利用美团生意贷、美团支付等提供金融服务，与馒头招聘、美团大学等合作，为商户端提供人事招聘服务。

资料来源：根据网络资料整理

二、营销战略规划的步骤

营销战略是一种市场竞争的战略，是为占有更多的市场份额、争夺竞争的优势地位而采取的各种整体对策。它是企业经营的战略核心，是企业获得持续发展的重要保证。公司营销战略设计主要包括确定企业的使命与目标，选择适宜的市场机会，建立战略业务单位、战略评价与抉择（图2-5）。

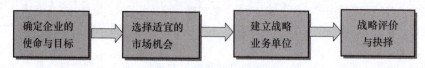

图 2-5　营销战略设计步骤

1. 确定企业的使命与目标

企业使命与目标是企业存在于社会动态环境中所要完成的特定任务或要实现的特定目标。

美国著名的管理学家彼得·德鲁克认为，明确企业的使命最重要的是要表明本企业是干什么的，将要干什么，应该干什么。

通常情况下，确定企业任务要考虑五个要素，即企业的历史、目前管理机构和股东们的偏好（企业领导往往有其个人目标和独到见解）、环境因素、企业资源、企业的竞争优势。

企业目标是企业未来一定时期内所要达到的一系列具体目标的总称，主要指标有以下五个。

（1）投资报酬率。

（2）销售收益率。

（3）销售增长率。

（4）市场占有率。

（5）产品创新与企业形象。

2. 选择适宜的市场机会

市场机会就是市场上存在的未被满足的需求。一般地，企业面对的市场机会有三种发展类型：密集性成长、一体化成长和多样化成长。相应地，市场机会也分为密集性市场机会、一体化市场机会和多样化市场机会。

（1）密集性市场机会。

密集性市场机会是指一个特定市场的全部潜力尚未达到极限时存在的市场机会。运用安索夫产品/市场矩阵（图2-6）可以对企业业务扩展（或扩展战略）进行清晰分类。

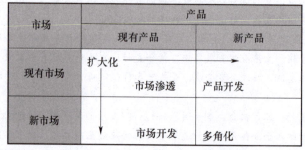

图 2-6　安索夫产品/市场矩阵

利用这样的市场机会获得业务增长有三种情况，即市场渗透、市场开发和产品开发。

①市场渗透。市场渗透是指使原有产品在原有市场上尽力保持原有顾客并力争新顾客的策略，市场渗透至少包括三方面的内容：刺激现有顾客更多地购买本企业的现有产品；考虑如何把竞争对手的顾客吸引过来，提高现有产品的市场占有率；激发潜在顾客的购买动机，促使他们购买本企业的这种产品。

②市场开发。市场开发是指以原有产品或改进型产品来争取不同消费者群和开拓新市场的策略，其主要形式是扩大现有产品的销售区域，直至进入国际市场。实施这一策略的关键是开辟新的销售渠道，并大力开展广告宣传等促销活动。

③产品开发。产品开发是指开发新产品，对产品进行更新换代以争取消费者群和开拓新市场的策略。即通过向现有市场提供多种改型变异产品(如增加花色品种、改进包装、增加服务项目等)，以满足不同顾客的需求。实施这种策略的重点是改进产品设计，同时要大力开展以产品特色为主要内容的宣传促销活动。

哈佛大学教授西奥多·莱维特曾精辟地指出："企业经营必须被看成是一个顾客满意过程，而不是一个产品生产过程。产品是短暂的，而顾客是永恒的。"市场渗透、市场开发和产品开发的策略由于迎合了这一点，因此为工商企业所称道。

(2)一体化市场机会。

一体化市场机会是指一个企业把自己的营销活动延伸到供、产、销不同环节而使自身得到发展的市场机会。利用这样的市场机会获得的一体化增长策略有三种情况，即后向一体化、前向一体化和水平一体化(图2-7)。

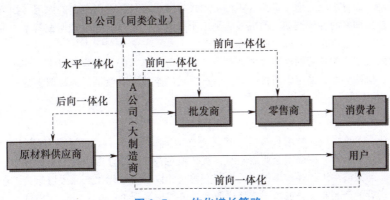

图 2-7　一体化增长策略

①后向一体化，即企业通过自办、契约、联营或兼并等形式，对其供给来源取得控制权或拥有所有权，实行供产一体化。例如，一家钢铁厂过去一直向供应商购买铁矿石，现在决定自办矿山，自行开采，这就是后向一体化；一家商场向生产产品的方向发展，实行产销一体化的做法也属此类。后向一体化的重要作用之一在于企业拥有和控制供应系统，提高了应变能力。

②前向一体化，即企业通过一定形式对其产品的加工或销售单位取得控制权或拥有所有权，从而拥有和控制其分销系统，实行产销一体化。例如，一个过去只生产原油的油田现在决定开办炼油厂，一家大型养鸡场决定自设或兼并几个销售网点，一家批发商决定增设或接管几个零售商店等，都是在实施前向一体化增长策略。

③水平一体化，又称横向一体化，是指同行业内相同类型企业的收购、兼并和重组。例如，一家企业通过接管或兼并它的竞争对手(同行业的中小型企业)，或者与同类企业合资经营等，来寻求增长的机会。

(3)多样化市场机会。

多样化市场机会是指企业利用经营范围以外的市场机会，新增与现有产品业务有一定联系或毫无联系的产品业务，实行跨行业经营所获得的市场机会。多样化增长策略也有三种形式，即同心多样化增长、水平多样化增长和集团式多样化增长(表2-4)。

表 2-4　多样化市场机会的关键因素

多样化类型	关键因素
同心多样化	技术或特长
水平多样化	市场(渠道)
集团化多样化	资金

①同心多样化增长。同心多样化增长又称同心多角化，即企业利用原有技术和特长发展新产品，增加产品品种和种类。这种做法犹如从同一圆心向外扩大业务范围，以寻求新的增长。例如，海尔集团过去的主导产品是电冰箱，近年来利用现有的设备和技术增加了电视机、空调器、洗衣机等家用电器的生产，这就属于典型的同心多样化增长方式。这种多样化经营有利于发挥企业原有的设备技术优势，其特点是投资少、风险小、易于成功。

②水平多样化增长。水平多样化增长又称横向多样化增长，即企业针对现有市场的其他需要，采用不同的技术来发展新产品，以扩大业务经营范围，寻求新的增长。这就意味着企业向现有的顾客提供他们所需要的其他产品。实行这种多样化经营，意味着企业要向其他行业或领域投资，因而有一定的风险，应具备相当的实力。但由于是为原有的顾客服务，因此易于开拓市场，有利于塑造和提升强有力的企业形象。

③集团式多样化增长。集团式多样化增长又称集团多角化，即企业通过投资或兼并等形式，把经营范围扩展到多个新兴部门或其他部门，组成混合型企业集团，开展与现有技术、现有产品、现有市场无联系的多样化经营活动，以寻求新的增长机会。实行集团式多样化增长，有财务上的原因，如为了在现实的经营中抵补季节性或周期性的各种波动，但更多的是出于战略上的考虑，如合理调配资金，或者避免能源危机、行业衰退、政局变动给企业造成的威胁等。

企业采用集团式多样化经营的动因表现在六个方面，分别是：分散风险；寻求扩张；发掘潜力；发挥绩效；产业转移；保持活力。采用集团式多样化增长方式的企业，一般是财力雄厚、拥有各类专家、具有相当声望的大公司。

3. 建立战略业务单位

任何一个企业，不论采用何种增长策略，其资金总是有限的，各种产品业务的增长机会也各不相同。鉴于此，为了实现企业目标，在确定企业战略时，就必须对各项产品业务进行分析和评价，确认哪些业务应该发展、维持、缩减或淘汰，并作出相应的投资安排与建议。为了优化产品投资组合，企业高层管理人员应首先将企业所有的产品业务分成若干个战略业务单位(Strategic Business Unit，SBU)，每个SBU都是单独的业务或一组相关的业务单位，并能单独计划、考核其营销活动和绩效。

市场营销中常用的战略业务单位评价方法有波士顿矩阵法和通用电气公司矩阵法。

(1)波士顿矩阵法。

波士顿矩阵法又称四象限分析法、波士顿咨询集团法，是由美国波士顿咨询集团首创的一种规划企业产品组合的方法(图 2-8)。

矩阵图中的纵坐标代表相对销售增长率，表示企业的各战略业务单位的相对销售增长率。假设以 10% 为界限，10% 以上为高增长，10% 以下为低增长。

矩阵图中的横坐标代表相对市场占有率，表示企业各战略业务单位的市场占有率与同行业最大的竞争者(即市场上的领导者或"大头")的市场占有率之比。如果企业的战略业务单位的相对市场占有率为 0.1，这就是说，其市场占有率为同行业最大竞争者的市场占有率的 10%；如果企业的战略业务单位的相对市场占有率为 10，这就是说，企业的战略业务单位是市场上的"大头"，其市场占有率为市场上的"二头"的市场占有率的 10 倍。假设以 1 为分界线，1 以上为高相对占有率，1 以下为低相对占有率。

对于一个拥有复杂产品系列的企业来说，一般决定产品结构的基本因素有两个，即市场引力和企业实力。市场引力包括企业销售增长率、目标市场容量、竞争对手强弱及利润高低等。其中最主要的是反映市场引力的综合指标——销售增长率，这是决定企业产品结构是否合理的外在因素。企业实力包括市场占有率、技术、设备、资金利用能力等，其中市场占有率是决定企业产品结构的内在要素，它直接显示出企业的竞争实力。销售增长率与市场占有率既相互影响，又互为条件。市场引力大，销售增长率高，可以显示产品良好的发展前景，企业也具备相应的适应能力，实力较强。

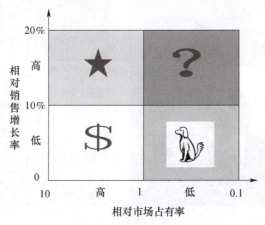

图 2-8　波士顿矩阵法

通过以上两个因素相互作用，会出现四种不同性质的产品类型，形成不同的产品发展前景。

①问题类产品。它是处于高增长率、低市场占有率象限内的产品群，说明市场机会大、前景好，而在市场营销上存在问题。其财务特点是利润率较低，所需资金不足，负债比率高。例如，在产品生命周期中处于引进期但因种种原因未能开拓市场局面的新产品，即属于问题类产品。对问题类产品应采取选择性投资战略，即首先确定该象限中那些经过改进可能会成为明星类的产品，对其进行重点投资，提高市场占有率，使之转变成"明星类产品"；对其他将来有希望成为明星类的产品，则在一段时期内采取扶持的政策。因此，对问题类产品的管理组织，最好采取智囊团或项目组织等形式，选拔有规划能力、敢于冒风险、有才干的人负责。

②明星类产品。它是指处于高增长率、高市场占有率象限内的产品群，这类产品可能成为企业的厚利产品。其财务特点是具有一般水平的利润率和负债比率，但由于该类产品增长较快而显得资金不足，需要加大投资以支持其迅速发展。采用的发展战略是，积极扩大经济规模和市场机会，以长远利益为目标，提高市场占有率，加强竞争地位。明星类产品的发展战略、管理与组织最好采用事业部形式，由对生产技术和销售两方面都很内行的经营者负责。

③金牛类产品。金牛类产品又称厚利产品，它是指处于低增长率、高市场占有率象限内的产品群，已进入成熟期。其财务特点是销售量大，产品利润率高，负债比率低，可以为企业提供资金，而且由于增长率低，也无须增大投资，因而成为企业回收资金、支持其他产品尤其是明星类产品投资的后盾。对这一象限内的大多数产品，市场占有率的下跌已成不可阻挡之势，因此可采用收获战略，即所投入资源以达到短期收益最大化为限。具体的做法是：a. 把设备投资和其他投资尽量压缩；b. 采用榨油式方法，争取在短时间内获取更多利润，为其他产品提供资金支持。金牛类产品适合于用事业部进行管理，其经营者最好是市场营销型人才。

④瘦狗类产品。瘦狗类产品又称衰退类产品，它是处在低增长率、低市场占有率象限内的产品群。其财务特点是利润率低，处于保本或亏损状态，负债比率高，无法为企业带来收益。对这类产品应采用撤退战略。首先是减少批量，逐渐撤退，对那些销售增长率和市场占有率均极低的产品应立即淘汰；其次是将剩余资源向其他产品转移；最后是整顿产品系列，最好将瘦狗类产品与其他事业部合并，统一管理。

(2)通用电气公司矩阵法。

通用电气公司矩阵法较波士顿咨询集团的方法有所发展。它用"多因素投资组合矩阵"来对企业的战略业务单位加以分类和评价(图 2-9)。矩阵图中的七个圆圈代表某企业的七个战略业务单位。圆圈大小表示各个单位所在行业(市场)大小，圆圈内的空白部分表示各个单位的市场占有率。例如，圆圈 D 表示战略业务单位所在行业是一个较小的行业，但其市场占有率较大(37.5%)；圆圈 B 表示战略业务单位所在行业是中等行业，其市场占有率为 25%。

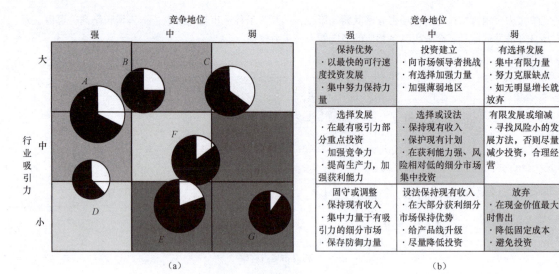

图 2-9　通用电气公司矩阵法
(a)某企业的七个战略业务单位；(b)矩阵诠释

通用电气公司认为，企业在对其战略业务单位加以分类和评价时，除了要考虑市场增长率和市场占有率之外，还要考虑许多其他因素。这些因素可以分别包括在以下两个主要变量之内。

①行业吸引力，包括市场大小、市场年增长率、历史利润率、竞争强度、技术要求、由通货膨胀所引起的脆弱性、能源要求、环境影响，以及社会、政治、法律的因素等。矩阵图中的纵坐标代表行业吸引力，以大、中、小概括地表示。

②竞争地位，即战略业务单位在本行业中的竞争能力，包括市场占有率、市场占有率增长、产品质量、品牌信誉、商业网、促销力、生产能力、生产效率、单位成本、原料供应、研究与开发成绩以及管理人员等。矩阵图中横坐标代表战略业务单位的竞争地位或竞争能力，以强、中、弱概括地表示。如果行业吸引力大，企业的战略业务单位的竞争地位又强，显然这种业务是最好的业务。

企业的最高管理层对上述两大变量中的各个因素都要批分数（最高分数为5分），而且各个因素都要加权，求出各个变量的加权平均分数。

从表2-5可以看出，战略业务单位A(处于矩阵图的左上角，即圆圈A)的行业吸引力的加权平均分数为3.45，其竞争地位的加权平均分数为3.90。

表 2-5　战略业务单位 A 的行业吸引力与竞争地位

分类	项目	批分数	权数	加权值
行业吸引力	市场大小	4	0.20	0.80
	年市场增长率	5	0.20	1.00
	历史利润率	4	0.15	0.60
	竞争强度	2	0.15	0.30
	技术要求	3	0.15	0.45
	由通货膨胀引起的脆弱性	3	0.05	0.15
	能源要求	2	0.05	0.10
	环境影响	1	0.05	0.05
	社会、政治、法律的因素	必须是可接受的		
			1.00	3.45

分类	项目	批分数	权数	加权值
战略业务单位的竞争地位	市场占有率	4	0.10	0.40
	市场占有率增长	4	0.15	0.60
	产品质量	4	0.10	0.40
	品牌信誉	5	0.10	0.50
	商业网	4	0.05	0.20
	促销力	5	0.05	0.25
	生产能力	3	0.05	0.15
	生产效率	2	0.05	0.10
	单位成本	3	0.15	0.45
	原料供应	5	0.05	0.25
	研究与开发成绩	4	0.10	0.40
	管理人员	4	0.05	0.20
			1.00	3.90

多因素投资组合矩阵图分为三个地带。

①左上角地带又叫作"绿色地带"，这个地带的三个小格是"大强""中强""大中"。对这个地带的战略业务单位要"开绿灯"，采取增加投资和发展的战略。

②从左下角到右上角的对角线地带又叫作"黄色地带"，这个地带的三个小格是"小强""中中""大弱"。这个地带的行业吸引力和战略业务单位的竞争地位总的说来是"中中"。因此，企业对这个地带的战略业务单位要"亮黄灯"，采取维持现状的战略。

③右下角地带又叫作"红色地带"，这个地带的三个小格是"小弱""小中""中弱"。总的来说，这个地带的行业吸引力偏小，战略业务单位的竞争地位偏弱。因此，企业对这个地带的战略业务单位要"亮红灯"，采取"收割"或"放弃"的战略。例如，矩阵图中的战略业务单位 G（即圆圈 G），其竞争地位弱，行业吸引力又小，企业对这种单位应考虑采取"收割"或"放弃"的战略。

根据上述分类、评价和战略，企业的最高管理层还要绘制出各个战略业务单位的计划位置图，并据此决定各战略业务单位的目标和资源分配预算。而各个战略业务单位的最高管理层和市场营销人员的任务是贯彻执行好最高管理层的决定和计划。例如，如果企业的最高管理层决定对某战略业务单位采取"收割"战略，市场营销人员就必须制订一个适当的"收割"的市场营销计划，如适当减少研究与开发投资、降低产品质量和减少服务、减少广告和推销人员开支、提高价格等。如果企业的最高管理层决定对某战略业务单位采取"放弃"战略，市场营销人员就要向企业提出应当经营哪些新业务、生产哪些新产品等意见。

4. 战略评价与抉择

营销战略方案评价与选择，是企业营销战略形成阶段的最后一项工作。企业在进行战略选择时，首先要对外部环境和竞争状况进行分析，掌握环境变化给企业的生存与发展带来哪些机会和威胁，同时分析与竞争对手相比本企业具有哪些优势与劣势，以便抓住机遇，减少威胁，扬长避短。在进行战略选择时广泛采用 SWOT 分析方法。

对外部环境分析可从客观环境和行业竞争环境两个层面进行（图 2-10）。客观环境是指那些给企业带来市场机会或造成环境威胁的主要社会力量，包括政治/法律、经济/人口、技术/资源、社会/文化等方面的因素，这些因素将直接地或间接地对企业发展战略施加影响。行业竞争环境因素主要有潜在竞争威胁、替代品的威胁、顾客讨价还价能力、供应商讨价还价能力，以及行业中现有竞争对手之间的竞争状况。

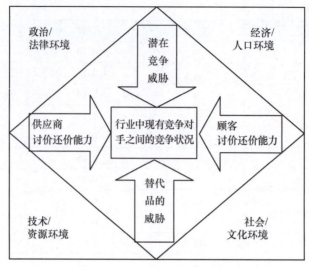

图 2-10　环境分析框架

根据哈佛大学的迈克尔·波特的竞争战略理论，企业可选择的营销战略有三种类型：成本领先、市场差异化、市场集中化（图 2-11）。

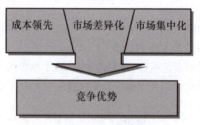

图 2-11　竞争战略的选择

华为国际化战略之路

华为（Logo 见图 2-12），这家起源于中国深圳的科技企业，自 20 世纪 90 年代中后期起，在创始人任正非的领导下，确立了"全球电讯市场三分天下必有华为"的宏伟愿景。这一愿景不仅彰显了华为对国际市场的雄心壮志，也为其后续的国际化战略奠定了坚实的基础。华为品牌的全球化进程，从 B2B 层面起步，逐步扩展到 B2C 领域，通过一系列卓有成效的战略举措，成功跻身"Interbrand 全球最佳品牌 100 强"，成为全球 ICT（Information and Communications Technology，信息与通信技术）行业的领军企业。

图 2-12　华为 Logo

1. 通过切实有效的传播沟通，获得海外公众的信任

在华为国际化的初期，面临着诸多挑战。外国公众对中国的认知有限，加之中国产品"质次价低"的刻板印象，使华为在国际市场上的推广尤为艰难。为此，华为采取了"请进来、走出去"的策略，即邀请海外客户及合作伙伴访问中国，同时积极将产品和服务推向国际市场。

"新丝绸之路"计划：华为组织国外运营商参观中国的北京、上海、深圳等城市，特别是深圳坂田基地，通过实地考察，让海外客户亲身体验中国的现代化发展和华为的技术实力。这一举措极大地增强了海外客户对华为品牌的认知和信任，为后续的合作奠定了坚实的基础。

精准传播与"滴灌模型"：华为采用了精准传播的方式，即"滴灌模型"，确保让应该知道华为的人群了解华为品牌。华为创建了一支由资深技术人员组成的撰稿队伍，定期发布技术趋势、解决方案、应用案例等文章，提升产品和品牌的认知度。此外，华为还积极参与国际展览，如 ITU 展会，通过大规模、高质量的展台展示其最先进的技术和产品，吸引全球运营商的关注。

2. "东方快车计划"——品牌国际化规划的确立

2004 年，华为在欧洲启动了"东方快车计划"，与全球知名咨询公司合作，对自身品牌进行了全面评估与规划，旨在打造一个国际主流的电信制造商品牌。推动华为向国际化和职业化迈进。

在"东方快车计划"的指导下，华为取得了显著成就。2010 年，华为进入世界 500 强；2014 年，华为成为首家进入"Interbrand 全球最佳品牌 100 强"的中国企业，并在此后连续多年蝉联榜单，品牌价值持续提升。这些成就不仅改变了国外对中国企业生产低端廉价产品的印象，也提升了中国品牌在全球市场中的地位。

3. 围绕国际目标市场客户需求，苦练"内功"

华为深知，品牌建设是由内而外的过程。为了提升市场反应能力和品牌竞争力，华为围绕国际目标市场客户需求，苦练"内功"，加强自主核心技术研发，推动组织结构和企业文化的国际化。

全球研发体系：华为在海外设立了 22 个地区部、100 多个分支机构，并在美国、德国、瑞典、俄罗斯、印度等地设立了 17 个研究所。这一全球同步的研发体系汇聚了全球的技术、经验和人才，确保产品一上市就与市场同步。每个研发中心的研究侧重点和方向不同，更加贴近客户需求，快速响应市场变化。

本地化战略：华为在全球设立了 36 个培训中心，为当地培养技术人员，并大力推行员工的本地化。这一战略不仅增强了华为在当地的影响力，也提高了其服务质量和响应速度。

典型案例：华为在多个国际市场上的成功案例证明了其苦练"内功"的成效。例如，在新加坡市场，华为通过开发 NGN（下一代网络）项目成功打开了市场；在荷兰市场，华为为 Telfot 提供分布式基站方案，最终进入欧洲市场；在日本市场，华为通过严格的审核和持续改进，赢得了 KDDI 等客户的信赖和合作。

4. 通过合作，融入全球产业链，结成利益共同体

华为深知，在全球化的背景下，任何企业都难以独善其身。因此，华为积极与业务伙伴合作，构建合作伙伴联盟，融入全球产业链。

与跨国企业合作：华为与沃达丰、SAP、埃森哲、Infosys、GE、微软等跨国企业建立了战略合作伙伴关系，共同开发新技术、新产品和新市场。这些合作不仅提升了华为的技术水平和市场影响力，也为其带来了更多的商业机会和合作伙伴。

合资成立公司：华为将国内与中国邮电系统合作成立莫贝克公司的模式复制到国际市场。例如，华为与 3Com 公司合资成立了华为 3Com 公司，通过技术和人力的支持快速进入国际市场并降低市场拓展成本。

构建利益共同体：华为通过与当地运营商合资成立公司等方式结成利益共同体，共同分享市场成果和商业机会。这种合作模式不仅增强了华为的本地化运营能力，也提升了其在国际市场上的竞争力。

结语

华为的国际化战略之路是一条充满挑战与机遇的道路。通过切实有效的传播沟通、品牌国际化规划的确立、苦练"内功"及加强与业务伙伴的合作等措施，华为成功打破了国际市场的壁垒，提升了品牌形象。

第三节　市场营销管理过程

市场营销管理过程就是用系统的方法分析企业业务和找寻市场机会，把市场机会变为企业有利可图的商业机会，就是企业为实现其任务和目标而发现、分析、选择和利用市场机会的管理过程，一般由分析市场机会、选择目标市场、产品定位、确定营销组合、管理市场营销活动五个步骤组成，见图2-13。

图2-13　市场营销管理过程五个步骤

一、分析市场机会

由于市场需要不断变化，任何产品都有其生命周期，因此任何企业都不能永远依靠其现有产品过日子。每一个企业都必须经常寻找、发现新的市场机会。市场营销管理人员可采取以下方法来寻找、发现市场机会。

（1）收集市场信息。

市场营销管理人员通过对市场资讯的收集、分析与整理，来寻找、发现或识别未满足的需要和新市场机会，如通过参加展销会、研究竞争者的产品、调查研究消费者的需要等。

（2）分析产品/市场矩阵。

市场营销管理人员可运用产品/市场矩阵（图2-14）来寻找、发现增长机会。

例如，某化妆品公司的市场营销管理人员考虑是否采取一些措施，在现有市场上扩大香波产品的销售（市场渗透）；或者考虑是否采取一些措施，在国外市场扩大香波产品的销售（市场开发）；还可以考虑是否向现有市场提供发胶，或者改进香波产品的包装、成分等，以满足市场需

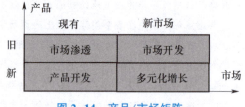

图2-14　产品/市场矩阵

要，扩大销售（产品开发）；甚至可以考虑是否投入服装、家用电器等行业，跨行业经营多种多样的业务（多元化增长）。经验证明，这是企业寻找、发现市场机会的一种很有用的方法。

（3）进行市场细分。

市场包括多种类型的顾客、产品和需要，因此营销管理人员通过细分市场来寻找企业的最佳市场机会，拾遗补阙。例如，近年来，许多中国本土知名手机厂家，就是通过市场细分，发现机会，纷纷进入中高档市场，并取得了骄人的业绩。

二、选择目标市场

所谓目标市场，就是企业经过比较、选择、决定要进入的那个市场部分。选择目标市场的关键在于确定目标市场范围战略。一般，企业可采取的目标市场范围战略有五种（图2-15）。

（1）产品/市场集中。它指企业仅生产一种产品，为一个小市场服务。这种模式只适用于规模较小的企业。

（2）产品专业化。它指企业为多个细分市场提供同一种产品。

（3）市场专业化。它指企业为某一细分市场同时提供多种性能不同的产品，以满足该市场顾客的不同需求。

（4）选择性专业化。它指企业同时进入几个经过选择的细分市场，为其提供所需要的不同产品。

（5）全面覆盖。它指企业为所有的细分市场提供所需要的各种产品。这种模式一般适用于处在领导地

位的大企业或企业集团。

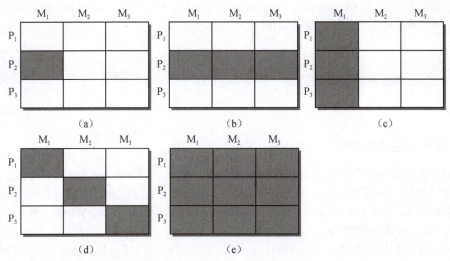

图 2-15　目标市场范围战略示意

（a）产品/市场集中；（b）产品专业化；（c）市场专业化；（d）选择性专业化；（e）全面覆盖

三、产品定位

产品定位是指产品相对于竞争对手而言在消费者心目中所处的位置。在市场营销学中，产品定位、市场定位、竞争性定位这三个术语往往交替使用。市场定位是指为了使产品在目标消费者心目中相对于竞争产品而言占据清晰、特别和理想的位置而进行的安排；竞争性定位是指为赢得竞争优势，使目标消费者很容易把产品从其他竞争产品中区分开来，企业的管理当局决定在目标市场上，和竞争者的产品相比较，公司应当提供何种产品。这三个术语实质上都是同一个概念。

四、确定营销组合

市场营销组合是企业市场营销战略的一个重要组成部分。所谓市场营销战略，就是企业根据可能机会，选择一个目标市场，试图为目标市场提供一个有吸引力的市场营销组合，市场营销 4P 组合见图 2-16。

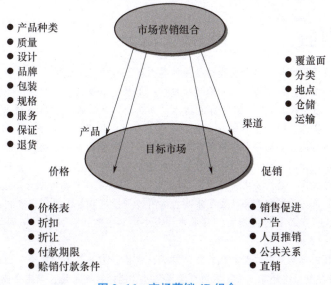

图 2-16　市场营销 4P 组合

值得注意的是，市场营销组合不是4P的简单相加，而是对产品、价格、渠道、促销四个因素的优化组合。此外，市场营销组合是一个动态组合，而不是静态组合，故企业在实际营销过程中必须根据各因素的变化情况并考虑到外部环境因素，适时调整营销组合的内容及结构。

 【营销案例2-6】标杆立顿

五、管理市场营销活动

市场营销管理过程的第五个步骤是管理市场营销活动，即执行管理和控制市场营销计划，这是整个市场营销管理过程中的一个关键性步骤。彼得·德鲁克说，计划等于零，除非它变成工作。因此，制订市场营销计划仅仅是市场营销管理工作的开始，执行和管理才是关键。营销控制就是管理者为使实际营销成果与预期目标一致而采取的必要措施。

营销控制的步骤是确定控制对象、设置控制目标、建立衡量尺度、确立控制标准、比较实绩与标准、分析偏差原因和采取改进措施。

营销控制的基本方式有以下三种。

（1）年度计划控制。

年度计划控制的负责人是最高主管和企业中层经理，控制的目的是检查计划目标是否达到。具体方法有销售额分析、市场占有率分析、销售额/费用比例分析和顾客满意跟踪。

（2）获利性控制。

实施获利性控制的负责人是市场营销控制人员。控制的目的是检查企业从哪里赚钱，在哪里赔钱，具体是对各产品、地区、细分市场、分销渠道等的获利性进行分析。

（3）战略控制。

实施战略控制的负责人是最高主管和市场营销审计人员。控制的目的是检查企业是否最大限度和最有效率地利用了它的市场营销机会，具体方法是市场营销审计。市场营销审计的程序是：①了解企业目标，确定审计范围；②检查各项企业目标的实现情况；③确定在计划执行时是否付出了足够努力；④检查企业组织内信息沟通、权责分配是否合理；⑤提出改进意见。

本章小结

本章系统阐述了公司战略规划与营销战略管理的基本概念和流程。战略是全局性的长远规划，而战术是实现战略的具体行动方案。战略规划的一般过程包括：①制定企业任务，明确企业的经营方向和业务范围；②确定企业目标，基于 SMART 原则，制定具体、可测量、可达成、有挑战性且有时间限制的目标；③规划投资组合，确定资源分配；④制定职能性战略包括营销、财务、生产等具体职能部门的战略规划。营销战略是战略公司战略的核心部分，直接关联到企业的市场定位和竞争优势；它具市场性、全局性、风险性、多元性和可行性。营销战略的规划内容包括确定企业使命与目标、选择适宜的市场机会、建立战略业务单位、战略评价与抉择。通过安索夫的产品/市场矩阵，分析现有产品和新市场组合，帮助企业识别增长机会，如市场渗透、市场开发和产品开发等策略。运用波士顿矩阵等工具，采取相对销售增长率和相对市场占有率两个维度，将产品分为问题类、明星类、金牛类和瘦狗类，并针对不同类别提出相应的发展战略。

市场营销管理过程由一系列的战略和执行活动构成，包括：①分析市场机会，通过收集市场信息、分析产品/市场矩阵、进行市场细分等方法，识别市场机会。②选择目标市场，确定企业进入的市场范围，采用产品/市场集中、产品专业化、市场专业化、选择性专业化或全面覆盖等策略。③产品定位，明确产品在目标消费者心目中的位置，与竞争对手区分开来。④确定营销组合，制定包括产品、价格、分销、促销在内的营销组合策略。⑤管理营销活动，执行和控制营销计划，确保实际成果与预期目标一致，包括年度计划控制、获利性控制和战略控制。营销战略可以确保企业的所有行为对准客户需求，对企业的业绩增长起作用，正确理解营销战略在公司战略规划中的作用与地位是十分关键的。习近平总书记在党的二十大报告中指出："继续推进实践基础上的理论创新，首先要把握好新时代中国特色社会主义思想的世界观和方法论，坚持好、运用好贯穿其中的立场观点方法。"并强调"六个坚持"的世界观和方法论，必须坚持人民至上、坚持自信自立、坚持守正创新、坚持问题导向、坚持系统观念、坚持胸怀天下。企业营销战略需要服从国家政策，把自身的战略规划融入到国家的战略规划中。

中国市场经济有自己的发展规律和独特性，企业的市场空间是由国家方针政策引领与创造的，了解中国国情，掌握国家的政策，驾驭市场发展规律，找准企业的定位是做好营销战略规划的前提。因此从战略上，中国企业营销是国家战略引领下的营销，是基于国家发展战略的营销，既要适应外部环境及其变化趋势，又要与内部条件所提供的资源能力相匹配。企业制定总体战略规划要明确三个终极问题，即使命（存在的目的）、愿景（去哪里）、价值观（如何去，遵循并提倡什么样的行为准则），通过产品和服务的创新为客户创造价值，才能保证企业的健康持续的发展。

数字时代进入了客户驱动时代，市场营销战略的核心需要利用数字技术提升消费者体验、增强品牌影响力和市场竞争力。数字技术为精准营销、个性化服务提供了可能，提升了营销效率和效果。企业需要不断适应和创新，始终以客户为中心，聚焦客户的需求，在快速变化的市场环境中，不断审视和调整自身战略，以适应移动互联时代带来的挑战和机遇。

 案例评析

梅西百货全渠道模式

梅西百货公司（Macy's），是美国联合百货公司旗下公司（1994年美国联合百货公司收购了梅西百货公司）。梅西百货公司创建于1858年，是美国的著名连锁百货公司，其旗舰店位于纽约市海诺德广场（Herald Square）。作为一家主要经营高档服装、高档鞋帽和高档家庭装饰品的高档百货公司，梅西百货一直把自己的品质定位于"高档"。后来，美国著名企业家内森·施特劳斯收购了梅西百货，更是把"高档"这个理念从产品推广到服务上。内森要求百货公司的每一位推销员不仅要了解商品的背景资料和商品质量、成分、生产过程和使用的情况，还要了解消费者切实的需要和产品对客人的适用性。

过去几年，梅西百货走出了金融危机的低谷，市值和销售规模连续增长。2012年，梅西百货销售收入277亿美元，比2009年高出了42亿美元。

梅西百货走出危机的三大法宝是——MY MACY'S（我的梅西百货）、MAGIC SELLING（魔力销售）、OM-NICHANNEL（全渠道战略），看起来花哨的词语，分别代表着本地化、线上线下资源的整合，以及服务品质。

● MY MACY'S（我的梅西百货）

通过对消费者、公司高层、供应商及行业专家的调研，梅西百货于2008年春季开始了一波本地化的战略。比如，为了了解并满足不同地区顾客的真实想法，他们会雇用一些本地人来运营商场。除了分辨东西海岸顾客的不同喜好，作为一家百货公司，梅西百货一直强调购物体验的重要性。在美国的几个主要节假日，梅西百货都会安排一些活动，一方面吸引顾客，另一方面为自身做广告。

● MAGIC SELLING（魔力销售）

梅西百货公司相继推出了"给消费者赠品法""消费者竞赛有奖法""赠品积分法""新产品实地表演法""产品陈列宝""时装表演"等推销办法，有力地促进了各种商品的销售。

"女性顾客占据了很重要的位置。"梅西百货总裁兰格伦说。梅西百货公司2012年数据显示，男性和儿

童商品的销量仅占总销量的23%，"与其他顾客不同的是，她们更倾向于在实体店购物，因为她们希望搭配不同的衣服试穿、试妆，同时也希望有人能够为自己提供意见"。"MAGIC"里的"G"，代表多向顾客提供建议。

"由于价格不同，人们选择电子产品或家电时可能会找最便宜的，但在梅西百货，有46%的商品在别处无法买到。"兰格伦说。

梅西商品集团是梅西百货公司的子公司之一，负责梅西百货自有品牌以及一些特许品牌的设计、开发和市场推广，这些品牌的存在更能够保证梅西百货的商品不同于竞争对手。除此之外，梅西百货还会在全世界范围内寻找那些冉冉升起的年轻设计师，并采购他们独一无二的商品。

- OMNICHANNEL（全渠道战略）

事实上，美国人已经习惯于通过不同的方式购物。比如在线下，人们可以在逛街时用手机搜索附近的商场，通过对比找到适合自己的购物场所，或者干脆待在家里，在网上下订单。为此，梅西百货试图整合线上线下以及移动终端的资源，推行全渠道战略。兰格伦曾将此解释为"通过科技手段来达到存货的最优化配置"。2012年，梅西百货约有9%，即30亿美元的销售额来自网站。

然而，本地化、购物体验和渠道整合这"三驾马车"的意义却不止于此，还在于实现"1+1+1＞3"的效果。借助于本地化策略，曾经仅专注于美国东西海岸的梅西百货，将门店开遍全国。截至2013年2月，梅西百货的实体店数目已有840余家。

对于单纯的电子商务公司来说，物流和仓储意义重大。可兰格伦想要"建更多的百货商店，而不是仓库"。因此渠道的整合顺理成章，线上购买的商品可以直接从商店送到消费者手中，价格基本一致。而800多家商店同时扮演了仓库的角色，提高了库存的效率，"毕竟人们不能去仓库里买东西"。同时，本地化策略往往会使消费者选择距离自己最近的商品，这也减轻了物流的压力。而且渠道的整合能够改善购物体验：一是顾客可以在商场试用商品后再做决定，降低了退货的概率——"一些顾客经常会发现在网上买的没法搭配家里的衣服"，但是如果在梅西百货，店内的服务人员会记得你在这里买过的衣服，从而为你提供更专业的建议；二是如果在网上买的不合适，可以直接拿到实体店退货，用不着再把衣服放进盒子里，邮回仓库。最终，这种"三位一体"的无缝对接使梅西百货在美国成了后金融危机时代的领先百货公司。

资料来源：孟德阳，梅西百货全渠道模式，英才，2013.6，经改写

评析： 电商的爆发式增长，使消费者的购物习惯发生了变化，这对实体零售商构成了巨大的挑战。以自营模式和自主品牌经营为主的梅西百货，发展的全渠道模式值得学习与借鉴。

思考题

1. 什么是战略？战略与战术有什么区别？
2. 简述制定公司战略的主要步骤。
3. 描述公司营销战略的设计步骤及内容。
4. 波士顿矩阵法的主要内容有哪些？
5. 什么是差异化战略？举例说明。
6. 营销组合的基本内容有哪些？
7. 阐述营销管理过程的主要步骤。

本章实训

一、实训目的

通过对实践案例的整理和分析，学生对公司战略与营销战略有感性的认知，理解战略规划的步骤和战

略类型，及其对企业的发展意义，能够发现当前环境下营销创新的机遇和挑战。

二、实训内容

1. 实训资料：搜集中外企业发展失败案例各一个。

2. 具体任务：根据本章对公司战略和营销战略的介绍，分小组讨论分析案例。

3. 任务要求：

(1) 分析案例中的企业为什么失败，应采取什么行动避免更大损失；

(2) 总结企业发展中容易出现的战略失误；

(3) 假如您是一名经理人，您如何保证您的企业做对的事。

三、实训组织

1. 根据全班上课人数，将全班同学分成若干小组，采取组长负责制，全体组员协作完成课堂任务。为了避免不同小组所搜集案例重复，各小组组长将所选案例进行提前汇总，并进行协商，确保所选案例不重复。

2. 确定所选案例后，各小组进行下一步分工，对案例进行分析、汇总。

3. 经过小组讨论后，完成实训报告及汇报 PPT。

4. 根据课时具体安排，不同小组分别选派成员对报告进行讲解，并回答其他组成员的问题。

5. 任课教师对实训课程的结果进行总结，提出相应的意见及建议。

四、实训步骤

1. 任课教师布置实训任务，介绍实训要点和搜集材料的基本方法。

2. 各小组明确任务后，按照教师指导根据具体情况进行分工。

3. 各小组定期召开小组会议，对取得成果进行总结，遇到问题及时与指导教师沟通。

4. 完成实训报告及展示所需要的 PPT 等材料，实训报告中应包括案例来源、案例，分析及遇到的难题与解决方案、启示等内容。

5. 各小组对案例进行课上汇报，教师对各组的汇报进行点评及总结。

第三章 市场营销环境分析

📖 章节图解

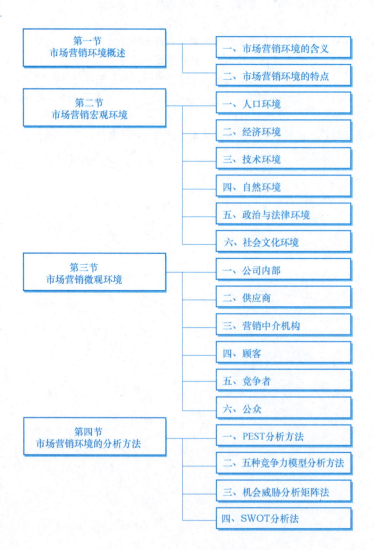

| 第一节
市场营销环境概述 | 一、市场营销环境的含义 |
| | 二、市场营销环境的特点 |

第二节 市场营销宏观环境	一、人口环境
	二、经济环境
	三、技术环境
	四、自然环境
	五、政治与法律环境
	六、社会文化环境

第三节 市场营销微观环境	一、公司内部
	二、供应商
	三、营销中介机构
	四、顾客
	五、竞争者
	六、公众

第四节 市场营销环境的分析方法	一、PEST分析方法
	二、五种竞争力模型分析方法
	三、机会威胁分析矩阵法
	四、SWOT分析法

学习目标

知识目标：
- 了解市场营销环境的特点
- 掌握宏观营销环境和微观营销环境的内容
- 学会市场营销环境的分析方法

素养目标：
- 了解中国情境下的营销环境与中国崛起的关系
- 提高理解环境变化中的趋利避害、转危为机策略
- 强调自然环境的变化对企业发展要求

关键概念

市场营销环境，市场营销宏观环境，市场营销微观环境

导入案例

一嗨租车，绿色出行引领者

一嗨租车创立于2006年，公司总部位于上海，在全国500多座城市开设了10 000多个服务网点，现拥有200余种车型，8万多台租赁车辆，服务范围覆盖全国。公司定位于综合性汽车出行服务提供商和绿色出行引领者，始终坚持"分享、环保、创新、和谐"的企业理念，致力于通过为消费者开发"时尚、自由、创新"的产品，让租车这种绿色分享的出行方式为更多人所接受。一嗨租车在推动低碳出行、碳减排与碳中和方面采取了积极有效的措施，取得了显著成效。

1. 引进新能源车辆

一嗨租车积极引进新能源车辆，与小鹏、比亚迪、特斯拉等新能源汽车品牌合作，致力于推动新能源汽车的普及与落地。目前，一嗨租车已拥有超过20种可选择的电动车型，占总车队规模的近20%。这一举措不仅减少了碳排放，还提升了用户对新能源车辆的接受度和使用体验。此外，一嗨租车还通过超充体系共建、车辆运营与用户服务体验提升等方式，与品牌汽车商展开深层次合作，推动新能源车辆服务形式的革新。

2. 推广绿色出行理念

一嗨租车秉持"改善国人出行方式，优化社会资源配置"的使命，通过发起征集活动、与媒体合作等方式，积极宣传绿色出行理念，引导用户养成环保的出行习惯。例如，一嗨租车曾携手《中国新闻周刊》发起"共倡绿色出行，共享美好生活——我是一嗨绿色出行合伙人"绿色出行经历与故事的分享活动，在微博引发热议，有效提升了公众对绿色出行的关注度和参与度。

3. 运用大数据分析，提供差异化服务

通过云计算和大数据分析技术，一嗨租车能够集中整合数据，得到精准的车辆状态和用户行为偏好，制定更加精准的运营策略，包括优化门店和取车点选址、优化车型配置及车辆调度方案等；为满足不同用户的需求，一嗨租车提供经济型、舒适型、SUV、高端车、商务车、新能源车等多种车型选择，并支持全国范围内的异地还车服务。同时，一嗨租车推出免车辆押金、智能蜂巢柜取还车等业界领先的创新服务，进一步提升了服务质量和用户满意度。

据统计，2022年在一嗨租车与其用户共同努力下，共减少碳排量逾160万吨，为中国实现"碳达峰"

"碳中和"战略目标贡献了自己的力量。

引导问题：

1. 一嗨租车为什么会成为汽车出行服务行业的领先者？
2. 什么类型的企业才能实现可持续发展？

第一节　市场营销环境概述

一、市场营销环境的含义

美国著名市场学家菲利普·科特勒对市场营销环境的解释是，市场营销环境是指影响企业的市场和营销活动的不可控制的因素的总和。具体地说就是：影响企业的市场营销管理能力，使其能卓有成效地发展和维持与其目标顾客交易及关系的外在参与者和影响力。因此，市场营销环境是指直接或间接影响企业营销活动的所有外部力量和相关因素的集合，是企业营销职能外部的不可控制的因素和力量。

根据影响力的范围和作用方式，市场营销环境可以分为微观营销环境和宏观营销环境。微观营销环境指与企业紧密相连，直接影响其营销能力的各种参与者，这些参与者包括企业的供应商、营销中间商、顾客、竞争者、公众及影响营销管理决策的企业内部各个部门。宏观营销环境指影响企业微观环境的一系列巨大的社会力量，包括人口、经济、政治、法律、科学技术、社会文化及自然等多方面的因素(图3-1)。

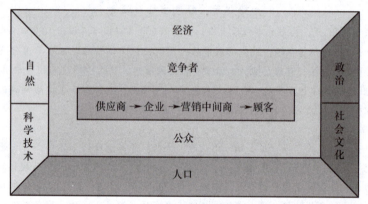

图 3-1　市场营销环境

微观营销环境与宏观营销环境之间不是并列关系，而是主从关系，微观营销环境受制于宏观营销环境，微观环境中所有的分子都要受宏观环境中各种力量的影响。微观环境直接影响和制约企业的市场营销活动，而宏观环境主要以微观营销环境为媒介间接影响和制约企业的市场营销活动，营销环境对企业的作用见图3-2。

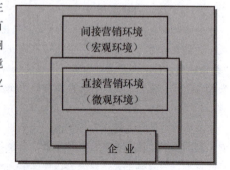

图 3-2　营销环境对企业的作用

二、市场营销环境的特点

1. 客观性

企业总是在特定的社会经济和其他外界环境条件下生存、发展的。企业无法摆脱和控制营销环境，企业往往难以按自身的要求和意愿随意改变。环境对企业营销活动的影响具有强制性和不可控性。

2. 差异性

市场营销环境的差异性不仅表现在不同的企业受不同环境的影响，而且同样一种环境因素的变化对不同企业的影响也不相同。出于外界环境因素的差异性，企业必须采取不同的营销策略才能应付和适应市场营销环境。

3. 相关性

市场营销环境是一个系统，在这个系统中，各个影响因素是相互依存、相互作用和相互制约的。营销环境某一因素的变化，会带动其他因素的相互变化，形成新的营销环境。

4. 多变性

营销环境是企业营销活动的基础和条件，但这并不意味着营销环境是一成不变的、静止的。构成营销环境的诸因素都受众多因素的影响，每一环境因素都随着社会经济的发展而不断变化。

5. 不可控性

影响市场营销环境的因素是多方面的，也是复杂的，并表现出企业不可控性。例如，一个国家的政治法律制度、人口增长以及一些社会文化习俗等，企业不可能随意改变。

6. 可影响性

企业可以通过对内部环境要素的调整与控制，来对外部环境施加一定的影响，最终促使某些环境要素向预期的方向转化。现代营销学认为，企业经营成败的关键，就在于企业能否适应不断变化着的市场营销环境。"适者生存"既是自然界演化的法则，也是企业营销活动的法则。

【营销案例 3-1】两名推销员的故事

第二节　市场营销宏观环境

市场营销宏观环境包括六大因素，即人口、经济、技术、自然、政治与法律和社会文化因素(图3-3)。相对于微观营销环境，宏观营销环境对组织的作用是间接的，影响的范围也更广。企业和它们的供应商、营销服务企业、顾客、竞争者和公众，都在这样一个宏观环境中运作，争取机会，应对挑战。

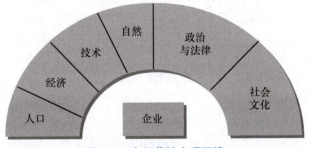

图 3-3　市场营销宏观环境

一、人口环境

人口是构成市场的第一位因素，因为市场是由那些想购买商品同时又具有购买力的人构成的。因此，人口的多少直接决定市场的潜在容量，人口越多，市场规模就越大。人口的多寡、性别、出生率、死亡率、年龄结构、家庭人数、地区人口数等变化，对企业的短期和长期营销工作来说，都具有深远的意义。

1. 人口规模

一个国家或地区的总人口数量，是衡量市场潜在容量的重要因素。人口越多，如果收入水平不变，则对食物、衣着、日用品的需要量也越多，市场也就越大。因此，按人口数目可大概推算出市场规模。对企业而言，应该准确掌握市场的人口数量，这有利于准确判断市场潜力。

 **营销视点 3-1**

人口数量与增长速度对企业营销的影响

人口数量是决定市场规模和潜量的一个基本要素。一方面，人口增加，给企业营销带来积极影响。随着人口增长，能源供需矛盾将进一步扩大，研制节能产品和技术的企业会有更多市场空间，而人口增长将使住宅供需矛盾日益加剧，这就给建筑业及建材业的发展带来机会。另一方面，人口的迅速增长，也会给企业营销带来不利的影响。比如人口增长可能导致人均收入下降，限制经济发展，从而使市场吸引力降低。又如房屋紧张引起房价上涨，从而增大企业产品成本。另外，人口增长还会对交通运输产生压力，企业对此应予以关注。

2. 人口结构

人口结构主要包括人口的年龄结构、性别结构、家庭结构、社会结构及民族结构。

（1）年龄结构。

不同年龄的消费者对商品的需求不一样。人口年龄结构的变化趋势是，许多国家人口老龄化加速、出生率下降，引起市场需求变化。人口老龄化现象，将会使诸如保健用品、营养品、老年人生活必需品等市场兴旺。

（2）性别结构。

性别差异也会带来消费需求的差异，不同性别的人在购买习惯与购买行为上有着很大的差别，反映到市场上就会出现男性用品市场和女性用品市场。

（3）家庭结构。

家庭是购买、消费的基本单位。一个市场拥有家庭单位和家庭平均成员的多少，以及家庭组成状况等，对市场消费需求的潜量和需求结构都有十分重要的影响。比如，家庭数量的剧增必然会引起对炊具、家具、家用电器和住房等需求的迅速增长。

（4）社会结构。

人口社会结构是根据人的社会标识划分得到的，主要有人口阶级、民族、宗教、语言和婚姻家庭结构。

（5）民族结构。

民族不同，其生活习性、文化传统也不相同。因此，企业营销者要注意民族市场的营销，重视开发适合各民族特性、受其欢迎的商品。

3. 人口的地理分布

地理分布指人口在不同地区的密集程度。人口的这种地理分布表现在市场上，就是人口的集中程度不同，则市场大小不同；消费习惯不同，则市场需求特性不同。

4. 人口的区间流动

除了国家之间、地区之间、城市之间的人口流动外，研究表明，发达国家人口流动有一个突出的现象，就是城市人口向农村流动，而在发展中国家是从农村流向城市。对于人口流入较多的地方而言，一方面，由于劳动力增多，就业问题突出，从而加剧行业竞争；另一方面，人口增多也使当地基本需求量增加，消费结构发生一定的变化，继而给当地企业带来较多的市场份额和营销机会。

二、经济环境

经济环境是指企业市场营销活动所面临的社会经济条件及其运行状况和发展趋势。它包括微观经济环境和宏观经济环境两方面。经济状况关系着消费者的购买力，实际经济购买力取决于现行收入、价格、储蓄、负债及信贷。

1. 微观经济环境

微观经济环境是指从消费者个体出发来考虑消费者购买力的组成和发展，主要包括消费者收入、支出、储蓄和信贷等内容。下面简单介绍消费者收入和消费者支出。

（1）消费者收入。

消费者的购买力来自消费者的收入，但消费者并不是把全部收入都用来购买商品或劳务，购买力只是收入的一部分。因此，在研究消费收入时，应明确国民生产总值、人均国民收入、个人可支配收入和个人可任意支配收入之间的联系与区别。此外，企业营销人员在分析消费者收入时，还要区分"货币收入"和"实际收入"，只有"实际收入"才影响"实际购买力"。

 营销视点 3-2

与消费者收入有关的概念

国民生产总值

国民生产总值是衡量一个国家经济实力与购买力的重要指标。从国民生产总值的增长幅度，可以了解一个国家经济发展的状况和增长速度。

人均国民收入

人均国民收入是用国民收入总量除以总人口的比值。这个指标大体反映了一个国家人民生活水平的高低，也在一定程度上决定商品需求的构成。

个人可支配收入

个人可支配收入是在个人收入中扣除税款和非税性负担后所得余额，它是个人收入中可以用于消费支出或储蓄的部分，它构成实际的购买力。

个人可任意支配收入

个人可任意支配收入是在个人可支配收入中减去用于维持个人与家庭生存不可缺少的费用（如房租、水电、食物、燃料、衣着等项开支）后剩余的部分。这部分收入是消费需求变化中最活跃的因素，也是企业开展营销活动时所要考虑的主要对象。

（2）消费者支出。

消费者支出主要从两方面来考虑：消费者支出模式和消费结构。收入在很大程度上影响着消费者支出模式与消费结构。随着收入的变化，消费者支出模式与消费结构也会发生相应变化。

研究表明，消费者支出模式与消费结构，不仅与消费者收入有关，而且受以下因素影响：家庭生命周期所处的阶段、家庭所在地与消费品生产供应状况、城市化水平、商品化水平、劳务社会化水平、食物价格指数与消费品价格指数变动是否一致等。比如，没有孩子的年轻人家庭，往往把更多的收入用于购买家具、家电、陈设品等耐用消费品上，而有孩子的家庭，则在孩子的娱乐、教育等方面支出较多，而用于购买家庭消费品的支出减少。当孩子长大独立生活后，家庭收支预算又会发生变化，用于保健、旅游、储蓄部分的支出就会增加。

 营销视点 3-3

恩格尔系数

1853—1880 年，德国统计学家恩斯特·恩格尔曾对比利时不同收入水平的家庭进行调查，并于 1895 年发表了《比利时工人家庭的日常支出：过去和现在》一文。文章分析收入增加影响消费支出构成的状况，指出收入的分配与收入水平相适应形成一定比率，此比率依照收入的增加而变化。在将支出项目按食物、衣服、房租、燃料、教育、卫生、娱乐等费用分类后，恩格尔发现收入增加时各项支出比率的变化情况为：食物所占比率趋向减少，教育、卫生与休闲支出比率迅速上升。食物费用占总支出的比例，称为恩格尔系数，恩格尔系数=食物支出变动百分比/收入变动百分比。

恩格尔系数是衡量一个国家、地区、城市、家庭生活水平的重要参数。食物开支占总消费量的比重越大，恩格尔系数越高，生活水平越低；反之，食物开支所占比重越小，恩格尔系数越小，生活水平越高。

2. 宏观经济环境

除了上述直接影响企业市场营销活动的微观经济环境外，一些宏观经济环境因素对企业的营销活动也会产生或多或少的影响。宏观经济环境对市场营销活动的影响主要来自两方面：经济发展阶段和经济形势。

（1）经济发展阶段。

经济发展阶段直接影响企业市场营销活动。经济发展阶段高的国家和地区，着重投资于精密、自动化程度高、性能好的生产设备；在重视产品基本功能的同时，比较强调款式、性能及特色；大量进行广告宣传及营业推广活动，非价格竞争较占优势；分销途径复杂且广泛，制造商、批发商与零售商的职能逐渐独立，小型商店的数目下降。美国学者罗斯托（W. W. Rostow）根据他的"经济成长阶段"理论，将世界各国的经济发展归纳为五种类型：①传统经济社会；②经济起飞前的准备阶段；③经济起飞阶段；④迈向经济成熟阶段；⑤大量消费阶段。凡属前三个阶段的国家称为发展中国家，而处于后两个阶段的国家称为发达国家。

（2）经济形势。

国际、国内的经济形势，国家、地区乃至全球的经济繁荣与萧条，对企业市场营销都有重要的影响。问题还在于，国际或国内经济形势都是复杂多变的，机遇与挑战并存，企业必须认真研究，力求正确认识与判断，确定相应的营销战略和计划。

 营销视点 3-4

基尼系数

基尼系数是国际上用来综合考察居民内部收入分配差异状况的一个重要分析指标，由意大利经济学家科拉多·基尼于1922年提出，具体指在全部居民收入中，用于进行不平均分配的那部分收入占总收入的百分比。

基尼系数最大为"1"，最小等于"0"。前者表示居民之间的收入分配绝对不平均，即100%的收入被一个单位的人全部占有了；后者则表示居民之间的收入分配绝对平均，即人与人之间收入完全平等，没有任何差异。但这两种情况只是在理论上的绝对化形式，在实际生活中一般不会出现。因此，基尼系数的实际数值只能介于0与1之间。

目前，国际上用来分析和反映居民收入分配差距的方法和指标很多。基尼系数由于给出了反映居民之间贫富差异程度的数量界线，可以较客观、直观地反映和监测居民之间的贫富差距，预报、预警和防止居民之间出现贫富两极分化，因此得到世界各国的广泛认同和普遍采用。

按照国际惯例，基尼系数在0.2以下，表示居民之间收入分配"高度平均"，0.2~0.3之间表示"相对平均"，在0.3~0.4之间表示"比较合理"，同时，国际上通常把0.4作为收入分配贫富差距的"警戒线"，认为0.4~0.6之间表示"差距偏大"，0.6以上表示"高度不平均"。

三、技术环境

技术环境的影响是爆炸性、全盘性的，它带给我们的是一种"创造性的破坏"，例如，集成电路取代了晶体管，复印机扼杀了复写纸，录像机影响电视的收视率，传真机取代电传。技术的进步极大地影响经济结构，进而左右市场的变化，甚至创造新的市场，如互联网技术的出现，电子商务的飞速发展改变了营销方式，创新了商业模式，改变了传统的商业业态，出现淘宝网、携程网、京东商城等。一种新技术的应用，可以为企业创造一个明星类产品，产生巨大的经济效益，也可以迫使企业的一种成功的传统产品不得不退出市场。例如，避孕药的发明造成了更小的家庭、更多的职业和更多的"可随意支配的收入"，这样就引起了市场需求的变化，给饮食、旅游、航空等行业创造了新的市场营销机会。

四、自然环境

自然物质是指自然界提供给人类各种形式的物质财富，如矿产资源、森林资源、土地资源、水力资源等。企业应意识到营销活动要受自然环境的影响，还要考虑对其所处的自然环境进行保护的问题。营销管理者应注意自然环境面临的难题和趋势，如很多资源短缺、环境污染严重、能源成本上升等，因此，从长期的角度来看，自然环境应包括资源状况、生态环境和环境保护等方面，许多国家政府对自然资源管理的干预也日益加强。在资源短缺、全球气候变暖的情况下，低碳经济成为未来的发展趋势，它是依靠太阳能、风能、水能等可再生资源为主要能源，以低能耗、低排放、低污染为特征的新型经济发展方式。人类只有一个地球，自然环境的破坏往往是不可弥补的，企业营销战略中实行生态营销、绿色营销等，都是维护全社会长期福利的必然要求。

【营销案例3-2】松下的环境经营体系

五、政治与法律环境

政治与法律环境是影响企业营销的重要的宏观环境因素。政治环境是指企业市场营销的外部政治形势。政府的方针、政策，指明了国民经济发展的方向和速度，也直接关系社会购买力的提高和市场消费需求的增长变化。法律环境是指国家或地方政府颁布的各项法规、法令和条例等。法律环境对市场消费需求的形成和实现，具有一定的调节作用。政治与法律相互联系，共同对企业的市场营销活动施加影响。

 营销视点3-5

碳减排的国际案例：《巴黎协定》、巴黎奥运会与碳减排及可持续发展

在全球气候变化形势日益严峻的背景下，碳减排已成为国际社会共同关注的议题。《巴黎协定》的签署为全球应对气候变化提供了行动框架，而各国政府、企业和国际组织正通过具体行动推动碳减排目标的实现。巴黎奥运会作为国际性的大型体育赛事，在碳减排和可持续发展方面作出了积极贡献，成为一个值得借鉴的国际案例。

《巴黎协定》于2015年通过，旨在通过加强国际合作，共同应对气候变化，控制全球平均气温升幅在工业化前水平以上不超过 $2°C$，并努力不超过 $1.5°C$。该协定明确了各国自主贡献（NDCs）的目标，要求各国根据自身国情确定减排目标和行动计划，并加强国际合作与交流。

自《巴黎协定》签署以来，各国政府纷纷制定并实施了碳减排政策和措施。例如，欧盟通过碳排放交易系统（ETS）实现了碳排放的有效控制；中国则通过推广新能源、提高能效等措施，在碳减排方面取得了显著成效。同时，企业和国际组织也积极参与碳减排行动，共同推动全球气候治理进程。

2024年巴黎奥运会提出了雄心勃勃的碳减排目标，即与前几届奥运会相比，将比赛的碳排放量减少一半，努力控制在150万吨二氧化碳以内；承诺其温室气体排放量将比2012年伦敦奥运会和2016年里约热内卢奥运会的排放量减少一半；新建奥运村主要使用木材和低碳水泥，并依靠自然通风减少能源消耗；奥运会结束后，这些建筑将被改造成社会住房，实现资源再利用。这一目标既反映了国际奥委会的《奥林匹克2020+5议程》，也符合2015年各国政府签署的《巴黎气候变化协定》。

巴黎奥运会不仅注重碳减排，还积极推广可持续发展理念。通过举办环保教育活动、推广绿色出行方式等措施，提高公众对环境保护和可持续发展的认识和参与度。同时，巴黎奥运会还注重与当地社区的合作与交流，确保奥运遗产能够长期惠及当地居民。

巴黎奥运会在碳减排和可持续发展方面的实践具有重要的国际意义。它展示了体育赛事在推动全球气候治理和可持续发展方面的巨大潜力。通过制定并实施具体的碳减排措施和可持续发展策略，巴黎奥运会为其他大型体育赛事和国际活动树立了典范。同时，它也促进了国际社会在碳减排和可持续发展方面的交流与合作，共同推动全球气候治理进程。

1. 政治环境

（1）政治局势。

政治局势是指企业营销所处的国家或地区的政局稳定状况。一个国家的政局稳定与否会给企业营销活动带来重大的影响，特别是在对外营销活动中，国家一定要考虑东道国政局变动和社会稳定情况可能造成的影响。政局稳定，生产发展，人民安居乐业，就会给企业造成良好的营销环境。而战争、暴乱、罢工、政权更替等政治事件都可能对企业营销活动产生不利影响，会迅速改变企业生存环境。

（2）方针政策。

各个国家在不同时期，根据不同需要颁布一些经济政策，制定经济发展方针，这些方针、政策不仅影响本国企业的营销活动，还影响外国企业在本国市场的营销活动。诸如人口政策、能源政策、物价政策、财政政策、金融与货币政策等，都为企业研究经济环境、调整自身的营销目标和产品构成提供了依据。

2. 法律环境

企业研究并熟悉法律环境，既保证自身严格依法管理和经营，也可运用法律手段保障自身的权益。尤其是从事国际市场营销的企业，必须对有关国家的法律制度和有关的国际法规、国际惯例和准则，进行学习研究并在实践中遵循。

六、社会文化环境

社会文化主要是指一个国家、地区的民族特征、价值观念、生活方式、风俗习惯、宗教信仰、伦理道德、教育水平、语言文字等的总和。文化对市场营销的影响是多方面的，对所有营销的参与者都有着重大影响。企业的市场营销人员应分析、研究和了解社会文化环境，以针对不同的文化环境制定不同的营销策略。

1. 教育状况

教育程度不仅影响劳动者的收入水平，而且影响消费者对商品的鉴别力，影响消费者心理、购买的理性程度和消费结构，从而影响企业营销策略的制定和实施。

2. 宗教信仰

纵观历史上各民族的消费习惯的产生和发展，可以发现宗教是影响人们消费行为的重要因素之一。一些国家和地区的宗教信仰在信徒购买决策中有重大影响。

 【营销案例 3-3】指南针地毯

3. 价值观念

价值观念就是人们对社会生活中各种事物的态度和看法。在不同的文化背景下，人们的价值观念相差很大，消费者对商品的需求和购买行为深受价值观念的影响。

4. 消费习俗

消费习俗是人类各种习俗中的重要习俗之一，是人们历代传递下来的一种消费方式，也可以说是人们在长期经济与社会活动中形成的一种消费风俗习惯。消费习俗在饮食、服饰、居住、婚丧、节日、人情往来等方面都表现出独特的心理特征和行为方式。

5. 审美观念

人们在市场上挑选、购买商品的过程，实际上也就是一次审美活动。因此，企业营销人员应注意消费者审美观的变化，把消费者对商品的评价作为重要的反馈信息，使商品的艺术功能与经营场所的美化效果融合为一体，以更好地满足消费者的审美要求。

第三节 市场营销微观环境

企业的微观营销环境主要由企业的供应商、营销中介机构、顾客、竞争者、公众以及企业内部参与营销决策的各部门组成(图 3-4)。

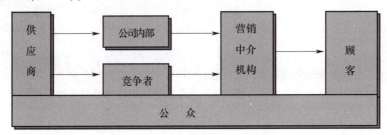

图 3-4 企业的微观营销环境

供应商—公司内部—营销中介单位—顾客这一链条构成了公司的核心营销系统。一个公司的成功，还受到另外两个群体的影响，即竞争者和公众。

一、公司内部

公司内部是指公司内部组织划分和层级以及非正式组织所构成的整体。公司内部环境不仅强调组织的正式和非正式结构，更强调组织成员的协作关系。公司内部环境是企业市场营销环境的中心。

营销管理者在制订营销计划时，必须考虑到与公司其他部门的协调，如与最高管理者、财务部门、研究开发部门、采购部门、生产部门和会计部门等的协调，因为正是这些部门构成了公司内部环境。

二、供应商

供应商是影响企业营销微观环境的重要因素之一。供应商是指向企业及其竞争者提供生产产品和服务所需资源的企业或个人。供应商所提供的资源主要包括原材料、设备、能源、劳务、资金等。原材料、零部件、能源及机器设备等货源的保证，是企业营销活动顺利进行的前提。

三、营销中介机构

营销中介机构是协助公司推广、销售和分配产品给最终买主的那些企业。它们包括中间商、实体分配公司、市场营销服务机构及金融机构等。

1. 中间商

中间商是协助公司寻找顾客或直接与顾客进行交易的商业企业。中间商分两类：代理中间商和经销中间商。代理中间商(如代理人、经纪人、制造商代表等)专门介绍客户或与客户磋商交易合同，但并不拥有商品持有权。经销中间商(如批发商、零售商和其他再售商)购买产品，拥有商品持有权，再出售商品。

2. 实体分配公司

实体分配公司协助公司储存产品和把产品从原产地运往销售目的地。实体分配公司包括仓储公司和运输公司。

3. 市场营销服务机构

市场营销服务机构是指市场调研公司、广告公司、各种广告媒介及市场营销咨询公司，它们协助企业选择最恰当的市场，并帮助企业向选定的市场推销产品。

4. 金融机构

金融机构包括银行、信贷公司、保险公司，以及其他对货物购销提供融资或保险的各种公司。公司的营销活动会因贷款成本的上升或信贷来源的限制而受到严重的影响。

 【营销案例3-4】"沃尔玛"携手供应商实施"绿色供应链"

四、顾客

顾客是指企业产品或服务针对的对象，也就是企业目标市场的成员。企业的一切营销活动都应以满足顾客的需要为中心。顾客是企业最重要的环境因素。企业的目标市场可以是下列五种顾客市场中的一种或几种。

1. 消费者市场

消费者市场是指个人和家庭购买商品及劳务以供个人消费。

2. 产业市场

产业市场是指组织机构购买产品与劳务，供生产其他产品及劳务所用，以达到赢利或其他的目的。

3. 中间商市场

中间商市场是指组织机构购买产品及劳务用以转售，从中赢利。

4. 政府市场

政府市场是指政府机构购买产品及劳务以提供公共服务或把这些产品及劳务转让给其他需要的人。

5. 国际市场

国际市场是指买主在国外，包括外国消费者、生产厂、转售商及政府。

 营销视点3-6

市场竞争对手分析与研究，主要关注三类竞争对手：直接竞争对手、替代性竞争对手和跨界性竞争对手(表3-1)。

表3-1　三类竞争对手

分类	竞争对手	举例
基于产品视角	直接竞争对手	如青岛啤酒与百威啤酒，格力家电与美的家电
基于顾客视角	替代性竞争对手	如传统电视与网络视频平台
	跨界性竞争对手	如传统电视与互联网电视，支付宝、微信支付与传统银行支付业务

五、竞争者

企业的营销系统总是被一群竞争者包围和影响着，必须识别和战胜竞争对手，才能在顾客心中确定其所提供产品的地位，以获取战略优势。一般来说，一个企业在市场上所面对的竞争者主要有以下几类。

1. 愿望竞争者

愿望竞争者指提供不同产品以满足不同需求的竞争者。消费者的需要是多方面的，但很难同时满足，在某一时刻可能只能满足其中的一个需要。消费者经过慎重考虑作出购买决策，往往是提供不同产品的厂商为争取该消费者成为现实顾客竞相努力的结果。

2. 属类竞争者

属类竞争者指提供不同产品以满足同一种需求的竞争者。例如，消费者为锻炼身体准备购买体育用品，他要根据年龄、身体状况和爱好选择一种锻炼的方法，选择是买篮球，还是买泳衣，抑或是买哑铃，这些产品的生产经营者就是属类竞争者。

3. 产品形式竞争者

产品形式竞争者指满足同一需要的产品的各种形式间的竞争。同一产品，规格、型号不同，性能、质量、价格各异，消费者将在充分收集信息后作出选择。比如，购买彩电的消费者，要对彩电规格、性能、质量、价格等进行比较后再作出决策。

4. 品牌竞争者

品牌竞争者指满足同一需要的同种形式产品不同品牌之间的竞争。比如，购买洗衣机的顾客，可在同一规格进口洗衣机各品牌以及国产海尔、荣事达、小天鹅等品牌之间作出选择。

【营销案例3-5】谁是可口可乐的竞争者

六、公众

公众就是对一个组织完成其目标的能力有着实际或潜在兴趣或影响的群体。所有的企业都必须采取积极措施，树立良好的企业形象，力求保持和主要公众之间的良好关系。一般来说，企业面对的公众主要有以下几种类型。

1. 金融界

金融界对企业的融资能力有重要的影响。金融界主要包括银行、投资公司、证券经纪行、股东。

2. 媒介公众

媒介公众指那些刊载、播送新闻、特写和社论的机构，特别是报纸、杂志、电台、电视台。

3. 政府机构

企业管理当局在制订营销计划时，必须认真研究与考虑政府政策与措施的变化。

4. 公民行动团体

一个企业营销活动可能会受到消费者组织、环境保护组织、少数民族团体等组织的质询。

5. 地方公众

每个企业都同当地的公众团体，如邻里居民和社区组织，保持联系。

6. 一般公众

企业需要关注一般公众对企业产品及经营活动的态度。虽然一般公众并不是有组织地对企业采取行动，但是一般公众对企业的印象却影响着消费者对该企业及其产品的看法。

7. 内部公众

企业内部的公众包括蓝领工人、白领工人、经理和董事会。大公司还通过发业务通知和采用其他信息沟通方法，向企业内部公众通报信息并激励他们的积极性。当企业雇员对自己的企业感到满意的时候，他们的态度也会感染企业以外的公众。

第四节　市场营销环境的分析方法

市场营销环境分析的任务就是对外部环境各要素进行调查研究，以明确其现状和变化发展的趋势，从中区分对企业发展有利的机会和不利的威胁，并且根据企业自身情况制定相应的对策。企业常用的分析市场营销环境的方法有 PEST 分析方法、五种竞争力模型分析方法、机会威胁分析矩阵法和 SWOT 分析法。

一、PEST 分析方法

PEST 分析方法是一种关于企业营销外部环境分析方法，它主要是通过对政治（Politics）、经济（Economy）、社会（Society）、技术（Technology）四个方面进行分析，为企业制定营销战略（图 3-5）。

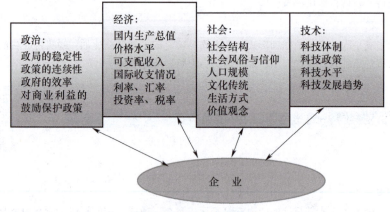

图 3-5　PEST 分析方法

二、五种竞争力模型分析方法

五种竞争力模型（Five Forces Model）是由哈佛商学院教授迈克尔·波特提出的。在任何行业中，无论是国内还是国际，也无论是提供产品还是服务，竞争的规则都包含在五种力量内。该模型（图 3-6）是行业分析中最经典的分析模型，它第一次从各个角度对行业分析进行了全面的刻画。通过对这五种竞争力量的分析可以明确企业的优势和劣势，确定企业的市场地位。

1. 行业竞争对手（现有公司间的竞争）

现有公司间的竞争是五种力量中最强大的。为了赢得市场地位和市场份额，它们通常不惜代价。在有些行业中，竞争的核心是价格；在有些行业中，价格竞争很弱，竞争的核心在于产品或服务的特色、产品革新、质量和耐用度、保修、售后服务、品牌形象。

现有公司间的竞争是一个动态的、不断变化的过程。竞争不但有强弱之分，而且各厂家对价格、质量、性能特色、客户服务、保修、广告、分销网络、产品革新等因素的相对重视程度也会随时间不同而发生变化。影响竞争加剧的情况有以下几种。

◆ 当一家或几家竞争厂商看到了一个更好满足客户需求的机会或出于改善产品性能的压力之下时，竞

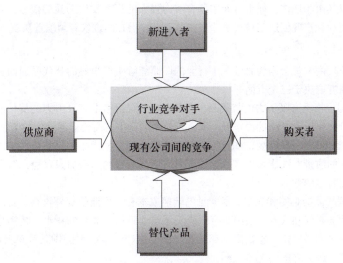

图 3-6　五种竞争力模型

争就会变得更加剧烈。

◆ 当竞争厂商的数量增加，或竞争厂商在规模和能力方面相抗衡的程度提高时，竞争会加剧。

◆ 当产品的需求增长缓慢时，竞争的强度通常会加剧。

◆ 当行业环境迫使竞争厂商降价或使用其他竞争策略增加产量时，竞争会加剧。

◆ 当客户转换品牌的成本较低时，竞争会加剧。

◆ 当一个或几个竞争厂商不满其现有市场地位从而采取有损其竞争对手的行动加强自己的竞争地位时，竞争会加剧。

◆ 当退出某项业务比继续经营下去的成本高时，竞争会加剧。

◆ 当行业之外的公司购并本行业的弱小公司，并采取积极的、以雄厚资金为后盾的行动，试图将其新购并的厂商变成主要的市场竞争者时，竞争一定会加剧。

评估竞争的激烈程度，关键是准确判断公司间的竞争会给盈利能力带来多大的压力。如果竞争行动降低了行业的利润水平，那么可以认为竞争是激烈的；如果绝大多数厂商的利润达到了可接受的水平，竞争为一般程度；如果行业中的绝大多数公司可以获得超过平均水平的投资回报，则竞争是比较弱的，具有一定的吸引力。

2. 新进入者

一个市场的新进入者往往会带来新的生产能力和资源，希望在市场上占有一席之地。对于特定的市场来说，新进入者所面临的竞争威胁来自进入市场壁垒和现有厂商对其作出的反应。新进入者进入市场的壁垒通常常有以下几种。

◆ 规模经济。

◆ 不能获得的关键技术和专业技能。

◆ 品牌偏好和客户忠诚度。

◆ 资源要求。

◆ 与规模经济无关的成本劣势。

◆ 分销渠道。

◆ 政府政策。

◆ 关税及国际贸易方面的限制。

进入市场壁垒的高低取决于潜在进入厂商所拥有的资源和能力。除了进入壁垒，新进入者还应考虑现有厂商作出什么样的反应，它们是只作出一些消极抵抗，还是会通过诸如降价、加大广告力度、改善产品以及其他措施来捍卫其市场地位？如果行业中原有财力强大的厂商发出明显的信号，要捍卫其市场，或者原有厂商通过分销商和客户群创造某种优势来维护其业务，潜在的进入者须慎重从事。

3. 替代产品

某个行业的竞争厂商常常会因为另外一个行业的厂商能够生产很好的替代品而面临竞争。来自替代产品的竞争压力，其强度取决于三个方面。

◆ 是否可以获得价格上有吸引力的替代品。容易获得并且价格上有吸引力的替代品往往会产生竞争压力。如果替代品的价格比行业产品的价格低，那么行业中的竞争厂商会遭遇降价的竞争压力。

◆ 在质量、性能和其他一些重要的属性方面的满意度如何。替代品的易获得性不可避免地刺激客户去比较彼此产品或服务的质量、性能和价格，这种压力迫使行业中的厂商加大攻势，努力说服购买者相信其产品有卓越的品质和有益的性能。

◆ 购买者转向替代品的难度和成本。最常见的转换成本有：可能的额外价格、可能的设备成本、测试替代品质量和可靠性的时间和成本、断绝原有供应关系建立新供应关系的成本、转换是获得技术帮助的成本、员工培训成本等。如果转换成本很高，那么替代品的生产上就必须提供某种重要的成本或性能利益，来诱惑原来行业的客户脱离之前的关系。

因此，一般来说，替代品的价格越低，替代品的质量和性能越高，购买者的转换成本越低，替代品所带来的竞争压力就越大。

4. 供应商

如果供应商拥有足够的谈判权，在定价、所供应产品的质量和性能或者交货的可靠度上有很大的优势，那么供应商就会具有一种强大的竞争力量。

供应商是一种弱势竞争力量还是一种强势竞争力量，取决于其所在行业的市场条件和所提供产品的重要性。如果供应商提供的是一种标准产品，可以通过开放市场由大量具有巨大生产能力的供应商提供，那么与供应商相关的竞争压力就会很小，可以很容易地从一系列有一定生产能力的供应商那里获得所需的一切供应，甚至可能从加工商那里分批购买以推动订单竞争。在这种情况下，只有当供应出现紧缺而购买者又急于保证供应时，供应商才会拥有某种市场权力。如果有很好的替代品，而购买者的供应转换既无难度代价又不高，那么供应商的谈判地位就会处于劣势。

5. 购买者

如果购买者能够在价格、质量、服务或其他的销售条款上拥有一定的谈判优势，那么购买者就会成为一种强大的竞争力量。

一般来说，大批量采购使购买者拥有相当的优势，从而可以获得价格折让和其他一些有利的条款。即使购买者的采购量并不大，或者也不能给卖方厂商带来重要的市场或某种声誉，购买者在下列情形仍然有一定程度的谈判优势。

◆ 购买者转向竞争品牌或替代品的成本相对较低：一旦购买者拥有较高的灵活性，可以转换品牌或者可以从几家厂商采购，购买者就拥有很大的谈判空间。如果产品之间没有差别或差别很小，转换品牌就相对容易，付出的成本很小或无须付出成本。

◆ 购买者的数量较小：购买者的数量越小，厂商在失去已有的客户后去寻找替代客户就越不容易。为了不丢失客户，厂商更加愿意给予某种折让或优惠。

◆ 购买者对厂商的产品、价格和成本所拥有的信息越多，所处的地位就越强。

◆ 购买者向后整合到卖方厂商业务领域的威胁越大，所获得的谈判优势就越大。

三、机会威胁分析矩阵法

机会和威胁分析，是企业战略规划的基础。机会是营销环境中对企业营销有利的各项因素的总和。威胁是营销环境中对企业营销不利的各项因素的总和。对环境中的威胁分析主要从两个方面着眼：一是分析威胁对企业的影响程度，二是分析威胁出现的概率，并将这两个方面结合在一起，威胁分析矩阵见图3-7。

企业在威胁分析的基础上还必须进一步进行机会分析。机会分析的思路同威胁分析思路相仿，一是考虑机会给企业带来的潜在利益大小，二是考虑机会出现的概率大小，机会分析矩阵见图3-8。其分析的思路同威胁分析矩阵相同。

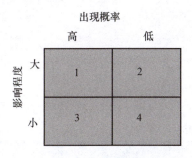

图3-7　威胁分析矩阵

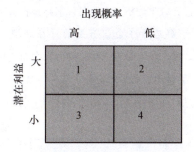

图3-8　机会分析矩阵

在实际的客观环境中，单纯的威胁环境与单纯的机会环境都是极少的，而总是机会与威胁同在，风险与利益共存。所以，企业实际面临的是综合环境。根据环境中威胁水平和机会水平的高低，形成综合环境分析矩阵(图3-9)。

图3-9　综合环境分析矩阵

1. 面对理想环境应采取的策略

由图3-9可知，理想环境是机会水平高，威胁水平低，利益大于风险的环境类型。对于理想环境，企业应该抓住机会不放，立即制订发展计划并付诸行动，因为理想环境来之不易，机不可失，如果错过，就很难弥补。

2. 面对冒险环境应采取的策略

冒险环境是收益高，但风险大的环境，如一些高新技术产业领域。面对此类环境，企业应审时度势，慎重决策，既可以决定进入，也可以决定不进入，要对客观环境和企业自身条件进行全面分析之后再作决策。此种决策是企业决策类型中最难的一种，既可能丢掉很好的机会，也可能要冒极大的风险。所以，企业容易犯两种错误：一种是丢弃的错误，即面对机会由于害怕风险，不敢进入，从而将机会失去；另一种是冒进的错误，即对可能出现的风险考虑不足，仓促进入，结果或是大败而归，或是骑虎难下。

3. 面对成熟环境应采取的策略

成熟环境是比较平稳环境，机会与威胁都处于较低的水平，一般如经营得法，企业可以获得平均利润。该类环境可作为企业的常规经营环境，利用它来维持企业的正常运转，并为进入理想环境和冒险环境提供资金。

4. 面对困难环境应采取的策略

如果企业所处的环境已经转变为困难的环境，则可以从以下两方面考虑。

(1)设法扭转。如果困难环境是由企业的某些工作不力或失误造成的，则有可能通过努力扭转。

(2)立即撤出。对于大势所趋、无法扭转的困难环境，企业应该及时采取果断的决策，撤出该环境，另谋发展。

四、SWOT分析法

SWOT分析(表3-2)是一种综合考虑企业内部条件和外部环境的各种因素而进行选择最佳营销战略的方法。其中，S是指企业内部的优势(Strengths)，W是指企业内部的劣势(Weaknesses)，O是指企业外部环境的机会(Opportunities)，T是指企业外部环境的威胁(Threats)。这里的优劣势是对企业内在的强项与弱项进行分析，而机会与威胁是分析企业的外在环境可能产生的影响。掌握外在环境带来的机会及威胁，也就掌握住企业做什么；掌握住企业的长处及弱点，也就掌握住企业能够做什么。SWOT 分析能简洁清晰地反映出企业所处的市场，在实务上也通常为一般企业所采用。

通过 SWOT 分析，企业可以清晰地把握住下列状况。

1. 了解与所在企业有关的外在环境

了解现实环境中有哪些关键因素会影响到企业的发展。

2. 了解所在企业本身的内在环境

通过对前期业绩及策略的评估和对企业长处及弱点的分析，企业可以客观公正地分析企业的内在环境。

表 3-2　SWOT 分析

因素	优势：S 1. 2. 3. 优势描述	劣势：W 1. 2. 3. 劣势描述
机会：O 1. 2. 3. 机会描述	SO 战略→成长型 1. 2. 3. 发挥优势，利用机会	WO 战略→巩固/增长型 1. 2. 3. 利用机会，克服弱点
威胁：T 1. 2. 3. 威胁描述	ST 战略→多样化型 1. 2. 3. 利用优势，回避威胁	WT 战略→收缩型 1. 2. 3. 减少劣势，回避威胁

3. 指出所在企业应该走向何处

整理出未来将可能面临哪些重大的市场机会及遭遇哪些威胁，列出企业未来该朝向何处发展的优先顺序。

4. 指出所在企业能向何处发展

在彻底分析企业的长处及弱点后，能指出在那些可以发展的方向中，有哪些是企业有能力去发展的。

菲利普·科特勒认为，SWOT 分析过分看重内部因素，识别危险和机会时只限于组织能力所及的范围，是一种"由内至外"的视角，与产品导向理念相呼应。而采用 TOWS（威胁—机会—弱点—优势）进行先决条件检验，是一种"由外至内"的视角，与市场导向理念相呼应。

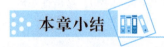 **本章小结**

市场营销环境是直接或间接影响企业市场和营销活动的不可控制的因素的总和，包括宏观环境和微观环境。宏观环境是指影响整个社会经济发展的广泛因素，包括人口、政治与法律、经济、社会文化、技术、自然等。这些因素对所有企业都有普遍的影响，企业不能改变宏观环境，只能适应宏观环境。微观环境是指与企业直接相关的特定因素，包括公司内部、顾客、竞争者、营销中介机构、供应商、公众等，这些因

素对企业有直接的影响。宏观环境因素与微观环境因素共同构成多因素、多层次、多变的企业市场营销环境的综合体。

　　在移动互联背景下，经济的全球化和数字化趋势加剧了市场的竞争程度。政治与法律环境的变化对企业的市场准入和经营活动有着直接影响。社会文化环境的变迁则需要企业根据消费者需求的变化来调整产品或服务。技术环境的快速发展带来了新的市场机会和挑战，企业需要紧跟技术趋势并灵活运用技术手段来推动市场营销活动。

　　移动互联时代，顾客行为和偏好发生了改变，企业需要深入了解和分析顾客需求，提供个性化的产品和服务。竞争者的增加和竞争形式的激烈使企业需要加强竞争优势的建立和维护。供应商的选择和合作关系对企业的产品质量和成本控制起着重要作用。营销中介机构的角色也在移动互联时代发生了变化，企业需要灵活运用各种渠道和媒介来进行市场推广。公众的态度和口碑对企业的形象和品牌价值有着重要影响，企业需要注重公众关系管理和口碑营销。此外，公司内部也应加强各部门之间的交流合作，打破部门壁垒。

　　对市场营销环境进行准确的分析可以帮助企业了解市场的需求和变化趋势，制定有效的市场营销策略。常用的分析方法包括 PEST 分析、SWOT 分析和五种竞争力模型分析等。PEST 分析可以帮助企业了解宏观环境因素对市场营销的影响，包括政治、经济、社会、技术方面的因素。SWOT 分析则帮助企业评估自身的优势、劣势、机会和威胁，以确定市场定位和竞争策略。五种竞争力模型分析则着重于竞争环境，评估行业竞争对手、供应商、新进入者、购买者和替代产品对企业的影响。

 案例评析

顺应变化的耐克

　　耐克公司是一家总部设在美国的全球著名的运动鞋生产商。该公司主要生产和销售男士、女士、儿童用的运动鞋，此外还销售一些运动鞋附属品、体育器械、体育服装等。1983 年耐克公司销售额约 2.7 亿美元，市场份额为 31%。占据市场主导地位。但是在随后的数年间销售额呈连续下滑趋势，1984 年市场份额下降至 26%，1987 年下降至 18.6%。其原因究竟是什么？跑鞋市场已经饱和，几乎每个想跑步的人都已经试用过跑鞋了。

　　20 世纪 70 年代末至 80 年代初，大量的新生代填充了跑步用具市场，年龄为 25～40 岁。但是在 20 世纪 80 年代中晚期，进入这个年龄段的人口变少了，这就减少了总需求。作为新生代的老成员，年龄接近 40 岁，穿上旧鞋再来一个 5 英里①跑，其乐趣似乎比不上 24 岁时了。

　　20 世纪 80 年代中期，跑鞋市场开始高度分化，营销人员必须更多地注意消费者的需要、目标和价值，以便为更小的消费者群体生产多变的产品。同行间为保住自己的市场份额常常展开价格大战。

　　消费者有关健康的思想也发生了变化，认为跑步仅有助于增进腿部和心血管系统的健康。更多的人注重整体健康，认识到身体的其他部分也需要锻炼。所有这些变化意味着跑步的人减少，跑鞋市场缩小，作为本行业市场份额最大的制造商，耐克的损失最大。

　　当锐步公司于 1983 年首次推出颜色鲜艳和质地柔软的软皮自由式运动鞋时，一夜之间这种运动鞋风靡美国。锐步公司实际上拓展了运动鞋市场，它吸引了原先只买传统鞋的妇女购买运动鞋。人们认为这种跑鞋不仅仅是"胶底运动鞋"。

　　耐克公司试图夺回在跑鞋市场的领先地位。1987 年，推出了乔丹气垫篮球鞋，以号称"飞人"的芝加哥公牛队篮球明星迈克尔·乔丹命名，乔丹穿着并推广这个产品。耐克花费重金做电视和印刷广告，并配合营业推广措施推广这一革新产品，让消费者了解气垫怎样减缓冲击。耐克扩展了跑鞋以外的产品线。为有氧运动和其他特殊体育活动生产鞋类，推出散步鞋迎合迅速出现的老年人市场，因为老年人发现跑步对他

---

　　①　1 英里 ≈ 1 609.344 米。

们膝关节的压力太大了。

20世纪90年代早期，耐克从锐步手中夺回了胶鞋类市场的领先地位，市场份额达到1/3。1992年，胶鞋市场需求水平再次较大幅度下降，又发生了什么事呢？

20世纪70年代和80年代，运动胶鞋获得了一些强有力的象征意义，推动了胶鞋销售的增长。质量和性能对职业运动员来说具有重要的价值，但是对于并不将胶鞋用于运动的大约70%的消费者来说，胶鞋代表了反叛、不熟悉、实用性和趣味，胶鞋代表着更时尚，而不是功能更优。然而，到了20世纪90年代早期，风尚改变了。许多十几岁的和刚成年的人在成长过程中花费了125~150美元在胶鞋上，被胶鞋市场的过分商业化搞得疲惫不堪。他们受当时流行乐队的影响，开始打扮得像农民模样，穿着Doc Martens的沉重的工作靴，Raichle和Teehnica的旅行鞋以及从林地来的粗犷的鞋和靴子，再配以腰间的格子法兰绒衬衫、几层T恤衫以及完全盖住靴子的旧牛仔裤，认为这样装扮比买一双高科技胶鞋要好得多。

胶鞋被消费者赋予了一定的关键价值，耐克的营销人员试图发现这些价值并将耐克鞋与这些价值相联系。为了对消费者知识和参与作出反应，耐克公司创造了一个"户外部门"，专门销售旅行导向的新型胶鞋并与其他公司展开竞争。原先的运动胶鞋仍有一定的需求，耐克在开发新型鞋的同时对过于昂贵的鞋降了价。

资料来源： J. 保罗·彼德，杰里·C. 奥尔森. 消费者行为与营销战略[M]. 徐瑾，译. 8版. 大连：东北财经大学出版社，2010.

评析： 耐克公司善于把握外在环境带来的机会及威胁，尽量选择能充分发挥公司能力的机会。营销环境一直在不断地创造机会和威胁。持续地观察和适应变化的环境对企业命运攸关。企业竞争同样应遵循"适者生存，优胜劣汰"的原则，必须经常对自身的营销策略进行调整。

思考题

1. 市场营销环境包括哪些内容？
2. 市场营销环境有哪些特点？
3. 试用市场营销环境分析、评价方法分析一个营销实例。
4. 市场营销宏观环境包括哪些内容？
5. 市场营销微观环境包含哪些内容？
6. 请将以下四个机会填入机会矩阵图3-10中的相应位置。

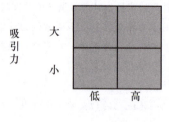

1. 公司开发更强的照明系统
2. 开发成本更低的照明系统
3. 开发一种能测量照明系统利用能源效率的设备
4. 开发向电视演播室人员传授基本知识的软件盘

图3-10　思考题

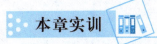 **本章实训**

一、实训目的

通过对 SWOT 分析方法的运用，学生掌握营销环境分析方法，能够发现当前环境下对企业的机遇和挑战。

二、实训内容

1. 实训资料：以自己熟悉企业为例，搜集相关情况进行案例分析。

2. 具体任务：根据本章对营销环境分析方法的介绍，分小组讨论分析案例。

3. 任务要求：

(1) 以自己熟悉企业为例，搜集相关情况进行 SWOT 分析；

(2) 分析该企业未来的发展道路。

三、实训组织

1. 根据全班上课人数，将全班同学分成若干小组，采取组长负责制，全体组员协作完成课堂任务。为了避免不同小组所搜集案例重复，各小组组长将所选案例进行提前汇总，并进行协商，确保所选案例不重复。

2. 确定所选案例后，各小组进行下一步分工，对案例进行分析、汇总。

3. 经过小组讨论后，完成实训报告及汇报 PPT。

4. 根据课时具体安排，不同小组分别选派成员对报告进行讲解，并回答其他组成员的问题。

5. 任课教师对实训课程的结果进行总结，提出相应的意见及建议。

四、实训步骤

1. 任课教师布置实训任务，介绍实训要点和搜集材料的基本方法。

2. 各小组明确任务后，按照教师指导根据具体情况进行分工。

3. 各小组定期召开小组会议，对取得成果进行总结，遇到问题及时与指导教师沟通。

4. 完成实训报告及展示所需要的 PPT 等材料，实训报告中应包括案例来源、案例分析，以及遇到的难题与解决方案、启示等内容。

5. 各小组对案例进行课上汇报，教师对各组的汇报进行点评及总结。

第四章 市场购买者行为分析

📖 章节图解

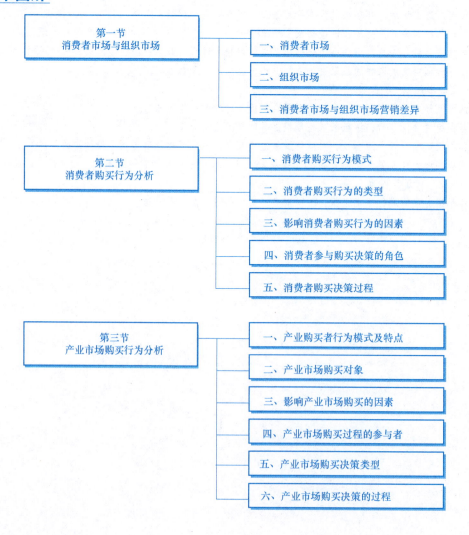

第一节
消费者市场与组织市场
- 一、消费者市场
- 二、组织市场
- 三、消费者市场与组织市场营销差异

第二节
消费者购买行为分析
- 一、消费者购买行为模式
- 二、消费者购买行为的类型
- 三、影响消费者购买行为的因素
- 四、消费者参与购买决策的角色
- 五、消费者购买决策过程

第三节
产业市场购买行为分析
- 一、产业购买者行为模式及特点
- 二、产业市场购买对象
- 三、影响产业市场购买的因素
- 四、产业市场购买过程的参与者
- 五、产业市场购买决策类型
- 六、产业市场购买决策的过程

学习目标

知识目标:
- 了解消费者市场和组织市场的特点
- 掌握影响消费者购买行为的因素
- 掌握消费者购买决策过程和产业市场购买决策过程
- 学会分析常见消费者购买动机

素养目标:
- 能科学判断中国消费市场的特征
- 提高文化自信, 树立正确的消费观
- 强化市场购买者行为的道德感与社会责任意识

关键概念

消费者市场, 组织市场, 产业市场, 购买动机

导入案例

安踏: 直面 Z 时代

图 4-1　安踏 Logo

安踏(中国)有限公司(Logo 见图 4-1), 是一家中外合资的综合性体育用品企业, 成立于 1991 年, 总部位于福建晋江。经过三十多年的发展, 安踏已成为国内最大的集生产制造与营销导向于一体的体育用品集团, 并于 2007 年在香港上市。安踏专注于设计、生产、销售运动鞋服、配饰等运动装备, 旗下拥有多个知名品牌, 如安踏主品牌、FILA、迪桑特等。根据安踏体育发布的公告, 2023 年集团实现营收 623.56 亿元, 同比增长 16.2%。安踏作为中国领先的体育用品品牌, 品牌定位是"专业运动, 大众价格", 旨在为广大消费者提供高性价比的运动产品。安踏的主要目标消费者集中在 18~35 岁的年轻群体, 这部分人群对运动和健康生活有较高的追求, 也是时尚潮流的主要追随者。

1. 深耕篮球品类, 吸引年轻人

篮球是一种挥洒汗水的体育项目, 也是年轻人活力的展现, 安踏抓住了这个发展前景较好的领域。从 2003 年起, 安踏便开始发展有关于篮球的业务, 成立了篮球品类部门。一直以来, 安踏都是以消费者的需求为中心, 进行产品的研发和生产, 推出年轻消费群体喜爱的篮球运动单品。在 2015 年, 追随篮球的发展趋势, 安踏策划了外场街球"要疯"赛事, 获得了更多年轻消费者的喜爱。不仅如此, 安踏还注重在社交软件上获取手机消费者的意见和反馈, 安踏每出一代球鞋, 都会在进行多轮测试后才最终确定。在安踏的产品研发过程中, 经过调查发现, 中国有 80% 的篮球爱好者是在水泥场地打球, 许多品牌的球鞋都无法承受水泥地的打磨, 只能适应室内篮球场所或者塑胶场地, 因此, 安踏针对这一现象, 专注于开发能够经受住水泥地打磨的球鞋, 相继推出了"水泥杀手"系列球鞋。安踏成功借助篮球品类抓住了年轻消费者的心, 但是如何保持年轻消费者的喜爱, 又成为安踏需要解决的问题。

2. 跨界出圈, 直面 Z 世代

为了迎合年轻消费者的审美, 使安踏的球鞋能够走出中国, 安踏展开了跨界联名的战略。跨界已经成为品牌营销的常用手段, 为了融入更多的消费群体, 跨界合作是一种不错的选择。安踏为了更好地融入年轻消费群体, 与其他品牌进行联名合作, 共同打造爆款产品, 为品牌注入更多的活力。安踏跨界出圈的核心就是关注年轻消费者的喜好，通过设计迎合年轻消费者审美的产品，保持消费者对品牌的新鲜感及真爱程度，提升消费者的购物体验。但是体育用品并不是快消品，需要更好的质量及品牌文化，因此打造品牌的文化也是品牌建设的重要一环。

3. 体育营销与代言

安踏长期赞助国内外多项体育赛事和运动队，提升品牌在运动领域的专业形象。同时与众多知名运动员和明星合作，如NBA球星克莱·汤普森等，通过他们的影响力提高品牌知名度；签约知名明星作为全球首席品牌代言人，借助明星的影响力进一步推动品牌传播。此外，全球唯一的双奥开幕式导演张艺谋在冬奥会期间全程身穿安踏国旗款服装，也为品牌带来了极高的曝光度和公信力。

引导问题：

1. Z时代的消费特点是什么？安踏的消费群体是谁？
2. 安踏案例带来的启示是什么？

第一节　消费者市场与组织市场

根据购买动机的差异性，市场可以分为消费者市场和组织市场。组织市场又可进一步划分为产业市场、中间商市场和非营利组织市场(主要是政府市场)。

一、消费者市场

消费者市场又称最终消费者市场、消费品市场或生活资料市场，是指个人或家庭为满足生活需求而购买或租用商品的市场。消费者市场是市场体系的基础，是起决定作用的市场。

消费者市场具有如下基本特点。

1. 购买者众多，购买数量零星

从消费者市场交易的规模和方式看，消费者市场广阔，购买者人数众多而且分散，交易次数频繁但交易数量不多。凡是有人群的地方，就需要消费品，可以这样说，全社会的人口都是消费资料的购买者。在消费品市场，消费最多的商品还是日用品。日用品要经常性购买，购买频率高且量小，消费者支付的金额也小。

2. 需求差异性大

从消费者市场交易的产品看，消费者的需求千差万别，不同消费者对衣、食、住、行、用等的偏爱与重视程度不同，所需的产品花色、品种、规格复杂多样，产品的市场寿命周期较短，产品的技术和专用性不强，许多产品可以互相代替。

3. 非专业性购买

从消费者市场购买动机和行为看，消费者市场的购买者大都缺乏专门的产品知识和市场知识，消费者购买行为具有自发性、冲动性的特点。消费者购买行为属非专业性购买，购买者对产品的选择受广告、宣传的影响较大。尤其是大多数购买者对除日用品以外的其他商品缺乏专门的知识，购买时往往感到茫然，表现为非行家购买，受情感因素影响大。

4. 需求复杂多变

消费者受多种因素影响而具有不同的消费需求和消费行为，所购商品千差万别。随着市场供应的丰富和企业竞争的加剧，消费风潮的变化速度加快，商品的流行周期缩短，千变万化。

"框架效应（Framing Effect）"

一家小加油站的老板为了鼓励顾客使用现金，挂出了一个招牌，写着"现金 3.25 元/升，刷卡加收 0.3 元"，结果顾客寥寥。老板的儿子灵机一动，将招牌改为"现金折扣！刷卡 3.55 元/升，现金只需 3.25 元"，顾客立刻多了起来。

这个案例生动地展示了"框架效应"的力量。同样的价格信息，不同的表达方式，就会产生截然不同的效果。一开始的招牌使用了"加价"的表述，给人一种损失的感觉，容易引发顾客的损失厌恶心理。而修改后的招牌则采用了"折扣"的表述，给人一种获得的感觉，更能吸引顾客。

人们在决策时，会受到信息呈现方式的影响。不同的"框架"会建立不同的参照系，同样的结果在不同的参照系下，可能会被感知为获得或损失。而人们天生厌恶损失，更倾向于选择那些能带来获得的决策。用积极、正面的框架来呈现信息，往往能更好地引导人们的选择，达到预期的效果。

资料来源：董志勇. 生活中的行为经济学[M]. 北京：北京大学出版社，2024.

二、组织市场

组织市场是指为进一步生产、维持机构运作或再销售给其他消费者而购买产品和服务的各种组织消费者。简而言之，组织市场是以某种组织为购买单位的购买者所构成的市场。

1. 产业市场

产业市场又称工业品市场或生产资料市场，它是组织市场的一个组成部分，指为满足各种营利性的制造业企业和服务业企业制造或向社会提供服务的需求而提供劳务和产品的市场。

与消费者市场相比，产业市场具有以下特征。

（1）购买者较少，购买量较大。

在产业市场上，购买者绝大多数是企业单位，购买者的数目比消费者市场少得多，购买者的规模也必然大得多。由于企业的主要设备若干年才买一次，原材料、零配件则根据供货合同定期供应。为了保证本企业生产的顺利进行，企业总是要保证合理的储备，因此，每一次总是批量采购，而且在产业市场上的绝大部分产品是由少数几个买主购买的。

（2）购买者地理位置集中。

产业市场上的购买者在地理上一般比较集中。由于各地资源、交通和历史改革情况不同，竞争将促使某些产业在地域分布上趋于集中，即便是那些规模分散的产业也比消费者市场在地域分布上更为集中。

（3）引申需求。

产业购买者对产业用品的需求，归根结底是从消费者对消费品的需求中引申出来的。产业市场派生需求的特点要求生产者既要了解自己的直接顾客——产业用户的需求水平、特点及竞争情况，也要了解自己的客户所服务市场的顾客需求、特点及竞争状况，甚至了解从自己的客户到最终消费者之间所有环节的市场情况。

（4）需求缺乏弹性，需求波动大。

在产业市场上，产业购买者对产业用品和劳务的需求受价格变动的影响不大，短期需求尤其如此。其主要的原因是生产者不可能像消费者改变其需求偏好那样经常变化它们的生产工艺。同时，一件产品通常是由若干零部件组成的，在总成本中占比很小的零部件，即使价格上涨，对最终制成品的价格也不会有太大影响。产业购买者对产业用品和劳务的需求比消费者的需求更容易发生变化。工厂设备等资本货物的行情波动会加速原料的行情波动。消费者需求的少量增加能导致产业购买者需求的大大增加。

（5）专业性采购。

产业市场采购者往往是由受过专门训练的采购人员来担任的。他们的专业方法和对技术信息评估的能力促使他们能进行更有效率的购买。这意味着产业市场的营销者必须提供他们的产品和竞争者产品的大量技术数据，并对这些数据掌握得非常好。

2. 中间商市场

中间商市场又称转卖者市场，是由那些以获取利润为目的来购买商品进行转卖或出租的个人和机构组成的市场，包括批发商与零售商。批发商与零售商在市场中既是商品购买者，又是商品出卖者。批发商购买商品不是转卖给最终消费者，而是转卖给其他商人，买主主要是零售商和批发商、代理商及制造商，其次是公共事业单位、服务行业等。零售商购买商品则主要是直接卖给最终消费者。批发商、零售商购买商品主要用于转卖，只有数量极少的商品用于本身的经营管理。

【营销案例 4-1】沃尔玛的 EOS 系统

3. 政府市场

政府市场又称政府机构市场，它由那些为执行政府主要职能而采购或租用物资的各级政府机构组成。也就是说，在一个国家的政府机构市场上的购买者是这个国家各级政府的采购部门。政府部门购买几乎所有的东西，如武器、电脑、家具、电器、被服、办公用品、卫生设施、通信设备、交通工具、能源等。

营销视点 4-2

政府采购制度

"政府采购制度"在西方国家已经有 200 多年的实践历史，其适用范围从最初的国内延伸到国际。现代政府采购概念起源于 1947 年"关贸总协定中的有关国民待遇的例外规定条款"。20 世纪 60 年代，欧洲经合组织出台了"关于政府采购政策、程序和做法的文件草案"，将政府采购正式纳入国际组织文件中，1979 年"东京回合"的重要成果之一就是诞生出第一个国际性的《政府采购协议》。

我国自 1995 年在深圳市率先试行政府采购制度，2000 年全国各地政府采购机构建设基本完成。2002 年，《中华人民共和国政府采购法》正式出台，使政府采购进入规范发展的新阶段。

营销视点 4-3

"盲盒热"消费心理分析

近年来，"盲盒热"现象席卷全球，尤其在年轻人中蔚然成风。盲盒，这种内含各式各样玩偶，且消费者在购买前无法得知具体款式的盒子，为何能引发如此广泛的关注和消费热潮？这背后蕴含了复杂的消费心理机制。

首先，盲盒的不确定性是吸引消费者的关键因素。开盒前无法预知结果，这种随机性激发了消费者的好奇心和探索欲。心理学研究显示，不确定性收益反馈机制容易催生消费者的赌徒心理和依赖性购买行为。每当消费者拆开盲盒，无论是惊喜还是失望，都会强化他们再次购买的欲望，寻求那份未知的刺激感。

其次，盲盒满足了年轻消费者的社交需求。在社交媒体上，分享盲盒开盒体验成为一种潮流。消费者通过展示自己获得的玩偶，与志同道合的朋友互动，获得社交认同和归属感。盲盒成为社交圈中的话题焦点，进一步推动了其流行。

再次，盲盒的稀缺性也是其受欢迎的原因之一。隐藏款和限量款的存在，让盲盒不仅仅是一种普通的玩具，更成为一种具有收藏价值的商品。消费者为了获得这些稀有款，不惜花费大量金钱和时间进行购买和交换，形成了独特的盲盒文化。

最后，盲盒营销还充分利用了消费者的情感诉求。盲盒中的玩偶往往设计精美、造型可爱，能够引发消费者的情感共鸣。在购买盲盒的过程中，消费者不仅是在购买一个玩具，更是在寻求一种情感上的满足和慰藉。

然而，盲盒热也暴露出一些问题。如部分商家利用盲盒的随机性进行虚假宣传、售假等行为，损害了消费者的权益。此外，盲盒成瘾现象也不容忽视，部分消费者因过度追求盲盒中的稀有款而陷入消费陷阱。

"盲盒热"现象是多种消费心理机制共同作用的结果。盲盒的不确定性、社交属性、稀缺性及情感诉求等因素共同推动了其流行。然而，在享受盲盒带来的乐趣的同时，消费者也应保持理性消费的态度，避免盲目跟风和过度消费。

资料来源：网络资料改写

三、组织市场与消费者市场营销差异

组织市场与消费者市场有不同的市场特点，须采取不同的营销策略。表 4-1 对组织市场与消费者市场营销差异进行了比较。

表 4-1　组织市场与消费者市场营销差异

差异点	组织市场	消费者市场
产　品	产品品质较专业，服务很重要	标准化形式，服务因素重要
价　格	多采用招标方式决定	按标价销售
分销渠道	较短，多采用市场直接接触	多通过中间商接触
促　销	强调人员销售	强调广告
顾客关系	长久而复杂	较少接触，关系浅
决策过程	多采用群体决策	个人或家庭决策

第二节　消费者购买行为分析

一、消费者购买行为模式

消费者购买行为是指消费者在寻求、购买、使用、评估和处理预期时能满足其需要服务所表现出来的行为。消费者行为研究，就是研究人们如何做出花费自己时间、金钱、精力用于有关消费品的决策。市场营销学家归纳出研究消费者购买行为的七个主要问题，又称之为消费者市场的"7O's"架构（表 4-2）。

表 4-2　消费者市场的"7O's"架构

主要问题	具体描述
购买者（Occupants）	消费者市场由谁构成？（Who）
购买对象（Objects）	消费者购买什么？（What）
购买目的（Objectives）	消费者为何购买？（Why）
购买组织（Organizations）	消费者市场的购买活动有谁参加？（Who）
购买方式（Operations）	消费者怎样购买？（How）
购买时间（Occasions）	消费者何时购买？（When）
购买地点（Outlets）	消费者何地购买？（Where）

研究消费者购买行为的模式很多，这里主要介绍刺激—反应模式。所谓刺激—反应模式是指营销或其他刺激通过消费者的黑箱产生某种反应（图 4-2）。

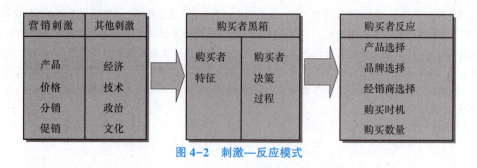

图4-2　刺激—反应模式

二、消费者购买行为的类型

1. 按照消费者的购买态度以及购买决策的速度分类

（1）习惯型。

这类消费者常常根据过去的购买经验和使用习惯采取购买行为，比如长期去某商店、长期使用某品牌的产品。

（2）理智型。

这类消费者购买行为以理智为主，很少产生冲动购买。他们一般喜欢收集有关产品的某些信息，了解市场行情，在经过周密的思考和分析后，做到对所购产品的各种特性都心中有数。他们的主观性比较强，不容易受他人的影响，也不被情绪所左右。

（3）经济型。

这类消费者购买商品多从经济角度考虑，对商品的价格非常敏感。他们一般比较勤俭节约，选择商品的标准是实用，而对外观造型、色彩等不太在意。

（4）冲动型。

这类消费者的心理反应敏捷，容易受商品包装和广告等外在因素的影响，以直观感觉为主，容易在周围环境的影响下迅速作出购买决定。

（5）疑虑型。

这类消费者一般比较内向，善于观察，行动谨慎，体验深刻。他们一般不大相信营业员的介绍，常常"三思而后行"，而且即使买回家有时也放心不下。

2. 按照消费者介入程度和品牌间的差异程度分类

表4-3表示的是按照消费介入程度和品牌间的差异程度的原则进行的消费者购买行为分类。

表4-3　消费者购买行为类型

品牌差异	介入程度	
	低度介入	高度介入
品牌差异小	习惯性购买行为	减少失调的购买行为
品牌差异大	寻求变化的购买行为	复杂的购买行为

（1）习惯性购买行为。

如果消费者介入程度不高，品牌之间的差异也不大，消费在购买这类产品的时候并不需要按照决策过程一步一步地实施计划最后完成购买活动，而是以一种不假思索的方式直接采取购买行动。而且，在这种情况下，消费者购买某类产品并非出于品牌忠诚，而是出于习惯，或者说只是因为熟悉。

（2）寻求变化的购买行为。

当消费者介入程度很低而且品牌间的差异很大的时候，消费者就会经常改变品牌的选择。这种购买行为的产生往往不是因为对原有品牌不满意，而是因为同类产品有很多选择的品牌，而且由于这类产品本身一般价格并不昂贵，所以消费者在求新求异的消费动机下就会不断地在各品牌之间进行变换，达到"常换常新"的目的。

（3）减少失调的购买行为。

由于产品的各种品牌之间没有多大差别，并且产品具有很大的购买风险或者价格很高，所以需要消费者高度介入才能慎重决定，但购买商品之后，有时往往又会使消费者产生一种购后不协调的感觉，于是开始通过各种方法试图做出对自己的选择有利的评价，并采取种种措施试图证明自己当初的购买决策是完全正确的，以减少购买后的不协调。

（4）复杂的购买行为。

一般来说，购买贵重物品、大型耐用消费品、风险较大的商品、外露性很强的产品以及其他需要消费者高度介入的产品时，消费者往往产生复杂的购买行为。对于复杂的购买行为，消费者参与购买的程度较高，并且了解品牌间的显著差异。

营销视点 4-4

联通时代全新的客户购买路径

联通前后客户购买路径的差异见图4-3。

变化#1

在过去，客户独立地决定对品牌的好恶；而在联通时代，品牌的吸引力受到客户所在社区的影响，在影响后形成最后的态度

变化#2

在过去，品牌的忠诚度被视为愿意购买和再购买；而在联通时代，客户对产品的拥护代替了购买行为，体现了客户对品牌的忠诚度

变化#3

为了更好地了解品牌，客户积极与他人互动，建立问询拥护机制，而根据对话的偏向性，这种互动增强或者削弱了品牌的吸引力

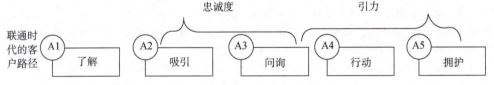

图4-3 联通前后客户购买路径的差异

三、影响消费者购买行为的因素

影响消费者购买行为的主要因素有文化因素、社会因素、个人因素和心理因素等（表4-4）。

表4-4 影响消费者购买行为的因素

文化因素	社会因素	个人因素	心理因素
文化	参考群体	年龄	需要和动机
亚文化	家庭	家庭生命周期	感觉和知觉
社会阶层	社会角色与地位	性别、职业和受教育程度	学习
		经济能力	信念和态度
		生活方式	
		个性以及自我概念	

1. 文化因素

文化因素对消费者行为的影响是非常广泛而深远的，其中，文化、亚文化及社会阶层对消费者行为的作用尤为显著。

（1）文化。

文化是指人类创造的一切物质产品和精神产品的总和。狭义的文化是指语言、文学、艺术及一切意识形态在内的精神产品。文化的基本要素包括精神要素、社会组织、语言符号、物质产品、规范体系等。

文化是消费者的欲望和行为的最基本决定因素。在社会中成长的消费者，通过社会化过程学习到基本价值观、知觉、行为与需要，文化是此过程中最为基础的影响因素。每一位消费者行为的背后，其实都隐含着许多文化因素的影响。

（2）亚文化。

每种核心基本文化中包括较小的群体所形成的亚文化。所谓亚文化，是指某一文化群体所属次级群体的成员共有的独特信念、价值观和生活习惯。亚文化提供给消费者更特定的认同对象和更直接的影响。亚文化通常包括民族、宗教、种族、地理、年龄、职业等。

（3）社会阶层。

社会阶层是一种普遍存在的社会现象。社会阶层是指在一个具有阶层秩序的社会中所划分的几个同质而持久的群体。在每一个阶层中，成员有类似的价值观、兴趣以及行为。

营销视点 4-5

体验创造价值

在玩具行业里，一家名为熊宝宝工作坊（Build-A-Bear）的企业推出了新的商业模式：在店铺中孩子可以亲手制作属于自己的玩具熊，先挑选外形面料，亲手塞入填充物，然后植入心脏，最后创作关于玩具熊信息的生日卡，这个玩具熊就诞生了。玩具熊诞生后，又会引发大量的衍生需求，比如玩具熊需要衣服，店里提供各种款式的衣服、鞋帽和配饰。玩具熊打扮好了之后新的问题又出来了，玩具熊很孤单，要有兄弟姐妹、爷爷奶奶。所以这不仅是 DIY 一个玩具熊，而是孩子亲自参与，获得玩具带来的独特体验——设计外形、定制生日、组建家庭、完成一个故事。在美国一般的玩具熊价格约为 15 美元，但采用这种方式制作的产品平均价格约为 32 美元，再加上各种衍生需求，每位顾客的平均消费额可达 80 美元。该公司每平方英尺①的年销售额达 600 美元，比美国大型购物中心的平均销售额高出一倍。

熊宝宝工作坊所代表的正是现代经济的一次重要转变——从工业经济转向体验经济。昔日企业通过满足消费者对产品功能需求创造利润的模式，已经转化为企业与特定消费者在特定时刻、特定地点、特定情境下共同创造体验的盈利模式。体验经济与传统工业经济最大的区别在于，消费者从被动的价值接受者，转为积极参与价值创造的各个环节，成为创造独特体验的参与者。以企业为中心的价值创造观念转向企业与消费者共同创造价值的观念。

资料来源：哈佛商业评论，2014 年第 4 期

社会阶层不能由单一的因素如收入来决定，而需综合衡量职业、收入、教育、财富等变量。各种社会阶层的人具有不同的产品与品牌偏好，而同一阶层的人倾向于表现出类似的购买行为。不同社会阶层消费者在支出模式、消费信息接收和处理、购物方式等方面存在差异。

2. 社会因素

消费者购买行为同样受到诸如参考群体、家庭、社会角色与地位等一系列社会因素的影响。

（1）参考群体。

参考群体是能直接或间接影响个人态度、意见和价值观的所有团体。参考群体作为直接或间接的参照物影响着消费者态度和行为。参考群体可分为两种：成员团体和理想团体。成员团体即自己身为成员之一

---

① 1 平方英尺 ≈0.092 9 平方米。

团体，如家庭、亲朋好友、同事、同业协会等；理想团体即自己虽非成员，但愿意归属的团体。

 【营销案例4-2】营销"宅人族"

（2）家庭。

家庭是消费者最基本的相关群体，因而家庭成员对消费者购买行为的影响最明显。一般来说，夫妻购买的参与程度大都因产品的不同而有所区别。家庭主妇通常是一家的采购者，特别是食物、日常衣着和日用品的采购，主要由妻子承担。但随着现代女性事业心的增强，丈夫参与家庭日用品购买和家务劳动的逐步兴起。当然在家庭购买活动中，其决策并不总是由丈夫或妻子单方面作出，实际上有些价值昂贵或是不常购买的产品，往往是由夫妻双方包括已长大的孩子共同作出购买决定的。

（3）社会角色与地位。

人们可以同时属于许多群体，如家庭、俱乐部或其他组织。一个人在每一群体中的位置可用角色与地位来说明。一个角色包含周围的人期望他进行的所有活动。当一个人依照社会的期待去履行义务、行使权利时，他就是在扮演一定的角色。在现实生活中，人们需要扮演各种各样的角色。每一种角色都附着一种地位，地位能够反映出该角色在社会中一般受尊重的程度。角色与地位都强烈地影响着消费者的购买行为。

3. 个人因素

消费者的购买行为也会受到个人外在特征的影响，特别是受其年龄，家庭生命周期，性别、职业和受教育程度，经济能力，生活方式，个性以及自我概念的影响。

（1）年龄。

不同年龄的人有不同的消费心理和行为。消费者对产品的需求会随着年龄的增长而变化，在不同年龄阶段，相应需要各种不同的商品。

 【营销案例4-3】彰显个性的2.5亿Z世代，带来哪些新商机?

（2）家庭生命周期。

家庭生命周期是指从家庭筹组到家庭解体所经历的整个阶段。传统上，一个典型家庭生命周期通常包括单身阶段、新婚阶段、满巢阶段（分一阶、二阶、三阶）、空巢阶段和鳏寡阶段。处于家庭生命周期不同阶段，消费者购买行为会有差异（表4-5）。

表4-5　家庭生命周期不同阶段的购买行为差异

阶段	购买行为
单身阶段	关心时尚，崇尚娱乐和休闲，新观念的带头人
新婚阶段	购买力强，耐用品购买力高，高档家具、旅游度假等的顾客
满巢一阶	家庭用品采购高峰期，家庭需要购买婴儿食品、服装、玩具等产品
满巢二阶	购买经济实惠的产品，购买行为日趋理性化，孩子教育培养花费增加
满巢三阶	经济状况改善，家庭会更新一些大件商品
空巢阶段	外出旅游、参加老年人俱乐部等，医疗服务和保健品的需求较强烈
鳏寡阶段	收入减少，生活节俭，医疗服务和保健品的需求更强烈

不过，由于社会的多元化及对婚姻本身看法的改变，家庭生命周期的表现形态呈多样化(图4-4)。

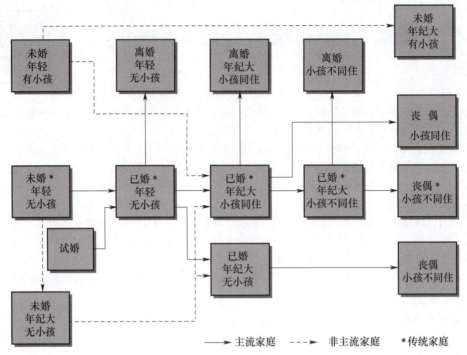

图4-4　家庭生命周期的表现形态

资料来源：林建煌. 营销管理[M]. 上海：复旦大学出版社，2000.

（3）性别、职业和受教育程度。

由于生理和心理上的差异，不同性别消费者的欲望、消费构成和购买习惯也有不同。多数男性顾客购买商品时比较果断和迅速，而女性顾客往往仔细挑选。受教育程度较高的消费者对图书、报刊等文化用品的需求量较大，购买商品较理智，职业不同的消费者由于生活、工作条件不同，消费构成和购买习惯也有区别。

（4）经济能力。

经济能力对购买行为的影响更为直接。一个人的经济状况，取决于他的可支配收入的水平、借贷能力以及他对开支与储蓄的态度。消费者一般都在可支配收入的范围内考虑以最合理的方式安排支出，以便更有效地满足自己的需要。收入较低的顾客往往比收入较高的顾客更关心价格。

（5）生活方式。

生活方式是人们根据自己的价值观念等安排生活的模式，并通过其活动、兴趣和意见表现出来。生活方式是影响个人行为的心理、社会、文化、经济等各种因素的综合反映。具有不同生活方式的消费者对一些商品和品牌有各自不同的偏好。生活方式调查常用 AIO 量表(表4-6)进行。

在生活方式的分类研究中，被广泛应用的方法是 VALS2 生活方式分类法(Values and Lifestyles Ⅱ)。它按照人们的心理特征和收入、受教育程度、驱动力、购买愿望的迫切程度等划分为如下八种生活方式(图4-5)：

①现实者。这是指成功的、复杂的、积极的、能挣会花的人，是在许多背景上都很成功的消费者，关心社会问题，对变化持开放态度。

②满足者。这是指成熟的、满意的、会思考的人，非常实际，偏好耐用、功能性和有价值的产品。

表 4-6　生活方式调查表（AIO 量表）

目标消费者	活动（A）	兴趣（I）	意见（O）
	工作	家庭	社会问题
	假期	食物	政治
	娱乐	社交	经济
	运动	时尚	教育
	购物	传媒	文化价值
	社交	消遣方式	产品利益
	爱好	成就欲	未来

③成就者。这是指有成就的、职业与工作导向型的人，偏好对风险的预测和已确定的、有威望的产品，注重表现自己的成功和高贵。

④体验者。这是指年轻、有生气、冲动和有反叛意识的人，在衣着、快餐、音乐、电影和录像上的消费占很大的比重。

⑤诚信者。这是有很强的原则，保守，遵循习俗和传统，偏好熟悉的产品和已知的品牌的人。

⑥努力者。这是指不确定的、不安全的、寻求一致的、受到资源限制的人。他们有些像成就者，但是背景材料少，关心他人的认同。

⑦制造者。这是指行动型的、自我满足的、传统的、家庭观念重的人。这些人偏好实用性或功能性的产品，有时喜欢自己动手设计制造自己使用的产品，购买的产品有工具、汽车等。

⑧奋斗者。这是指处于社会底层的、受资源限制的人。这些人大多年老退休，最关心目前需要的满足，是小心谨慎的购买者。

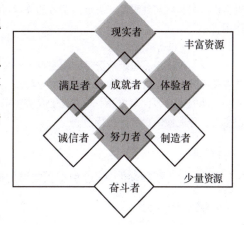

图 4-5　VALS2 生活方式分类法

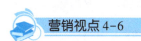 营销视点 4-6

有限理性（Bounded Rationality）

有限理性，由赫伯特·亚历山大·西蒙提出，指人们在决策时并非完全理性，而受到信息、时间和计算能力的限制。

凯恩斯曾将股票投资比作一场选美比赛，为了获胜，参与者不会选择自己认为最美的人，而会去猜测哪个是最能抓住别人眼球的美女。当所有人都持有同样的想法时，选美比赛便违背了它的初衷，演变成了预测大众看法的比赛。行为经济学家通过一个数字选择实验来模拟这一现象：参与者要在 0 到 100 中选一个数字，最接近所有人平均数 2/3 的获胜。这要求参与者不断预测他人，进行多轮推理。理论上，无限次推理的均衡答案是 0，但实验结果显示大多数人只能进行一到两步推理，选择数字在 22 和 33 之间。

这说明人们在决策时往往受到有限理性的限制，无法或不愿进行深入的推理。人们倾向于根据自己对环境的理解和有限的思维能力，作出让自己满意的选择，而不是追求最优解。

资料来源：董志勇.生活中的行为经济学[M].北京：北京大学出版社，2024.

（6）个性以及自我概念。

个性指一个人所特有的心理特征，它导致一个人对他或她所处的环境产生相对一致和持续不断的反应。个性是一个人的比较固定的特性，如自信或自卑、冒险或谨慎、倔强或顺从、独立或信赖、合群或孤傲、主动或被动，急躁或冷静、勇敢或怯懦等。个性可以直接或间接地影响消费者购买行为。例如，喜欢冒险的消费者容易受广告的影响，成为新产品的早期使用者；自信和急躁的人购买决策过程较短；缺乏自信的人购买决策过程较长。

自我概念是个体对自身一切的知觉、了解和感受的总和。每个人都会逐步形成关于自身的看法，如是丑是美、是胖是瘦、是能力一般还是能力出众等。一般而言，消费者将选择那些与其自我概念相一致的产品与服务，避免选择与其自我概念相抵触的产品和服务。

4. 心理因素

影响消费者行为的心理因素主要是：需要和动机、感觉和知觉、学习、信念和态度四个方面。这些因素不仅影响和在某种程度上决定消费者的决策行为，而且它们对外部环境与营销刺激的影响起放大或抑制作用。

（1）需要和动机。

在现实生活中，每个消费者的购买行为都是由其购买动机引发的，而动机又是由人的需要产生的。消费者需要是指消费者生理和心理上的匮乏状态，即感到缺少些什么，从而想获得它们的状态。需要虽然是人类活动的原动力，但它并不总是处于唤醒状态。只有当消费者的匮乏感达到了某种迫切程度，需要才会被激发，并促使消费者有所行动。

 【营销案例4-4】希尔顿瞄准时间匮乏的消费者

马斯洛需要层次理论将人类需要按由低级到高级的顺序分成五个层次，即生理需要、安全需要、爱与归属的需要、尊重的需要、自我实现的需要。图4-6说明了这五个层次需要与产品营销诉求的对应关联性。

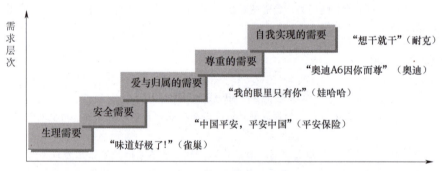

图4-6 马斯洛需要层次理论

动机是由需要驱使、刺激强化和目标诱导三种要素相互作用的一种合力。所谓动机是引起和维持个体活动并使之朝一定目标努力的内在驱动力。而购买动机是指为了满足一定的需要而引起人们购买行为的愿望或意念，它是推动购买活动的内在动力。动机是一个很复杂的系统，一种行为常常包含着各种不同动机，而不同的动机有可能表现出同样的行为，相同的动机可能有不同的行为。

从购买活动而言，常见消费者的购买动机有求实动机、求新动机、求美动机、求名动机、求廉动机、求便动机、模仿或从众动机、偏爱动机、好胜动机等。从消费者生活形态角度看，消费者的购买动机可分为价格敏感型、追求便利型、追求理智型、品牌忠诚型和追求时尚型五种(图4-7)。

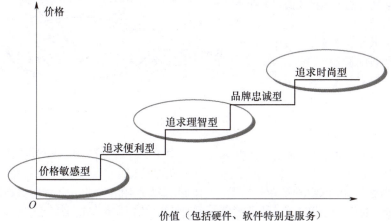

图4-7　消费者生活形态与购买动机

(2)感觉和知觉。

消费者有了购买动机后，就要采取行动。至于怎样采取行动，则受到认识过程的影响。消费者的认识过程，是对商品等刺激物和店容店貌等情境的反映过程。它由感性认识和理性认识两个阶段组成。感觉和知觉属于感性认识，是指消费者的感官直接接触刺激物和情境所获得的直观、形象的反映。这种认识由感觉开始，刺激物或情境的信息，如某种商品的形状、大小、颜色、声响、气味等，刺激了人的视、听、触、嗅、味等感官，使消费者感觉到它的个别特性。随着感觉的深入，各种感觉到的信息在头脑中被联系起来进行初步的分析综合，使人形成对刺激物或情境的整体反映，就是知觉。

(3)学习。

人类的有些行为是与生俱来的，但大多数行为是从后天经验中得来的，这种通过实践并由经验引起的行为变化的过程，就是学习。消费者的行为绝大部分是后天学习得来的。通过学习，消费者获得了丰富的知识和经验，提高了对环境的适应能力。同时，在学习过程中，其行为也在不断地调整和改变。消费者学习过程是驱策力、刺激物、提示物、反应和强化诸因素相互影响和相互作用的过程。假设某消费者具有提高外语听说能力的驱策力，当这种驱策力被引向一种可以减弱它的刺激物(如电脑)时，就成为一种动机。在这种动机的支配下，他将作出购买电脑的反应。但是，他何时、何处和怎样作出反应，常常取决于周围的一些较小的或较次要的刺激，即提示物，如亲属的鼓励，在朋友家看到了电脑，看到了有关电脑的广告、文章和特殊售价等。他购买了某个品牌的电脑后，如果使用后感到满意，就会经常使用并强化对它的反应。以后若遇到同样的情况，他会作出相同的反应，甚至在相似的刺激物上推广他的反应——购买同一厂家或同一品牌的其他商品。反之，如果他使用时感到失望，以后就不会作出相同的反应。

(4)信念和态度。

消费者在购买和使用商品的过程中形成了信念和态度。这些信念和态度又反过来影响人们的购买行为。信念，是人们对某种事物所持的看法，如相信某种电冰箱省电、制冷快、容量大、售价合理。信念形成对消费者的态度有很大影响。态度会导致人们喜欢或厌恶，接近或远离特定事物，从而影响消费者的行为。态度本身具有认识的、情绪的、行动的三个侧面，三者缺一不可，由此形成对特定产品、品种、品牌或广告信息的倾向和认同。

四、消费者参与购买决策的角色

参与购买决策的消费者通常并不是一个家庭的全体成员，许多时候是一个家庭的某个成员或某几个成员，或由几个家庭成员组成的购买决策层，其各自扮演的角色也是有区别的。人们在一项购买决策过程中可能充当以下角色(图4-8)。

(1)发起者：首先想到或提议购买某种产品或劳务的人。

(2)影响者：其看法或意见对最终决策具有直接或间接影响的人。

(3)决定者：能够对买不买、买什么、买多少、何时买、何处买等问题作出全部或部分的最后决定的人。

(4)购买者：实际采购的人。

(5)使用者：直接消费或使用所购商品或劳务的人。

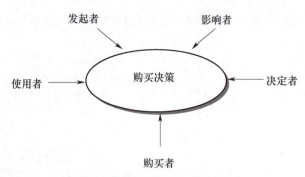

图4-8　消费者参与购买决策的角色

在以上五种角色中，由于购买决策的情况不同，可能是由多人分别担任，也可能是由一人担任，研究消费者在购买决策中扮演的角色，并明确其角色地位与特性，有助于妥当安排营销策略，较好地实现营销目标。

 营销案例 4-5

洞察用户心扉，开发全球最低价汽车

印度塔塔集团决定进军汽车行业，主打高端汽车，上市后业绩一直不理想；一次偶然的机会，集团首席执行官拉丹·塔塔在街头看到一个男子骑着一辆女式摩托车，冒着大雨，带着妻子和两个孩子在车流中穿梭，非常危险。拉丹·塔塔从这个观察中想到，能不能设计一款价廉的"老百姓汽车"。他组织了一些工程师，请他们设计一款低成本的四轮汽车。经过几年努力，塔塔集团推出了纳努(Nano)汽车，车内没有空调系统，没有助力转向，没有收音机和副驾一侧的反光镜，没有防侧撞保护横梁、保险杠，轮胎中没有内胎，只配备了一个雨刮器、一个油度表、车速表和加油灯。但纳努汽车有一个优点，就是具有全球最低价，基本款卖2500美元，只相当于QQ汽车价钱的一半。这个把低价做到极致的策略，正是拉丹·塔塔从雨中观察得到的。

在塔塔造车的例子里，拉丹·塔塔关注的就是普通印度百姓面临的交通问题。在观察时，观察者要关注用户要完成的任务，而不是用户使用的手段。

资料来源：路江涌. 图解创新管理[M]. 北京：机械工业出版社，2018.

五、消费者购买决策过程

每一个消费者在购买某一商品时，都会有一个决策过程，只是因所购产品类型、购买者类型的不同而购买决策过程有所区别，但典型的购买决策过程一般包括以下几个方面(图4-9)。

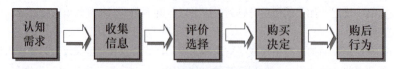

图4-9　消费者购买决策过程

1. 认知需求

认知需求是消费者购买决策过程的起点。当消费者在现实生活中感觉或意识到实际与其要求之间有一定差距，并产生要解决这一问题的要求时，购买的决策便开始了。消费者的这种需求的产生，既可以是人体内机能的感受所引发的，如因饥饿而引发购买食品、因口渴而引发购买饮料，又可以是由外部条件刺激所诱生的，如看见电视中的西服广告而打算自己买一套、路过水果店看到新鲜的水果而决定购买等。当然，有时候消费者的某种需求可能是内、外原因同时作用的结果。

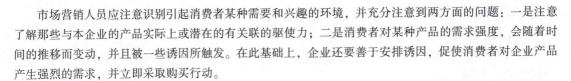

市场营销人员应注意识别引起消费者某种需要和兴趣的环境，并充分注意到两方面的问题：一是注意了解那些与本企业的产品实际上或潜在的有关联的驱使力；二是消费者对某种产品的需求强度，会随着时间的推移而变动，并且被一些诱因所触发。在此基础上，企业还要善于安排诱因，促使消费者对企业产品产生强烈的需求，并立即采取购买行动。

2. 收集信息

消费者在产生了购买动机之后，便会开始进行与购买动机相关联的活动。如果他所欲购买的物品就在附近，他便会实施购买活动，从而满足需求。但是当所需购买的物品不易购到，或者说需求不能马上得到满足时，他便会把这种需求存入记忆中，并注意收集与需求相关的信息，以便进行决策。

消费者信息的来源主要有以下四个方面。

（1）个人来源：从家庭、亲友、邻居、同事等个人交往中获得信息。

（2）商业来源：这是消费者获取信息的主要来源，其中包括广告、推销人员的介绍、商品包装、产品说明书等提供的信息。

（3）公共来源：消费者从电视、广播、报纸、杂志等大众传播媒体所获得的信息。

（4）经验来源：消费者从亲自接触、使用商品的过程中得到的信息。

这些信息来源的相对丰富程度与影响程度随产品类别与购买者特征的不同而各异。一般来说，从消费者收集的产品信息角度看，商业信息具有通知的作用，而具有针对性和可靠性特点的个人来源最有效。

3. 评价选择

消费者从不同的渠道获取有关信息后，便对可供选择的品牌进行分析和比较，并对各种品牌的产品作出评价，最后作出购买决定。

消费者对收集到的信息中的各种产品评价主要从以下几个方面进行。

（1）分析产品属性。

产品属性即产品能够满足消费者需要的特性。消费者一般将某一种产品看成是一系列属性的集合。消费者不一定对产品的所有属性都视为同等重要。市场营销人员应分析本企业产品应具备哪些属性，以及不同类型的消费者分别对哪些属性感兴趣，以便进行市场细分，对不同需求的消费者提供具有不同属性的产品。

（2）建立属性等级。

这是指消费者对产品有关属性所赋予的不同的重要性权数。消费者被问及如何考虑某一产品属性时立刻想到的属性，称为特色属性。特色属性不一定是最重要的属性。在非特色属性中，有些可能被消费者遗忘，而一旦被提及，消费者就会认识到它的重要性。市场营销人员应更多地关心属性权重，而不是属性特色。

（3）确定品牌信念。

消费者会根据各品牌的属性及各属性的参数，建立起对各个品牌的不同信念，例如，确认哪种品牌在哪一属性上占优势，哪一属性相对较差。

（4）形成"理想产品"。

消费者的需求只有通过购买才能得到满足，而他们所期望的从产品中得到的满足，是随产品每一种属性的不同而变化的。这种满足程度与产品属性的关系，可用效用函数描述。效用函数，即描述消费者所期望的产品满足感随产品属性的不同而有所变化的函数关系。效用函数表明消费者要求该属性达到何种水平他才会接受。每一个消费者对不同产品属性的满足程度不同，从而形成不同的效用函数。

（5）作出最后评价。

消费者从众多可供选择的品牌中，通过一定的评价方法，对各种品牌进行评价，从而形成对它们的态度和对某种品牌的偏好。在这一评价过程中，大多数消费者总是将实际产品与自己的理想产品进行比较。

也就是说，偏好和购买意图并不总是导致实际购买，尽管二者对购买行为有直接影响。

4. 购买决定

只让消费者对某一品牌产生好感和购买意向是不够的，真正将购买意向转为购买行动，还会受两方面因素的影响（图4-10）。

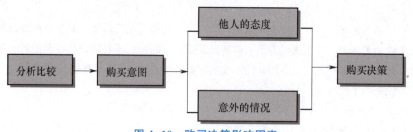

图4-10　购买决策影响因素

（1）他人的态度。

消费者的购买意图，会因他人的态度而增强或减弱。他人态度对消费意图影响力的强度，取决于他人态度的强弱及他与消费者的关系。一般来说，他人的态度越强、与消费者的关系越密切，其影响就越大。

（2）意外的情况。

消费者购买意向的形成，总是与预期收入、预期价格和期望从产品中得到的好处等因素密切相关的。但是当他欲采取购买行动时，发生了一些意外的情况，诸如因失业而减少收入，因产品涨价而无力购买，或者有其他更需要购买的东西等，这一切都会使他改变或放弃原有的购买意图。

5. 购后行为

消费者购买商品后，通过自己的使用和他人的评价，会对自己购买的商品产生某种程度的满意或不满意。消费者对其购买的产品是否满意，将影响到以后的购买行为。如果对产品满意，则在下一次购买中可能继续采购该产品，并向其他人宣传该产品的优点。如果对产品不满意，则会尽量减少不和谐感，具有不和谐感的消费者可以通过放弃或退货来减少不和谐，也可以通过寻求证实产品价值比其价格高的有关信息来减少不和谐。市场营销人员应采取有效措施尽量减少购买者买后不满意的程度，并通过加强售后服务、保持与顾客联系、提供使顾客从积极方面认识产品的特性等方式，来增加消费者的满意感。

 营销视点 4-7

锚定效应（Anchoring Effect）

人们在决策时会受到初始信息（锚点）的影响，即使这些信息与决策无关。例如，在一条街上，两家早餐店的生意看似不分伯仲，但左边的店每天却能多赚两三百元。秘诀在于：右边的店问顾客"要不要加鸡蛋"，而左边的店则问"加一个鸡蛋还是两个"。这个简单的变化，让左边的店卖出了更多的鸡蛋，因为顾客的"锚"，即决策的起点被设定在了"加几个鸡蛋"上，而不是"加不加鸡蛋"。

这就是锚定效应的魔力：通过设定一个初始值或"锚"，引导顾客做出商家期望的决策。左边的店巧妙地利用了这一点，让顾客在不知不觉中增加了消费。无论是商家还是消费者，了解并运用锚定效应都至关重要。商家可以通过设定合适的"锚"来吸引顾客，增加销量；消费者则需要货比三家，获取更多信息，避免被商家的"锚"所误导。

锚定效应是一种强大的心理工具，它可以影响我们的决策和行为。了解并善用这一原理，无论是在商业还是日常生活中，都能带来意想不到的收获。

资料来源：董志勇. 生活中的行为经济学［M］. 北京：北京大学出版社，2024.

第三节　产业市场购买行为分析

产业市场或组织市场是指一切购买产品和服务并将之用于生产其他产品或服务，以供销售、出租或供应给他人的个人和组织。产业市场用户的购买行为在一定程度上要比消费者市场的购买行为复杂，因为他们更理性，参与购买决策的人更多。

一、产业购买者行为模式及特点

与消费者行为研究一样，同样可以从环境刺激与购买者的反应之间的关系角度来研究产业购买者行为（图4-11）。

在这个模式中，产业购买者行为由三个部分构成。第一部分包括企业内部的营销刺激和企业外部的环境刺激，它们共同作用于购买机构以引起其注意。第二部分购买机构的活动涉及由所有参与购买决策的人员组成的采购中心及决策过程。图4-11表明，购买机构活动的结果就反映在第三部分购买者反应中，包括产品或服务选择、供应商选择、订货数量等。

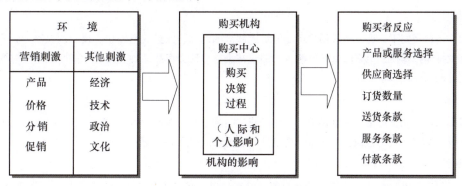

图 4-11　产业购买者行为模式

图4-11这个模式还涉及产业购买者行为的四个问题：①产业购买者要购买什么？②谁参与购买过程？③影响产业购买者的主要因素是什么？④产业购买者如何做的购买决策？同时，了解各类组织用户的采购特点（表4-7），也有助于我们有效地开展营销活动。

表 4-7　组织购买者的一般特点

组织类型	例子	一般购买特征
工业和生产者组织	工业制造厂、农业生产者	关键是质量传送，专家购买者，互利互惠，一般垂直连接
商业组织和销售组织	零售、批售、银行、商业服务	关键是零售边际，折扣和大批量处理，信用或融资条件，信任的供应商，专业购买者
政府和公共部门	中央政府、地方政府	严格的预算控制，有计划的购买，竞争性招标，规范化的程序
公共机构	大学、医院、独立部门	预算限制，一般管理，专业化

资料来源：丹尼斯·阿德科克. 市场营销原理与实务[M]. 于干千，译. 北京：中国市场出版社，2007.

二、产业市场购买对象

产业市场购买的对象，一般可分为原材料、主要设备、辅助设备、零配件、半成品、物料和工业服务。

1. 原材料

原材料指生产某种产品的基本原料，它是用于生产过程起点的产品。原材料分为两大类：一类是在自然形态下的森林产品、矿产品与海洋产品，如铁矿石、原油等；另一类是农产品，如粮、棉、油、烟草等，这类产品供货方较多，且质量上差别不大。因此，在营销上要根据各类产品的特点采取适当的措施，如对矿产品、海洋产品等自然形态的产品宜采取直接销售的方式，分配路线应尽可能短，运输成本应尽可能低，而对农产品应加强对产品的保管，减少分销环节，有些产品还可以由商业收购网点集中供应给生产企业。

2. 主要设备

主要设备指保证企业进行某项生产的基本设备，直接影响企业的产品质量和生产效率。主要设备包括重型机床、厂房建筑、大中型电子计算机等。这类产品一般体积较大、价格昂贵、技术复杂。生产者企业购买主要设备是一项重大决策，不仅要求产品的性能先进、有效，而且希望有良好的服务，产品供应者应注意产品性能的改进、宣传和售后服务工作，以使购买者对本企业的产品建立良好的信任感。

3. 辅助设备

机械工具、办公设备等均属辅助设备。相对主要设备而言，辅助设备对生产的重要性略差一些，价格也较低，供应厂家较多，产品标准化突出。采购人员可以自主决定购买，并能自由地从几家供应商购买，而且在购买时比较注重价格。

4. 零配件

零配件指已经完工，可以构成用户产品的组成部分的产品，如集成电路块、仪表、仪器等。零配件虽不能独立发挥生产作用，但它却直接影响生产的正常进行。这类产品品种复杂，专用性强，及时按标准供货是零配件购买者最基本的要求。

5. 半成品

半成品指经过初步加工，可以供生产者生产新产品的产品。例如，由铁矿砂加工成生铁，又由生铁加工成钢材等。半成品可塑性强，其质量、规格有明确要求，产品来源较多。

6. 物料

物料指保证和维持企业生产正常进行而消耗的诸如煤、润滑油、办公用品等产品。这类产品价格低、替代性强、寿命周期短、多属重复购买，购买者较注重购买是否方便。

7. 工业服务

工业服务包括法律服务、金融服务、培训、教育服务、市场调查、广告鉴定、管理和营销咨询等。

三、影响产业市场购买的因素

由于购买动机不同，影响产业市场购买的因素与消费者市场不同。按照影响的范围，影响产业市场购买的主要因素可以分为以下四大类(图4-12)。

1. 环境因素

环境因素是制约产业市场购买行为的不可控因素。生产者需要采购工业用品时，首先要考虑当时的客观环境及将来变动的趋势，包括企业未来产品的供需状况及需要采购的工业品当前及今后的供需状况，宏观和微观经济发展前景，利率高低变化，科学技术发展的速度和趋势，政府规定等。比如，一家电冰箱厂要增加冰箱生产线，单就这家企业来看，可能是有利可图的，但从社会经济因素考虑，冰箱的需求量已经饱和，从宏观看，增加流水线是不可行的；或者从社会经济因素考虑可行，但国家已限制生产使用氟利昂的电冰箱，如再购买如此的产品生产线显然也是不可行的。

2. 组织因素

组织因素是指企业的营销目标、营销策略、采购制度等对购买行为的影响。有的企业以发展为目标，有的企业则只求保持现状，有的企业甚至还在困境中挣扎，因而它们的目标会有很大差别。采购企业的营

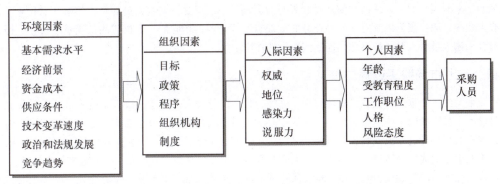

图4-12　影响产业市场购买的因素

销策略，有的立足于长远利益，特别重视先进技术和质量，有的重视眼前利益，追求廉价。另外，不同企业的采购制度也不相同，有的购买目标比较分散，购买决策不太集中，而有的采购目标比较集中，购买决策也高度集中。所有这些，都必然会对企业的购买行为产生不同的影响。

 营销案例4-6

比亚迪汽车的供应链管理模式

比亚迪（BYD）是一家总部位于中国深圳的高科技企业，成立于1995年，起初以电池制造为主，后来逐渐扩展到新能源汽车、太阳能等领域。如今，比亚迪已成为全球领先的新能源汽车制造商，以其电动汽车（EV）和插电式混合动力汽车（PHEV）在市场上享有盛誉。2023年，比亚迪全年累计销量新能源汽车302.44万辆，成为中国新能源汽车的销售冠军，建立了自己独特而高效的供应链体系，为企业在激烈的市场竞争中保持领先地位提供了有力支持。

1. 垂直整合战略：比亚迪采用垂直整合的供应链战略，自主研发和生产电池、电动机、电控等核心零部件。这种策略使比亚迪能够更好地控制产品质量，提高生产效率，并降低对外部供应商的依赖。

2. 战略合作伙伴关系：尽管比亚迪在核心部件上实现了自给自足，但它依然与一些关键供应商建立了长期稳定的战略合作伙伴关系。这些合作伙伴为比亚迪提供非核心部件和原材料，双方共同致力于技术创新和成本控制。

3. 信息化管理：比亚迪重视供应链管理的信息化建设，通过先进的ERP（企业资源规划）系统、SCM（供应链管理）系统等，实现供应链各环节的高效协同和信息共享。这有助于提高供应链的响应速度和灵活性。

4. 绿色供应链管理：作为一家致力于可持续发展的企业，比亚迪在供应链管理中融入了绿色环保理念。它要求供应商遵循环保标准，推动绿色采购和绿色生产，以降低对环境的影响。

5. 风险管理：比亚迪建立了完善的供应链风险管理体系，包括供应商评估、风险识别和预警机制等。这些措施有助于及时发现和解决供应链中的潜在问题，确保供应链的稳定性。

资料来源：根据网络资料改写

3. 人际因素

人际因素是指采购者与上级主管之间、与相关部门之间以及与其他有关人员的实际相互关系对购买行为的影响。例如，企业中采购部门职权范围的大小不同，参与采购决策的程度和影响力不同，上层主管人员对采购决策过问的程度不同等，都会对购买行为产生很大的影响。

4. 个人因素

个人因素是指采购人员的个人感情、偏好对购买行为的影响。一般来说，对工业用品的采购是一种理性化采购，采购人员的个人感情和偏好对购买行为影响较小。但是，采购人员的个人年龄、文化修养、性格、收入状况、职位高低以及对他所办业务的负责态度等是各不相同的，当供应品的质量、价格、服务等相似时，采购人员个人对其的好恶仍能起到决定性作用。

四、产业市场购买过程的参与者

产业采购的一个重要特点就是集体行动，除极少数情况外，大多数购买决策是由来自不同领域和具有不同身份的人员组成的采购中心作出的。采购中心的人员有技术专家、高级管理人员、采购专家、财务主管等，采购人员都经过专业训练，对所购产品的技术细节有充分了解。不同企业采购中心的规模差异很大。小企业采购中心的成员可能只有一两个人；大企业则可能由一位高级主管率领一批人组成采购部门。另外，根据所购产品的不同，购买中心的组成也有所不同。如购买消耗品，即便是一家大企业，购买中心只要一个人就够了；如果购买的是生产装备，涉及技术问题和大笔投资，那么，除了专业的采购人员以外，购买中心的成员还须包括技术员、工程师，甚至最高主管，以进行投资上的重大决策。

采购中心的所有人具有同一采购目标，并分担决策的风险，但每个人扮演的角色略有不同（图4-13）。

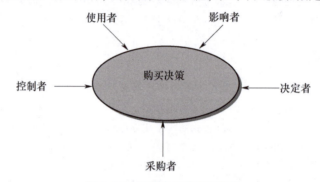

图4-13　采购中心的不同角色

1. 使用者

使用者即具体使用欲购买的某种产业用品的人员。公司要购买实验室用的电脑，其使用者是实验室的技术人员；要购买打字机，其使用者是办公室的秘书。使用者往往是最初提出购买某种产业用品意见的人，他们在计划购买产品的品种、规格中起着重要作用。

2. 影响者

影响者是从企业的内部和外部直接或间接影响购买决策的人。他们常协助企业确定产品规格。在众多影响者中，企业外部的咨询机构和企业内部的技术人员影响最大。

3. 采购者

采购者即企业中具体执行采购决定的人。他们是企业里有组织采购工作正式职权的人员，其主要任务是交易谈判和选择供应者。在较复杂的采购工作中，采购者还包括企业的高层管理人员。

4. 决定者

决定者即企业里有权决定购买产品和供应者的人。在通常的采购中，采购者就是决定者。而在复杂的采购中，决定者通常是公司的主管。

5. 控制者

控制者是指控制企业外界信息流向的人，诸如采购代理商、技术人员、秘书等，他们可以阻止供应者的推销人员与使用者和决定者见面。

五、产业市场购买决策类型

不同的购买决策类型面临购买决策过程的复杂程度和决策项目均是不同的。产业购买者的购买决策通常可分为三种类型：直接续购、更改续购和新任务购买(表4-8)。

表4-8　产业购买决策类型

购买决策类型	复杂程度	时　间	供应商数量
直接续购	简单	短	一个
更改续购	中等	中等	少
新任务购买	复杂	长	多

1. 直接续购

直接续购是一种在供应者、购买对象、购买方式都不变的情况下购买以前购买过的产品的购买类型。这种购买类型所购买的多是低值易耗品，花费的人力较少，不必联合采购。面对这种采购类型，原有的供应者不必重复推销，而应努力使产品的质量和服务保持一定的水平，减少购买者时间，争取稳定的关系。

2. 更改续购

更改续购是指购买者虽打算重复购买同种产品，但想改变产品的规格、价格、交货条件等的购买类型。这需要调整或修订采购方案，包括增加或调整决策人数。

3. 新任务购买

新任务购买是生产者首次购买某种产品或服务。由于第一次购买，买方对新购产品不太了解，因此在购买决策前，要收集大量的信息，制定决策所花时间也就比较长。首次购买的成本越大，风险越大，参加购买决策人员就越多。

六、产业市场购买决策的过程

产业市场购买者和消费者市场购买者一样，也有决策过程。产业市场购买者购买过程阶段的多少，取决于产业购买者购买情况的复杂程度(表4-9)。

表4-9　产业市场购买程序与购买类型

购买程序	购买类型		
	直接续购	更改续购	新任务购买
认识需求	不必	可能需要	需要
确定需求	不必	可能需要	需要
说明需求	不必	需要	需要
物色供应商	不必	可能需要	需要
征求建议	不必	可能需要	需要
选定供应商	不必	可能需要	需要
规定订货程序	不必	可能需要	需要
检查履约情况	需求	需要	需要

从表4-9可以看出，直接续购最为简单，更改续购则视其需要可将其中某些程序简化，新任务购买最为复杂，其购买程序一般有八个阶段。下面详细介绍新任务购买的购买决策过程。

1. 认识需求

在新任务购买和更改续购的情况下，购买过程首先是从使用者或其他倡议者认识到需采购某种产品，以满足企业的生产经营需要而开始的。认识需求的过程可以由内部或外部的刺激引起。从内部来说，公司可能决定生产一种新产品，需要新设备或材料，或者机器出现故障，需要新零件等，也可能是销售经理对目前供应商的产品质量、服务或价格不满意等。从外部来说，购买者可能从展览会的展览或广告上获得信息，或是从某个推销员的电话里得知有又便宜又好的产品。事实上，产业营销者经常提醒客户潜在问题的存在，并且介绍说自己的产品如何能使问题迎刃而解。

2. 确定需求

认识到需求后，购买者下一步要决定所需项目的特点和数量。对于一般性项目，这个过程并没有什么问题。如果是复杂项目，购买者需要和工程师、操作人员或顾客等共同确定项目的条件。这个小组可能会权衡产品的可靠性、耐久性、价格或其他方面。在这个阶段，产业营销者可以帮助购买者弄清需求，并提供有关产品特点的信息。

3. 说明需求

确定需求后，再由专家小组对所需产品进行价值分析，作出详细的技术说明。价值分析的目的是降低成本，这项工作要对产品各个部分仔细研究，看看是否能重新设计、实行标准化或使用成本低一些的方法来制造等。专家小组要决定产品的性能，并仔细说明。销售者也能用价值分析作为工具来帮助寻找解决办法，比如，向购买者展示达到目标的好方法。局外销售者也可将新购转为重购，并以此获得机会，赢得新客户。

4. 物色供应商

写出技术说明书以后，则是物色最合适的供应商。在新任务购买的情况下，购买者采购复杂的价值较高的品种时，需要花较多时间慎重选择供应商。购买者依据商业目录、计算机查询，或者通过电话查询其他公司，可以列出合格的供应商的目录。工作越新，项目越复杂，成本越高，购买者寻找供应商花的时间也就越多。供应商要设法把自己公司的名字列在主要商业目录上，并在市场上有一个良好的声誉。销售人员要注意那些处在寻找供应商过程中的公司，并让它们考虑自己的公司。

5. 征求建议

企业可邀请合格的供应商提出建议。供应商一般只提供产品目录或派一个销售员。不过，当项目复杂或价格很高时，购买者时常要求每个可能的供应商提供书面方案或正式文件。为了答复购买者的提案，产业营销人员必须对研究、书写和提交销售计划等工作十分熟悉。计划也应包括市场营销的文件，而不仅仅是技术文件。提交时要能够激励人们的信心，使自己公司的形象优于竞争者的形象。

 **营销案例 4-7**

华为的供应商管理

华为技术有限公司，作为全球信息与通信技术（ICT）领域的领军企业，其卓越的供应商管理体系是支撑其持续创新和全球竞争的重要保障。华为的供应商管理体系主要分为四个部分：供应商认证、供应商关注度分级和审核、供应商绩效管理以及供应商能力建设。这一体系确保了供应商的供应质量和供应连续性，从而降低了供应链风险。华为的供应商管理的关键措施与策略如下。

1. 供应商认证

（1）标准制定：华为根据责任商业联盟（Responsible Business Alliance，RBA）行为准则和国际电信行业联合审核合作组织（Joint Audit Protocol，JAP）等行业标准，制定了严格的供应商认证体系。

（2）评估内容：认证评估内容包括供应商遵守法律法规和可持续发展协议的能力和水平，确保供应商在环保、劳工权益、商业道德等方面符合华为的要求。

2. 供应商关注度分级和审核

（1）分级管理：华为将占采购金额90%以上的供应商纳入年度关注度分级的范围，划为高、中、低三个等级。这一分级有助于华为对重点供应商进行更精细化的管理。

（2）审核机制：华为每年对供应商进行年度审核，并根据审核结果提供相应的指导。对于审核出现问题的供应商，华为会提供 CRCPE（Check、Root Cause、Correct、Prevent、Evaluate）指导，即根据检查结果追溯根本原因，采取针对性的纠正和预防措施。

3. 供应商绩效管理

（1）绩效评估：华为每年开展供应商可持续发展绩效评估，评估内容包括供应商过去一年的表现、企业社会责任（Corporate-Social-Responsibility，CSR）管理水平、现场审核结果及改善情况等。这一评估结果作为供应商综合绩效的组成部分，占比为 5%～15%。

（2）激励机制：华为通过绩效评估结果对供应商进行激励，表现优秀的供应商将获得更多的合作机会和业务份额。

4. 供应商能力建设

（1）培训与支持：华为不仅关注自身的发展，还致力于提升供应商的能力。华为通过提供培训、技术支持和资源共享等方式，帮助供应商提升生产效率、产品质量和管理水平。

（2）共同发展：华为与供应商建立长期稳定的合作关系，共同应对市场挑战，实现双赢发展。

6. 选定供应商

企业的采购中心根据供应商的产品产量、质量、报价、资信、及时交货能力以及技术服务等，对供应商进行评价，选定最有力的供应商。采购中心在作出最后决定之前，也许还要和较中意的供应商谈判，以争取较便宜的价格和更好的条件。最后，采购中心选定一个或几个供应商。

7. 规定订货程序

企业最终选定供应商后，可开出订货单。订货单上须列举产品品种数量、技术说明、期望交货时间等。现在企业较少使用"定期采购交货"，而趋于采用"一揽子合同"，与供应商建立长期供货关系，当企业需要合同中规定的品种时，通知供应商，供应商即按约定的价格和交货条件随时供货。这样可大大减少采购单位的库存量。

8. 检查履约情况

采购者要检查到货情况，还要向使用者征求意见，检查和评价各供应商履行合同的情况，然后决定以后的购买决策。这个阶段，购买者可以与操作人员联系，看他们如何评价。检查情况可导致购买者继续、修订或放弃购买。销售者的工作是注意购买者考虑的因素，以保证客户满意。

本章小结

消费者购买行为分析是研究购买、使用或处置产品或服务的个人或组织的行为的过程。对消费者购买行为的分析有助于企业了解消费者作出购买决定的原因和方式，从而帮助企业制定有效的营销策略。互联网时代下的消费者购买行为分析通常涉及收集和解释有关消费者人口统计、心理特征、购买行为和品牌认知等的数据。这些数据可用于识别消费者的需求、偏好和动机，进而用于创建营销活动和产品设计，以满足特定消费者群体的需求。消费者行为分析是一个持续的过程，需要持续监控和适应不断变化的消费者趋势和偏好。通过了解消费者行为，企业可以与客户建立更牢固的关系，提高客户忠诚度，并最终推动业务增长。

随着移动互联网的普及和技术的不断进步，消费者行为发生了巨大变化。消费者现在更加依赖移动设备和互联网来获取信息、进行购物和与品牌进行互动。他们更加注重个性化和定制化的产品和服务，对品牌的社交媒体活动和口碑影响也更加敏感。同时，组织市场也面临着挑战和机遇，需要适应消费者的变化需求，并利用移动互联网技术来拓展市场和提高效率。

在互联网和其他数字技术的推动下，以企业、个人和其他实体相互联系的网络为基础的经济体系形成了。在这种环境下，消费者可以获得大量信息，并且可以轻松地相互联系，分享他们对产品和服务的体验和看法。因此，企业必须密切关注消费者行为，才能在网络经济中有效竞争并取得成功。

在移动互联网时代，消费者的购买决策过程更加复杂，他们可以通过多个渠道获取信息，进行比较和评估。因此，了解消费者的需求、偏好和购买动机变得更加重要。在分析消费者购买行为时，需要考虑个体差异、社会文化因素、心理因素和环境因素等对消费决策的影响。为此，企业应充分利用社交媒体和其他数字平台来收集与消费者有关的内容，监控其与产品和服务的在线对话，使用数据分析工具来分析消费者数据并识别消费者行为的模式和趋势。此外，企业应通过提供个性化和响应迅速的客户服务，提供方便灵活的购买选择，并利用客户反馈不断改进其产品和服务，努力创造积极的客户体验。通过了解和利用网络经济背景下的消费者行为，企业可以与客户建立更牢固的关系，提高品牌忠诚度，并最终推动企业在激烈的市场竞争中取得成功。

同时，随着移动互联网的发展，产业市场也面临着数字化、智能化和个性化的趋势，企业需要不断提升技术能力和创新能力，以适应市场变化和满足客户需求。产业市场的特点决定了其购买行为通常较为复杂。在移动互联网的影响下，产业市场面临着新的商机和挑战。了解产业市场的特点和购买行为的驱动因素对企业至关重要。移动互联网的出现扩大了产业市场采购的渠道，企业可以通过在线市场、电子招投标平台和移动应用程序等途径寻找供应商和进行采购活动，增加了采购决策的灵活性和选择性。在分析产业市场购买行为时，需要考虑到环境、组织、人际和个人等相关因素的影响。

综上所述，移动互联时代下的消费者行为分析是市场营销中的重要课题。通过深入分析消费者市场和组织市场、消费者购买行为和产业市场购买行为，企业可以更好地理解消费者和市场需求，制定更加精准和有效的市场营销策略。同时，企业需要及时关注市场变化和趋势，加强技术创新和数字化转型，以适应移动互联网时代下的市场竞争和挑战。

 **案例评析**

屈臣氏的女性营销策略

有关调查显示，女性控制着国内消费 60% 的营业额，决定着 74% 的家庭购买力。女性对购物情有独钟，且乐此不疲。尤其是青年女性，她们始终走在消费市场的前沿，已然成为企业竞争的主要目标和关键顾客群。

屈臣氏，第一家以"个人护理"概念经营的门店，是亚洲最具规模的保健及美容产品零售连锁店，目标顾客锁定在 18~35 岁的女性，1989 年进军中国市场，至今在国内线下零售实体店已经达到 1 000 家，覆盖超过 100 个城市。屈臣氏的成功之处就在于准确把握女性消费者心理、及时满足其需求。

一、追求健康、时尚的生活方式

屈臣氏个人护理店以"探索"为主题，提出了"健康、美态、快乐"三大理念，协助热爱生活、注重品质的人塑造自己"内在美"与"外在美"的统一体。

屈臣氏拥有一支强大的健康顾问队伍，包括 80 位全职药剂师和 150 位"健康活力大使"，他们均受过专业的培训，为顾客免费提供保持健康生活的咨询和建议。

屈臣氏的产品处处传达着"健康、美态、快乐"的三大经营理念，为了配合这三大理念，公司的货架上、收银台和购物袋上都会有一些可爱的标志，"心""嘴唇""笑脸"，给人以温馨、愉快的感觉。

二、感性消费心理

与男性相比，女性在购物过程中更容易受到直观感觉和环境的影响，她们对商品的名称、款式、包装、色彩，以及购物环境中的商店装潢、布局、色调和气味都非常敏感。屈臣氏个人护理店以蓝色为主色调，并采用简单大方的布局和装饰，营造了一种和谐、温馨和休闲的购物气氛。

零点调查公司对 900 位女性的调查资料显示，18~35 岁的女性有高达 93.5% 的人有过不同种类的冲动消费，并且冲动消费的金额占到女性消费总支出的 20% 以上。女性在极端兴奋或愤怒的情况下，也会出现情绪化消费。同时，许多女性在逛商店的过程中，即使事先并没有购买计划，也会顺便买一些打折商品或者日常用品，并为自己的"满载而归"产生成就感。为此，屈臣氏实施"加 1 元多一件""全线八折""买一送

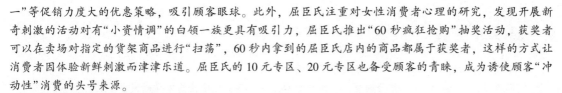

一"等促销力度大的优惠策略，吸引顾客眼球。此外，屈臣氏注重对女性消费者心理的研究，发现开展新奇刺激的活动对有"小资情调"的白领一族更具有吸引力，屈臣氏推出"60秒疯狂抢购"抽奖活动，获奖者可以在卖场对指定的货架商品进行"扫荡"，60秒内拿到的屈臣氏店内的商品都属于获奖者，这样的方式让消费者因体验新鲜刺激而津津乐道。屈臣氏的10元专区、20元专区也备受顾客的青睐，成为诱使顾客"冲动性"消费的头号来源。

三、多样化的商品需求

由于女性消费品品种繁多，加之女性特有的细腻、认真，女性在选购商品时，更加注重产品细微之处的差别。屈臣氏产品包罗万象，来自20多个国家，包括化妆品、药品、个人护理用品、时尚饰品、糖果、礼品等2.5万种商品，很好地满足了女性消费者对商品的多样化需求。据个人护理店对600多位女性顾客的调查显示，有超过85%的人认为，屈臣氏产品丰富和精致是吸引她们来此购物的首要因素。根据消费者日益增长的需求，屈臣氏还推出了许多自有品牌，为顾客提供更多的选择空间。在中国市场，屈臣氏的自有品牌数量为700多种，相当于所销售总商品数量的20%；在销售价格上，自有品牌比同类其他品牌便宜20%~40%。而且，在推入市场之前先由员工试用，再让员工向消费者宣传，这样员工就成了最好的代言人，能够进行有效的口碑传播。

四、方便、快捷的消费需求

现代职业女性承受着来自社会、家庭和工作三方面的压力，她们既有强烈的购物欲望，又希望有便捷的购物方式或购买渠道，来帮助她们节省时间，以便有更多的时间投入到家庭和工作中。

年龄较大的女性大多已有自己固定的生活方式，很难改变。而35岁以下的女性富有挑战精神，注重个性，喜欢体验新奇的产品。她们是女性中收入增长最快的群体，有较强的消费能力，但购物时间紧张，不喜欢去大卖场或大超市购物，追求的是舒适和方便快捷的购物环境。屈臣氏的商品定位恰与此类目标客户消费特征相吻合。店里不仅针对个人护理提供完备的产品线，而且在商品的陈列顺序方面也比较符合消费者的购买习惯，按化妆品—护肤品—美容用品—护发用品—时尚用品—药品的顺序分类摆放，方便顾客挑选。

为了适应网络时代女性消费者购物方式的改变，2011年12月16日，屈臣氏中国宣布正式进驻淘宝商城，开启了官方旗舰店。屈臣氏淘宝商城旗舰店是屈臣氏在中国的第1 001家店面。它不仅作为屈臣氏线下成功模式的延伸，更被看作是与消费者在网络时代更加亲密沟通的新起点。

五、强烈的自尊、自重心理

女性消费者在购买商品时，即使作为旁观者，也愿意发表意见并希望自己的意见被采纳。因此，在购买活动中，营销人员的语言、广告宣传及评论，都会影响女性消费者的自尊心，进而影响购买行为。营销人员在为女性消费者服务的过程中，要注重服务艺术和语言表达的艺术，要注意语言的规范化，要讲礼貌，尊重女性消费者的选择并适当地赞美女性消费者的选择，博得消费者的心理满足感。

屈臣氏个人护理店清楚地划分不同的售货区，货品分门别类，摆放整齐，便于顾客挑选；在店内陈列着各种个人护理手册，免费提供各种皮肤护理咨询，药品柜台的"健康知己"资料展架提供各种保健营养配方和疾病预防治疗方法。屈臣氏关心的不仅是商品的销售，更注重对顾客体贴细致的关怀，充分展现了其"个人护理"的特色服务。屈臣氏的营销人员说得最多的一句话是"您需要哪一类的产品？"然后告诉消费者具体的位置，很少干涉消费者的选择。在对产品的促销方面，营销人员只有在消费者问到时予以回答和讲解，很少主动上前推销。这为消费者提供了更大的自己选择的空间。

据调查统计，由于女性特有的表达能力，一个厌恶某品牌的女性消费者，可以将此信息传达给周围的24个人，而一个忠实某品牌的女性消费者，只能将此信息传递给周围的8个人。所以，商家必须用自己的真诚与女性消费者建立良好的关系，有效地宣传自己的产品，提高自己的服务，赢得更多的稳定客户。

资料来源：刘温，初红桥. 屈臣氏的女性营销策略[J]. 企业管理，2012(6)：50-51.

评析： 在市场营销中，女性是一个特别值得研究的群体，她们会影响消费行为的走向，正如船王亚里士多德·奥纳西斯所言："如果没有女人，世界上所有的钱就毫无意义。"这也点明了研究女性消费是不可或缺的。

思考题

1. 消费者市场有哪些特点？产业市场有哪些特点？

2. 以电脑为例，说明当电脑分别是工业品和消费品时，其市场特性的差异点何在。

3. 影响消费者购买行为的主要因素有哪些？

4. 结合你熟悉的一种产品，对该产品的消费者行为进行描述。

5. 试对消费者及产业市场的购买决策过程进行比较。

6. 拜访一家工厂，并了解该工厂在购买下列产品时，所考虑的主要因素：①生产原料；②重要而昂贵的机器设备；③作业人员；④厂房；⑤耗材（如润滑油）。

本章实训

一、实训目的

通过对实践案例的整理和分析，学生对如何分析消费行为有感性的认识，理解该行为特征背后的原因，能够发现当前环境下消费者行为新动向。

二、实训内容

1. 实训资料：搜集不同产品的消费行为分析案例。

2. 具体任务：根据本章对消费行为分析内容的介绍，分小组讨论分析案例。

3. 任务要求：

（1）分析案例中的消费者行为的特点及动机；

（2）分析生活方式对消费者购买行为的具体影响。

三、实训组织

1. 根据全班上课人数，将全班同学分成若干小组，采取组长负责制，全体组员协作完成课堂任务。为了避免不同小组所搜案例重复，各小组组长将所选案例进行提前汇总，并进行协商，确保所选案例不重复。

2. 确定所选案例后，各小组进行下一步分工，对案例进行分析、汇总。

3. 经过小组讨论后，完成实训报告及汇报PPT。

4. 根据课时具体安排，不同小组分别选派成员对报告进行讲解，并回答其他组成员的问题。

5. 任课教师对实训课程的结果进行总结，提出相应的意见及建议。

四、实训步骤

1. 任课教师布置实训任务，介绍实训要点和搜集材料的基本方法。

2. 各小组明确任务后，按照教师指导根据具体情况进行分工。

3. 各小组定期召开小组会议，对取得成果进行总结，遇到问题及时与指导教师沟通。

4. 完成实训报告及展示所需要的PPT等材料，实训报告中应包括案例来源、案例分析，以及遇到的难题与解决方案、启示等内容。

5. 各小组对案例进行课上汇报，任课教师对各组的汇报进行点评及总结。

第五章 市场调查与预测

📖 **章节图解**

第一节 市场调查的范围与分类	一、市场调查的概念
	二、市场调查的范围
	三、市场调查的分类
第二节 市场调查的程序与方法	一、市场调查的程序
	二、市场调查的方法
	三、市场调查的主要技术
	四、现代营销调研技术的新进展
第三节 市场预测的内容与步骤	一、市场预测的概念
	二、市场预测的内容
	三、市场预测的步骤
第四节 市场预测的基本方法	一、购买者意向调查法
	二、销售人员预测法
	三、专家预测法
	四、市场实验法
	五、时间序列分析法
	六、直线趋势法
	七、统计需求分析法

🎯 学习目标

知识目标：
- 掌握市场调查的定义
- 了解市场调查的范围和分类
- 熟练掌握市场调查的程序和方法
- 了解市场预测的内容和步骤
- 掌握市场预测的基本方法

素养目标：
- 重视市场调研，养成科学预测的思维和职业习惯
- 培养运用大数据、人工智能等技术进行市场调查与预测的能力
- 强化坚持"一切从实际出发，实事求是"的市场调研与预测的决策原则

✒️ 关键概念

市场调查，市场预测

📦 导入案例

美国关于速溶咖啡的市场调查

20世纪40年代，当速溶咖啡这个新产品刚刚投放市场时，厂家自信它会很快取代传统的豆制咖啡而获得成功。因为它的味道和营养成分与豆制咖啡相同而饮用方便，不必再花较长时间去煮，也不用再为刷洗煮咖啡的器具而费很大的力气。

厂家为了推销速溶咖啡，就在广告上着力宣传它的这些优点。出乎意料的是，购买者寥寥无几。心理学家们对消费者进行了问卷调查，请被试者回答不喜欢速溶咖啡的原因和理由。很多人一致回答是因为不喜欢它的味道，这显然不是真正的原因。为了深入了解消费者拒绝使用速溶咖啡的潜在动机，心理学家们改用了间接的方法对消费者真实的动机进行了调查和研究。他们编制了两种购物单（见表5-1），这两种购物单上的项目，除一张上写的是速溶咖啡，另一张上写的是新鲜咖啡这一项不同之外，其他各项均相同。把两种购物单分别发给两组妇女，请她们描写按购物单买东西的家庭主妇是什么样的妇女。

结果表明，两组妇女所描写的想象中的两个家庭主妇的形象是截然不同的。看速溶咖啡购货单的那组妇女几乎有一半人说，按这张购货单购物的家庭主妇是个懒惰的、邋遢的、生活没有计划的女人，有12%的人把她说成是个挥霍浪费的女人，还有10%的人说她不是一位好妻子。另一组妇女则把按新鲜咖啡购货的妇女，描绘成勤俭的、讲究生活的、有经验的和喜欢烹调的主妇。这说明，当时的美国妇女有一种带有偏见的自我意识：作为家庭主妇，担负繁重的家务劳动乃是一种天职，而逃避这种劳动是偷懒的、应遭到谴责的行为。速溶咖啡的广告强调的正是速溶咖啡省时、省力的特点，因而并没有给人以好的印象，反而被理解为它帮助了懒人。

由此可见，速溶咖啡开始时被人们拒绝，并不是由于它本身，而是由于人们的动机，即都希望做一名勤劳的、称职的家庭主妇，而不愿做懒惰的、失职的主妇。这就是当时人们的一种潜在购买动机，这也正是速溶咖啡被拒绝的真正原因。

谜底揭开之后，厂家对产品的包装作了相应的修改，除去使人产生消极心理的因素。广告不再宣传又快又方便的特点，而是宣传它具有新鲜咖啡所具有的美味、芳香和质地醇厚等特点；在包装上，把产品密

封得十分牢固，开启时十分费力，这就在一定程度上打消了顾客因使用新产品省力而造成的心理压力。结果，速溶咖啡的销路大增，很快成了最受欢迎的咖啡。

表 5-1　两种购物单

购物单 1	购物单 2
1 听发酵粉	1 听发酵粉
2 块面包、1 串胡萝卜	2 块面包、1 串胡萝卜
1 磅①速碎咖啡	1 磅新鲜咖啡
1.5 磅碎牛肉	1.5 磅碎牛肉
2 听桃子	2 听桃子
5 磅土豆	5 磅土豆

资料来源：徐联沧. 消费者心理学[M]. 北京：电子工业出版社，2006.

引导问题：

市场调查是如何帮助决策者找到问题症结的？市场调查又是怎样被执行的？通过本章的学习，你可以找到答案。

第一节　市场调查的范围与分类

一、市场调查的概念

对于市场调查(Marketing Research)，有不同的提法，意思相近的词有营销研究、市场调研、市场分析、市场研究等。这里给市场调查下的定义是：针对企业特定的营销问题，采用科学的方法，系统地、客观地设计、收集、分析和整合有关市场营销各方面的信息，为营销管理者制定、评估和改进营销决策提供依据。

从市场调查的定义可见，市场调查是为企业解决面临的市场营销问题服务的，是企业的一项目的性很强的活动。市场调查是为企业的决策者提供所需的决策信息，是企业重要的营销职能之一。市场调查是一项系统性的工作，它根据企业所要解决的市场营销问题，通过设计调研计划，根据调查计划的要求收集相关的信息，对收集到的信息进行分析处理，最后向相关的决策部门提供调查报告。

 营销视点 5-1

如何有效地开展市场调研？

"营销调研没有用，因为消费者根本不知道他要什么。"这个观点之所以会流行，是因为这是大名鼎鼎的乔布斯说的。另外一个观点来自亨利·福特，他说："如果我问人们需要什么，他们只会告诉你想要一匹更快的马。"乔布斯和亨利·福特的观点，给了很多市场营销人员足够的安慰和偷懒的借口不去进行市场调研，最终他们会把所有销售不好的责任推卸给产品的某个瑕疵和运营的缺失，从而掩盖自己能力的不足。实际上，大多数情况下，并不是营销调研没用，而是营销调研方法错了。

消费者不知道自己需要什么，这是对的。在没有车之前，没有人想要一部车，同理，在飞机被发明之前，也没有人想过坐飞机，但是消费想要"更快到达目的地"的需求是一直存在的。营销调研就是去洞察那些一直存在的，还没有被更好满足的需求，然后用一个新的、替代的方案来解决它。

在营销调研中，正确的提问非常重要，如果问错了问题，你永远无法得到正确的答案。比如一个人是做手机的，他可能会问："如何设计一部更好用的手机？"这样就陷入了"自我视角陷阱"，但如果他的问题变成："如何提高人与人之间沟通交流的效率？"，这样一来，思维就不会被"手机"两个字所遮蔽，最后解

---

① 1 磅≈0.453 6 千克。

决这个问题的可能是"微信"这样的 App 或者其他的方式，而不仅仅是一部更好用的手机。

营销调研并不是让消费者告诉你他要什么，而是通过调研来判断消费者遇到了什么问题或者还有什么需求没被满足，市场调研的目的就是发现问题，找到启发。也许，某一个人、某一句话或者某一件物品给你带来了启发，让你作出了某个重大决策。

二、市场调查的范围

市场调查活动涉及市场营销管理的整个过程，在各个环节出现的一些特定的营销问题，可以通过市场调查的方法，提供解决问题的参考。市场调查运用一些方法和技术，也不限于研究特定的营销问题，它实际上可以运用于企业经营中出现的其他问题，因此它的研究范围是相当广泛的。主要的和常见的市场调查活动包括以下几个方面。

1. 市场研究

市场研究主要包括对市场需求规模的分析与预测，即估计某类产品或服务市场的现有规模和潜在规模，预测某产品或服务的不同细分市场的中远期需求；测算某类产品或服务的各品牌的市场占有率及其动态变化，分析企业与同行竞争者相比的优势和劣势；了解某类产品或服务的市场特点及其变化趋势，掌握消费者购买行为的基本模式及特点，以利于企业把握有利时机、制定最佳的营销组合策略、进入有利可图的目标市场。

2. 消费者行为研究

消费者行为研究包括顾客的基本人文特征和购买行为两个方面的研究。首先，通常需要了解以下八个方面的信息，即所谓的 6W 和 2H：购买者是谁（Who）、购买什么（What）、为什么购买（Why）、何时购买（When）、何地购买（Where）、信息来自何处（Where），购买多少（How much）、如何决策购买（How）；其次，要分析不同消费者群体之间购买行为的差异，以及生活习惯和生活方式的特点。

3. 产品研究

产品研究包括对现有产品的改进和对新产品的研制与开发研究。对现有产品的改进主要是改进性能、扩大用途和创造新市场等；对新产品的研制与开发研究主要是产品测试研究，其涉及消费者对产品概念的理解、对产品各个属性的重要性评价、新产品的市场前景以及新产品上市的相关策略等。对品牌的研究形成一个相对独立的研究领域，其主要内容有品牌的知名度、美誉度、忠诚度以及消费者对品牌的认知途径和评价标准等。

4. 价格研究

价格研究主要包括比价研究、差价研究以及消费者的价格敏感度研究和新产品定价研究等。在比价研究中，要确定同一市场和时间内相互关联产品之间的价格关系，包括原料和半成品的比价、与零配件的比价、进口产品与国内产品的比价以及原产品与替代产品的比价等。在产品差价研究中，要分析和研究产品的质量差价、地区差价、购销差价、批零差价和数量差价等。消费者的价格敏感度研究和新产品定价研究为企业制定和改进价格策略提供依据。

5. 广告研究

广告研究由于其特定的研究内容和相对独立的研究方法，形成了市场调查中一个独立的分支，它的研究内容主要包括：为广告创作而进行的广告主题和广告方案的测试；为媒体选择而进行的广告媒体调查，如电视收视率调查、广播收听率调查、期刊或报纸阅读率调查等；为评价广告效果而进行的各类消费者广告前的态度和行为调查、广告中接触效果和接受效果调查、广告态度和行为跟踪调查等；为制定企业的广告策略而进行的消费者媒体行为和习惯的调查等。

6. 营销环境研究

企业的营销环境包括微观环境和宏观环境，它们通过直接和间接的方式给企业的营销活动带来影响和产生制约。微观环境包括企业内部、营销渠道、顾客、竞争者和社会公众等；宏观环境主要包括人口、经

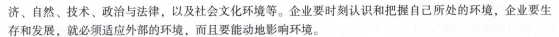

济、自然、技术、政治与法律，以及社会文化环境等。企业要时刻认识和把握自己所处的环境，企业要生存和发展，就必须适应外部的环境，而且要能动地影响环境。

7. 竞争者研究

企业要出色地完成组织目标就必须比竞争者更好地满足消费者的需求。因此，企业不仅要全面深刻地了解顾客的需求，还要时刻掌握竞争者的动向，以便制定恰当的竞争战略和策略。竞争者研究的一个基本内容就是利用合法手段和技术收集竞争者的情报和有关信息。

8. 顾客满意度研究

顾客满意度研究越来越受到企业界的重视，企业通过顾客满意度研究了解影响顾客满意度的决定性因素，测量各因素的满意度水平，从而使企业比竞争对手更好地满足消费者的需求。

9. 企业责任研究

企业责任研究主要包括消费者权益研究，产品或服务的生态影响和营销道德研究，广告和促销活动的法律限制研究等。

除了以上列举的主要范围之外，市场调查实际可以应用在更多、更广泛的方面。比如美国总统的选举，要通过市场调查来了解民意，制定施政纲要；国外陪审团成员的选择，很多时候也是借助市场调查及其工具来进行的。

 营销视点 5-2

营销调研新技术——神经元营销

技术的进步使营销者能够使用皮肤传感器、脑电波扫描器和全身扫描器来观测消费者的反应。例如，生物跟踪手腕传感器可以测量皮肤电活动或皮肤电导率，以检测汗液水平、体温和运动的变化。眼睛和脸部视觉研究的进步使营销者和管理者都受益良多。

眼动追踪(Eye-tracking)：眼动追踪技术能够注意到哪些产品能抓住消费者的眼球并吸引消费者注意力。

面部识别：面部识别软件能够估计用户年龄和性别，公司可以利用此技术向合适的群体投放广告。

近年来，一些成本效益越来越高的研究消费者眼睛和脸部的技术被开发出来，并有了众多的应用。宝洁、联合利华和金佰利等快速消费品公司利用计算机三维模拟产品包装设计，并与商店布局相结合，使用眼动追踪技术观察消费者首次关注的地方、在特定商品上停留的时长等。经过这样的测试后，联合利华改变了凌仕(Axe)沐浴露的容器形状、商标外观和店内的产品陈列。在韩国首尔的国际金融中心购物商场，26个咨询台都放置了液晶触摸屏，屏幕上方安装了两个摄像头和一个移动检测器。面部识别软件评估用户的年龄和性别后，屏幕中会出现针对相应人群的互动广告。在纽约、洛杉矶和旧金山，类似的应用正在被开发出来，用于人行道数字广告牌。在美国，用于识别和奖励零售商或餐馆的忠实顾客的面部识别摄像头和软件正在被测试，可供消费者自主选择是否让智能手机升级更新以参与其中。商业应用 Scene Tap 使用带有面部检测软件的摄像头来发布酒吧有多少顾客以及他们的平均年龄和性别特征，帮助喜欢到处"串吧"的消费者选择下一个目的地。

资料来源：菲利普·科特勒，凯文·莱恩·凯勒，亚历山大·切尔内夫. 营销管理[M]. 陆雄文，蒋青云，赵伟韬，等译. 16 版. 北京：中信出版集团，2022.

三、市场调查的分类

为了更好地组织和管理市场调查活动，对市场调查进行分类是非常有必要的。按照不同的标准，市场调查有多种不同的分类，下面是对市场调查的设计、管理有重要指导意义的几种常见分类。

1. 基础性研究和应用性研究

基础性研究主要提供理论基础、方法，验证某些市场调查学术问题，支持一些调研学说。执行者通常是大学、商学院、管理学院、专门研究机构、学者、研究者等。

应用性研究主要用来解决营销中的具体问题、来自企业实际营销工作和任务等。执行者多是公司或企业，另外还有独立的市场调查、咨询机构和事务所。

2. 辨别问题的研究与解决问题的研究

辨别问题的研究主要是识别问题，即对市场状况、市场特点、市场需求的规模等进行描述（图5-1），市场潜力测量、市场占有率测量、市场特性研究、市场趋势研究、销售分析调研、营销故障调研和市场预测等都属于这类研究。美国市场营销协会的一项对599家公司开展市场调查活动的调查表明，市场潜力测量、市场占有率测量、市场特性研究和销售分析调研的采用率高达90%以上。

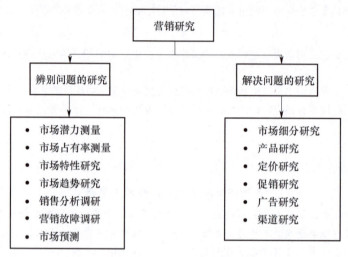

图5-1 辨别问题的研究与解决问题的研究

解决问题的研究是为了找出存在问题的解决方法，通常用来指导企业营销决策者选择更好的和可行的行动方案。

3. 定性研究与定量研究

定性研究与定量研究是根据调查的方法和获得数据的性质而划分的。定性研究是旨在获得受访者关于感觉、情感、动机和喜好等深层次信息的一类研究，而定量研究的目的是获取样本的定量资料，试图通过样本的某些数字特征推断总体的数字特征。定性研究方法主要包括焦点小组座谈、深度访谈和投影技法等，定量研究方法主要包括各种访问方法、观察方法和实验方法等。当然，有些方法既可以收集定性的数据，也可以收集定量的数据，如观察法等。

4. 探索性研究、描述性研究、因果关系研究和预测性研究

按照研究的性质来分，市场调查分为探索性研究、描述性研究、因果关系研究和预测性研究四种类型。

探索性研究是为了获取资料以帮助研究者正确认识和理解当前的问题，确定问题的范围及进一步研究的方向。探索性研究一般用于大规模的正式调查之前，采用比较灵活的方法，如专家咨询、焦点小组座谈、个案研究、二手资料分析等。探索性研究将研究问题的范围准确界定，并为研究方案设计提供思路和相关资料。

描述性研究是为了描述总体基本情况和特征。前提是调查目标已明确，具体的研究假设已建立，系统的周密性已形成。方法多采用大样本调查，数据定量研究，辨别问题的实质。

描述性研究一般要回答以下几个方面的问题，也称为"6W"或"5W1H"：

◆ 谁（Who）：访问的对象是谁？

◆ 什么（What）：想从他们那里得到什么信息？

◆ 为什么(Why)：为什么需要得到这些信息？

◆ 何时(When)：什么时候去收集这些信息？

◆ 何地(Where)：到什么地方去收集这些信息？

◆ 如何(Way/How)：以什么方式收集信息？

因果关系研究是为了明确各因素和各变量之间的相互关系、影响力度和控制能力。采用的方法有统计、逻辑推理与证明、相关分析、控制理论与方法，实验包括仿真模拟、市场测量、实验检测等。

预测性研究是为了估计未来市场潜力和变化趋势，未来市场状态和表现等，还有就是改变某组营销变量，估计未来营销效果。内容上形式多样，方法上常见的有统计学、各种数学模型、计算机软件仿真、预测加控制、运行模式识别技术、各种推断和演绎等。

 【营销案例 5-1】某连锁店开业前的描述性调查

第二节 市场调查的程序与方法

一、市场调查的程序

市场调查是应用科学方法，系统且客观地收集、处理、分析和解释有关的市场信息。市场调查属于社会科学研究范畴，当然也必须依据科学研究的程序。对于市场调查应当划分成哪些步骤，研究人员没有完全一致的意见。一般而言，市场调查的程序大体包括以下几个步骤(图 5-2)。

1. 界定问题与调查目标

界定调查问题是市场调查过程中极为重要的步骤。如果对调查问题的说明含糊不清，或者对所要调查的问题进行了错误的界定，则要么调查无法进行，要么调查所得的结果无法帮助企业决策者制定正确的决策。问题的界定不是调查人员自己独立就能完成的，它通常需要企业有关人员的共同参与，包括与企业决策者讨论、向有关专家进行咨询、组织焦点小组座谈以及对二手资料进行分析等。

界定问题与调查目标

制订调研计划

现场调查与收集资料

分析资料与解释结果

提交研究报告

图 5-2 市场调查的程序

市场调查的目标是提供准确有用的决策信息，通常是让受访者回答与调查有关的问题而获得这些信息。所以，市场调查问题是信息导向的，它要确定需要什么样的信息，以及如何有效和高效地获取这些信息。从形式上讲，调查问题的界定包括准确地确定调查目的和调查目标，通常调查目标又表述成若干具体目标。市场调查问题一定要具体明确，范围不能太宽也不能太窄。

 【营销案例 5-2】可口可乐公司的口味测试

2. 制订调研计划

研究关于资料收集、样本选择、资料分析、研究预算及时间进度安排等方面的计划方案，是市场调查研究过程中非常重要的指导性文件，通常表现为正式的市场调查计划书或合同书。

（1）确定收集资料的种类和来源。

研究设计的第一步是根据研究目的、研究目标，将需要和资料列出清单，以确定所需资料的种类和来源。资料通常分为原始资料和二手资料两类，前者为根据研究目的直接收集的资料，后者为现存的企业内部和外部的资料。

二手资料收集的简明步骤如下。

◆ 确定研究主题和信息资料主题及相关内容。

◆ 列出关键词、指标名称、资料名称或拥有资料的机构。

◆ 通过企业内外的图书情报系统和数据库系统检索、搜寻获取信息。

◆ 对获得的资料进行编辑、启示、汇总、评价，以备分析研究时使用。

◆ 遇到信息源、搜索、评价等问题时，请教相关专家。

二手资料有节约成本和时间的优点，一般都尽可能首先加以利用，但是二手资料也存在相关性和时效性差等缺点，在大多数情形下二手资料无法完全满足研究的需要，这时研究人员就要通过原始资料的收集来满足研究的需要。

（2）决定资料收集的方法。

常见的资料收集方法有多种，主要有访问法、观察法、实验法和定性研究法（图5-3）。访问法分为人员访问、电话访问、邮寄访问和网上访问等，它是研究人员通过询问受访者特定问题，从受访者的回答中获取信息的一类常用方法。观察法则是通过观察特定的活动来获取信息的一类方法，它分为人员观察和机器观察等，在市场调查中经常与访问法结合使用。实验法是在控制某种行为或环境因素的情况下，考察某些市场变量的变化，以确定有关变量间的因果关系。定性研究法是获取顾客或有关人员的态度、感觉和动机等资料的一类方法，常用的方法有焦点小组访谈、个人深度访谈和投影法等。具体的介绍见本节第二部分的内容。

（3）准备资料收集的工具。

确定资料收集的类型和方法后，就要着手准备资料收集的各种工具。在采用访问法收集资料时，问卷的设计是一项非常重要的工作。使用其他方法，也要准备相应的工具。

（4）确定抽样方案。

在一般情况下，市场调查者不可能对研究总体进行全面调查，因此无论采用何种资料收集方法，都要根据研究目的首先确定研究总体，然后决定样本的性质、容量及抽样方法。如采用观察法，就需要确定观察的对象、次数及地点等。一般而言，样本越大，研究结果的可靠性越高；样本过小，将影响结果的可靠程度，但样本过大也造成很大浪费，而且在有些情况下并不能降低资料的误差程度，所以样本的大小应以适中为宜。抽样技术，详见本节第三部分内容。

（5）时间与研究经费。

在研究设计阶段，研究人员应对进行研究所需的时间及费用加以估计。时间是指完成整个研究计划所需的时间，研究经费则包括研究人员的薪金、差旅费、顾问咨询费、访问费和材料费等各种费用。

3. 现场调查与收集资料

资料收集工作由公司调查部门或外部市场调查公司完成。一项典型的调查项目往往需要在几个城市中收集资料，甚至涉及国外资料，需要同多家调查公司同时开展现场调查工作。为保证所有的现场调查人员按照统一的方式工作，需要就每一项工作制定详细的说明。现场调查是最不容易控制和最容易产生误差的环节，因此对现场调查中的每一个细节都应该进行严格的控制，研究人员必须严格执行规定的程序。

执行现场调查的人员主要有访问员、督导员和调查部门的主管，在实施现场调查前上述人员都要接受不同层面的培训，特别是对访问员和督导员的培训。培训分一般技能、技巧的培训和项目培训。为了控制误差和防止访问员作弊，通常在人员访问完成后，督导人员会根据计划对受访者按一定比例进行回访，以

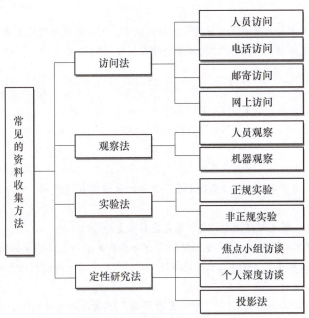

图 5-3 常见的资料收集的方法

便确认是否真正进行了调查以及调查是否按规划程序进行。

4. 分析资料与解释结果

数据收集完成后，下一步就是进行数据分析和解释。资料分析工作包括资料的编辑、编码、列表分析和其他统计分析等，分析的目的就是解释所收集的大量数据并提出结论和建议。

5. 提交研究报告

数据分析和解释工作完成之后，研究人员还必须准备研究报告，并和管理层沟通结论和提供建议。研究报告是整个过程中的关键环节，一方面在报告中可以看到研究结论和营销建议，另一方面研究人员也必须使管理层或研究报告的使用者相信，依据科学方法所收集的数据、提出的结论是客观和可信的。

一般来讲，研究报告从形式上分为书面报告和口头报告，书面报告又可分为一般报告和技术报告。在准备和提交报告时，认真考虑报告对象的性质是非常有必要的。对于报告的格式，没有统一的要求，但是通常有一个基本的结构。报告在开始时，要对研究问题和研究背景进行概述，并对研究目标作清楚和简略的说明，然后对研究设计或方法进行全面而简洁的表述，再概括性介绍研究的主要发现以及对结果的合理解释，最后提出结论和对管理者的建议。

营销案例 5-3

看不见的弹痕最致命

1. 案例背景

在第二次世界大战期间，为了降低战机被击落的概率，英美军方对作战后幸存归来的战机进行了弹痕分布的调查。他们发现，机翼上的弹痕远多于机身和机尾部分，因此决定加强对机翼的防护。然而，统计学家沃德教授却提出了不同的观点，他认为应该加强对机尾和飞行员座舱的防护。

2. 沃德教授的观点

沃德教授指出，机翼上的弹痕虽然多，但很多中弹的战机仍然能够安全返航，这说明机翼受损并不一定是致命的。相反，机尾和飞行员座舱虽然中弹较少，但这很可能是因为一旦这些部位受损，战机往往无法返航，因此这些"看不见的弹痕"才是最致命的。

3. 案例结果

军方最终采纳了沃德教授的建议，并发现坠毁的战机中，机尾和飞行员座舱的中弹比例远高于幸存战机。这一结果证实了沃德教授的观点，即"看不见的弹痕最致命"。

4. 幸存者偏差的影响与启示

影响

（1）误导决策：仅基于幸存者信息作出的决策往往忽略了更为关键的信息，从而可能导致决策失误。

（2）低估风险：幸存者偏差使我们低估了失败的风险和代价，因为失败者的声音往往被忽略。

启示

（1）全面收集信息：在作决策时，应尽可能全面地收集信息，包括成功的案例和失败的案例。

（2）重视沉默数据：要意识到沉默数据的存在，并努力让这些数据发声，以便更准确地评估风险和进行决策。

（3）培养批判性思维：学会辩证地看问题，避免盲目从众和轻信个例。

综上所述，"看不见的弹痕最致命"为我们提供了一个重要的警示：在作出判断和决策时，必须全面、客观地收集信息，避免被幸存者所误导。在开展市场研究过程中，需要透过现象看本质，洞察顾客的心扉，系统思考，才能发现需求。

注：幸存者偏差（Survivorship Bias）是一种常见的谬误，它指的是当我们仅基于幸存者（或成功案例）的信息来作出判断或决策时，往往会忽略那些未能幸存（或失败）的案例，而这些未能幸存的案例可能包含更为关键的信息。由于这些未能幸存的案例无法发出声音，因此被称为"沉默的数据"或"看不见的弹痕"。

幸存者偏差与"看不见的弹痕最致命"案例是逻辑学和统计学中非常重要的概念，用于说明由于信息筛选过程的存在，我们可能只看到了一部分事实，而忽略了更为关键的信息，从而导致判断失误。

资料来源：根据网络资料改写

二、市场调查的方法

1. 访问法

访问法是用来收集原始资料的基本手段。根据调查访问的形式不同，可以有四种主要类型。

（1）人员访问。

人员访问也称面谈调查，需要调查者直接与被调查者交谈与沟通。它要求调查人员做到以下几点，才能获得好成效。

◆ 熟悉调查的问题，明确问题的核心、重点和实质。

◆ 事先设计好问卷或调查提纲。

◆ 掌握人际沟通的技巧和方法，最好安排交谈预演。

 【营销视点5-3】隐蔽性观察的应用实例——神秘顾客检测

（2）电话访问。

此类调查要求调查组织者做好以下几点。

◆ 设计电话问卷调查表。注意其中受通话时间、记忆规律约束。

◆ 挑选和培训调查执行人员。

◆ 选择样本方案、调查对象、访问时段。

电话访问可应用于用户调查、回访、访问分销商，服务投诉和质量投诉的应答，价格行情意见征询等。

（3）邮寄访问。

邮寄访问类调查将一些类似但不一定通过邮寄完成的调查也包括进去了。常见的方式有商业邮寄广告上的调查（如持广告来购买优惠多少）、专门邮寄调查表、产品说明书所附调查页、报纸杂志夹带或印刷的调查表。

 营销视点 5-4

四种因素以及相应地增加邮寄调查反馈率的方法见表5-2。

表5-2 四种因素以及相应地增加邮寄调查反馈率的方法

因素	定义	效果最大化
特色	对潜在被访问者来讲调查主题的重要性	在调查主题上突出一个鲜明的中心内容 设计一套出色的调查问卷，附上信件和调查过程
主办	发展或履行该调查的组织	让一个合法的、有威望的组织或代理举办调查人并明确该代理机构的目的不是销售一种产品或服务 使用主办人的一般商业信笺
保持	通过邮寄或电话开展潜在被访问者之间的一系列有计划的活动，保持联系	有礼貌地同反馈者取得联系以示感谢，提醒反馈者参加该调查 通过邮寄一张明信片或打一个电话继续保持联系
鼓励	对参与调查者给予实质性的报酬，即使只是象征性的	在调查问卷完成前合适的时候送出现金或小礼物 提供一份调查结果的复印件

资料来源：阿尔文·C. 伯恩斯，罗纳德·F. 布什. 营销调研[M]. 梅清豪，周安柱，徐炜熊，译. 2版. 北京：中国人民大学出版社，2001.

（4）网上访问。

利用互联网开展市场调查是当今流行的商业调查形式，主要方式有网络自动问卷、E-mail、在线小组讨论、在线调查点击、BBS 讨论版自动统计等。

（5）几种访问法的比较（表5-3）。

表5-3 几种访问法的比较

评价标准	调查方式			
	人员访问	电话访问	邮寄访问	网上访问
处理复杂问题的能力	很好	差	好	一般
收集大量信息的能力	很好	好	一般	很好
敏感问题答案的标准性	一般	一般	很好	很好
对调查者效应的控制	差	一般	很好	很好
样本控制	很好	好	一般	差
收集资料的周期	一般	很好	一般	很好
灵活程度	很高	高	低	一般
调查费用支出	多	少	少	很少
回收率	高	较高	差	一般
收集资料的真实性	高	一般	高	一般

2. 观察法

调查者(或机器)在现场观察，记录行为者过程和行为结果的方法叫观察法。这是市场调查中常采用的方法，主要用来收集原始资料。

观察法的基本要求：避免被调查者看出或感觉到正在被调查。目的是防止干扰被调查者的正常行为，以便取得真实、可靠、贴近实际的行为表现数据。

观察法的优点是它属于非介入式资料收集行为。对比调查法，观察法可以避免人际沟通、语言交流、情感摇摆、态度变动、文化差异等障碍；避免交流中出现暗示、人工环境等倾向，因此所获资料真实、具体、客观、可靠。此外，实施起来简单、易行、灵活，便于调查者短时间内掌握基本方法。

它的缺点是仅取得表象信息，无法深入探究原因、态度、心理、动机等深层信息。

观察法常见的应用有客流量调查，消费者购买行为调查，花色、品种、规格、数量、质量、服务等选择行为调查，产品使用和消费过程行为调查等。

3. 实验法

实验法主要用于判断营销中的因果关系。它主要通过营销来改变、控制环境或条件以达到实验的目的。

实验法有非正规实验与正规实验之分。下面主要介绍应用较多、较容易执行的非正规实验。

非正规实验的基本特点是：实验对象选择不是按严格的随机设计抽取的。非正规实验分为以下四种。

(1)无控制组事后设计。

无控制即无对照组可供比较，也无事前测量可供参照，此类实验只能算作"探讨测性"实验。

例如，降价10%后，产品获得销售额增长20%的结果。这其中除降价外，还有其他因素影响销售额增长，就没法从中剔除。

(2)有控制组事后设计。

利用实验组和控制组的事后测量值作对比进行判断，其显著优点是突显实验变量的调控效果。这也是最常用的方法之一。

例如，安排一次促销，同样是发放20%折扣优惠券买同一商品，赠小包样品与不赠小包样品有无促销结果的差异？假如统计结果见表5-4。

表5-4 赠小包样品与不赠小包样品的促销效果

组别	发送数量	条件1	条件2	事后回收
实验组	1 000 户	20%折扣券(红)	赠小包样品	560 张
控制组	1 000 户	20%折扣券(白)	不赠	389 张

(3)无控制组事前事后设计。

事先对正在经营的情况进行测量，改变条件后再测量，两者对比确定条件投放是否有效。

例如，节日期间所有商品一律折扣10%。假如统计结果见表5-5。

表5-5 节日期间商品销售　　　　单位：元

商品品种	事前销量	事后销量	增减量
A	800	1 500	700
B	3 100	4 500	1 400
C	8 200	9 100	900
合计	19 300	15 100	3 000

实验结果：节日中比节日前销量普遍都有增长，但这是节日及降价两个因素共同推动的，在此实验中难以分清各因素对贡献的大小。这是无控制实验的局限。

（4）有控制组事前事后设计。

先对实验组事前事后做测量值，控制组事先事后做测量值，然后观察实验组事前事后变动值、控制组事前事后变动值，最后对比两组变动值差异，判断条件的影响。目的是分离非实验条件影响，提高实验数据准确性。

例如，对同一商品，春节期间分两组，分别给予折扣和不折扣，假如统计结果见表5-6。

表5-6　春节期间给予折扣与不给予折扣的销售结果　　　　　　　　　　　　单位：元

组别	事先月销	条件1：折扣	条件2：春节月销	增减
A组	16 000	降价10%	21 000	5 000
B组	16 000	不降价	18 000	2 000

实验结果：A组比B组多3 000元/月，这是降价的结果。结论：春节该商品会增加销售，如果打折、降价则销售额进一步提高。

【营销案例5-4】家庭主妇对即溶咖啡的印象

4. 定性研究法

（1）焦点小组访谈。

焦点小组访谈是由训练有素的主持人以非结构化的自然方式对一小群调查对象进行的访谈。其主要目的是通过听调查对象谈论调研人员所感兴趣的话题来得到观点。

焦点小组访谈通常是根据调查的目的拟定讨论的主题，由主持人围绕主题调动被访人员参与讨论，并用录音或录像记录下全过程，在不断地对录音或录像资料进行观察和分析后，得出结论。

焦点小组访谈主要应用于以下方面。

◆ 理解消费者关于某一产品种类的认知、偏好与行为。
◆ 得到新产品概念的印象。
◆ 产生关于旧产品的新观点。
◆ 为广告提出有创意的概念与方案素材。
◆ 获得价格印象。
◆ 得到关于特定营销项目的消费者的初步反应。

营销案例5-5

焦点小组访谈在通用汽车豪华车型中的应用

通用汽车别克分部利用焦点小组访谈和调查研究帮助设计一种双门六座的豪华汽车（图5-4）。在问世前5年，别克在全国举办了20个专题组来决定消费者在一辆汽车内需要什么。这些专题组告诉通用汽车，消费者需要汽车具备真正后座，每升汽油至少跑8公里①，11秒内能从0加速到每小时90公里。他们渴望时尚车，但并不希望汽车奇怪得像从外星球来的一样。

图5-4　别克汽车

专题组的结果已被后续的研究所确认。基于这个结果，别克的工程师们制造出汽车的黏土模型和车内

———————————

① 1公里＝1千米。

部的模型。然后该公司转向目标购买者的另一系列专题组。这些调查对象不喜欢过大的缓冲器和车篷过陡的斜面，但他们喜欢四轮盘状制动器和独立的悬架。

专题组还帮助进一步改善豪华车型的广告活动。参加者被问及哪种车型在形象和特征上最像别克，回答是奥斯莫比（Oldsmobile），它也是通用汽车的分部。为了与它区分开，别克强调速度、舒适和豪华特征，将自己定位在 Oldsmobile 之上。1998 年豪华车型的广告语是"超动力家庭的公务车"，这句话就是基于专题组研究结果得出的。这个定位极大地促进了别克豪华车的销售。

（2）个人深度访谈。

个人深度访谈是一对一执行的非结构化、直接的人员访谈，非常有技巧的访员对单个的调查对象进行深入的面谈，从而挖掘关于某一主题的潜在行为动机、信仰、态度及感受。

虽然访谈人员试图遵从一个严格的提纲，但问题的特定用词及提问顺序是根据调查对象对主题的回答来确定的。追问对于得到有意义的回答以及挖掘潜在主题是很重要的。

（3）投影法。

投影法是非结构化的一种方法，以间接方式进行提问，鼓励调查对象反映他们对于所关心的主题的潜在动机、信仰、态度或者感觉。

在投影法中，调查对象要求解释别人的行为而不是描述自己的行为。这样，通过分析调查对象对于有意非结构化的、模糊的、不明确的情节的回答，揭示他们的态度。

三、市场调查的主要技术

1. 问卷设计

（1）问卷的基本结构。

问卷的基本结构由四部分组成：标题、说明辞、调查内容、被访者基本资料。标题要明确表明此次调查的目的和要解决的问题，不能含糊不清或过于笼统。说明辞主要介绍调查目的、意义，以及一些必要的承诺（如保密）、致谢、其他说明事项等。调查内容主要就是提问和回答方式，每类题目前安排指导填答方法和答题说明，这些内容预先编码，包括问卷编码、问题编码、答案编码等。被访者基本资料视调查的目的不同，会有所侧重，一般包括性别、年龄、收入、职业、住址、电话、家庭人口等，但不是每个问卷都一定要包括这些内容。

（2）问卷的提问类型。

问卷的提问类型主要有开放式和封闭式两种，下面分别进行介绍。

①开放式问题：这是自由问答题，不给具体答案。例如：

你认为某产品有何优点？

你对××产品的服务还有什么建议？

②封闭式问题：在提出的问题之后，给出可供选择的答案。例如：

你喜欢哪个品牌的电视？

A. 海尔　　B. 长虹　　C. TCL　　D. 康佳　　E. 其他_____

（3）问卷设计的措辞。

同样的问题用不同的措辞设计，可能会有完全不同的结果。要求做到：

◆ 提问不能走极端，暗示的极端也应避免。

◆ 陈述尽量简洁、清楚，避免模糊信息。

◆ 避免提有双重或多重含义的问题。

◆ 尽量不用反问疑问句、否定句。

◆ 避免从众和权威附和效应。

◆ 用通俗易懂的语句，避免使用专业术语。

【营销案例 5-6】关于中国移动通信××分公司 VIP 客户现代管理知识培训需求的调查

2. 态度测量技术

量表是态度测量的工具，下面介绍几种常用的量表。

(1)评价量表。

例如：

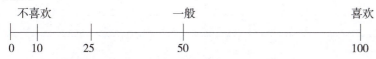

或，调查彩电品牌知名度的公众看法（表 5-7）。

表 5-7 彩电品牌知名度的公众看法

品牌	品牌知名度				
	很低 1	低 2	一般 3	高 4	很高 5
康佳	□	□	□	□	□
长虹	□	□	□	□	□
厦华	□	□	□	□	□
说明：每个品牌请只填一个分值，选中的在等级在方框内打钩。					

(2)等级量表：按分数分等级、排序。

例如，冰箱企业中你最喜爱的品牌调查：

企业品牌　　　海尔　　　容声　　　新飞　　　西门子　　　三星

评价等级　　＿＿＿　＿＿＿　＿＿＿　＿＿＿　＿＿＿

说明：等级分数 1~10 级，最优秀 10，最差 1。请在每个品牌下填入你的分值。

(3)配对比较量表。

配对比较量表是通过一组事物中，两两进行比较，从而确定对这一组事物的排序。

例如，以下手机品牌中，你更喜欢哪一种（喜欢纵坐标中的，标示 1，喜欢横坐标中的，标示 0），具体分析见表 5-8。

表 5-8 手机品牌重要性排序分析表

品牌名	摩托罗拉	诺基亚	西门子	三星
摩托罗拉		1	0	0
诺基亚	0		0	0
西门子	1	1		1
三星	1	1	0	0
受喜爱的次数	2	3	0	1

从喜欢到不喜欢，手机品牌的排序为诺基亚、摩托罗拉、三星、西门子。

（4）李克特五级评价量表。

李克特五级评价量表是消费者对某一事物的描述有从完全同意到完全不同意的这五种评价的选择。

例如，调查消费者对电冰箱节能的态度（表5-9）。

表5-9　消费者对电冰箱节能的态度

态度评述	完全同意	同意	无所谓	不同意	完全不同意
多余的支出	5	4	3	2	1
不应放首位	5	4	3	2	1
无关紧要	5	4	3	2	1
应当有所考虑	5	4	3	2	1
需要积极支持	5	4	3	2	1

（5）语意差异量表。

语意差异量表又称七级评价量表，是用几对意义相反的词，来了解被调查者的感受。

例如，测量某商场在消费者心中的总体印象：

```
          1  2  3  4  5  6  7
可靠的    _  _  _  _  _  _  _      不可靠
时尚的    _  _  _  _  _  _  _      过时的
方便的    _  _  _  _  _  _  _      不方便
友善的    _  _  _  _  _  _  _      不友好
昂贵的    _  _  _  _  _  _  _      便宜的
选择多    _  _  _  _  _  _  _      选择少
```

被调查者根据自己的理解，在适当的位置上进行标注。

3. 抽样技术

抽样方案通常包括以下几个方面的内容（图5-5）。

确定样本单位　：确定调查对象是谁

确定样本规模　：确定应该调查多少人

确定抽样程序　：确定选择答卷人的方法

图5-5　抽样方案的内容

常见的选择答卷人的方法见表5-10。

表5-10　常见的选择答卷人的方法

概率抽样	简单随机抽样	总体的每个成员都有已知的或均等的被抽中的机会。如将总体编号后，任选其中的几个号码
	分层随机抽样	将总体分成不重叠的组（如年龄组），在每个组内随机抽样
	分群随机抽样	将总体分成不重叠的组（如街区组），随机抽取若干组进行调查
非概率抽样	随意抽样	调查员选择总体中最易接触的成员来获取信息
	估计抽样	调查员按自己的估计选择总体中可能提供准确信息的成员（如要了解中高层收入群体的消费习惯，可以选择高档小区进行）
	定额抽样	按若干分类标准确定每类规模，然后按比例在每类中选择特定数量的成员进行调查（如男10个、女10个）

四、现代营销调研技术的新进展

随着大数据和人工智能时代的到来，云计算技术、人工智能技术、大数据技术等新兴技术的普及和应用给营销调研的广度、深度和精准度都带来了深刻的变化。例如，利用网络爬虫、社交媒体监听、物联网传感器、人脸识别、语音识别等技术，研究者可以获取海量的网络数据、社交数据、行为数据、生物数据等，这些数据可以反映消费者的偏好、情感、态度、意见、行为等多维信息。通过这些数据，研究者可以更好地了解市场的规模、结构、动态和趋势，以及消费者的需求、满意度、忠诚度等。例如，SHEIN（希音）运用网络爬虫技术和大数据分析预测时装流行趋势，成为一家跨境独角兽企业。通过 Google 的 Trend Finder 和自主研发的网页抓取和追踪系统，SHEIN 在面对跨境电商的多元市场时，能够有针对性地调整产品设计，满足不同国家和地区的需求。该公司不仅收集了时装面料、颜色、图案、款式和价格等关键数据，还通过分析洞察海外各国的市场，准确预测出美国市场蕾丝风格和印度市场棉织服饰的流行趋势，为其在全球市场的设计决策提供了可靠的指导。大数据分析的方法使 SHEIN 在时尚行业中保持了灵活性和创新性，为全球消费者提供了更符合当地市场需求的时尚产品。

此外，人工智能和大数据技术可以帮助营销调研者分析更多、更复杂、更深入、更有价值的数据。例如，通过机器学习、深度学习、自然语言处理、图像处理、情感分析等技术，通过对结构化和非结构化的数据进行分类、聚类、回归、关联、预测等多种分析方法，挖掘数据中的潜在规律、模式、关系。通过这些分析，更好地解释市场的现象、问题和原因，以及消费者的行为、动机和心理等。这些技术为营销调研提供了更多的数据来源、数据类型、数据量和数据质量，使营销调研更加全面深入、实时和准确。

因此，大数据和人工智能将对营销调研的发展产生深远的影响，促进营销调研方法交叉融合与广泛应用，常用的现代营销调研技术有以下几种。

1. Python 爬虫技术

Python 爬虫技术是一种利用计算机程序自动爬取互联网上信息的技术，在市场调研中发挥着重要作用。爬虫技术在市场调研中有以下应用。

（1）市场需求关键字分析：利用爬虫程序系统性地汇总整理垂直市场的需求关键字，进行深度数据对比、商业分析，并制定基于实际数据的投资策略。这不仅有助于有效市场规划，还能够全面理解不同领域用户的实际需求。

（2）竞争对手分析：通过精准的网页扫描，爬虫程序获取竞争对手的产品信息、定价策略及促销活动等关键数据。这种深度挖掘有助于深入了解竞争对手的市场定位和战略布局，为企业在制定更有针对性的竞争策略时提供科学依据。

（3）洞悉市场趋势和消费者需求：利用网络爬虫 API（Application Program Interface），企业能够自动化扫描各类网页，包括新闻报道、社交媒体及论坛帖子，获取关于市场趋势和消费者需求的翔实信息。这种全方位市场洞察力有助于企业更精准地进行产品开发和营销策略的制定。

2. 网络文本分析法

网络文本分析是一种研究方法，旨在在特定环境下从文本中提取信息和进行有效推断。这一研究方法常采用高频词分析、语义网络分析以及情感分析，以深入理解文本中的关键信息。

（1）通过统计文本中的高频词并进行分类分析，调查者能够了解在评论中出现频率较高的词，进而把握用户关注的焦点。词频表示词语在评论中出现的次数，高词频表明该词备受用户关注。为了获取用户最为关注的高频词，调查者应首先建立分词语料库，并进行停用词的过滤，去除在文本中出现频率高但意义不大的词汇。经过停用词过滤，可以更准确地提取出用户关注的核心词。

（2）构建共现矩阵，并进行语义网络分析。通过统计高频词在同一评论中两两之间的共现次数，建立共现矩阵。语义网络的基本原理是以共现矩阵为基础的，以图形化的方式呈现词和词之间的关系。这有助于深入挖掘文本中词与词之间的内在联系，揭示更为隐晦的语义信息。

综合高频词分析和语义网络分析的结果，调查者可以全面了解文本的主要关注点和词与词之间的语义关系。这一研究方法为深入挖掘用户评论、社交媒体文本等提供了有力的工具和方法。

3. 眼动实验法

眼动实验法是通过视线追踪技术，监测用户在看特定目标时的眼睛运动路径和注视方向，并进行相关分析的方法。眼动跟踪是一种观察消费者认知过程和具体眼动轨迹的方法，能够揭示消费者的决策策略和潜在认知过程。人们注视商品的过程，反映了他们正在思考或关注某些事物，而眼动过程是这种认知过程的可视化呈现。在眼动追踪中，注视时长和注视次数是获取的关键参数。

注视时长是指眼睛停留在特定区域的时间长度，它反映了大脑对该区域的解读程度。较长的注视时长通常表示该区域具有更大的吸引力或信息获取难度。而注视次数表示眼睛在该区域停留的次数，反映了个体对信息的理解程度和该区域的重要性。有学者认为，总注视时长是衡量注意力在不同目标上分配情况的最佳指标。

在眼动跟踪中，消费者对感兴趣内容通常表现得注视时间较长，而对不感兴趣的内容表现出短暂的注视。这种注视行为的分析有助于深入理解消费者在产品或信息浏览中的注意力分配和偏好，为产品设计和市场营销提供重要的依据。

4. 用户画像分析

用户画像分析是指通过收集、分析和处理用户的人口统计学特征、行为偏好、属性等信息，形成一系列精练的特征标识，将这些标识组合成标签组，形成可理解的用户模型。

以抖音为例，该平台在构建用户画像时主要考虑用户的历史浏览偏好、使用环境，以及人口统计学特征，如年龄、职业和性别等，以更精准地进行内容推送。此外，抖音还密切关注用户对推荐结果的行为反馈，包括点击、观看、收藏和评论等。用户在观看短视频时通过 App 的用户界面与内容进行互动，这些行为被记录并上传到系统日志中。通过对这些数据的深度分析，系统生成个性化的推荐列表，从而形成用户画像。

抖音的内容分发采用智能推荐系统，该系统结合用户画像、使用环境、热度和协同等模型，推荐最能激起用户兴趣的信息。这种个性化的推荐系统有助于提升用户体验，使用户更容易发现并与他们感兴趣的内容互动。通过精准构建用户画像，抖音成功地实现了内容个性化推送，为用户提供了更富有吸引力的使用体验。

第三节　市场预测的内容与步骤

一、市场预测的概念

什么是预测？预测就是人们根据自己对事物发展运动规律的认识，对事物在未来一段时间的发展变化所进行的推测。例如，天气预报可以说是人类从事最早、维持时间最长的一种预测活动。

市场预测是运用科学方法，对市场状况及其变化因素进行分析研究，对未来的发展趋势和状态进行估计和预测。市场预测是市场调查的发展与延续，是市场分析研究的结果。

做好市场预测，对于企业市场营销活动的成败有着十分重要的意义。①通过市场预测，企业可以预见未来市场发展趋势，为企业做好营销战略和经营决策提供依据。②通过市场预测，企业可以了解消费者对产品的需求趋势，估计市场的需求量，有利于企业集中生产要素，获得巨大的销售收入，并从规模经济中获得理想的利润。③通过市场预测，企业可以提高企业经营的预见性和市场适应性，抢先一步，掌握市场营销的主动权，满足消费者的需要，争取获得更大的市场份额。

二、市场预测的内容

市场预测内容较为广泛，从不同的角度进行预测会有不同的差异，站在企业开展营销活动的角度，市场预测主要包括以下内容。

1. 市场需求预测

市场需求是一个产品在一定的地理区域和一定的时期内，一定营销环境和一定的营销方案下，由特定的顾客群体愿意购买的总数量构成。市场需求不是一个固定的数字，而是一个各种设定变量的函数(图5-6)。

在图5-6中，横轴表示在一规定的期间内企业营销费用，可表现为不同水平，纵轴表示由此导致的需求水平。图中曲线便是反映市场需求水平与企业营销费用变化水平的曲线。市场下限表示没有营销费用发生的市场需求。高水平的营销费用会产生先是报酬率递增随后报酬率递减的高水平需求。当营销费用超过一定的水平后，就不能再进一步促进需求。

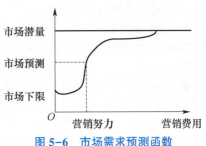

图5-6　市场需求预测函数

2. 公司需求和销售预测

公司需求是在一定的时期内公司在不同的营销努力水平上所估计的市场需求份额。公司的市场需求份额取决于同其竞争者相比的情况，及其自身的营销组合情况。公司销售预测是公司以其选定的营销计划的假设营销环境为基础，所预期的公司销售水平。可用直线回归时间序列法来预测企业今后的销售额。

3. 商品的供给预测

准确掌握一定时期市场商品的供给情况，有利于市场营销的主动权。通常在了解同类产品现有生产企业数量、生产能力、技术水平及各项经济指标的基础上，预测产品在未来一定时期内的发展状况，进而预测产品供给水平。

4. 产品价格变动趋势预测

对于产品价格涨落及其发展趋势预测，主要通过现有产品的成本构成要素和供给关系来判断，及时把握价格变化的趋势，有利于获得市场竞争的优势。

5. 市场占有率预测

市场占有率预测主要预测企业市场占有率的发展趋势及其影响因素，充分估计竞争对手的变化，对各种影响本企业市场占有率的因素采取适当的策略加以控制。一个企业的市场占有率与它的营销努力有着密切关系。

三、市场预测的步骤

市场预测是一项系统性很强的工作，必须按照一定的程序。一般市场预测应遵循以下步骤：确定预测目标，确定影响因素，收集整理资料，进行分析判断，做出预测(图5-7)。

确定预测目标 → 确定影响因素 → 收集整理资料 → 进行分析判断 → 做出预测

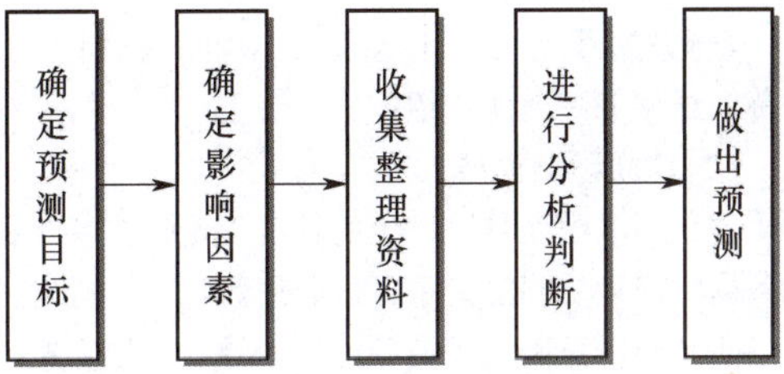

图5-7　市场预测的步骤

1. 确定预测目标

确定预测目标，就是确定预测所需要解决的问题，也是确定预测课题或项目。确定预测目标，使预测工作获得明确的方向与内容，可据此筹划该项目预测的其他工作。

2. 确定影响因素

预测目标确定之后，必须详细分析影响该预测目标的各种因素，并选择若干最主要的影响因素。确定影响因素需注意以下原则。

(1)根据预测目标确定影响因素。

预测目标不同，影响因素各异。根据预测目标，考虑相关的经济理论，通过实际观察与分析，可确定相关的影响因素。例如，为了预测市场需求量，其影响因素应包括：人口增长与分布；居民收入水平与实际购买力；消费者购买心理与消费趋势；商品价格与品质；商品所处生命周期的阶段；同类产品与替代品的竞争趋势；进出口贸易的需求结构；政府相关政策规定等。若为了预测商品的资源量，就可以从生产厂家的生产能力与生产条件分析其影响。显然，市场需求量与商品供应量预测的影响因素是不同的。

（2）确定影响因素应尽可能详尽。

确定的影响因素详尽与否，直接关系着预测结果的精确度。预测对象系统的发展趋势与状态是很多因素共同作用的结果，只有尽可能充分地把这些因素的作用考虑进去，才能较准确地反映对象系统的未来发展。

要求尽可能详尽是一回事，而实际情况又是一回事。这是由于：第一，预测者的认识有局限性；第二，有些影响因素具有隐蔽性；第三，有些影响因素虽然被确认，但其历史与现实资料却难以收集；第四，分析方法不允许将太多的影响因素作为预测因子。

（3）注意力应集中于确定主要影响因素。

实际预测工作要求用尽可能少的因素较充分地反映预测目标，以便使预测工作得到简化。在精确达到要求的前提下，要尽可能使确定的影响因素少一些，最有效的途径就是通过分析，再在尽可能详尽地考察各种影响因素的基础之上，选择若干主要的因素。为此，要学会善于运用质的分析方法和统计方法，并善于把这两种方法有机结合起来。在实际预测工作中，预测目标及确定的主要影响因素，均须转换为变量，由一系列指标体系加以表征。

3. 收集整理资料

收集整理资料是市场预测的基础性工作。与市场预测有关的资料内容十分广泛，若不分主次一概收集整理，不仅成本大，而且无此必要。因此，依据预测目标确定资料收集的范围与资料处理的方案就显得十分重要了。资料的收集包括对历史资料的收集、现实资料的测算和间接资料的测算。资料整理主要是对资料进行校核、分类及对变量序列的编制等。

4. 进行分析判断

分析判断是市场预测的关键环节。这一阶段的任务，是将所收集的历史与现实的资料经过整理后进行系统的综合分析，并对市场未来的发展趋势进行质的判断。

5. 做出预测

这一阶段的主要内容是：选择预测方法、建立预测模型、确定预测值、提出预测报告。

（1）选择预测方法。

预测方法是指在以上各阶段工作的基础上，对市场未来发展状态与趋势进行判断的各种技术与手段的总称。详见下一节的介绍。

（2）建立预测模型。

建立预测模型是以一定的经济理论作指导，根据所采用的预测方法建立起数学模型，以表征预测目标同各影响因素之间的关系，进而用数学方法确定预测值。建立预测模型必须注意以下问题。

①必须以正确的经济理论作指导。在建立经济计量模型时，作为指导的经济理论不同，预测模型会有很大差异。

②必须尽可能准确地确定模型中的变量与变量之间的关系。为此，第一，在许多情况下，要对预测模型进行检验，以确认模型中变量之间是否存在相关关系；第二，要对模型的参数认真评估。参数的估计要以样本数据为分析依据。参数的精确度是对模型中变量之间关系的准确性的一种描述。

③必须尽可能地使模型简化。为此，模型所采用的变量不可太多。

④尽可能有利于实现计算机模拟和计算机运算。

⑤模型不合理时，必须及时进行修正。

（3）确定预测值。

市场预测的结果，应通过数学模型提供数据预测值。预测值应包括点预测值和区间预测值。在确定预测值时，还需对预测的误差进行估计，也就是把预测值同历史观察值作比较。预测值误差实质上是对预测模型精确度的直接评价，决定着模型是否被认可，模型是否需要修正，以及在多大程度上修正。

需要指出，为了保证预测值的准确性，在市场预测中，常常要同时采用不同的预测方法与预测模型，并对它们的预测结果进行比较分析，进而对预测值的可信度进行评价。

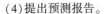

（4）提出预测报告。

在预测报告中应对预测结果进行定性与定量相结合的分析，绝不能把预测报告当成数据的堆砌。预测报告实际上是目标决策分析，它是直接为决策服务的，故系统的综合分析显得特别重要。

预测报告是预测结果的文字表述。写好预测报告不仅是预测的完成步骤，而且是对调研过程的总结和综合反映。预测结果能否对决策产生影响，与能否写好预测报告也有很大关系。预测报告一般包括题目、摘要、目的、正文、结论和建议以及附录等部分。

写好预测报告是预测人员基本功训练的一项重要内容。撰写预测报告时必须注意以下几点：①说清问题；②易于理解；③避免使用千篇一律的语言或"套话"；④注重事实，切忌华而不实，哗众取宠；⑤文字精练，篇幅不宜过长。

营销视点 5-5

不同研究工具的原理、优缺点及应用场景见表5-11。

表5-11　不同研究工具的原理、优缺点及应用场景

工具	功能性磁共振成像	脑电图	眼动追踪	功能性近红外光谱技术	皮肤电反应、心率、呼吸频率等生理工具
原理	记录神经元活动诱发血氧变化产生的磁信号	记录神经元活动诱发的电信号	记录眼睛注视点的位置改变	记录神经元活动诱发的血液对近红外波段光谱的散射性变化	记录外界刺激引发的汗腺、心跳、呼吸等变化
优缺点	优点：设备无侵入性，空间分辨率高、可以全脑扫描，并对脑区进行准确定位　缺点：价格昂贵，设备较大，被试在实验中身体受限，时间分辨率较差（秒级）	优点：时间分辨率高，可以记录毫秒级变化；设备无侵入性，使用及维护较为方便；被试可以戴着设备接触周围真实环境　缺点：空间分辨率差，只能检测大脑皮层活动	优点：提供准确的视觉信息，直接反映被试的视觉信息加工过程　缺点：无法推断情绪反应的因果关联	优点：便携、适用交互场景，受电场影响小，可以与脑电图联动使用　缺点：空间分辨率低于功能性磁共振成像、高于脑电图	优点：简单有效，允许被试与环境更自然地接触　缺点：难以区分刺激物对被试的唤醒是积极的，还是消极的
在预测消费者行为研究中的应用	可以从体验偏好、产品选择、广告效果等方面预测个人及市场的消费水平，多用于与特定脑区相关联的行为预测	多用于预测消费者在体验偏好和产品选择上的个人及市场行为，研究对象以动态刺激物为主（如视频广告、电影、电视节目等）	多用来预测消费者的产品选择行为，用于研究与视觉注意力相关的消费行为	可以预测消费者的产品选择行为，尚未被广泛使用	可以作为预测消费者行为的补充资料，其本身预测效果较差

资料来源：汪蕾，杨一恺，郑杰慧，等.基于消费者神经科学视角预测消费者行为：现状、挑战与未来[J].管理工程学报，2020，34（6）：1-12.

第四节　市场预测的基本方法

一、购买者意向调查法

购买者意向调查法是通过直接询问潜在购买者的购买意向或计划，判断未来某时期市场需求潜量的一种定性预测法。

例如，某汽车企业想了解一下未来的汽车销售量。用购买意向概率调查表（表5-12）向潜在顾客进行调查。

表5-12　购买意向概率调查表

在今后6个月内您是否打算买一部小车？					
0.00	0.20	0.40	0.60	0.08	1.00
肯定不买	不大可能	有点可能	可能性大	很有可能	肯定购买

通过抽样调查，可以发现具有不同购买意向的潜在顾客的分布比例。在对500名潜在顾客进行调查后，获得了调查结果（表5-13）。

表5-13　调查结果汇总

意向性质	肯定不买	不大可能	有点可能	可能性大	很有可能	肯定购买
购买概率	0.00	0.20	0.40	0.60	0.80	1.00
样本分布1名	130	100	100	90	50	30

那么全部样本的平均购买率是：

平均购买率=（0×130+0.20×100+0.40×100+0.60×90+0.80×50+1.00×30）/500=0.37

这就是说，如果整体市场上有10 000名这样的潜在顾客的话，在今后6个月内将有3 700位会来购买汽车。

应当注意的是，使用这种预测方法，必须明确定义自己的"潜在顾客"。另外，购买者的购买意向随着时间的延长可能产生变化，故本方法仅适用于做短期预测，时间过长，可靠性就会降低。

二、销售人员预测法

销售人员总是和顾客打交道，身处市场的第一线，他们对自己所在地区、自己主要销售产品的市场情况十分熟悉，因而进行这一层次的市场需求预测具有优越的条件。一般是让各地区熟悉业务的销售人员对本地区的需求进行预测，再把他们的结果加起来，就得到整个市场的需求预测。

例如，为估计明年国内市场彩色电视机的需求潜量，某公司把驻各地区的销售代表召集起来，估计出明年华南、华东、华北、东北、西南、西北地区彩电的需求潜量依次为250万台、235万台、190万台、215万台、165万台、140万台。根据这些资料，可以计算国内市场明年对彩电的需求潜量：

全国彩电需求预测值=250+235+190+215+165+140=1 195（万台）

采用此方法要防止某些"子市场"没有人预测而被遗漏，而有些"子市场"又出现交叉等现象。

三、专家预测法

专家预测法是一种以市场分析和预测专家为主体的市场需求预测方法。相当多的企业管理人员、行业管理者、市场调查公司的专家以及一些学者不仅积累了丰富的市场需求分析资料，了解整体市场的行情，而且对未来一定时期的市场需求能够进行相当准确的预测。

专家预测法一般是聘请若干个专家对同一个项目进行预测，并将结果进行加权平均或简单平均。

例如，某零售公司为预测本公司明年的销售额，通知五个商品部加上统计信息科等部门的主管人员开会。在公司经理简要介绍今年营销计划、经营计划执行情况之后，又安排各单位的主管人员分析和讨论了明年的销售形势、机遇和挑战，最后在公司经理的主持下，由每个主管人员对公司明年的销售额进行预测（表5-14）。

表 5-14 明年销售额预测表

主管	商品一部	商品二部	商品三部	商品四部	商品五部	统计信息科
预测值/万元	300	450	350	500	400	400

明年销售额 = (300+450+350+500+400+400)/6 = 400(万元)

利用专家意见有多种方式，如组织一个专家小组进行某项预测，这些专家小组先得出各自的估计，然后交换意见，最后经过综合，提出小组的预测。

专家预测法现在应用较普遍的是德尔菲法。其基本过程是：先由各个专家针对所预测事物的未来发展趋势独立提出自己的估计和假设，经企业分析人员审查、修改，提出意见，再发回到各位专家手中，这时专家根据综合的预测结果，参考他人意见修改自己的预测，即开始下一轮估计。如此往复，直到各专家对未来的预测基本一致为止。

四、市场实验法

企业收集到的各种意见，不管是购买者、销售人员的意见，还是专家的意见，其价值都取决于获得意见的成本、意见可得性和可靠性。如果购买者对其购买并没有认真细致的计划，或其意向变化不定，或专家的意见并不十分可靠，就需要利用市场实验这种预测方法。特别是在预测一种新产品的销售情况和现有产品在新的地区或通过新的分销渠道的销售情况时，利用这种方法的效果最好。

五、时间序列分析法

时间序列是指按时间前后顺序罗列的有关经济变量的一组数据。根据事物发展变化的连贯性原理，通过对时间序列数据的分析，可以找出某种经济变量或市场需求的变化规律。利用分析时间序列数据取得的这些规律进行预测，称为时间序列分析法。

时间序列分析法的主要特点是，以时间推移研究和预测市场需求趋势，不会受其他外界因素的影响。不过，在遇到外界发生较大变化，如国家政策发生变化时，根据过去已发生的数据进行预测往往会有比较大的偏差。

产品销售的时间序列，可以分成以下四个组成部分。

①趋势。它是人口、资本积累、技术发展等方面共同作用的结果。利用过去有关的销售资料描绘出销售曲线就可以看出某种趋势。

②周期。企业销售额往往呈现出某种波状运动的特征，因为企业销售一般会受到宏观经济活动的影响，而宏观经济活动总呈现出某种周期性波动的特点。周期因素在中期预测中尤其重要。

③季节。季节指一年内销售量变动的形式。季节一词在这里可以指任何按小时、月份或季度周期发生的销售量变动形式。这个组成部分一般同气候、假日、贸易习惯等有关。季节形式为预测短期销售提供了基础。

④不确定事件。不确定事件包括自然灾害、战争、一时的社会流行时尚和其他一些干扰因素。这些因素属不正常因素，一般无法预测。应当从过去的数据中剔除这些因素的影响，考察较为正常的销售活动。

时间序列分析就是把过去的销售序列 Y 分解成为趋势 T、周期 C、季节 S 和不确定因素 E 等组成部分，通过对未来这几个因素的综合考虑，进行销售预测。这些因素可以构成线性模型，即

$$Y = T + C + S + E$$

也可以构成乘数模型，即

$$Y = T \cdot C \cdot S \cdot E$$

还可以构成混合模型，如

$$Y = T \cdot (C + S + E)$$

六、直线趋势法

直线趋势法是运用最小平方方法进行预测，用直线分斜率来表示增长趋势的一种外推预测方法。其预测模型为：

$$y = a + bx$$

式中，a 为直线在 y 轴上的截距；b 为直线斜率，代表年平均增长率；y 为销售预测的趋势值；x 为时间。

根据最小平方方法原理，先计算 $y=a+bx$ 的总和，即

$$\sum y = na + b \sum x$$

然后计算 $\sum xy$ 的总和，即

$$\sum xy = a \sum x + b \sum x^2$$

上述二式中的共同因子是 $\sum x$。为简化计算，可将 $\sum x$ 取 0，其方法是：若 n 为奇数，则取 x 的间隔为 1，将 $x = 0$ 置于资料期的中央一期；若 n 为偶数，则取 x 的间隔为 2，将 $x = -1$ 与 $x = 1$ 置于资料期的中央上下两期。

当 $\sum x = 0$ 时，上述二式分别变为

$$\sum y = na$$
$$\sum xy = b \sum x^2$$

式中，n 为年份的数目，由此可计算出 a，b 值为

$$a = \sum y / n$$
$$b = \sum xy / \sum x^2$$

所以，$y = \left(\sum y / n \right) + \left(\sum xy / \sum x^2 \right) \cdot x$

例如，假如某企业 2001—2005 年的销售额分别为 480 万元、530 万元、570 万元、540 万元、580 万元，现需运用直线趋势法预测 2006 年的销售额。

由于 $n=5$ 为奇数，且 x 的间隔为 1，故可将 $x=0$ 置于资料期的中央一期（2003 年），x 的取值依次为 -2，-1，0，1，2；xy 时值依次为 -960，-530，0，540，1 160；x^2 时值依次为 4，1，0，1，4，所以

$$\sum y = 2\,700$$
$$\sum xy = 210$$
$$\sum x^2 = 10$$

将有关数据代入公式，则得：

$$y = 2\,700/5 + (210/10) \times x = 540 + 21x$$

由于需预测 2006 年的销售额，所以 $x=3$，代入上式，得

$$y = 540 + 21 \times 3 = 603 (万元)$$

即 2006 年的销售额将为 603 万元。

七、统计需求分析法

统计需求分析法是运用一整套统计学方法发现影响企业销售的重要因素以及这些因素影响的相对大小的分析方法。企业经常分析的因素主要有价格、收入、人口和促销等。

统计需求分析将销售量 Q 视为一系列独立需求变量 X_1，X_2，$\cdots$，X_n 的函数，即

$$Q = f(X_1, X_2, \cdots, X_n)$$

但是，这些变量同销售量之间的关系一般不能用严格的数学公式表示出来，而只能用统计分析来揭示和说明，即这些变量同销售量之间的关系是统计相关。多元回归技术就是这样一种数理统计方法。它运用数理统计工具在寻找最佳预测因素和方程的过程中，可以找到多个方程，这些方程均能在统计学意义上符合已知数据。

在运用统计需求分析法时，应充分注意影响其有效性的问题。

①观察值过少。

②各变量之间高度相关。

③变量与销售量之间的因果关系不清。

④未考虑到新变量的出现。

需要说明的是，需求预测是一项十分复杂的工作。实际上只有特殊情况下的少数几种产品的预测较为简单，如未来需求趋势相当稳定，或没有竞争者存在(如公用事业)，或竞争条件比较稳定等。在大多数情况下，企业经营的市场环境是在不断变化的，由于这种变化，总市场需求和企业需求都是变化的、不稳定的。需求越不稳定，就越需要精确的预测。这时准确地预测市场和企业需求就成为企业成功的关键，因为任何错误的预测可能导致诸如库存积压或存货不足，从而使销售额下降以致中断等不良后果。

在预测需求的过程中，所涉及的许多技术问题需要由专业技术人员解决，但是市场营销经理应熟悉主要的预测方法，以及每种方法的主要长处和不足。

本章小结

市场调查和预测是指通过对消费者行为、市场趋势以及产品或服务未来需求的研究和预测，为企业提供有关经营策略的决策支持。市场调查的目的是收集和分析有关消费者、产品、市场等的信息，以便企业了解其目标市场，制定有针对性的市场营销策略。市场预测则是通过统计模型和其他技术来预测未来市场趋势和对企业产品或服务的需求，从而为企业提供有关经营策略的决策支持。

在移动互联时代背景下，市场调查和预测面临着新的挑战和机遇。移动互联网使人们能够随时随地获取信息和进行购物，这增加了消费者对产品和服务的期望和需求。因此，在进行市场调查和预测时，企业需要更加关注消费者的需求和行为，并积极应对市场变化。由于移动互联时代，用户行为数据、交易数据等海量信息实时生成，为市场调查提供了丰富的数据源。这些数据可以帮助企业更准确地了解市场动态、消费者需求和行为模式。利用大数据和 AI 技术，企业可以自动化地收集、处理和分析数据，降低人力成本，同时提高分析效率和准确性。这种低成本高效益的模式使中小企业也能进行有效的市场调查和预测。通过 AI 技术分析消费者行为数据，进行个性化与精准营销，企业可以实现市场细分，制定个性化的营销策略，提高营销效率和转化率。AI 技术，尤其是机器学习和深度学习算法，能够深入挖掘数据背后的规律和趋势，提升预测能力，为企业提供更为精准的市场预测，帮助企业提前布局，抓住市场机遇。

虽然市场调查和预测是成功的关键工具，但是需要注意的是，它们无法完全预测未来市场的变化。因此，企业应将市场调查和预测视为指导，而非将其视为未来成功的绝对保证。在风云变幻的网络经济时代，企业需要不断地进行市场调查和预测，以便及时调整其市场策略。

案例评析

卡夫食品：精准定位消费者需求

如果澳洲人被问及最喜欢澳洲的什么东西，有相当一部分人的回答是 Vegemite(维吉麦)。据悉，几乎70%的澳洲人一大早起来的第一件事，除了冲一杯咖啡外，就是在烤面包上抹上厚厚一层 Vegemite。

Vegemite 不是服装品牌也不是化妆品牌，它是一种食品，膏状，呈黑褐色，很黏稠但是不拉丝。初看上去很像是高级巧克力酱，但是仔细看，膏的底色是深红色的，有一点点透明。另外一点最大的不同就是：Vegemite 是咸的。食品专家 Dr. Cyril P. Callister 在 1923 年利用酿酒酵母开发了这种食品，后来，Vegemite 逐渐成了澳洲人的"国民食品"，在澳大利亚和新西兰很流行。该品牌的所有者正是世界第二大的食品和饮料制造公司——卡夫食品公司。

随着 Web2.0 的兴起，互联网的消费者行为有了显著的变化。Web2.0 注重用户的交互作用，让用户自主编辑、收集、整理和发布信息，实现自由分享，如博客、微博、社区、贴吧等，用户既是浏览者也是网站内容的制造者。卡夫显然意识到了这一变化，为了能更好地了解消费者的需求以进行潜在的产品升级，卡夫与 IBM（International Business Machines Corporation）携手，旨在挖掘其全球的 Vegemite 品牌消费者的真实想法。

IBM 利用 COBRA（Corporate Brand and Reputation Analysis）——一种先进的基于文本分析的工具，在 10.5 亿条博客、论坛和讨论版的内容中抓取了 47.9 万条关于 Vegemite 的讨论信息，通过对这些非结构化数据进行深层原因分析。分析的结果大大出乎卡夫的意料，大家谈论的热点并不是 Vegemite 是否过咸，也不是产品的包装，而是各种不同的吃法，以及在国外怎么买到 Vegemite。同时，语义分析显示，网络上发言的消费者绝大部分毫不掩饰地表达了对 Vegemite 的喜爱之情，大家围绕这种食品的讨论十分热烈，并充满感情，Vegemite 俨然已经不仅仅是一种食品，更是澳大利亚民族情结的一种象征。同时，语义分析显示出了大家普遍关心的三个趋势：健康、素食主义和食品安全。

消费者对于 Vegemite 的喜爱，以及围绕食用 Vegemite 的最爱的吃法的大讨论，促使卡夫市场团队根据市场的变化调整策略。如今，在 Vegemite 的网站上有许多介绍食用 Vegemite 的方法，并邀请顾客分享他们食用 Vegemite 的方式。参与调查的顾客还能被邀请参与线上的产品活动。另外，论坛设有的"儿童角"供孩子们参与讨论，旨在培育下一代的 Vegemite 消费者。

COBRA 帮助卡夫精准定位其 Vegemite 品牌消费者并采取新的市场策略。新的市场策略注重顾客的个人反馈和对社会化网络的参与，有利于进一步加强 Vegemite 消费者的忠诚度，提升了 Vegemite 的健康内涵，并为培育新的消费人群奠定了基础。

这是 COBRA 分析技术在澳大利亚的首次实行，也是 IBM 与卡夫的一次成功合作。COBRA 分析改变了卡夫 Vegemite 品牌的市场策略，促使其开展创新的市场活动，并赢得了更多消费者的青睐。

资料来源：联商网，2012.01

评析：通过本案例的学习，应该认识到企业的营销规划和期望，一般是建立在市场需求测量和预测的基础上的，只有有了对市场的深入研究分析，才能制定合适的营销策略，并依据对市场的预测决定企业在不同市场上的营销目标。

 思考题

1. 市场调查的程序是什么？
2. 收集资料的方法有哪些？它们各自的优缺点是什么？
3. 市场预测的主要方法有哪些？程序如何？
4. 指出下列市场调查所采用的方法的不妥之处，并给出更加恰当的方法。

（1）一家超市想要对自身的形象进行调查。工作人员在把顾客购买的商品装进袋子之前，在每个袋子里放一份短小的调查问卷。

（2）一家商场为了解它的市场范围，让调查人员每周一和周五等在停车场旁边，当看到有人在那里停车，调查人员就走上前去索取联系地址。

（3）为了解一部电影的受欢迎程度，制作组雇了一批人向 900 个人打电话，询问他们是否喜欢并是否愿意再次观看电影。每打一个电话支付他们 2 元。

本章实训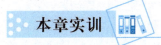

一、实训目的

通过开展在校大学生网络购物情况调查，学生对市场调查步骤有所认知，理解市场调查对企业制定营销决策的意义。

二、实训内容

1. 实训资料：调查方案和调查问卷。

2. 具体任务：开展一次对本校大学生网上购物情况的调查活动，分小组进行。

3. 任务要求：

（1）根据要求设计一份关于大学生网上购物情况的调查问卷。

（2）根据实地调查情况，撰写一份本校大学生网上购物情况的调查报告。

三、实训组织

1. 根据全班上课人数，将全班同学分成若干小组，采取组长负责制，全体组员协作完成课堂任务。

2. 确定调查方案后，各小组进行下一步分工，对调查结果进行分析、汇总。

3. 经过小组讨论后，完成调查报告报告及汇报 PPT。

4. 根据课时具体安排，不同小组分别选派成员对报告进行讲解，并回答其他组成员的问题。

5. 任课教师对实训课程的结果进行总结，提出相应的意见及建议。

四、实训步骤

1. 任课教师布置调查任务，介绍调查要点和搜集材料的基本方法。

2. 各小组明确任务后，按照教师指导根据具体情况进行分工。

3. 各小组定期召开小组会议，对取得成果进行总结，遇到问题及时与指导教师沟通。

4. 完成调查报告及展示所需要的 PPT 等材料，调查报告中应包括调查概况、调查主要发现、结论及建议等内容。

5. 各小组对报告进行课上汇报，教师对各组的汇报进行点评及总结。

第六章 市场竞争战略

章节图解

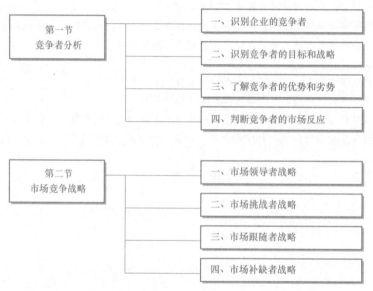

| 第一节 竞争者分析 | 一、识别企业的竞争者 |
| 二、识别竞争者的目标和战略 |
| 三、了解竞争者的优势和劣势 |
| 四、判断竞争者的市场反应 |

| 第二节 市场竞争战略 | 一、市场领导者战略 |
| 二、市场挑战者战略 |
| 三、市场跟随者战略 |
| 四、市场补缺者战略 |

学习目标

知识目标：
- 了解行业竞争结构的分析方法
- 识别竞争者的主要方法
- 掌握市场竞争战略

素养目标：
- 重点介绍树立正确的市场竞争意识
- 通过学习认清百年未有之大变局下市场竞争的复杂性
- 强调遵循符合经济规律的市场竞争原则

关键概念

市场竞争策略，市场领导者、市场挑战者、市场跟随者、市场补缺者，心理份额、情感份额

导入案例

西南航空的独特竞争战略

在世界航空界，美国西南航空(Southwest Airlines)一直是一个神话般的存在(Logo 见图 6-1)。它是全球第一家低成本航空公司；它从成立第二年起，实现了连续 45 年盈利的业绩，这在全球航空公司中绝无仅有。

美国西南航空通过对行业的深入分析，选择了低成本战略，规避了激烈的竞争。它采用了点对点的短途直飞，实现了高频、灵活飞行，创造了新的运营模式，避免了与大公司的正面冲突。西南航空的低成本战略贯穿于整个运营过程，成功优化价值链，降低运营成本。

图 6-1　西南航空 Logo

1. 单一机型的选择

选择波音 737 机型，降低油耗、购置、维修和培训成本。波音 737 是一种省油的飞机，可以节省燃料费用。而且，只使用一种机型可以统一飞机的配置、维护和操作，减少不必要的开支。此外，相关的员工只需要接受一次培训，既节省了培训费用，又提高了员工的熟练度。

2. 专注于短程航线运输和高效的周转率

专注于短程点对点航线，提高周转率，避免延误和枢纽调控。短程航线符合公司的初衷——使飞机成为空中巴士。短途飞行可以减少由天气、机场拥堵等因素导致的航班延误，也可以避免中心枢纽的复杂调度，提高飞机的利用率。同时，短程航线也有着庞大的客户需求。

3. 低廉的配餐和行李运输成本

不提供正餐，只提供花生米和饮料，减少配餐成本，托运行李收费，节省客舱空间和重量。在短途飞行中，西南航空公司不提供正餐服务，而是仅为旅客提供简单的零食和饮料。这样做不仅大大降低了配餐成本，还节省了客舱空间、减少了运输重量和乘务员数量。另外，公司对超出限额的托运行李收取费用，这也可以减轻飞机的负担，并增加收入。

4. 座舱设置

只有一种客舱，无商务舱、头等舱之分，简化座舱布置，不提供娱乐设备，增加座位数量。美国西南航空公司的飞机座舱都是同一档次的，没有商务舱、经济舱、头等舱的区别。这样做可以简化座舱的设计和管理，也可以避免给乘客造成不公平的感觉。公司也不提供任何娱乐设备，而是将更多的空间用于安放座位。座位的设置也很巧妙，利用倾斜角和排距的合理设计，使座位尽量紧凑又不影响乘客的舒适度。

5. "员工第一、顾客第二"的管理理念

"员工第一、顾客第二"的管理理念，激发员工的责任感和热情，倡导快乐文化，提高服务质量。这种管理理念与传统的"顾客就是上帝"的说法似乎存在着矛盾，但它却体现了美国西南航空在战略上的不同之处——让员工成为公司运营的主人，在服务中掌握主动权。公司相信，对员工的足够重视终将带来员工对公司的感恩回馈，他们将以更大的热情投入到工作当中，把更好的服务带给顾客。

6. 别具一格的服务风格

别具一格的服务风格，使用可重复利用的登机卡，举办有趣的活动和礼物，关怀老客户。美国西南航空在服务形式方面也独具特色。他们传统的登机牌是可以多次利用的塑料登机卡，这样既环保又方便。在并不冗长的航程中，客舱服务人员还会准备许多有趣的活动来调动乘客的情绪，并在特殊的节日里为乘客

准备礼物，还有专门对老客户的别出心裁的生日贺卡，使本就不长的旅程可以轻松度过。

资料来源：罗欣，李丹阳. 美国西南航空公司价值链应用分析[J]. 全国流通经济，2020(30)：43-45.
经编者整理改编

引导问题：

美国西南航空选择什么营销策略？它是如何定位的？这种营销策略为什么可以实现企业的可持续发展？

第一节　竞争者分析

市场竞争是市场经济的基本特征之一，正确的市场竞争战略，是企业成功地实现其市场营销目标的关键。企业要想在激烈的市场竞争中立于不败之地，就必须树立竞争观念，制定正确的市场竞争战略，以取得市场竞争的主动权。

市场竞争战略的确定是个科学的过程，必须在经过对竞争对手详尽的分析后，才有可能作出正确的决定。

长期以来，企业的决策者们容易忽略竞争者分析，认为对竞争者们已经有了足够的了解，或是认为竞争者的细节根本不可能了解到，而只要本公司的绩效还不错，就很少愿意花费时间和精力去分析。然而，现实的情况是：竞争者代表着一个主要的决定因素，决定着本公司能否成功，如果不去仔细考虑竞争者的优势、劣势、战略和易受攻击的弱点，很可能导致公司的业绩下降，还会使公司受到不必要的意外的攻击。利用图6-2的分析框架，企业可以把每个竞争者可能的反应收集起来，并以此为根据，进行及时的应对。

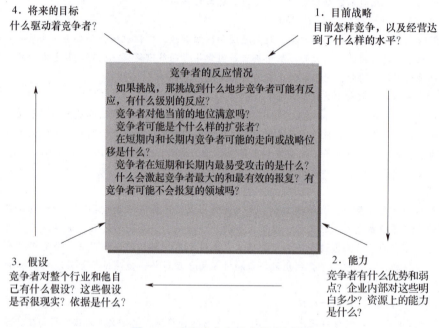

图6-2　确定竞争者反应的分析框架

对竞争者的分析可以从以下四个方面进行。

一、识别企业的竞争者

企业参与商场竞争，不但要清楚谁是自己的顾客，而且要清楚谁是自己的竞争对手。企业应避免竞争方面的近视，采用一个更宽广的视角来识别自己的竞争者。

对竞争者的界定，按从窄到宽的角度，可划分为四个层次，见表6-1。

表 6-1　竞争者层次的划分

竞争者层次划分	说明	举例
品牌竞争者	同一行业中，以相似的价格，向相同的顾客提供相同的产品的企业，互为品牌竞争者	可口可乐与百事可乐，麦当劳与肯德基等
行业竞争者	同一行业中，生产不同档次、型号、品种产品的企业互为行业竞争者	汽车行业中，所有的企业（通用、大众、福特、沃尔沃等），不论生产的车是高档的还是低档的，都互为行业竞争者
一般竞争者	为满足相同需求而提供不同产品的企业互为一般竞争者	啤酒、汽水、茶、水、果汁等都能满足"解渴"的需求，生产这些产品的企业就互为一般竞争者
广义竞争者	为争取同一笔资金而提供不同产品的企业互为广义竞争者	美国摩托车制造商哈雷·戴维斯不仅把其他摩托车制造商看成竞争对手，还把一些主要的耐用消费品（如船、温室）生产商作为竞争对手

 营销案例 6-1

一年卖出 30 亿，今麦郎"凉白开"成功的秘诀是什么

2016 年，今麦郎另辟蹊径推出了"凉白开"，在瓶装水市场上开启了"熟水"品类。第二年销售额就做到了 2.5 亿元，2018 年销售额 12.5 亿元，2019 年销售额突破 20 亿元，2022 年，"凉白开"销售额超过 30 亿元。今麦郎"凉白开"稳居瓶装熟水全国销量第一，并获得中国食品工业协会授予的"熟水品类全国销量第一"荣誉称号。

瓶装水作为超级市场，无论是品牌还是品类，都拥有广阔的市场空间。数据显示，我国瓶装水市场规模到 2025 年或将突破 3 000 亿元。市场的瓶装水品类包括矿物质水、纯净水、天然水和天然矿泉水，这四大类均为"生水"。在大品牌林立的水市场，今麦郎"凉白开"是如何在红海中杀出一条血路来的呢？

1. 改善消费者心智，开创全新品类

面对竞争激烈的饮用水大战，今麦郎独辟蹊径，通过对国人饮食习惯的洞察，开创"熟水"全新品类。从上古时期的炎帝神农煮茶传说，到宋明清的宫廷和士族显贵们的各类花式"熟水"，再到历朝历代医药典籍中，特别是《本草纲目》中记载的"太和汤"，最后到中华人民共和国成立后大力提倡的"不喝生水喝熟水"。

对于消费者，喝熟水是国人一直以来的习惯，有着普遍的认知基础，只是一直未被挖掘。今麦郎顺应消费升级和健康需求，开创"熟水品类"，推出凉白开熟水瓶装水，与市面现有的生水形成差异化竞争。今麦郎"凉白开"作为熟水品类开创者，以国水"凉白开"为定位，率先将品牌价值主张升级为"健康"。

2. 做好产品命名，自带传播属性

产品名字最基本的功能就是让人记住。"凉白开"这个名字，让消费者见到就能记住、理解，并且可以随时转送给别人。今麦郎"凉白开"这个名字自带传播属性，大大降低了品牌的传播成本。加上中国人从小就有喝凉白开的饮水习惯，这种习惯无须再教育，已经根植于消费者的心智中。直接使用"凉白开"作为品牌名，召唤了对凉白开有需求的消费者，让其可以直接对号入座。

3. 差异化定位，提出超级卖点

什么是超级卖点？也就是顾客购买理由，一个好的超级卖点，既能够传递品类价值，也可以打动消费者，促使其直接购买。"凉白开"围绕"国人健康"的品牌价值主张展开，提炼出"更适合中国人的体质"的超级卖点。

今麦郎在整个饮品行业中首先提出健康饮水理念。"凉白开"自上市以来，就以"更适合中国人的体质"为卖点，树立了"健康工艺、健康熟水、健康饮水"的理念。2023 年，凉白开站在国人饮食习惯的角度，提出"中国好水，凉白开"，以年轻化、国潮风撬动 95 后年轻群体，使凉白开不仅成为 30 岁以上注重养身人群的选择，同时通过"中国好水，凉白开"引起年轻群体的热捧。

4. 产品包装，低碳环保

凉白开产品包装选用"轻量包装"设计，红字"凉白开"，简约并不简单，与货架上其他五颜六色的产品产生明显区隔，独特的简约设计不仅强化了品牌特性，还传递出"凉白开"低碳、环保的绿色发展理念，赢得消费者对"凉白开"的品牌认可。在包装上，"凉白开"三个字特别大，因为这三个字不仅仅是品牌名，还是消费者的购买理由。

资料来源：根据网络资料整理

二、识别竞争者的目标和战略

竞争者不同的目标会导致他们在市场中的行为各不相同，而每个竞争者都可能同时有多个目标，企业需要了解竞争对手们对每个目标的侧重程度，以便对他们的市场行为作出正确的判断及反应。例如，一个以低成本领先为主要目标的竞争者，对其他企业在降低成本方面的反应，会比对增加广告预算的反应强烈很多。企业还必须监视和分析竞争对手为达成目标而采取的行动，如果发现竞争者开拓了一个新的子市场，那么，这可能是一个市场营销机会；或者，发觉竞争者正试图打入属于自己的领地，那么，就应抢先下手，予以回击。

各企业采取的战略越相似，它们之间的竞争就越激烈。在行业中，根据各自所采取的战略不同，可将竞争者分为不同的战略群体。如汽车行业，梅赛德斯、BMW等主攻高端市场，因此可将它们划分为同一战略群体。企业在进入某一战略群体之前，首先，要考虑进入的难易程度。其次，要明确谁是主要的竞争对手，谁是次要的竞争对手。在想要进入的战略群体中，一定要有自己的战略优势，否则不能吸引目标顾客。最后，竞争不仅存在于同一战略群体之中，还可能存在于不同战略群体之中。企业必须时刻注视市场的变化，认真分析自己与环境的关系，找准自己的竞争对手，做到有的放矢。

 【营销视点6-1】瞄准竞争对手缺陷的竞争分析法　　

三、了解竞争者的优势和劣势

企业需要估计竞争者的优势与劣势，了解竞争者执行各种既定战略的情报，确定其是否达到了预期目标，发现竞争对手的弱点，专攻其薄弱环节。在市场营销实践中，企业经常要面对一个或一群强大的竞争者，它们或拥有雄厚的资金，或有绝对领先的技术，或有完美的管理体系，或有强大的品牌影响，或有良好的社会关系及一流的人才队伍。在这种情况下，企业更需要研究竞争者的优势和劣势，并有效地利用其劣势，开展有针对性的进攻。

为了测量竞争者的优势和劣势，企业应该监测每个竞争者的市场份额、心理份额和情感份额（表6-2）。一般来说，心理份额和情感份额能够实现稳定增长的公司，必然会在市场份额和赢利性上有所收获。

表6-2　测量竞争者的优势和劣势

分析基础	说明
市场份额	竞争者在目标市场中的份额
心理份额	当被要求"举出在这个行业中首先想到的公司"时，提名竞争者的顾客所占的百分比
情感份额	当被要求"举出你愿意购买其产品的公司"时，提名竞争者的顾客所占的百分比

资料来源：菲利普·科特勒. 营销管理[M]. 宋学宝，译. 10版. 北京：清华大学出版社，2001.

【营销案例6-2】和其正 VS 王老吉："凉茶"的"热战"

四、判断竞争者的市场反应

估计竞争者在遇到攻击时可能采取什么行动和有何种反应，有助于企业正确应对竞争，竞争者的反应可能受到它的各种假设、它的经营思想、企业文化、心理状态等因素的影响。从竞争者心理的角度，几种常见的竞争者的市场反应类型见表6-3。

表6-3　几种常见的竞争者的市场反应类型

反应类型	说明	举例
从容型竞争者	对其他企业的某一攻击行动采取漫不经心的态度。可能是源于对其顾客忠诚的深信不疑，也可能待机行动，还可能缺乏反击能力等	米勒公司20世纪70年代后期引进立达啤酒，行业领袖——安达斯-布希公司不予理睬，使其日益壮大，米勒公司最终占领了60%的市场份额
选择型竞争者	对某些方面的进攻有反应，而对其他方面的进攻则无反应或反应不强烈	海尔电器对竞争对手的价格战一般不会有强烈反应，而是强调自身在服务与技术上的优势
凶暴型竞争者	对向其所拥有的领域所发动的任何进攻都会有迅速而强烈的反应。这类竞争者多属实力强大的企业	宝洁公司一旦遇到挑战就立即发动猛烈的全面反击
随机型竞争者	对某一些攻击行动的反应不可预知，它可能采取反击行动，也可能不采取反击行动	一般企业为了赢得市场份额，根据市场竞争的需要而采取行动

第二节　市场竞争战略

所谓市场竞争策略，是指企业依据自己在行业中所处的地位，为实现竞争战略和适应竞争形势而采用的各种具体行动方式。美国著名市场营销专家菲利普·科特勒把企业的竞争地位分为四种其假设的市场结构见表6-4。

表6-4　假设的市场结构

市场领导者	市场挑战者	市场跟随者	市场补缺者
40%	30%	20%	10%

一、市场领导者战略

市场领导者指在相关产品的市场上占有最大的份额，在价格变化、新产品开发、分销渠道建设和促销战略等方面对本行业其他公司起着领导作用的公司。如世界著名的微软公司、P&G(宝洁)公司、可口可乐公司、麦当劳公司等，我国电视机行业的长虹，家电行业的海尔，通信行业的中国移动、中国电信等。

占据着市场领导者地位的公司常常成为众矢之的。要保持竞争优势，击退其他对手的进攻，市场领导者有以下几种战略可供选择。

(1)扩大总需求。

市场领导者占有的市场份额最大，在市场总需求扩大时受益也最多。如果美国人拍摄更多的照片，柯达公司一定获益最多，因为美国人所用的大部分胶卷是它生产的。如果柯达能说服更多的美国人购买相机和拍摄，说服他们在更多的场合拍摄照片，或者在每个场所拍摄更多的照片，柯达将获得相当大的利益。扩大总需求的主要途径见表6-5。

表6-5　扩大总需求的主要途径

途径	说明
开发新用户	市场渗透战略、新市场战略、地理扩张战略
寻找新用途	为产品不断发掘出更多的新用途
增加使用量	说服人们在每个场合更多地使用产品

①开发新用户。在确定新用户时，营销者应该吸引那些不知道该产品，或者由于价格性能等原因而拒绝该产品的购买者。一家公司能够在那些可能使用但还没有使用该产品的购买者中寻找新用户(市场渗透战略)，在那些从未使用过该产品的购买者中寻找新用户(新市场战略)，或者在其他地方的购买者中寻找新用户(地理扩张战略)。在发掘新使用者方面，强生公司是个非常成功的典范。

 营销案例6-3

向成人推销婴儿洗发精

强生公司是美国一家著名的专门生产婴儿日用产品的公司，由于美国20世纪60年代以后，出生率下降，婴儿用品市场逐步萎缩，为摆脱困境，强生公司决定针对成年人发动一场广告攻势，向成年人推销婴儿洗发精。在周密的营销策划及强大的广告宣传下，婴儿洗发精在成年人市场上的销量很好，不久以后，该品牌的婴儿洗发精就成为整个洗发精市场的领导者。

②寻找新用途。公司通过发现和推广产品的新用途扩大市场。例如，如果麦片制造商劝说人们在早餐之外的其他时间吃麦片——就像吃小吃一样——他们便可获益。艾玛-汉默公司为自己的产品找到了多种新用途也是个很好的例子。

 营销案例6-4

艾玛公司的"多用"苏打

艾玛-汉默(Arm & Hammer)公司是一个专门生产苏打的企业，然而，它的焙烤苏打的销售额连续下降。后来，该公司发现消费者把它用作冰箱除臭剂，便着力宣传这种用途，并且成功地使美国1/2的家庭把装有焙烤苏打的开口盒子放进了冰箱。当该公司又发现消费者用它来擦除厨房里的油烟时，又宣传这种用途，并再一次取得了巨大成功。之后又拓展到用这种苏打擦汽车的玻璃、真皮座椅、镀铬把手等，干净高效，不留任何划痕。

③增加使用量。公司应说服人们在每个使用场合更多地使用产品。如营销案例1-5的米其林轮胎生产商为增加产品的使用量而进行的努力。

 营销案例6-5

苹果公司是如何扩大销量的？

苹果公司是全球知名的高端科技品牌，不仅在产品上注重细节，同时非常注重品牌传播的创意性。通过自身独特的品牌设计和广告策略，苹果公司成功地塑造了自己的品牌形象，吸引了大量消费者的关注和

认可，采取了多种有效的策略扩大了销量和使用量。

一、产品创新与多样化

苹果公司始终将产品创新放在首位，通过不断研发新技术、新功能，如 iPhone 的 Face ID、Touch ID、AR 技术等，为消费者提供独特且前沿的使用体验。这种持续的创新精神吸引了大量科技爱好者和追求高品质生活的消费者。苹果公司实行产品线多样化策略，不仅拥有 iPhone 这一核心产品，还推出了 iPad、Mac、Apple Watch、AirPods 等一系列电子产品，以及 Apple Music、iCloud 等增值服务。这种多样化的产品线满足了不同消费者的需求，扩大了市场覆盖面。

二、品牌营销与广告策略

通过极具创意的广告和独特的品牌设计，苹果公司成功塑造了自己的品牌形象，吸引了众多忠实粉丝。苹果的广告往往注重情感共鸣和创意表达，让消费者在欣赏广告的同时，对苹果品牌产生深刻的好感。苹果公司在全球范围内建立了庞大的营销网络，包括线上官方网站、电商平台及线下零售店等。这种全球化的营销策略使苹果产品能够迅速触达全球消费者，提升了品牌的知名度和影响力。

三、本地化策略与跨界合作

不同国家和地区推出了符合当地消费者需求的产品和服务。例如，在中国市场，苹果公司推出了支持中文输入法、支付宝等本地化功能的 iPhone，还与中国移动等运营商合作，推出了合约机服务，进一步满足了中国消费者的需求。苹果公司还积极与其他行业进行跨界合作，以拓展产品的应用场景和使用范围。例如，苹果与耐克合作推出了 Apple Watch Nike+系列，与宝马合作推出了 CarPlay 车载系统等。这些合作不仅提升了苹果产品的附加值，还吸引了更多潜在消费者。

（2）保持现有市场份额。

占据市场领导地位的公司在扩大市场总需求的同时，还必须时刻保持警惕，保护自己已有的业务。最好的防御就是不断创新，不断提高，掌握主动，使公司不断加强和巩固自己的竞争优势，在新产品开发、成本控制、顾客满意等方面，始终处于行业领先地位。一个占统治地位的公司可以采用六种防御策略（图6-3）。

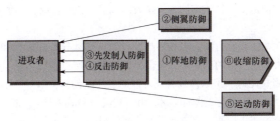

图6-3　防御策略

①阵地防御。这种方法需要建立超强的品牌力量，使其他品牌几乎无法战胜。例如，亨氏任凭亨特斯（Hunt's）对其番茄酱市场进行成本很高的攻击而不予以回击。亨特斯成本高昂的战略失败了，亨氏继续占有美国50%以上的市场，而亨特斯的市场份额仅为17%。

②侧翼防御。市场领导者还应该建立一些前哨阵地以保护薄弱的前沿或作为进行反攻的出击基地。例如，某公司的 A 品牌烈性酒占有美国伏特加市场的23%，它受到了另一公司 B 品牌的攻击，后者每瓶的定价要低1美元。公司决定将 A 品牌的售价提高1美元并增加广告投入，而且，还推出了一个定价比 B 品牌低的品牌来竞争，这样就保护了自己公司 A 品牌的侧翼。

③先发制人防御。更为积极的防御策略是在对手开始进攻前先向对手发动攻击，这可以通过以下几种途径实现。一家公司可以在此处打击一个竞争对手，在彼处打击另一个竞争对手，或者尽力包围整个市场，正如精工集团（Seiko）在全球分销3 000款手表的做法一样。采用的其他做法有开展持续的价格攻击，还有发出市场信号警告竞争者不要发动进攻。

④反击防御。大多数市场领导者在受到攻击时，将进行反击。一个有效的反击方式是入侵攻击者的主

要市场，使它不得不防卫自己的领地。例如，当美国西北航空公司最有利的航线之一——明尼波里斯至亚特兰大航线受到另一家航空公司降价促销进攻时，西北航空公司采取报复手段，将明尼波里斯至芝加哥航线的票价降低，由于这条航线是对方主要的收入来源，结果迫使进攻者不得不停止进攻。另一个反击方式是利用经济或政治打击来阻碍攻击者。

⑤运动防御。在运动防御中，市场领导者采用市场拓宽和市场多元化的做法，把它的范围扩展到能够作为防守和进攻中心的新领域。如，当菲利浦–莫里斯等美国烟草公司认识到对吸烟的限制在日益增强时，它们迅速转入不相关的啤酒和食品行业。

⑥收缩防御。一些大公司认识到它们不再有能力防守所有的领域，这时最好的行动方针是有计划地收缩(也称为战略撤退)，放弃较薄弱的领域，把资源重新分配到较强的领域。这种行动巩固了公司在市场上的竞争实力，并将大量兵力集中在重要市场上。亨氏、通用面粉和乔治亚–太平洋公司(Georgia-Pacific)是近年来采用收缩防御大量削减产品线的几家公司。

(3)扩大市场份额。

一般而言，如果单位产品价格不降低且经营成本不增加，企业利润会随着市场份额的扩大而提高。但是，并不是只要市场份额提高就会自动增加利润，还应同时考虑经营成本的控制、营销组合的合理搭配，以及反垄断法的限制。

二、市场挑战者战略

在行业中名列第二、三名等次要地位的企业，如美国汽车行业中的福特公司，软饮料行业中的百事可乐公司等，可以采用两种战略：一是主动向第一位的企业发起挑战，取得市场领导者的地位这时称它们是市场挑战者；二是维持现状，避免与市场领导者和其他竞争者发生竞争，在"共处"的状态下求得尽可能多的收益，这时称它们是市场跟随者。

市场挑战者如要向市场领导者和其他竞争者挑战，首先要确定自己的战略目标和挑战对象，然后选择适当的进攻策略。

1. 明确战略目标和挑战对象

战略目标同进攻对象密切相关，针对不同的对象有不同的目标和战略。一般有以下三种情况可供选择。

(1)攻击市场领导者。

这种进攻风险大，但潜在的收益也高。市场挑战者找到市场领导者的弱点和失误，将顾客未被满足的需要、不满意的地方，作为自己攻击的目标。如美国米勒啤酒之所以获得成功，就是因为该公司瞄准了那些想喝"低度"啤酒的消费者。此外，市场挑战者还可以通过产品创新，以更好的产品来夺取市场领导者的地位。例如，施乐公司通过开发出更好的复印技术(用干式代替湿式复印)，成功地从3M公司手中夺走了复印机市场，后来，佳能公司如法炮制，通过开发台式复印机夺去了施乐公司一大块市场。

【营销案例 6-6】米勒啤酒攻城略地

(2)攻击与自己规模相当者。

市场挑战者对那些与自己势均力敌的企业，可以选择其中经营不善发生亏损者作为进攻对象，以夺取它们的市场阵地。

(3)攻击地方小企业。

对一些地方性小企业中经营不善、财务困难者，市场挑战者可夺取它们的客户。例如，美国几家啤酒公司能成长到目前的规模，就是靠夺取一些地方小企业的顾客而达到的。

2. 选择进攻策略

在确定战略目标和对象之后，市场挑战者还要考虑进攻的策略问题，挑战者战略应遵循"密集原则"，即把优势兵力集中在关键的时刻和地点，以达到决定性的目的。其中著名的例子是百事可乐与可口可乐之间的"百年战争"。

【营销案例6-7】"百事可乐"挑战"可口可乐"

作为市场挑战者的企业准备进攻时，通常有五种战略可选择。

（1）正面进攻。

集中全力向竞争对手的主要市场发动进攻，即进攻对手的强项而不是弱点。在这种情况下，进攻者必须在产品、广告、价格、促销等主要方面大大超过对手，才有可能成功。发动这种进攻需要大量人力、物力、财力的支持。具体可采用以下策略。

①完全正面进攻。进攻者模仿其竞争对手，追求同样的产品和市场，在产品、价格、推广等方面进行直接较量。由于是向市场领导者的强项直接挑战，因此这种策略有可能造成企业两败俱伤或失利。例如，美国无线电公司、通用电气公司和施乐公司都曾向国际商用机器公司发动过完全正面进攻，然而防御者强大的实力反而使进攻者陷入被动。

②局部正面进攻。在营销组合诸要素中，选择一个或少数几个因素进行正面进攻。只要在某一方面优于竞争对手，便可取得"相对强者"的地位，增加取胜的机会。例如，东芝公司在美国市场上，在其他营销要素与竞争对手不分上下的情况下，采用极富攻击性的价格策略，使竞争对手不敢贸然跟着降价，但又无法使消费者了解其昂贵定价的合理性。东芝公司以其价格上的优势，吸引了更多的消费者。又如，录像机技术是由索尼公司首先发明的，该公司的产品在市场上占有领先地位。松下公司后来了解到消费者更想要放映时间长的录像机，于是设计出一种容量大、体积小的录像系统，性能更可靠，价格也较索尼公司的产品便宜一些。这些优势终于压倒了对手，占有当时日本录像机市场的2/3份额。

（2）侧翼进攻。

侧翼进攻是集中优势力量进攻对手的弱点，寻找对手的薄弱之处或未进入的子市场，这是一种最有效也最经济的战略形式，比正面进攻有更多成功的机会。它可以分为以下两种策略类型。

①地理性侧攻。进攻者选择竞争对手实力薄弱或尚未涉足的地区市场进行进攻。例如，日本制药和医疗器械公司为了进入美国市场，不是直接与美国公司竞争，而是选择了美国公司的薄弱环节——南美洲作为基地，确立自己在该市场上的地位，并以此为突破口，登陆美国市场。

②细分市场侧攻。进攻者选择对手未能满足消费者需求的细分市场为攻击目标。针对被忽略的消费者需求，推出竞争对手所没有的差异性产品。例如，德国和日本的汽车公司虽然知道美国市场主要经营大型、豪华、耗油的汽车，但它们并不以此和美国公司竞争，而是专攻节油型小汽车的细分市场。结果，美国人对节油的小型汽车的爱好不断增长，并发展成为一个广阔的市场。

（3）包抄进攻。

包抄进攻是全方位、大规模的进攻战略。市场挑战者拥有优于对手的资源，并确信围堵计划的完成足以打垮对手时，可采用这种战略。此种战略大多是以产品线的深度和市场的广度围攻竞争对手。包抄进攻的策略意图非常明确：进攻者从多个方面发动攻击，迫使竞争对手同时进行全面防御，分散其力量。包抄进攻可采用以下两种策略类型。

①产品围攻。进攻者推出大量品质、款式、功能、特性各异的产品，加深产品线来压倒竞争对手。如耐克公司对阿迪达斯公司的围攻。

【营销案例6-8】耐克撼动阿迪达斯的霸主地位

②市场围攻。进攻者努力扩大销售区域来攻击竞争对手。例如，日本本田公司一方面采用产品围攻策略，推出轻型高质量的摩托车，增加三级变速、自动变速装置，向哈雷公司的豪华、重型车发起围攻；另一方面又采用市场围攻策略，以洛杉矶的销售子公司为基地，逐步从西部向东部扩大销售区域，建立包括钓具店、运动器材商店、汽艇销售店在内的广泛销售网络，努力做好维修、零配件的供应工作，终于使本田摩托车顺利登陆美国市场，继而一跃成为世界驰名的产品。

（4）迂回进攻。

这是最间接的进攻战略，完全避开对手的现有阵地而迂回进攻。迂回进攻常用的策略有以下两种。

①发展新产品。进攻者以新产品超越竞争对手，而不必在现有产品上进行竞争。如日本开发的录像机、激光唱盘等，虽然这些产品还在原有的机电行业中，竞争对手也未改变，但这些全新的产品使公司无须在原有的市场上与竞争对手分享利益。采用这一策略要求进攻者拥有实力雄厚的科技能力。

②多元化经营。进攻者努力摆脱对单一业务的依赖，转而进入新行业，在更为广阔的市场空间寻求立足点。

（5）游击进攻。

游击进攻是适用于规模较小、力量较弱的企业的一种战略，以小型的、间断性的进攻干扰对手的士气，以占据长久性的立足点。游击进攻的具体行动几乎是没有固定模式的。它往往是针对特定的竞争对手进行的。例如，在某一市场突然降低产品价格，在某一时期采取强烈的促销活动，吞并竞争对手的渠道成员，挖走竞争对手的高级管理人员等，都具有游击进攻的特点。

三、市场跟随者战略

美国营销管理学专家西奥多·莱维特认为，一个产品模仿战略可能与一个产品创新战略同样有利可图。因为一个新产品的研发要花费大量的资金才能取得市场的成功，并获得市场领导者的地位，而跟随者虽然可能无法赶上市场领导者，但因不需要负担任何创新费用，可以获得很高的利润，其盈利水平甚至可以大大超过行业的平均水平。

 营销案例6-9

达利：孜孜不倦的市场跟随者

达利食品集团诞生于历史文化名城泉州（Logo见图6-4）。自1989年创办至今，历经三十年飞速发展，达利食品集团已成为位列中国民营企业500强的综合性现代化食品企业集团。2022年，达利食品实现营收199.57亿元，净利29.9亿元，达利园、豆本豆等七大核心品牌销售均超10亿元。作为中国食品行业的领军企业，达利食品是国内为数不多的横跨休闲食品、家庭消费和即饮饮料三大板块的龙头企业。

图6-4　达利食品集团Logo

20世纪90年代，好丽友的"派"进入中国市场，瞄准一、二线城市，给吃惯了硬质饼干的中国人带来了一种全新的体验。好丽友尽管产品不错，但价格太高。达利食品创始人许世辉进行了市场调研，发现消费者喜欢好丽友的蛋黄派，可一个派竟然需要2元，而其调研结果显示老百姓能承受的价格低很多，这让许世辉看到了市场契机。

经过两年研发，2002年，许世辉推出达利蛋黄派，以低于好丽友三分之一的价格、强力的广告推广，让"派"迅速飞入了寻常百姓家，成为达利当之无愧的拳头产品。

2003年，达利食品又把目光放在了流行产品薯片上。和"派"的行业格局相似，薯片被品客、乐事等少数几个跨国品牌占据，产品都定价过高。达利趁机推出"可比克"薯片，把市场占有率最大的品客薯片作为头号劲敌，定位年轻人市场，邀请明星代言，并采用分渠道定制产品的策略，用桶装薯片打进一线市场、用性价比更高的充气包装填补二、三线市场，获得飞速成长。

此后，在2004—2013年，许世辉都是以同样的套路推出达利的新品牌新产品：2004年对标亿滋国际，推出烘焙饼干好吃点；2007年，凉茶市场打得火热，王老吉与加多宝竞争冲突不断，达利趁势推出和其正凉茶；2013年功能性饮料大肆流行，东鹏特饮火了，达利后脚推出跟东鹏极度相似的乐虎。

达利从来不是市场的拓荒者，而是习惯作为跟随者挑战行业老大，瞄准时机弯道超车。达利选择在黄金时期进入市场，省去了市场培养的过程，针对目标企业的痛点去设计产品，保证成功率。在保证产品品质的情况下，用对标品牌一半的价格，实现产品从贵族化向平民化的过渡，主攻下沉市场，催生消费者的购买欲，形成规模效应。达利食品集团主要品牌产品线见图6-5。

图6-5　达利食品集团主要品牌产品线

资料来源：https：//zhuanlan. zhihu. com/p/57995578，2019.03，发展历程-达利食品集团有限公司（daligroup. com）

市场跟随者与市场挑战者不同，他们的主要区别在于对待市场领导者的态度，市场挑战者采取积极的进攻姿态，市场跟随者则追随在市场领导者之后，自觉维持共处局面，只求维持自己现有的市场份额。这种现象在资本密集且产品同质的行业(钢铁、化工等)中很普遍。但这不等于说市场跟随者就无战略。每个市场跟随者必须懂得如何维持现有的顾客，同时争取一定数量的新顾客，找到一条不至于引起竞争性报复的发展之路。市场跟随者有以下三种战略可供选择。

（1）紧密跟随。

紧密跟随战略是市场跟随者在各个子市场和市场营销的全方面，尽可能仿效市场领导者。这种跟随者有时好像是挑战者，但只要它不从根本上侵犯市场领导者的地位，就不会发生直接冲突，有些甚至被看成是靠拾取市场领导者的残余市场谋生的寄生者。

（2）距离跟随。

市场跟随者在主要方面，如目标市场、产品创新、价格水平和分销渠道等方面都追随市场领导者，但仍与市场领导者保持若干差异。这种市场跟随者可通过兼并小企业而使自己发展壮大。

（3）选择跟随。

市场跟随者在某些方面紧跟市场领导者，而在另一些方面自行其是。也就是说，它不是盲目跟随，而是择优跟随，在跟随的同时还发挥自己的独创性，但不进行直接的竞争。这种市场跟随者之中有些可能发展为市场挑战者。

四、市场补缺者战略

在现代市场经济条件下，每个行业几乎都有一些小企业，它们专心于市场上被大企业忽略的某些细小部分，在这些小市场上通过专业化经营来获取最大限度的收益，在大企业的夹缝中生存和发展。这种有利的市场位置在西方被称为"niche（利基）"，即补缺基点。

 【营销案例6-10】九阳豆浆机的市场利基者战略

有利的市场位置（利基市场）对于小企业的成长发展十分有利，强大的竞争者对该市场没有兴趣，只要小企业具备了服务该市场必需的能力和资源，就有可能成为某一小市场的专家，实施专业化策略。表6-6中所示的11个"专家"角色可供市场补缺者选择。

表6-6 专业化的市场补缺者

序号	补缺专长	说明
1	最终用户专家	公司专门为某一类型的最终使用顾客服务
2	纵向专家	公司专长于生产—分销价值链上的一些纵向层次
3	顾客规模专家	公司集中力量向小型、中型、大型的顾客进行销售
4	特定顾客专家	公司把销售对象限定在一个或少数几个顾客
5	地理区域专家	公司把销售只集中在某个地方、地区或世界的某一个区域
6	产品或产品线专家	公司只拥有或生产一种产品线或产品
7	产品特色专家	公司专长于生产某一类型的产品或产品特色
8	定制专家	公司为单个客户定制产品
9	质量—价格专家	公司选择在低端或高端的市场经营
10	服务专家	公司提供一种或多种其竞争对手无法提供的服务
11	渠道专家	公司专门只为一种分销渠道服务

资料来源：菲利普·科特勒. 营销管理[M]. 宋学宝，译. 10版. 北京：清华大学出版社，2001.

由此可见，小企业有许多机会采用有利可图的方法来服务顾客。企业的追求无限，市场的成长空间就无限。当然要服务好顾客，市场补缺者要完成以下三个任务。

（1）创造补缺市场。根据动态的市场环境，市场补缺者努力开发专业化程度更高的新产品，从而创造更多需要这种专业化产品的市场需求者。例如，广东中山圣雅伦公司，将指甲钳做成了中国的行业第一品牌，浙江温州的打火机成为世界的品牌。

（2）扩大补缺市场。市场补缺者在开发出特定的专业化产品后，要进一步提高产品组合的程度，以吸引更多的消费者购买。例如，广东中山圣雅伦公司针对指甲钳这一产品的特点，相继推出了环保理念的指甲钳、文化传播的指甲钳、多能一体的指甲钳和独有的两片一体结构专利指甲钳等，扩大了市场份额，成为中国企业中的隐形冠军。

（3）保护补缺市场。市场补缺者要密切关注竞争者的动向，针对竞争者的机制、市场阵地的争夺，及时采取相应的策略，全力以赴保住市场的领先地位。

本章小结

市场竞争战略是企业为了在市场中获得竞争优势确定的一系列计划和行动。传统市场竞争战略的选择需要考虑竞争者以及企业自身所处的市场地位，包括市场领导者、市场挑战者、市场追随者和市场补缺者。此外，在移动互联网背景下，企业需要更加关注数字化和网络化的市场环境，通过采用新的技术手段，建立核心竞争优势。

移动互联时代，由于大数据、人工智能和 AI 技术应用，市场竞争愈发激烈，因此，制定有效的市场竞争战略成为企业成功的关键。竞争者分析是市场营销的关键组成部分，它帮助企业深入了解竞争对手的优势、弱点和策略，以便更好地应对市场挑战。竞争者分析首先需要收集和整理竞争者的信息，这包括了解竞争对手的产品或服务、目标市场、市场战略及其他关键要素。通过对竞争者的信息进行收集和整理，企业可以更好地了解市场动态和竞争态势，然后分析竞争者的优势和弱点，了解竞争对手的核心竞争力和独特之处，帮助企业确定自身的竞争优势，并找到突破竞争的机会；同时，识别竞争者的弱点，以便在市场中找到其薄弱环节，从而制定相应的市场策略。

在移动互联时代，市场发展迅速且竞争激烈，市场领导者需要不断提升自身竞争力，保持市场份额并引领市场趋势。这需要市场领导者不断创新，提供优质的产品或服务，并建立强大的品牌认知。同时，市场领导者还应积极利用互联网技术和数据分析等工具来提升市场运营效率和客户体验，以保持市场优势。企业可以采用多元化的产品组合和定价策略。移动互联网使消费者更加注重产品的品质和服务质量，因此，企业需要提供更具竞争力的产品和服务。企业可以通过不同的产品组合和定价策略，满足不同消费者的需求和期望，并提高其市场占有率和盈利水平。

在移动互联时代，市场变化快速，新兴企业有机会挑战行业领导者。市场挑战者需要进行深入的竞争者分析，找到市场领导者的短板和机会，并制定有针对性的战略。例如，提供更具竞争力的产品价格、创新的产品或服务、灵活的市场推广手段等。同时，市场挑战者还应不断追求技术创新和卓越的客户体验，以吸引市场份额并赢得消费者的信任。

市场跟随者可以通过学习市场领导者和市场挑战者的经验教训，避免其错误，并在市场中找到自己的定位。市场跟随者需要灵活应对市场变化，维持现有顾客，尽量争取潜在顾客，并与市场中的其他企业区分开来。在互联网时代，市场变化快速，市场跟随者还应密切关注市场趋势和新兴技术，及时调整自身的战略和业务模式，以保持竞争力。

案例评析

迪士尼中国市场战略："用心娱乐"制胜之道

在当今中国市场，消费者消费方式和习惯日新月异，海外品牌要打动中国消费者的心愈发困难。然而，迪士尼公司（Logo 见图 6-6）却在这一趋势中逆流而上，取得了显著的成功。2018 年，迪士尼不仅在美国本土市场表现强劲，更在中国市场收获满满，这背后的秘密便是"用心娱乐"的经营哲学。

图 6-6　迪士尼公司 Logo

迪士尼大中华区总经理姜燺可自 2014 年上任起，便将"用心娱乐"作为迪士尼在中国市场的核心战略，并围绕本地化、数字化和与消费者建立情感联结三大支柱展开。这一战略的执行，不仅体现在迪士尼对中国市场的深入研究和对本土文化的尊重上，更体现在其营销战略的每一个细节中。

迪士尼中国的成功，首先得益于其对市场问题的精准把握。通过深入的市场研究，迪士尼准确地定位了中国消费者的需求和期望，从而能够有针对性地提供符合他们口味的产品和服务。这种对市场的敏锐洞察，让迪士尼在中国市场的每一步都走得稳健而有力。

同时，迪士尼在中国市场的成功也离不开其强大的合作伙伴网络。通过与本土企业的深度合作，迪士尼不仅能够更好地理解中国市场，还能够借助合作伙伴的力量，更快地拓展市场份额。这种互利共赢的合作模式，为迪士尼在中国的发展提供了有力的支持。

在数字化方面，迪士尼同样走在了前列。通过运用先进的技术手段，迪士尼为中国消费者提供了更加便捷、丰富的娱乐体验。无论是线上还是线下，迪士尼都能够与消费者保持紧密的联系，为他们带来前所未有的娱乐享受。

然而，迪士尼在中国市场的最大成功，莫过于其与消费者建立的情感联结。通过讲述一个个感人至深的故事，迪士尼成功地打动了中国消费者的心。这些故事不仅传递了迪士尼的价值观，更激发了中国消费者的共鸣和认同。

华特·迪士尼曾说："只要我们有勇气去追寻梦想，总有一天将梦想成真。"如今，迪士尼在中国市场的成功，正是对这一理念的最好诠释。通过"用心娱乐"的经营哲学，迪士尼不仅在中国市场赢得了消费者的喜爱和认可，更在悄悄地改变着整个行业的生态版图。

由此可见，迪士尼在中国市场的成功并非偶然，而是其"用心娱乐"战略的必然结果。通过对中国市场的深入分析、精准定位、强大合作、数字化创新以及与消费者建立深厚的情感联结，迪士尼成功地在中国市场树立了自己的品牌地位，并为中国消费者带来了前所未有的娱乐体验。

资料来源：作者综合整理

评析：迪士尼中国今天的成功，是营销战略的成功。迪士尼公司通过对中国市场的分析，做好计划，做好研究，准确定位，讲好故事，挖掘到顾客愿意消费其产品所要寻求的利益点。

思考题

1. 竞争者分析包括哪些内容？
2. 从窄到宽的角度来界定企业的竞争对手，可分为几个层次？
3. 什么是市场份额和心理份额？
4. 从竞争者心理状态的角度来看，有几种反应类型？
5. 市场竞争战略有哪些？
6. 市场领导者可采取哪些竞争策略？
7. 市场挑战者可采用哪些竞争策略？

本章实训

一、实训目的

通过对实践案例的整理和分析，学生对竞争战略有感性的认知，理解市场竞争的复杂性，能够根据实际情况进行竞争战略的选择。

二、实训内容

1. 实训资料：搜集不同行业、不同类型的市场竞争案例。

2. 具体任务：根据本章对市场竞争战略的介绍，分小组讨论分析案例。

3. 任务要求：

(1)分析案例中的竞争战略在什么背景下产生，属于哪一类；

(2)评估该竞争战略对企业未来的影响；

(3)该竞争战略是否有改进的空间。

三、实训组织

1. 根据全班上课人数，将全班同学分成若干小组，采取组长负责制，全体组员协作完成课堂任务。为了避免不同小组所搜集案例重复，各小组组长将所选案例进行提前汇总，并进行协商，确保所选案例不重复。

2. 确定所选案例后，各小组进行下一步分工，对案例进行分析、汇总。

3. 经过小组讨论后，完成实训报告及汇报PPT。

4. 根据课时具体安排，不同小组分别选派成员对报告进行讲解，并回答其他组成员的问题。

5. 任课教师对实训课程的结果进行总结，提出相应的意见及建议。

四、实训步骤

1. 任课教师布置实训任务，介绍实训要点和搜集材料的基本方法。

2. 各小组明确任务后，按照教师指导根据具体情况进行分工。

3. 各小组定期召开小组会议，对取得成果进行总结，遇到问题及时与指导教师沟通。

4. 完成实训报告及展示所需要的 PPT 等材料，实训报告中应包括案例来源、案例分析，以及遇到的难题与解决方案、启示等内容。

5. 各小组对案例进行课上汇报，教师对各组的汇报进行点评及总结。

第七章　目标市场营销

📖 **章节图解**

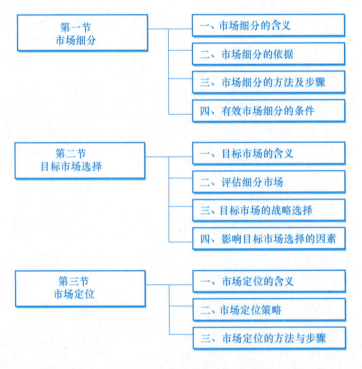

🎯 **学习目标**

知识目标：
- 了解市场细分的依据、方法与步骤
- 掌握目标市场选择战略
- 掌握市场定位策略

素养目标：
- 重点介绍不同细分市场的需求与定位的关系
- 学生理解定位原理，加深对人生定位的认知
- 强调不同营销环境下目标市场的选择策略

✏ **关键概念**

市场细分，目标市场，市场定位

⬡ **导入案例**

比亚迪汽车：打造中国制造的世界名片

比亚迪(汽车 Logo 见图 7-1)，创立于 1995 年 2 月，现已成为涵盖电子、汽车、新能源和轨道交通等多个领域的综合性企业。在中国新能源汽车市场的激烈竞争中，比亚迪不仅成功改变了竞争格局，更为中国汽车产业提供了换道超车的宝贵机遇，推动中国品牌逐渐走向行业舞台的中央。

图 7-1　比亚迪汽车 Logo

如今，中国新能源汽车的出口量已经稳居全球首位，全球有超过 60% 的新能源汽车由中国生产并销售。更令人瞩目的是，中国新能源汽车的专利公开量占全球的 70%，全球有超过 63% 的动力电池由中国供应。这一系列令人瞩目的成就背后，离不开比亚迪等中国新能源汽车企业的辛勤付出和不断创新。

在 2023 年新能源汽车销量 TOP10 的榜单中，中国品牌占据了 8 个席位，而比亚迪更是长期占据榜首位置，累计销量达到了惊人的 151.78 万辆，同比增长 88.81%。这一业绩不仅彰显了比亚迪在新能源汽车领域的强大实力，也进一步巩固了其在全球新能源汽车市场的领先地位。

比亚迪王朝系列，作为比亚迪新能源汽车的杰出代表，以龙元素作为设计原点，巧妙地将龙这一在中国文化中象征着实力、自信和领导地位的瑞兽与汽车设计相结合。这一系列的车型包括"汉、唐、秦、宋、元"五大车系，每一款车型都拥有不同的配置版本，为消费者提供了丰富的选择。

比亚迪王朝系列的命名方式，不仅充满了浓郁的中国元素，更是企业战略的需要。通过将历史朝代标志融入车型名中，比亚迪成功地将传统文化与汽车设计相结合，开启了传统文化与汽车融合的新局面。

以"秦"为例，秦朝是我国历史上第一个统一的封建王朝，而比亚迪"秦"也是当时市场上第一款双模式(纯电、混动)的插电混动车型。使用秦王朝作为车型名称，不仅赋予了这款车开创性的意义，更代表着比亚迪正式开启了中国新能源汽车时代的篇章。而"汉"作为继秦朝之后的大一统王朝，是当时世界上最强大的帝国之一。比亚迪汉系列车型如今已成为比亚迪旗下的顶尖旗舰代表，也是比亚迪向高端化发展所迈出的重要一步。

"唐"作为比亚迪王朝系列中的另一款车型，其定位为中型 SUV。这款车拥有强大的输出扭矩，在性能方面完全可以与豪车相媲美。而唐朝是中国历史上强大繁荣的朝代，比亚迪"唐"的命名正是映射了唐朝的这一辉煌时期，如今的比亚迪"唐"无论是混动版本还是纯电版本，都已成为比亚迪旗下高端旗舰的代表车型。

"宋"作为比亚迪王朝系列中的紧凑型 SUV，其命名也充满了智慧。宋朝是中国古代科技最发达、最具潮流感的朝代之一，诸如四大发明中的火药、活字印刷术、指南针等均出自宋朝。而比亚迪"宋"系列则以亲民的价格、多样的选择及出色的产品力，满足消费者各种各样的出行娱乐需求。

最后，"元"作为比亚迪王朝系列中的小型 SUV，其命名也寓意深远。元朝时期的商品经济和海外贸易都非常繁荣，与各国外交往来频繁。而如今的比亚迪"元 PLUS"也以出色的性价比及产品力顺应了消费者便宜购车的消费需求。

比亚迪汽车以朝代命名，通过产品的中国元素向世界展示中华传统文化，以其卓越的质量、配置和性能宣扬了中国品牌的力量。比亚迪正以其不断创新的精神和卓越的产品力，努力打造"中国制造"的世界名片。

引导问题：

1. 比亚迪汽车是如何细分市场的？

2. 比亚迪选择目标市场的依据是什么？

3. 比亚迪是如何进行产品定位的？

目标市场营销是市场营销策略规划的重要内容，构成了目标市场营销的全过程，是制定市场营销组合策略的前提和依据。目标市场营销战略（STP 战略）由市场细分（Segmentation）、目标市场选择（Targeting）、市场定位（Positioning）三个主要步骤组成（图 7-2）。

图 7-2　市场细分、目标市场选择及市场定位三个步骤

 【营销案例 7-1】海尔智家的高端定位

第一节　市场细分

一、市场细分的含义

1. 什么是市场细分

市场细分（Marketing Segmentation）是指企业将一个大的异质性市场，依据需求的不同，分割成几个同质性较高的小市场的过程。市场细分以后所形成的具有相同需求的顾客群体称为细分市场。

市场细分是 20 世纪 50 年代中期美国市场营销学家温德尔·史密斯（Wendell R. Smith）提出的，其产生与发展主要经历了大量营销、产品差异化营销及目标市场营销三个阶段，见表 7-1。

表 7-1　市场细分战略发展的三个阶段

阶段	大量营销	产品差异化营销	目标市场营销
时间	19 世纪末—20 世纪初	20 世纪 30 年代	20 世纪 50 年代
竞争焦点	降低成本	销售产品	争取并保有消费者
说明	企业采用大规模生产品种规格单一的产品，通过大众化的渠道销售，以取得规模效应，形成竞争优势	企业把目光转向突出产品的独特性和差异性，向市场推出与竞争者不同的产品	企业把目光转向消费者，在研究市场和细分市场的基础上，结合自身优势，选择最具吸引力和最能有效为之提供产品和服务的市场，并设计相应的营销组合

2. 为什么要进行市场细分

①市场需求的差异性是市场细分的内在依据。以市场总人口中的一小部分作为目标市场，在特定市场上发掘绝大部分购买力的方法既符合经济性，又富有效率。

②企业的资源限制和有效竞争是市场细分的外在强制条件。为了巩固竞争地位。专门针对目标消费者及其需要的市场细分战略有助于企业提供更好的营销组合，针对目标消费者的需求，提高消费者忠诚度，力争取得最大的竞争优势。

③企业为了求生存、谋发展，必须进行市场分析，集中资源有效地服务市场，满足不断变化、千差万别的社会消费需要。尚未满足的消费需求成为不同企业的一个又一个市场机会，这些企业推出层出不穷的新产品，满足市场所有的购买和消费需求，促进了企业的发展。

应当注意的是，市场细分并非越细越好，要考虑成本及资源的限制。因此，西方企业界又提出了一种"营销同合化"的理论，主张从成本和收益出发适度细分。

二、市场细分的依据

1. 消费者市场的细分依据

对消费者市场进行市场细分要依据一定的细分变量，消费者市场的细分标准主要有地理、人口、心理、行为四类，见表7-2。

表7-2 消费者市场细分的标准

细分标准	具体因素
地理细分	地理区域、自然气候、资源分布、人口密度、城市大小等
人口细分	年龄、性别、家庭人数、生命周期、收入、职业、教育程度、家庭组成、宗教信仰、种族、国籍等
心理细分	社会阶层、价值观、个性、生活方式等
行为细分	时机：节假日、庆典等各种特殊的时机 利益：价廉、耐用、象征(身份、地位)等 使用者状况：未使用者、曾使用者、潜在使用者、初次使用者、经常使用者 品牌忠诚度：忠贞不二者、不稳定的忠诚者、见异思迁者、游离分子 使用率：轻度使用者、中度使用者、重度使用者

（1）地理细分。

地理细分指企业按照消费者所在的地理位置以及其他地理(包括城市农村、地形气候、交通运输等)来细分消费者市场。

地理细分的主要理论根据是：处在不同地理位置的消费者对企业的产品有不同的需要和偏好，他们对企业所采取的市场营销战略，对企业的产品价格、分销渠道、广告宣传等市场营销措施也各有不同的反应。

市场潜量和成本费用会因市场位置不同而有所不同，企业应选择那些本企业能最好地为之服务的、效益较高的理想市场作为目标市场。

（2）人口细分。

人口细分是指企业按照人口统计学变量(包括年龄、性别、收入、职业、受教育水平、家庭规模、家庭生命周期阶段、宗教、种族、国籍等)来细分消费者市场。人口变量一直是细分消费者市场的重要变量，主要是因为人口变量比其他变量更容易测量。如目前分析信用卡使用者多利用人口统计变量来锁定其目标市场。

运用人口统计学变量进行市场细分见表7-3。

表7-3　运用人口统计学变量进行市场细分

生命周期	优先需求	主要产品需求
10～19岁	自我、教育、社会化	时装、汽车、娱乐、旅游
20岁	事业	时尚品、应酬、衣物与服饰
20～29岁	婴儿、事业	家居用品、园艺用品、DIY用品、育婴用品、保险
30～59岁	小孩、事业、中年危机	幼儿食品、食品、教育、交通工具
60～69岁	自我、社交关系	家具与家饰、娱乐、旅行、嗜好、豪华汽车、游艇设施、投资商品
70～90岁	自我、健康、孤独	健康服务、健康食品、保险、便利商品、电视和书籍、长途电话、服务

资料来源：吴青松. 现代市场营销学原理[M]. 上海：复旦大学出版社，2003.

（3）心理细分。

所谓心理细分，是按照消费者的社会阶层、价值观、个性和生活方式等心理变量来细分消费者市场。心理细分的常用工具有以下两种。

①AIO调查法：提供一套关于各种行为活动（Activity）、兴趣（Interest）及观点（Opinion）的描述题，让消费者进行测试，营销人员通过对结果的分析，可以得出有关消费者的生活方式特点，并以此为基础，制定相应的营销战略或策略。

②VALS调查法：价值观和生活方式（Values，Attitudes and Lifestyles）调查法。这种调查法是由美国斯坦福国际咨询研究所（SRI）开发的，它根据人们对社会问题的观点和相应的购买行为对消费者进行分类，并以此为基础，制定出相应的营销战略。

（4）行为细分。

企业按照消费者购买或使用某种产品的时机、消费者所追求的利益、使用者状况、消费者对品牌的忠诚度、消费者对某种产品的使用率、消费者待购阶段和消费者对产品的态度等行为变量来细分市场。

①时机：企业可以根据顾客购买或使用产品的时机将他们分类。时机细分有助于提高品牌的使用率。例如，在西方，橙汁一般属于早餐饮料，营销策划者可以促使人们在午餐、晚餐或一天中任何想喝饮料的时候饮用橙汁，以提升橙汁总体销量。营销人员需着眼于利用各种特殊的时机（节日、庆典、升学、升职等），提供能满足这些特定时机的需求的产品或服务。

②利益：根据消费者从产品中追求的不同利益将他们分类。例如，对购买手表的消费者而言，有些人只求价格低廉，有些人讲求耐用、实用，还有些人追求手表所表现出的象征意义（身份、地位等）。每种追求不同利益的群体都有其特定的人口、行为和心理特征。营销策划人员可以利用这些依据，确定自己的品牌适应哪些利益细分市场，并相应地制定适合的营销组合，还可以寻求新的利益区隔，推出具有这种利益的新品牌。

美国学者哈雷对牙膏市场的分析是运用利益细分法取得成功的一个范例（表7-4）。他发现牙膏使用者寻求的利益主要有四类：价廉物美、防治牙病、洁齿美容、口味清爽。

表7-4　牙膏市场的利益细分

利益细分	人文特征	行为特征	心理特征	符合该利益的品牌
价廉物美	男性	大量使用者	自主性强者	在减价中的牙膏
防治牙病	大家庭	大量使用者	忧虑保守者	佳洁士
洁齿美容	青少年	吸烟者	社交活动多者	美加净
口味清爽	儿童	果味爱好者	清洁爱好者	高露洁

资料来源：梅清豪. 市场营销学原理[M]. 北京：电子工业出版社，2001.

③使用者状况：一些产品或品牌可以按使用者状况分为未使用者、曾使用者、潜在使用者、初次使用者和经常使用者。企业会根据自身的情况，对不同的使用者，采用不同的营销手段。一般来说，市场占有

率高的品牌特别重视将潜在使用者转变为实际使用者，小企业则努力将使用竞争者品牌的顾客转向使用本企业的品牌。

④品牌忠诚度：所谓品牌忠诚，是指由于价格、质量等诸多因素的吸引力，消费者对某一品牌的产品情有独钟，形成偏爱并长期地购买这一品牌产品的行为。根据消费者品牌忠诚度的高低，可以将其分为忠贞不二者、不稳定的忠诚者、见异思迁者、游离分子四种类型。

⑤使用率：可根据品牌的轻度、中度和重度使用者等情况来细分市场。品牌重度使用者一般在市场上所占比例不大，但消费量在全部消费量中所占比例很高。图 7-3 为美国啤酒消费者结构模式，这个结构显示了啤酒消费者存在的这种市场关系，我们经常称之为 80/20 法则。总人口中只有 32% 的人消费啤酒，其中 16% 的人口几乎消费了 90% 的啤酒产品。因此，啤酒公司宁愿吸引一个重度使用啤酒者，而放弃几个轻度使用者。大多数营销策划者把重度使用者作为主要的目标市场，推出针对性的营销策略。

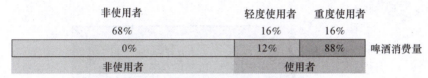

图 7-3　美国啤酒消费者结构模式

【营销案例 7-2】ThinkPad 的细分营销

2. 工业市场的细分依据

在消费者市场的细分变量中，除人口因素、心理因素中的某些具体变量如生活方式等以外，相当一部分同时可以作为细分工业市场的依据。工业市场也称生产者市场或产业市场，但是由于产业市场的特殊性，有必要对细分产业市场的主要依据进行一些补充。

细分产业市场的主要依据如下。

（1）用户行业。

产品最终用户的行业是细分产业市场最为通用的依据。在产业市场，不同行业用户采购同一种产品的目的往往不同。比如，同是钢材，有的用户用于生产，有的用户用于造船，有的用户用于建筑。不同行业的最终用户通常会在产品的规格、型号、品质、功能、价格等方面提出不同的要求，追求不同的利益。据此来细分产业市场，便于企业开展针对性经营，设计不同的市场营销组合方案，开发不同的变异产品。

（2）用户规模。

用户或客户的规模也是细分产业市场的重要依据。在产业市场，大量用户、中量用户、少量用户的区别，要比消费者市场明显。大客户的采购量往往占营销者销售额的 30%、50%，有的甚至高达 80%。用户或客户规模不同，企业的营销组合方案也应不同。例如，对大客户，宜直接联系、直接供应，由销售经理亲自负责；对小客户，则宜由批发商或零售商去组织供应。

（3）用户地点。

任何一个国家或地区，出于自然资源、气候条件、社会环境等方面的原因，以及生产的相关性和连续性的不断加深而要求的生产力合理布局，都会形成若干产业地区，如我国西部的有色金属、山西煤炭、江浙丝绸工业等。这就决定了产业市场比消费者市场更为集中。企业按用户的地理位置来细分市场，选择用户较为集中的地区作为自己的目标市场，不仅联系方便，信息反馈快，而且可以更有效地规划运输路线，节省运力与运费，还能更加充分地利用销售力量，降低推销成本。

三、市场细分的方法及步骤

1. 市场细分的方法

市场细分的主要方法是运用"产品/市场矩阵图（Products/Market Matrix）"，即分别选择一个特定的要素作为标准，对消费者的不同需求（产品）及不同的顾客群（市场）进行分类，并由此形成一个产品/市场矩阵。它能帮助营销人员对不同顾客群体的不同需求有更清晰的认识。

以服装市场为例，可以按消费者对服装价格的不同需求将产品分为高、中、低三档，同时，将服务的顾客群体依照年纪的不同分为青年、中年、老年市场，由此形成一个服装市场的产品/市场矩阵图（图7-4）。在进行初步的市场细分之后，企业还可根据需要，进一步将某一特定细分市场分为男、女，将产品分为职业、休闲、运动装等。

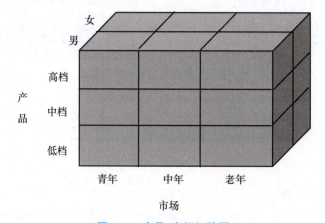

图7-4 产品/市场矩阵图

2. 市场细分的步骤

在掌握进行市场细分的有用的方法之后，营销人员可以遵循以下步骤对市场进行细分。

①调研：了解消费者的购买动机、态度、行为模式等，找出影响他们购买决策的最重要的几个变量。调研方法主要为定性及定量调研。调研内容包括：属性及重要程度比率（排序）；品牌认知程度；产品使用模式；消费者对不同产品种类的态度；人口、心理、媒体习惯等。

②分析：对调研结果进行分析，借助市场细分的工具，划分出几个相对同一的顾客群，然后根据需求及购买行为特点，进行进一步细分或重新合并。

③评估：市场的潜量、吸引力等。

四、有效市场细分的条件

①可衡量性：使用的市场细分须易于衡量，即市场的大小及购买力可以用数据测量和推算。

②足量性：指市场细分的大小及获利的程度。细分后的市场必须具备有相当市场潜力，有适当营业量及获利空间。

③可进入性：指细分市场必须能被有效地进入和服务的程度。

④可行性：指营销方案可有效吸引，并服务该细分市场的程度，即企业对所细分的市场要能提供具体可行的营销计划，公司的执行资源是否足够也须考虑。

⑤差异性：细分市场之间要有显著的差异，以便彼此区分。

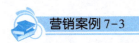

营销案例 7-3

海澜之家卖的不是服装，究竟是什么呢？

海澜之家市值突破 600 亿元，超越 Coach、Prada、Burberry 等世界著名品牌。在服装企业业绩纷纷遇冷的大环境下，A 股上市公司海澜之家成为"另类"。标准普尔公布的"全球市值最高服装配饰奢侈品公司 25 强名单"显示，来自中国的海澜之家排名第 14 位，市值为 94.98 亿美元。榜单排名第一的为奢侈品巨头 LVMH，其市值为 807 亿美元，海澜之家市值相当于 LVMH 的 1/8。

随着网购成为一种潮流，服装业实体店的生意越来越难做，近几年实体店倒闭潮越来越猛烈。许多线下零售企业感受到巨大的压力，转型为线上销售。在关店潮中，海澜之家却逆势疯狂开店，2016 年前三季度新增门店 972 家，相当于平均每月开店 100 家以上，同时在这三个季度里营收过百亿元，位列 2016 年前三季度全国服装零售业上市公司总营收榜首。毫无疑问，在行业面临寒冬的情况下，海澜之家逆势交出了一张华丽的成绩单！除了辉煌的销售业绩，在品牌传播上，连续三季赞助冠名《奔跑吧兄弟》、独家冠名《吉尼斯中国之夜》、赞助《最强大脑》等一系列国内极具影响力的节目，使海澜之家品牌影响力得到有效提升，"男装国民品牌"深入人心，"男人的衣柜"更加耳熟能详。

有人问安踏创始人丁志忠在互联网的巨大冲击下，零售业谁能活下来。丁志忠说除了自己，还说了一个品牌：海澜之家。海澜之家创始人周建平说：我们不是一家服装企业，因为我们不赚差价。那么，海澜之家卖的不是服装，究竟是什么呢？

1. 清晰的价值主张：男士着装整体解决方案

男士的购物习惯与女士有较大区别，其消费行为目的性更强，希望通过一种快捷的方式完成既定的目标。海澜之家提供了男士着装的整体解决方案，帮助客户在穿衣选择上做减法、节省时间。已有的服饰品类包括套装西服、休闲西服、夹克、大衣、羽绒服、毛衫、针织衫、衬衫、T 恤、西裤、休闲裤、牛仔裤、内衣内裤等，配件有皮带、领带、围巾、袜子、皮鞋等，成年男性所需的服装在这里应有尽有。产品涵盖了成年男性需要的从头到脚、从内到外、从冬到夏、从正装到休闲装的所有产品。每一家门店陈列展示的男装产品品类丰富，入店消费者可以买到全套的服饰，充分迎合了中国男士的消费习惯，节省时间的同时简化决策。

2. 准确的客户细分：都市白领男士

一个服装企业通常不可能占领全部市场份额，而只能在市场细分的基础上，选择若干个市场作为自己的目标市场。海澜之家的目标客户是 25~45 周岁、年收入范围在 5 万~10 万元之间的男士，这是品牌男装市场中竞争相对较小，但是市场份额足够大的"蓝海"市场。合理制定产品价格，要坚持以获得正常利润为定价目标。它的每套西服的价格只在 480~1 680 元之间，比同档次类似品牌西服的价格低很多，完美实现了"高品位，中价位"的品牌理想。基于客户细分的"高档中价法"可以精确地定位品牌的目标市场，以积极的姿态去开拓中、高端市场，努力扩大自己所在市场层面上的市场份额，塑造企业长盛不衰的标志形象。

资料来源：https://www.sohu.com/a/220478060_313170，经整理

第二节　目标市场选择

一、目标市场的含义

目标市场是企业拟进入的细分市场，或打算满足的具有某一需求的顾客群体。在对不同顾客群体的不同要求作了分析之后，就要在众多的细分市场中选择某一个或几个企业有能力满足的市场作为目标市场。

营销案例 7-4

农夫山泉再推新品"锂水"

随着整个社会老龄化程度的加剧，银发族阵容越来越庞大。据预测，2025 年 60 岁以上人口食品餐饮市场规模将达 2.8 万亿元，而在这类人群中，他们将越来越关注更加健康的生活方式。

作为饮用水行业领军企业的农夫山泉，推出一款"含锂天然矿泉水"，关注脑健康领域，重点进军中老年群体饮用水市场。农夫山泉"含锂天然矿泉水"是一款中高端饮用水，水源来自大兴安岭漠河，北纬 50°以上的高寒地区，这里的水源有超 0.2 mg/L 的锂含量，能够补充人体所需的锂元素。锂是一种"情绪元素"，当锂摄入不足时，人们会出现情绪低落、易怒或易激动等身体反应。因此，长期以来，医学上常常用锂来作为精神治疗的元素。锂还可作为营养物质参与维生素 B12 和叶酸的吸收、神经调控等。此外，锂有抗炎、抗氧化的作用，可以用于缓解各种药物的副作用。这款"含锂天然矿泉水"是饮用水行业内鲜有的、以"锂"元素为主打矿物元素的天然矿泉水。

实际上，这不是农夫山泉第一次进军天然矿泉水细分市场。除了众所周知的红色包装的经典产品外，农夫山泉曾在 2015 年推出三款水源地都来自长白山的新品，分别为高端水、婴儿水和学生水，对应高端人士、母婴人群和学生党。但是目前的天然饮用水市场上，很少有含锂的水产品，这是由锂的特性决定的。因为锂在地下水中难以富集，导致含锂水在整个自然界都不多见。而农夫山泉历经多年勘探和寻找终得结果，适时推出了含锂型天然矿泉水，把目标快速地瞄准了中老年这一充满潜力的市场，同时填补了含锂水品类和中老年细分市场的空白。

资料来源：根据网络资料整理

二、评估细分市场

企业对市场进行细分之后，就要对这些细分市场进行评估并选择。其市场潜力、市场结构的吸引力及相对商业优势是否符合要求，是企业在确定目标市场之前需要仔细评估的，见表 7-5。

表 7-5　评估细分市场的主要项目及内容

项　目	内　容
市场潜力	当前销售价值 预计销售增长率 预期的利润
市场结构的吸引力	竞争者 替代产品 购买者讨价还价的能力 供应商讨价还价的能力
相对商业优势	企业的长远发展目标：环境、政治及社会责任 市场能力：市场占有率、市场增长率、产品独特性、良好的名誉 生产能力：低成本优势、技术优势 企业资源优势：营销技术、管理优势、向前或向后一体化、人力资源优势、资金实力

企业完成对表 7-5 中项目的考核及评估后，借助"目标市场细分组合图"（图 7-5），作出目标市场的决策。

目标市场细分组合图以"市场吸引力"及"相对竞争优势"为要素，对所有待选的细分市场进行量化，并根据得分的不同，在矩阵图上分别定位。其中市场吸引力包括表 7-5 中的"市场潜力"及"市场结构的吸引力"两个部分；而相对竞争优势，则是与主要竞争对手相比，企业在"相对商业优势（见表 7-5）"各方面的表现。

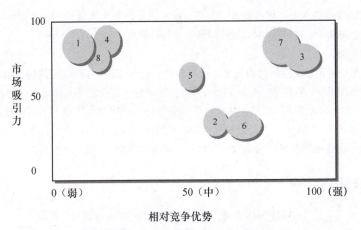

图7-5　某企业目标市场细分组合图

假设某企业对自己的细分市场进行评估后，其目标市场细分组合如图7-5所示。其中，每个圆圈代表一个细分市场，圆圈的大小代表细分市场的大小；在相对竞争优势中，"50"代表与主要竞争对手处于旗鼓相当的位置，位于50以左的细分市场，意味企业在这些细分市场中处于较弱的竞争地位，并且越靠近左边，表明企业越没有竞争优势；而位于50以右的细分市场，表明企业在这些市场中处于较强的竞争地位，并且越靠近右边，表明企业的竞争优势越强。

很明显，在这种情况下，企业对目标市场最佳的选择是市场3及市场7。因为它们不但具有较大的市场吸引力，而且企业在这两个市场中，处于绝对的竞争优势，可以确保比竞争对手更好地满足消费者的需求，从而实现企业长远发展的目标。

三、目标市场的战略选择

市场细分的目的是有效地进入目标市场。所谓目标市场，就是企业为了实现企业的营销战略目标而要进入的市场部分。企业根据各个细分市场的特点和企业自身的任务目标、资源和特长等，决定进入哪个或哪些市场部分，为哪个或哪些市场部分服务，即为目标市场的选择。目标市场共有三种选择战略(图7-6)。

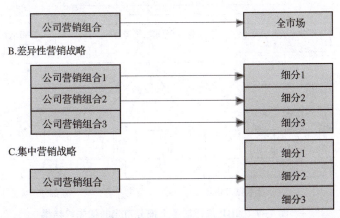

图7-6　三种目标市场选择战略

（1）无差异性营销战略。

无差异营销战略是指企业在市场细分后，不考虑各子市场的特性，而只注重子市场的共性，决定只推出单一产品，运用一种市场营销组合，也即忽略细分市场区别的大众营销。例如，可口可乐公司早期曾用单一规格、单一口味的瓶装饮料，以满足各种顾客的需要。

采用无差异营销战略的理由是规模效益，它是与标准化生产和大规模生产相适应的一种营销方法。它可以大大降低生产、储存、广告等成本，从而降低企业的经营成本。

（2）差异性营销战略。

差异性营销战略是指企业决定同时为几个子市场服务，设计不同的营销组合以适应各个子市场的需要。如爱迪生兄弟公司经营了900家鞋店，分为四种不同的连锁形式（高价鞋店、中价鞋店、廉价鞋店及时装鞋店）。每一种都针对一个不同的细分市场，并且这几种分别针对不同目标市场的鞋店往往在一条街上，相互靠得很近，却不会影响彼此的生意。这种差异性营销战略使爱迪生兄弟公司成为美国最大的女鞋零售商。

差异性营销战略往往比无差异性营销战略赢得更大的总销售额，但也会增加成本。

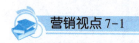 **营销视点 7-1**

AHP 法（层次分析法）与细分市场的选择

AHP 法（Analytic Hierarchy Process，简称 AHP）是一种定性和定量相结合的系统分析方法，用于决策过程中的权重分析8 1 该方法由美国运筹学家托马斯·塞蒂（T. L. Saaty）在 20 世纪 70 年代提出，旨在将复杂的决策问题分解为多个层次，通过定性和定量的分析方法来确定每个指标的权重。应用 AHP 法评估细分市场时应将所有关键经理召集到一起，并向他们提供所有可得到的营销研究信息，这样就提供了输入信息，以供商讨和评价各个不同的细分市场。对决定细分市场吸引力的互相关联的决策因素，通过两两比较对每一因素赋予相关权重。图 7-7 显示了各个细分市场的优先权结果。

在图 7-7 中，管理人员设立了三个标准：细分市场吸引力、细分市场优势、协同作用，并在长期情况下，确定了公司要达到的四个目标的权重（0.39，0.34，0.20，0.07），从而也决定了三个标准的相应权重（0.28，0.51，0.21）。根据这三个标准，评估当前七个细分市场（A、B、C、D、E、F、G）时，D、E、G 三个市场显然不具吸引力应当被剔除；评估新细分市场时，J、K、L 也应当被剔除。

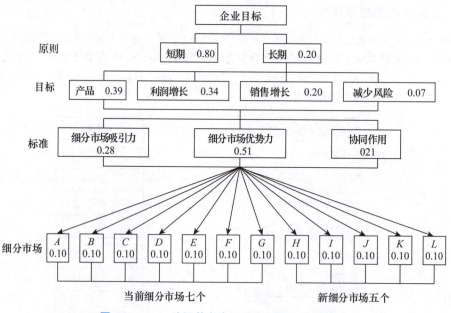

图 7-7　AHP 法评估各个细分市场的优先权结果

评估结果也显示了企业应为每个细分市场分配多少资源。优先权可用来作为资源分配的粗略指导，例如可按下式分配：

$A=11\%$，$B=24\%$，$C=13\%$，$F=21\%$，$H=11\%$，$I=20\%$。

利用 AHP 法评估细分市场的优先权结果。

注：A0.10表示：细分市场A的优先权为0.10。

细分市场的发展状况既与宏观经济形势相关联，如经济增长率、失业率、居民收入增长、国家政策情况等，又与行业发展情况相关。一般说来，细分市场上的竞争对手越多，越有可能创造出更多的市场，如果企业要求扩大市场规模，其市场发展前景也越被看好。

资料来源：连漪等编著，《营销策划》第2版，中国人民大学出版社，2024.07.

（3）集中营销战略。

集中营销战略是指企业集中所有力量，以一个或少数几个性质相似的子市场作为目标市场，试图在较小的子市场上占有较大的市场份额。实施这种战略的企业，往往是资源力量较弱的中小企业，或是刚刚进入市场的新企业。

集中营销战略有利于企业在特定的子市场上通过专业化营销来取得竞争优势。但这种战略也存在着较大的风险，因为目标市场范围比较窄，一旦市场情况突然发生变化，企业可能会陷入困境。

四、影响目标市场选择的因素

以上三种目标市场的选择战略，各有利弊。在市场营销实践中，企业在选择时要综合考虑以下五大因素。

（1）企业资源。

企业的资源条件决定了企业的市场规模和营销力量。如果企业资源雄厚，可以考虑实行差异性营销战略；若资源有限，最好采取集中营销战略或无差异性营销战略。

（2）产品特性。

产品特性是指产品性能、特点等方面的差异性大小。对于同质产品或需求上共性较大的产品，如大米、食糖、食盐等产品，多选择无差异性营销战略；对于差异性较大的产品，则选择差异性营销战略，如汽车、家电、报纸与杂志等。

（3）市场特点。

市场特点是企业决定选择目标市场营销战略的首要因素。如消费者在同一时期的偏好相同，购买的数量也相同，则可以视为同质市场，拟选择无差异性营销战略，反之，市场需求差异较大，则视为异质市场，选择差异性营销战略。

（4）产品的生命周期。

产品所处的生命周期阶段不同，营销的重点不同，则选择的目标市场营销战略也不同。处在导入期和成长期的产品，应启发与巩固消费者偏好，最好选择无差异性营销战略或集中营销战略。当产品进入成熟期后，市场竞争激烈，消费者需求多样化，则选择差异性营销战略开拓新市场，满足新的需求，延长产品生命周期。

（5）竞争者的目标市场涵盖战略。

企业选择目标市场战略时，应与主要竞争者相区别。如果强大的竞争者实行的是无差异性营销战略，则企业应实行差异性营销战略或集中营销战略；如果竞争者实行的是差异性营销战略，则企业应实行集中营销战略或更深度细分的差异性营销战略。

 营销案例7-5

中国零售企业"走出去"的目标市场选择

"一带一路"倡议提出以后，我国零售企业"走出去"迎来了历史性的战略机遇。知己知彼，方能百战不殆。更广泛的选择空间和更大的国际市场是否是我国零售企业的目标市场，还需要进行进一步的可行性分析，根据分析结果进行最终的目标市场选择。

基于目标市场选择相关的成熟研究，企业在海外扩张的过程中进行目标市场选择时应当关注目标市场的如下四个方面因素。

1. 市场邻近性

企业在进行国际化时，应当将与本土接壤或邻近的目标市场作为自己扩张的第一步，这主要基于企业跨国网络构建能力因素的考虑。跨国供应链的稳定性和流畅性是产品打开国际市场的重要保障，在扩张初期，企业可能存在跨国网络构建能力弱的现象，当采购受到制约时，企业能够迅速依托本地市场弥补需求是其生存的充分条件。同时，较短的运输距离、较低的运输成本及较高的运输效率可以成为企业迅速抢占目标市场的一大优势。基于此，我国零售业在进行海外扩张时，可从"一带一路"的起始点出发，在逐步了解沿线市场的基础上进行有序扩张。

2. 市场潜力

根据目标国家的发展阶段进行划分，一般可将目标市场划分为工业发达国家、发展中国家和新兴市场。针对不同市场类型，可以从文化习惯、人口结构、人口分布、受教育程度、行业竞争强度、政府管制程度、地方保护主义等角度加以分析，挖掘目标国家市场的潜能。尽可能找到开放程度高的市场作为目标市场，或是找到与本国产品市场最为贴近的市场，或者最能与本产品相匹配的市场。通过对"一带一路"沿线国家历史文化和营商环境的考察可以发现，"一带一路"沿线国家在政治、经济、历史、文化等方面具有较大的差异，且经济受全球波动影响较大。但机会存在于风险中，正是这种差异性塑造了更多的可能性。基于差异性延伸出的独特性及吸引力使"一带一路"沿线市场具备巨大的市场开发潜力。

3. 行业竞争

根据国家竞争优势理论，国际需求的拉力或本地竞争的压力是企业国际化的重要推力。因此，目标市场的行业竞争程度是企业在进入该市场前需要考虑的重要因素，如果误入一个同样强竞争程度的市场，企业不但无法缓解本地市场的竞争压力，还会给本地市场的发展造成拖累。因此，企业在进行目标市场选择时，应当优先选择竞争对手较弱的市场作为目标市场，或者选择没有竞争对手的市场作为目标市场。这里将前者作为优先选择主要是考虑到目标市场没有竞争对手未必是行业竞争问题，还有可能是需求问题。由于"一带一路"沿线国家多为发展中国家，行业竞争程度相对较弱，因此可以作为一个有价值的目标市场选择。

4. 市场便利性

市场便利性是指企业进入或退出市场的难易程度。对于进行海外扩张的企业而言，选择市场便利性较高的目标市场能够极大降低跨国经营的难度，规避跨国经营的风险。从每年发布的营商环境相关报告及贸易促进相关报告可以看出，"一带一路"沿线国家的开放程度和市场便利程度不断提高，然而提高是一个相对概念而非绝对概念。因此企业在进入前，应重点考察政府保护主义、地方垄断主义等因素，以确保将风险降到最低。

从市场邻近性、市场潜力、行业竞争和市场便利性等方面对"一带一路"沿线国家市场所进行的系统评估表明，东南亚国家仍将是近期我国零售企业"走出去"优先选择的目标市场；下一步可以将中亚地区作为走出去的目标市场；南亚和西亚都存在显著的进入障碍，因此短期内进入条件尚不成熟；另外，蒙古国和俄罗斯地区进入风险较高，暂不予考虑，欧洲则是产品在不断发展成熟以及市场不断拓展后的最终目标市场选择。

资料来源：朱瑞庭. 中国零售业"走出去"对接"一带一路"的途径分析：基于目标市场选择的视角[J]. 经济研究参考，2017(64)：34-42+84.

第三节　市场定位

一、市场定位的含义

"定位"概念是由美国年轻的营销学专家 A. 里斯（A. Ries）和 J. 特劳特（Jack Trout）在 1972 年美国《广告时代》杂志发表的"定位时代"系列文章中提出的。这一概念提出后引起了全行业的轰动，开创了营销理

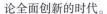

论全面创新的时代。

市场定位就是在目标顾客心目中为企业产品创造一定的特色，赋予一定的形象，以适应顾客一定的需要和偏好。这种特色和形象可以是物质的，也可以是心理的，也可以兼而有之。实际上定位就是要设法建立一种差异优势，确定产品在顾客心目中的适当位置并留下值得购买的印象，以便吸引更多的顾客。

例如，在汽车市场上，德国的大众汽车以彰显"货币价值"为特色，沃尔沃以"最安全"为特色，梅赛德斯-奔驰以"显示身份"为特色，宝马（BMW）以享受"驾驶的乐趣"为特色等。这些公司根据顾客的某一需要，树立了自身鲜明而突出的特色，成功地为自己的产品进行市场定位，得到目标消费者的认可。

正确理解市场定位的含义，了解产品营销的三种理论及其对应的主流策略思想是不可缺少的内容，具体内容见表7-6。

表7-6　USP论、品牌形象论、定位论的比较

比较项	独特的销售主张 （USP[①]）	品牌形象论 （BI[②]）	定位论 （POSITIONING）
产生时间	20世纪50年代	20世纪60年代	20世纪70年代
提出者	劳斯·瑞夫斯	大卫·奥格威	艾·里斯、杰克·特劳特
核心理论及主张	强调产品具体的特殊功效和利益	塑造形象， 长远投资	创造心理位置， 强调第一
方法和依据	实证	精神和心理的满足	品类的独特性
沟通的着眼点	物	艺术、视觉的效果	心理上的认同

①USP：Unique Selling Proposition，独特的销售主张。
②BI：Brand Image，品牌形象论。

二、市场定位策略

定位的方式有很多，以下从产品、市场竞争、目标消费者的角度入手，介绍市场定位的三种策略，见表7-7。

表7-7　市场定位的三种策略

产品定位策略	市场竞争定位策略	目标消费者定位策略
特质定位 使用/应用定位 利益定位 竞争者定位 使用者定位 类别定位 品质/价格定位	避强定位 迎头定位 重新定位	第一定位 强化定位 集团定位

1. 产品定位策略

（1）特质定位。

特质定位是指公司以某些特质特色来自我定位。啤酒公司会宣称它是"最老牌"的啤酒制造商；旅馆会宣称自己是该市"最高"的旅馆。以特色来定位通常是欠佳的选择，因所宣称的利益无法让人一望便知。

（2）使用/应用定位。

使用/应用定位是指以产品在某些应用上是最佳产品来定位。例如，耐克会将某一类型的运动鞋描述为"最佳跑鞋"，而将另一种鞋描述为"最适于打篮球的运动鞋"。

（3）利益定位。

利益定位是指根据产品所能满足的需求或提供的利益、解决问题的程度来定位。例如，中华牙膏定位为"超洁爽口"，广东牙膏定位为"快白牙齿"，洁银牙膏定位为"疗效牙膏"，汰渍洗衣粉宣称它的洗净效果较佳，沃尔沃汽车宣称它的汽车较安全等。这些定位都能吸引一大批消费者，分别满足他们的特定需求。营销人员主要采用利益定位。

【营销案例7-6】安踏儿童的市场定位

（4）竞争者定位。

竞争者定位是指暗示自己的产品比竞争者优异或与竞争者有所不同。艾维斯（Avis）租车公司对自己的描述是"我们是比别人更努力的公司"（它所暗示的"别人"，指的是赫兹租车公司）；七喜汽水（7-up）把自己称为"非可乐"。

（5）使用者定位。

使用者定位是指用目标使用群来为产品定位。苹果电脑把它的电脑和软件描述为图像设计师的最佳伴侣；太阳微系统把其工作站描述为设计工程师的最佳伙伴；劳斯莱斯则专门为富贵、社会地位显赫的人提供高档轿车。

 营销案例 7-7

江小白抢占年轻人白酒市场

传统白酒品牌打开市场销路的主要方式是通过电视、广播等传统媒体进行宣传，但是过于高昂的成本使很多中小品牌无法通过传统广告渠道进行产品宣传。"穷则思变"，近年来，以江小白为代表的中低端白酒品牌开始思考新方式，开发新渠道，力求以低价高效的方式实现品牌传播。于是，借助社交媒体的蓬勃发展之势，江小白将自己的品牌定位于新奇、有趣、年轻，占据了年轻消费者的心智，特别是其特色文案受到了年轻消费者的追捧。江小白打入白酒市场时，白酒市场已趋于饱和状态，行业天花板较高，贸然进入可能只有做炮灰的份儿。于是江小白进行了全面的市场调研、深入的市场分析和基于环境的辩证思考，从以下几个方面对自己的品牌进行了定位，并造就了"网红小酒"江小白的酒业神话。

第一，新奇——跳出"饮用"的思维定式，为顾客"赋情"。以往人们在酒桌上讲自己对白酒的心得时，主要围绕浓香、酱香、清香等口感发表评论。尽管自古以来我国关于酒的诗词就不绝于耳，如"开轩面场圃，把酒话桑麻""何以解忧，唯有杜康""抽刀断水水更流，举杯消愁愁更愁"等，但很少有品牌将酒与感情的表达和宣泄进行联结。于是，江小白将自己的价值定位于帮助顾客更好地释放情绪，成为能够帮助人们进行对话的品牌。

第二，有趣——摆脱以往通过电视、广播渠道的广告宣传，通过社交媒体"赋意"。传统白酒的品牌传播多是通过明星代言等传统方式，产品的使用也多是商务接待、宴席、家宴或送礼等。江小白摒弃了白酒的传统形象，而赋予白酒新意，选择将自己的细分市场定位在休闲饮品上，通过"小聚、小饮、小时刻、小心情"这四个词进行场景的定位与对照，帮助用户记录"小而美"的美妙时刻。除此之外，江小白通过有趣的文案引起消费者的共鸣，在消费者的心智中占据了一席之地。

第三，年轻——"不守规矩，大胆创新"。不同于老一辈人喝酒喝的是口感，跟随互联网时代长大的80后和90后消费者，喝酒喝得更多的是情绪、是氛围。他们对酒类产品的口感和香型等并没有特定或强烈的需求，酒对他们而言更多的是烘托气氛必需的载体。因而，江小白大胆创新，将自己定位为"年轻人的小酒"，去除了传统白酒浓香的特点，采用单一的高粱小曲酒酿造工艺，允许消费者自由添加红茶、绿茶、

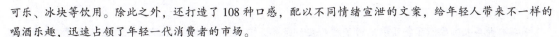

可乐、冰块等饮用。除此之外，还打造了 108 种口感，配以不同情绪宣泄的文案，给年轻人带来不一样的喝酒乐趣，迅速占领了年轻一代消费者的市场。

资料来源：1. 安天博. 社交媒体环境下江小白的品牌传播策略研究[J]. 出版广角，2020(21)：77—79.

2. 陶石泉，江小白的成功与失败(2021-02-22)，htps://inance.sina.com. cn/review/jcgc/2021-02-23/doc-ikftssap7984100.shtml

(6)类别定位。

公司可将自己形容为该产业类别的领导者。例如，柯达即意味着摄影底片，施乐则代表复印机。

(7)品质/价格定位。

品质/价格定位指把产品定位于某一品质与价格阶层。香奈尔五号(Chanel No. 5)被定位为一种品质极佳、价格极高的香水；塔可钟(Taco Bell，注：北美洲的一家墨西哥口味的塔可饼"Taco"连锁快餐店，是隶属于百事可乐旗下的关系企业)把塔可饼定位为同样价钱下最划算的食物。

2. 竞争定位策略

(1)避强定位。

避强定位是指企业把产品定位于目标市场上的空白处，这样可以避开市场的激烈竞争，企业有一个从容发展的机会。企业在作出此决策前，必须明确以下三个问题。

①市场空白处的潜在顾客数量。市场出现空白，也许并不是因为其他竞争者没有注意到，而是该处缺乏足够的需求。

②技术上的可行性。企业要有足够的技术能力生产市场空白处的需求产品，否则，企业选择了这种策略也只能望洋兴叹。

③经济上的合理性。企业填补市场空位是有利可图的。

 营销案例 7-8

索尼公司进军美国市场

20 世纪 60 年代初期，日本的索尼公司准备进入美国市场。经研究发现，美国企业只注重摆放在客厅里的大型电视机，而对小型电视机不屑一顾。于是索尼公司决定用避强定位策略，将生产的小型电视机出口到美国。由于其质量好，又填补了市场空缺，满足了小型电视机用户的需求，因此很快在美国市场上站稳脚跟。美国人开始了解日本电器的质量及价格优势，利用这些优势，索尼公司将较大型一些的电视推向美国市场。由于之前小型日本电视带来的良好市场反应，美国人不拒绝日本电器，结果日本家电逐渐蚕食美国家电市场，并最终取得成功。

(2)迎头定位。

迎头定位是一种与在市场上占据支配地位的，即与最强的竞争对手"对着干"的定位方式。显然，采用这种策略会有一定的风险，但不少企业主认为这是一种更能激励自己奋发向上的可行的定位尝试。如百事可乐与可口可乐的对抗，汉堡王与麦当劳的对抗等。实行迎头定位策略，必须知己知彼，尤其要清楚认识自己的实力。

 **营销案例 7-9**

百事可乐与可口可乐之争

美国可口可乐与百事可乐公司是两家以生产销售碳酸型饮料为主的大型企业。可口可乐自 1886 年创建以来，以其味道独特扬名全球，使晚于其"出生"的百事可乐在第二次世界大战以前一直处于望其项背的境地。

第二次世界大战后，百事可乐采用了迎头定位策略，专门与可口可乐抗衡，把自己置身于"竞争"地位。通过这场旷日持久的饮料大战，可乐饮料引起了越来越多消费者的关注，当大家对百事可乐与可口可乐之战兴趣盎然时，双方都是赢家，因为喝可乐的人越来越多，两家公司都获益匪浅。

资料来源：周建波. 营销管理：理论与实务[M]. 济南：山东人民出版社，2002.

（3）重新定位。

重新定位是指企业改变产品特色，改变目标顾客对其原有的印象，使目标顾客对其产品新形象有一个重新认识的过程。重新定位对于企业适应市场环境、调整市场营销战略是必不可少的。企业产品在市场上的定位即使很恰当，但在出现下列情况时，也需考虑重新定位。

①竞争者推出的产品定位于本企业产品的附近，侵占了本企业的部分市场，使本企业品牌的市场占有率有所下降。

②消费者偏好发生改变。

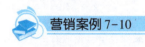 营销案例 7-10

百达翡丽的定位

1839 年，安东尼·百达（Antoine Norbert de Patek）在瑞士创立了百达钟表公司，后邀请钟表设计师简·翡丽（Adrien Philippe）加盟，二人在 1851 年将公司名称改为百达翡丽（PATEK PHILIPPE）。它是目前唯一没有加入任何钟表集团的家族钟表企业，从头至尾都由自己生产，创造出卓越和最具价值的腕表，成为奢侈钟表的典型代表。

百达翡丽的目标顾客群，大多为王室成员、富有阶层和成功人士。它的客户名单中有 100 名国王、54 名王后。同时，其客户也不乏政治、科学、教育、文化界的名流，诸如居里夫人、爱因斯坦、柴可夫斯基和夏洛蒂·勃朗特等。

（1）利益定位。

一方面，百达翡丽坚持的传播诉求点是保值和增值，他们坚持不变的广告定位语——没有人能拥有百达翡丽，只不过为后代保管而已。这句话告诉人们，百达翡丽是传家宝，随着时间的推移可以增值。另一方面，在世界顶级拍卖市场上，百达翡丽古董表常常以天价售出，大大超出它的原始价格。

（2）价值定位：关爱后代。

表，是人们贴身使用之物，与使用者有肌肤接触和情感交流，因此会感受到它传递的价值信息。从百达翡丽广告看，它更加强调关爱下一代的诉求，即把百达翡丽作为传家宝，留给自己的孩子。

资料来源：李飞，百达翡丽的定位战略，http：//www.crrc.org.cn/Upfiles/20089910017.pdf，经删减

3. 目标消费者定位策略

（1）第一定位。

争当第一，这是进入人们大脑的捷径。比如，人们很容易记得世界第一峰是喜马拉雅山的珠穆朗玛峰，世界第二峰却少有人知；第一个登上月球的人是尼尔·阿姆斯特朗，第二个完成同样壮举的人是谁呢？同样，第一个占据人们大脑的公司名称很难从记忆中抹掉。例如，乐百氏在饮用水行业第一个提出 27 层次净化过滤的概念而被消费者认同；七喜第一个提出"非可乐"的概念而成功与可乐饮料区分，并给消费者留下深刻印象。

（2）强化定位。

强化定位即在消费者心目中强化自己的地位，有利于突出个性。如北京大学宣传自己是百年老校、新思想的发源地；张裕葡萄酒强化自己葡萄酒的"传奇品质，百年张裕"的地位。

（3）集团定位。

集团定位即定位于某一集团，以提高自身的位置。如美国克莱斯勒汽车公司总是号称美国三大汽车公司之一，但实际上其实力与通用和福特汽车公司的差距是较大的。这种定位方式给人以与通用、福特并驾齐驱之感。再如，山东威龙葡萄酒有限公司宣称自己位居张裕葡萄酒有限公司、长城葡萄酒有限公司及王朝葡萄酒有限公司之后，是中国葡萄酒四强之一，其定位策略也属此类。

三、市场定位的方法与步骤

1. 市场定位的方法

定位不仅是一种思考，在实践中还需要专业性的工具使之操作具体化。常用的方法有定位图法（或感知图法）、排比图法、对比图法。本书就定位图法作详细介绍。

（1）定位图（感知图）的概念。

定位图（感知图）是一种直观的、简洁的定位分析工具，一般利用平面二维坐标图的品牌识别、品牌认知等状况进行直观比较，以解决有关定位的问题。其坐标轴代表消费者评价品牌的特征因子，图上各点则对应市场上的主要品牌，它们在图中的位置代表消费者对其在各关键特征因子上的表现的评价。

图7-8是啤酒品牌定位图，图上的横坐标表示啤酒口味苦甜程度，纵坐标表示口味的浓淡程度，而图上各点的位置反映了消费者对各啤酒品牌的口味和味道的评价。如百威（Budweiser）被认为味道较甜、口味较浓，而菲斯达（Faistaff）则味道偏苦及口味较淡。

定位图可以显示各品牌在消费者心目中的印象及不同品牌之间的差异，在此基础上作定位决策。定位图应用的范围很广，除有形产品外，它还适用于服务、组织形象甚至个人等几乎所有形式的定位。

（2）制作定位图的步骤。

①确定关键的特征因子。这是编制定位图的关键。特征因子选择的正确与否决定定位图的效果和结果，从而影响整项定位工作。

制作定位图需先通过市场调查了解影响消费者购买决策的诸因素及消费者对它们的重视程度，然后通过统计分析确定重要性较高的几个特征因子，再从中进行挑选。在取舍时首先要剔除那些难以区分各品牌差异的因子（如汽油的价格因子），其次要剔除那些无法与竞争品牌形成对比的因子，最后要在剩下的因子中选取两项对消费者决策影响最大的因子。有时对于相关程度甚高的若干个因子，可将其合并为一综合因子作为坐标变量。如可将运动鞋的舒适、耐用两特征因子综合为品质因子。

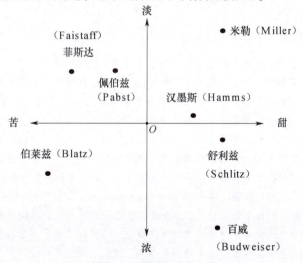

图7-8　啤酒品牌定位图

资料来源：仇向洋. 营销管理［M］. 北京：石油工业出版社，2003：172.

在确定因子的整个过程中，注意要始终把研究人员的主观偏见排除在外，力求保证客观的结果。找出关键的特征因子，是打开定位之门的钥匙。

②确定诸品牌在定位图上的位置。在选取关键因子后，就要根据消费者对各品牌在关键因子上的表现的评价来确定各品牌在定位图上的坐标。在确定位置之前，要保证各个品牌的变量值已量化。特别对于一些主观变量(如啤酒口味的浓淡程度)，必须要将消费者的评价转化为拟定量的数值，只有这样才便于在图上定位。

很多时候，从市场调查中得到的数据是比较繁杂的，这时若要准确地将其转化为直观的定位图，最好借助计算机软件的辅助。社会科学统计软件包(Statistical Package for the Social Science，SPSS)是一种在国外的应用非常普遍的统计分析软件，它提供了用于市场数据分析的许多方法，其中的对应分析和多维尺度能有效支持编绘定位图的工作，对于数据的分析、处理很有帮助。

2. 市场定位的步骤

企业市场定位的过程通常有以下三个步骤。

(1)确认本企业的竞争优势。

这一步骤的中心任务是要回答以下三个问题。

①竞争对手的产品定位如何？

②目标市场上足够数量的顾客欲望满足程度如何？还需要什么？

③针对竞争者的市场定位和潜在顾客真正需要的利益，企业应该怎么样？能够怎么做？

要回答这三个问题，企业市场营销人员必须通过一切调研手段，系统地设计、搜索、分析并报告有关上述问题产生的资料和研究结果。通过回答上述三个问题，企业就可以从中把握和确定自己的潜在竞争优势。

(2)准确地选择相对竞争优势。

相对竞争优势表明企业能够胜过竞争者的能力，这种优势可以是现有的，也可以是潜在的。准确地选择相对竞争优势就是一个企业各方面实力与竞争者的实力相比较的过程。

(3)显示及传播独特的竞争优势。

传播步骤的主要任务是企业要通过一系列的宣传促销活动，使其独特的竞争优势准确传播给目标顾客，并在顾客心目中留下深刻印象。为此，企业要充分了解目标顾客的偏好与本企业的定位是否一致，并通过一切努力来强化和巩固与市场相一致的形象。如有偏差，则应找到原因，迅速矫正。

本章小结

目标市场营销是营销学中十分重要的内容，包括市场细分、目标市场选择和市场定位，属于营销战略范畴。目标市场营销旨在了解客户需求，选择正确的目标市场，在市场中创造差异化的定位，以最大限度地提高营销效果。其中，市场细分包括根据各种标准将整个市场划分为不同的细分市场，如人口、心理、行为和地理等标准。在进行目标市场选择时，需要评估决定每个细分市场吸引力的因素，如市场潜力、市场结构的吸引力、相对商业优势等，随后进行目标市场的确定与进入战略的选择。市场定位涉及一个企业如何定位其产品或服务在目标市场的思想。本章重点强调了市场定位的策略、方法与步骤，讨论企业创造独特价值主张的重要性，目的在于使产品与竞争对手区别开来，并与目标客户产生共鸣。

在移动互联时代背景下，STP营销战略(市场细分Segmentation、目标市场选择Targeting、市场定位Positioning)作为经典营销理论，仍然不可或缺，它为企业提供了一种系统的、结构化的方法来识别和满足特定消费者群体的需求。随着信息获取渠道的多样化和便捷化，企业对市场的洞察会更加全面与精准。在移动互联时代，市场细分的维度更加丰富。除了传统的年龄、性别、收入等标准外，消费者的在线行为、兴趣偏好、社交媒体互动等数据也成为细分的重要依据。企业应借助大数据和机器学习技术，深入挖掘这些细分市场的特征，以更精确地理解消费者的个性化需求。选择目标市场时，企业需综合考虑细分市场的潜力、竞争态势及自身资源。移动互联网的普及使某些细分市场更具增长潜力，如年轻、数字化的消费群体。通过移动应用和社交媒体等渠道，企业能够更有效地触达这些目标市场，实现精准营销。在定位方面，移动互联网时代强调品牌与消费者之间的情感连接和价值共鸣。企业应通过个性化的产品和服务，满足目标市场的独特需求，并在传播过程中塑造独特、鲜明的品牌形象。同时，利用数字化媒体与消费者实时互动，巩固市场定位，提升品牌忠诚度。

随着移动互联网技术的不断进步，STP营销战略更加注重数据的实时性、动态性和预测性。企业需持续更新市场细分模型，及时调整目标市场策略，以应对快速变化的市场环境。同时，借助人工智能等先进技术，实现更精准的市场预测和个性化的消费者体验，满足消费者需求，从而提升STP营销的整体效能，实现企业的持续增长。

 案例评析

<h3 style="text-align:center">安踏与李宁：中国运动品牌市场定位策略对比</h3>

安踏和李宁均是中国体育用品行业的佼佼者，拥有悠久的历史和深厚的品牌底蕴。它们各自凭借独特的品牌定位与战略、市场策略，在产品研发与创新、市场渠道与营销等方面的不断努力，争夺着市场份额，满足了消费者日益多样化的运动需求。

一、品牌定位与战略

安踏：采用"单聚焦、多品牌、全球化"战略。安踏将目标消费者锁定在对运动有需求，追求性价比的消费者身上。品牌以"让运动成为人们生活中的一部分"为愿景，致力于提供价格合理、质量上乘的运动装备，满足大众对运动的基本需求。旗下拥有安踏、FILA（斐乐）、迪桑特、可隆体育等多个品牌，覆盖了不同的消费群体和市场细分领域。其中，安踏主品牌主攻性价比市场，FILA冲击高端市场，迪桑特主打户外运动品质等。这种多品牌战略能够满足消费者多样化的需求，在不同市场环境下具有更强的韧性，提高了市场占有率。

李宁：秉持"单品牌、多品类、多渠道"的核心战略。李宁作为中国体育品牌的开创者，其品牌定位更加高端，强调品牌的民族自豪感和文化底蕴。李宁以"一切皆有可能"为品牌口号，鼓励消费者挑战自我，追求更高的运动目标。品牌注重设计创新，将中国元素与现代运动风格相结合，打造出独特的品牌风格。专注于李宁品牌的发展，李宁通过不断丰富产品品类和拓展销售渠道，强化品牌的专业运动属性。在产品方面，李宁持续聚焦产品科技升级，打造了以"超轻""赤兔""飞电"等为核心的专业跑鞋矩阵等，在专业运动领域树立了良好的品牌形象。

二、市场策略与表现

安踏：安踏通过赞助体育赛事、签约体育明星等方式，提升品牌知名度和影响力。例如，安踏是CBA（中国男子篮球职业联赛）的官方合作伙伴，与众多国内外知名运动员合作，如NBA球星克莱·汤普森，这些合作不仅增强了品牌的运动属性，也提升了消费者的品牌认同感。同时，安踏在科技创新上不断投入，推出了一系列具有科技含量的产品，如A-FlashFoam缓震技术，旨在为消费者提供专业级的运动体验。

安踏通过精准的市场定位和有效的营销策略，成功抓住了中国体育市场快速增长的机遇，成为国内运动品牌中的佼佼者。其市场份额持续增长，不仅在国内市场与李宁等品牌形成激烈竞争，还积极拓展国际市场，成为中国品牌走向世界的代表之一。

李宁：李宁通过赞助国家级体育赛事、与中国奥委会等官方机构合作，强化品牌的民族形象和国家荣誉感。同时，李宁在产品设计上不断创新，推出了一系列具有中国元素的限量版产品，如"中国李宁"系列，这些产品不仅在国内市场受到追捧，也在国际市场上引起了广泛关注。此外，李宁还注重线上渠道的拓展，通过电商平台和社交媒体与年轻消费者建立更紧密的联系。

李宁通过高端定位和独特的品牌文化，成功吸引了大量追求品质与个性的消费者。尽管在市场份额上可能与安踏有差距，但在品牌价值和消费者忠诚度方面，李宁表现出了强大的竞争力。近年来，李宁在国际化道路上也取得了显著进展，成为代表中国文化和品牌实力的典范。

三、产品研发与创新

安踏：重视研发投入，不断推出创新技术和产品。例如，安踏的氮科技等在运动鞋的缓震和回弹性能方面表现出色。同时，安踏积极与全球知名大学、研究机构和行业合作伙伴建立全球开放式创新生态网络平台，运用人工智能技术提升研发效率，并且在可持续材料和环保产品方面也取得了一定的成果，如推出碳中和的奥运领奖装备等。

李宁：在产品研发上投入较大，科技含量不断提升。其䨻丝科技（Boom Fiber）、䨻底材、GCR（轻质止滑橡胶科技）及GCU（地面控制系统大底科技）等科技在鞋类产品中得到广泛应用，提升了产品的性能和竞争力。此外，李宁在环保材料创新应用方面也取得了显著成果，如推出碳足迹较低的运动鞋，并积极推广使用再生材料和环保包装袋等。

四、市场渠道与营销

安踏：安踏拥有广泛的销售渠道，在线下拥有大量的门店，覆盖了各级城市。同时，安踏也积极拓展线上渠道，通过电商平台和社交媒体等进行营销推广，提高品牌知名度和产品销量。在国际市场上，安踏通过收购国际品牌和赞助国际体育赛事等方式，不断提升品牌的国际影响力。

李宁：李宁在国内市场具有较高的品牌知名度和美誉度，通过签约NBA球星等方式进行品牌营销，吸引了众多年轻消费者的关注。李宁的线上销售渠道也较为发达，通过直播、电商平台等方式进行产品推广和销售。在国际市场上，李宁也在逐渐扩大品牌影响力，但与安踏相比，其国际市场的拓展速度可能相对较慢。

资料来源：根据网络资料改写

评析：两家公司在市场定位和战略上各有千秋，共同推动了中国体育用品行业的发展。安踏以高性价比和科技创新为基石，不断拓展产品线和市场领域；李宁则以独特的品牌理念和时尚设计为亮点，吸引追求时尚和品质的消费者。

思考题

1. 什么是STP？它包含哪几个方面的主要内容？
2. 市场细分的主要依据有哪些？
3. 有效市场细分的标准是什么？
4. 如何进行目标市场的选择？
5. 企业定位理论的发展经历了哪几个阶段？其主要特征和代表人物是谁？
6. 制作定位图的步骤有哪些？
7. 如何应用定位图？
8. 企业的定位策略有哪些？

本章实训

一、实训目的

通过制订小型企业的创业计划，学生对目标市场营销战略有感性的认知，理解目标市场营销其对企业营销决策的意义，能够发现当前环境下的营销机遇和挑战。

二、实训内容

1. 实训资料：搜集不同行业的创业案例。
2. 具体任务：根据本章对目标市场营销战略的介绍，分小组讨论分析一家小型企业的创业计划。
3. 任务要求：

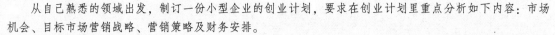

　　从自己熟悉的领域出发，制订一份小型企业的创业计划，要求在创业计划里重点分析如下内容：市场机会、目标市场营销战略、营销策略及财务安排。

三、实训组织

1. 根据全班上课人数，将全班同学分成若干小组，采取组长负责制，全体组员协作完成课堂任务。

2. 确定所选创业项目后，各小组进行下一步分工，对案例进行分析、汇总。

3. 经过小组讨论后，完成实训报告及汇报PPT。

4. 根据课时具体安排，不同小组分别选派成员对报告进行讲解，并回答其他组成员的问题。

5. 任课教师对实训课程的结果进行总结，提出相应的意见及建议。

四、实训步骤

1. 任课教师布置实训任务，介绍实训要点和搜集材料的基本方法。

2. 各小组明确任务后，按照教师指导，根据具体情况进行分工。

3. 各小组定期召开小组会议，对取得的成果进行总结，遇到问题及时与指导教师沟通。

4. 完成实训报告及展示所需要的PPT等材料。

5. 各小组对创业项目进行课上汇报，教师对各组的汇报进行点评及总结。

第八章 产品策略

📖 章节图解

```
第一节
产品的整体概念及产品组合  ┬── 一、产品的整体概念
                        └── 二、产品组合

第二节
产品的生命周期理论  ┬── 一、产品生命周期的概念
                  ├── 二、产品生命周期的阶段
                  └── 三、产品生命周期各阶段的营销策略

第三节
新产品开发策略  ┬── 一、新产品的概念及类型
             ├── 二、新产品扩散过程
             ├── 三、新产品开发的流程
             └── 四、新产品开发的驱动因素
```

🎯 学习目标

知识目标:
- 掌握产品策略的相关基本概念
- 熟练运用各种产品组合策略
- 能够识别产品生命周期不同阶段
- 掌握产品生命周期不同阶段的营销策略
- 掌握新产品开发的流程

- 了解新产品开发的驱动因素

素养目标：

- 学习"三个转变"的重要论述，树立产品质量意识，杜绝假冒伪劣、以次充好的现象
- 理解产品生命周期理论，提升对人生的认知
- 强调产品创新是企业持续发展的根本

关键概念

产品的整体概念，产品组合，产品生命周期，新产品开发

导入案例

五菱宏光 MINI 产品潮改

图 8-1　五菱宏光 MINI Logo

上海通用五菱的产品覆盖面非常广，从 2002 年 11 月 18 日正式挂牌成立以来，公司就不断推出新产品以满足不同客户的不同需求。小轿车、微车、SUV、新能源汽车、MPV 等，产品品类众多。五菱宏光 MINI（以下简称 MINI，Logo 见图 8-1）是五菱汽车顺应新能源汽车发展趋势，针对城市代步市场推出的一款纯电动微型车，以亲民价格刷新整车厂底线的五菱，利润微薄。公司一直试图寻找新的盈利点。落脚点之一，是"潮创改装"方向的产品迭代。2022 年 4 月，五菱汽车宣布推出新车宏光 MINIEV GAMEBOY，售价 5.58 万元起，相较上一代价格接近翻倍。尽管它在外观、内饰、性能等方面进行了一些升级，市场还是感受到了五菱的压力：试图把车卖得更贵一点。

就在新车上市之际，五菱汽车也将基于原厂的个性化定制服务平台 LINGLAB 同步推向市场。由此，在宏光 MINIEV GAMEBOY 所定义的"潮改"特色之外，五菱汽车有意培育一条新产业链。随着五菱宏光 MINI 在微型电动车市场持续畅销，改装业务的确能够产生附加价值。在淘宝等电商平台，围绕五菱宏光 MINI 的改装路径，用户可以买到不局限于车贴、内饰摆件等在内的装饰配件。在推出 LINGLAB 之后，五菱汽车有意为车主提供购买潮创套件，升级进化"装备"的官方渠道。如果改装力度扩大，五菱宏光 MINI 系列车型的价值，有望超过销量本身。宏光 MINIEV GAMEBOY 是企业在汽车个性化领域的尝试和探索，公司借此开创"潮创改装"购车新模式，为新车提供多元化潮创接口以及创作基金。

回顾前几次升级迭代，五菱宏光 MINI 系列精准看向年轻人，重点引导"潮创改装"是必然之举。更为关键的是，架构相对简单的五菱宏光 MINI 系列在微型电动车市场爆火之后，市场上出现了更多竞争对手，起售价 2.98 万元的长安奔奔等都是"跟风之作"。五菱宏光 MINI 系列引领代步车的市场，2021 年度国产汽车品牌排名第一，拯救了整个微型车市场，被市场称赞为"国产神车"。五菱宏光 MINI 系列产品策略找准目标市场定位，瞄准年轻人市场，结合中国市场的情景，以亲民价格刷新整车代步车的销售纪录，引导"潮创改装"，开创了汽车个性化领域的尝试与探索，实现"人民需要什么，五菱制造什么"的价值主张。

资料来源：覃毅. 五菱向上挣扎[J]. 21 世纪商业评论，2022(7)：28-30. 经增删

引导问题：

1. 五菱汽车产品策略的启示有哪些？
2. 五菱宏光 MINI 系列产品的价值主张是什么？

产品策略是 4P 组合策略之一。企业的一切生产经营活动都是围绕着产品进行的，即通过及时、有效地提供消费者所需要的产品而实现企业的发展目标。产品策略涉及正确地认识产品的内涵、巧妙地进行产品的组合、准确地判断产品的生命周期、有效地开发出新的产品、增强产品包装物的吸引力、树立品牌、培育企业持续发展的动力等内容。其中，品牌与包装的内容详见第九章。

第一节　产品的整体概念及产品组合

一、产品的整体概念

从市场营销的角度看，产品是指为留意、获取、使用或消费以满足某种欲望和需要而提供给市场的一切东西。有形物品已不能涵盖现代观念的产品，产品的内涵已从有形物品扩大到服务、人员、地点、组织和观念等；产品的外延也从其核心产品向形式产品、期望产品、附加产品和潜在产品拓展。

一般来说，产品整体概念包含五个层次（图 8-2）。

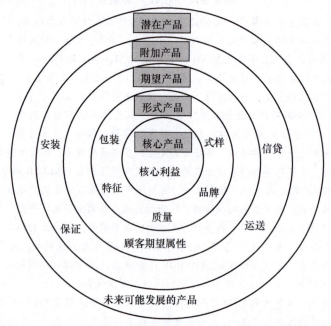

图 8-2　产品整体概念层次示意图

1. 核心产品

产品最基本的层次是核心利益，即向消费者提供产品的基本效用和利益，这也是消费者真正要购买的利益和服务。消费者购买某种产品并不是为了拥有该产品实体，而是为了获得能满足自身某种需要的效用和利益，其实质就是需要全面的、解决问题的方案。例如，洗衣机能让消费者方便、省力、省时地清洗衣物；携程网是一种商务旅行、自助旅游服务提供商。

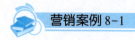
营销案例 8-1

茶颜悦色产品：新中式鲜茶，迭代出精品

茶颜悦色是一个茶饮甜品连锁品牌，主要产品有原味红茶系列、冰沙系列、养生系列、特色咖啡系列等，隶属于湖南茶悦文化产业发展集团有限公司，截至 2023 年，茶颜悦色共有 500 多家门店，覆盖长沙、武汉、重庆、南京、无锡等多个城市。产品是茶颜悦色蓬勃发展的立身之本。无论是原料、形态、口感，还是研发、售后服务、周边文创开发，茶颜悦色都能从奶茶的红海中脱颖而出。在茶颜悦色身上，互联网思维下的产品主义基本逻辑得到充分凸显。茶颜悦色宣传图见图8-3。

在原料上，"既无奶也无茶、粉末勾兑"的奶茶刻板印象已成过去式，茶颜悦色每个饮品都用鲜奶取代奶精，用原叶茶现泡现萃而成，所用的茶底涵盖绿茶(浣纱绿)、红茶(红颜)、乌龙茶(乌龙院)、黑茶(黛黑)四大类，更强调鲜的质感。在茶颜悦色创立之初的产品研发阶段，茶颜悦色品牌创始人吕良就顶住巨大的成本压力，选择安佳淡奶油作为饮品原料。一家街头茶饮店使用如此昂贵的原料，可以说是开行业之先河。

图8-3　茶颜悦色宣传图

在形态上，茶颜悦色的饮品分为忌廉篇、沫泡篇、纯茶篇(斋叶子)和果茶篇(豆蔻)。其中，忌廉篇采用的是"坚果碎或其他小料+淡奶油+奶沫+纯牛奶+茶"的组合，鲜奶味较浓；沫泡篇采用的是"小麦胚芽或抹茶粉+奶沫+纯牛奶+茶"的组合，茶味较浓。茶颜悦色的饮品都是现场制作、销售的，顾客可以实实在在地看到这些差异化的形态。以忌廉篇招牌饮品幽兰拿铁为例，官方推荐喝法为三步："一挑"，先挑吃坚果，吃掉1/3奶油；"二品"，用吸管喝一口奶茶，品尝奶茶的醇香；"三喝"，奶油和奶茶搅拌均匀，端杯直接喝。

在口感上，青山绿茶清新口感，搭配葡萄干、抹茶粉等；高山红茶醇香口感，撒上香脆碧根果、马卡龙碎、蔓越莓干等；陈年黑茶醇厚口感。此外，还有原叶斋茶和芬芳花果茶。茶颜悦色饮品的口感，不仅特色鲜明，能够满足不同群体的需求，还对中国的传统茶饮进行了继承与创新。

在研发上，不同于其他茶饮品牌每季度推出2~3个新品的节奏，茶颜悦色一般每年只推2款新品，总体SKU(Stock Keeping Unit，库存量单位)保持在20个左右。秉持稳扎稳打、步步为营的稳健节奏，茶颜悦色不追求新产品的上市速度，将大量精力放在了产品的迭代上，比如主打饮品幽兰拿铁已经历多次迭代，饮品的外卖配方也在不断做出调整。为了给顾客提供最合适的饮品和体验，茶颜悦色根据茶底、温度等的不同，专门推出了冬季和夏季限定饮品和相应茶单。

在质量和售后上，茶颜悦色每月都会进行食品安全自查，在公众号上公布报告，对顾客提出的意见或建议给予高度重视，并对顾客承诺永久求偿权。茶颜悦色在员工的工作服、点单台的广告海报、账单小票上，都写有"一杯鲜茶永久求偿权"的标语，顾客在消费体验中，如果察觉鲜茶有口感差异，可以到任意一家门店要求免单重新现调。

在文创周边的开发上，茶颜悦色可以说是"最会做文创的茶饮店"。它深入挖掘自身文化属性，围绕国风、国潮、新中式等文化元素和时下热点进行产品设计，并对自主设计的文创产品不断创新。茶颜悦色打造的立体化IP形象，既符合年轻人的审美取向，又传达出茶颜悦色"文艺复兴"的企业文化，使古典文化的厚重之美"飞入寻常百姓家"。例如，在茶颜悦色的新零售门店"茶颜游园会"里，陈列了茶叶、茶杯、帆布包、雨伞、明信片、坚果小零食等各类周边，并且每隔一段时间会推陈出新。这些品牌风格强烈、脑洞大开的文创周边，拓宽了品牌的使用场景，延展了品牌生命力，收获了大量粉丝的喜爱。

资料来源：根据网络资料改写

2. 形式产品

产品核心利益需依附一定的实体来实现，产品实体称为形式产品，即产品展现在消费者面前的基本形式。它主要包括产品的构造、款式、特征、形态等方面。一个好的实体产品，能够吸引消费者的注意与兴趣，激发他们的购买欲望，促使他们作出购买决策。

3. 期望产品

期望产品是消费者购买产品时期望获得的一整套属性和条件，如对于购买洗衣机的人来说，期望该机器能省时省力地清洗衣物，同时不损坏衣物，洗衣时噪声小，方便进排水，外形美观，使用安全可靠等。

4. 附加产品

附加产品是产品的第四个层次，即产品包含的附加服务和利益，主要包括运送、安装、调试、维修、产品保证、零配件供应、技术人员培训等。

5. 潜在产品

产品的第五个层次是潜在产品。潜在产品预示着该产品最终可能的所有增加和改变。

产品整体概念的提出，清晰地体现了以顾客需求为中心的现代市场营销观念，这一概念的内涵和外延都是以顾客需求为准则，由顾客的需求来决定的。树立产品整体概念对企业开展卓有成效的竞争具有重要意义。就产品本身而言，企业既可以分层次、分内容、分重点地开展与竞争者的竞争，也可以从整体上突出产品的优势。从目前企业竞争的现状来看，受核心技术的发明与应用的限制，核心产品的出现相对较难，竞争多表现在形式产品和延伸产品上。

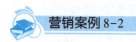 营销案例 8-2

亚马逊以服务取得竞争优势

现在，大多数产品的销售伴随着服务，因此，企业的服务策略非常重要。以亚马逊公司为例，尽管消费者在亚马逊上购买的是商品，但亚马逊提供的 Prime 会员一日或两日免运费送达等服务才是亚马逊最大的竞争优势和"护城河"。亚马逊 Prime 会员的福利最初是只要交 79 美元的年费，即可享受绝大多数商品（超过一亿件）两天内免费送货到家的特别权益。

最初，亚马逊并没有自己的物流网络，而主要靠 UPS（美国联合包裹运送服务公司）和联邦快递这两个物流合作伙伴提供快递服务。2013 年圣诞节期间，订单激增，天气恶劣，而且 UPS 和联邦快递在周末和法定节假日都不送货，导致假期前后大量包裹配送延误，顾客抱怨得非常厉害。杰夫·贝佐斯意识到快速物流服务的重要性，于是决定建立亚马逊自己的物流网络，掌控商品从供应商仓库到物流中心再到消费者家门口的整个过程。此后，亚马逊开始自建物流网络，购买卡车、拖车，租赁飞机，并在物流中心大量应用机器人以进一步提高物流效率。这些机器人提高了物流分拣的效率，亚马逊不再让员工在面积巨大的物流仓库里每天来回走，从各处货架上挑拣商品。不但如此，机器人还为亚马逊节约了大量的人工费用，增加了亚马逊的竞争优势。由于物流效率的提高，亚马逊开始将 Prime 会员的两日送达服务升级为在 8 000 个美国城市超过 100 万件商品当日或一日免运费送达，进一步增加了会员福利，也拓宽了亚马逊的竞争"护城河"。

除了通过提高物流服务来增强竞争力，亚马逊还免费向 Prime 会员提供视频订阅服务。当贝佐斯第一次对亚马逊高管提出这个想法时，他们根本无法理解。但后来事实证明，贝佐斯的这个方法确实很有用，因为消费者都喜欢"免费"。可以免费观看电影和电视节目，让亚马逊 Prime 会员觉得每年 79 美元的会员费很划算，这促使亚马逊 Prime 会员数量大幅增长，亚马逊后来两次提高了 Prime 会员费，2014 年从 79 美元提高到 99 美元，2018 年再次提高到 119 美元。2018 年，亚马逊 Prime 全球会员超过 1 亿人，亚马逊的净利润从 2017 年的 30 亿美元快速增长到 2018 年的 100 亿美元，亚马逊的市值在 2018 年年底飙升到了 7 300 亿美元，这也帮助贝佐斯在 2017 年 8 月超过比尔·盖茨成为全球首富。2020 年第一季度，亚马逊 Prime 全球会员人数突破 1.5 亿，亚马逊的市值也突破 1 万亿美元，贝佐斯的身家达到惊人的 1 240 亿美元，连续数年居于全球首富的位置。

资料来源：郑毓煌. 科学营销［M］. 北京：中信出版社，2003.

二、产品组合

1. 产品组合的概念

产品组合又称产品搭配，是指某一企业所生产和销售的全部产品大类及产品项目的有机组合方式。产品大类又称产品线，是指产品类别中具有密切关系的一组产品。产品组合由各种各样产品线组成，每条产品线又由许多产品项目构成。产品组合可以用广度、长度、深度和关联性来描述。产品组合的广度，是指一个公司有多少产品大类。产品组合的长度，是指一个公司的产品组合中所包含的产品项目的总数。产品组合的深度，是指产品大类中每种产品有多少花色、品种、规格。而产品组合的关联性，是指一个公司的各个产品大类在最终使用、生产条件、分销渠道等方面的相互关联程度。P&G 产品组合见表 8-1。

表 8-1 P&G 产品组合

	产品组合的广度				
	清洁剂	洗发水	条状肥皂	化妆品	纸巾
产品组合的深度	象牙雪 德来夫特 奥克雪多 碧浪 汰渍 快乐 波尔德 圭尼 伊拉	飘柔 潘婷 沙宣 润妍 海飞丝	象牙 柯克斯 洗污 佳美 香味 保洁净 海岸	玉兰油 SK-Ⅱ	媚人 粉扑 旗帜

2. 产品组合的优化和调整

企业在调整和优化产品组合时，可根据企业自身资源条件、市场状况和竞争态势对产品组合的广度、长度、深度进行不同的组合，可选择的策略有如下几种。

(1)扩大产品组合。

扩大产品组合包括拓展产品组合的宽度和增强产品组合的深度。前者是在原产品组合中增加一个或几个产品大类，扩大产品经营范围；后者是在原有产品大类中增加新的产品项目。扩大产品组合有利于综合利用企业资源，扩大生产和经营规模，降低生产经营成本，提高企业竞争力；有利于满足顾客的多种需求，进入和占领多个细分市场。但扩大产品组合要求企业拥有多条生产线，具有多条分销渠道，采用多种促销方式，对企业资源条件要求较高。

(2)缩减产品组合。

缩减产品组合指压缩产品组合的广度或深度，删除一些产品系列或产品项目，集中力量生产经营一个系列的产品或少数产品项目，提高专业化水平，力图从生产经营较少的产品中获得较多的利润。

缩减产品组合有利于企业集中资源于少数产品，提高产品质量，降低消耗；有利于企业减少资金占用，加速资金周转；有利于广告促销、分销渠道等的针对性、集中性发展，提高营销效率。但缩减产品组合风险较大，一旦企业的产品在市场上失利，企业的应变能力变差，企业可能受到严重损失。

(3)产品线延伸。

每一公司的产品线只占所属行业整体范围的一部分，每一产品都有特定的市场定位。当一个公司把自己的产品线长度延伸超过现有范围时，称之为产品线延伸。产品线的延伸决策包括向下延伸、向上延伸、双向延伸等方面的内容(图 8-4)。

①向下延伸[图 8-4(a)]是在高档产品线中增加低档产品项目。实行这一策略需要具备以下市场条件之一：利用高档名牌产品的声誉，吸引购买水平较低的顾客慕名购买此线中的廉价产品；高档产品销售市场增长缓慢，为赢得更多顾客，只得将产品线向下伸展；企业最初进入高档产品市场的目的是建立品牌信

誉，然后进入中、低档市场，以扩大市场占有率和销售增长率；补充企业的产品线空白。实行这种策略有一定的风险，如处理不慎，会影响企业原有产品特别是名牌产品的市场形象，而且有可能导致更激烈的竞争对抗。新的低档产品项目也许会蚕食掉较高档的产品项目。

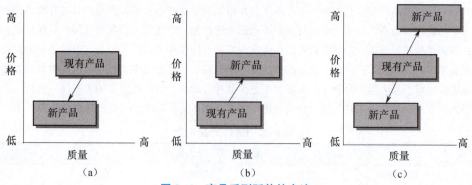

图 8-4 产品系列延伸的方法
(a)向下延伸；(b)向上延伸；(c)双向延伸

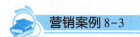

特斯拉的产品组合策略

2003 年，特斯拉公司由马丁·艾伯哈德和马克·塔彭宁在美国硅谷联合创立，创始人将公司命名为"特斯拉汽车"，以纪念伟大的物理学家尼古拉·特斯拉。2004 年，已经有 PayPal（贝宝）和 Spacex（太空探索技术公司）等连续创业经验的埃隆·马斯克向特斯拉公司投资 630 万美元，并要求担任特斯拉公司的董事长并拥有所有事务的最终决定权，从此开始带领特斯拉在电动汽车行业快速发展。截至 2022 年 4 月 8 日，特斯拉公司的市值高达 1.06 万亿美元，特斯拉的 CEO 马斯克也以超过 3 000 亿美元的身家成为新的全球首富。

特斯拉的成功离不开其清晰的产品策略。特斯拉的产品策略非常清晰，分为轿跑车和 SUV 两条产品线。不论是轿跑车还是 SUV，特斯拉都采用了"先高端，再入门级"的策略。在产品设计上，特斯拉的策略是简洁和科技感，以区别于传统汽车。而在核心的产品安全性和驾驶性能，包括自动驾驶软件上，特斯拉也一直是行业翘楚。

2008 年 10 月，特斯拉的首款产品 Roadster 上市，但每辆车的成本高达 12 万美元，远高于马斯克在发布该产品时宣布的定价 10 万美元（当时马斯克预计该车成本可控制到每辆 7 万美元），因此面临亏钱卖车的困境。不过，这款车尽管亏钱，却成功地将特斯拉的品牌定位成豪华电动汽车。

2012 年，特斯拉的第二款产品 Model S 轿跑车上市，同样定位为高端豪华轿跑车，基础定价为 79 900 美元。Model S 的销量在 2013 年第一季度力压奔驰、宝马等传统豪华车，夺得北美 7 万美元以上豪华车市场的销量冠军。对于一款刚推出不久的电动汽车来说，这是史无前例的表现。特斯拉也在 2013 年第一季度首次实现盈利，股价大涨。

Model S 轿跑车的高昂定价和在高端豪华轿跑车市场的出色表现成功帮助特斯拉牢牢占据了消费者的心智（特斯拉＝豪华电动汽车），因此当特斯拉在 2016 年 4 月 1 日发布入门级的豪华轿跑车 Model 3（与奥迪 A4、宝马 3 系和奔驰 C 级相媲美）时，其低至 35 000 美元的基础定价让用户为之疯狂。仅凭门店排队预订，Model 3 的订单数量就超过 11.5 万辆，在开放官网预订之后，首周内总预订量更是达到 27.6 万辆。Model 3 于 2017 年 7 月正式开始交付，到 2019 年，Model 3 在美国的销量已经远超同级别的奥迪 A4、宝马 3 系和奔驰 C 级。截至 2021 年 6 月末，仅用了 4 年的时间，Model 3 的全球交付量已经超过 100 万辆。根据汽车媒体 Car Industry Analysis 发布的 2021 年全球汽车销量排行榜，Model 3 以 51 万辆的全球年销量成功跻身榜单前十，并成为唯一进入前十的电动汽车。

在SUV产品线上，特斯拉也采用了"先高端，再入门级"的产品策略。2015年9月，特斯拉发布了第三款产品Model X，定位为高端豪华跨界SUV(与宝马X6相媲美)，基础定价为89 990美元。由于Model X不仅性能出色，还具备独特的鹰翼门设计，这款SUV一经推出就立刻获得了市场的欢迎和赞誉。

资料来源：郑毓煌. 科学营销[M]. 北京：中信出版社，2023. 经删改

②向上延伸[图8-4(b)]是在原有的产品线上增加高档产品项目。实行这一策略的主要目的是：高档产品市场具有较大的潜在市场增长率和较高利润率的吸引；企业的技术设备和营销能力已具备加入高档产品市场的条件；企业要重新进行产品线定位。同样，采用这一策略也要承担一定的风险，因为低档产品要改变其在顾客心目中的地位是相当困难的，处理不慎，还会影响原有产品的市场声誉，有时还会受到高档市场的竞争对手的强烈反击。

③双向延伸[图8-4(c)]是原定位于中档产品市场的企业掌握了市场优势后，决定向产品线上下两个方向同时进行延伸，一方面增加高档产品，另一方面增加低档产品，扩大市场阵地。

(4)产品大类现代化。

现代社会科技发展突飞猛进，产品开发也日新月异，产品的现代化成为一种不可改变的大趋势，产品大类也有必要进行现代化改造。产品大类现代化策略首先面临这样的问题：是逐步实现技术的改造，还是以更快的速度用全新设备更换原有产品大类。逐步现代化可以节省资金耗费，但是缺点是竞争者很快就会察觉，并有充足的时间重新设计它们的产品大类；快速现代化策略虽然在短时期内耗费资金较多，也存在比较大的市场风险，但在竞争中却可以出其不意，给竞争者以打击。

第二节 产品的生命周期理论

美国哈佛大学的弗农(Vernon)教授于1966年在厂商垄断竞争理论的基础上，提出了产品(或行业)生命周期理论。该理论认为产品是有生命的，任何一种产品在市场上的销售地位和获利能力都处在一个动态的变化过程之中，现已成为企业在开发新产品、规划产品的更新换代、分析市场形势以及确定产品市场营销策略和经营决策的重要理论依据。

一、产品生命周期的概念

产品生命周期是指产品从进入市场开始，直到最终退出市场为止所经历的市场生命循环过程。产品的市场生命周期与产品的使用寿命周期是两个不同的概念。产品的市场生命周期指的是产品的经济寿命，即产品在市场上销售的时间，其时间的长短由产品的质量、特性、价值、消费者认识与接受的程度、科学技术发展水平以及产品更新换代的速度等各种因素决定。产品的使用寿命周期是指产品的自然寿命，即产品具体物质形态的变化、产品实体的消耗磨损，其时间的长短由产品本身的理化性能等因素决定。

产品生命周期具有如下几个含义：
◆ 任何产品都有一个有限的市场生命；
◆ 产品销售经过不同的生命周期阶段时都对销售者提出了不同的挑战；
◆ 在产品生命周期不同的阶段，产品利润有高有低；
◆ 在产品生命周期不同的阶段，产品需要不同的营销、财务、制造、购买和人事战略。

二、产品生命周期的阶段

典型的产品生命周期一般分为导入期、成长期、成熟期和衰退期四个阶段(图8-5)。

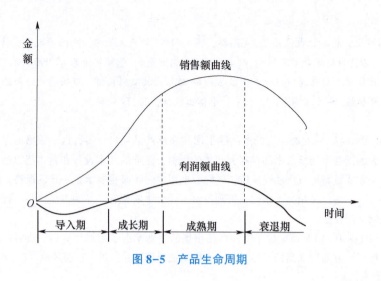

图 8-5　产品生命周期

1. 导入期

新产品投入市场，便进入导入期。此时，人们对产品还不了解，只有少数追求新奇的顾客可能会购买，销售量很低。在这一阶段，出于技术方面的原因，产品不能大批量生产，因而成本高，销售额增长缓慢，公司不但得不到利润，反而可能亏损。因新产品刚进入市场，竞争者较少，竞争尚未真正开始。

2. 成长期

在成长期，顾客对产品逐渐了解，大量的新顾客开始购买产品，市场逐步扩大。在这一阶段，产品大批量生产，生产成本相对下降，体现出明显的经验曲线特征，公司的销售额也逐渐上升，利润迅速增长。竞争者纷纷进入参与竞争，使同类产品供应量增加，价格随之下降，公司利润增长速度逐步减慢。

【营销视点 8-1】经验曲线和成本的关系

3. 成熟期

在成熟期，产品为绝大多数消费者所认识与购买，市场需求趋于饱和，潜在客户已经很少，销售额增长缓慢直至转而下降，竞争逐渐加剧，产品售价降低，分销渠道密集，促销费用增加，公司利润下降。

4. 衰退期

顾客对产品已经没有兴趣，随着科学技术的发展，市场上出现新产品或新的代用品，使顾客的消费习惯发生改变，转向其他产品。此时，同行业企业为减少存货损失，竞相降价销售，竞争激烈，从而使原来产品的销售额和利润额迅速下降，甚至出现负数。

图 8-6 是一些常见的产品生命周期形态。比如，小型厨房设备、电动刀具等产品在首次导入时销量迅速上升，达到一个峰值时销量有一定的下降，然后就稳定在某一水平上［图 8-6（a）］，显示了"成长—衰退—成熟"的形态；对于新药等产品的销售，制药公司积极推销其新药，于是出现了第一个周期，后来销量下降，公司对新药发动第二次促销，这就产生了第二个周期（通常规模和持续期都低于第一次周期）［图8-6（b）］，显示了"循环—再循环"形态；针对尼龙的销售，公司在销售一段时间之后，发现了新的产品特征、用途、用户，以及新的产品——降落伞、袜子、衬衫、地毯，一个接一个地被发现而使其生命持续向前［图 8-6（c）］，显示了"扇形"的生命周期特征。

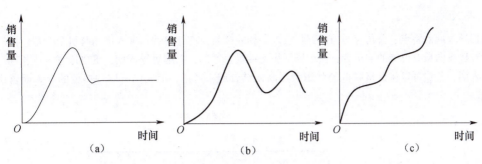

图 8-6　一些常见的产品生命周期形态

（a）"成长—衰退—成熟"形态；（b）"循环—再循环"形态；（c）"扇形"生命周期

【营销视点 8-2】产品生命周期判断方法

三、产品生命周期各阶段的营销策略

产品生命周期概念提供了在产品生命周期各个不同阶段的有效的营销策略框架。在市场营销活动中，对处于不同生命周期的产品应采取不同的市场营销策略，使企业的市场营销策略达到最佳组合，形成企业独特的营销优势（表 8-2）。

表 8-2　产品生命周期各阶段的特点、营销目标和策略

项　目	导入期	成长期	成熟期	衰退期
销售	销售缓慢，批量小	销售迅速上升	销售高峰	销售下降
成本	成本高	成本中等	成本低	成本低
利润	亏损	利润上升	高利润	利润下降
顾客	创新者	早期采用者	中间多数人	落后者
竞争者	极少	数量增多	数量稳定	数量减少
营销目标				
	创造产品知名度，促进试用	市场份额最大化	市场份额最大化，同时保卫市场份额	减少支出，榨取利润
营销策略				
产品	提供基本产品	提供扩展产品、服务和担保	品牌和样式多样化	逐步淘汰产品
价格	采用成本加成法	采用市场渗透价格法	采用抗衡或击败竞争者的价格	降低价格
分销	选择性分销	密集分销	更密集分销	淘汰无利分销点
广告	在早期采用者和经销商中建立知名度	在大众市场中建立知名度和兴趣	强调品牌的差异和利益	减少到保持坚定忠诚者所需水平
促销	大力促销以吸引试用	适当减少促销，充分利用大量的消费者需求	增加对品牌转换的鼓励	减少到最低水平

1. 导入期

根据导入期的特点，公司应努力做到：投入市场的产品要有针对性；进入市场时机要合适；设法把销售力量直接投向最有可能的购买者，使市场尽快地接受该产品，以缩短导入期，更快地进入成长期。在产品的导入期，公司可以将价格高低与促销费用高低结合起来考虑，形成以下四种典型的导入期营销策略（图 8-7）。

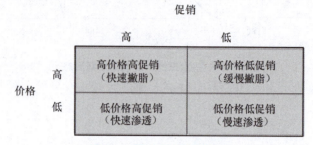

图 8-7　导入期的营销策略

①快速撇脂策略，是以高价格、高促销费用方式推出新产品的策略。实行高价格策略可在每一单位销售额中获取最大利润，尽快收回投资；高促销费用能够快速建立知名度，占领市场。实施这一策略须具备以下条件：产品有较大的需求潜力；目标顾客求新心理强，急于购买新产品；公司面临竞争者的威胁，需要及早树立品牌形象。

②缓慢撇脂策略，是以高价格和低促销费用方式推出新产品的策略。这一策略的主要目的在于以尽可能低的费用开支求得更多的利润。实施这一策略的条件是：市场规模较小；产品已有一定的知名度；目标顾客愿意支付高价；潜在竞争者的威胁不大。

③快速渗透策略，是以低价格和高促销费用方式推出新产品的策略。这一策略的主要目的在于先发制人，以最快的速度打入市场，尽可能扩大市场占有率，然后随着销量和产量的扩大，单位成本降低，取得规模效益。实施这一策略的条件是：该产品市场容量相当大；潜在消费者不了解产品，且对价格十分敏感；潜在竞争较为激烈；产品的单位制造成本可随着生产规模和销售量的扩大而迅速降低。

④缓慢渗透策略，是以低价格和低促销费用方式推出新产品的策略。这一策略的主要目的在于通过低价来扩大销售，通过低促销费用来降低营销成本，以实现尽可能多的利润。实施这一策略的适用条件：市场容量很大；市场上该产品的知名度高；市场对价格十分敏感；存在某些潜在的竞争者，但威胁不大。

2. 成长期

根据这一时期的特点，公司为维持其市场的增长率，延长获取最大利润的时间，经常采用以下几种策略。

①改善产品品质：对产品进行改进，可以提高产品的竞争能力，满足顾客更广泛的需求，吸引更多的顾客，如增加新的功能、改变产品款式、开发新的型号、开发新的用途等。

②寻找新的细分市场：通过市场细分，找到新的未满足的细分市场，根据其需求组织生产，迅速进入这一新的市场。

③改变广告宣传的重心：把广告宣传的重心从介绍产品转到建立产品形象上来，树立产品名牌，维系老客户，吸引新客户。

④适时降价：在适当的时机，可以采取降价策略，以激发那些对价格比较敏感的消费者产生购买动机，采取购买行动。

3. 成熟期

对成熟期的产品，公司宜采取主动出击的策略，使成熟期延长，或使产品生命周期出现再循环。为此可以采用以下三种策略。

①市场调整：这种策略不是要调整产品本身，而是发现产品的新用途、寻求新的用户或改变推销方式

等，以使产品销售量扩大。

②产品调整：这种策略是通过产品自身的调整来满足顾客的不同需要，吸引不同需求的顾客。整体产品概念的任何一层次的调整都可以视为产品再推出。

③营销组合调整：通过对产品、定价、渠道、促销四个市场营销组合因素加以综合调整，刺激销售量。常用的方法包括降价、提高促销水平、扩展分销渠道和提高服务质量等。

4. 衰退期

面对衰退期的产品，公司需要进行认真的研究分析，决定采用什么策略，在什么时间退出市场。通常有以下几种策略可以使用。

①继续策略：继续采用过去的策略，仍按照原来的细分市场，使用相同的分销渠道、定价和促销方式，直到这种产品完全退出市场。

②集中策略：把公司能力和资源集中在最有利的细分市场和分销渠道上，从中获利。这样有利于缩短产品退出市场的时间，同时又能为公司创造更多的利润。

③收缩策略：抛弃无希望的顾客群体，大幅降低促销水平，尽量减少促销费用，以增加目前的利润。这样可能导致产品在市场上的衰退加剧，但也能从忠实于这种产品的顾客中获取利润。

④放弃策略：对于衰退比较迅速的产品，应该当机立断，放弃经营。公司可以采用直接放弃的形式，如把产品完全转移出去或立即停止生产；也可采用逐步放弃的方式，使其所占用的资源逐步转向其他的产品。

第三节　新产品开发策略

一、新产品的概念及类型

1. 新产品的概念

从市场营销角度看，整体产品中任何一部分的创新、变革，以及向市场提供企业过去未生产的产品都可以称为新产品。新产品的"新"是相对而言的，即相对于一定的时间、地点和企业而言。此外，新产品的"新"，不仅是生产者、销售者认可，更重要的是消费者认可和接受"新"属性、"新"功能、"新"用途、"新"特点等。

2. 新产品的类型

根据新产品对于公司和市场的新旧程度，可以将新产品分为六种类型(图8-8)。

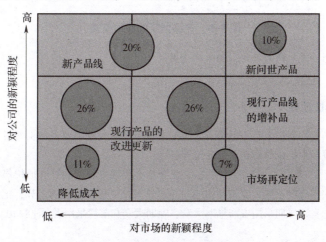

图8-8　新产品的六种类型

◆ 新问世产品：开创全新市场的新产品。

◆ 新产品线：公司首次进入已建立市场的新产品。

◆ 现行产品线的增补品：公司在已建立的产品线上增补的新产品（包括尺寸、口味等）。

◆ 现行产品的改进更新：提供改进性能或有较大的可见价值的新产品，并替代现行产品。

◆ 市场再定位：以新的市场或细分市场为目标的现行产品。

◆ 降低成本：以较低成本提供同样性能的新产品。

 **营销视点 8-3**

产品创新的四种模式

产品创新分为如下四种模式（图 8-9）。

第一种是自上而下的创新，指一个高价品牌不断发掘降低成本的方法，利用物美价廉的产品吸引中低端消费者。例如，梅赛德斯-奔驰，它一直以豪华与高性能著称，之后开拓了中端车型满足白领和年轻消费者的需求。

第二种创新是克里斯坦森提出的价值向上方迁移的现象。"资源分配过程总是推动资源流向能够带来更高利润率和进入更大规模市场的新产品提案。"新产品不一定更好，但是它更便宜，或者更便捷，从某一方面填补了中高端市场的空白。

第三种创新是 W. 钱·金（W. Chan Kim）和勒妮·莫博涅（Renée Mauborgne）提出的蓝海战略，也就是由内向外发展，离开红海，进入蓝海。创新者拆分产品属性，然后重新组合，变成更高端的产品（如太阳马戏团）或更实惠的产品（如快捷酒店）。

第四种创新是大爆炸式颠覆，通常由外部意想不到的竞争对手引发。它在各个方面都优于上一代产品，可以迅速获得很大的市场份额。

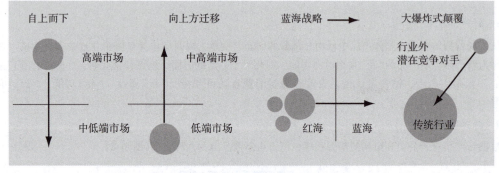

图 8-9　产品创新的四种模式

资料来源：纽恩斯，哈佛商业评论，2014 年 1 月

二、新产品扩散过程

所谓新产品扩散，是指新产品上市后随着时间的推移不断地被越来越多的消费者所采用的过程。也就是说，新产品上市后逐渐地扩张到潜在市场的过程。

在新产品的市场扩散过程中，受个人性格、文化背景、受教育程度和社会地位等因素的影响，不同的消费者接受新产品的快慢程度不同。罗杰斯（1983）根据这种接受程度快慢的差异，把新产品采用者划分成五种类型，即创新采用者、早期采用者、早期大众、晚期大众和落后采用者（图 8-10）。

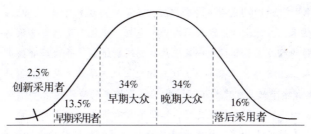

图 8-10 新产品采用者

资料来源：菲利普·科特勒. 营销管理：分析、计划、执行和控制［M］. 梅汝和，译. 9 版. 上海：上海人民出版社，1999.

1. 创新采用者

任何新产品都是由少数创新者率先使用的。该类采用者约占全部潜在采用者的 2.5%。创新者通常极富冒险精神，收入水平、社会地位和受教育程度较高，一般是年轻人。

2. 早期采用者

早期采用者是第二类采用新产品的群体，占全部潜在采用者的 13.5%。他们大多是某个群体中具有很高威信的人，受到周围朋友的拥护和爱戴。这类采用者多在产品的导入期和成长期采用新产品，并对后面的采用者影响较大。

3. 早期大众

早期大众的采用时间较平均采用时间要早，占全部潜在采用者的 34%。这类采用者对舆论领袖的消费行为有较强的模仿心理，他们在购买时往往深思熟虑，态度谨慎。

4. 晚期大众

晚期大众的采用时间较平均采用时间稍晚，占全部潜在采用者的 34%。他们的信息多来自周围的同事或朋友，很少借助宣传媒体收集所需要的信息，其受教育程度和收入状况相对较差。他们从不主动采用或接受新产品，直到多数人采用且反映良好时才行动。

5. 落后采用者

落后采用者是采用产品的落伍者，占全部潜在采用者的 16%。他们思想保守，拘泥于传统的消费行为模式。他们与其他的落后采用者关系密切，极少借助宣传媒体，其社会地位和收入水平最低。他们在产品进入成熟期后期乃至衰退期时才会采用。

 **营销案例 8-4**

三顿半：咖啡新锐品牌的"价值创造"

从籍籍无名到网红必备，三顿半是怎么从星巴克与雀巢的左右夹击中幸存下来的？它又怎么做到不投广告却能强势出圈的呢？

三顿半瞄准的消费场景就是喝咖啡，但它的核心关键词在于"随时随地""日常生活"。为了突破用户对传统咖啡在品质和价格上的偏见，塑造新兴品类的形象认知，创始人吴骏从功能体验、情感体验、经济体验维度对产品进行了调整升级。

1. 功能体验：化解痛点

三顿半首先解决用户对品质和便携的痛点。创始人吴骏认为，速溶咖啡不好喝的原因主要有两点：一是咖啡豆过于普通，二是在萃取和干燥过程中高温破坏了咖啡原有风味。而亲手制作一杯醇厚的滤泡咖啡，需要在冰箱冷藏 10 小时，即使是外卖咖啡，也难以避免运输过程的口感损耗。三顿半对用户痛点的解决，并不依赖香精产品去掩盖"工业口感"或避免外带损耗，而是从问题本身出发，从源头实现供应链创新。他们将目光投向冷冻干燥技术，当时这种技术在国内尚无先例，谁也不愿意冒险做第一个吃螃蟹的人。怀着做出好产品的决心，吴骏费尽心思总算找到一家愿意共创的制造商，并为后者提供无息贷款帮助其购买萃取设备。功夫不负有心人，2018年，三顿半自主研发的无损风味萃炼系统成功投产，推出了第一代冷萃速溶咖啡，3秒溶解于冰水和冰牛奶。相比传统速溶咖啡，三顿半的冷萃速溶咖啡有着干净口感、低酸微苦的冷萃特质，无论香气、甜感、新鲜度都要更好。三顿半首次将医药行业的冻干技术迁移到食品行业，通过冷冻干燥保存了咖啡原有的风味物质，咖啡液升华后所形成的疏松结构更加亲水，从而实现产品创新，为用户带来全新的功能体验。

2. 情感体验：用户参与

三顿半推出产品时，并没有提供各式搭配，而是利用年轻人爱分享、爱动手的特点，将主动权交给用户，赋予产品更多的可能性。

三顿半的咖啡产品不仅溶于冰水、冰牛奶，可制作成黑咖啡、冰拿铁，还可以与饮料混搭成口味不同的咖啡，这为用户天马行空的创意混搭打好了基础。在三顿半的主力营销阵地"小红书"上，三顿半喝法排在关联词条的首位，点开后可以看到上千条网友们自发创作的笔记，介绍了冷萃、奶萃、综合萃等各种花式搭配。夏日炎炎，居家学习或上班办公时，打开小罐，注入冷水后盖上盖子摇晃几秒，再将小罐中的浓缩咖啡液倒入牛奶中，瞬间溶解于香甜的牛奶，一杯冰牛奶拿铁就做好了，一口下去，清爽提神。外出野餐或露营时，将咖啡粉在冰水或苏打水中溶解，加入冰激凌搅拌，最后再点缀一些自己喜欢的水果，一杯简单的冰激凌咖啡就做好了……在花式混搭中最受欢迎的是经典4号小灰杯，第二代技术加持的超浓缩型咖啡，即使与牛奶等饮料混合，依然可以保持浓厚的风味。

三顿半挖掘咖啡在日常生活中的饮用场景，展现了咖啡与生活关联的乐趣，构建出与品牌相关的生活方式，将精致生活和精品咖啡紧密连接起来，提升品牌与用户的交互参与感。

3. 经济体验：高性价比

咖啡作为舶来品在国人心目中一直保持着高冷形象，咖啡豆复杂的产地名称与豆种区分都暗示着一个难以接近的价格，能够在杯测中获得好评的咖啡产品，每杯价格都维持在12元以上。吴骏认为，精品咖啡很多时候提高了人们消费咖啡的门槛。中国咖啡文化普及不够，人们也普遍对咖啡缺少认知，低门槛产品才真正有可能大众化。因此，三顿半选择从速溶市场切入，瞄准每杯5~10元的市场空缺，在品质上与传统速溶咖啡做出区分，在价格上保持亲民优势。

从2018年到2021年，随着新工厂的建立与产能的扩大，三顿半的总成本不断降低。2021年天猫5·17吃货节期间，叠加品类券和店铺满减后，三顿半数字基础系列与精品系列产品的单价，分别降到了每颗4.33元和7.04元。

从1.0版到5.0版，三顿半产品的每次升级都保持了"加量不加价"的原则，让市场不再神化精品咖啡，也消弭了精品咖啡的"优越感"。用户开始明白：对于咖啡，精品是态度，不是价格；市场是大众，不是稀有。追求性价比是人的天性，只有将性价比做到极致，才能真正成为用户持续拥护的咖啡品牌。

资料来源：周文辉，张昱帆，付子航，等. 三顿半：咖啡新锐品牌的"价值营销"[J]. 商业评论，2021（8）：22-28. 经改写

三、新产品开发的流程

为了提高新产品开发的成功率，企业必须建立科学的新产品开发管理流程。不同行业的生产条件和产品项目不同，管理流程也有所差异。传统上新产品开发的流程大致如图8-11所示。

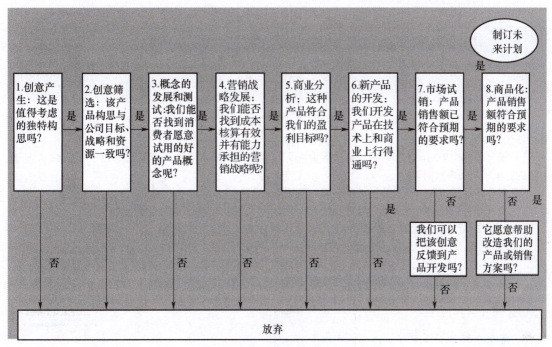

图8-11　新产品开发的流程

资料来源：菲利普·科特勒，营销管理分析、计划、执行和控制[M]．梅汝和，译．9版．上海：上海人民出版社，1999.

1. 创意产生

新产品开发过程的第一个阶段是寻找产品创意。所谓创意，就是开发新产品的设想。公司新产品的创意大多源于顾客、科学家、竞争者、雇员、经销商和最高管理层。因此，一个公司要源源不断地获得新产品创意，必须不断地进行头脑风暴法的讨论，不断向顾客、经销商、用户等进行系统的需求调研和允许技术员进行自由的探索，更广泛地研究竞争者的产品创意，搜集相关公司与行业的信息，形成强大的创意数据库。

2. 创意筛选

创意筛选是运用一系列评价标准，对各种创意进行比较判断，从中找出最有成功希望的创意的一种"过滤"工程。进行创意筛选的主要目的是权衡各个创新项目的费用、潜在效益与风险，选出那些符合本公司发展目标和长远利益，并与公司的资源相协调的产品创意，放弃那些可行性较小的产品创意。在筛选阶段，公司必须避免误舍和误用两种错误。所谓误舍是指一家公司错过了某一有缺点但能改正的好创意，其结果就是使公司失去了一个极有潜力的利润增长点；误用是发生于公司容许一个错误的创意投入开发和商品化阶段，误用的结果是导致公司投入的开发费用无法收回而造成财务上的损失。因此创意筛选就是尽可能早地发现和放弃错误的创意。在筛选过程中，要从目标市场、竞争状况，以及粗略推测的市场规模、产品价格、开发时间、开发成本、制造成本、报酬率等多方面对创意进行评估、取舍，最终判断每一个创意的优劣。

3. 概念的发展和测试

经过甄别后保留下来的产品创意还要进一步发展成为产品概念。首先应当明确产品创意、产品概念和产品形象之间的区别。所谓产品创意，是指企业从自己角度考虑能够向市场提供的可能产品的构想；所谓产品概念，是指企业从消费者的角度对这种创意所作的详尽的描述；而产品形象，是指消费者对某种现实产品或潜在产品所形成的特定形象。企业必须根据消费者在上述几个方面的要求把产品创意发展为产品概念。确定最佳产品概念，进行产品和品牌的市场定位后，企业就应当对产品概念进行试验。所谓产品概念试验，就是用文字、图画描述或者用实物将产品概念展示于一群目标顾客面前，观察他们的反应。一个产品构思能够转化为若干产品概念，每一个产品概念都要进行定位，以了解同类产品的竞争情况，优选最佳的产品概念。选择的依据是未来市场的潜在容量、投资收益率、销售成长率、生产能力以及对公司设备、资源的充分利用等。

【营销案例 8-5】优衣库的产品创新

4. 营销战略发展

公司确定了产品概念方案后，必须确定把这种产品引入市场的初步市场营销战略计划。初拟的营销战略计划包括以下三个方面。

（1）描述目标市场的规模、结构、消费者的购买行为、产品的市场定位以及短期（三个月）的销售量、市场占有率、利润率预期等。

（2）描述产品的预期价格、分配渠道和第一年的营销预算。

（3）分别描述较长期的销售额和投资收益率，以及不同时期的市场营销组合等。

这种初拟的营销战略计划要在之后的各阶段中不断完善。

【营销案例 8-6】老干妈的产品思维

5. 商业分析

商业分析阶段，公司必须复核销售量、成本和利润预算，以确定它们是否满足公司的目标。如果它们能符合，那么产品概念就能进入产品开发阶段。随着新信息的到来，该商业分析也可作进一步的修订和扩充，包括两个具体的步骤：预测新产品的销售额和测算成本与利润。预测新产品的销售额可参照市场上类似的产品销售历史，并考虑各种竞争因素，分析新产品的市场地位，市场占有率；在预测新产品的销售额的基础上，还要采用量本利分析等有效方法进行成本与利润测算，并进一步判定营业风险。

6. 新产品的开发

新产品的开发主要是将通过商业分析的新产品概念交送研究开发部门和技术部门试制成为实体产品模型及样品。同时，进行品牌的包装研制和品牌的设计。应当强调，新产品研究和制造必须使模型及样品具有产品概念所规定的所有特征。在此之前，新产品仅是一种语言与符号描述，其评价成本是比较小的。但在本阶段，研制过程中有时要投入大量的资金。研制的过程可能数日，也可能长达几个月甚至几年。

7. 市场试销

通过市场试销，了解消费者和经销商对处理、使用和再购买该实际产品将产生的反应。市场试销的规模既受投资成本和风险的影响，也受时间压力和研究成本的影响。在市场试销中，公司要对以下问题进行决策。

（1）试销的地区范围：试销市场应是公司目标市场的缩影。

（2）试销时间：试销时间的长短一般应根据该产品的平均重复购买率决定。

（3）试销中所要取得的资料：公司一般要了解首次购买率的情况（试用率）和重复购买情况（再购买）。

（4）试销所要的费用支出。

（5）试销的营销策略以及试销成功后应该采取的战略行动。

8. 商品化

商品化又称商业性投放，这是在新产品测试成功后，公司把新产品批量生产，全面推向市场的过程。新产品投放市场初期往往利润微薄，甚至亏损，因此，公司在此阶段应对产品投放市场的时机、区域、目前市场的选择和最初的营销组合等方面进行慎重的决策。

（1）何时推出新产品？

企业高层管理者要决定在什么时间将新产品投放市场最适宜。例如，如果某种新产品是用来替代老产品的，就应等到老产品的存货被处理掉时再将这种新产品投放市场，以免冲击老产品的销售，造成损失；如果某种新产品的市场需求有高度的季节性，就应在销售季节来临时才将这种新产品投放市场；如果这种新产品还存在着可改进之处，就不必仓促上市，应等到完善之后再投放市场。

（2）何地推出新产品？

企业高层管理者要决定在什么地方推出新产品最适宜。一般情况，企业先在主要地区的市场推出，以便占有市场，取得立足点，然后扩大到其他地区。因此，企业特别是中小企业须制订一个市场投放计划。在制订市场投放计划时，应当找出最有吸引力的市场先投放。在选择这一市场时要考察这几个方面：市场潜力、企业在该地区的声誉、投放成本、该地区调查资料的质量高低、对其他地区的影响力以及竞争渗透能力。此外，竞争情况也十分重要，它同样可以影响新产品商业化的成功与否。

（3）向谁推出新产品？

企业高层管理者要把新产品的分销和促销目标面向最优秀的顾客群。企业高层管理者可以根据市场试验的结果发现最优秀的顾客群。对新上市消费品来讲，最优秀的顾客群一般应具备以下特征：他们是早期采用者，他们是大量使用者，他们是观念倡导者或舆论领袖且能为该产品进行正面宣传，接近这一市场的费用低廉。当然，完全具备这几个特征的顾客为数很少，企业应根据这些标准对不同的顾客群打分，从而找出最优秀的顾客群。

（4）如何推出新产品？

企业管理部门要制定开始投放市场的市场营销战略。这里，企业首先要对各项市场营销活动分配预算，其次规定各种活动的先后顺序，最后有计划地开展市场营销管理。

四、新产品开发的驱动因素

新产品开发的驱动因素主要有消费者驱动、竞争驱动和技术驱动。从消费者驱动、竞争驱动和技术驱动角度看，新产品开发侧重点是不一样的，新产品开发步骤也有差异（图8-12）。

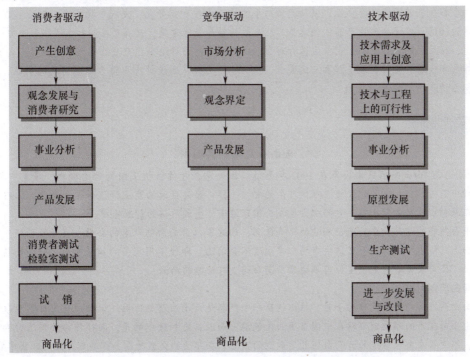

图8-12　消费者、竞争和技术驱动的新产品开发步骤

资料来源：吴青松. 现代营销学原理[M]. 上海：复旦大学出版社，2003.

本章小结

产品是营销组合的一个关键元素，是驱动顾客购买的核心力量，企业的一切经营活动都是围绕产品进行的。企业应树立为顾客创造价值的产品策略理念，在产品设计中，体现以顾客需求为中心的价值导向，产品为人服务，满足人民对美好生活的向往，不断提升人民生活福祉。产品策略是指企业为实现产品战略目标，通过市场分析、竞争分析、结构分析、营销分析等制定产品竞争策略，获取市场竞争优势而进行的整体性谋划。产品策略的重点包括产品组合策略、产品生命周期各阶段的营销策略及新产品开发策略等。

互联网时代的到来，给产品营销带来了前所未有的机遇和挑战。产品不再仅仅是实体的商品或服务，而是包含了数字化和网络化元素。在互联网时代，产品组合的策略也发生了变化。传统的产品组合已不能满足消费者多样化的需求，而互联网为企业提供了更多灵活的方式，通过数字化产品、服务、应用等形式进行组合，与时俱进，符合时代发展中的人民需求，实现个性化和定制化的营销策略。

互联网时代的快速发展使产品的生命周期变得更加不确定。产品的市场导入期和成长期可以更快地实现，但同时也更容易面临成熟期和衰退期的挑战。在互联网时代，企业需要不断创新和变革，及时调整产品定位和营销策略，以适应市场的快速变化。同时，互联网还为产品延长生命周期提供了新的机会，通过技术创新、升级和改进，产品可以不断焕发新的生机。

互联网的兴起催生了大量的新产品和创新业务模式。在快速变化的市场环境下，企业需要制定有效的新产品开发战略，以抢占市场先机。互联网时代的新产品开发战略不仅要关注市场需求和消费者反馈，还要紧密结合技术创新和数字化变革。互联网的发展为企业提供了大量的市场数据和用户行为信息，通过深入分析这些数据，企业可以更好地把握市场趋势和消费者需求，提供更具竞争力的新产品。

在移动互联网时代，产品策略需要与数字技术相结合，实现产品的创新、差异化和个性化。企业要适应移动互联网时代的发展趋势，充分利用数字化技术和数据资源，总结移动互联网时代的市场特征，如用户需求的多样化、碎片化和变化性，以及竞争对手的快速迭代和差异化，发现市场机会。企业可以依托移动互联网时代的网络平台实现产品的快速推广、有效传播和精准营销，提高产品的知名度和影响力。

总之，移动互联网背景下，企业应该针对自己的产品策略进行改变。充分利用大数据分析、人工智能、云计算等数字技术，更准确地了解客户的需求、偏好和行为，从而设计出更符合市场需求的产品，实现产品的共同创造和持续改进。

 案例评析

云南白药的产品创新

"云南白药"由云南名医曲焕章在1902年创造。曲焕章在号称植物王国的云南境内，寻觅中草药物，制成这种中药疗伤药。它的配方就像可口可乐的配方一样，兼具巨大的商业价值和传奇性质。1993年，云南白药在深圳证券交易所上市。它的配方也成为国家绝密，受到严格的行政保护。

云南白药在疗伤药物中的地位和它的传奇色彩，让这家以云南白药命名的公司一直受益匪浅。它的产品在市场上总能占据优势，而且这块市场似乎永远不会消逝。即使不用太多的销售努力，它的销售额也在不断增长。公司决策者决定改变公司单纯靠云南白药支撑业绩的局面。

云南白药创可贴

云南白药在面向外部竞争对手时，推出的第一个产品是云南白药创可贴。云南白药把目光对准创可贴时，强生公司生产的邦迪创可贴在中国市场所向披靡。而且，更加致命的是，同样作为外伤治疗和快速止血产品，邦迪正在蚕食传统的云南白药外用散剂的市场。在邦迪的全盛时期，邦迪创可贴的购买率非常高，是云南白药的传统明星产品"云南白药散剂"的20多倍。

2001年，云南白药委托拜尔斯道夫（常州）有限公司生产创可贴，将云南白药在外伤治疗上的优势和拜尔斯多夫材料科学方面的优势结合起来。通过这种方式，云南白药弥补了自己在材料科学上的弱项。2004年，

云南白药开始与3M和一些日本、中国台湾公司合作进行材料科学方面的研发，以开发公司的新产品。将云南白药的优势和全球其他领先公司材料科学的优势加以整合，推出新的白药创可贴，其市场效果是惊人的。白药创可贴同邦迪相比，因为加入了云南白药，具备了邦迪所难以企及的竞争优势。因为邦迪的胶布只是简单的无药胶布，而加了白药的胶布具备止血、杀菌、消毒和促进伤口愈合的多重功能。

2007年时，白药创可贴的市场占有率已经达到了40%，领先于邦迪。此后，白药创可贴的优势还在继续扩大。

云南白药牙膏

经常有人在刷牙时，因为牙龈出血，刷出满嘴血水。云南白药负责人很偶然地听到，有人将云南白药的散剂撒在牙膏上刷牙，以此来治疗牙龈出血。这种传闻，再加上将白药的优势和普通创可贴结合起来产生的制胜效应，让云南白药负责人开始产生将白药的优势延伸到牙膏上的想法。

同普通牙膏相比，因为它的药理作用，云南白药牙膏的优势体现在三个方面。第一，那些刷牙时碰到牙龈出血问题的人，使用云南白药牙膏之后，立竿见影，马上不再出血。这是白药的止血功能在起作用。第二，长期以来因为工作压力比较大，容易患口腔溃疡的城市白领们，因为云南白药的愈伤功能，可以不再为这个问题苦恼。第三，云南白药对牙龈的护理作用，可以有效预防牙龈的萎缩。但这是长效功用，不像前两个功效立竿见影。

2004年，云南白药牙膏上市。高达22元的零售价格也没有阻止它被市场迅速接受，当时市场上鲜有售价超过10元的牙膏。2005年，云南白药牙膏的销售额就达到了8 000万元。2008年，这款产品销售超过5亿元，居牙膏品牌的第5位。

类似思路的产品创新还有他们马上要推出的皮肤护理产品、沐浴露，以及云南白药急救包等。前两种类型的产品都是将药物加入到一个成熟产品，开发出一个具有药用功效的全新产品；急救包则是一个整合型产品，云南白药公司在全球范围内寻找最杰出的急救产品，然后打包成一个急救包，因为云南白药品牌在急救方面具备专业能力和良好口碑，云南白药负责人相信，这个急救包相应也会具备品牌优势。

到目前为止，这家公司"日化"产品贡献的利润已经占据整个公司利润的相当份额。也就是说这家公司在急剧转型，它越来越像一个日化产品和快速消费品公司。但尽管如此，云南白药负责人仍然坚持，云南白药是一家专业的制药企业。他相信这正是云南白药的核心竞争力之所在，他将专业的药称为云南白药的"中央"，而另外两块业务，即白药创可贴代表的材料科学与医药结合的业务，云南白药牙膏为代表的个人护理产品业务，被称之为"两翼"。

资料来源：根据网络资料整理

评析：长江商学院院长项兵曾经将云南白药的这项策略，作为"以全球应对全球"战略的一个经典案例加以研究。"云南白药的战略，可谓是'新洋务战略'在国内市场竞争中应用的一个典范。'新洋务战略'并非仅局限于全球收购参股一途，其核心在于整合全球资源，以强制强。不是局限于本土资源，而是放眼全球，在世界范围内寻找可以借用的资源，并结合自身优势，与其融合共生，以产品与商业模式创新，造就全新的竞争优势。"

 思考题

1. 请列出您对下列产品类的产品概念的五个层次？
(1) 家用小汽车和商务小汽车。
(2) 笔记本电脑。
(3) 旅行社。
2. 请了解下列组织的产品组合，以及该产品组合的广度、长度、深度与关联性。
(1) 海尔集团。
(2) 联想集团。

（3）美的集团。

3. 试从产品整体的概念出发，阐述现代企业如何构筑市场竞争优势。

4. 试述产品的生命周期各阶段的特点及营销策略。

5. 简述新产品开发的流程。

本章实训

一、实训目的

通过对实践案例的整理和分析，学生对何为营销创新有感性的认知，理解营销创新出现的背景，及其对企业和消费者的意义，能够发现当前环境下营销创新的机遇和挑战。

二、实训内容

1. 实训资料：以一种自己熟知的产品为例，搜集其产品进入市场的案例。

2. 具体任务：根据本章对产品策略的介绍，分小组讨论分析案例。

3. 任务要求：

（1）分析案例中这种产品是如何进入市场，并被广大消费者所接受；

（2）总结产品上市要把握的关键之处。

三、实训组织

1. 根据全班上课人数，将全班同学分成若干小组，采取组长负责制，全体组员协作完成课堂任务。为了避免不同小组所搜集案例重复，各小组组长将所选案例进行提前汇总，并进行协商，确保所选案例不重复。

2. 确定所选案例后，各小组进行下一步分工，对案例进行分析、汇总。

3. 经过小组讨论后，完成实训报告及汇报PPT。

4. 根据课时具体安排，不同小组分别选派成员对报告进行讲解，并回答其他组成员的问题。

5. 任课教师对实训课程的结果进行总结，提出相应的意见及建议。

四、实训步骤

1. 任课教师布置实训任务，介绍实训要点和搜集材料的基本方法。

2. 各小组明确任务后，按照教师指导根据具体情况进行分工。

3. 各小组定期召开小组会议，对取得成果进行总结，遇到问题及时与指导教师沟通。

4. 完成实训报告及展示所需要的PPT等材料，实训报告中应包括案例来源、案例分析，以及遇到的难题与解决方案、启示等内容。

5. 各小组对案例进行课上汇报，教师对各组的汇报进行点评及总结。

第九章 品牌与包装策略

📖 **章节图解**

- 第一节 品牌概述
  - 一、品牌的概念
  - 二、品牌的作用
  - 三、品牌的特征与功能
  - 四、品牌资产

- 第二节 品牌定位与设计
  - 一、品牌定位的概念
  - 二、品牌定位的理论基础
  - 三、品牌定位的原则
  - 四、品牌定位的步骤
  - 五、品牌定位的方式与策略
  - 六、品牌设计

- 第三节 品牌策略
  - 一、品牌化策略
  - 二、品牌所有者策略
  - 三、品牌统分策略
  - 四、品牌延伸策略
  - 五、多品牌策略
  - 六、品牌再定位策略

- 第四节 包装与包装策略
  - 一、包装概述
  - 二、包装的作用
  - 三、包装的设计
  - 四、包装策略

🎯 学习目标

知识目标：
- 掌握品牌的概念
- 掌握品牌资产的内容
- 了解品牌管理的内容
- 掌握品牌营销策略
- 了解包装策略

素养目标：
- 了解"中国品牌日"设立的时代意义与作用
- 理解品牌建设对国家经济贡献的认知
- 强调长期主义，明白品牌资产是品牌长期经营的结果

✒️ 关键概念

品牌，品牌资产，品牌定位，包装，包装策略

📦 导入案例

农夫山泉的品牌之路

1996年9月，钟睒睒创办了农夫山泉。1997年4月，农夫山泉的第一座工厂开始运营，同时推出了"农夫山泉有点甜"这一家喻户晓的口号。接下来的几年中，农夫山泉相继在千岛湖、吉林长白山矿泉水保护区和湖北丹江口等国家一级水资源保护区建成了现代化的饮用水工厂。2003年9月，农夫山泉的瓶装饮用天然水获得国家质检总局（现国家市场监督管理总局）授予的"中国名牌产品"称号。2006年10月，农夫山泉被国家工商行政管理总局商标局（现国家知识产权局商标局）认定为中国驰名商标。

根据观研天下2021年的数据，我国瓶装水市场以天然水和纯净水两种为主，六家品牌市场占有率达八成。其中，农夫山泉市场占有率达到26.5%，位居第一；其次是华润怡宝，市场占有率为21.3%；然后是康师傅，占比为10.1%；娃哈哈、百岁山、冰露市场占有率分别为9.9%、7.4%、5.3%。截至2023年最后一个交易日收盘，农夫山泉的总市值达到了5 078亿港元。

农夫山泉坚持在水源地建厂，并在每一瓶饮用水上清晰地标注水源地，进一步强化品牌联想。其广告语"我们不生产水，我们只是大自然的搬运工"同样广为人知。根据弗若斯特沙利文报告，从2012年到2021年，农夫山泉连续十年稳居中国包装饮用水市场占有率第一的位置。

农夫山泉的品牌联想以水源地建厂和标注水源地为核心，强调品牌的自然和纯净属性。这使消费者与农夫山泉的品牌形象产生了深刻的联系，他们认同农夫山泉是"大自然的搬运工"，将纯净的天然水源直接带给消费者。这种联想不仅赋予了农夫山泉品牌独特的个性，也加强了消费者对品牌的信任感。

农夫山泉在品牌联想的打造过程中取得了巨大成功。其清晰的品牌定位语、多种传播形式以及对自然和健康的坚持，不仅在顾客心中树立起了独特的品牌形象，还为企业带来了巨大的商业成功。农夫山泉通过建立品牌联想，成功地将其与自然、纯净、健康的形象联系在一起。这种联想不仅在消费者中产生了共鸣，也为农夫山泉赢得了市场领导地位。

现在，品牌的意义已经远远超出外在的标识符号，品牌的意义更多地体现在企业的愿景与顾客感知之间的统一。一个成功的品牌打造过程不仅需要设计恰当的名称和标识，更需要建立强有力的品牌联想。企

业建立品牌联想的第一步就是要有一个清晰的品牌定位语，并通过多种传播形式来传播品牌定位语。

资料来源：郑毓煌.科学营销[M].北京：中信出版社，2023.经增删

引导问题：

1. 农夫山泉在瓶装水白热化的市场竞争中为什么能赢得市场领导地位？

2. 农夫山泉树立了什么样的品牌形象？给消费者带来怎样的品牌联想？

第一节 品牌概述

一、品牌的概念

"品牌（Brand）"一词源于古挪威文字"Brandr"，中文意思是"烙印"。当时的游牧部落在马背上打上烙印，上面写着"不许动，它是我的"，并附有各部落的标记，用以区分不同部落之间的财产，这就是最初的品牌标志和口号。

品牌的最初含义是区分产品，并通过特定的口号在人们心中留下烙印。带意义的品牌，是指消费者和产品之间的全部体验。它不仅包括物质的体验，更包括精神的体验。品牌概念随着实践中的品牌发展而不断丰富。品牌向消费者传递一种生活方式，人们在消费某种产品时，被赋予一种象征性的意义，最终改变人们的生活态度及生活观点。

品牌由品牌名称、品牌认知、品牌联想、品牌标志、品牌色彩、品牌包装及商标等要素组成。它是整体产品的一部分，是制造商为其产品规划的商业名称，基本功能是将制造商的产品与竞争企业的同类产品区别开来。美国营销学权威菲利普·科特勒（Philip Kotler）认为：品牌就是一个名字、名词、符号或设计，或是上述的总和，其目的是要使自己的产品或服务有别于其他竞争者。从消费者方面讲，品牌是一种心理上、情绪上的认同。一个品牌能表达出以下六层意思。

（1）属性。一个品牌首先给人带来特定的属性。例如，梅赛德斯-奔驰表现出昂贵、制造优良、工艺精湛、耐用、高声誉等属性。

（2）利益。属性需要转换成功能和情感利益。例如，属性"耐用"可以转化为功能利益"我可以几年不买车了"。属性"昂贵"可以转换成情感利益"这车使我令人羡慕，帮助我体现了重要性"。

（3）价值。品牌还体现了该制造商的某些价值感。例如，梅赛德斯-奔驰体现了高性能、安全和威信。

（4）文化。品牌可能象征了一定的文化。例如，梅赛德斯-奔驰意味着德国文化：有组织、有效率、高品质。

（5）个性。品牌代表了一定的个性。例如，梅赛德斯-奔驰可以使人想起一位不会无聊的老板（人），一头有权势的狮子（动物），或一座质朴的宫殿（标的物）。

（6）使用者。品牌还体现了购买或使用这种产品的是哪一种消费者。

营销视点 9-1

全球品牌命名的失误

（1）当 Braniff 将一句宣传室内装潢产品的广告语"展翅飞翔"翻译成西班牙语时，却成了"赤裸裸地飞翔"。

（2）养鸡大王弗兰克·珀杜（Frank Perdue）的广告语"可以让一个粗鲁的人来喂养温柔的小鸡"用西班牙语表达时却成了"让一位性感的男人对小鸡充满柔情"。

（3）丰田汽车公司在将 MR2 型车引入法国时，不得不将型号中的 2 去掉，因为听起来很像法语中的粗话。

资料来源：凯文·莱恩·凯勒. 战略品牌管理[M]. 2版. 北京：中国人民大学出版社，2007.

此外，比较有代表性的品牌定义还有以下几个。

美国市场营销协会（American Marketing Association，AMA）："品牌是一种名称、名词、标记、符号或设计，或是它们的组合，其目的是识别某个销售者或某群销售者的产品或劳务，并使之同竞争对手的产品和劳务区别开来。"

大卫·奥格威："品牌是一种错综复杂的象征——它是产品属性、名称、包装、价格、历史声誉、广告方式的无形总和，品牌同时也因消费者对其使用的印象以及自身的经验而有所界定。"

唐·舒尔茨给出最简短的定义："品牌就是为买卖双方所识别并能够为双方都带来价值的东西。"

综上所述，从市场营销角度，品牌应具备以下几个要素：

第一，经申请、核准注册、受法律保护的商标；

第二，有自己的产品（生产或代理）；

第三，产品能与竞争对手的产品区别开来；

第四，产品与消费者产生联系。

因此，从市场营销的角度而言，品牌就是具备经申请、核准注册、受法律保护的商标，且具备能让消费者有效地识别、区分竞争对手的产品与消费者所发生的一切关系，而这种关系必须通过市场来检验。

根据国际上通行的理解和惯例，品牌由品牌名称、品牌标志和商标组织而成。品牌名称指品牌中可用语言表达的部分，如海尔、联想、TCL、康佳等。品牌标志指品牌中可识别、辨认但不能用语言称谓的部分，包括符号、图案、色彩或字体，如可口可乐的英文图案、太阳神的标志图案。

商标是品牌的法律表现形式，指在政府有关部门依法注册，受到法律保护的整个品牌或品牌中的某一部分，如注册了的图案、符号、字体等。经注册的商标，所有者受法律保护享有该商标的专用权。在市场营销管理过程中，企业为其产品设计和规定品牌名称、品牌标志，并向政府有关部门注册登记的一切活动，称为品牌化（Branding）。

根据品牌概念可将品牌分为功能性、形象性、体验性三种。

功能性品牌，顾名思义，即该品牌强调解决外部产生的消费性需求。如飘柔洗发水强调双效合一，洗发、润发一次完成。功能性产品，因为注重产品所能提供的功能，形象概念的形成过程是由下而上的（Bottom-Up）。

形象性品牌强调社会地位与自我形象的联结。如劳力士（Rolex）手表、蒂芙尼（Tiffany）珠宝。不同类别的两种产品，其品牌概念的形成过程也不一样。形象性产品与功能性产品相反，它们较难将产品的特质和产品进行联结，其形象的形成过程是由上而下的（Up-Bottom）。

体验性品牌的需求来自产品所能提供消费者感官上的愉悦、多样性或是在认知上的刺激。这样的分类法通常指的是品牌，而非产品。不过理论上，任何一种产品都能被定位成三种之一，而且和感性消费及理性消费的概念一致。功能性品牌属于理性消费产品，而形象性和体验性品牌产品属于感性消费产品。

二、品牌的作用

在产品日益同质化的时代，产品的物理属性已经相差无几，唯有品牌给人以心理暗示，满足消费者的情感和精神寄托。

对于消费者而言，首先，品牌是一种经验。在物质生活日益丰富的今天，同类产品多达数百甚至上千种，消费者根本不可能逐一去了解，只有凭借过去或别人的经验加以选择。因为消费者相信，如果在一棵果树上摘下的一颗果子是甜的，那么这棵树上其余的果子也会是甜的。这就是品牌的"果子效应"。其次，品牌是一种保证。对于陌生的事物，消费者不会轻易去冒险，对于品牌和非品牌的产品，消费者更愿意选择的是品牌产品。这时，品牌给消费者以信心和保证。比如一场足球赛，如果有马拉多纳出场，球迷会更愿意观看，因为球迷相信，只要马拉多纳出场，这场球赛一定很精彩。在这里，马拉多纳就是品牌，就是保证和信心。最后，品牌更是个性的展现和身份的象征。穿皮尔·卡丹和穿雅戈尔，喝XO和喝二锅头，坐法拉利和坐夏利，使用什么样的品牌，在一定意义上就表示你是个什么样的人。同样是牛仔，穿万宝路

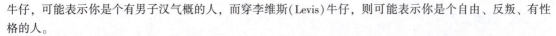

牛仔，可能表示你是个有男子汉气概的人，而穿李维斯(Levis)牛仔，则可能表示你是个自由、反叛、有性格的人。

对于竞争者而言，品牌是一种制约。在某些领域，市场强势品牌业已形成，留给后来者的市场机会非常少。而在没有形成强势品牌的领域，竞争者将面临大好的市场机会，受到的制约相对较小，有时不需"高难动作"便可取得成功。

对于品牌自身而言，品牌是一种契约。不过这种契约不是写在纸上的，而是存在于人们的心中。品牌向天下人承诺：我是优秀的，我是值得信赖的，选择我就选择了放心。而一旦它违背了自己的承诺，那么，它在人们的心中等于已经毁约，人们将感到受欺骗而从此不再相信它。

三、品牌的特征与功能

1. 品牌的特征

(1)品牌本身没有物质实体。品牌自身是无形的，不具有独立的物质实体，不占有空间，它必须通过一定直接或间接的物质载体，如符号、色彩、文字等来表现。

(2)品牌属于专有，并且通过使用能为拥有者取得持续的经济效益。品牌是企业的无形资产，因此对企业的生产经营和服务能够较长期地、持续地发挥其资产的作用。

(3)品牌具有明显的排他的专用性。这种排他的专用性，有时通过企业自身保密和反不正当竞争法来维护(如专有技术、经营秘密)，有时通过适当公开其内容作为代价以取得广泛而普遍的法律保护(如专利权)，有时又借助法律保护并以长期生产经营服务中的信誉取得社会的公认(如商标、品牌认知等)。

(4)品牌提供的未来经济效益具有较强的不确定性。品牌潜在价值可能很大，也可能很小，即有时可使产品取得很高的附加值，有时则由于在技术与经营服务更新上竞争不力，未能让产品质量更好、性能更新、成本更低，从而使企业原有的品牌迅速贬值。这种不确定性与风险性是品牌资产评估复杂性的重要原因之一。

2. 品牌的功能

(1)识别的功能。品牌可减少消费者在选购商品时所花费的时间和精力。消费者会对品牌产生一种整体感觉，这就是品牌认知。当消费者购买具有某种使用价值的商品时，面对琳琅满目的商品，他们的购买行为首先表现为选择、比较。而品牌在消费者心目中是产品的标志，它代表着产品的品质、特色。同时，品牌是企业的代号。品牌在消费者心目中代表着企业的经营特色、质量管理要求等，从而在一定程度上迎合了消费者的兴趣偏好，节省了消费者购买商品时所花费的精力。

(2)保护消费者权益的功能。由于品牌具有排他的专用性特征，品牌中的商标通过注册以后受到法律保护，禁止他人使用。如果产品质量有问题，消费者就可以根据品牌溯本求源，追究品牌经营者的责任，依法向其索赔，以保护自己的正当权益不受侵犯。

(3)促销的功能。品牌的促销功能主要表现在两方面：一是由于品牌是产品品质标志，消费者常常按照品牌选择产品，因此品牌有利于引起消费者的注意，满足他们的欲求，实现扩大产品销售的目的。二是由于消费者往往依照品牌选择产品，这就促使生产经营者更加关心品牌的声誉，不断开发新产品，加强质量管理，树立良好的企业形象，使品牌经营走上良性循环的轨道。

(4)增值的功能。品牌是一种无形资产，它本身可以作为商品买卖。世界十大著名品牌的品牌价值都近乎天文数字。品牌资产是一种超越商品有形实体以外的价值部分。它是与品牌名称、品牌标识物、品牌知晓度、品牌忠诚度相联系的，能够给企业带来收益的资产。品牌资产与品牌名称、品牌标识物密切相联。如果品牌名称、品牌标识物发生了变化，品牌资产也要发生变化，企业资产负债表中的有关内容也要随之进行调整。

品牌只有在其所创造的价值被目标消费群认知、认同时，才能成为有意义、有吸引力的品牌。若脱离了"价值创造"的核心工作，品牌将变成一场逐梦的游戏。事实上，失去"价值焦点"的品牌，其推销活动只是一场游戏：花钱、费力，但筑起的却是沙滩城堡。

四、品牌资产

品牌资产是一种超越生产、商品、有形资产以外的价值。品牌资产又称品牌权益。美国加州大学的大卫·艾克教授在其出版的《经营品牌权益》中，提出了组成品牌资产（Brand Equity）的五大元素，即品牌忠诚度、品牌知名度、品牌认知度、品牌联想及其他资产（图9-1）。

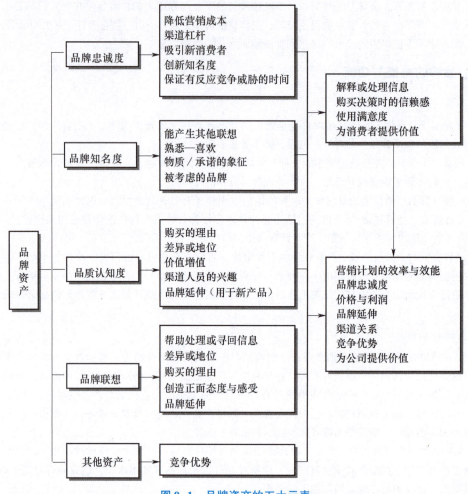

图9-1　品牌资产的五大元素

1. 品牌忠诚度

品牌忠诚度是说消费者持续购买同一品牌，即使是面对更好的产品特点、更多的方便、更低的价钱，也会如此。一般根据忠诚度的高低分为五层：承诺购买者、情感购买者、满意购买者、习惯购买者、无品牌购买者。品牌忠诚度是品牌资产的主要核心，其价值所在可以用下列几点来说明。

①降低营销成本：品牌忠诚度高表示消费者离开的概率较低，对营销人员而言，要维持原有的业绩或扩大销售，在营销费用的投入上，可以比品牌忠诚度低的品牌来得节省。

②易于铺货：好销的产品必然可以争取到较好的货架陈列位置，在渠道经营上也会有较好的谈判能力。

③易于吸引新的消费者：品牌忠诚度代表着每一个使用者都可以成为一个活的广告，不仅有较高的知名度，也会为产品作见证，减少新的消费者风险的认知。

④面对竞争有较大的弹性：当同样面对竞争时，品牌忠诚度高的品牌，因为消费者改变的速度慢，所以可以有更多的时间、空间去准备，反击竞争者。

2. 品牌知名度

品牌知名度是指消费者想到某一类别的产品时，脑海中能想到或辨别某一品牌的程度，例如，想到矿泉水就会想到乐百氏、娃哈哈、农夫山泉等。

(1)品牌知名度的四个层级。

①未提示第一提及知名度。知名度最高的程度应该就是在没有任何提示状况下，消费者想到某一类别就立刻想到并且说出品牌名，这叫作未提示第一提及知名度，如一提电脑就会想到 IBM 一样。

②未提示知名度。第二种层次则是仍然没有提示，但消费者也会想到的品牌名，只是没有第一个想到而已，这个层级虽然没有未提示第一提及的知名度高，但也非常重要，因为消费者在购买时固然有品牌忠诚的惯性，但是由于面对的选择实在太多，所以经常会变换品牌，但只会在几个深植脑海中的品牌中进行选择，这些品牌名，称为品牌目录群，而品牌目录群就是在未提示下会想到的那些品牌。

③提示知名度。第三种层次是经过提示之后，消费者表示记得，并且了解品牌。这个层次是沟通活动的第一个目标站，如果没有达到此层次，沟通仍然是无效的。

④无知名度。消费者没有任何印象的品牌，就是无知名度的品牌。

(2)品牌知名度的价值。

①品牌联想的代名词。品牌的内涵是经由传播，一次一次的教育累积而成的，每次沟通的信息不尽相同。对空调而言，有的强调其品质，有的强调其省电，有的强调其无声，然而，消费者了解这些信息后，在脑海中会全部累积在品牌名上，当想到要买空调时则会——浮现不同品牌的不同特性，这正是品牌认知的意义。

②熟悉度引发好感。人是惯性的动物，对于熟悉的事物，自然会产生好感及特殊的情绪，这是知名度的第二个好处，熟悉会带来好感。

③知名度是一种承诺。高的知名度自然能有大品牌的印象，有品质的保证感，当消费者面对其他同样的商品时，知名度代表着销售者的承诺，这种承诺包括这家公司投资这么大的广告，一定错不了；这个品牌在市场上一定是个老牌子；这个品牌铺货一定很好；这个品牌这么普遍，有那么多人用，应该可以放心使用。

④品牌目录群之一。知名度高的品牌，能够成为消费者在购买时主要考虑的品牌之一，是销售成功的关键所在。

3. 品质认知度

品质认知度是指消费者对某一品牌在品质上的整体印象。何为品质的内涵？到底什么叫作高品质？为什么德国西门子的品质能深得人心？品质指的一定是生产上的问题吗？具体而言，产品品质是指以下几个方面。

①功能。例如，空调可以产生多么舒适的空气品质；洗衣机能把衣服洗得多么干净；电视机的画面有多么清晰好看。

②特点。例如，附有遥控装置的空调、具有直角画面的电视机、附有安全气囊的汽车，与不具备这些功能的产品相比就有较高的品质，也就是指较低的不良率。这种比较，单纯是指生产上的品质标准是否达到。

③可依赖度。每次买到的产品，其品质是否具有一致性，尤其是电子产品，如果常常买到有问题的，或是品质不稳定的产品，消费者自然会失去信心及依赖感。

④耐用度。耐用度是指产品可以使用的年限，如桑塔纳轿车，就以结实耐用而闻名。

⑤服务度。这是指销售产品时，服务优劣的程度，如提供 24 小时服务的日本汽车的售后服务。

⑥高品质的外观。单纯从外观上看，是否具有高品质的感觉也很重要，因为这是消费者能以肉眼去判断的地方。

品质认知度的价值有以下几点。

①提供购买的理由。品质好的商品是所有消费者的选择，如果没有品质的认定，品牌是不可能进入考虑范围的。

②差异化定位的基础。在选择具有竞争力的定位时，必须确定诉求点是消费者所真正喜爱的特点，而

这些特点也通常是那些品质上的特点，所以在寻找定位时，如果能在品质上找到差异化的竞争优势就是最强有力的市场定位。

③高价位的基础。对于高价位的商品，消费者通常会期望具有较好的品质，所以，品质较好的商品如果卖较高的价格，消费者也是会接受的。

④渠道的最爱。高品质的产品，代表着消费者购买意愿，也正是经销商的最爱，所以具有高品质印象的产品在销货力上具有先机。

⑤品牌延伸性。具有高品质印象的品牌在品牌延伸上有更大的能力，因为消费者会将原有的品质印象转嫁到新的产品线上，这对新的产品线而言，有很大的帮助。

4. 品牌联想

品牌联想是指透过品牌而产生的所有联想，像麦当劳，消费者可能联想到汉堡、麦当劳叔叔、干净、工读生等。

如果这些联想能组合出一些意义，这个有意义的印象就叫作品牌印象。譬如说对麦当劳的品牌印象是最大、品质最好的国际性连锁公司。而品牌形象是品牌定位沟通的结果，所以品牌定位具有操作性、参考性，经过传播之后，在消费者脑海中形成许多的品牌联想，最终构成一个销售意义的品牌印象。

品牌联想的价值如下。

①差异化。广告的最主要功能之一就是教育消费者，使其对品牌能立刻产生联想，而所想到的特质，正是该品牌的独特销售点（USP），进而对品牌产生差异化的认知，甚至产生好感及购买欲，这正是传播上定位的主要目的。

②提供购买的理由。大部分的品牌联想直接与消费者利益有关，而这些利益点正是消费者购买的理由。如奔驰品牌象征着一种社会地位，所以奔驰轿车就成为许多大企业老板的首选。

③创造正面的态度及情感。在传播上，常有理性诉求和感性诉求两种诉求，理性诉求要说明的是为什么，品牌方所以必须提供许多理由，感性诉求则相反，是利用消费者对事物的自然情感转嫁到对品牌的情感，如化妆品常借美丽的画面或音乐来产生偏好，软性饮料像汽水也常利用欢乐的场合、气氛来影响受众，这些联想固然不是理由，却都能产生正面的情绪联想。

④品牌延伸的依据。例如，麦斯威尔咖啡成功地建立"好东西与好朋友分享"的品牌印象，如今依据这一印象，品牌延伸推出麦斯威尔罐装咖啡，在营销成本及效果上皆事半功倍。

5. 其他资产

除了上述四种资产以外，尚有一些归类上不明确的资产，例如著作权、专利、商标登记等。品牌除了在消费市场具有资产价值外，因为法律登记可以得到保护，所以也无形中成为另一种资产。

营销案例 9-1

大疆科技：中国无人机品牌的全球征服

深圳市大疆创新科技有限公司（以下简称"大疆"）成立于 2006 年。自成立以来，大疆从无人机系统拓展至多元化产品体系，在无人机、手持影像系统等领域成为全球领先的品牌，以一流的技术产品重新定义"中国智造"内涵。大疆在全球多地设有办公室，业务遍及 100 多个国家与地区，目前在全球民用无人机市场拥有超过 70% 的市场份额，处于绝对的领先地位。大疆创新的Logo 见图 9-2。

与其他中国品牌不同，大疆一开始就以高端品牌形象进军海外市场，以至于许多海外用户并不知道大疆是一家来自中国的品牌。大疆专注于海外发达市场，目前海外营收主要来自北美和欧洲，占总营收的 80% 以上。

大疆的海外品牌建设主要依靠创新型产品和强大的口碑效应。从 2013 年

图 9-2　大疆创新的 Logo

推出畅销产品"精灵"（Phantom）开始，大疆每年推出新产品，并在技术上实现显著的突破，例如"精灵2""精灵3""悟"（Inspire）系列"御"（Mavic）小型折叠式无人机以及"口袋灵眸"（Osmo）手持云台相机等。这些新产品不仅创新了产品品类，还通过长期的研发投入成为无人机市场的技术领导者，并建立了强大的竞争壁垒。到2017年，大疆的全球专利申请量已达7 500件，超过一半的员工从事研发和工程技术工作，这使大疆成为一个高科技创新型企业。可以说，推动大疆品牌建设的核心力量就是基于高端科技创新而形成的强大产品力。

大疆通过种子用户和意见领袖形成了强大的口碑效应。最初，大疆面向海外无人机爱好者、航模论坛用户和关注航拍技术的影视人员等种子用户提供产品的免费试用，积累口碑并获取有价值的用户反馈，不断改进产品性能和用户体验。随着"精灵"的成功推出，大疆开始与好莱坞和硅谷接触，让影视和科技行业的意见领袖试用产品，从而吸引了一批影视明星和科技名流成为首批粉丝，通过他们的影响力迅速扩大知名度。大疆的产品还参与了许多美剧的航拍，例如《摩登家庭》《神盾局特工》《国土安全》等，进一步提升了品牌影响力。

除了口碑效应和社交媒体，大疆还通过多种方式扩大了海外市场的知名度和影响力。例如，大疆在各大国际消费电子展上都有展台，展示其最新产品和技术，并吸引大量观众的关注。此外，大疆还赞助了一些重要的赛事和活动，如世界无人机大赛、纽约时装周等，以此进一步扩大品牌影响力和知名度。在海外市场拓展方面，大疆也非常灵活，根据不同的市场需求和消费者习惯，推出了多个定制化的产品和解决方案，如针对农业、测绘、航拍等行业的专业无人机，以及针对旅游、摄影、娱乐等领域的消费级无人机产品，以此满足不同市场的需求。

在全球化渠道上，大疆采取以官网为基础，多家国内和海外主要电商平台齐头并进的方式，如进入亚马逊和易趣网等的跨境电商渠道。更重要的是，大疆从来都把自己定位为一个面向全球的企业。它摒弃了传统加工制造型企业惯用的"指挥和控制式"管理方法和封闭的保护型运作模式，大力引入外籍高管，构建了一支高水平的国际化管理团队。而且，在组织架构上，大疆也按照全球化企业的做法，根据每个地区的核心能力设立相应的海外机构，例如，物流在香港、相机研发在东京、软件开发在硅谷、创意在洛杉矶、公共事务和政府关系在纽约等，实现了企业核心职能的全球化布局。

从用户的角度来看。大疆提供的六星价值组合以创新性、时尚设计、速度和极致性价比为核心特征。虽然大疆定位高端，但产品对所有价格区间进行全覆盖，极致性价比仍然是它的核心竞争力之一。例如，大疆第一款畅销产品"精灵"不但简单易用、性能出众，而且价格便宜，只有600多美元。因此，在没有任何市场投入的情况下，它迅速成为一款全球畅销的产品。当然，大疆成功的另一个核心因素是无人机的主要受众是年轻人。他们喜爱简单易用、性价比高、时尚美观、高科技、令人振奋和快速推陈出新的产品。这恰恰是大疆的优势所在。大疆的劣势仍然是品牌内涵不足。到目前为止，大疆仍然是一个产品品牌，缺乏超越品类性能的思想和精神价值。对于B端行业，这样的品牌内涵尚可以接受，但对于C端市场，局限于这个层次的品牌显然无法真正激发用户情感和品牌势能。因此，目前来看，大疆这个品牌仍然和无人机这个产品品牌紧密地绑定，并没有成为一个知名的大众品牌。大致来看，大疆的海外品牌建设可以总结为"高端创新""高端市场打入""意见领袖的牵引"。

资料来源：尹一丁. 高势能品牌：打造品牌能量的12堂剑桥课［M］. 北京：中信出版社，2022. 经增删

第二节　品牌定位与设计

一、品牌定位的概念

"定位（Positioning）"一词最初是由美国营销学家A. 里斯（A. Ries）和J. 特劳特（Jack Trout）于20世纪70年代早期提出来的。定位是针对现有产品的创造性的思维活动，它不是对产品采取什么行动，而是主要针对潜在顾客的心理采取行动，即定位不在产品本身，而在消费者。品牌定位框架见图9-3。

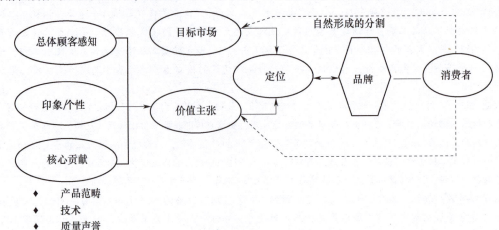

图9-3　品牌定位框架

品牌定位是产品定位的升华和规范化。产品定位指的是产品的市场定位，是确定企业的产品在市场上的位置。它是通过企业为自己的产品创立鲜明特色和个性，从而塑造出独特的市场形象而实现的。一般来说，产品定位要通过产品的性能、构造、形状、规格、档次、价格、质量、款式等表现出来。它与一定的消费者群体有直接的关系。产品定位既要考虑市场的需求和消费者的特点，又要考虑企业自身的资源条件和营销环境。所谓品牌定位，就是指建立或塑造一个与目标市场有关的品牌形象的过程与结果。它与这一品牌所对应的目标消费群应建立一种内在的联系。例如，在中国市场，奥迪A6轿车定位于商务与公务用车的高端用户；茅台酒则定位在贵宾或高级礼品的层次上。品牌定位要有相对的稳定性，不应随意变动。例如，美国派克品牌金笔，一向定位在高档消费的品位上，是名贵金笔的象征，后来派克金笔想占领低档大众化市场，开发出廉价低档笔，结果在消费者中引起误解，以为派克笔质量下降了，许多人便不再购买派克笔。派克笔不但没有成功开拓低档笔市场，而且连原来具有明显优势的高档笔市场份额也被竞争对手抢占了不少。

成功品牌的特征是它们会被准确地定位，并进行有效的传播沟通，把品牌定位的信息明确地、始终如一地传递给消费者。

营销视点 9-2

国潮品牌，一种融合了中国传统文化和创新设计的品牌形式

近年来，一种新的文化风潮、时尚潮流、流行趋势正在变成年轻人的文化新宠，这便是中国的潮流——国潮。随着消费结构和观念不断变化以及泛娱乐行业的崛起，中国品牌以传统文化为语言，以复古为表达方式，通过挖掘和洞察年轻一代消费者需求，主动求变、多领域跨界合作，不断推出新时代的优质创意产品。市场日益发展和国潮热崛起显示出中国消费者对中国品牌的信心不断提升，不再盲目崇拜外国品牌。

国潮品牌是一种融合了中国传统文化和创新设计的品牌形式，通过将中国传统文化与现代时尚、艺术、科技等元素相结合，表达对中国文化的自信和对传统文化的传承与创新。国潮品牌的兴起与中国的文化自信密切相关。随着中国经济的崛起和国际影响力的增强，人们对中国文化的关注度也逐渐提高。国潮品牌以其独特的设计风格和中国元素的运用，向世界展示了中国传统文化的无限魅力。这些品牌凭借其别致的设计和优质的产品质量，引领了时尚潮流，赢得了国内外消费者的喜爱。

国潮品牌的发展也是对中国传统文化的传承与创新。它们不仅仅是简单地借用传统元素，更多地是通过对传统文化的解构和提炼，将其融入现代设计中。这种创新为中国传统文化注入了新的生命力，使其更具时代感和现代性。因此，国潮品牌既是对中国传统文化的自信体现，也是中国元素与现代设计相结合的产物。它们以鲜明的个性和创新的设计风格，展现了中国文化的魅力，塑造了中国品牌的国际形象。

二、品牌定位的理论基础

随着营销学理论的发展，各种品牌理论从不同的角度和层面对品牌的内涵进行了深度和广度上的挖掘，但由于品牌含义的多方面性，任何简单的定义都难以概括其内涵。品牌理论内涵的演进经历了三个阶段。

第一阶段：品牌就是品牌标识。菲利普·科特勒认为"品牌就是一个名字、名词、符号或设计，或是上述的总和，其目的是要使自己的产品或服务有别于其他竞争者"。品牌在这里不过是一种识别标志，是一种产品的功能和特色所能给予消费者的利益的承诺和保证。

第二阶段：品牌就是品牌形象。20世纪50年代，大卫·奥格威认为品牌是一种错综复杂的象征，是品牌属性、包装、名称、价格、历史、声誉、广告风格的无形组合。品牌也因消费者对其使用的印象及自身的经验而有所界定，品牌是一种象征，是消费者的感受和感觉。在这一阶段品牌理论的内涵较之前一阶段发生了质变，已超出功能的利益，突出心理上的利益。

第三阶段：品牌就是品牌关系。20世纪末，大卫·A.艾克认为品牌就是产品、符号、人、企业与消费者之间的联结和沟通，品牌是一个全方位的架构，牵涉到消费者与品牌沟通的方方面面。品牌被视为"关系的建筑师"，被视为一种"体验"，一种消费者能亲身参与的更深层次的关系，一种与消费者进行理性和感性互动的总和。

以上三个阶段，品牌理论的内涵在深化的同时经历了一个从有形到无形不断虚化的轨迹。随着产品同质化程度的加剧和消费者心理需要的提高，品牌的内涵越来越脱离产品有形的物质特性，而转向消费者对品牌的全方位的体验和感受。品牌作为一种消费者所体验的"无形"资产的重要性远远超过其作为产品的"有形"资产。品牌从一种可视的、可以感觉的有形标识转向对品牌感受和体验的总和，越来越深入消费者的心理层面，直至作用于终极价值。

从品牌理论发展的三个阶段我们还可以看出，品牌概念经历了从以生产者为中心转到以消费者为中心的轨迹。在品牌就是品牌标识阶段，品牌是偏向生产者的，强调对生产者的识别；在品牌就是品牌形象阶段，其中心开始转向消费者，着眼点转向品牌在消费者心中的形象和感受，但仍结合了生产者和消费者二元中心；在品牌就是品牌关系阶段，则完全以消费者为中心，着眼点在于品牌与消费者各个方面的接触点，只是强调品牌和消费者之间的紧密关系。

强调品牌与消费者的关系是无可厚非的，但我们不能忽视或脱离生产者、社会这两个中心。根据市场营销理论提出的产品整体概念，产品分为核心层、有形层和延伸层三个层次。产品核心层是指消费者使用产品所得到的利益。顾客买东西的根本目的在于它能给自己带来实际效用。产品的效用是产品满足功能需求和象征需求的能力。其中，象征需求的满足必须建立在功能需求满足的基础之上。没有生产者对品牌的生产，就不可能有消费者对品牌的认同，所以消费者中心必须建立在生产者中心之上，从而体现出生产者这个中心在三元中心结构中的基础作用和地位(图9-4)。品牌的生产和销售过程必须考虑到其社会角色和社会责任，才能成为百年品牌。

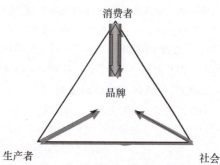

图9-4　品牌三元中心结构

营销案例9-2

周大福传承系列的品牌故事

周大福(Logo见图9-5)，这一拥有近百年历史的珠宝品牌，始终致力于将中华传统文化与现代美学相融合，通过精湛的工艺和创新设计，打造出一系列深受消费者喜爱的传承系列珠宝产品。其中，与敦煌文化和故宫文化的结合，更是周大福传承系列中的璀璨明珠，不仅展现了中华文化的博大精深，也赋予了珠宝更深厚的文化内涵。

图 9-5　周大福 Logo

周大福的"如来敦煌"传承系列，灵感源自敦煌壁画这一中华传统艺术的瑰宝。敦煌壁画以其高超的技艺、流畅自然的图画动态和深厚的文化内涵，成为古代中华传统文化对于艺术感官审美的完美诠释。该系列在造型和颜色配搭上均以敦煌壁画为蓝本，运用传统黄金铸造和珐琅工艺，于黄金上绘制绚丽图案，重现敦煌的艺术之美。周大福与故宫博物院的合作，更是将传统文化与现代珠宝设计推向了新的高度。故宫文化珠宝系列以 600 年故宫文化元素为灵感，运用现代鎏彩工艺，将传统文化与现代审美相结合，展现出了皇家气派。

自 2017 年正式向中国市场推出文创黄金产品的三年里，"周大福传承"的市场业绩表现取得了惊人的市场三级跳，销售额扶摇直上，开创中国黄金文化创意产品品牌的先河。

2017 年 9 月 9 日，"周大福传承"首次在哈尔滨红博会展购物中心发布系列新品，正式开启了"周大福传承"的篇章。2018 年苏州博物馆"周大福传承"产品品牌发布，国玉·传承系列面世，2019 年故宫·传承、如来敦煌·传承、韩美林艺术·传承相继诞生，在短短三年内获得中国消费者的青睐，引领了中国黄金文创产品品牌消费潮流，达成了从 50 亿元、97 亿元到超过 180 亿元年营收——单品占传统工艺黄金细分市场 25% 以上的份额——创造了黄金饰品业界的增长奇迹。

周大福传承系列与敦煌文化、故宫文化的结合，不仅是对中华传统文化的致敬与传承，更是对现代珠宝设计的一次大胆创新。这些产品不仅具有极高的艺术价值和收藏价值，更承载着丰富的文化内涵和美好寓意，成为连接过去与未来的桥梁。通过珠宝这一媒介，周大福不仅向世界展示了中国传统文化的独特魅力，更搭建起了一座连接不同文化和情感的桥梁，让更多人感受到中华文化的博大精深和无限魅力。如今拥有近百年历史沉淀的周大福珠宝集团继续用"真诚·永恒"的企业价值观引领公司，从"周大福"单一品牌运营走出的珠宝细分市场成功之路，构建了黄金珠宝行业全产业链纵向一体化发展的生态系统，现已成为"中国最具价值的珠宝品牌"。

资料来源：根据相关资料整理

三、品牌定位的原则

品牌定位要突出品牌个性，但并不可以随心所欲地定位，品牌定位更适合从传播策略的角度去进行。品牌定位是从市场定位开始的，首先必须找到目标开发的市场（市场定位），然后确定针对这个市场、这部分消费群体，应该开发什么样的产品去满足他们的需求（产品定位），接着明确针对这部分消费群体，针对产品，应该塑造一种什么样的品牌形象（品牌形象定位）。最后在知道品牌应该塑造一种什么样的形象后，就要建立完善的品牌识别系统把这种形象传达出去——靠品牌的传播传达出去。因此，品牌定位时应依据一定的原则，否则会适得其反。品牌定位通常有以下四项定位原则。

1. 规划和执行品牌识别原则

品牌识别是品牌策划和传播的基础，没有品牌识别，就无法对品牌产生任何传播和购买行为。当一个品牌定位存在时，必须有与之相匹配的品牌识别相组合，这样才能将品牌的价值主张传播发展。一个优秀的品牌有赖于品牌名称与商标的精心设计。有战略眼光的企业家都极其重视品牌的命名与设计。例如，美国埃克森美孚公司（Exxon Mobil Corporation）为设计商标而耗资 1.22 亿美元，前后花了 6 年时间，聘请了经济学、心理学、语言学、商品学等方面的专家，研究了世界上 55 个国家的语言和风俗习惯，最后才从 1 万多个设计中，确定"Exxon"为品牌商标。

2. 切中目标消费者原则

品牌定位是站在消费者的角度进行的，必须设定一个特定的对象，而这个特定的对象应该是目标消费者。定位时要让品牌在目标消费者心目中获得一个有利位置，除了产品的功能利益外，还应有心理、情感、象征意义上的利益，如果目标消费者根本无法理解该品牌所传达的信息，定位则宣告失败。此外，在进行品牌定位时，要始终如一地将品牌的功能、利益和消费者心理上的需要联系起来。

3. 创造品牌的差异化竞争优势原则

竞争者是影响定位的重要因素。没有竞争的存在，定位就失去了价值；没有差异，就没有竞争的存在。差异创造竞争的价值，差异创造品牌的第一位置。品牌定位本质上应展现自己相对于竞争者的优势，以自己的竞争优势占领市场是企业不变的法宝，通过定位向消费者传达自己的优势，从而达到引起消费者注意的目的。用于突出自己品牌和竞争对手之间差异性的要素有产品、服务、人、形象、渠道等。当产品同质化程度太高，较难差异化时，要想取得成功，常常有赖于服务的增加，如海尔推出的售后星级服务。无数的事实证明，品牌的个性和形象也是创造不同品牌产品差异的有效方法。例如，百事可乐、万宝路香烟。分销渠道也可以成为公司差异化的选择，如戴尔电脑的直销模式。差异化的实行还可以利用消费者心理认知机制，通过转换技巧获得。例如，七喜汽水定位为"非可乐"饮料，香港海洋公园定位为"教育机构"（而非游乐园）等。

4. 持续统一传播品牌形象原则

品牌是在消费者心中被唤起的想法、情感、感觉的总和。因此，只有当消费者心智中关于该品牌定义的内容得到认可时，该公司的资源才能被有效利用，产生积极的效益和联想。品牌持续统一的传播，可以在消费者心中形成一种心智模式，从而产生品牌的知名度和忠诚度。例如，摩托罗拉手机一直在全球传播其品牌形象是"智慧演绎无处不在"，成为商务人士和成功人士的首选手机品牌。

四、品牌定位的步骤

1. 市场分析

市场分析要求在为品牌进行定位之前，进行详细的市场调查，了解竞争对手的特点，明确自己的竞争优势。调查包括以下方面。

(1) 该产品的目标消费者群。

(2) 消费者购买该品牌产品的理由。

(3) 市场上同类竞争者产品情况，及其优缺点。

(4) 竞争者品牌是如何定位的，有什么不足，又有哪些方面值得借鉴。

2. 选择本品牌的竞争优势

(1) 确定本品牌的优势。

(2) 确定本品牌各种优势的大小。

(3) 确定本品牌可以用来定位的优势。

3. 品牌定位设计

品牌定位设计就是对品牌定位进行初步的规划和筛选，主要包括以下几个方面。

(1) 根据已确定的品牌优势进行品牌定位。

(2) 确定如何表达品牌的定位，可设计多种不同方案，然后从中进行优选。

(3) 明确如何把有限的资金用在定位上。

4. 品牌定位的实施

品牌定位设计完成后，要使产品在消费者心目中扎根，建立起该企业产品的形象，必须借助各种方式进行有效的传播。因此品牌定位的实施包括实施有效广告创意及选择合适的广告媒体，因为广告是在消费者中传播，也是建立品牌形象的重要手段。除此之外，也要有效地利用公关、营业推广等其他必要的市场促销活动。

【营销案例 9-3】特斯拉的品牌定位

五、品牌定位的方式与策略

1. 品牌定位的方式

品牌定位的方式主要有两种：一种是以竞争为基础的品牌定位（图 9-6），即找到一个沟通的位置，是自己产品的强点，是消费者想要的，也是竞争者所不及的。竞争的品牌定位强调品牌在处理与竞争品牌关系时所采取的定位。

另一种是基于目标市场的品牌定位（图 9-7）。为了维持长期的成功，必须把品牌与消费者的目标联系起来。有效品牌的定位是根据竞争的环境来确定的，例如，摩托罗拉手机由目标市场定位转向了竞争性定位。

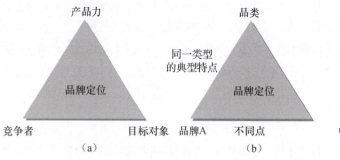

图 9-6　以竞争为基础的品牌定位　　　　　图 9-7　基于目标市场的品牌定位
（a）竞争定位的思考方式；（b）品牌定位三角形

【营销案例 9-4】茅台如何酿造品牌

2. 品牌定位的策略

（1）属性定位。根据产品的某项特色进行定位，包括其历史、规模、绝活等。例如，在世界名车中沃尔沃强调它的耐用和安全，宝马则强调它的性能及操作的优越性。

当进口红酒蜂拥进入中国市场时，以张裕为代表的国产红酒并没有被击退，而是通过其属性来塑造"传奇品质，百年张裕"的品牌形象，丰富了酒文化内涵，提高了国产干红的地位，使一个拥有传奇品质的民族老字号企业毅然挺立。

（2）利益定位。根据产品能为消费者带来的一项特殊利益进行定位。例如，"高露洁，没有蛀牙"；康师傅方便面"好吃看得见"；金嗓子喉宝"保护嗓子，请选用金嗓子喉宝"。利益定位也可以利用一种以上的利益。例如，利比公司 Um-Bongo 品牌定位为"为妈妈带来健康，为小孩制造乐趣"。

（3）使用/应用定位。根据产品的某项使用或应用进行定位。例如，"正式场合穿海螺""当你找不到合适的服装时，就穿香奈尔（Chanel）套装""喝了娃哈哈，吃饭就是香"。

（4）使用者定位。把产品和一位用户或一类用户联系起来，试图让消费者对产品产生一种独特的知觉，而不考虑它的物理构造和特征。例如，"太太口服液，十足女人味""百事可乐，新一代的选择"。美国雪菲

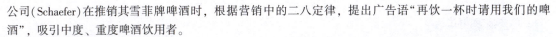

公司(Schaefer)在推销其雪菲牌啤酒时，根据营销中的二八定律，提出广告语"再饮一杯时请用我们的啤酒"，吸引中度、重度啤酒饮用者。

(5)竞争者定位。通过使用一位竞争者作为参考点来识别产品或服务。例如，美国艾维斯汽车出租公司表示"我们是第二，但我们要迎头赶上"；美国克莱斯勒汽车公司宣称自己是美国"三大汽车公司之一"，借助通用、福特汽车公司来提升自己的地位。

(6)产品类别定位。把产品与某种特定的产品种类联结起来，可以通过对一种现存产品类别的细分，或用一种全新的产品类别来定位品牌，例如，七喜定位为"非可乐"；香港海洋世界定位为"教育机构"。

(7)质量–价格定位。价格是商品价值的货币表现。可使用高价格作为高质量的暗示，或以更多的卖点或服务来反映高质量。例如，"喜悦"香水使用"世界上最贵的香水"的广告语。

(8)文化象征定位。利用竞争者未曾使用的而能使消费者产生正面联想的"象征"事物来定位。例如，万宝路所使用的"美国牛仔"和"万宝路乡村"。

(9)心理认知定位。借助品质、技术、领导地位、预期的价值、心理联想等认知因素进行品牌定位。例如，"人头马一开，好事自然来""听自己的，喝贝克""浪莎，不只是吸引"。

(10)生活方式定位。生活方式定位就是把品牌当作一个人，赋予其与目标受众十分相似的个性。例如，"飘柔，就是这样自信""海王，健康成就未来"。

(11)情感定位。它是指将品牌赋予情感，以引起消费者、受众的同情、信任或喜爱，达到共鸣和销售的手法。例如"娃哈哈纯净水，我的眼里只有你"等。

(12)功能定位。功能定位的实质是突出产品的效用，一般表现在突出产品的特别功效与良好品质上。比如罗尔斯·罗伊斯的广告："罗尔斯·罗伊斯的汽车以每小时 60 英里的速度行驶时，在车内听到的最大噪声是电子表走动的声音。"它强调了罗尔斯·罗伊斯汽车的运行平稳和无噪声干扰的特殊功能。红牛饮料的广告"累了，困了，喝红牛"。

(13)重新定位。重新定位策略是通过与竞争品牌的客观比较，来确定自己的市场地位的一种定位策略。它向消费者灌输一种全新的观念、全新的感觉，以建立起其品牌新形象。强生公司"泰诺"就是利用此招击败了在止痛药市场上占领导地位的阿司匹林，重新建立了定位新秩序、品牌新形象，并在击败阿司匹林后，一直位于止痛药的领导位置，领先于"拜耳""百特宁"等。中国南部的区域品牌桂林漓泉啤酒，面对青岛啤酒的攻势，将早期"鼓动欢乐的心"的品牌定位，调整为"好水酿好酒"，充分用足了桂林山水这一地方特色。

六、品牌设计

广义的品牌设计包括战略设计、产品设计、形象设计和 CI 设计(企业形象识别设计)。狭义的品牌设计是指一种对产品的文字名称、图案记号或两者结合的设计，用以象征产品的特性，是企业形象、特征、信誉、文化的综合与浓缩。这里主要研究后一种。

1. 品牌命名

一般来说，一个好的品牌名称，从形式上应具有如下特性。

(1)独特性。容易辨识并能够与其他企业或商品的品牌名称相区别。品牌名称越具有个性，就越具有竞争力。

(2)简洁性。简洁明快的品牌名称可降低商品标识的成本，并便于写成醒目的文字进行广告宣传，有助于提高传播效果。

(3)便利性。品牌名称应易发音、易读、易记、易理解。

(4)营销性。品牌名称应暗示产品的利益，具有促销、广告和说服的作用，适合包装，与企业形象和产品形象相匹配。

(5)愉悦性。无论是读起来，还是看上去，品牌名称都应让人感到愉快，避免不悦和消极的感觉。

营销案例 9-5

大品牌 Logo 演变史

- 苹果

初代 Logo 表现了苹果准备砸向牛顿的画面，感觉需要专门设立一个展板才能看清其全貌。现在的品牌 Logo，简单明了。苹果 Logo 演变见图 9-8。

1976年 1977年 1995年 1998年 2001年 2007年 2020年

图 9-8　苹果 Logo 演变

- IBM

IBM 也有一段桀骜不驯的"少年时代"。IBM Logo 演变见图 9-9。

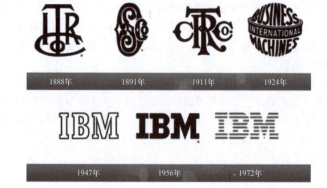

图 9-9　IBM Logo 演变

- 百事

由百事 Logo 可见，百事真的在"变胖"的路上一去不复返。百事 Logo 演变见图 9-10。

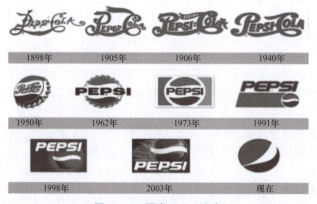

图 9-10　百事 Logo 演变

2. 品牌图案设计

品牌图案设计应体现以下几方面。

(1)营销方面。体现产品的特征和品质，体现品牌价值和理念。

(2)视觉方面。新颖独特、醒目直观，适合各种媒体传播，有强烈的视觉冲击力。

(3)设计方面。色彩搭配协调，线条搭配合理，图案清晰、简化、对称，布局合理。

(4)情感方面。具有现代气息，感染力强，令人喜爱，使人产生丰富的联想和美的享受。

(5)认知方面。易于记忆，通俗易懂，能留下深刻的印象，符合文化背景和时代要求。

【营销案例9-6】"天和"牌系列膏药是怎样成为中国膏药行业的第一品牌？

第三节　品牌策略

一、品牌化策略

品牌化策略要解决的是企业要不要给产品建立一个品牌的问题。如何选定品牌所有者，如何选择品牌名称，确定品牌战略，以及如何对品牌重新定位见图9-11。

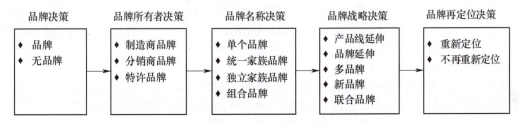

图 9-11　品牌化策略流程

一般来讲，现代企业都建立有自己的品牌和商标。虽然这会使企业增加成本费用，但也可以使企业得到以下好处：①便于管理订货；②有助于企业细分市场；③有助于树立良好的企业形象；④有利于吸引更多的品牌忠诚者；⑤注册商标可使企业的产品特色得到法律保护，防止别人模仿、抄袭。

大多数购买者也需要品牌和商标，因为这是购买者获得商品信息的一个重要来源，即购买者通过品牌和商标可以了解各种产品质量的好坏，从而提高购物效率。

无论是在西方国家还是在我国，也有企业推出不使用品牌产品。所谓不使用品牌产品是指无品牌、包装简易且价格便宜的普通产品。企业推出不使用品牌产品的主要目的是节省包装、广告等费用，降低价格，扩大销售。一般来讲，不使用品牌产品使用质量较低的原料，而且其包装、广告、标签的费用都较低。可以考虑不使用品牌的情况是：①未经过加工和同类产品无区别的原料产品；②不会因生产商不同而形成不同特色的产品；③消费者已经习惯不用品牌的产品；④某些生产比较简单、选择性不大的小商品。

通常品牌化策略根据企业的资源情况、市场竞争空间和竞争的需要而采用(表9-1)。

表 9-1　品牌化策略模式

品牌化策略模式	主要表现形式	典型案例
统一家族品牌战略	一牌多品	海尔、索尼旗下的所有品牌都用统一的海尔、索尼品牌；康师傅、统一的所有食品饮料都用康师傅、统一品牌；雀巢的咖啡、奶粉、矿泉水、牛奶、冰激凌都共用雀巢这一品牌
产品品牌战略	一品一牌 一品多牌	丝宝集团有风影、舒蕾、丽涛等多个洗发水品牌；花王卫生巾使用乐尔雅品牌，护肤品使用碧柔品牌，洗发水有花王、诗芬等品牌
分类品牌战略	不同类产品用不同类品牌	上海家化的六仙、美家净、清妃是针对不同需求而设立的品牌
来源品牌战略	一牌多品 企业+产品	雀巢—宝路薄荷糖、雀巢—美极酱，花王—飞逸洗发水、花王—乐尔雅卫生巾
担保品牌战略 （背书品牌战略）	产品品牌—企业品牌	别克—来自上海通用汽车，舒蕾—丝宝公司优质产品，海飞丝、飘柔—宝洁公司的品质
主副品牌战略	主品牌/副品牌	五粮液—金六福、浏阳河、京酒，乐百氏—健康快车，衡水—老白干、桃花醉

二、品牌所有者策略

品牌所有者策略是指品牌所有权归谁、由谁管理和负责的策略。企业有三种可供选择的策略：一是企业使用属于自己的品牌，这种品牌叫作企业品牌或生产者品牌；二是企业将其产品售给中间商，由中间商使用他自己的品牌将产品转卖出去，这种品牌叫作中间商品牌；三是企业对一部分产品使用自己的品牌，对另一部分产品使用中间商品牌。

过去，品牌几乎都为生产者或制造商所有，可以说品牌是由制造商设计的制造标识。但是，随着市场经济的发展，市场竞争日趋激烈，品牌的作用日益为人们所认知，中间商对品牌的拥有欲望也越来越强烈。近年来，中间商品牌呈明显的增长之势。许多市场信誉较好的中间商（包括百货公司、超级市场、服装商店等）都争相设计并使用自己的品牌。

企业选择生产者品牌或中间商品牌，要全面考虑各相关因素，综合分析得益损失，最关键的问题要看生产者和中间商谁在这个产品分销链上居主导地位、拥有更好的市场信誉和拓展市场的潜能。

一般来讲，在生产者或制造商的市场信誉良好、企业实力较强、产品市场占有率较高的情况下，宜采用生产者品牌；在生产者或制造商资金紧张、市场营销薄弱的情况下，不宜选用生产者品牌，而应以中间商品牌为主，或全部采用中间商品牌。必须指出，若中间商在某目标市场拥有较好的品牌忠诚度及庞大而完善的销售网络，即使生产者或制造商有自营品牌的能力，也应考虑采用中间商品牌。

【营销案例 9-7】《爸爸去哪儿》的品牌营销策略

三、品牌统分策略

对企业而言，全部产品都使用一个品牌，还是各种产品分别使用不同的品牌，关系着品牌运营的成败。

（1）统一品牌。企业所有的产品（包括不同种类的产品）都统一使用一个品牌。例如，海尔公司的所有产品统一使用"海尔"品牌。企业采用统一品牌策略，其好处是：①能够降低新产品宣传费用；②在企业的品牌已赢得良好市场信誉的情况下，可实现顺利推出新产品的愿望；③有助于展示企业实力，塑造企业形象。其缺点是：若某一种产品出于某种原因（如质量）出现问题，就可能影响到全部产品和整个企业的信誉。当然，统一品牌策略也存在着容易相互混淆、难以区分产品质量档次等令消费者不便的缺憾。

（2）个别品牌。个别品牌是指企业对各种不同的产品分别使用不同的品牌。该品牌策略有下列特点。

①有利于企业全面占领一个大市场，满足不同偏好消费者的需要。多种不同的品牌代表了不同的产品特色，便于消费者识别不同质量、档次的商品。多品牌可吸引多种具有不同需求的顾客，提高市场占有率。

②有利于企业提高抗风险的能力。企业每一品牌之间是相互独立的，个别品牌的失败不会影响其他品牌及企业的整体形象。

③适合零售商按品牌安排货架的行为特性。在产品分销过程中，本企业品牌占有更大的货架空间，进而压缩或挤占竞争者产品的货架面积，为获得较高的市场占有率奠定了基础。

④有利于企业的新产品向多个目标市场渗透。

⑤促销费用较高也是不可忽视的，对企业实力、管理能力要求较高。

（3）分类品牌。分类品牌是指企业对所有产品分类，各类产品使用不同的品牌。如企业可以对自己生产经营的产品分为器具类产品、妇女服装类产品、主要家庭设备类产品，并分别赋予其不同的品牌名称及品牌标志。这实际上是对前两种做法的一种折中。

（4）企业名称加个别品牌。这种做法是企业对其各种不同的产品分别使用不同的品牌，但要在各种产品的品牌前面冠以企业名称。在各个不同产品的品牌名称前冠以企业名称的做法，可以使新产品与老产品统一化，进而享受企业的整体信誉。与此同时，各种不同的新产品分别使用不同的品牌名称，又可以使不同的新产品各具特色。

四、品牌延伸策略

品牌延伸策略包括将某一品牌扩展到新的产品领域，也包括通过增加变形产品或同一产品领域的新产品来延伸品牌。可以考虑品牌延伸策略的情况是：①品牌有较高的知名度和声誉；②品牌内涵适用于新的领域；③专业知识和专业技术具有可转移性；④品牌的新产品和老产品在一起十分匹配；⑤存在扩展的市场空间。

值得注意的是，品牌延伸策略是一把双刃剑。一方面，它利用了品牌资产；另一方面，若利用已成功的品牌开发并投放市场的新产品不尽如人意，消费者不认可，也会影响该品牌的市场信誉。

【营销案例 9-8】宝马品牌为何能延伸到服饰？

五、多品牌策略

多品牌策略是指企业同时为一种产品设计两种或两种以上互相竞争的品牌的做法。这种策略由宝洁公司（P&G）首创并获得了成功。在中国市场上，宝洁公司为自己生产的洗发液产品设计了飘柔、海飞丝、潘婷、沙宣、润妍等多个品牌。宝洁公司洗发液产品的多品牌策略在中国市场上获得了令人瞩目的市场业绩，仅飘柔、海飞丝和潘婷三个品牌的市场占有率就达到了 66.7%。

多品牌策略的优点是：不同品牌的同一产品在市场上开展竞争，有时会导致两者销售量之和大于原单一品牌的先期产品销售量之和。采用此策略的目的是扩大市场份额。

多品牌策略也存在不足，由于多种不同的品牌同时并存，必然使企业的促销费用升高且存在自身竞争的风险，所以在运用多品牌策略时，要注意各品牌市场份额的大小及变化趋势，适时撤销市场占有率过低的品牌，以免造成自身品牌过度竞争。

一般来说，企业采取多品牌策略的主要原因有以下几点。

（1）多种不同的品牌只要被零售商店接受，就可占用更大的货架面积，而竞争者所占用的货架面积当然会相应减小。

（2）多种不同的品牌可吸引更多顾客，提高市场占有率。这是因为：一贯忠诚于某一品牌而不考虑其他品牌的消费者是很少的，大多数消费者是品牌转换者。发展多种不同的品牌，才能赢得这些品牌转换者。

（3）发展多种不同的品牌有助于在企业内部各个产品部门、产品经理之间开展竞争，提高效率。

（4）发展多种不同的品牌可使企业深入到各个不同的市场部分，占领更大的市场。

六、品牌再定位策略

品牌再定位策略是指某一个品牌在市场上的最初定位即使很好，但随着时间推移也必须重新定位。这主要是因为以下情况发生了变化。

（1）竞争者推出一个品牌，把它定位于靠近本企业的品牌，侵占了本企业的品牌的一部分市场，使本企业品牌的市场占有率下降，这种情况要求企业进行品牌重新定位。

（2）有些消费者的偏好发生了变化，他们原来喜欢本企业的品牌，现在喜欢其他企业的品牌，因而市场对本企业的品牌的需求减少，这种市场情况变化也要求企业进行品牌重新定位。

（3）经济不景气，高价位产品市场缩小。

（4）健康意识普及，人们对某些食品的需求大减。

（5）当初定位错误或营销环境发生了变化。

重新定位一个品牌需要改变目标市场，或改变品牌的价值取向。为了改变价值取向，研究人员可以通过改变核心价值（产品、技术、质量、消费者购买和使用时的感受）来实现。如研究人员根据对消费者的研究，发现"预防上火"是消费者购买红色王老吉的真实动机，于是王老吉突破传统的药用"祛火"定位，重新定位于具有预防上火的饮料定位，其独特的价值在于——喝红色王老吉能预防上火，让消费者无忧地尽情享受生活：煎炸、香辣美食、烧烤，通宵看足球……

企业在制定品牌重新定位策略时，要全面考虑两方面的因素：一方面，要全面考虑把自己的品牌从一个市场部分转移到另一个市场部分的成本费用。一般来讲，重新定位距离越远，其成本费用就越高。另一方面，还要考虑把自己的品牌定在新的位置上能获得多少收入。

第四节　包装与包装策略

一、包装概述

1. 包装的含义

包装是指设计并生产容器和包装物的一系列活动，其有两层含义：一是指产品的外部包扎和容器，即包装器材；二是指设计、生产容器或包扎物并将产品包裹起来的一系列活动。

2. 包装的构成

市场营销学认为，产品包装一般分为三个层次。

（1）内包装：指盛装产品的直接容器，如牙膏的软管、饮料的瓶子等。

（2）中层包装：指用来保护内包装和促进销售的直接容器，如白酒外的纸盒。

（3）外包装：也称运输包装，主要是便于储存、搬运、辨认商品，如装运酒类的纸箱。

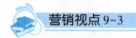 营销视点 9-3

包装颜色的解读

颜色是包装中一个特别重要的方面，在不同的文化和细分市场中具有不同的含义。如一位专家所说："颜色无处不在，它在语言上是中性的，但却承载着意义。每个人都可以看到颜色，但每个人都通过不同的眼睛来看待颜色——无论是在字面意义上还是象征意义上。"颜色可以定义一个品牌。从蒂芙尼的蓝色包装盒到吉百利的紫色包装，再到联合包裹的棕色卡车，都是如此。电信移动运营商橙色(Orange)甚至直接将颜色作为其外观特点和品牌名称。

颜色之所以重要，原因之一在于不同的颜色可以包含不同的含义，传达不同的情感。以下是常见的对不同颜色的解读。

红色象征着兴奋、活力、激情、勇气和大胆。

橙色意味着友好和有趣，结合了红色的能量和黄色的温暖。

黄色，太阳的颜色，代表着温暖、快乐和幸福。

绿色，大自然的颜色，意味着健康、成长、新鲜和重生。

蓝色是天空和大海的颜色，意味着可靠、信任、能力和正直。

紫色象征高贵、财富和智慧，结合了蓝色的稳定和红色的能量。

粉红色被认为具有柔软、平和与舒适的特质。

棕色是大地的颜色，意味着诚实和可靠。

黑色被认为是经典、强壮和平衡的颜色。

白色意味着纯洁、天真和清洁。

我们经常将红色与可口可乐、蓝色与百事可乐(还有IBM)、黄色与美团外卖、粉色与维多利亚的秘密内衣联系起来……在王老吉凉茶分家时，红色罐子甚至成为加多宝和广药集团争抢的包装颜色。

资料来源：1. 菲利普·科特勒，凯文·莱恩·凯勒，亚历山大·切尔内夫. 营销管理[M]. 陆雄文，蒋青云，赵伟韬，等译. 16版. 北京：中信出版集团，2022.

2. 郑毓煌. 科学营销[M]. 北京：中信出版社，2023.

二、包装的作用

营销案例9-9

包装的价值

- 苏州的檀香扇在香港市场上售价原为65元，改用锦盒包装，售价为165元，且销量大增。
- 东北人参过去用木箱成捆包装出口，每箱10千克，改用精致小包装后售价平均提高30%。
- 贵州茅台酒在瓶颈系了一根红绸带，在欧美市场上售价提高5美元。
- 在激烈的啤酒业竞争中，不断地改变包装已成为行业竞争的有效手段之一，如一瓶酒的容量从640毫升改变为600毫升、580毫升等，瓶标也不断变化，满足消费者"喜新厌旧"的心理。

包装已成为强有力的营销手段。设计良好的包装能为消费者创造方便价值，为生产者创造促销价值。包装主要有以下作用。

1. 保护商品，方便运输

保护商品，方便运输是商品包装的基本作用。商品在从生产领域向消费领域转移的过程中，要经过运输、装卸、储存、销售等环节，良好的包装可以起到使商品在空间转移和时间转移过程中避免因震动碰撞、风吹日晒而受损，保护商品完好。包装还为商品的销售和购买提供了方便。

2. 美化商品，区别商品

消费者在选购商品的时候，首先看到的是商品的包装，精美的包装会对消费者产生极大的吸引力，精美的包装本身就是一件艺术品。同时，不同的包装也使产品之间有了档次差异，使不同企业的产品有了区别，消费者可以根据包装辨别商品。如"柯达"胶卷以黄色为主色调的包装。

3. 促进销售，增加利润

一件好的包装本身就是一幅宣传广告，人们往往是根据包装来选择商品的，尤其在自选商场更是如此。因此，包装被誉为"无声的推销员"，它默默起着宣传商品、介绍商品、激发消费者购买欲望的作用。

三、包装的设计

营销案例 9-10

绝对伏特加

把包装作为传播符号以与其他同类商品进行区别，绝对伏特加是典型成功例子之一。绝对伏特加在几乎所有的广告中，都把其独特的瓶型当作主设计元素和符号来运用，取得了良好的效果，见图9-12。

图9-12　绝对伏特加的包装设计

企业在设计包装时应当从如下方面入手。

（1）包装应与商品的价值或质量水平相适应。贵重商品和艺术品，要烘托出商品的高贵、典雅。对于公司的某个产品系列可以采取高中低档包装相配，以满足不同消费者的需求。

（2）包装的造型应美观大方，图案力求生动形象，不落俗套，避免模仿、雷同，尽量采取新材料、新图案、新形状，引人注目。这是包装的基本要求。

（3）包装要能够显示商品的特点和独特的风格。对于以外形或色彩表现其特点或风格的商品，如服装、装饰品、食品等的包装，应设法向购买者直接显示本身水平，以便顾客选购，如可采用透明包装、开天窗式包装，或在外包装上附上彩色照片等。

（4）包装上的文字设计要能够直接回答顾客最关心的问题。产品的性能、使用方法和效果常常不能直观显示，往往需要用文字来表达。包装上的文字设计应根据顾客心理突出重点。如食品包装上应说明原料、食用方法；药品类应当说明成分、功效、用量、禁忌及是否有副作用，直接回答购买者的问题，消除其顾虑。

（5）包装装潢的色彩、图案，要符合规范，不能与民族习惯、宗教信仰相抵触。同样的色彩和图案，对于不同的消费者，可能具有迥然不同的含义。中国人庆祝节日喜欢用红色，而日本人互赠白色毛巾；埃及人喜欢绿色，忌用蓝色；法国人讨厌墨绿色（法西斯军服的颜色），偏爱黄色。在信奉伊斯兰教的国家和地区忌用猪作装饰图案；欧洲人认为大象呆头呆脑，中国人则认为它憨态可掬；法国人视孔雀为吉祥鸟，瑞士人把猫头鹰看作死亡的象征；乌龟的形象在许多国家和地区都代表丑恶，而在日本表示长寿。有些色彩、图案或符号在特定的地方具有特定的含义，如在土耳其，绿三角是免费的标记。不同年龄的消费者也有不同的偏好，如老年人喜欢冷色，稳重沉着；年轻人喜欢暖色，健康活泼。

四、包装策略

营销案例9-11

可口可乐包装策略

品牌一向被可口可乐视为最重要的资产，而包装策略是品牌最外在的表现。可口可乐的品质百年不变，但几乎每隔几年就会对自身的品牌形象进行一次细节上的调整和更换，以适应不断变化的市场。可口可乐认为，一个有效的包装策略应该兼顾独创性，并以满足消费者的需求为导向。

图9-13 可口可乐包装

1898年，可口可乐斥巨资购买下一个栩栩如生、惟妙惟肖的玻璃瓶包装专利，使它成为可口可乐的独特形象（图9-13）。2003年2月18日，可口可乐宣布启用全新的商标形象，取代自1979年重返中国市场后使用了长达24年的中文标准字体；4月，麾下品牌雪碧标志原有的"水纹"设计被新的"S"形状的气泡流图案所取代；其后芬达推出全新瓶型，又演绎了一场精彩的"橙味风暴"。据专家预测，可口可乐更换新标识后，可以将消费者购买欲望提高5个百分点。

资料来源：http://www.31food.com/Product_News/Detail/19956.html，经改写

包装作为整体产品的一部分，企业在包装设计上采取了各种各样的措施，形成了不同的包装策略。

1. 类似包装策略

企业生产的各种产品在包装上采用相同的图案、色彩或其他相似的特征，使顾客注意到这些是同一家企业的产品。类似包装策略具有与统一商标策略相同的好处，如节约包装设计费用与制作费用，增强企业声势，有利于介绍新产品。但是不能滥用这一策略，它只适用于同样质量水平的产品。如果质量悬殊，则优质产品将受到不利的影响。

2. 多种包装策略

把使用相互关联的多种商品，纳入一个包装容器中，同时出售，满足多种选择的需求。如现在市场上广泛出现的化妆品套盒、家用药箱、高档礼品盒、套装餐具等，既便于使用，又扩大了销路。

3. 再利用包装策略

再利用包装策略也称双重用途包装策略，即在原包装的商品用完后，包装容器可以做其他用途。例如，糖果、饼干的包装盒，可当文具盒；药品的包装可考虑作为饭盒、食品盒等。这种包装往往能引起集团购买，其优点还在于把包装容器当作流动的广告使用。但要注意包装材料的附加值不能过高。

4. 附赠品包装策略

附赠品包装策略是目前国内外市场上较流行的包装策略。如儿童玩具和食品中附赠连环画或识字卡；化妆品包装中附带赠券，积累一定量可以得到另外的赠品；有些商品采取包装上附带奖券，中奖后可以得到奖品。

5. 改变包装策略

商品包装的改进，如同产品本身的改进一样对销售有着重大意义。如果与同类竞争产品内在质量近似，而销路不畅，就应注意改进包装设计。一种产品的包装已采用了较长时间也应考虑推出新包装，达到刺激消费的目的。采取这种策略的前提条件是商品的质量达到了使用要求并具有较强的竞争力，否则，单单靠包装改头换面无济于事。

本章小结

2014年5月10日，习近平总书记提出"三个转变"的重要论述，即推动中国制造向中国创造转变、中国速度向中国质量转变、中国产品向中国品牌转变。国务院办公厅2016年6月10日发布《关于发挥品牌引领作用推动供需结构升级的意见》，提出设立"中国品牌日"的倡议，从2017年起，将每年5月10日设立为"中国品牌日"。品牌策略是指企业为了提高品牌价值和竞争力，而采取的一系列有目标、有计划、有步骤的行动。品牌策略包括品牌定位、品牌设计、品牌传播、品牌管理等方面。中国品牌想要在世界获得成功，除了科技创新、技术等必要因素，最根本的还要把握与彰显我们国家的精神与文化品质，这才是中国自主品牌走向全球的成功基因。一个国家或民族的优秀文化与精神融入了成功的产品就会获得青睐，这也成就了品牌的商业梦想。坚持以习近平新时代中国特色社会主义思想为指引，树立"四个自信"，从中国的国情出发，深入了解中国文化，用好中国元素。

在移动互联网时代，企业需要着力打造数字品牌，以提高企业竞争力。数字品牌不是数字化的品牌，而是数字化时代的品牌。对这些品牌而言，数字化不仅仅是一种技术手段，而是一种全新的经营理念，代表的是企业内核和客户价值的数字化。在数字化时代，品牌策略应与数字经济结合，企业利用数字技术和平台，创新品牌策略，适应消费者的需求和行为变化，提升品牌的影响力和忠诚度，构建品牌生态系统，实现品牌的可持续发展。品牌策略要充分利用数字平台和渠道实现品牌的延伸、组合和重塑，提高品牌的竞争力和影响力，构建品牌生态系统。

互联网时代，品牌定位与设计要基于大数据分析，深入了解消费者的偏好、需求、痛点和场景，打造差异化和个性化的品牌形象和价值主张，满足消费者的多元化和个性化需求。品牌传播要利用数字媒体和社交网络实现品牌与消费者的互动和共创，增强品牌的认知度和美誉度，培养消费者的信任感和归属感，形成口碑效应和社群效应。企业要积极打造品牌社群，借助社群的力量进行品牌宣传，加强用户和品牌之间的联系并提升用户忠诚度。品牌管理要利用云计算和人工智能等技术，实现品牌的智能化运营和监测，提高品牌的效率和效果，及时调整品牌策略，应对市场变化和竞争挑战。品牌延伸要利用电子商务和物联网等平台，实现品牌的多元化发展，拓展品牌的产品线、服务线和渠道线，提供更丰富和更便捷的消费体验，增加品牌的附加值和忠诚度。

包装和包装策略应该结合数字技术的创新应用，以提升包装的功能性、设计性和环保性。通过数字技术，包装可以实现防伪、溯源、追踪和互动等多种功能，从而增强其附加值和用户体验，使其变得智能化和可追溯。在包装设计方面，企业应该借助大数据分析深入了解消费者的偏好、需求、痛点和使用场景，以打造差异化和个性化的包装形象和信息传递方式，以满足消费者多样化和个性化的需求。企业可以利用数字技术和平台创新包装策略，以适应消费者需求和行为变化，提升产品的附加值和用户体验，构建产品生态系统，从而实现品牌的可持续发展。

案例评析

多品牌策略：P&G（宝洁）谁与争锋

美国宝洁(P&G)公司（以下简称"宝洁"）是世界上最大的日用消费品生产企业，其经营的300多个品牌涵盖洗涤用品、个人护理品、化妆品、食品、药品等，产品在世界140个国家和地区畅销。根据美国《财富》杂志年度调查，宝洁(Logo见图9-14)连续8年获选美国十大最受赞赏的企业之一，也是最值得长期投资的企业之一。在美国，98%的家庭使用宝洁的产品，宝洁被称为全球经营最佳的企业之一。

图9-14　宝洁Logo

其于1931年首创的品牌管理系统，被哈佛管理学院作为教学课程，此系统同时也成为无数企业竞相模仿的标杆，宝洁的多品牌策略被誉为全球品牌营销的典范。为了加强消费者对品牌的熟悉度，宝洁平均每年花费超过30亿美元进行品牌营销，远远超过世界上任何一个企业。

宝洁诞生于 1837 年的美国俄亥俄州辛辛那提市，它是由威廉姆·波特（William Procter）和詹姆斯·嘉柏（James Gamble）合伙成立的，主要生产肥皂和蜡烛。最初以十字符号作为星星牌蜡烛包装上的标志，到了 1859 年则改为"星月争辉"商标，产品销量达到 150 万美元。美国南北战争时期，公司向军队大量供应肥皂，使"星月争辉"标志广为人知。

1879 年，一个工人在生产肥皂时由于操作失误，使空气灌进了肥皂而使这种肥皂能在水中浮起来，产品上市后，市场反应异常好，哈利·普罗特将这种纯白肥皂重新命名为象牙皂（Ivory）。普罗特开始以印刷广告促销象牙皂，将精纯产品的优越品质告知大众。第一笔广告预算为 11 000 美元，用于报纸广告、看台及车身广告。同时编印"诗意的选择"小册子，随宝洁广告在各销售点散发给消费者，这就是最早的店头广告。1882 年《独立者》杂志推出了最有名的广告标语"象牙皂……纯度 99.40%～100%"。这个广告同时传达了"象牙皂会漂浮在水面"的信息。1900 年，宝洁纯利润达到 100 万美元。

随着电灯的普及，蜡烛生产日渐萎缩，宝洁公司开始致力于洗涤用品的开发与生产。1926 年首度推出了象牙皂的竞争品牌——佳美（Camay）香皂。

品牌经理制

1931 年宝洁的营销史上发生了一场深刻的变革，当时一位名叫尼尔·麦考雷的广告经理提出了"品牌经理"的概念，认为一个品牌经理只负责一个品牌的销售，即使同一公司的不同品牌也应相互竞争。宝洁以品牌经理制重组公司，获得极大成功，以至于宝洁后期的绝大多数高级管理人员都担任过品牌经理。每位品牌经理必须独立自主，负责所有与品牌相关的事务及其福利，并以销售实绩回报公司的投资及支援。

1931 年 5 月 13 日，一份题为"品牌管理"的报告呈递到总裁手中。报告指出，每一品牌设立一名品牌经理。品牌经理应该在一组人员支持下，专心致力于一个品牌的行销，并且面面俱到。此外，还需要一位品牌助理负责办公室里的日常工作，从而将自己训练成一个独当一面的负责人。麦考雷的品牌经理制弥补了宝洁以前管理制度上的不足，以往销售人员肩负着许多行销任务，并且要销售产品，现在他主张这些销售任务应由品牌管理小组来承担。当时，有的人把这种兄弟相争的理论斥为异端邪说，而实际的效果却证明了品牌经理制的成功。后来品牌经理制被美国各大企业采用。

在品牌经理制中，每位经理都相当肯定商品的价值，从而倾全力击败所有的竞争者——包括自己公司的产品。

宝洁有一百多位品牌经理，除了少数之外，一般品牌经理均处理单一品牌或是基本品牌加上它的延伸品牌，有的人则负责未上市的品牌。在宝洁，典型的品牌经理是：他们（或她们）大都二十多岁、三十出头，在公司工作了六七年，担任品牌经理两年左右。他们从品牌助理干起，在 15 个月内成为见习销售人员，再以几个月的时间在负责区域内铺货、展示及与商店经理沟通。而后成为品牌副经理，也可能转到其他品牌，最后按惯例经过约三年半的历练后，升任品牌经理。品牌经理需向监督三到四个品牌小组的广告协理负责，由他再向广告经理负责，广告经理再向 8 位事业部副总裁中的一位负责。在宝洁，品牌小组为非利润中心，利润是以部门为单位来衡量的。

1946 年，宝洁开发出适合于洗衣机洗衣的 Tide（汰渍）洗衣粉，两年后 Tide 成为美国最畅销的洗涤用品。1950 年，开发出蓝色 Cheer 洗衣粉；1955 年，推出含氟佳洁士（Crest）牙膏，1961 年推出帮宝适（Pampers）纸尿裤、海飞丝（Head&Shoulders）洗发水，到 1980 年宝洁的销售额达到 100 亿美元。

宝洁的品牌管理系统之所以卓有成效，是因为具有一个促使此系统蓬勃发展的基本信念：消费者购买品牌而不是购买产品。由于品牌是宝洁制胜的核心，其企业核心也以品牌经理人为中心。

宝洁的多品牌战略

"如果有人想要吃你的午餐，与其让敌人吃，不如让自家人享用。假若在某个市场区隔内还有其他品牌的生存空间，最好用自己的品牌和自己竞争，而不要和其他对手的品牌竞争。"宝洁的产品品牌达到 300多个，其内部品牌间的竞争非但没削弱公司的市场占有率，反而通过竞争使整体品牌组合的市场占有率大大提升。多品牌竞争，市场份额一部分来自自有品牌，更多的是来自竞争对手。

宝洁的每一个产品大类下都有几个不同的品牌，以洗衣粉为例，宝洁公司设计了 9 个品牌，它们是Tide、Cheer、Oxydol、Gain、Bold、Ivory Snow、Dreft、Dash、Era。不同的人对洗衣粉有不同的要求，有的人认为洗涤重要，有的人认为易漂洗重要，有的人认为使织物柔软重要，还有的人认为洗后衣物具有芳香重要等。而要满足顾客千奇百怪的欲望，靠单一品牌是不可能实现的，因此宝洁就设计了不同品牌的洗衣粉以满足顾客的需求。

Tide：洗涤能力强，去污彻底，能满足洗衣量大的工作，是一种用途齐全的家用洗衣粉。"洗衣干净，请用汰渍。"

Cheer：具有"杰出的洗涤能力和护色能力，使衣物变得更干净、更明亮、更鲜艳"。

Oxydol：含有漂白剂。它"可使白色衣服更洁白，花色衣服更鲜艳。所以无须漂白剂，只要Oxydol"。

Gain：清新亮丽。"如同太阳一样让人振奋的洗衣粉。"

Bold：加入了植物柔顺剂，能清洁衣物，柔软织物和防静电。

Ivory Snow："纯度达到99.44%"，它温和，适合洗涤婴儿的尿布和衣服。

Dreft：能用于洗涤婴儿的尿布和衣服，含有天然清洁剂硼石，令人相信它的清洁能力。

Dash：宝洁公司的价值产品，能有效去除污垢，价格相当低廉。

Era：天生的去污剂，能消除难洗的污点，在整个洗涤过程中效果良好。

通过多品牌的市场战略，宝洁公司的洗涤用品约占美国洗涤市场的55%，这靠单一品牌是无法实现的。所有品牌互相交锋，但各有所长。宝洁宁愿让自己的品牌吃掉自己的品牌，因为市场占有率仍然属于宝洁。

宝洁的成功在于多品牌策略和与之相适应的管理原则。

（1）消费者至上。

宝洁在其企业目标中写道："我们将提供高品质及高价值的产品，这些产品不但将提升消费者生活品质，也由于消费的认同，我们的销售量将领先同业并且获利成长。"消费者是有眼光且有分辨能力的，会仔细权衡产品的价值及成本，然后选择提供真实价值的厂商。宝洁相信消费者的信念来自其本身，因为消费者对品牌价值与品质的认知，将决定宝洁的未来。消费者以他们的实际购买行为作为对价值认知的反馈。消费者至上，要求了解顾客心声，相信顾客，不要愚弄顾客，因为只有消费者才是市场的主宰。宝洁获得成功的两个要素：一是通过严谨且系统化的消费行为研究来了解消费者的需求；二是研制正确的产品，并规划适当的营销方案以满足消费者的需求。

（2）创造卓越产品。

不断追求卓越品质是宝洁满足顾客需求的出发点，是对顾客的尊重。宝洁在全球拥有超过2 500项的专利，有250种技术受到保护；共有7 000位科学家任职于全球17个研究中心，其中有1 150个博士级科学家，数量超过哈佛大学、麻省理工学院、斯坦福大学、东京大学以及伦敦帝国大学的科学家总和。100多年来，宝洁从未放弃技术领先和对新产品的研究开发。宝洁执行长约翰·佩柏说："宝洁给人的印象是一个营销导向的企业，其实我们是最早的研制企业。研制是我们经营的核心。"宝洁每年投资于研发的费用超过13亿美元，以寻找下一个年度的产品改善空间，以及那些远远超过现在市场所想象的创新产品。对于消费者而言，产品的真正价值在于具体功能的表现，而非外表亮丽或不实的想象。改善永无止息，宝洁不断地改善每一个品牌，光是汰渍洗衣粉的配方和包装就改了不下70次，追求完善是宝洁前进的动力。

（3）创造独特品牌。

宝洁拥有300多个品牌，但从不把公司名称和品牌混同，它允许每个新品牌在产品上市的头6个月使用如下广告词"……宝洁新推出……"。6个月以后，每一个品牌必须独立自主并建立其与消费者之间的关系。这反映了宝洁的信念，"品牌是独一无二的，而且每个品牌必须自我建立顾客忠诚度"。顾客忠诚是企业最大的财富，是企业最重要的品牌资产，消费者以品牌为购买取向，品牌以其个性吸引顾客。前任宝洁执行长艾德·阿兹特（Ed Artzt）说："品牌忠诚是我们事业的基础……大多数消费者每年会买10~20次洗衣剂，而每一次的购买决定都代表一个转换品牌的机会。"创造独特品牌，尤其是创造不同品牌的个性，充分满足消费者多方面的市场需求和品牌转换的欲望。转换新口味同样是部分消费者的消费追求，与其让消费者购买竞争对手的品牌，不如让他们购买自己公司的其他品牌。

（4）放眼未来。

品牌是无生命周期的，品牌必须永葆活力，并且不断改变。它随消费者需求的变化而变化，为满足消费需求而改变。宝洁以创造永久性品牌为企业目标，通过提高产品功效或增加产品功能（发展大型品牌）以维系品牌生命力。利润是任何企业保持其恒久生命力的原动力，宝洁同样毫不掩饰地追逐利润。宝洁不像其他企业一样忙于短期盈利，宝洁相信获利最终来自正确的决策，而正确决策的影响力将远超过一季的时间，只有保持长期获利，企业的生命才能百年不衰，放眼未来，使企业永远保持旺盛的生命力。宝洁公司的主要品牌见表9-2。

表9-2 宝洁公司的主要品牌

洗涤剂品牌			
汰渍（Tide）	达滋（Daz）	象牙（Ivory Snow）	奥格多（Oxydol）
快乐（Cheer）	甘恩（Gain）	德瑞福特（Dreft）	波德（Bold）
碧浪（Ariel）	唐尼（Downg）	依若（Era）	帮斯（Bounce）
利纳（Lenor）	妃雅（Fairy）		
厨房品牌			
唐恩（Dawn）	易洁（Joy）	克林先生（Mr. Clean）	蔻美特（Comet）
卡斯凯特（Cascade）	依芙玉（Ivory Liquid）	史毕史班（Spic and Span）	
食品品牌			
帮帝（Bounty）	吉福（Jif）	克瑞史可（Crisco）	品客（Pringles）
邓肯亥（Duncan Hines）	富爵士（Folgers）	桑尼迪莱（Sunny Delight）	
医药品牌			
克瑞斯（Crest）	葛林（Gleem）	薛儿（Sure）	西克瑞特（Secret）
史科普（Scope）	维克斯（Vicks）	尼奎尔（NyQuil）	费可邓（Fixodent）
帝罗奈（Didronel）	欧斯柏斯（Old Spice）	培托比斯摩（Pepto-Bismol）	克利尔（Clearasil）
卫浴品牌			
潘婷（Pantene）	海飞丝（Head&shoulders）	飘柔（Pert Plus）	沙宣（Vidal Sassoon）
普瑞尔（Rrell）	象牙（Ivory）	激爽（Zest）	蔻斯特（Coast）
舒肤佳（Safeguard）	查尔敏（Charmin）	帕夫（Puffs）	玉兰油（Oil of Olay）
佳美（Camay）	好自在（Always）	佳洁士（Crest）	
护理品牌			
帮宝适（Pampers）	乐芙适（Luvs）	清爽宝宝（Baby Fresh）	护舒宝（Whisper）
化妆品牌			
封面女郎（Cover）	那克斯玛（Noxzema）	蜜斯祛托（Max Factor）	

资料来源：朱立. 市场营销经典案例[M]. 北京：高等教育出版社，2004.

评析：宝洁公司成功地实施了多品牌战略，开创品牌经理制之先河，针对产品的特性，进行了有效的市场定位。实现营销的本质是质量、服务和价值。

 思考题

1. 什么是品牌？品牌的作用与功能有哪些？

2. 品牌资产主要包括哪些内容？

3. 品牌定位的一般原则有哪些？举例说明品牌定位有哪几种方式？

4. 简述品牌化决策的流程。

5. 什么是多品牌决策？企业采用多品牌决策的主要原因是什么？采取多品牌决策会带来什么问题？

6. 你最喜欢什么样的包装，其原因是什么？

7. 简述包装的种类与作用，试举例说明某一品牌的包装策略。

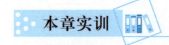 **本章实训**

一、实训目的

通过对实践案例的整理和分析，学生对品牌策略有感性的认知，理解品牌营销思路，及品牌对企业的意义。

二、实训内容

1. 实训资料：搜集中外企业品牌营销成功案例。

2. 具体任务：根据本章对品牌策略的介绍，分小组讨论分析案例。

3. 任务要求：

（1）分析案例中的品牌策略成功的主要原因及其启示；

（2）该企业品牌策略产生背景，有何新的品牌营销思路。

三、实训组织

1. 根据全班上课人数，将全班同学分成若干小组，采取组长负责制，全体组员协作完成课堂任务。为了避免不同小组所搜集案例重复，各小组组长将所选案例进行提前汇总，并进行协商，确保所选案例不重复。

2. 确定所选案例后，各小组进行下一步分工，对案例进行分析、汇总。

3. 经过小组讨论后，完成实训报告及汇报PPT。

4. 根据课时具体安排，不同小组分别选派成员对报告进行讲解，并回答其他组成员的问题。

5. 任课教师对实训课程的结果进行总结，提出相应的意见及建议。

四、实训步骤

1. 任课教师布置实训任务，介绍实训要点和搜集材料的基本方法。

2. 各小组明确任务后，按照教师指导根据具体情况进行分工。

3. 各小组定期召开小组会议，对取得成果进行总结，遇到问题及时与指导教师沟通。

4. 完成实训报告及展示所需要的PPT等材料，实训报告中应包括案例来源、案例分析，以及遇到的难题与解决方案、启示等内容。

5. 各小组对案例进行课上汇报，教师对各组的汇报进行点评及总结。

第十章 价格策略

章节图解

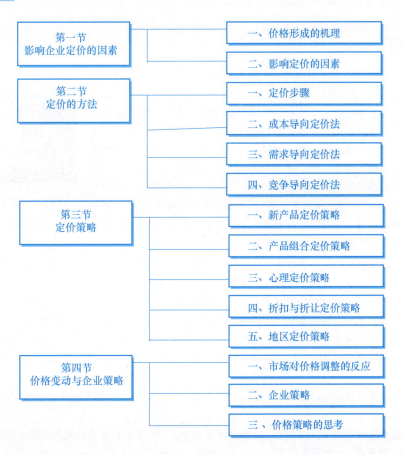

第一节 影响企业定价的因素
- 一、价格形成的机理
- 二、影响定价的因素

第二节 定价的方法
- 一、定价步骤
- 二、成本导向定价法
- 三、需求导向定价法
- 四、竞争导向定价法

第三节 定价策略
- 一、新产品定价策略
- 二、产品组合定价策略
- 三、心理定价策略
- 四、折扣与折让定价策略
- 五、地区定价策略

第四节 价格变动与企业策略
- 一、市场对价格调整的反应
- 二、企业策略
- 三、价格策略的思考

🎯 学习目标

知识目标：
- 了解影响产品价格的因素
- 掌握定价的三种方法
- 掌握新产品的定价策略
- 熟练运用价格调整策略

素养目标：
- 理解价值定价理念，避免价格战
- 提高对营销道德的认知，反对价格欺诈
- 强化法治意识，遵守《中华人民共和国价格法》《中华人民共和国反不正当竞争法》等法律

✏️ 关键概念

目标利润定价法，需求差别定价法，竞争导向定价法，价格调整策略

📦 导入案例

蜜雪冰城"高质平价"策略

蜜雪冰城（Logo 见图 10-1）是一家以销售新鲜冰激凌和茶饮为主的连锁机构，致力于打造中国新鲜冰激凌和茶饮品牌。蜜雪冰城的主营业务为茶饮、冰激凌等，是国内率先突破万家门店的茶饮品牌，同时，在海外拥有70 多家门店。与喜茶、奈雪的茶等茶饮品牌不同，蜜雪冰城采取集中开店的策略，主攻三、四线城市，除了传统商业街等客流数据量大的地方，蜜雪冰城的很多分店选择开在大学城附近。

图 10-1　蜜雪冰城 Logo

2019 年 8 月 11 日，蜜雪冰城开始实行"青藤计划"，宣布以 10 万元起的年薪面向全球招聘储备干部，为未来海外项目的负责人和总部的高级管理人员储备新鲜力量。扩店和招人同时进行，蜜雪冰城如何站得住脚跟呢？

蜜雪冰城通过密集开店，让消费者走在大街小巷都能看见它的身影，除此之外，其致力于将新鲜、健康和低价格、高品质融合，为消费者提供更新鲜、性价比更高的产品。

2005 年，一款叫作彩虹帽的冰激凌火爆郑州。蜜雪冰城的创始人张红超在品尝之后，立即决定把这么好吃的冰激凌做出来并推向国际市场。经过半个多月的研究，他成功做出了新鲜冰激凌。2006 年春，蜜雪冰城新鲜冰激凌开卖，一元一支，立即火爆市场。这款一元一支的冰激凌提升了蜜雪冰城的企业品牌知名度，让更多消费者可以了解这个品牌，同时不断提升用户黏性，带动店里其他产品的销售量，赚取更多的利润。

这么多年来，蜜雪冰城始终坚持"高质平价"定价准则，这让我们不禁思考，蜜雪冰城为什么能够一直坚持"高品质性价比"呢？

这是因为蜜雪冰城在源头上做努力，用低成本支撑低定价。首先，蜜雪冰城与茶农洽谈合作，用超量、稳定的采购为谈判筹码，以低价拿到货源。其次，蜜雪冰城有自己的仓储物流和工厂，不用经过经销商和代理商。最后，蜜雪冰城采用密集开店的战略，降低管理成本，提升效率。

蜜雪冰城拥有自己的品牌符号，是一个手拿着冰激凌的小雪人，名叫"雪王"。首先，在奶茶的包装和店铺的广告牌上，随处可见"雪王"的标志。其次，"雪王"也被印在了卷闸门上，这样做是为了在门店没有

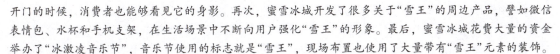

开门的时候，消费者也能够看见它的身影。再次，蜜雪冰城开发了很多关于"雪王"的周边产品，譬如微信表情包、水杯和手机支架，在生活场景中不断向用户强化"雪王"的形象。最后，蜜雪冰城花费大量的资金举办了"冰激凌音乐节"，音乐节使用的标志就是"雪王"，现场布置也使用了大量带有"雪王"元素的装饰。

资料来源：余来文，朱文兴，苏泽尉. 数字品牌：新商业、新媒体与新口碑[M]. 北京：企业管理出版社，2020.

引导问题：

1. 蜜雪冰城为什么能够做到高质平价？

2. 蜜雪冰城的定价策略是什么？

价格策略是4P策略中最活跃、最关键的因素，是市场竞争的重要手段，也是唯一产生收入的因素。它随市场的变化而上下波动，协调着买卖双方的利益关系，在动态的市场竞争中，企业经营者，如果能在定价的决策中正确制定价格变动的幅度、价格变动的时间和价格变动的区间，就能在瞬息万变的市场竞争中，吸引和保持顾客，扩大市场份额，获得竞争优势。本章主要介绍影响定价的因素、定价的方法及定价策略等。

第一节　影响企业定价的因素

一、价格形成的机理

价格是产品价值的货币表现。对于生产者来说，产品的价值是企业在生产这个产品时所耗费的代价。因此价格就是用一定量货币表示的这些代价的报酬。对消费者来说，价格是为了获得产品或服务所支付的货币的数量。

一般来说，价格是由产品价值决定的，价格是产品价值的货币表现，价值越高，价格往往也越高，反之亦然。但由于企业和消费者的立场不同，在主观上对价格的确定有不同的表现，而市场的最终价格又必须为双方同时接受。因此，市场上的价格是由顾客需求（Customer）、成本（Cost）函数和竞争者（Competitor）价格形成的。3C定价模型见图10-2。

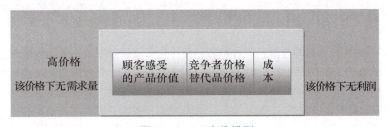

图10-2　3C定价模型

1. 需求量对价格形成的影响

如果产品满足顾客需求的功效固定不变，顾客支付的价格越低，其交换的利益就越大。所以，同一种商品，假如不存在影响需求的其他因素，那么价格越低，需求的量就越大。这种规律可以用图10-3来描述。它表示，价格和需求量之间存在着一种因果关系，即价格越低需求量越大。也可以反过来说，要扩大需求的数量就必须降低价格。

当然，还有其他一些因素会通过需求量的变化来影响价格，这些因素主要有以下几个。

（1）收入。当购买者的收入增加以后，购买力得到提高，他们会增加总的需求数量，特别是高档消费品的数量。当需求量增加后，如果供给量不变，价格就会上涨。

（2）消费心理。如果某种产品流行起来之后，与这种产品有关的产品需求会强烈起来。此时，如果供给量不变，价格也会趋于上涨。反之，当产品生命周期进入衰退阶段，因时髦心理的消失，需求量也会减少，此时，如果供给量不变，价格就要下降。此外，当购买者心理上预期某种产品可能涨价，在短期内也会增加需求量，从而导致价格上升。反之，购买者预期价格会进一步下降，在短期内会减少需求，如果供给量不变，价格则会下降。

（3）企业的营销努力。如产品设计、广告等方面的营销，对市场需求有巨大影响，如果供给数量不变，企业的营销努力刺激了需求的扩大，价格也会上升。

2. 供给量对价格形成的影响

对于企业来说，产品的市场价格越高，意味着它们所获得的报酬越丰厚，因此，愿意向市场提供的产品数量就越多，这种情况正好同需求量对价格形成的影响相反，见图10-4。某种产品价格越高，市场供给的数量就越多。

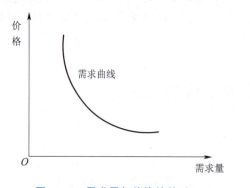

图 10-3　需求量与价格的关系　　　　图 10-4　供给量与价格的关系

当然，除了供给本身对价格具有重大影响外，还存在一些其他的因素，它们会通过影响供给而最终影响价格。比如政府的财政政策，增加税收会提高企业的成本，从而限制企业的供给量，假如短期内需求量不变，价格就会上扬，从而使企业把部分税收转移给购买者。如果政府对企业进行补贴，则会起完全不同的作用，价格会下跌。当企业改进了生产技术，降低生产成本后，供给会扩大，此时为刺激需求，价格也会下降。此外，原材料价格的变动和自然原因等都因素会通过影响供给间接地影响价格。

3. 市场价格的确定

（1）短期价格供给与需求这两种因素与价格之间的因果变化正好相反，那么价格由谁来确定呢？在市场上，短期价格是由已有的供给量与未实现的需求量共同决定的。在短期内，虽然根据市场价格企业把全部的产品销售一空，但并不等于说，这个价格已经为企业所接受。如果企业认为这种价格过低，它下一个周期的供给量就不会那么多，因此，在下一个周期由于供给量减少，价格就会上升；而企业假如认为现有的价格比期望的还要高，它在下一个周期中就会生产更多的数量，从而使下一个周期的价格下降。

（2）长期价格长期价格又称均衡价格，即根据这种价格，市场各类生产者愿意继续供给的数量正好等于市场各类购买者愿意继续购买的数量。因此，如果没有其他因素的影响，这个价格是唯一能持久的价格。

二、影响定价的因素

一个企业的价格决策，既受到企业内部因素的影响，也受到企业外部环境因素的影响。内部因素包括企业营销目标、营销组合策略、产品成本和组织方面的考虑。外部因素包括市场需求、竞争以及其他环境因素。影响企业价格决策的内外部因素见图10-5。

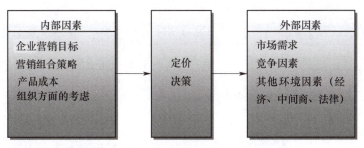

图 10-5　影响企业价格决策的内外部因素

1. 影响价格决策的内部因素

（1）企业营销目标。

企业营销目标是影响企业定价的首要因素。不同企业的营销目标，或同一企业不同时间的营销目标是多种多样、极其不同的，但归结起来，最常见的目标有下列几种。

①生存目标。当企业受到生产能力过剩、激烈竞争和顾客需求变化困扰时，往往会把生存作为主要的追求目标。此时生存比利润更重要，只要产品的价格能补偿变动成本和部分固定成本，它们就可以继续生产经营，以等到情况改变或其他问题得到克服后再求发展。

②投资收益率目标。在正常情况下，每个企业都要追求一定的利润目标，这些目标通常是以投资收益率或资产收益率来评估的。

③市场占有率目标。以此为目的的企业为获得占统治地位的市场占有率，往往把价格尽可能定低，以便把竞争者的顾客吸引到自己这边来，使自己产品在市场上占有绝大多数的份额。

④质量领先地位目标。一些企业为了在市场上树立一个产品质量最优的形象，往往在生产成本、产品开发研究以及促销方面作了较大的投入，为补偿这些支出，它们往往给自己的产品或服务制定一个较高的价格。反过来，这种较高的价格又进一步提高了产品的优质形象，增加了对追求高档产品的那部分高消费者的吸引力。

⑤竞争优势目标。企业为了阻止新的竞争者进入同一市场，往往可采取定低价的办法，使竞争者意识到如进入此市场，所得将非常微薄，而且会卷入价格战，这样就可尽量减少竞争者的数量。但企业必须有承担收入相对不高的能力及思想上的足够认识。

美国俄克拉荷马州立大学教授威廉姆·G. 齐克芒德（William G. Zikmund）和阿克伦大学教授迈克尔·达米科（Michael d'Amico）在他们所著的《有效的市场营销》一书中列举了常见的组织目标及可行的价格方案（表 10-1）。

表 10-1　常见的组织目标及可行的价格方案

主要焦点或目标	采取的定价方案	为什么要采取这些方案
实现投资回收	把价格定在能带来最低投资回收利润的水平上	组织可以制定一个最低的投资回收额，停止生产无法达到回收额的产品
利润最大化	控制成本，调节价格，以求得最大的利润	所有组织都愿获得最大利润；某些产品在某些特定销售上已接近这个目标
加快资金流通	调整价格和折扣以刺激购买和及时付款	组织可能碰到严重的资金流通问题却无力承担
组织生存	调整价格使组织在商业萧条和顾客上门前维持生计	缓解经济风暴的压力，或者只是为了生存

续表

主要焦点或目标	采取的定价方案	为什么要采取这些方案
保持市场占有率	确保该价格能将销售量维持在竞争对手相应的位置	具有优势地位的企业，要保持自己的优势地位
刺激销售增长	调整价格和折扣来刺激现有顾客大量购买和吸引新顾客	组织需要有更大顾客群来保证自身的发展
迎接挑战	将价格制定在与其他竞争对手一致的水平上，跟紧他们的打折活动	很多组织避免价格战而通过其他非价格竞争来行动
避免竞争	把价格制定在阻挠该市场出现其他竞争对手的水平上	具有当地垄断经营权的组织可能会选择低价，以便没有其他竞争对手参与这一市场

资料来源：William G. Zikmund, Michael d' Amico：Effective Marketing, 3rd edition, 2002 by South－Western, a division of Thomson Learning.

（2）营销组合策略。

价格是企业用以达到营销目标的营销组合因素之一，各个营销组合因素之间是相互联系、相互制约的，当其中任何一个因素发生变化时，常常会影响其他因素。因此在制定价格时，必须与产品设计、分销和促销协调一致，形成有影响力的市场营销计划。影响定价的营销组合策略见图10-6。

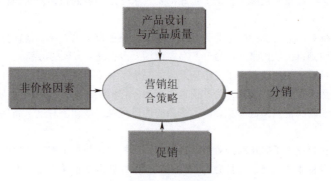

图10-6　影响定价的营销组合策略

在实际运用中，也有一些公司先制定价格策略，然后根据定价，考虑其他市场营销组合策略，这时，价格是产品市场定位的主要因素，这个因素确定了产品的市场、竞争和设计。给定的价格既决定产品具有怎样的特征，也决定生产的成本定在什么水平上。

许多公司还使用一种目标成本技术来进行价格定位。目标成本定价就是把通常的定价过程颠倒了。普通的过程是设计一个新产品，决定成本，再问"我们能卖掉它吗?"现在的情况是先有目标成本，然后倒回去进行价格定位（见营销案例10-1）。

 【营销案例10-1】西尔斯百货利用大数据制定价格策略

一些公司不强调价格，而使用其他营销组合策略形成一种非价格定位。这种情况下，最好的策略不是定低价，而是以高价来显示市场营销所提供的产品和服务的差别（见营销案例10-2）。

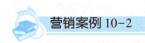

营销案例 10-2

"折中效应"与 iPhone 的价格策略

1989 年，斯坦福大学商学院的伊塔玛尔·西蒙森教授第一次发现了"折中效应"。根据"折中效应"，当需要在偏好不确定的情况下进行选择时，人们往往更喜欢中间的选项，因为中间的选项能让我们感到安全，不至于犯下严重的决策错误。换句话说，人们在进行产品选择时，倾向于奉行"中庸之道"。

由于"折中效应"的存在，聪明的企业经常利用它来引导消费者选择更高价位的产品，从而提高收入和利润。以苹果公司于 2021 年推出的 iPhone 13 的定价为例，当时提供了下面 4 个选项：

A. iPhone 13 mini，价格 5 199 元起

B. iPhone 13，价格 5 999 元起

C. iPhone 13 Pro，价格 7 999 元起

D. iPhone 13 ProMax，价格 8 999 元起

你是不是已经看出来了？是的，苹果公司也在利用"折中效应"。市场数据表明，这 4 款手机中，位居中间(折中)的 iPhone 13 和 iPhone 13 Pro 最畅销。

即使对于其中的同一款手机，苹果公司的定价也仍然采用类似的折中策略。以 iPhone 13 Pro 为例：

A. 128 GB，价格 7 999 元

B. 256 GB，价格 8 799 元

C. 512 GB，价格 10 399 元

D. 1TB，价格 11 999 元

聪明的你是不是看到了"折中效应"的影子？在这 4 款 iPhone 13 Pro 中，内存为 256 GB 和 512 GB 的两个版本也成为更受欢迎的版本，因为 128 GB 显得内存太小，1 TB 又太贵。

资料来源：郑毓煌，苏丹. 理性的非理性[M]. 北京：中国友谊出版社，2022.

(3)产品成本。

由图 10-1 可知，某产品的最高价格取决于市场的需求，最低价决于这种产品的成本费用。从长远看，任何产品的销售价格都必须高于成本费用，只有这样，企业才能经营。因此企业在制定价格时必须估算成本。

①产品成本的基本构成：产品成本一般由两部分构成，一部分是固定成本(FC)，是企业固定开支的总和，如每月必须支付的厂房租金、管理人员薪金、保险费等。固定成本是与企业的产量无关的费用，不随产品生产或销售收入的变化而变化。

另一部分是变动成本(VC)，是企业直接用于产品生产和销售的各种费用的总和，是随生产水平的变化而直接发生变化的。如所需的劳动力、原材料成本及销售佣金等。二者之和即为产品的总成本。

②边际成本和机会成本：边际成本是变动一个单位产量所导致的总成本变化的函数，即多生产一个单位产品而相应增加的成本，或少生产一个单位产品而相应减少的成本。边际成本变化趋势大体呈 U 形。在大规模生产条件下，当生产处于初始阶段时，边际成本通常随产量增加而递减；当产量不断扩大到某一特定限度之后，边际成本通常随产量的增加而递增。边际成本与平均成本相等时，平均成本处于最低水平。边际成本与边际收益相等时，企业盈利达到最高水平。

机会成本是企业在决策中选择某一方案而放弃另一方案所丧失的潜在收益。运用机会成本概念可以对某一资源的不同使用所能达到的收益进行比较，使有限的资源得到合理的利用。

(4)组织方面的考虑。

管理部门必须决定组织内部谁来决定价格。公司定价的方式有多种。小公司里，定价是由公司领导来做的，而不是由市场部或销售部来做。大公司里，定价工作一般是由生产经理或生产线经理来做的。在工

业市场上，推销员被获准在一定范围内和客户还价。尽管如此，高层领导常设立定价目标和策略，批准下级提出的定价方法。在工业领域（如航空、铁路、石油），定价是一个关键因素，公司常有一个定价部门制定价格或帮助其他部门制定价格。这个部门要向市场营销部或公司总部汇报。其他对定价工作有影响的人是销售经理、生产经理、财务经理和会计。

2. 影响价格决策的外部因素

（1）市场需求因素。

市场需求是影响定价的一个重要因素。不同商品的需求特点不同，消费者对价格也会有不同的反应。

①需求的价格弹性，简称需求弹性，是指因价格变动而引起的需求相应的变动率，反映需求变动对价格变动的敏感程度。用 E_p 表示需求价格弹性，则

$$E_p = \frac{需求变动百分比}{价格变动百分比}$$

为比较需求价格弹性的大小，这里仅考虑 E_p 的绝对值。事实上，需求与价格的变动有方向问题，因而 E_p 有正负之分，并且大多数产品的正常 $E_p < 0$。

需求价格弹性的强弱主要取决于以下两个因素。

◆ 商品的需要程度。需求价格弹性与商品需要程度成反比，生活必需品的需要程度高于一般商品，因而价格变化对其需求数量的影响小；反之，一般商品需求量与价格的相关程度则较大。

◆ 商品的替代性。需求价格弹性与商品替代性成正比。如果一种商品替代性强，其价格增高会引起消费需求向其他替代商品转移，反之亦然。这种需求转移加强了价格变动对该商品需求量的影响。如果一种商品难以被替代，消费者只能提高对价格变动的承受能力，使需求量对价格的敏感程度下降。

营销视点 10-1

需求价格弹性的三种类型

不同产品具有不同的需求价格弹性，从其弹性的强弱的角度决定企业的价格决策，主要分为以下三种类型（图 10-7）。

$E_p = 1$，反映需求量与价格等比例变化。对于这类商品，价格的上升（下降）会引起需求量等比例的减少（增加），因此，价格变化对销售收入影响不大。定价时，可选择实现预期盈利率为价格或选择通行的市场价格，同时将其他市场营销措施作为提高盈利率的主要手段。

$E_p > 1$，反映需求量变动的百分比大于价格变动的百分比。对这类商品，价格的上升（下降）会引起需求量较大幅度的减少（增加）。定价时，应通过降低价格、薄利多销达到增加盈利的目的；反之，则提价时务求谨慎以防需求量发生锐减，影响企业收入。

$E_p < 1$，反映需求量变化的百分比小于价格变化的百分比。对这类商品，价格的上升（下降）仅会引起需求量较小程度的减少（增加）。定价时，较高水平价格往往会增加盈利，低价对需求量刺激效果不明显，薄利并不能多销，反而会降低收入水平。

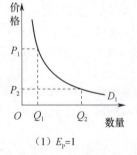
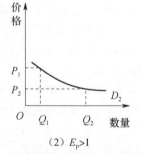
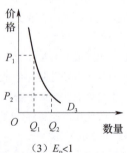

（1）$E_p = 1$　　　（2）$E_p > 1$　　　（3）$E_p < 1$

图 10-7　三种弹性状态下需求价格的变化

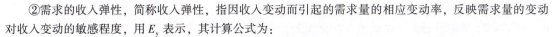

②需求的收入弹性，简称收入弹性，指因收入变动而引起的需求量的相应变动率，反映需求量的变动对收入变动的敏感程度，用 E_y 表示，其计算公式为：

$$E_y = \frac{需求变动百分比}{收入变动百分比}$$

定价时考虑商品的需求收入弹性有着重要的意义。一方面，对于随收入变化而相应发生的不同商品需求量，企业应选择不同水平的价格，力求使价格变化与收入变化对需求量的影响相适应，达到销售量随收入增加而扩大的目的；另一方面，企业利用价格对实际收入的反向影响，适时调整价格，刺激高收入弹性商品的需求，实现更多的利润。在收入水平既定的条件下，降低高收入弹性商品的价格，意味着消费者用于这类商品的实际收入增加，需求量大幅度增长，企业可获薄利多销之利。而当收入水平增长较快时，用于高收入弹性商品的支出必定会大大增加，此时适当提高这类商品价格对需求量并无影响，企业可厚利与多销双收。例如，20世纪90年代中期以前，北京市由于居民收入水平相对较低，加上福利分房的政策尚未取消，造成大量商品房滞销。20世纪90年代末以来，随着福利分房政策的取消和居民购买力水平的快速增长，尽管北京市商品房的价格不断上涨，需求依然十分旺盛，销售增长连续居全国首位。

③需求的交叉弹性，简称交叉弹性，指因一种商品价格变动引起其他相关商品需求量的相应变动率。交叉弹性用 $E_B P_A$ 表示 A 商品价格变动使 B 商品需求量相应变动的比率，即

$$E_B P_A = \frac{B 商品需求变动百分比}{A 商品价格变动百分比}$$

不同商品的交叉弹性各异，企业定价时就不仅要考虑价格对其自身产品需求量的影响，也要考虑市场上相关商品价格对其产品需求的影响。这些商品价格变化对企业产品需求在客观上起增强或抑制的作用，特别是企业本身的产品线多，且相关程度高时，定价更要重视交叉弹性的影响，区别对待。互替商品的定价要同时兼顾各品种间需求量的影响，选择恰当的比价；互补商品定价则应错落有致，高低分明，以一种商品需求的扩大带动另一种商品需求的增加，从而兼获销售量增长与盈利水平不减之利。

西方国家的一些厂家廉价供应灌装生产线、高价供应浓缩液，低价倾销汽车、高价供应零配件等，均是采取此类定价策略。

 营销视点 10-2

互替商品与互补商品

许多商品彼此在使用价值上相互关联，一种情况是互替相关，称为互替商品；另一种情况是互补相关，称为互补商品。

互替商品是消费中使用价值可以相互替代的商品，如纯棉服装与化纤服装。比价关系既定，不同的消费水平、偏好和习惯决定着消费者对这些商品的不同需求量。然而当其中一种商品价格上升（如纯棉服装价格上升）时，一部分消费者会限于收入水平转而消费另一种商品（如化纤服装），从而导致前者（纯棉服装）需求下降，后者（化纤服装）需求上升。这种伴随一种商品价格变化，另一种商品需求量呈同方向变化的规律，使互替商品的交叉弹性为正值。

互补商品是消费中使用价值必须相互补充的商品，如照相机与胶卷。当其中一种商品价格变化（如照相机价格下降）时，不仅该种商品需求量变化（如照相机需求上升），而且另一种商品需求量也会发生相应变化（如胶卷需求上升）。这种伴随一种商品价格变化，另一种商品需求量呈反方向变化的规律使互补商品的交叉弹性为负值。

(2)竞争因素。

竞争因素对定价的影响主要表现为竞争价格对产品价格水平的约束。可以这样说，在竞争激烈的市场

上，价格的最低限受成本约束，最高限受需求约束，介于两者之间的价格水平的确定则以竞争价格为依据。竞争三角定价策略见图10-8。

①价格竞争。同类产品的竞争最直接地表现为价格竞争。企业都试图通过制定适当的价格及价格的调整来争取更多的顾客，这就意味着企业要失去一部分市场，或者维持同样的市场份额要付出更多的营销努力。因而在竞争激烈的市场上，企业都会认真分析竞争对手的价格策略，密切注视其价格变动动向并及时作出反应。比如，美国柯达胶卷和日本富士胶卷从20世纪80年代初打入我国市场以来，价格几经调整，但总保持

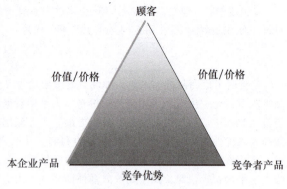

图10-8　竞争三角定价策略

一定的价差。这说明两家公司采用的是不同的价格策略，但一方价格的调整会迅速引起另一方相应的调价行为。价格竞争的激烈程度由此可见一斑。

②以产品为核心的全面竞争。价格竞争只是同类产品竞争的一个方面。实际上，同类产品竞争体现在产品的开发、研制直至销售的全过程，包含了以产品为核心的价格、渠道及促销的全面竞争。价格竞争的实质，是通过价格调整，改变产品的质量价格比或效用价格比，促使消费者对商品重新作出评价。因此，企业定价时不仅要关注竞争者的价格策略，对其产品策略、渠道策略及促销策略也不能忽视。

③市场结构。市场竞争的激烈程度被称为市场结构。不同的市场结构，对企业的定价是有影响的。市场结构类型与企业定价方法见表10-2。

表10-2　市场结构类型与企业定价方法

特征	市场结构类型			
	完全竞争	完全垄断	垄断竞争	寡头垄断
竞争者数量	很多	没有直接的竞争者	较多	较少
进入难易度	容易	政府管制	有点难	困难
竞争对手提供产品的相似性	相似	没有与之竞争的产品或服务	不同	可能相似也可能不同
单个公司的价格控制力	无	相当大	有一定控制力	有较大控制力
单个公司面对的需求曲线	完全弹性	可能有弹性也可能无弹性	比较有弹性	拐点下无弹性，拐点上有弹性
企业定价方法	均衡价格	利润最大化	价格与非价格竞争	协议价格

(3)其他环境因素。

公司在制定价格时还要考虑其他一些外部环境因素。首先，要考虑社会经济状况，如通货膨胀、经济繁荣与否、利率变化等因素。其次，要考虑国家有关物价的法律法规，例如，《中华人民共和国价格法》和《中华人民共和国反不正当竞争法》等是企业定价的重要依据。再次，要对经销商给出合理的定价策略，使其有足够的利润空间，以赢得支持。最后，高质量产品的市场定位，意味着销售商必须制定较高的价格，用来补偿较高的成本。

第二节　定价的方法

一、定价步骤

定价的六大步骤见图10-9。

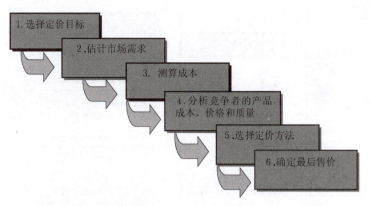

图 10-9 定价的六大步骤

1. 选择定价目标

选择定价目标是整个定价步骤的第一步，它为产品的价格确定了基调。例如，以扩大市场占有率为定价目标就意味着价格必须比较低；以追求产品的质量领先为定价目标就必须把价格定得比较高。企业确定定价目标，必须做到具体情况具体分析。例如，当企业的技术水平还不高时，就不应立即以争取产品质量领先作为定价目标；当低价有可能引发一场价格战，而自己的实力又不够强时，就不能以扩大市场占有率为定价目标。

2. 估计市场需求

所谓定价，就是确定价格的具体数值。为此，企业首先要确定价格的上下限、购买者的接受程度、企业的承受程度和国家政策的允许程度，构成企业定价的"二限"与"三度"。因此，要定出合适的价格，企业就必须对需求作出正确的估计，以便进一步确定购买者的接受程度。

一般来说，需求的大小随价格而变。因此，所谓估计市场需求，是指估计某种商品在不同价格下的需求量，或者说，估计需求量与价格之间的函数关系。在此基础上，再进一步分析价格的上限，也就是价格制定多高也能被购买者所接受，或者说，能使企业获得最大利润。

3. 测算成本

测算成本的目的是确定产品价格的下限。与估计需求量相比，测算成本比较容易，结果也较为准确，因为测算成本只需企业内部的资料。

4. 分析竞争者的产品成本、价格和质量

当企业推出的产品与市场上竞争者的产品类似时，了解竞争者的产品价格是十分必要的。例如，假设某企业通过估算本企业某产品的市场需求和生产成本，初步确定产品的售价为每个 9 元，但若竞争者生产的同类产品的售价为每个 10 元，则企业应考虑把企业产品的售价也定为 10 元左右。否则，过低的价格会造成利润的流失，还有可能导致一场价格战。当然，若企业的定价目标是扩大市场占有率，并且一旦发生价格战也有实力应对，则每个产品 9 元的价格也是合适的。

5. 选择定价方法

定价方法与定价目标是密切相关的，但定价方法更为具体。定价方法确定后，产品的价格就基本确定了。

6. 确定最后售价

最后售价是面向顾客的价格。在确定产品的基本价格后，企业有时需使用一些定价策略和技巧来使产品的价格更有吸引力。

企业的定价方法是为了实现其定价目标所采用的具体方法，通常考虑成本费用、市场需求和竞争状况三方面的因素，归纳起来有三种方法：成本导向定价法、需求导向定价法、竞争导向定价法（图 10-10）。

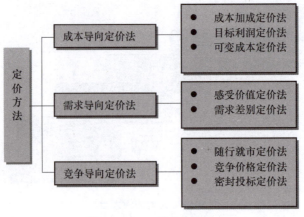

图 10-10　三种定价方法

二、成本导向定价法

1. 成本加成定价法

成本加成定价法，即在某具体产品大类中的所有产品成本上加上一个固定的百分比，但这个百分比是以销售价格为基础计算的。成本定价法包括完全成本加成定价法和进价（进货价格）加成定价法。前者为蔬菜、水果商店普遍采用，方法是先确定单位变动成本，再加上平均分摊的固定成本组成单位完全成本，在此基础上加上一定的加成率（毛利率）形成销售价格。计算公式为

$$产品售价 = 单位完全成本 × (1+成本加成率)$$

进价加成定价法是零售业（百货商店、杂货店等）流行的一种做法。其计算公式为：

$$产品售价 = \frac{进货价格}{1-加成率}$$

式中，加成率的确定是定价的关键，其计算公式为：

$$加成率 = \frac{售价-进价}{售价} × 100\%$$

一般来说，加成率的大小与商品的需求弹性和企业的预期盈利有关。需求弹性大的商品，加成率宜低，以求薄利多销；需求弹性小的商品，加成率可以稍高。在实践中，同行业往往形成一个为大多数商店所接受的加成率，例如，美国香烟的加成率为 20%，照相机为 28% 等。

成本加成定价法具有计算简单、简便易行的优点，在正常情况下，按此方法定价可使企业获取预期盈利。缺点是忽视市场竞争和供求状况的影响，缺乏灵活性，难以适应市场竞争的变化形势。特别是加成率的确定仅从企业角度考虑，因而难以准确得知该价格水平对应的市场销售量，使固定成本费用的分摊难保其合理性。因此，成本加成定价法主要用于那些一次性生产、事先难以确定成本的产品。

2. 目标利润定价法

目标利润定价法指在既定的固定成本、单位变动成本和价格条件下，确定能够保证企业收支平衡的产（销）量。收入平衡点也称损益平衡（或盈亏分界）点，盈亏平衡图见图 10-11。

图中，点 E 为盈亏分界点，点 E 对应的产（销）量 Q 为保本销售量（称损益平衡时的销售量）。

根据图 10-11，得出 Q 的计算公式：

$$损益平衡点销售量 = \frac{固定成本}{价格-单位变动成本}$$

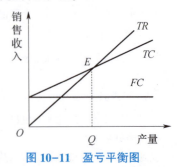

图 10-11　盈亏平衡图

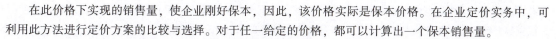

在此价格下实现的销售量，使企业刚好保本，因此，该价格实际是保本价格。在企业定价实务中，可利用此方法进行定价方案的比较与选择。对于任一给定的价格，都可以计算出一个保本销售量。

$$保本价格 = \frac{固定成本}{损益平衡点销售量} + 单位变动成本$$

如果企业要在几个价格方案中进行选择，只要给出每个价格对应的预计销售量，将其与此价格下的保本销售量进行对比，低于保本销售量，则被淘汰。而在保留的定价方案中，具体的选择取决于企业的定价目标。利用盈亏分析，实际价格的计算公式如下：

$$实际价格 = \frac{固定成本 + 预期赢利总额(目标利润) + 单位变动成本}{预计销售量}$$

目标利润定价法侧重于总成本费用的补偿，这一点对于经营多条产品线和多种产品项目的企业极为重要。因为一种产品盈利伴随其他产品亏损的现象时有发生，经销某种产品时所获取的高盈利与企业总盈利的增加并无必然联系，因此，定价从保本入手而不是单纯考虑某种产品的盈利状况无疑是必要的。在某种产品预期销售量难以实现时，可相应提高其他产品产量或价格，逐步在整体上实现企业产品结构及产量的优化组合。

3. 可变成本定价法

可变成本定价法又称目标贡献定价法，即以单位变动成本为定价基本依据，加入单位产品贡献，形成产品售价。计算公式为：

$$价格 = 单位可变成本 + 单位产品贡献额$$

可变成本定价法的关键在于贡献的确定。其步骤如下：

①确定一定时期内企业目标贡献：

$$年目标贡献 = 年预计固定成本费用 + 年目标盈利额$$

②确定单位限制因素贡献量：

$$单位限制因素贡献量 = \frac{年目标贡献}{限制因素单位总量}$$

式中，限制因素指企业所有产品在其市场营销过程中必须经过的关键环节，如劳动时数、资金占用等，也可根据企业产品自身特性加以确定。各种限制因素单位加总即为限制因素单位总量。

③根据各种产品营销时间的长短及难易程度等指标，确定各种产品在营销过程中对各种限制因素的占用数量（或比例）。

④形成价格：

$$价格 = 单位可变成本费用 + 单位限制因素贡献量 × 单位产品所含限制因素数量$$

可变成本定价法有以下优点。

◆ 易于在各种产品之间合理分摊固定成本费用。限制因素占用多，其价格中所包含的贡献量就大，表明该种产品固定成本分摊额较多。

◆ 有利于企业选择和接受市场价格。在竞争作用下，市场价格可能接近甚至低于企业的平均成本，但只要这一价格高于平均变动成本，企业就可接受，从而大大提高企业的竞争能力。

◆ 根据各种产品贡献的多少安排企业的产品线，易于实现最佳产品组合。

三、需求导向定价法

1. 感受价值定价法

感受价值定价法又称直觉价值定价法、理解价值定价法，是以消费者对商品价值的感受及理解作为定价的基本依据，根据顾客对产品价值的理解来定价，而不是以卖方成本为依据。采用这种方法，企业需要研究其产品在顾客心目中的价格标准，以及在不同价格水平下的不同销售量，并作出较为恰当的判断，进而有针对性地运用市场营销组合中的非价格因素去影响顾客，使顾客对产品价值形成一定的理解，然后估算投资额、销售量、单位产品成本和利润，最后定出顾客要求的期望价格(图10-12)。

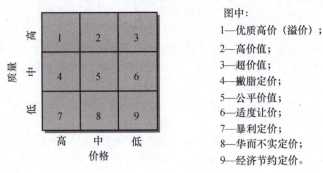

图中：

1——优质高价（溢价）；

2——高价值；

3——超价值；

4——撇脂定价；

5——公平价值；

6——适度让价；

7——暴利定价；

8——华而不实定价；

9——经济节约定价。

图 10-12　感受价值定价法

感受价值定价法必须考虑顾客的消费心理和需求价格弹性两个因素。从消费心理来看，某些名牌产品在顾客心目中已树立良好的形象，顾客对这些产品认定的价值较高，可以定较高的价格；从需求弹性来看，对于不同产品，价格高低对市场需求量有不同影响，需求弹性大的产品，可以用较低的价格刺激需求量的增长，需求弹性小的产品，在必要时可定较高的价格。

2. 需求差别定价法

需求差别定价法以不同的时间、地点、产品和不同消费者的需求强度为定价的基本依据。这里的价格差异不是由商品成本因素引起的，也不是由附加价值不同引起的，而是由消费者不同的需求特征引起的。

营销案例 10-3

泛美航空公司的差别定价

泛美航空公司抓住不同类型消费者的消费需求，实行差别定价。同等舱位支付的机票价格可能大不一样，常规经济舱票价约1 000美元，而特别折扣价机票只要300美元，这种机票通常要求在两个星期前预定且不能退票，或者要求乘客不能在本星期六以前乘坐返程飞机与家人团聚。需求差别很大的不同类型的顾客会分别购买不同类型的机票，从而使航空公司能够实行这种差别定价。

资料来源：斯蒂格利茨. 经济学[M]. 2版. 北京：中国人民大学出版社，2000.

需求差别定价法的形式主要包括以下几种。

①以不同顾客群为基础，因职业、阶层、年龄等原因，顾客会有不同的需求。例如，铁路客运中的儿童票、学生票。

②以地点不同而异，例如，娱乐场所与餐饮场所对啤酒的需求是不一样的，前者价格高于后者。

③以时间效用为基础，许多产品的需求有时间性，例如，长途电话的收费，旅游景区的淡旺季定价。

④以产品特征为基础。各种品牌产品的价格往往比非品牌产品的价格要高。有特殊纪念意义的产品也比其他无纪念意义的产品价格要高。例如，在奥运会期间，标有会徽或吉祥物的产品价格高。

实行需求差别定价法应具备的条件如下。

①能根据需求强度进行不同的细分。

②细分后的市场能在一定时期内相对独立，互不干扰。

③市场细分和管理市场的成本不应高于从差别价格中获得的收入。

④合法性与合理性，以消费者能够接受和不构成价格歧视为前提。

【营销案例 10-4】比亚迪——有技术含量的"价格战"

四、竞争导向定价法

竞争导向定价法是以供求关系为基础，以市场上相互竞争的同类产品的价格为定价的依据并随竞争状况的变化进行调整的方法。它有三种情况：与竞争对手价格完全一样；比竞争对手价格高一点；比竞争对手价格低一点。选用哪一种情况，要根据产品特征、生命周期、企业目标等来决定。具体做法有以下三种。

（1）随行就市定价法。它指本企业产品与同行业竞争产品的平均价格（即现行市场价格水平）保持一致，这是一种最简单、最常见的方法。这样做易为顾客接受，能与竞争产品"和平共处"，也能带来合理、适度的利润。这种方法主要应用于差异性小的产品。

（2）竞争价格定价法。与上述"随大流"的做法相反，这是一种主动竞争的定价方法，一般为实力雄厚或产品独具特色的企业所采用。这种定价法的关键在于知己知彼，勤于分析，随时调整。

（3）密封投标定价法。这种定价方法适用于投标交易方式（大型成套设备订货、承包公共事业工程等）。投标定价，应预测竞争对手的报价，评估本企业的成本与预期利润，然后提出自己的报价。投标定价的目的是中标签订合同，每个企业都要争取自己的报价低于竞争对手的报价，但报价低总有一个限度，这就是困难之所在。因此，企业定价时，既要考虑实现企业的利润目标，也要结合竞争状况考虑中标概率。

第三节　定价策略

定价策略与定价方法是有区别的。定价方法主要用于具体地确定产品的价格，而定价策略提供了一种思想或者技巧，基于一种竞争的需要。在运用适当的定价方法确定基本价格以后，针对不同的消费心理、销售条件，采用灵活的定价策略对基本价格进行修正，是保证价格策略取得成功的重要手段。

营销案例 10-5

茶颜悦色：做一杯大众买得起的好茶

茶颜悦色主打产品所在的 10～20 元是奶茶主力消费人群的单价区间，这个群体不仅对品质有较高的期许，对价格也较为敏感。茶颜悦色凭借低于市场的价格、高于预期的饮品和服务，薄利多销，成为性价比最高的茶饮品牌之一。

与喜茶、奈雪的茶等第一梯队茶饮品牌动辄 20 元、30 元的单价相比，茶颜悦色大部分饮品的价格为 10～20 元，均价 15 元，这个定价加上不俗的品质和颜值，让茶颜悦色也能向上触及高端茶饮消费群。而与 CoCo、一点点、书亦烧仙草、茶百道等同价位品牌相比，茶颜悦色在产品风格上自成一派，其"高颜值"所带来的附加产品属性是其他品牌难以比拟的。在产品品质上，茶颜悦色也是行业中的佼佼者，其"筝筝纸鸢"和"妖精"两款饮品所采用的高山乌龙由签约茶园独家供应。多年来，茶颜悦色饮品价格较为稳定，几乎没有涨过价，使茶饮主要消费人群中的学生群体更加容易接受，也更加符合长沙地区的消费水平。

茶颜悦色在销售过程中还经常采用折扣优惠的营销方式，比如集点免费赠杯、雨天半价、周三半价、充值 200 元送 30 元等，不仅吸引了客流，也给予了顾客更大的优惠，把一杯鲜茶带到更多人手中。正如吕良说的："茶颜想做的从来不是什么高大上的东西，西湖龙井谁都知道好，一般人喝得到吗？茶颜想做的就是用大众都能支付的价格，做一杯好茶。"

资料来源：王昶，彭佳慧，孙蕊. 茶颜悦色出圈的秘籍[J]. 商业评论，2021(8).

一、新产品定价策略

1. 撇脂定价策略

撇脂定价策略又称撇奶油定价，是针对部分购买者追求时髦、猎奇的求新心理，把价格适当定得尽可能高些，像撇取牛奶中的脂肪层那样，以尽快取得最大利润。撇脂定价策略是一种短期最大利润目标下采取的定价策略。实行撇脂定价的条件如下。

（1）新产品具有独到特点，竞争者不易仿制，为消费者带来较大利益，新产品的需求价格弹性较小。

（2）市场容量大，有足够的潜在顾客，愿意按较高的初始价格立即购买这些新产品。

（3）新产品具有专利和技术秘密，高价不会吸引新竞争者。

（4）顾客认为该产品定高价是由于它具有很高的质量。

企业采用这一策略，其优点是能尽快收回投资，取得最大利润；为今后调低价格留下伏笔。缺点是价高利厚，会引来竞争者的加入；影响及时打开的销路，不利于市场开拓。

2. 渗透定价策略

渗透定价策略就是利用购买者的求廉心理，以较低价格出售产品，其目的是扩大本企业产品的市场份额。渗透定价策略的思路与撇脂定价策略相反，以低价位进入市场，当建立声望、打开市场后，再逐步提高价格。实行渗透定价的条件如下。

（1）新产品的需求价格弹性较大，该市场的许多细分市场具有较高的价格意识，价格变动会很快导致需求的变化。

（2）随着产量的提高，单位生产和营销成本会急剧下降。

（3）企业有足够的生产能力。

渗透定价策略适用对象是低档商品、易耗商品、专业性不强的商品和生活必需品。

二、产品组合定价策略

1. 单一价格定价

企业销售品种较多而成本差别不大的商品时，为了方便顾客挑选和内部管理的需要，企业所销售的全部产品实行单一的价格。

2. 产品线定价

当企业生产的系列产品存在需求和成本的内在关联性时，为了充分发挥这种内在关联性的积极效应，可采用产品线定价策略。在定价时，首先，确定某种产品的最低价格，它在产品线中充当领袖价格，吸引消费者购买产品线中的其他产品；其次，确定产品线中某种商品的最高价格，它在产品线中充当品牌质量和收回投资的角色；最后，产品线中的其他产品也分别依据其在产品线中的角色不同而制定不同的价格。

市场营销大师菲利普·科特勒和加里·阿姆斯特朗在他们所著的《市场营销原理》一书中对产品组合定价策略作了具体的描述，见表10-3。

表10-3　产品组合定价策略及其描述

定价策略	描　　述
产品线定价策略	对同一产品线内的不同产品差别定价
备选产品定价策略	对与主体产品同时卖出的备选品或附件定价
附属产品定价策略	对必须与主体产品一起使用的产品定价
副产品定价策略	对低价值的副产品定价以抵消处理成本
产品束定价	对共同出售的产品组合定价

资料来源：Philip Kotler, Gray Armstrong: Principles of marketing, 9th ed. 2001by Pearson Education.

三、心理定价策略

1. 声望定价

所谓声望定价，是指企业利用消费者仰慕名牌商品或名店的声望所产生的某种心理来制定商品的价格，故意把价格定成整数或高价。质量不易鉴别的商品的定价最适宜采用此法，因为消费者有崇尚名牌的心理，往往以价格判断质量，认为高价代表高质量，但也不能高得离谱，使消费者不能接受。有报道称，在美国市场上，手工做的布鞋很受欢迎。但质量好、价格低的中国货却竞争不过质量相对差、价格却高的外国货，其原因是在美国人眼里，低价就意味着低档次。在现代社会，消费高价位的商品是财富、身份和地位的象征。因此，对于非生活必需品及具有民族特色的手工产品，应采取极品价格形象。设计极品价格形象，主要应强调产品品牌的著名、质量上乘、包装的精美与豪华，以及给消费者精神上的高度满足。不少名牌产品不仅以优质高档而闻名于世，更以其价格昂贵而引人注目。

 【营销案例10-6】小米手机巧妙的价格策略

2. 尾数定价

尾数定价又称奇数定价，即利用消费者以数字认识的某种心理制定尾数价格，使消费者产生价格比较低廉的感觉，同时使消费者认为有尾数的价格是经过认真的成本核算才产生的，对定价产生信任感。

3. 整数定价

高档名贵的产品宜采用整数定价策略。把产品价格定为整数，会使消费者感到产品的档次高、价值大，满足某些消费者追求高消费或显示身份的心理。

4. 招徕定价

利用部分顾客求廉的心理，特意将某几种商品的价格定得较低以吸引顾客。某些商店随机推出降价商品，每天、每时都有1~2种商品降价出售，吸引顾客经常来采购廉价商品，同时选购其他正常价格的商品。

5. 习惯定价

许多产品，尤其是日用消费品，其价格一旦固定下来，习惯了这一价格的消费者在心理上会形成一种价格倾向和定式。对这类产品的价格一般不宜轻易变动，否则，价格高了，会引起涨价的社会影响，价格低了，会引起是否货真价实的怀疑。若确需变动和调整价格，则应同时采取加强宣传等配套措施。

四、折扣与折让定价策略

1. 数量折让定价策略

数量折让就是按顾客购买量多少给予不同折让的一种定价策略。数量折让可以分为非累计折让和累计折让。非累计折让是一种一次性折让，这在产品批发中使用较为普遍。累计折让则规定，当顾客的累计购买量达到一定数量或金额时，给予一定的折让。

2. 现金折让定价策略

现金折让就是当顾客按约定日期付清购买产品的款项时，供货方给予顾客的一种折让。现金折让一般在生产厂家与批发商或批发商与零售商之间进行。

3. 季节折让定价策略

季节折让是生产者为了维持季节性产品的全年均衡生产而鼓励商业企业淡季进货和消费者购买的一种

定价策略。

4. 交易折让定价策略

交易折让是指生产企业根据不同中间商在营销活动中所执行的职能，分别给予一定的额外折让。其目的是调动中间商的销售积极性。

折扣方式及对应的折扣目标见表10-4。

表 10-4　折扣方式及对应的折扣目标

折扣方式	折扣目标
现金折扣	鼓励消费者在规定的时间付款，比如10天
预期折扣	用特别的方法鼓励消费者尽快付款，比如10天或5天
同业或功能性折扣	为消费者体现的特殊功能而奖励，比如在商店里购买了某品牌的服装或在房间里安装了某品牌的风扇
非积累性数量折扣	鼓励买方一次性大量购买
积累性数量折扣	鼓励买方继续向供货商订购
季节折扣	在淡季鼓励消费者消费，如在秋冬季买室内装饰画或浴室设备，在夏季浏览冬季商品
促销折扣	鼓励中间商向当地顾客推销产品

资料来源：William G. Zikmund, Michael d'Amico: Effective Marketing, 3rd edition, 2002 by South-Western, a division of Thomson Learning.

五、地区定价策略

一般地说，一个企业的产品，不仅卖给当地顾客，而且同时卖给外地顾客。而卖给外地顾客，把产品从产地运到顾客所在地，需要花一些装运费。所谓地区定价策略，就是企业要决定：对于卖给不同地区（包括当地和外地不同地区）顾客的某种产品，是分别制定不同的价格，还是制定相同的价格。也就是说，企业要决定是否制定地区差价。

1. FOB 原产地定价

FOB（Free On Board，船上交货）原产地定价，就是顾客（买方）按照厂价购买某种产品，企业（卖方）只负责将这种产品运到产地某种运输工具（如卡车、火车、船舶、飞机等）上。交货后，从产地到目的地的一切风险和费用概由顾客承担。如果按产地某种运输工具上交货定价，那么每一个顾客都各自负担从产地到目的地的运费。

2. 统一交货定价

这种形式和前者正好相反。所谓统一交货定价，就是企业对于卖给不同地区顾客的某种产品，都按照相同的厂价加相同的运费（按平均运费计算）定价。也就是说，对全国不同地区的顾客，不论远近，都实行一个价。

3. 分区定价

所谓分区定价，就是企业把全国（或某些地区）分为若干价格区，对于卖给不同价格区顾客的某种产品，分别制定不同的地区价格。距离企业远的价格区，价格定得较高；距离企业近的价格区，价格定得较低；在各个价格区范围内实行一个价。这种方式是前两种方式的折中运用。

4. 基点定价

基点定价方式是企业选定某些城市作为基点，然后按一定的厂价加从基点城市到顾客所在地的运费来定价（不管货实际上是从哪个城市起运的）。有些公司为了提高灵活性，选定许多个基点城市，按照顾客最近的基点计算运费。

5. 运费免收定价

有些企业因为急于和某些地区做生意，负担全部或部分实际运费。这些卖主认为，如果生意扩大，其

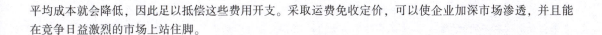

平均成本就会降低，因此足以抵偿这些费用开支。采取运费免收定价，可以使企业加深市场渗透，并且能在竞争日益激烈的市场上站住脚。

第四节　价格变动与企业策略

企业处在一个动态变化的环境中，产品定价不可能一劳永逸。随着市场环境的变化，企业对价格也要不断进行调整。在竞争的市场上，企业的价格调整有两种情况：一是根据市场条件的变化主动进行调价；二是在竞争对手价格变动以后进行的应变调价。

一、市场对价格调整的反应

价格是一把双刃剑，当商品价格的变动，引起顾客、竞争者和经营者不同程度的反应时，必然会发生某些市场变化。

顾客的反应一般是改变他们原来购买商品的种类和数量。一般情况下，当某种商品的价格发生变化时，顾客受各种主客观条件的限制，很难正确理解商品价格的调整变化。所以，当一些商品调低价格后，本来应刺激顾客大量和重复购买，结果却有相当部分顾客作出相反的反应，使购买反而减少。这种心理反应主要包括：认为商品降价是由品质下降造成的；商品款式过时了，将有新的替代品出现；降价幅度仍不够；经营者财务困难，经营前景悲观，售后服务无保障等。当一些商品价格调高时，本来应抑制一些消费者的需求，减少购买这些商品的数量，结果却发现，一些顾客反而积极购买。这类心理反应主要有：产品畅销才提价，不赶紧买就买不到了；提价幅度还不够，尽早买以防将来付出更高代价；产品质量和功能提高才提价，买后肯定不吃亏等。

竞争者的反应，也是价格调整应考虑的重要因素。例如，经营者在调低商品价格时，竞争者的反应主要有以下两种选择。

(1)价格不变，用非价格竞争回击，如改进产品、服务、沟通等。

(2)降低价格，通过价格竞争的利器进行反击。

因此，经营者在发生变价时，必须善于利用各种信息来源，力求掌握竞争者可能作出的反应，以便及时采取进一步的对策。

营销视点 10-3

价格歧视

企业依据不同类型的消费者对购买产品偏好程度的不同，将消费者分类，然后针对不同类型的消费者制定不同的价格，这种策略称为价格歧视的定价策略，也称价格差异化策略。价格歧视一般可以分为三级，不同级别的价格歧视，具有不同的应用条件。

首先，在大数据时代，商家可以通过各种渠道粗略了解消费者的需求曲线，实现一级价格歧视。比如，同样的终点、同样的时间，有的打车软件给不同手机用户的价格不同。这反映出公司通过大数据掌握每一位消费者的历史信息和偏好，实行一级价格歧视。

其次，二级价格歧视是商家针对不同的消费群体确定不同的价格，其核心是消费者的自我选择机制，即企业通过消费者对不同商品的选择将消费者区分开来，并确定不同的价格。如推行满购返利的策略来区分不同的收入人群，又如推行限时抢购，通过商品在某一特殊时间的降价来吸引具有不同时间成本的消费者。

最后，三级价格歧视是根据消费者的某些特征进行不同的定价，这些消费者特征是商家容易获得的人口学特征如年龄、性别等，由于商家可以轻而易举地获得这类信息，所以三级价格歧视在生活中最为常见。如苹果手机在美国、欧洲、中国的销售价格有着明显的差异。随着大数据时代的到来，商家甚至可以根据消费者的购买信息将消费者分为两种或两种以上类型，即企业通过大数据对不同商品的选择将消费者区分开来，分别收取不同的价格。如唯品会对高消费力的顾客，为其精选爆款单品，收取高消费力顾客的较高意愿价格；对次消费力的消费者，推行品牌折扣等促销活动，实现三级价格歧视。

总之，消费者购买视域下价格差异化策略非常常见，商家依仗差异化价格策略来实现超额利润。过度的价格差异化策略，在理论上也被认为会减少社会福利，如消费者"被杀熟"、企业"恶意超售"等行为，会使不公平竞争出现，应受法律规制。不过，更应该注意的是，适度的差异化定价策略会促进消费者的多样性需求，相比统一定价，吸引更多不同类型的消费者，从而带动市场活力。这种价格差异化策略的适用性和影响因素有待深入研究。

资料来源：高建华，王思听. 消费者视域下价格差异化策略研究：基于经济学中价格歧视理论的分析[J]. 价格理论与实践. 2021(8)：145-149.

二、企业策略

商品价格调整一方面要尽量反映内外条件的变化，另一方面必须考虑消费者对调价的反应，科学运用商品调价策略。

1. 商品降价策略

经营者采取降价措施时，应注意降价的幅度、频率和降价时机的选择。

(1)降价幅度要适宜。降价幅度过小，不能引起消费者的注意和兴趣，起不到降价的效果；降价幅度过大，则会引起消费者对商品质量的疑虑，同样达不到降价目的。因此，消费者对降价客观存在一个知觉"阈限"，经营者降价应在此阈限范围内。根据经验，消费者对价格降低10%～30%，能正常知觉和理解。当然这一知觉阈限依商品特性及经济环境的不同而有差异。

(2)降价不宜过频。为避免由于商品价格降低幅度把握不准，多次降价，消费者产生不信任的心理效应，经营者必须保持降价后的相对稳定。

(3)准确选择降价时机。流行性商品，当流行高峰一过经营者就要马上采取降价策略，否则，失去时机后即使降价也难以收到预期效果；对于季节性商品，当时至季中仍然库存过大，经营者应立即采取适当的降价措施；对于一般性商品，降价的最佳时机是在进入成熟期后的峰点临近时，因为此时消费者对产品评价尚高，降价有可能刺激需求，使峰点后移，延长成熟期。

2. 商品提价策略

无论什么原因造成的提价对消费者利益总是不利的。因此，经营者必须注意消费者的心理反应，采取合适的提价策略。

(1)对于因成本上升而造成的提价，经营者要尽量降低提价幅度，同时努力改善经营管理，减少费用开支。

(2)对于供不应求而造成的提价，经营者要在充分考虑消费者承受能力的前提下，适当提价，切忌哄抬物价招致消费者报怨。

(3)因国家政策调整而提高商品价格，经营者要多做宣传解释，以消除消费者的不满，并积极开发替代品以更好满足需求。

(4)经营者为获利而提高价格，要搞好销售服务，改善销售环境，增加服务项目，靠良好的声誉适量提价。

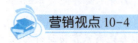 营销视点 10-4

什么时候你觉得涨价是合理的？

2019年2月，来自葡萄牙天主教大学的威尔逊·巴斯特斯（Wilson Bastos）在《消费者心理期刊》上发表

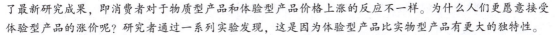

了最新研究成果，即消费者对于物质型产品和体验型产品价格上涨的反应不一样。为什么人们更愿意接受体验型产品的涨价呢？研究者通过一系列实验发现，这是因为体验型产品比实物型产品有更大的独特性。

物质型产品是实物类商品，比如购买衣服、家具、珠宝和电子设备等；而体验型产品是为了获得生活经历或经验而产生的购买，比如旅行、在外吃饭、看话剧、听演唱会等。相比于物质型产品，人们更愿意接受体验型产品的涨价。这是因为体验型产品更加独特，是一个不容错过的独特机会。对于营销者来说，如果你要涨价，那么你需要强调你的产品是一个独特的机会，这样才会让下消费者觉得涨价更加合理！

资料来源：莫田甜，什么时候你觉得涨价是合理的？浙大周欣悦微信公众号，经整理

3. 根据产品的生命周期调整价格策略

根据产品生命周期理论，产品从进入市场到从市场上被淘汰将经历导入期、成长期、成熟期、衰退期四个阶段，每个阶段的市场需求特征和竞争状况不同，要求企业采取不同的营销策略，企业的定价目标、定价方法也要相应进行调整。

（1）导入期的价格策略。

在产品刚刚投放市场的阶段，消费者对该产品缺乏了解，企业需要花大气力进行市场的开拓工作。就价格策略而言，企业可以根据产品的市场定位而采取高价"撇脂"策略、低价"渗透定价"策略、满意定价策略三种价格策略。

①高价"撇脂"策略，即在短期利润最大化的目标下，以远远高于成本的价格推出新产品。销售对象是那些收入水平较高的"消费革新"者或猎奇者。在中国家电市场上，VCD、DVD 机刚刚投放市场时，采用的就是高价"撇脂"策略。高价"撇脂"策略的好处是不仅在短期内迅速盈利，而且为以后的降价留出空间。缺点是较高的价格会抑制潜在需求，同时高价厚利易诱发竞争，从而缩短新产品获取高额利润的时间。

②低价"渗透定价"策略，即以较低的价格投放新产品，目的是通过广泛的市场渗透迅速提高企业的市场占有率。在 20 世纪 90 年代中期的微波炉市场上，格兰仕就以此策略迅速占领市场，成为市场第一大品牌，使微波炉从原来少数高收入家庭的宠儿变为寻常百姓家的必需品。低价"渗透定价"的优点是能迅速打开新产品的销路，低价薄利不易诱发竞争，便于企业长期占领市场。缺点是投资回收期较长，价格变动余地小。相对而言，采取低价"渗透定价"策略需要企业有比较雄厚的财力的支持。

③满意定价策略。满意定价策略是介于高价"撇脂"策略和低价"渗透定价"策略之间的中等价格策略，价格水平适中，同时兼顾生产厂家、经销商和消费者的利益。优点是价格比较稳定，在正常情况下盈利目标可按期实现。缺点是比较保守，不适合需求复杂多变和竞争激烈的市场环境。

（2）成长期的价格策略。

随着消费者对新产品的逐渐了解，产品的销售会有较快的增长，竞争者陆续加入。企业应视市场增长和竞争情况而在适当的时机调整价格。成长期企业营销的重点是扩大市场占有率，加强企业的市场地位和竞争能力，因而通常的做法是在不损害企业和产品形象的前提下适当降价。

（3）成熟期的价格策略。

产品经过一段时间的快速增长，市场需求趋于饱和，市场竞争异常激烈，这时进入产品的成熟期。该阶段的定价目标多为维持原有的市场份额、适应价格竞争。由于一些实力薄弱的中小竞争者被迫退出，市场上多呈现寡头垄断竞争的格局，各企业在原有产品价格的调整上比较慎重，竞争更多地集中在其他方面。随着改良产品的出现，企业需要为这些产品重新定价。总体而言，成熟期的价格策略多呈现低价的特点。

（4）衰退期的价格策略。

随着市场的进一步饱和，新产品的出现，消费者的兴趣开始转移，经过成熟期的激烈竞争，价格已降至最低水平，这是产品衰退期的主要特征。

这一阶段的价格策略主要以保持营业为定价目标，通过更低的价格，一方面驱逐竞争对手，另一方面等待适当时机退出。

价格调整是指经营者在原定价格的基础上调低或调高。经营者在不断变化的市场营销环境中为求得生

存和发展，有时须主动削价或提价，有时又须对竞争者变价作出正确的反应。

4. 变价的发动者

在营销过程中，由于内外部环境的变化而要求企业调整其价格。这时，企业需要决策的是：是否充当变价的发动者，即主动发动降价或提价。降价可能基于以下原因。

（1）企业的生产能力过剩，需要扩大销售，而通过其他营销策略（比如产品改进、加强促销等）来扩大销售的余地很小。

（2）在强大的竞争压力之下，企业的市场份额下降。

（3）企业的成本费用低于竞争者，降价可以扩大销售，提高市场占有率。

（4）由于技术的进步，行业生产成本大大降低。

（5）宏观经济环境和政府政策变动。当出现通货膨胀，导致物价上涨和经营者成本费用上升时，经营者趋于提高价格；而当出现通货紧缩时，由于币值上升，竞争产品的价格下降，经营者也须削价。同时，政府对国民经济的宏观调整政策将对市场供求、产业结构的变化及消费者收入水平等产生影响，经营者应根据上述方面的变化及时调整自己的经营方向及产品结构，并相应调整价格与之相适应。

综上所述，影响经营者价格调整的因素既有宏观的也有微观的，经营者只有在充分考虑并分析这些因素的基础上，才能进行符合实际并有科学依据的价格调整。

三、价格策略的思考

价格策略在今天的营销实践中已开展更广泛的研究，克里斯·安德森的作品《免费》一书深入地探讨价格策略在 21 世纪营销中的全新商业模式，通过免费过程本身创造新价值，如 Google、QQ、360 安全卫士等；而国内学者提出了现代营销策略归结为 1P（产品价格），即消费者成本，通过多赢合作的战略思维，寻找第三方与企业、顾客共同支付，例如，打火机厂商原来是直接卖给使用者，现在通过厂商价值关联，把打火机卖给餐饮店、咖啡店，再免费送给使用者，结果消费者得到了免费打火机，厂商赚到了更多的利润，第三方节省了广告费。

价格策略不仅可以引发创新，而且能形成创造性破坏，造成产业颠覆性巨变。以价格策略为突破口的美国西南航空公司是全球第一家以价格创新为核心竞争力的航空公司，从洛杉矶到阿拉斯加的机票平均售价为 138 美元，而西南航空仅售 38 美元。它在大多数市场的票价都接近或低于火车、公路巴士、城际长途汽车等地面运输工具，甚至比自己开车的加油钱还便宜，但时间却大大缩短。西南航空不是和航空公司竞争，而是把地面运输系统当作竞争对手。它的目标是把地面交通系统的乘客变成飞机乘客，为航空客运创造新客户、新市场，而不是与同行抢夺现有的客户。

义乌小商品城是一个以低价格为核心的商业模式创新的成功案例。它的核心业务是小商品批发交易，货品达 28 种大类，为全球最大的小商品集散地。义乌小商品城的商业模式包括三个高度关联并互为加强的核心能力：第一，数万家本地、外地生产企业以及来自 212 个国家和地区的商务代表形成的巨大商业网络，使交易双方以很低的成本联结在一起；第二，中国小商品城、各专业市场和各专业街组成的批发市场构成了高效、即时交易系统；第三，流畅的物流网络，使商品可以迅速到达全球任何指定地点。

📚 本章小结

价格是营销 4P 组合中唯一创造收益的因素，其他因素都意味着支出。企业产品的定价策略始终应遵循马克思主义政治经济学中的价值规律，确定符合产品价值的合理价格，不能违背价值规律和市场规律的低价竞争，维护市场公平竞争的良好环境。坚持人民至上，务实创新。古人云"人无信则不立"，重信义是中华民族传统美德，也是商业道德的基本准则。北京同仁堂的那句祖训"修合无人见，存心有天知"，意为做事不可违背良心，不得见利忘义，所作所为上天自会知晓。古人讲："与天下同利者，天下持之；擅天下之利者，天下谋之。"在定价策略中坚持商业道德与伦理，利用大数据辅助定价，不搞价格欺诈，不人为制造信息不对称。在企业的各种营销活动中，实事求是，一切从实际出发，尊重市场规律，洞察消费心理，运用交易成本原理，进行价值定价，始终对广大消费者负责，而不能损害其利益，因为赢得消费者就赢得了市场。

 案例评析

开市客（Costco）："低价优质"背后的秘密

1976年，开市客（Costco）在美国加州圣地亚哥成立全球第一家采取会员制的仓储批发俱乐部 Price Club。在美国和加拿大地区，Costco 的会员分为年费120美元的精英卡（Executive）会员和年费60美元的普通卡（Gold Star）会员；2019年，上海首店在闵行开业时迎来大量的客流，一度引发周边交通堵塞。在中国，开市客（Costco）会员费统一为299元/年。开市客 Logo 见图10-13。

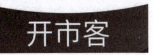

图10-13　开市客 Logo

在美国，大型零售商很多，甚至像沃尔玛这类大型零售商根本不需要消费者支付会员费，但为什么大家还要选择 Costco？这背后，离不开 Costco 通过"低价优质"产品构建的差异化品牌认知。

企业商业模式的构成，在于要形成一条行之有效的闭环通路，其起点就在于顾客为什么要选择你的产品。

对于会员制仓储量贩店 Costco 而言，其起点在于顾客为什么要花钱购买会员卡。

Costco 的办法是，让大家相信其产品较之竞争对手，更为便宜、更为优质。

2017年，据投行 J. P. Morgan 的数据显示，Costco 的价格只相当于全食超市的42%。另外，Costco 对传统品牌的加价率不超过14%，对自有品牌 Kirkland Signature 则为15%（其商品销售的毛利常年保持在11%左右），所以其价格常常惊人的便宜，甚至不赚钱。

比如，Costco 的烤鸡，比竞品烤鸡约重1磅，价格却要便宜1美元。用网友的话说就是："用鲜嫩多汁的美妙口感与超大的体格，狂扁其他超市烤鸡的耳光。"

再如，在 Costco 中国店，市面上一瓶难求、零售价为2700元左右的茅台，却被 Costco 以1499元/瓶的官方定价"平价"销售。

Costco 的价格比电商还要便宜。

一份对100件商品的抽样调查显示，Costco 的价格平均比亚马逊低20%。在亚马逊上购买一份16.3盎司的 Skippy 奶油花生酱，价格为3.19美元，折合每盎司0.2美元。而在 Costco，一份48盎司的同款商品价格仅为11.49美元，相当于每盎司0.12美元，比亚马逊便宜了67%。另外，在 Costco 中售卖的日立双开门冰箱，同样的产品比京东便宜了将近7000元。

优质的产品，实惠的价格，消费者自然会用钱包投票，甘愿花每年120美元的年费，加入 Costco 的会员。截至2018年，Costco 的会员总数已达9430万人。并且，Costco 在进入中国以后，凭借着"平价"的茅台，2个月内便吸引了20万会员加入。

显然，Costco 一直不肯给烤鸡涨价的原因就是用优质低价的产品，在消费者心中构建 Costco 优质低价的差异化认知，从而获取消费者的青睐。

然而，新的问题来了：产品卖这么便宜，甚至一直在亏本，Costco 靠什么挣钱？

1. 会员制是成长底线

想知道 Costco 到底靠什么赚钱，就要了解 Costco 的增长结构设计。

知名市场增长战略顾问王赛博士，曾在其所著的《增长五线》一书中指出：企业的增长应该形成一张

"增长地图"，即穷尽企业所有可能增长的方向，且设计出这些路径相互的逻辑关系。这张增长地图其实由"战略性增长"和"结构性增长"两部分组成。

其中，战略性增长主要包括差异化的定位增长和新价值整合增长。Costco通过"优质低价"差异化认知的建立，提升对消费者的吸引力，这一类做法，就属于"认知型"的差异化定位增长。而想要实现结构化增长，其核心在于三要素：获取更多用户、锁定用户、经营用户价值。

自诞生以来，Costco就一直坚持"高度锁定基石客户"的成长底线设计。一方面，凭借丰厚的会员权益与折扣，吸引大量消费者成为其会员，也以此筛选出高消费用户群体；另一方面，收取会员所付出的会员费，成为"锁住"消费者的利器。

从心理学角度看，收取的会员费成为勾住消费者的"钩子"。他们一旦选择付费，就会为付费找出理由，也更加深信Costco的优质低价，从而加大消费力度与消费频次。

2018年，达特茅斯大学Tuck商学院的KL Ailawadi等人发表的调研文章也佐证了这一点。研究显示，那些经常来仓储会员店的消费者，每人的消费额会增加5%，在店内采购的时间会增加15%，消费的卡路里总量也比不来仓储会员店的消费者高8%。

Costco2018年财报显示，2018年其营收为1 384.24亿美元，其中会员费收入31.42亿美元，而其净利润为31.24亿美元。

2. 极简主义，构建超强竞争壁垒

竞争驱动着增长，对竞争对手市场份额的侵蚀和通过竞争获得垄断性的溢价，本身就是市场增长的核心。Costco通过其超强的选品能力与SKU优化能力，构建了自身强大的竞争壁垒。

（1）对产品优中选优。

从迈克尔·波特的五力模型来看，企业竞争壁垒的构建，离不开对供应商议价能力与对客户议价能力的消解。比如"没有最便宜的太阳眼镜，但有最便宜的雷朋眼镜"，就很好地诠释了单从品类来讲，Costco的货品或许不是市场上最便宜的，但却是市场上优质产品中最便宜的。为了实现这一点，Costco在全球高薪聘请了采购团队，在每个品类中精挑细选出1~2种后，管理层亲自试用后才上架。Costco将优中选优的理念贯彻到了极致，也铸就了产品规模化的销量与极佳的口碑，从而消解了消费者的议价力。

（2）精简SKU，形成马太效应，提升议价权。

强大的选品能力，并不能保证Costco产品的极致性价比。所以，Costco通过SKU的优化，进行对供应商议价能力的消解。相比其他大型零售商，Costco的SKU在3 700个左右，只有沃尔玛的1/5。其优秀的选品能力与精简的SKU形成了马太效应，使Costco单个SKU的销售额远高于竞争对手。数据显示，2019年Costco单个SKU的销售额超过4 000万美元，而沃尔玛单个SKU的销售额仅为87万美元。

庞大的单品规模，提升了Costco面对供应商的议价能力。比如在2003年，可口可乐想涨价，结果Costco直接上架了百事可乐。当然，议价权的提升，也反过来促进了Costco的选品能力，因为不愁供应商，品质不够好的供应商就会被剔除，由此进一步巩固了Costco产品的"低价高质"。

（3）自有品牌+自建工厂，提升竞争壁垒。

Costco还通过建立自有品牌，消解了潜在新进入者议价能力与潜在替代者议价能力。

早在1992年，Costco就推出了自有品牌kirkland（柯克兰），kirkland由供应商代工，可以在1周内完成设计到上架销售，同时比市面同款便宜20%。2020年，Costco在内布拉斯加州弗里蒙特建造了一家价值4.5亿美元的鸡肉工厂，可为每只Costco烤鸡节省35美分的采购成本。而这一切，都提升了潜在替代者想要替代Costco的难度，也增加了潜在新进入者想要与其一争高下的难度。

资料来源：冰叁. Costco："低价优质"背后的秘密[J]. 商界评论，2022（6）. 经删减

评析：Costco采取价值定价策略构建差异化竞争的底层逻辑，运用"低价优质"的战略性增长方式，获取更多用户的重要方式，它给了用户选择Costco的明确理由。同时用"会员制"的方式锁定用户，帮助Costco构建了"成长底线"，有效地抵御了电商冲击，赢得了用户的认可，穿越了经济发展周期，实现了企业可持续发展。

思考题

1. 简述企业定价的三种方法。

2. 影响企业定价的主要因素有哪些?

3. 企业在对产品进行定价时,往往不仅要考虑产品的成本因素,还要考虑其他诸多因素的影响,你认为快速消费品除了成本因素外还需要重点考虑哪些因素?

4. 试述新产品定价的策略。

5. 你认为哪些产品适合进行心理定价?

6. 企业在对产品价格调整时应注意哪些问题?

本章实训

一、实训目的

通过对实践案例的整理和分析,学生对价格策略有感性的认知,理解定价和调价的具体思路,能够根据实际情况选择合适的价格策略。

二、实训内容

1. 实训资料:搜集不同行业、不同类型的价格调整案例。

2. 具体任务:根据本章对价格策略的介绍,分小组讨论分析案例。

3. 任务要求:

(1)分析案例中的价格调整是在什么背景下产生,企业采取什么方法调整价格;

(2)该企业价格调整是否有改进方面,为什么?

三、实训组织

1. 根据全班上课人数,将全班同学分成若干小组,采取组长负责制,全体组员协作完成课堂任务。为了避免不同小组所搜集案例重复,各小组组长将所选案例进行提前汇总,并进行协商,确保所选案例不重复。

2. 确定所选案例后,各小组进行下一步分工,对案例进行分析、汇总。

3. 经过小组讨论后,完成实训报告及汇报PPT。

4. 根据课时具体安排,不同小组分别选派成员对报告进行讲解,并回答其他组成员的问题。

5. 任课教师对实训课程的结果进行总结,提出相应的意见及建议。

四、实训步骤

1. 任课教师布置实训任务,介绍实训要点和搜集材料的基本方法。

2. 各小组明确任务后,按照教师指导根据具体情况进行分工。

3. 各小组定期召开小组会议,对取得成果进行总结,遇到问题及时与指导教师沟通。

4. 完成实训报告及展示所需的PPT等材料,实训报告中应包括案例来源、案例分析,以及遇到的难题与解决方案、启示等内容。

5. 各小组对案例进行课上汇报,教师对各组的汇报进行点评及总结。

第十一章 分销渠道策略

📖 章节图解

第一节 分销渠道的概念与类型	一、分销渠道的概念与功能
	二、分销渠道的类型与结构
	三、分销渠道系统

第二节 分销渠道的选择	一、分析服务产出水平
	二、建立分销渠道目标
	三、选择渠道方案
	四、评估渠道方案
	五、选择渠道成员

第三节 中间商、批发商与零售商	一、中间商的作用
	二、批发商
	三、零售商

第四节 物流管理	一、物流的概念与作用
	二、物流管理的特点
	三、物流管理的内容
	四、现代物流发展趋势

学习目标

> **知识目标：**
> - 了解分销渠道的类型
> - 了解中间商和零售商的作用
> - 掌握物流管理的内容
>
> **素养目标：**
> - 认识渠道是一种资源，可以提升管理效率，构筑竞争优势
> - 提高对处理好分销渠道成员间利益的认知
> - 强调物流供应链的科学管理是企业做强做大的关键

关键概念

> 分销渠道，中间商，零售商，物流管理

导入案例

安踏集团转型 DTC 模式

安踏集团(Logo 见图 11-1)是中国最大的体育用品集团，创立于 1991 年，是一家专门设计、生产、销售运动鞋服、配饰等运动装备的综合性、多品牌体育用品集团。2020 年，安踏启动 DTC 模式(Direct To Customer，直接面向消费者的营销模式)战略转型，从"批发型零售"向"直营型零售"转型。直营型零售启动的第一批 11 个省份约 3 500 家安踏门店，其中约 60% 由安踏集团直营管理，40% 由加盟商按照安踏运营标准管理。此前，安踏有 60 多个分销商，以 3.9~4.1 折向安踏提货，分销商再以 4.6~4.8 折转售给加盟商，终端零售折扣为 7~7.3 折。

图 11-1 安踏集团 Logo

安踏的 DTC 模式，主要是针对专业运动品类的安踏品牌店铺进行大规模改变，主要有三种方式：一是直接关店，比如安踏在 2020 年年中有 11 197 家安踏品牌店，到了年底只有 9 922 家。二是在中国 11 个地区，包括长春、长沙、成都、重庆、广东、昆明、南京、上海、武汉、西安及浙江开展混合营运模式(直营+加盟商营运)。涉及的安踏品牌店共约有 3 500 家(占所有店铺数目 35%)，完成后上述安踏品牌店中，约有 60% 将由本集团直营，40% 由加盟商按照安踏品牌运营标准营运。三是开大型精品店，让安踏品牌店进一步提升运营管理效率，快速将人、货、场运营标准统一至门店，实现管理能力的精细化。

安踏集团通过 DTC 模式，以期从消费者洞察、商品开发、企划、运营到营销各个环节形成闭环，一方面提升运营的效率，另一方面将安踏品牌形象及商品用最直接的方式呈现到消费者面前。目前，安踏集团通过 DTC 模式形成直营在线下，社群在线上，会员在中间，数字化穿针引线，人、货、场紧紧联系在一起，持续形成正向反馈。在 DTC 模式的推动下，安踏重新审视消费人群的画像，把市场目标聚焦在最具有消费潜力的 95 后年轻人群，走年轻化路线，从产品演绎、用户体验、内容互动、门店空间展示等方面进行了升级。

资料来源：王晓锋. DTC 转型战略：直面消费者业务的顶层设计、架构与方法论[M]. 北京：机械工业出版社，2022. 经改编

引导问题：

1. 安踏公司 DTC 模式的特征是什么？
2. 安踏公司如何进行分销渠道变革？渠道变革成功关键因素是什么？
3. 结合案例分析零售商数字化转型策划需要注意哪些关键环节？为什么？

分销渠道策略是 4P 中第三个可控制的营销要素。企业所拥有的渠道资源已经成为参与市场竞争，获取竞争优势的关键资源。在市场竞争中，企业若能有效管理渠道成员和协调渠道成员利益，就能构筑竞争壁垒，实现产品的流通，获取竞争优势。分销渠道承担着将所要销售的产品准确、快捷、方便、经济地送达至消费者的职责。价格策略与促销策略在很大程度上要依靠企业的分销渠道模式的实现。本章主要介绍分销渠道的概念与功能、分销渠道设计、分销渠道管理及渠道冲突与合作等内容。

第一节　分销渠道的概念与类型

一、分销渠道的概念与功能

1. 分销渠道的概念

分销渠道是指某种货物和劳务从制造商向消费者移动时，取得这种货物和劳务的所有权或帮助转移其所有权的所有企业和个人。它主要包括中间商、代理中间商，以及处于渠道起点和终点的制造商与消费者。

2. 分销渠道的功能

制造商通过分销渠道将商品转移到消费者手里。在这个过程中，分销渠道成员间需要承担一系列重要功能（表 11-1）。

表 11-1　分销渠道的功能

渠道的功能	渠道的作业
信息收集与传播	收集和传播有关潜在顾客、现行顾客、竞争对手和其他参与者的营销调研信息
实体占有与转移	从制造商到最终顾客的连续的储运工作与转移工作
所有权转移	产品物权通过渠道成员从制造商最终转移到消费者
分担风险	渠道成员分担各种经营风险
付款（回款）	通过银行和其他金融机构向生产者承付销售账款
订货	渠道成员向制造商进行有购买意图的反向沟通行为
促销	通过渠道成员传播有关产品的富有说服力的沟通材料，吸引更多的顾客购买
谈判	相互协商以达成有关产品的价格和其他条件的最终协议
融资	渠道成员间通过汇集和分散资金，以负担渠道工作所需费用
服务	售前、售中、售后服务及管理咨询服务

二、分销渠道的类型与结构

1. 分销渠道的类型

按流通环节的多少，可以将分销渠道划分为直接渠道和间接渠道。

（1）直接渠道。

直接渠道是指产品从生产领域转移到消费领域时不经过任何中间环节的分销渠道，是企业采用的产销合一的一种方式。

直接渠道是工业品分销渠道的重要类型，大约 80% 的生产资料是直接销售的。消费品分销有时也采用

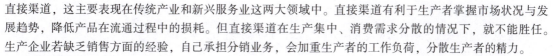

直接渠道，这主要表现在传统产业和新兴服务业这两大领域中。直接渠道有利于生产者掌握市场状况与发展趋势，降低产品在流通过程中的损耗。但直接渠道在生产集中、消费需求分散的情况下，就不能胜任。生产企业若缺乏销售方面的经验，自己承担分销业务，会加重生产者的工作负荷，分散生产者的精力。

（2）间接渠道。

间接渠道是指产品从生产领域转移到消费领域时经过若干中间环节的分销渠道，是产销分离的一种形式。

间接渠道是消费品分销渠道的主要类型，大约95%的消费品通过间接渠道销售，工业品也可通过间接渠道进行销售。大多数生产者缺乏直接销售的财力和经验，而采用间接渠道，能够发挥中间商在广泛提供产品和进入目标市场的效率。利用中间商的销售网络、业务经验、专业化和规模经济优势，通常会使生产者获得高于直接销售所能取得的利润；利用中间商能减少交易次数，达到降低成本的目的。此外，还有助于生产者降低风险，加快资金回笼。

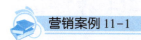 **营销案例 11-1**

良品铺子：数字化助力渠道变革

良品铺子发展初期采用直营模式扩充门店网络，建立线下渠道覆盖体系。然而随着线上消费的兴起，良品铺子意识到仅靠传统线下门店作为销售渠道不足以支撑企业的快速发展和可持续发展。为此，良品铺子开始了持续的渠道变革。

良品铺子的渠道变革之路可以分为两个阶段：第一阶段是完善线下渠道模式，积极开展电商业务，并着手布局数字化基础能力建设；第二阶段是数字化赋能线上线下渠道融合，提升消费者的购买体验。

阶段一：开展电商业务

良品铺子敏锐地捕捉到电商平台将是未来休闲零食行业中重要的销售渠道之一，于2010年设立一个独立于门店业务系统的电商业务团队，开始研究互联网环境下消费者和行业的变化。2012年，良品铺子正式进入主流电商平台开展线上业务。电商业务团队采取了线上线下价格差来吸引消费者，并通过流量打造爆款刺激购买的营销策略，抢占线上休闲零食消费的流量入口。良品铺子的电商业务除了通过天猫、京东的旗舰店直接向终端消费者进行销售的B2C模式外，还开展了向京东自营、天猫超市等进行线上经销供货的B2B模式。

阶段二：数字化赋能线上线下渠道融合

通过完善线下渠道业务模式和探索电商新渠道，良品铺子在业务能力的培养和数据的积累方面都有所成效，也取得了不错的经营绩效。但是，线上线下两条业务线并行的模式还是暴露出了许多问题。为了公司的持续发展和强化竞争优势，良品铺子通过构建和提升数字化能力来进行渠道融合。

良品铺子布局更为广泛的线上销售网络，着手打造基于"平台电商+社交电商+自营App渠道"三位一体的全方位运营网络。在平台电商中，良品铺子在渠道变革的第一阶段已经拥有包括淘宝、天猫、京东等电商平台的销售渠道，随着电商平台的发展，良品铺子借助用户规模效应扩大了品牌的网上用户群体。在社交电商中，一方面，良品铺子社交平台，与消费者进行高频互动，加强与消费者的链接，另一方面，2018年，良品铺子还推出小程序和自营App，在获得手机端流量与自有用户数据的同时，为会员提供基于门店的多种场景的个性化服务，消费者可以通过App直接在门店进行消费，增强了会员的忠诚度。

同时，门店业务还将自营App、小程序以及外卖纳入管理范围，围绕终端门店率先进行O2O融合，提升门店的数字化能力及单店盈利能力。具体来说，良品铺子通过这些工具或平台将用户与终端门店进行连接，覆盖了外卖、会员、礼券等消费场景，通过社交平台的接入，实现了消费者由公众号获取内容，小程序指引到店，最终在门店完成购买的流量转化，不仅给门店带来了新的用户，更提高了顾客的重复购买率、口碑和品牌认知。

资料来源：胡左浩，孙倩敏．良品铺子：数字化助力渠道变革[J]．清华管理评论，2020(9)：18-25．经改写

2. 分销渠道的结构

一般从渠道的长度、渠道的宽度和渠道网络几个方面来描述分销渠道结构。

（1）渠道的长度。

渠道的长度是按其包含的中间商购销环节即渠道层次的多少来表述的。分销渠道层级结构见图11-2。

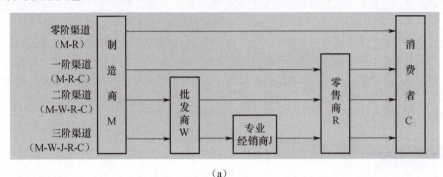

（a）

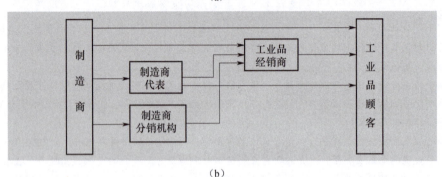

（b）

图11-2 分销渠道层级结构

（a）消费者市场分销渠道；（b）工业品市场分销渠道

①零阶渠道：零阶渠道是制造商直接把产品销售给消费者的直销类型。其特点是没有中间商参与。直销的主要方式有上门推销、邮购、互联网直接推销以及厂商自设机构销售。

②一阶渠道：它包括一个中间商。在消费品市场，这个中间商通常是零售商；而在工业品市场，它可以是一个代理商或经销商。

③二阶渠道：它包括两个中间商。消费品二阶渠道的典型模式是经由批发和零售两级转手分销。在工业品市场，这两级中间商多由代理商和批发经销商组成。

④三阶渠道：它包括三个中间商的渠道类型。在消费品市场，通常为批发商、专业经销商和零售商。级数更多的分销渠道并不常见。一般而言，渠道级数越多，控制与管理难度也就越大。

（2）渠道的宽度。

渠道的宽度是指在渠道的同一层次上利用同种类型中间商的数目。生产者选择较多的同类型中间商销售产品，则这种产品的分销渠道称为宽渠道；反之，则称为窄渠道。渠道宽度有三种类型：独家分销、密集分销和选择分销。

（3）渠道网络。

在分销过程中，许多渠道成员通过分工和合作，形成系统性的网络化分销渠道。这种促使产品和服务有效地从生产者向顾客转移的一系列相互联系的组织和个人的集合，称为渠道网络。

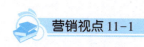

营销视点 11-1

渠道覆盖的末端是多元化的消费者

什么是消费者触达的多元化？

举例：家里没有大米了，十年前去粮油店、超市等线下实体店购买，现在可能在原有渠道购买，也可能在天猫和京东超市购买，可能在抖音直播间中购买，还可能在大 V 或某个朋友推荐下购买。

购买方式开始多元化，所以品牌商就要做到消费者触达的多元化，来满足不同的消费需求。常见的触达方式有以下几种。

1. 被动触达

无论是电子货架还是实体货架，都可以通过货架位置的布建要素吸引消费者，触达的核心是如何在众多产品中脱颖而出。

2. 媒介触达

通过本地抖音号、公众号、地方公交车广告、电梯广告等将品牌或者产品信息传递给目标消费者，触达的核心是内容或者品牌故事。

3. 推荐触达

KOC(关键意见消费者)推荐、卖场导购推荐、特殊人群推荐(医生、老师等)、朋友圈推荐等，触达的核心是产品体验分享，包括功能、效果等。

4. 主动触达

消费者通过搜索、寻找等方式找到产品，触达的核心是消费者品牌理念、产品特征等，消费者灌输教育要做到位。

总结：触达的核心是想尽一切办法，把品牌理念或者产品信息精准地传达给目标消费者，让其随时可以想到、看到、买到自己的产品。

多元化的消费者触达也是品牌商核心竞争力之一，它是渠道末端最后一米，也是检核渠道成功与否的最关键一环。

资料来源：海游. 没有哪个新模式可以颠覆深度分销! [J]. 销售与市场，2021(12)：82-84.

三、分销渠道系统

常见的分销渠道系统包括传统渠道系统、垂直渠道系统、水平营销系统、多渠道营销系统。传统渠道系统由独立的制造商、批发商和零售商组成，每个成员都作为一个独立的企业实体追求自己的利润最大化，即使以损害整体利益为代价也在所不惜，没有一个渠道成员对于其他成员拥有全部的或者足够的控制权。这里主要介绍近二十年来新发展起来的垂直渠道系统、水平营销系统、多渠道营销系统。

1. 垂直渠道系统

垂直渠道系统是由制造商、批发商和零售商组成的一种统一的联合体，某个渠道成员拥有其他成员的产权，或者一种特约代营的关系，或者这个渠道成员拥有相当的实力，其他成员愿意合作。垂直渠道系统可以由生产商来支配，也可以由批发商或者零售商来支配。垂直渠道系统有利于控制渠道的行动，消除渠道成员为了追求各自的利益而造成的冲突。它们能够通过其规模、谈判实力，以及重复服务的减少而获得效益。在国外消费品分销渠道中，垂直渠道系统已经成为一种占主导地位的分销形式，占全部市场的70%~80%。

垂直渠道系统有三种类型，即公司式、管理式、合同式(图 11-3)。此三种垂直渠道系统的组织关系结构见图 11-4。

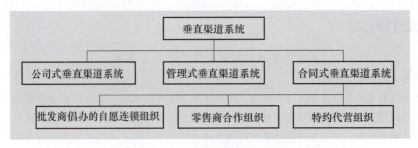

图 11-3　垂直渠道系统示意

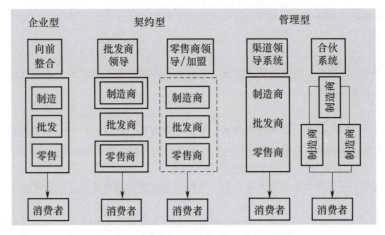

图 11-4　垂直渠道系统的组织关系结构

资料来源：Warren J. keegan，Sandra E. Moriarty，Thomas R. Duncan，Marketing，1995.

2. 水平营销系统

水平营销系统是由两个或者两个以上的公司联合开发一个营销机会。这些公司缺乏资本、技能、生产或者营销资源来独立进行冒险，或者承担风险，或者它发现与其他公司联合可以产生巨大的协同作用。公司间的联合行动可以是暂时性的，也可以是永久性的，还可以创立一个专门公司开展联合行动。

3. 多渠道营销系统

多渠道营销系统指一个公司建立两条或者更多的营销渠道以达到一个或更多的顾客细分市场的系统。通过增加更多的渠道，公司可以扩大产品的市场覆盖面，降低渠道成本，为顾客提供定制化销售以适合顾客要求。要特别注意的是，引进新渠道可能会产生冲突和控制问题。

第二节　分销渠道的选择

合适的分销渠道是提升公司销售力的重要基础。一个公司的渠道系统是在适应当地市场机会和条件的过程中逐步形成的。设计一个渠道系统包括分析服务产出水平、建立分销渠道目标、选择渠道方案，并对其方案进行评估四个流程(图 11-5)。

图 11-5　分销渠道设计的流程

一、分析服务产出水平

了解公司所选择的目标市场中消费者购买什么商品、在什么地方购买、为何购买、何时购买和如何购买是设计分销渠道的第一步。营销人员必须了解目标顾客需要的服务产出水平，即人们在购买一个产品时，想要和所期望的服务类型和水平。分销渠道可以提供的服务水平包括批量大小、等候时间、空间便利、产品品种和服务支持等。

批量大小：是渠道在购买过程中提供给典型顾客的单位数量。

等候时间：是顾客等待收到产品的平均时间，顾客一般喜欢快速交货的渠道，快速服务需要一个较高的服务产出水平。

空间便利：是渠道为顾客购买产品所提供的方便程度。

产品品种：是渠道提供的商品花色品种的宽度。

服务支持：是渠道提供的附加的服务(信贷、交货、安装、修理)。服务支持越强，渠道提供的服务工作越多。

二、建立分销渠道目标

渠道目标决定了公司所要求的渠道类型。有效的渠道计划工作要决定达到什么目标、进入哪些市场。目标包括预期要达到的顾客服务水平和中间机构应该发挥的功能等。图 11-6 表明了分销渠道目标的导向和典型目标。

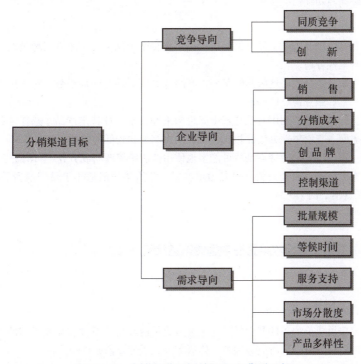

图 11-6 分销渠道目标的导向和典型目标

通常生产者确定渠道目标必须考虑来自顾客、商品、渠道、竞争等各方面的限制因素。

1. 顾客因素

渠道设计很大程度上受到顾客特性的影响。如果要进入一个大规模的或者顾客人口分布很广的市场，就需要多渠道；如果顾客的购买量小，购买次数多，渠道就要少，因为满足少量而频繁的订货要求。

2. 商品因素

易腐商品要求直接渠道；体积庞大的产品，如建筑材料或者软饮料，要求运输距离最短；非标准化产品，如顾客定制机器和特制模型等由公司销售代表直接销售；单位价值高的产品一般则由公司推销员销售，很少通过中间商。

3. 渠道因素

渠道设计应反映不同类型的中间机构在执行各种任务时的优势和劣势。一般来说，营销中介机构因其从事促销、谈判、储存、交际和信用诸方面的能力不同而各异，对能力强的中间商可以多让些利。

4. 竞争因素

渠道设计受到竞争者使用的渠道的制约。生产者可能要进入或接近经营竞争者产品的同样的销售点。而有的行业，生产者希望避开竞争者所使用的渠道。

三、选择渠道方案

一个渠道选择方案由三个方面的要素确定：中间机构的类型、中间机构的数目、每个渠道成员的条件和责任。

1. 识别中间机构的类型

识别中间机构的类型要求公司识别有哪些类型的中间商组织供选择。比如一家专门生产汽车用的调频收音机的消费电子产品公司，可供选择的中间机构有 OEM（原始设备制造商）、汽车经销商、汽车部件零售商、汽车电话专业经销商和邮购公司等。

2. 确定中间机构的数目

公司必须决定在每个细分市场，每个渠道层次使用多少个中间商。一般有三种策略可供选择：独家分销、选择性分销和密集性分销。

①独家分销：独家分销是严格地限制经营公司产品或者服务的中间商个数。它适用于制造商想对经销商执行大量的服务水平和服务售点的控制。

②选择性分销：选择性分销利用有限几家中间机构来经营某一种特定产品。选择性分销商能使制造商获得足够的市场覆盖面，与密集性分销商相比有较大的控制力和较低的成本。

③密集性分销：密集性分销的特点是尽可能多地使用商店销售商品或劳务。当消费者要求在当地大量、方便地购买产品时，实行密集性分销就显得尤为重要了。该策略一般适用于日用消费品，如香烟、汽油、肥皂、口香糖等（见营销案例 11-2）。

【营销案例 11-2】欧莱雅在中国的渠道策略

3. 确定每个渠道成员的条件和责任

制造商必须确定渠道成员的条件和责任。这些渠道成员应具备的条件和需要承担的责任主要受价格政策、销售条件、地区权利及每一方所应提供的具体服务等一系列要素的影响。

四、评估渠道方案

制造商在初步识别了几种可行的渠道方案后，就要确定哪一个渠道最能满足公司长期目标。其选择要以经济性、可控性和适应性三个标准来进行评估。

1. 经济性标准

评价一个渠道方案的优劣，首先要从经济的角度来考察其运行成本和对销售的贡献大小，从而计算出每个渠道方案的经济效益。因此制造商首先要考虑的问题是使用哪种渠道方案所带来的销量更大；其次要估计每个渠道的运行成本，一般而言，利用经销商的固定成本比公司自己设立销售办事处低，但利用经销商的变动费用较大；最后要比较各方案的销售量和成本。

图 11-7 是采用公司自建推销队伍与采用经销商两种不同渠道方案的销售量与成本分析，两条线相交的点表示在该销售量水平时两种渠道的销售成本相等。当销售量小于该点时，利用经销商方案较为有利；而当销售量大于该点时，利用公司自建推销队伍方案较为有利。

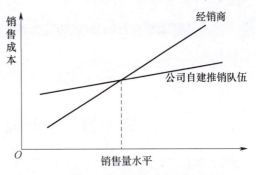

图 11-7　两种不同渠道方案的销售量与成本分析

2. 可控性标准

评价必须进一步考虑两种渠道的问题。使用销售代理商意味着会产生更多有关控制的问题。销售代理商是一个独立的公司，它关心的是公司的利润最大化，代理商可能集中在那些从其所购买的商品品种组合角度而言的最重要顾客，而不是从对某个特定制造商产品感兴趣的程度方面考虑的。此外，代理商的推销人员可能没有掌握有关公司产品的技术细节，或者不能有效地运用它的促销材料。

3. 适应性标准

为了发展渠道，渠道成员互相之间都允许在某种程度下在一个特定的时期内持续维持义务，但由于生产商对变化市场响应的能力问题，其允许的时间在缩短。在迅速变化、非持久和不确定的产品市场上，生产商需要寻求能获得最大控制的渠道结构和政策，以适应不断变化的营销战略。

 【营销案例 11-3】格力营销渠道演变历程

五、选择渠道成员

选择中间商首先要确定其能力的标准。对于不同类型的中间商以及它们与企业的关系，企业应确定不同的评价标准，这些标准包括四个基本方面。

1. 销售能力

企业要了解该中间商是否有训练有素的销售队伍，其市场渗透力有多强，销售地区有多广，曾经运营哪些其他产品，能为顾客提供哪些服务等。

2. 支付能力

为确保销售商的财务实力，企业要了解该中间商是否有足够的支付能力。

3. 经营管理能力

企业要了解中间商的管理人员是否有足够的才干、知识水平和业务经验等。

4. 信誉

企业要了解中间商在社会上是否得到信任和尊敬，是否愿意和生产厂商真诚合作等。

要了解中间商的上述情况，企业必须收集大量的有关信息。有必要的话，企业还可以派人对被选中的中间商进行直接调查。

【营销案例11-4】华润雪花啤酒渠道分销管理策略

第三节 中间商、批发商与零售商

批发商和零售商是中间商的两大组成成员。要研究分销渠道就必须研究批发商与零售商。

一、中间商的作用

中间商的主要作用在于减少交易次数，降低交易成本（图11-8）。同时利用中间商还可以协调产品的供需，及时沟通产销。另外，利用中间商也可以发挥其在产品运输、储存、资金及时回笼等方面的作用。

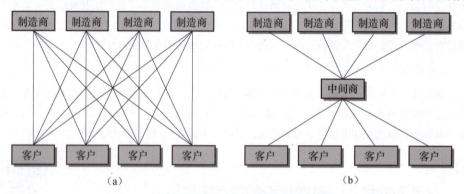

图11-8 中间商作用示意

（a）无中间商示意；（b）有中间商示意

二、批发商

批发是指将商品或者服务销售给那些为了转卖或商业用途而进行购买的个人或组织所发生的一切活动。批发商是指从事批发活动的组织或个人经营者。

批发商可以分为三种类型：商业批发商、经纪人和代理商、制造商和零售商的分部和营业所等。

1. 商业批发商

商业批发商是独立的商业企业，它们买下所经销商品的所有权，然后出售。商业批发商可以进一步细分为完全服务批发商和有限服务批发商。

（1）完全服务批发商。

完全服务批发商提供全面服务，包括存货、推销队伍、顾客信贷、负责送货及协助管理等服务。完全服务批发商包括两种类型：批发中间商和工业分销商。

（2）有限服务批发商。

相对于完全服务批发商而言，有限服务批发商向其供应者和顾客只提供极少的服务。有限服务批发商有六种类型：现款交易运货自理批发商、卡车批发商、直送批发商、专柜寄售批发商、生产合作社、邮购批发商。

2. 经纪人和代理商

经纪人和代理商不拥有商品所有权并且仅执行有限的几个功能，其主要功能就是促进买卖。为此，他们将获得按售价的一定比例提成作为佣金。

(1)经纪人。

经纪人的主要作用是为买卖双方牵线搭桥，协助谈判，由委托方付给佣金。经纪人没有存货，不卷入财务，不承担风险，如食品经纪人、不动产经纪人、保险经纪人和证券经纪人。

(2)代理商。

代理商不是代表买方，就是代表卖方，委托关系比较持久。代理商有四种类型：制造商代理商、销售代理商、采购代理商、佣金代理商。

3. 制造商和零售商的分部和营业所

制造商和零售商的分部和营业所不是通过独立批发商，而是卖方或买方自己进行的批发业务。它有以下两种形式。

(1)销售分部和营业所。

制造商为了加强存货控制，改进销售和促销工作，经常开设自己的销售分部和营业所。销售分部备有存货，常见于木材、汽车设备和配件等行业。

(2)采购办事处。

采购办事处的作用与采购经纪人和代理商的作用相似，但是前者是买方组织的组成部分。许多零售商在大的市场中心，如北京和上海等地设立采购办事处。

三、零售商

零售是指将商品或服务直接销售给最终消费者供其个人非商业性使用的过程中所涉及的一切活动。零售商是指它的销售量主要来自零售的公司或店铺。国外市场营销学者通常按经营范围、价格与服务水平、有无门市、所有权性质、地理位置和集群程度对零售商进行分类(表11-2)。

表 11-2 国外零售商类型

分类标准	类型
按经营范围分类	专业商店、百货商店、超级市场、超级商店和特级市场
按价格与服务水平分类	提供一般顾客服务、价格中等的商店(普通商店) 提供更多顾客服务、价格较高的商店(专业商店、百货商店) 提供较少顾客服务、价格低廉的商店(折扣商店) 提供顾客自我服务、价格更低的商店(仓库俱乐部)
按有无门市分类	有门市的零售商 无门市的零售商(自动售货、上门推销、邮购和电话订购、网上购物)
按所有权性质分类	独立商店 连锁商店
按地理位置和集群程度分类	邻里购物中心、社区购物中心、地区性购物中心和中心商业区

资料来源：纪宝成. 市场营销学教程[M]. 3 版. 北京：中国人民大学出版社，2002.

营销视点 11-2

理解展厅现象

消费者购物时总会货比三家，以期得到最优惠的交易或扩大他们的选择范围，而现在电子商务和移动电子商务(通过手机和平板电脑进行销售)带来了意想不到的新变化。展厅现象(Showrooming)让消费者在实体店里亲身体验产品并收集信息，但为了获得更低的价格，消费者随后可能会在网上购买，或干脆在别的零售商那里购买——这是实体店最不愿看到的结果。

智能手机推动了展厅现象的产生。得益于移动设备，商店里的消费者从未拥有像现在这样的装备来决定应该买什么。一项研究表明，超过一半的美国手机用户，尤其是年轻用户，在购物时会用手机向朋友或家人征询购买建议，查看用户评价或寻找更低的价格。

零售商过去一直关心的是如何把消费者带进商店，但专家指出，现在他们反而需要关心如何卖给那些带着别家商店的参考信息进门的顾客。例如，亚马逊的 Price Check 手机应用软件允许消费者在实体店内即时比较价格。移动用户可以使用的在线零售商对传统的实体连锁店造成严重的打击，因为消费者有了更广泛的选择、更低的价格(通常免税)，以及 7×24 不闭店的便捷性。

为了正面应对展厅现象，百思买和塔吉特宣布实体店的价格与网上零售价格将长期保持一致。为了适应这一趋势，其他商店将实体店和网上商店紧密联系在一起。沃尔玛、梅西百货和百思买允许在店内提取和退换网上订单购买的商品。

许多零售商正在将店内体验变得更有信息含量且更有价值。盖尔斯（GUESS）、帕克森（PacSun）和 Aeropostale 等服装零售店都为店内销售人员配备了 iPad 或平板电脑，以便收集更有深度的产品信息与购物者分享。参与常客奖励计划的顾客也可以快速下载他们的购买历史记录、产品偏好和其他有用的背景信息。

所有这些举措的主要目的是抓住顾客。一项研究表明，在展厅现象下，70% 的展厅受众更有可能从有如下特征的零售店购买产品：精心设计的网站和应用程序，有力的多渠道支持，以及可通过二维码比较价格。对零售商来说，如果将销售从实体店转移到网上能够阻止顾客光顾别处，那么这样做对其更有利。

资料来源：菲利普·科特勒，凯文·莱恩·凯勒，亚历山大·切尔内夫. 营销管理[M]. 陆雄文，蒋青云，赵伟韬，等译. 16 版. 北京：中信出版社，2022.

国内学者通常将零售商分为商店零售商、无商店零售商和合作零售组织三大类进行研究(表 11-3)。

表 11-3　国内零售商类型

分类标准	类型
商店零售商	专业商店、百货商店、超级市场、便利商店、折扣商店、工厂门市部、仓库俱乐部、超级商店、样品目录陈列室
无商店零售商	直销公司、直复营销、自动售货、购物服务
合作零售组织	公司连锁、自愿连锁店、零售商合作组织、消费者合作社、特许经营组织、商业联合大公司

 营销案例 11-5

屈臣氏：一场 O+O 零售变革

"今天，全球没有哪一个美妆市场，有着中国市场竞争之激烈、充分。"许多进入中国市场的国际美妆品牌操盘手有着相同的感受。根据《中国化妆品店竞争力报告》，2020 年国内化妆品店渠道同店销售额下滑超 20%，客流下滑 30%。然而，2021 年屈臣氏中国市场线上销售继续保持强劲的增长态势，增幅达到 94%，这一切源自从 2018 年开始的屈臣氏的零售变革，和消费者建立了长期的互动关系，进而反哺其生意增长。

在美妆行业，"新零售"概念已经提出好多年，但到底"新零售"是什么，行业并没有一个清晰的答案。而未来的零售模式，首先是通过"消费服务升级"重建消费者关系。屈臣氏洞察消费的趋势，抓住"消费服务升级"，推行了 O+O 平台策略。

2018 年，屈臣氏加速数字化转型，其后实行 O+O 平台策略，无缝衔接线下及线上平台。与 O2O 营销策略单向地将顾客由一个平台带动到另一个，从而增加销售的本质不同，O+O 是现今顾客同时融合线下及在线购物的生活模式。

线上，屈臣氏升级的方向是"便捷"。基于"懒宅经济"的刺激，90后、Z世代更偏爱微信小程序、电商等线上购物形式，屈臣氏打造了云店(屈臣氏小程序)、App、社群、企微等多个触点，将服务从门店延伸到线上，全方位触及消费者。

在构建多元触点的同时，屈臣氏也在用年轻消费者更易接受的方式进行沟通，如推出虚拟偶像"屈晨曦"、云养宠物猫"屈奇"，不断提升小程序的二次元、萌系指数。以屈臣氏小程序为例，如今的视觉设计体现出色彩丰富、高创意的潮流风格，更贴合当代年轻人设计审美，便于打造更有活力、更年轻化、更潮流化的社交互动。

线下，屈臣氏将变革重点放在了"体验"上，一方面持续对原来的店铺进行改造升级，另一方面借助闪电送、AR试妆、皮肤测试、免费化妆、SPA等服务，进一步优化消费者的购物体验。此外，不断推行"BA转型"也是屈臣氏提升门店体验的一个重要举措。

无论是线下还是线上，屈臣氏的一切创新，都是基于对用户消费喜好最真实的洞察。在O+O平台策略下，屈臣氏的经营效率明显提升，O+O用户消费额是纯线下用户的2.7倍，客单价不断提升。屈臣氏企业微信BA累计添加用户数超过4 000万人次，已添加企业微信的会员消费为同期未添加会员的2.1倍。

在O+O平台策略下，屈臣氏打破了"消费者、零售渠道、美妆品牌"三者之间传统的关系，在自我转型升级的同时，通过深度整合线下线上渠道并重构品牌和消费者关系，为美妆品牌和零售商探索出了一个发展新范式。

资料来源：重新审视屈臣氏：美妆零售"新风向"来了，经济参考报，2022-06-16，经改写

1. 商店零售商

(1)专业商店。

专业商店经营一条窄产品线，而该产品线所含的产品花色品种却较多，如服饰商店、运动用品商店、家具店、花店、书店等。

(2)百货商店。

一家百货商店要经营几条产品线，通常有服装、家庭用具和家常用品，每一条产品线都作为一个独立的部门，由一名进货专家或者商品专家管理，如北京王府井百货大楼、桂林微笑堂商厦等。

(3)超级市场。

超级市场是一种相对规模大、低成本、低毛利、高销售量、自助服务式，为满足消费者对食品和家庭日常用品的种种需求的零售组织。

(4)便利商店。

便利商店相对较小，位于住宅区附近，营业时间长，每天都开门，并且经营周转较快的方便商品，但是其种类有限。这类商店营业时间长，主要满足顾客的不时之需，其商品的价格相对高些。7-11便利店就是这一类型的典型。

(5)折扣商店。

折扣商店出售标准商品，价格低于一般商店，毛利较少，销售量较大，薄利多销。偶然的价格折扣、临时的价格折扣及低价出售廉价品或劣质品都不属于折扣商店的范畴。沃尔玛是这种类型的成功代表。

(6)工厂门市部。

工厂门市部由制造商自己拥有和经营，它们销售多余的、不正常和不规范的商品。这些门市部有时联合起来在工厂门市部大厅联销。

(7)仓库俱乐部(批发商俱乐部)。

仓库俱乐部(批发商俱乐部)销售有限的有品牌名的杂货、器具、衣服和其他东西，参加者每年交纳一定额度的会费，便可得到高折扣。这种形式的仓库俱乐部主要为小企业服务，并为政府机构、非营利组织和某些大公司服务。仓库俱乐部以大量的、低管理费、类似仓储设施的方式来经营，销售种类少。其成本

较低，因为它们低价买进并且很少使用仓储劳动力，它们不送货上门和赊账买卖，但它们提供最低价——通常比超级市场和折扣商店低20%~40%，如沃尔玛拥有的山姆俱乐部。

（8）超级商店。

超级商店有比超级市场大得多的场地，主要满足消费者日常购买的食品和非食品类商品方面的全部需要，它们通常提供诸如洗衣、干洗、修鞋、支票兑换和付账等服务。这种形式的种类有综合商店和巨型超级市场。

（9）样品目录陈列室。

样品目录陈列室应用于大量可供选择的毛利高、周转快的有品牌商品的销售。它们包括珠宝、电动工具、照相机、皮包、小型设备、玩具和运动器材等。顾客在陈列室里开出商品订单，在该商店的发货点为顾客送货上门。样品目录陈列室利用减少成本和毛利以促进大量产品销售。

 **营销视点 11-3**

全渠道整合如何影响顾客惠顾

随着移动互联网、社交媒体和基于地理位置的信息系统在商业环境中的应用，零售商开始致力于全渠道整合。全渠道整合可以改善顾客在不同渠道的购物体验，进而增强顾客的惠顾意愿。然而，线上和线下渠道之间的整合不充分或者过度整合会加剧顾客对零售商道德问题的担忧。

实证研究表明，全渠道整合正向影响感知零售商道德，进而正向影响顾客惠顾；感知零售商道德在全渠道整合与顾客惠顾之间发挥完全中介作用；跨渠道购买经验不仅负向调节感知零售商道德与顾客惠顾之间的关系，还进一步负向调节感知零售商道德在全渠道整合与顾客惠顾之间的中介效应。因此，零售商应重视渠道间的信息一致、交易衔接、关系整合所产生的渠道协同效应，从零售商道德的感知隐私、感知安全、感知非欺骗、感知可靠性、服务补救、共享价值和沟通开放性等维度出发提升自身道德水平，并基于顾客跨渠道购买经验细分顾客群体，提供差异化服务，进而促进顾客惠顾。

资料来源：李阳，李欢. 全渠道整合如何影响顾客惠顾[J]. 北京工商大学学报（社会科学版），2023(7)：35-46. 经改写

2. 无商店零售商

（1）直销公司。

直销公司有三种推销形式：一对一推销、一对多（聚会）推销和多层次（网络）营销。

（2）直复营销。

直复营销起源于邮购和目录营销，目前还包括其他能接触人的形式，如电信营销、电视直复营销（家庭购买程序和信息商品）及电子购买等。

（3）自动售货。

自动售货已经用于多种商品，包括带有很大方便价值的冲动型商品（香烟、软饮料、糖果、报纸、热饮料等）和其他产品（袜子、化妆品、食品快餐、热汤和食品、纸面簿、唱片集、胶卷、T恤衫、保险单、鞋油，甚至鱼饵）。

（4）购物服务。

购物服务是指一种为人服务的无店零售方式，这些委托人通常是一些大型组织如学校、医院、协会和政府机构的雇员。这些组织的成员就成为购物服务组织的成员，有权向一组选定的零售商购买，这些零售商同意给予购物服务组织的成员一定的折扣。

3. 合作零售组织

（1）公司连锁。

公司连锁是两个或两个以上的商店同属一个所有者所有和管理，经销同样的商品，有中心采购部和商

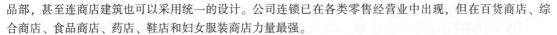

品部，甚至连商店建筑也可以采用统一的设计。公司连锁已在各类零售经营业中出现，但在百货商店、综合商店、食品商店、药店、鞋店和妇女服装商店力量最强。

（2）自愿连锁店。

自愿连锁店是由某个批发商发起，若干零售商参加的组织，从事大规模购买和统一买卖。

 营销案例 11-6

城市会客厅：线下门店的未来态

2021 年 11 月 24 日，上汽通用五菱第一家全球品牌中心 LING HOUSE，在上海市中心的静安区铜仁路正式开幕。开幕当天，店内人头攒动，吸引着门外的路人不时向内张望。走进店内，入口处就是一家咖啡厅，年轻的店员们活力四射，有的在调制饮品，有的在做糕点。右侧是一个 10 多平方米的花店，一个年轻的女孩子正在练习花艺。继续往里走，许多举着自拍杆的直播达人正在热情洋溢地为粉丝们介绍各种新鲜事物。

在品牌中心的二楼，最先映入眼帘的是走廊里各色充满现代感的艺术展品，视觉冲击力很强。二楼的中心区域停放着一辆全球代言人宋茜签名版的胭脂色 KiWi EV，最里侧展示着五菱品牌的周边产品，有汽车模型、项链，甚至还有麻将及各式精致的摆件。

和传统汽车企业的 4S 店相比，LING HOUSE 没有销售人员，里面的工作人员也不会打扰参观者。但只要参观者有需要，工作人员会立即上前，详细回答每一个问题。漫步在 LING HOUSE，你不仅可以充分体验和感受五菱的新能源汽车，还可以坐下来悠闲地喝杯咖啡，和朋友聊聊天，或者纯粹地发发呆。

近年来，不仅五菱汽车在打造这样的没有销售场景的品牌中心，新能源汽车行业的头部品牌蔚来汽车，也在做同样的事，甚至开始得更早、更彻底。

2017 年，蔚来开设了全国第一家蔚来中心。2021 年 11 月，第 34 家蔚来中心在上海松江印象城开业。在蔚来创始人李斌看来，蔚来中心既是蔚来的产品展示中心，更是蔚来用户社交、休闲和娱乐的生活空间。每个蔚来用户来到这里，不仅可以了解蔚来产品的最新动态，还可以办公、和朋友聚会、练瑜伽，甚至举办活动。

除了 LING HOUSE 和蔚来中心，2021 年 11 月，另外一家别具特色的"城市会客厅"，在距离 LING HOUSE 不到 2 千米的西康路上开始试营业。这个名叫"马利·幸福集荟"的商业体，占地 1 000 平方米，集合了图书、文创、服装、咖啡等多个业态。它以色彩为主打元素，无论是商品本身还是商品陈列，都像极了艺术品。徜徉其间，仿佛在看一场独特的艺术秀。

幸福集荟是由专注于运营园区生态的幸福里公司打造的生活方式集合馆，每家店都是根据上海各园区的里弄文化、建筑历史进行独特设计，马利·幸福集荟是该公司在园区生态中打造的第四家店。

最早将"城市会客厅"理念融入线下门店的是苹果公司。2013 年 10 月，博柏利（Burberry）前 CEO 安吉拉·阿伦茨入职苹果，她发布的第一项新任务就是将苹果线下门店 Apple Store 打造成专注于丰富用户生活的城市社区。设在城市最核心地段的苹果门店，以最开放的姿态，欢迎着城市里所有的人。每天，苹果门店都有各种各样与苹果产品相关的课程，从视频剪辑到编程，从服装设计到动图制作。无论是画家、音乐家、摄影师还是建筑师，各个行业的专家经常现身苹果门店，各种专题派对层出不穷。

2017 年 9 月，在苹果公司秋季新品发布会上，阿伦茨说："实际上我们不再称苹果 Apple Store 为零售店了，我们正在打造一个现代化的城市广场，因为这里欢迎所有的人，来到这里的人都能互相开展交流，探索新的事物，或是提高某一项技能。"经过不断更新和迭代，苹果门店不再只是苹果产品的销售渠道，更成为苹果的品牌推广中心、用户体验中心和心智教育中心。

从苹果门店到蔚来中心，从五菱全球品牌中心到幸福集荟，越来越多的以用户体验为中心的"城市会客厅"开始不断涌现。

（3）零售商合作组织。

零售商合作组织由若干零售商组成，它们成立一个中心采购组织，并且联合进行促销活动。

（4）消费者合作社。

消费者合作社指为顾客自己所有的零售公司。消费者合作社最初创办的原因是同一地区的居民感到当地的零售商不能为他们提供良好的服务，不是价格太高，就是供应的商品质量低劣。居民们共同筹资开设自己的商店，投票确定办店方针和选举管理小组。

（5）特许经营组织。

特许经营组织指特许人（一家制造商、批发商或服务组织）和特许经营人（在特许经营系统中，购买拥有或者经营其中的一个或几个单元的独立的生意人）之间的一种契约性联合。特许经营与连锁经营的比较见表11-4。

表11-4　特许经营与连锁经营的比较

比较项目	经营方式	
	连锁经营	特许经营
资本结构	自有资本	受许方资本
经营风险	自己承担风险	风险转移至受许方
发展速度	扩张速度慢	扩张速度快
管理模式	移植管理模式，全程管控	接受特许方管理输出及政策监管

（6）商业联合大公司。

商业联合大公司是由几种不同的零售业务和形式联合组成的所有权集中的松散型公司组织，组织内各零售商的分销和管理职能实行若干程度的一体化。

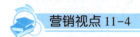 营销视点 11-4

传统零售与新零售及"人、货、场"零售模式

传统零售：零售仅作为商品/服务的交换场所，连接供需双方。传统零售的本质是商品交换的媒介，即向上游生产商或经销商采购商品/服务，向下游消费者销售商品/服务。

新零售：以创新技术和大数据为依托，线上+线下+物流深度融合，以消费者体验为中心的下一代零售变革。基于技术升级，打通线上与线下渠道，重构"人、货、场"而形成的零售模式。

新零售情境下，人，即顾客成为零售活动的核心要素，生产商与零售商的经营活动均围绕"人（顾客）"展开。通过客群洞察，发掘、吸引、锁定目标顾客，企业能够对线上/线下、公域/私域等不同场景中顾客的日志数据（如访问、浏览、搜索、点击、加购等数据）、属性数据（如顾客的年龄、性别、会员信息及地理位置等数据）、交易数据（如购买时段、到访门店、价格偏好、品牌偏好、客单价、复购率等数据），以及社交数据（如平台偏好、内容偏好、关系网络、活跃度等数据）进行采集、整合和分析。零售商则成为零售活动的服务者，渠道功能有所弱化。对消费者，零售商通过了解消费者需求，强化与消费者活动，为消费者提供多样化商品与服务；对供应商，通过自身消费数据积累，为其提供消费者行为数据与营销、研发活动。

货，即产品，包括服务和解决方案。企业产品的开发、制造、仓储、配送等不同环节的数字化程度和智能化程度均有所提升，从而带来效率提升与成本优化，不断满足顾客日益增长的品质需求与服务体验需求。

场，即场景，包括产品销售与使用场景。企业通过物联网传感器、电子价签等交互式顾客数字显示设备以及AR、VR等技术，实现门店智能化。AI设备、移动设备与可穿戴设备的运用，有效提高了店员的顾客洞察能力与即时服务能力。根据顾客的需求特点与渠道偏好，引导目标顾客在线上商城（如淘宝、京东等）、本地生活App（如饿了么和美团等）、社交电商（如抖音等）下单购买，或引导他们前往门店进行体验和购买。企业还可以根据顾客画像提供的目标顾客属性特质、需求特点及场景偏好，通过精准推送为不同

的目标顾客提供与之相匹配的企业产品。

在数字时代的人货场零售模式中，数字化驱动着企业进行客群洞察、产品吸引和场景吸引，实现"人、货、场"的匹配。

资料来源：胡左浩，洪瑞阳. 人文货场：数字化时代的4C新营销模式[J]. 清华管理评论，2023：（2）：6-16，经改写

第四节　物流管理

物流管理是分销渠道管理中的一项重要内容，它是通过计划、执行和控制，从而原材料和制成品在适当的时间和地点到达用户手中。

一、物流的概念与作用

1. 物流的概念

物流的概念有狭义和广义之分，这里指广义的物流。广义的物流包括原材料的"采购物流"、加工场所内半成品的"生产物流"和制成品的"销售物流"，形成整体的供应链管理。从市场营销的角度看，物流管理只涉及制成品从生产者到消费者这一流通过程中的时间、空间转移。或者说，市场营销研究的是发生在分销渠道内的产品实体转移与经营管理问题。物流活动涉及多方面的工作，主要由运输、仓储、存货控制、搬运装卸、保护性包装、订单处理等组成。

2. 物流的作用

物流的作用主要是实体分配以填补生产与消费之间的桥梁（图11-9）。分销物流的目标解释为以最小的成本向顾客提供最满意的服务。因此，分销物流的任务可以概括为：以最少的成本，在正确的时间、正确的地点，并在正确的条件下，将正确的商品送到正确的顾客手中。物流管理所创造的价值体现在商品的时间和地点效用上，即保证顾客在需要的时候方便获取。

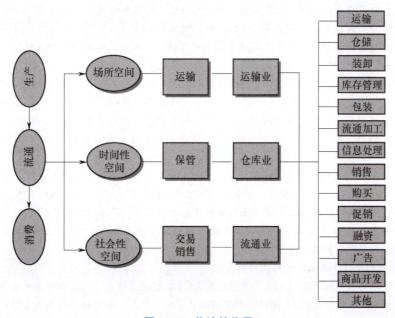

图11-9　物流的作用

营销案例 11-7

希音（SHEIN）供应链揭秘：如何以"快"制胜全球时尚圈？

在时尚界，速度往往意味着一切。谁能更快捕捉潮流、更快设计新品、更快送到消费者手中，谁就能在激烈的市场竞争中脱颖而出。而希音（SHEIN），这家全球快时尚巨头，正是凭借其独步天下的"快反供应链"驰骋时尚界。

1. 快时尚背后的"快反供应链"魔法

希音（SHEIN）的成功秘诀在于其打造的"快反供应链"，这一体系不仅令同行瞩目，更成为业界竞相模仿的对象。希音（SHEIN）的"快"并非简单的物流速度或生产周期短，而是集市场需求预测、设计创新、柔性生产、高效物流于一体的综合体现。希音（SHEIN）每年推出的新款数量高达 15 万款，这是一个令人震惊的数字。其背后是希音（SHEIN）对市场需求的精准把握和快速响应。通过大数据分析，希音（SHEIN）能够实时洞察全球消费者的购买行为和时尚偏好，预测未来的流行趋势。然而，更令人钦佩的是，希音（SHEIN）在每款产品的起订量上进行了精细的控制。起订量被严格限制在 200 件甚至几十件，这意味着希音（SHEIN）试错成本大幅度削减。这种策略不仅降低了库存风险，还使希音（SHEIN）能够更加灵活地应对市场变化。

小单快返模式的成功实施离不开数据的支持。希音（SHEIN）通过实时监测后台点击率和销售情况，能够迅速识别出潜力爆款。一旦发现某款产品受到消费者的热烈追捧，希音（SHEIN）便会立即安排批量生产，并进行饱和式铺货。这种快速反应的能力，确保了畅销商品始终有充足的供应，从而满足了消费者的需求。另外在设计创新方面，希音（SHEIN）拥有一支庞大的设计师团队，他们遍布全球各地，紧密关注时尚趋势和消费者需求。设计师们通过数字化工具进行协同作业，将创意迅速转化为实际产品。这种高效的设计流程，使希音（SHEIN）能够在短时间内推出大量新品，满足消费者的多样化需求。

2. 与供应商共舞，共创"快"时代

在希音（SHEIN）的供应链中，供应商的角色至关重要。不过希音初创期，面对单量小、要求多的生产挑战，许多工厂都望而却步。因此，希音（SHEIN）的创始人许仰天选择了一条不同寻常的路——自己培养供应商。2015 年，希音（SHEIN）将总部从南京迁至广州番禺区的南村镇。这里的家庭式作坊虽然规模不大，但灵活多变，正是希音（SHEIN）所需要的。许仰天花费了两三年的时间，成功将 300 家小供应商纳入麾下，南村镇也因此被改造成了名副其实的"希音村"。希音（SHEIN）一直致力于与供应商建立按需生产的合作模式，共同构建敏捷供应链。通过与供应商建立紧密的合作关系，希音（SHEIN）实现了信息共享、风险共担、利益共赢。这种紧密的合作关系，使供应商能够实时了解市场需求、生产计划、库存情况等信息，从而进行快速而准确的决策，让希音（SHEIN）在竞争激烈的市场中脱颖而出。同时，为了加强供应商管理，希音（SHEIN）将供应商分为两种类型：一种是来单加工，即按照希音（SHEIN）的订单要求进行生产；另一种是深度合作，在这种模式下，希音（SHEIN）会派专人给工厂装上自主研发的供应链数字化管理工具。平台的职业买手则根据当下流行趋势、热卖元素、消费情况等进行综合数据分析，指导工厂进行新款开发。这种深度合作模式不仅提高了生产效率，也确保了产品始终紧跟时尚潮流。

为了激励供应商提供更好的产品和服务，希音（SHEIN）还建立了一套完善的供应商评级体系。供应商由高到低分为 S、A、B、C、D 五个级别，每季度参考采购金额和 KPI 进行评级。KPI 考核指标包括速度和质量两方面，如急采及时率、备货及时率、上新成功率、次品率等。季度评级将直接影响供应商月度的上新、活动资格与奖金。而 D 评级末位 30% 的供应商将面临淘汰的风险。这种严格的评级体系确保了希音（SHEIN）供应链的持续优化和高效运转。

3. 速度、品质和个性化三大要素相辅相成

与传统供应链不同，希音（SHEIN）的"快反供应链"并不仅仅追求速度，而是在快速响应市场的同时，始终注重产品的质量和个性化。在希音（SHEIN）的供应链体系中，速度、品质和个性化三大要素相辅相成，共同构成了其核心竞争力。通过精细化的生产管理和严格的质量控制，希音（SHEIN）确保了从设计到生产的每一个环节都能够达到消费者的期望。这种对品质的执着追求，使希音（SHEIN）的产品在快速更新的同时，始

终保持着高品质的水准。个性化则是希音(SHEIN)满足消费者多样化需求的关键。在大数据和人工智能技术的支持下，希音(SHEIN)能够精准洞察消费者的购买行为和时尚偏好，为其提供量身定制的产品和服务。这种个性化的供应链策略，使希音(SHEIN)在全球范围内赢得了众多消费者的青睐。

资料来源：原创 供应链星球，2024年1月12日，经改写

二、物流管理的特点

1. 系统观念

物流管理绝不等同于企业的运输管理、储存管理、搬运管理等单项职能管理，也不是它们的简单机械相加。从市场营销学的意义上讲，物流管理就是把分散的产品实体活动联系起来视为一个物流大系统，进行整体设计和管理，以最优的结构、最好的组合发挥系统功能的效率，实现整体效果最优。

2. 营销观念

脱离企业的市场营销战略，孤立地评价一个物流系统的效能(如吞吐能力、订货效率等)，是没有意义的。企业的物流决策必须纳入企业的营销战略进行综合管理，即围绕目标市场需要，与企业的产品开发、定价、促销，特别是渠道选择等基本策略结合起来。

3. 降低成本

据估计，物流成本已占到全部营销成本的50%，且总额还在迅速增长中。因此，降低物流成本被西方企业界视为"经营上的黑大陆""第三利润源泉"。而且事实上也存在未充分使用现代技术和决策方法提高物流效率和降低成本的问题。因此，通过降低物流成本，企业可以吸引更多对价格敏感的顾客。

4. 费用权衡

在物流管理中，常会遇到这样的情况：当某项目标较好地完成时，另外一个目标却不能达到；当某项费用减少时，另一项费用反而增加。这是因为物流的各成本项目之间存在着相互制约、此消彼长的关系，如降低商品储存量可降低存货费，但由此可能发生因订货频繁、进货批量小而订货费和送货费上升的问题。由于客观上存在费用权衡问题，所以，物流决策一定要从总体的观念来把握，即在一定的约束条件下求得目标函数——总费用最低。

5. 顾客服务观念

与其说物流作业是一种生产性活动，不如说是一种特殊的服务活动。在物流过程中企业向顾客提供的服务水平是影响顾客购买和连续购买企业产品的关键因素，服务的水平越高，预期的销售量也就越高。当然，为顾客提供的服务项目越多，水准越高，产生的费用也越大。这时就需要权衡决策，在成本增加与销售扩大之间，选择最大限度的利润，特别是要考虑到长远的利益。

6. 使用定量模型

定量模型对物流决策十分有用，特别是在今天物流信息量庞大、计算机得到广泛应用的情况下。当备选方案中存在权衡抉择的问题时，利用定量模型才能得出精确的答案，如运用线性规划决策配送路线、运输计划，用排队论决定仓库收货和提货的程序。

7. 提高物流自动化水平

企业要积极利用先进的物流技术提高物流自动化水平。先进的物流技术包括由计算机全程控制的配送中心、条形码自动识别系统、公路运输的卫星追踪、利用电子数据交换系统(EDI)进行订单处理和电子分销等(见营销案例11-8)。

【营销案例11-8】日本安达尔公司的一站式物流服务

三、物流管理的内容

企业在确定了物流服务目标以后，就要对物流系统进行规划与设计，并开展具体的物流作业活动。物流管理主要内容如下。

1. 订单处理

商品实体的分销是从订单处理开始的，对订单的处理，要求做到迅速而准确。为提高订单处理的效率，许多企业采用了计算机处理系统，从接到顾客订单开始，计算机就会依次完成如下工作：检查顾客信用状况及是否有存货，若有存货，则显示货物存放地点；发出装运指令，并开出收款单，同时改写库存记录；发出生产(进货)指令，以补充库存；通知销售人员货已发出。

2. 仓储决策

仓储决策包括仓库数目决策、仓库选址决策及仓库类型决策。

(1)仓库数目决策。仓库数目较多，这样可较快地将产品送达顾客，并节约运输费用，但同时会增加储存成本。因此，仓库数目决策必须在顾客服务水平与物流成本之间取得平衡，在既定的顾客服务水平下尽可能使物流成本最低。

(2)仓库选址决策。企业可根据顾客对服务的要求、运输距离、运输费用等，运用线性规划法进行。

(3)仓库类型决策。该决策即决定是自建仓库还是租用仓库。自建仓库便于加强控制，但需投入较多资金，且缺乏灵活性；租用仓库选择余地较大，方式也较灵活。企业可结合待储存商品的规模等，选择适当的仓库类型。

3. 存货决策

存货决策主要包括进货时间决策及进货数量决策两方面。适当的进货时间和进货数量，不仅可以保证商品的及时供应，提高服务质量、降低经营风险，还可以减少不必要的费用。

(1)进货时间决策。进货时间决策的目的是确定适宜的进货时间，从而既能保证销售需要，又不会导致存货过多而增加不必要的开支，即"供应不中断，存货不积压"。在实务中，"订货点法"是进货时间决策的常用方法。该方法的原理是：两次进货期间商品储存量会因销售而减少，为保证商品供应，当商品储存量下降到一定数量时，就需要再进货，否则就会脱销。这一水平的存货量就称为订货点。订货点取决于订货到交货时间间隔的长短、商品销售速度等因素，若面临的不稳定因素较多，还应确定一个安全存货量，以备不测。订货点的计算公式为：

$$订货点 = 日均销售(出库)量×产品备运天数+安全存货量$$

式中，产品备运天数——提出订货到货物入库的间隔天数。

(2)进货数量决策。进货数量决策即经济订购批量的确定，要求既保证企业经营活动正常进行，又使总库存费用(包括订购费用和保管费用)最小。经济订购批量的计算公式为：

$$EOQ = \sqrt{\frac{2AP}{C}}$$

式中，EOQ——经济订购批量；

    A——产品年需求量；

    P——每次进货费用；

    C——单位商品年存货成本。

以上介绍的是不允许缺货的瞬时供货模型。所谓瞬时供货，即从订货到货物到达的时间间隔为0，每次订货商品立即一次到达。

4. 运输决策

储存和运输是对产品的可得性影响最大的两个物流功能环节，是物流管理的核心。据统计，对一般制造业来说，运输成本要占物流总成本的45%左右，存货维持成本占37%左右。

由此可见，运输是物流过程中最具潜力的成本控制领域。运输决策主要涉及选择合理运输路线和最佳运输方式两方面。

（1）选择运输路线。在组织商品运输前，企业首先必须选择合理的运输路线，就近供应，减少运输，避免对流、迂回、重复等不合理运输，努力使运费降至最低。对运输路线的选择，可采用最小元素法进行。

（2）选择运输方式。企业可选择的运输方式有铁路运输、公路运输、水路运输、航空运输和管道运输。每种运输方式各有其特点和优缺点，企业应结合产品特点、顾客要求、运输距离等因素综合考虑进行选择。另外，联运方式将两种或两种以上的运输方式结合使用，不仅给企业带来了许多便利，也节省了运输费用，因此被越来越多的企业所采用，企业在进行运输方式决策时可加以考虑。

四、现代物流发展趋势

随着物流业的发展，物流已经不仅限于分销领域，涉及包括企业物资供应、企业生产、企业分销及企业废弃物再生等全范围和全领域，经济全球化进一步导致了物流专业化、技术化和集成化，实现了生产和物流的分工合作，提高了各自的核心竞争力，并在 20 世纪 90 年代诞生了供应链管理理论，而供应链管理系统的形成进一步导致了物流管理的联合化、共同化、集约化和协调化。

1. 第三方物流

第三方物流是一个提供全部或部分企业物流功能的外部服务提供者。以商品交易为参照系，第三方物流是除商品买卖双方之外的第三方的物流服务提供方，又称为合同物流、集成物流和供需之外的第三方物流。国际"门到门"的物流过程一般需要以海陆空联运的方式进行，第三方物流企业的角色就是为客户给出恰如其分的物流解决方案，并且通过整合各种运输方式最终实现客户所要求的零库存。第三方物流提供的物流服务主要有运输类业务、仓储/配送类业务、增值服务、信息服务。

2. 供应链管理

供应链管理是围绕核心企业，通过对信息流、物流、资金流的控制，从采购原材料开始，制成中间产品以及最终产品，最后又通过销售网络把产品送到消费者手中的，将供应商、制造商、装配商、分销商、零售商，直到最终用户连成一个整体的功能网链结构模式。它是一个范围更广的企业结构模式，它包含所有加盟的节点企业。它不仅是一条连接供应商到用户的物料链、信息链、资金链，而且是一条增值链，物料在供应链上因加工包装、运输等过程而增加其价值，给相关企业都带来收益。

供应链管理的主要管理方法有联合库存管理（JMI）、供应商管理库存（VMI）、连续补充货物（CRP）、准时化技术（JIT）和快速、有效的响应系统（QR）。

供应链的网链结构模型，其核心是信息共享（图 11-10）。

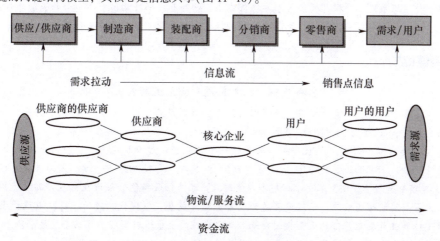

图 11-10　供应链的网链结构模型

3. 物流信息化

物流信息化是指把物流作业处理通过相应的信息反映出来，实现作业反映信息，信息协助作业的模式，其主要技术包括数据库技术、条形码技术、电子数据交换（EDI）、电子自动订货系统（EOS）和销售时点信息系统（POS）。

 【营销案例11-9】韩都衣舍如何做到款多量少库存低？

 本章小结

分销渠道作为一种资源是可以进行管理的，有效对渠道资源进行管理已经成为企业参与市场竞争、获取竞争优势的关键路径。在市场竞争中，企业若能有效管理渠道成员和协调渠道成员利益，开展价值共创，提高服务水平，就能构筑竞争壁垒，实现产品的流通，获取竞争优势。分销渠道承担着将所有销售的产品准确、快捷、方便、经济地送到消费者手中的职能。在移动互联网时代，分销渠道类型多种多样，包括传统的实体渠道、电子商务渠道和社交媒体渠道等。

在移动互联网时代，企业面临着更加复杂的市场环境和消费者行为变化。因此，企业需要制定明智的分销渠道策略。在选择分销渠道时，需要综合考虑渠道成本、渠道覆盖范围、渠道可控性以及消费者需求等多个因素。企业可以通过市场调研、渠道评估和合作伙伴选择等方式来确定最佳的分销渠道策略，以实现市场份额的增长和销售业绩的提升。

中间商在分销渠道中扮演着重要角色，它们连接了生产者和消费者之间的环节。中间商能够提供供应链管理、市场推广、库存管理和售后服务等增值服务，从而提高产品的附加值。而零售商作为最后一道销售环节，直接接触消费者，扮演着产品销售和推广的关键角色。在移动互联网时代，中间商和零售商也面临着新的挑战和机遇。通过与中间商和零售商建立良好的合作关系，企业能够共同实现销售目标和市场份额的增长。

物流管理涉及产品的运输、仓储和配送等环节。在移动互联网时代，物流管理变得更加复杂且具有挑战性，因为消费者对物流速度和服务质量的要求越来越高。企业需要通过合理规划物流网络、优化运输路线和利用信息技术等手段，来提升物流效率并降低成本。移动互联网技术的应用也为物流管理带来了创新，如利用物流追踪系统和智能仓储技术，提高物流的可视化和智能化水平，从而提供更好的物流服务。

 **案例评析**

永辉超市：从单渠道向全渠道转型

永辉超市起步于福建，壮大于重庆，是我国首批将生鲜农产品引进现代超市的流通企业之一，也是生鲜零售龙头企业，被誉为"民生超市、百姓永辉"。1998年，首家门店——福州市火车站永辉超市成立；2001年，永辉超市有限公司成立；2022年，永辉超市年营业额超过900亿元，其中线上业务营收159.36亿元，占比17.69%，同比增长21.37%，日均单量51.8万单。截至2022年年底，超市业务已经进入全国29个省市，超市业态门店1 033家。永辉超市以生鲜农产品为经营特色，促进生鲜农产品快速周转，实现吸引客流、大量引流的市场效应，已经发展成为以零售业为龙头，以现代物流为支撑，以现代农业和食品工业为两翼，以实业开发为基础的大型集团企业，从单渠道向全渠道转型经历了四个发展阶段。

第一阶段：整合企业内部资源，提升渠道绩效的单渠道零售阶段（1998—2003年）。

1998—2003年，永辉超市只通过一种渠道（实体门店）向顾客提供产品及服务。由于销售渠道单一，企业盈利门槛低、获客成本高，消费者渠道选择严重受限。随着市场环境的不断变化，消费者不再满足于在单一渠道进行消费，而是会通过多种途径进行对比，进而作出科学、合理的购买决策。但永辉超市的线下实体店经营模式存在着同质化严重、用户感知度低等问题，无法满足消费者成熟、理性的消费需求。因此在这一阶段，永辉超市一直在通过整合企业内部资源，尽量满足消费者的需求，并努力提升门店绩效。

第二阶段：整合渠道资源，提高渠道便利性的多渠道零售阶段(2004—2008年)。

随着信息技术的发展，消费者获取商品信息的方式多样化，消费需求也变得多样化且复杂。永辉超市面临着线下实体模式的限制和挑战，因此需要进行渠道转型，重新构建渠道资源以提高便利性。在转型压力和外部资源支持下，永辉超市通过自建并列渠道实现了多渠道快速发展。2004年，永辉超市以生鲜为主的多元化零售策略开始推进，门店扩张速度加快，建立了"生鲜+超市"模式，标志着区域发展战略的关键阶段。随后，永辉超市积极整合内部资源，实现信息共享，流程整合和资源整合，同时采取多渠道组合策略，增设电话购物和电视购物等新渠道，提升渠道便利性。

第三阶段：整合内外部资源，促进渠道差异化的跨渠道零售阶段(2009—2015年)。

随着互联网和信息技术的快速发展，消费者可以通过多种渠道自由获取信息、比较产品、付款、取货和评价售后服务。然而，永辉超市面临电商渠道和实体门店渠道之间产品和服务不一致、功能重叠和资源浪费等问题，需要进行渠道转型，整合资源，实现差异化经营。2009年，永辉超市开始快速扩张，每年平均新开45家门店。2010年，永辉超市成为全国性超市，并建立了永辉西部物流中心，优化物流水平。2015年，永辉超市与京东展开合作，在网上运营和物流配送方面合作，并入驻"京东到家"移动应用。在跨渠道转型初期，永辉超市重新配置资源，实现线下渠道与合作方的线上资源整合，提供便捷的购买流程。通过优化仓储和物流系统，永辉超市实现了存货价值的最大化和成本的最小化。同时，通过跨渠道整合，永辉超市提高了渠道融合能力，实现了资源优势互补和跨渠道价值的提升。

第四阶段：聚集产业资源，实现渠道价值共创的全渠道零售阶段(2016年至今)。

随着大数据、云计算、人工智能的发展，消费需求升级，消费者希望随时随地购物并参与产品的设计和生产。然而，市场环境变化导致永辉超市不同渠道之间的冲突和掠夺式销售频发。因此，永辉超市进行渠道转型，通过战略合作弥补线上渠道不足，构建了包括云超、云创、云商、云金在内的价值链生态体系。

为打破渠道壁垒，永辉超市整合外部资源，与外部合作伙伴共同打造产业链平台，实现资源的平台化重构。同时，内部资源进行有效整合，升级设备系统，优化流程，提升渠道管理人员和边界人员的网络交流能力，实现全渠道价值共创。在推进线下基础设施建设的同时，永辉超市搭建线上渠道，强化供应链优势，实现线上线下全渠道深度融合，构建"生鲜+超市+餐饮"的全渠道产业链，实现与利益相关者的共赢。

从2019年开始，除了快速扩张常规门店外，永辉超市还推出了创新型门店"超级物种"和"永辉生活"。其中，"超级物种"主打"生鲜餐饮+高端商品超市"，为消费者提供线上线下一体化的新零售体验。"永辉生活"以精致生鲜便利店的形式，结合"永辉生活"App、微信公众号、微信小程序等线上平台，为消费者提供最快30分钟配送到家和365天×24小时的服务。永辉超市以构建全渠道产业链为基础，使消费者在全渠道产业链的任意环节都能获得无缝、一致的购物体验，满足了消费者随时、随地、随心的综合体验需求，实现了与产业利益相关者的互利共赢。

资料来源：1. 李玉霞，庄贵军，卢亭宇. 传统零售企业从单渠道转型为全渠道的路径和机理：基于永辉超市的纵向案例研究[J]. 北京工商大学学报(社会科学版)，2021，36(1)：27-36. 经删改

2. 永辉超市股份有限公司2022年年度报告

评析：移动互联时代的零售业应如何直面营销环境的变化？永辉超市通过全渠道转型，以消费者为中心，实现了线上线下全渠道的融合，给消费者带来了随时、随地、随心的综合体验，实现了与产业利益相关者的互利共赢。

思考题

1. 何谓分销渠道？它有哪些类型？
2. 影响分销渠道策略选择的主要因素有哪些？
3. 中间商有何作用？它有几种类型？
4. 零售商的主要类型有哪些？
5. 连锁经营与特许经营的区别有哪些？
6. 企业重视物流管理的原因何在？

本章实训

一、实训目的

通过对实践案例的整理和分析，学生对渠道策略有感性的认知，理解渠道管理的具体思路，能够根据实际情况选择合适的渠道策略。

二、实训内容

1. 实训资料：搜集不同行业、不同类型的渠道管理案例。
2. 具体任务：根据本章对渠道策略的介绍，分小组讨论分析案例。
3. 任务要求：
(1) 分析案例中的渠道策略是在什么背景下产生，企业采取什么方法管理渠道；
(2) 该企业渠道管理是否有改进方面？为什么？

三、实训组织

1. 根据全班上课人数，将全班同学分成若干小组，采取组长负责制，全体组员协作完成课堂任务。为了避免不同小组所搜集案例重复，各小组组长将所选案例进行提前汇总，并进行协商，确保所选案例不重复。
2. 确定所选案例后，各小组进行下一步分工，对案例进行分析、汇总。
3. 经过小组讨论后，完成实训报告及汇报PPT。
4. 根据课时具体安排，不同小组分别选派成员对报告进行讲解，并回答其他组成员的问题。
5. 任课教师对实训课程的结果进行总结，提出相应的意见及建议。

四、实训步骤

1. 任课教师布置实训任务，介绍实训要点和搜集材料的基本方法。
2. 各小组明确任务后，按照教师指导根据具体情况进行分工。
3. 各小组定期召开小组会议，对取得成果进行总结，遇到问题及时与指导教师沟通。
4. 完成实训报告及展示所需要的PPT等材料，实训报告中应包括案例来源、案例分析，以及遇到的难题与解决方案、启示等内容。
5. 各小组对案例进行课上汇报，教师对各组的汇报进行点评及总结。

第十二章 促销策略

🎯 学习目标

知识目标：
- 掌握促销与促销组合的概念
- 掌握人员推销的概念和技巧
- 掌握广告的概念、类型和广告活动的步骤
- 掌握营业推广的概念和主要方式
- 掌握公共关系的概念和主要活动形式

素养目标：
- 在促销活动中，自觉践行社会主义核心价值观
- 提高对"广告宣传也要讲导向"的认知
- 强调坚守营销道德，遵守《中华人民共和国广告法》，杜绝过度夸大产品功能效用或隐瞒产品缺陷的广告，维护消费者权益

✒ 关键概念

促销与促销组合，推式策略与拉式策略，人员推销，广告，营业推广，公共关系

📦 导入案例

"ALS 冰桶挑战"事件

2014 年夏天，"ALS 冰桶挑战"风靡全球。这项挑战要求参与者用冰水淋遍全身，并录下视频上传至互联网。按照规则接受挑战以后，参与者可以邀请其他 3 人来参与这一活动，被邀请者必须在 24 小时内接受挑战，或者选择捐出 100 美元。这项由美国肌萎缩性脊髓侧索硬化症协会（ALS）发起的慈善活动迅速成为众星云集的社会化营销活动，带来了显著的名人效应和良好的传播效果。最终该活动在全球范围内为 ALS 基金募集了 1 亿美元的善款，比上一年同期增长了 3 500%。

硅谷的科技大佬在"冰桶挑战"走红过程中发挥了巨大的作用，比尔·盖茨、马克·扎克伯格、蒂姆·库克等接受并完成挑战，这不仅吸引了人们的眼球，而且将这一挑战延伸到其他行业。"冰桶挑战"是从 2014 年 8 月 17 日开始在我国传播的，国内的挑战有两个起源：一个是一加手机的 CEO 刘作虎自己主动进行"冰桶挑战"，成为完成此挑战的国内第一人，然后点名周鸿祎、罗永浩和刘江峰参加。另一个是小米公司的 CEO 雷军接受国外的投资人 Yuri 的挑战，然后点名李彦宏、郭台铭和刘德华参加。"冰桶挑战"不仅在 IT 行业、体育娱乐界掀起了新的潮流，而且从一个单纯的公益活动发展成一个全球热门的社会事件。

资料来源：张艺凝，靖鸣，"ALS 冰桶挑战"事件的传播学思考，新闻爱好者，2014 年 10 月，经改写

引导问题：

1. 从促销方式看，"冰桶挑战"是什么类型的促销活动？它成功的原因是什么？

2. 如何进行有效的促销？

促销策略是 4P 组合策略之一，也是市场营销组合中的一项重要内容。企业制定产品、价格、渠道策略之后，还要利用各种方法，把企业相关信息传递给目标顾客、渠道成员和社会公众等，同时收集来自这些方面的反馈信息，促进企业完成经营目标。本章将详细阐述广告、人员推销、营业推广和公共关系等促销手段。

第一节　促销与促销组合

一、促销与促销组合的概念及作用

1. 促销与促销组合的概念

促销是企业通过人员和非人员的方式，沟通企业与消费者之间的信息，引发、刺激消费者的消费欲望和兴趣，使其产生购买行为的综合性策略活动。

人员推销(即人员促销)是企业通过人员沟通方式说服消费者购买，其针对性较强但影响面较窄。非人员促销是企业通过一定的媒介传递产品或服务的信息，从而促使消费者产生购买行为，其影响面较宽而针对性较差。非人员促销的主要形式有广告、营业推广和公共关系。

【营销案例 12-1】电影营销常用手法

促销组合是指企业根据产品的特点和营销目标，综合各种影响因素，对各种促销方式的选择、编配和运用。促销组合手段一般包括广告、人员推销、营业推广和公共关系四个要素。

(1)广告。

广告是一种通过大众媒体与有选择的受众进行付费的、非人员的信息沟通。广告作为一种信息沟通活动，是企业在促销组合中应用最广泛的促销方式。

(2)人员推销。

人员推销是一种推销人员与一个或一个以上的顾客进行面对面交谈，旨在通知和说服消费者购买企业产品的沟通方式。通过人员推销来与受众沟通，比通过广告沟通昂贵得多，但这种方式可即时得到反馈，往往比广告更有说服力。

(3)营业推广。

营业推广通常是指企业运用各种短期诱因来刺激需求，鼓励消费者和中间商购买、经销或代销企业产品和服务，使需求立即增加的一种短期工具。营业推广可以针对最终消费者、组织顾客、渠道成员或企业内的员工。

(4)公共关系。

公共关系是一种非付费的、非人员的沟通方式。在公共关系的运作下，企业与顾客、供应商、股东、政府官员及社会大众进行沟通，企图塑造企业本身与其产品或品牌的良好形象。

2. 促销的作用

(1)传递信息。

促销的主要任务就是通过信息传递，一方面将企业商品的性能、特点、作用及可以提供的服务等信息传递给消费者，引起其注意，促使其购买；另一方面可及时了解消费者和营销协作者对商品的看法和意见，迅速解决经营中的问题。

(2)促进需求。

促销要求企业主动向消费者、批发商、零售商介绍本企业产品为其带来的实际利益，使其接受本企业产品，甚至偏爱本企业产品，从而达到促进销售的目的。

（3）突出特点。

在同类产品竞争比较激烈的情况下，许多产品之间的差别不大，不易为顾客所觉察，企业通过促销活动，重点宣传本企业产品和竞争品不同的特点，使顾客了解到本企业产品给他们带来的特殊利益，以激发顾客购买欲望。

（4）提高声誉。

企业的形象和声誉是企业的无形资产，直接影响其产品销售。促销活动可以提高企业声誉，美化企业形象，进而巩固产品的市场地位。

 营销视点 12-1

不同促销方式下促销购买限制情景研究

促销购买限制是促销效果达成的重要影响因素。促销购买限制主要通过两个方面影响消费者购买行为。一是从情感层面刺激消费者快速决策，促销购买限制会通过影响消费者感知兴奋唤醒来激发消费者冲动购买行为；二是突出促销产品的稀缺性，从而增加消费者感知价值。促销购买限制主要有对促销产品数量的限制和促销时间的限制两种。

研究表明，促销方式对促销购买限制和消费者购买意向之间的关系起到调节作用。当促销方式为赠送礼品时，限时促销比限量促销能够产生更高的购买意向，其中促销机会的确定性起到了中介作用。因为在该情境下，收益信息被突出，为了确保获得收益，人们倾向于选择确定性大的选项，而限时促销相较于限量促销能够带来更大的确定性，所以此时限时促销更能促进人们的购买行为。当促销方式为产品打折时，限量促销比限时促销能够产生更高的购买意向，其中感知价值起到了中介作用。因为打折促销属于减少损失型促销，虽然会减少实际支付金额，但由于该促销方式与价格直接相联系，会强调消费者花费多少，此时损失信息被突出，人们倾向追求更高的价值，而限量促销相较于限时促销能够带来更大的感知价值，所以限量促销更能促进人们的购买行为。

资料来源：王国才，刘文静，王希凤. 不同促销方式下促销购买限制的作用情境研究：框架效应视角[J]. 南开管理评论，2023（4）：58-65. 经改写

二、推式策略与拉式策略

推式策略是企业通过促销努力，将产品由制造商销售给批发商，批发商转而销售给零售商，零售商转而销售给消费者的一种有方向的链式系统（图12-1）。在推式策略中，人员推销是主要手段，辅之以广告、公共关系和营业推广，推式策略是使前一环节能尽力把产品推销给下一环节。

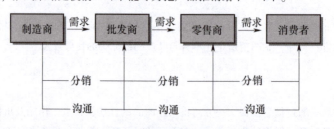

图12-1　推式策略

拉式策略是企业通过树立良好的企业形象、品牌形象与产品形象，使消费者产生需求，并向零售商购买，零售商转而向批发商订货，批发商转而向制造商订货的这样一种与推式策略逆方向的链式系统（图12-2）。在拉式策略中，广告、公共关系、营业推广是其主要手段，通过这些手段树立形象、产生拉

力，人员推销只是辅助。

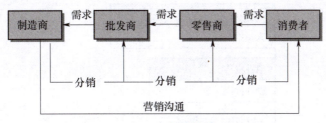

图 12-2 拉式策略

在企业的营销实践中，任何一个企业都不会采取单一的推式或拉式策略，而是两种策略并用，并根据具体情况突出重点。

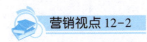

社交媒体营销

社交媒体已成为现代电子商务中崭新的分支，被称为社交商务。相较于传统的电子商务，社交商务呈现出独有的特征。在这个领域，产品的营销不再仅由生产者提供，而是由广大消费者通过社交媒体共同创造，形成了 UGC(User Generated Content，用户生成的内容)。在移动互联时代，社交商务引领着消费者主动获取信息的新趋势，不再被动接受商家的推荐，而是积极参考其他消费者创造的信息作为购买的决策依据。

现代消费者趋向于积极参与社交媒体，通过分享照片、视频等方式来评估和传播信息，为其他消费者提供更值得信赖的购买信息。社交媒体上的内容不仅具有评估性，而且对于说服消费者起到了积极的作用。UGC 为消费者的购买决策提供了有力的信息支持，同时对品牌识别、内容评价和购买意图产生积极影响。

小红书正是社交媒体营销的代表性平台，作为一个提供海量生活方式分享笔记的平台，其中 95% 以上为用户原创内容。这些原创内容深度还原真实的消费场景和用户体验，为消费者的决策提供有力参考。用户参与内容创作，形成了"浏览笔记—种草—拔草—发布笔记"的正向循环。消费者浏览笔记后可能会被吸引，产生"种草"行为，然后下单"拔草"，最后发布笔记，再次吸引其他消费者"种草"。这样的循环不断提升用户的活跃度和流量转化率。

资料来源：1. 薛云建，高晶，浦徐进. 用户和营销人员生成内容对消费者购买意愿的影响：以新浪微博为例[J]. 经营与管理，2022(7)：24-32.

2. 张明. 小红书 从"种草"到"拔草"[J]. 企业管理，2022(8)：48-53.

三、影响促销组合策略的因素

1. 营销目标

企业是以长远占领市场为主，还是以短期快速收获现金为主；是以产业市场为主，还是以消费市场为主，都会影响到促销策略的选择。

2. 促销组合

产品类型消费品和工业品各有特点，必须采用不同的促销组合。消费品宜以使用广告为主，辅之以营业推广、人员推销和公共关系；工业品宜以人员推销为主，辅之以营业推广、广告和公共关系(图 12-3)。

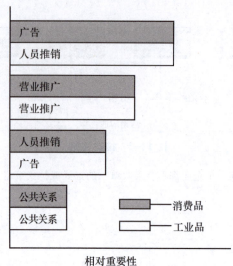

相对重要性

图 12-3　产品类型与促销组合

3. 促销对象

促销对象是消费者，还是工业用户、政府机构、商业组织；是专业技术人员，还是一般普通人员。促销对象不同，促销策略的重点也有所不同。

4. 产品生命周期

产品在生命周期的不同阶段，促销目标不同，促销组合也应不同（表12-1）。

表 12-1　产品生命周期与促销组合

产品生命周期	促销目标	促销手段	
		消费资料	生产资料
导入期	促使消费者和用户了解认识产品	广告为主，人员推销为辅	人员推销为主，广告为辅
成长期	促使消费者对产品产生偏爱	广告	人员推销
成熟期	保持已有市场占有率	营业推广	人员推销
衰退期	巩固市场，争取少量购买	营业推广	人员推销+营业推广

 营销案例 12-2

清嘴含片的生命周期促销策略

养生堂公司推出清嘴产品时，配合了一则很有中国文化的媒体广告："你想知道清嘴的味道吗？"一位甜甜女生用少女特有的清脆音调对旁边的男生说，男生的脸上马上有了丰富的表情，"亲嘴？"这是怎么一回事呢？"你想到哪里去了。"从播出后的反响来看，这不失为一则定位准确的广告。针对以青少男少女为主的细分市场，广告中清新诙谐的氛围以及"你想知道清嘴的味道吗？"的提问，都容易引起这一群体的兴趣和好奇心，去尝试一下新产品。

养生堂公司针对其不同产品在不同阶段所采取的营销结合，可以归纳出一些成功经验：在新产品的市场导入期，注重概念、观念的传播，实施差异化策略，确立品牌特质；产品进入成长期后，配合广告宣传和公关活动，进一步明确产品定位和细分市场，扩大市场份额；而步入成熟期后，巩固原有的消费群体，借助广告和促销活动重申和强化产品的优良品质。

5. 市场状况

从市场范围来看，小规模本地市场，应以人员推销为主；对大规模的市场，则宜以广告为主。从市场

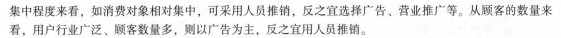

集中程度来看，如消费对象相对集中，可采用人员推销，反之宜选择广告、营业推广等。从顾客的数量来看，用户行业广泛、顾客数量多，则以广告为主，反之宜用人员推销。

6. 竞争状况

竞争的强弱也会影响到促销组合，在市场竞争激烈时，企业需要投入较多的促销预算，并且要根据竞争对手所采取的促销组合策略调整或改变自己的促销组合。

7. 促销预算

不同促销手段所花的费用是不一样的。有的费用开支较大，如电视广告、大型展销会、新闻发布会等；有的费用开支较小，如直接邮寄广告、销售点广告、商场展销等。企业应该根据自身财力的大小，确定适当的促销组合策略。

8. 营销组合

在企业营销组合中，促销组合所起的作用是通过信息传播，促进和帮助销售，因此，它必须依赖于企业的产品策略、价格策略和分销策略。这些策略既影响着促销组合策略的制定，也影响着促销组合作用的发挥。例如，尽管促销组合策略是正确的，信息已经被消费者接受和理解，但是由于渠道策略不正确，消费者在自己经常光顾的商店里不能买到该商品，因此促销的作用就不能很好地发挥出来。

 营销视点 12-3

稀缺性促销手段

稀缺性促销指市场中由于产品可得性受限制而增加消费者购买意图的促销手段。不同类型的稀缺性对消费者感知和购买意愿的影响存在差异。产品稀缺性可以分为限时稀缺和限量稀缺两类。限时稀缺是指促销产品只在限定时间内销售，如企业通常选择某些特殊日子(如某些节日)或连续几天作为促销时间；限量稀缺是指企业对产品的生产、供应或购买施加限制，如企业通常会限定促销产品的数量(如限量 100 件)或限定消费者购买数量(如每人限购 10 件)。

限时是促销的重要诱因之一。一般而言，企业会选择某个具有特殊意义的日子或连续几天开展促销，因此有一个持续期。在大型网络促销决策中，促销持续时间很短，通常只有一天。大量研究显示，限时会转变为消费者决策的时间压力并影响购买决策，但是限时不会引发消费者竞争性购买，它主要通过缩短决策时间来营造购买紧迫感并影响信息加工过程，从而影响促销效果。例如，有学者进行了以巧克力棒为对象的实验，结果表明，限时一周能有效提升消费者对产品的欲望，但限时四周会降低人们的欲望。由此可见，不同的限时程度所引发的时间压力及情绪强度不同。通常时间越短，促销诱发的时间压力就越大，消费者"不买后悔"就越强烈，就越容易产生购买冲动。不仅如此，极短的时间如秒杀促销(几分钟或几个小时)还会引发消费者对电商平台的好感度。

限量也是促销的诱因之一，根据限制源的不同，可将其分为源于供给的限量和源于需求的限量。其中，源于供给的限量由卖方控制，一般表现为只生产或只销售一定量的产品或服务，源于需求的限量是需求超过供给所致，通常以限定购买件数或指明产品剩余库存的方式展开。不论是何种限量方式，总与稀缺有关，并由此对消费者心理和行为产生重要的影响。第一，限量诱发了消费者有关产品稀缺性的判断，提升了对产品的价值评价。第二，稀缺导致较高的竞争性感知，从而加速决策，并诱发抢购心理、行为及情绪状态。第三，稀缺信息提高流行性感知。稀缺性商品满足了消费者的独特性需求，使他们认为该商品是流行或广受欢迎的。第四，稀缺信息提高排他性感知，从而满足了消费者对独特性感觉的追求。综上可知，限量不仅影响消费者认知评价，更影响他们的情绪状态如满意、后悔等，并进一步提高他们对产品的期望、缩短搜寻时间和增加购买数量。

资料来源：

1. 耿黎辉，姚佳佳. 网上促销中折扣和稀缺性对购买意愿的影响[J]. 经济与管理，2020，34(6)：14-21.

2. 卢长宝，柯维林，庄晓燕. 大型网络聚集促销决策中前瞻性情绪的诱发机制：限时与限量的调节作用[J]. 南开管理评论，2020，23（5）：28-40.

第二节　人员推销

【营销案例 12-3】乔·吉拉德销售秘诀

一、人员推销的含义与特点

1. 人员推销的含义

人员推销是指企业的销售人员通过语言沟通的方式向可能购买的顾客进行口头宣传，以达到推销产品，满足消费者的需求，实现企业营销目标的一种直接销售方法。

2. 人员推销的特点

（1）机动灵活，适应性强。推销人员本身就是信息传递的媒介，所以他可以根据面对的具体情况随时调整信息传播的方式和内容，适应各种不同的情况。

（2）区别对待，针对性强。推销人员可以根据选定的不同对象，制定不同的推销策略，并配合广告和其他促销手段，提高推销效果。

（3）双向沟通，反馈性好。人员推销属于信息的双向沟通，意见可以迅速在双方之间交换，一方面，可以使推销人员对顾客的意见进行解释和说服，另一方面，也可以及时将意见反映给有关部门，使其进行适当的调整。

（4）促成交易，一步到位。在人员推销中，传递信息与达成销售是融为一体的，推销人员在传递信息的同时，根据顾客的情况，适时提出销售建议，从而达成销售。

（5）收集信息，兼做服务。推销人员在推销商品时还可以进行市场调研，收集市场信息，同时，可以兼做一些商业性业务和售后服务工作，例如签约、收钱、送货、安装和维修等。

（6）费用较大，对人员要求高。推销人员是信息的载体，因此，单位信息的传播成本较大，具备丰富的专业知识和较强的人际沟通能力的推销人员才能胜任该工作。

二、人员推销的程序

虽然没有两个完全相似的推销情境，也没有两个推销员按完全相同的方法去完成自己的推销任务，但大多数推销员是按图 12-4 所示的六步推销程序去执行推销任务的。

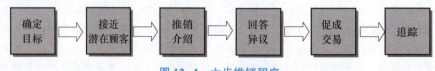

图 12-4　六步推销程序

1. 确定目标

人员推销的第一步就是要先研究潜在的消费者，选择极可能成为顾客的人，即与潜在顾客进行接触。这些潜在顾客可直接从消费者调研名单、产业会员名单、公共档案、电话号码簿、工商会员名单、公司档案等途径获得。

2. 接近潜在顾客

推销人员与潜在顾客的第一次接触往往是成功推销产品的关键。最好的方法就是立足于对潜在顾客的了解，凡是能了解每个顾客特殊情况的推销人员，大都能形成良好的第一印象，并做成交易。

3. 推销介绍

在这一过程中，推销人员应指出产品的特点和利益，以及它们如何优于竞争者的产品，有时甚至可指出本产品的某些不足，或可能出现的问题及如何避免和防范。在展示产品时，推销人员还可邀请潜在顾客亲自使用展示品。这种展示和试用，必须把重点放在推销介绍时所指出的特点上。

4. 回答异议

潜在顾客任何时候都可能提出异议或问题，这就给推销人员提供一个机会去消除可能影响销售的那些反对意见，并进一步指出产品的其他特点，或提示公司能提供的特别服务。潜在顾客所提问题可分为两类：第一类，所提异议必须在成交前加以解决；第二类，需要进一步沟通。

5. 促成交易

一旦对潜在顾客所提问题有所回应，推销人员就要准备达到最重要的目标——成交。此时推销人员必须确保在成交前没有遗留重要的问题，而且推销人员不应与消费者发生争议。许多有经验的推销人员，还往往会以顾客已打算购买的假设为据，向顾客提出"您希望什么时候送货？""您要买标准型还是豪华型？"等问题，这可使犹豫不决的潜在顾客立即作出购买决策。

6. 追踪

成交是营销的开始，对售出后的商品，推销人员必须跟踪，以确保产品按时、保质送达消费者，并及时了解顾客使用产品的意见。这种追踪能给顾客留下一个好印象，并为后续推销铺平道路，因此它是推销过程的重要一环。总之，推销人员的职责并不随销售工作的结束而结束，它将随着推销人员与顾客之间保持良好、有效的相互关系而延续下去。

三、人员推销的技巧

人员推销是一种对象各异、环境多变的促销手段，随机性很强，因此推销人员的推销技巧对推销活动的成败有很大影响。推销技巧是一种艺术，变幻无穷。这里介绍一个合格的推销人员应掌握的一些基本技巧。

1. 把握时机

推销人员应准确地把握推销的时机，因人、因时、因地制宜地开展推销活动。一般而言，推销的最佳时机应选择在对方比较空闲，乐意同人交谈或正好有所需求的时候，如社交场合、旅行途中、茶余饭后或参观游览的时候；而应当避免在对方比较繁忙或心情不好时开展推销。有时候，环境的变化往往会提供对某些企业和产品有利的推销时机（如炎热的夏天是推销冰激凌等食品的最佳时机）。推销人员应及时抓住这些时机，不使其失之交臂。

2. 善于辞令

语言是推销人员最基本的推销工具，推销人员必须熟练掌握各种语言技巧，充分发挥语言对顾客的影响力。具体来讲，一是要在各种场合寻找便于接近对方的话题；二是在谈话中能牢牢把握交谈的方向并使之逐渐转入推销活动的正题；三是善于运用适当的词句和语调使对方感到亲切自然；四是对顾客的不同意见不轻易反驳，而是在鼓励顾客发表意见的同时耐心地进行说服诱导。

3. 注意形象

推销人员在推销过程中同时扮演着两重角色：一是企业的代表，二是顾客的朋友。因此推销人员必须十分重视自身形象。在同顾客的接触中，应做到不卑不亢，给顾客留下可亲可敬的印象，以使顾客产生信任感。在同顾客进行的交易活动中，推销人员应做到言必行、行必果，守信重诺，以维护自身和企业的声誉，努力创造亲密和谐的推销环境。

4. 培养感情

推销人员应重视发展同顾客之间的感情，设法同一些主要的顾客群体建立长期关系。

同顾客之间超越买卖关系而建立起的个人友情，能形成一批稳定的顾客群。要做到这一点，推销人员不能局限于站在企业的立场同顾客发生联系，而应学会站在顾客的立场帮其出主意、当参谋，指导消费，甚至可向其推荐一些非本企业的产品，以强化推销活动中的"自己人效应"。

 营销视点 12-4

推销的八大要诀

D. G. 博登和 A. P. 巴斯是美国著名的推销研究专家，在拜访过数千家企业和推销员后，他们总结出"推销的八大要诀"。

(1) 不可以自己一个人讲，应让客人多讲。

(2) 顾客在讲话时，千万不要随意打断顾客的话。

(3) 要避免争辩的态度，应用策略来代替强制。

(4) 要培养洗耳恭听、专心聆教的心态。

(5) 应该抓住接洽生意的中心点。

(6) 应该增加拜访的次数。

(7) 在说明商品优点但顾客有异议时，不要匆忙反驳。

(8) 如果遇到态度冷淡或直接说"不"的顾客，不妨以恭敬的态度请教他"为什么"。

四、销售人员管理

1. 销售人员的选择

销售人员的来源主要有两条途径，一是外部招聘，二是从企业内部现有人员中选拔。无论采用哪种方式，都应对销售人员的基本素质有一个衡量标准，如个人品质、心理素质和态度。从最基本的角度考虑，一名合格的销售人员至少应具备如下一些条件。

(1) 熟悉产品情况。销售人员应对自己所推销的产品十分熟悉，能详细地为顾客进行介绍，并且应了解市场上同类产品的基本情况，可以正确地进行比较和鉴别。

(2) 熟悉企业情况。销售人员应充分了解自己企业的基本情况，对企业的经济实力、技术设备、生产能力、经营方式、销售条件等都应当很清楚，以便能随时回答顾客的咨询。

(3) 熟悉营销知识。销售人员应掌握市场营销的基本知识和技能，在市场上灵活地开展推销活动。

(4) 熟悉同推销活动有关的各种政策法规。销售人员应认真学习并努力掌握各种政策法规，以便使自己的推销行为能时刻符合政策法规的要求，不至于出现违法违纪的现象。

2. 销售人员的培训

销售人员培训内容要根据企业和受训人员的情况来确定。对新招销售人员来说，训练内容应包括以下几个方面：①企业情况介绍；②产品知识学习；③市场状况分析；④推销技巧培训；⑤基本能力练习。

3. 销售人员数量确定和合理分配

(1) 销售人员数量的确定。

销售人员数量的确定，一般可采用以下几种方法。

①工作量法。这是根据企业销售工作量来决定销售人员的数量。其计算公式为：

$$S = \frac{(C_1 + C_2) \cdot V \cdot L}{T}$$

式中，S——销售人员数量；

C_1——现有顾客数量；

C_2——需访问的潜在顾客数量；

V——每年访问顾客(现有和潜在)次数；

L——每次访问的平均时间(以小时计)；

T——每个销售人员用于推销的有效工作时间(以小时计，扣除公司内工作时间和用于路途的时间)。

工作量法对于大体估算销售人员的数量是有用的，但是对于顾客分布比较分散的情况，此法计算的结果不够精确。

②销售百分比法。这是根据企业历史资料计算出销售队伍的各种耗费占销售额的百分比以及销售人员的平均成本，并在销售额预测的基础上确定人员总量的方法。

③销售能力法。这是根据每位销售人员的销售能力和企业的销售目标确定人员总量的方法。

(2)销售人员的分配。

销售人员的分配通常有以下四种形式。

①按地区分配销售人员。这是企业采用较多的一种分配形式，通过在指定区域内将客户分配给销售人员，可以更好地实现客户需求与推销人力资源的配置。这种分配形式适合于产品或顾客比较单一的情况。要想设计好销售区域，必须做好以下三项工作：一是分析客户的数量与销售要求；二是评估销售人员的工作量与工作难度；三是在销售需求与销售人员工作量之间寻找平衡，分配人员。

②按产品分配销售人员。当产品技术复杂，各种产品在技术上差别较大，一位销售人员难以熟悉几种不同的产品时，可以按产品分配人员。这样，有利于销售人员熟悉产品，推销技术复杂的产品。采用此种分配方式时还要考虑目标对象，如果目标对象不同，则较为合适；如果目标对象相同，则显得人力资源配置不经济。

③按用户类型分配销售人员。这种方式可以按行业分配、按新老用户分配、按客户对企业的重要程度分配、按批发商及零售商分配、按用户规模分配等。这样，销售人员对顾客的需求了解清楚，目标明确，容易提高促销效果。但当同一类顾客较分散时，则工作量与出差费用会大大增加。

④复合式分配。可以把上述三种分配形式有机结合起来使用，如地区和产品的结合，地区和用户的结合，产品和用户的结合，以及地区、产品和用户的结合等。

4. 销售人员的考核与管理

企业对销售人员的考核可以从工作投入、工作过程、工作结果这三个方面来进行。其中，工作结果的考核主要包括销售额、信息量、顾客满意程度、客户关系这四大方面。围绕上述内容进行考核时，企业可以通过一系列指标如销售量、销售额、销售费用、访问顾客次数、增加顾客数量、销售完成率(实际销售额/计划销售额)、推销费用率(推销费用/企业销售收入)、失去顾客数、每位顾客平均毛利、回款额、客户重复购买次数、客户购买潜力等来进行考评。

在管理销售人员的过程中，企业要建立完善的财务制度与日常考核制度。企业要制定应收款管理制度，建立客户档案，密切与客户的关系，尽可能用转账支票、银行汇票结算，防止回笼货款不及时上缴，公款私用，甚至携款潜逃；同时，要建立相对稳定与合理流动相结合的销售队伍结构，尽可能了解并设法满足销售人员的各种合理需求，调动其积极性，坚持使用与培养相结合的原则，投资培训销售人员，使他们感受到企业的关心，从而留住优秀销售人员。

五、销售人员激励

对销售人员激励的目的就是激发他们的潜力，更好地实现企业的市场营销目标，从而实现企业经营的最终目的——价值最大化。企业对销售人员一般采用以下激励方式。

(1)薪酬激励。要激励销售人员，企业首先必须通过合理的薪酬来激发他们工作的积极性。薪酬激励虽然不是激励销售人员的唯一手段，也不是最好的方法，但却是一个非常重要、最易被运用的方法，因为追求金钱以提高生活水平是人的本能。

（2）目标激励。对于销售人员来讲，由于工作地域的分散性，进行直接管理难度很大，企业可以将对其分解的销售指标作为目标，进而授权，充分发挥其主观能动性和创造性，达到激励的目的。

（3）精神激励。销售人员常年在外奔波，压力很大。精神激励，可以使其压力得到释放，有利于取得更好的业绩，比如在企业的销售人员中开展"营销状元"的竞赛评比活动等。精神激励的目的就是给"发动机"不断加油，使其加速转动。

（4）情感激励。利益支配的行动是理性的。理性只能使人产生行动，而情感能使人拼命工作。对销售人员的情感激励就是关注他们的感情需要、关心他们的家庭、关心他们的感受，把对销售人员的情感激励直接与他们的生理和心理需要有机联系起来，使其情绪始终保持在稳定的愉悦中，促进销售。

（5）民主激励。实行民主化管理，让销售人员参与营销目标、顾客策略、竞争方式、销售价格等政策的制定；经常向他们传达企业的生产信息、原材料供求与价格信息、新产品开发信息等；企业高层定期听取一线销售人员的意见与建议，向销售人员介绍企业发展战略等，都是民主激励的方法。

此外，企业应适时创造条件对销售人员进行产品知识、营销知识、财务知识、税务知识、法律知识等方面的培训，让他们感觉到企业很关心自己的成长，自觉地将个人目标和企业目标统一起来。

第三节　广　告

一、广告的概念和类型

1. 广告的概念

广告是指广告主借助传播媒介进行的有偿的、非人员的、有组织的一种劝服性信息传播活动。广告主不仅包括商业公司，还包括向目标公众通告其宗旨的慈善机构、各类社会组织、专业团体、政府部门及个人。广告是一种成本与效率都很高的信息传播方式，不管它是用来建立品牌声誉，还是用来教育公众。不过在一般市场营销学中所研究的，主要还是以推销商品或者服务为目标的商业广告（见营销案例12-4）。

 营销案例 12-4

国际知名品牌广告语欣赏

1. Just do it. 只管去做。（耐克运动鞋）

2. The choice of a new generation. 新一代的选择。（百事可乐）

3. The taste is great. 味道好极了。（雀巢咖啡）

4. Take TOSHIBA, take the world. 拥有东芝，拥有世界。（东芝电子）

5. Let's make things better. 让我们做得更好。（飞利浦电子）

6. No business too small, no problem too big. 没有不做的小生意，没有解决不了的大问题。（IBM 公司）

7. Good to the last drop. 滴滴香浓，意犹未尽。（麦斯威尔咖啡）

8. Obey your thirst. 服从你的渴望。（雪碧）

9. Come to where the flavor is. Marlboro Country. 光临风韵之境——万宝路世界。（万宝路香烟）

10. To me, the past is black and white, but the future is always color. 对我而言，过去平淡无奇；而未来，却是绚烂缤纷。（轩尼诗酒）

2. 广告的类型

广告可根据多种不同的标准分类，但最具实际意义的是按广告目标，将广告分为三大类型。

（1）信息性广告。这种广告主要用于大类产品的市场开拓。此时的目标重点是建立该类产品的原始需求或基本需求，而不在于建立该类产品对某一特定品牌的需求，告知消费者现在出现了某类新产品，以便促进整类商品的销售。例如，我国的乳酸饮料产业在发展之初，相关广告就只着重向消费者介绍乳酸饮品的营养价值及多种用途，而不是专门介绍伊利或光明等个别品牌的特色和优点。

（2）说服性广告。这种广告主要用于进入竞争阶段的产品。此时公司的目标是为特定的品牌培植选择性需求。市场上大多数的广告属于这种类型，生产者利用这种品牌导向的广告，说服消费者购买他们所生产的产品。

（3）提醒性广告。这种广告主要用于处于成熟期的产品。此时广告的目标不是通知或说服消费者购买某一为人们所共知的产品，而是提醒消费者不要忘记购买某一特定品牌的产品。为了使这种提醒的作用更广，企业通常还辅以相关的机构广告，其目的在于增强企业的形象和声誉，间接刺激消费者购买本企业的产品。

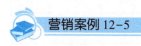

营销案例 12-5

蜜雪冰城爆火广告神曲的秘密

"你爱我，我爱你，蜜雪冰城甜蜜蜜……"，借用熟悉的旋律，重复简单的歌词，配上形式幼稚、质感一般的动画制作，一贯主打中低端市场的蜜雪冰城突然火爆"出圈"，吸引了巨量消费者的注意力。

2021年6月3日，蜜雪冰城品牌官方号在B站发布了主题曲，蜜雪冰城靠"病毒式营销"彻底出圈，频频喜提热搜，还因过分魔性被网友戏称为"高考禁曲"。短短一个月之内，抖音关于#蜜雪冰城主题曲这个话题的播放量就超过了10亿，官方MV的播放量也超过了1000万。网友还自发创作了不计其数的改编版本，将蜜雪冰城的话题热度推向了高峰。

蜜雪冰城主题曲爆火的秘密是什么呢？可以概括为"造梗—爆梗—接梗—引发潮流"的方式。

第一步（造梗），洗脑的旋律和简单重复的歌词，能在社交媒体上快速传播。

第二步（爆梗），在经过万家门店不断的重复播放后，蜜雪冰城发现一条UGC内容（用户创作内容）播放量超过了10万次，认为进一步推广的时机已经成熟。

第三步（接梗），蜜雪冰城通过邀请抖音KOL二次创作，推动各国语言、各种方言、京剧、电音等更多版本的出现，持续通过UGC内容维持甚至拉抬热度。

第四步（引发潮流）：蜜雪冰城为热度不高的UGC内容增加曝光度，为UGC内容增加热度，形成广泛讨论，由此刺激更多创作者生成衍生话题。

正是越来越多的二次创作的出现，才导致了蜜雪冰城主题曲的火爆"出圈"。

资料来源：1."洗脑"神曲火爆全网！幕后推手，原来是他俩……卖8元奶茶的蜜雪冰城，估值已达200亿元！每日经济新闻，2021.06.

2. 王水．蜜雪冰城火爆背后：二创、抖音与"十万铁军"[J]．销售与市场（管理版），2021（8）：72-75.

二、广告媒体

广告媒体是广告主借以传达给受众信息的各种载体，包括报纸、杂志、电视、广播、直接邮件、户外广告媒体等。广告媒体策略主要是在寻找一种最有效的媒体组合方式。

1. 与广告媒体策略相关的概念

在拟订广告媒体策略时，应了解以下几个相关的概念。

（1）触及率（Reach，R）。这是指在某一特定期间内，从某一特定媒体上至少看到一次广告信息的目标视听众的数目。

（2）频率（Frequency，F）。这是指在某一特定期间内，平均每一个目标视/听众接触到信息的次数。

（3）冲击度（Impact，I）。这是指某一特定媒体展露所产生的定性价值，也即其展露质量。

（4）毛评点（Gross Rating Point，GRP）。这是触及率与频率的乘积，又称总展露次数（GRP = R×F = E）。GRP 只考虑定量因素，没有考虑定性因素，即没有考虑广告的质量。

（5）加权后总展露冲击（Weighted Exposures，WE）。这是考虑广告质量后的总展露冲击（WE = R×F×I）。

（6）每千人成本（Cost Per Thousand，CPM）。这是广告平均每接触 1 000 位目标视/听众所花费的成本。

2. 广告媒体的种类及特点

广告的主要媒体包括传统四大传媒：报纸、杂志、电视、广播，此外，其他媒体还包括户外媒体、直邮媒体、互联网等。每种媒体各有其主要特性，表 12-2 对此有完整的比较。

表 12-2　广告媒体的种类及主要特性

广告媒体种类	优　点	缺　点
报　　纸	弹性大，及时，对当地市场的覆盖率最高，易被接受和信任	印刷质量一般，广告寿命短，传阅者少
杂　　志	印刷质量精美，可选择适当地区和对象，传阅者多，时效长	广告作业前置时间长，无法快速适应市场变化
电　　视	视、听、动作紧密结合，引人注意，送达率高	成本高，展露瞬间即逝，观众选择性低
广　　播	可选择地区和对象，成本低，能快速回应市场变化	仅有声音效果，广告寿命短
户外媒体	比较灵活，展露重复性强，成本低	受地区限制，不能选择对象，创造力受到局限
直邮媒体	沟通对象准确，有灵活性，无同一媒体的广告竞争	成本比较高，容易造成滥寄现象
互　联　网	个人化服务，有互动机会，相当低成本	有语言范围，限于上网人口

（1）报纸。报纸是传统媒体之一，报纸的涵盖面也很广，利用报纸来做广告的主要优点是具有弹性和时效性。大多数报纸天天出刊，因此可以使广告主在合理的成本下，快速满足市场需求，从而使厂商快速地接触到其目标市场。

（2）杂志。杂志因其针对性强，实效长，传阅者多，选择性好和印刷精美、图文并茂等优点，较适合香水、唇膏等化妆品，以及鞋帽、手表、汽车等需要突出强调表现其外形、款式、色彩等产品。在四大媒体中，杂志属于小而细致的广告媒体。

（3）电视。电视是同时具有视觉与音效的媒体，因此电视广告信息所能产生的冲击往往很大。通过电视广告可以接触到广泛而多样的市场。电视广告往往能塑造产品高格调的形象。然而电视广告也有它的缺点，电视广告是相当昂贵的，而且电视广告的信息寿命也很短，稍纵即逝。

（4）广播。广播的最大优点是广告信息传播迅速、及时、范围广，针对性也较强。在各种专题广播节目中插播相关的广告，可以有效地把广告信息传达给相关的目标顾客群体，费用较其他媒体低。但是，广播注意率和收听率较低。

（5）直邮媒体。直邮媒体除了广告信和传单、商品目录、购买券等以外，还包括产品样品、纪念品及其他小工艺品等。直邮广告最具选择性，差不多可传达给任何目标市场，且其效果也最易衡量。直邮广告的主要缺点是传播范围较窄，受众人均覆盖成本较高。

　【营销视点 12-5】软性植入式广告　

（6）户外媒体。户外媒体是一种具有弹性而成本低的媒体，它包括路牌、广告牌、招贴、招牌、交通工具等。户外广告最主要的优点在于它的高展露频次，且不易受到其他竞争者的干扰。此外，它也能针对当地市场的独特需求特性来设计。但户外广告不适合传达太复杂的信息，因为视听众的注视时间很有限。

（7）互联网。互联网是一种新兴媒体，也是一个相当重要的媒体。网络结合了文字、图片、声音、动画及影像，将触角伸至全世界。互联网使用超链接的方式，可使顾客迅速取得他所需要的相关资料。组织可利用建立自己网页的方式，以很低的代价来提供信息给其目标顾客，也可通过和一些相关网站的链接，轻易找到可能对自己产品或服务感兴趣的顾客。此外，互联网可以通过聊天室、留言板、电子邮件的方式和顾客进行互动。

（8）其他媒体。除了上述广告媒体外，近几年发展起来的楼宇广告媒体也很有特色。此外，传真机、CD-ROMs、电话卡以及电影、录影带等都能成为广告载体。

 **营销视点 12-6**

方太生活洞见大会广告

2023 年 10 月 26 日，方太公司举办了一场"循你而来"2023 生活洞见大会。发布会开篇，方太公司选择通过一支长视频广告跟大众沟通。该广告策划把取之于 49 416 万户家庭的灵感，用之于 49 416 万户家庭的生活，进而突现广告主题"不见油烟，只见炊烟"。

该广告通过极具代表性的生活面貌呈现具体家庭场景，以地域风貌、习俗、家庭关系完成方太产品多维场景化打造。在这个广告片里，无论是草原上、麦田里，还是山川间、市井中，观众都能看到方太产品的身影。其中，蒙古包里的牧民和开着房车自驾游的年轻人，这两个群体和他们的生活场景，在以前方太的广告片里是从未出现过的。该广告特别放大这两个群体，其言外之意仿佛在说：今天方太的产品，不再局限于出现在一个个静态的中国家庭厨房。它还能跟随人的流动和迁徙，适配不同家庭的生活方式和需求。

为了让消费者感知品牌形象更为立体和亲切，方太在随后发布会的内容策划思路上，采用一种"类综艺"的编排形式来对其进行强化。"类综艺"就是在组织整场发布会的结构和内容时，把它们做成一个个类似于综艺节目、综艺片段的形式。但是在逻辑关系上，它们彼此之间又环环相扣、互为串联。等到发布会结束后，这些视频片段又可以变成一个个切片、一条条短视频，方便放到社交媒体上进行传播。

3. 影响广告媒体选择的因素

（1）产品特性因素。广告产品特性与广告媒体的选择密切相关。广告产品的性质、使用价值、质量、价格、包装、产品服务的措施与项目以及对媒体传播的要求等，对广告媒体的选择都有直接或间接的影响。例如，化妆品常常需要展示产品的高贵品质及化妆效果，就需要借助具有强烈色彩性和视觉效果的宣传媒体，如杂志、电视媒体等，而广播、报纸等媒体就不宜采用。

（2）媒体受众因素。广告媒体受众即广告信息的传播对象，也就是接触广告媒体的视听众，它是影响广告媒体选择的重要因素。媒体受众在年龄、性别、民族、文化水平、信仰、习惯、社会地位等方面的特性，以及经常接触媒体的种类和接触媒体的习惯方式等，直接关系到媒体的选择及组合方式。例如，如果广告信息的传播对象是追求流行的青年女性，那么时尚型的服饰杂志就是理想的媒体。

（3）营销策略因素。广告主的市场营销策略直接影响广告媒体的选择与组合。产品究竟以何种方式销售？是批发给经销商，还是直接向消费者或用户推销？营销范围真正有多大？营销的各个环节如何配合？全面了解这一系列营销系统的特点，是确保所选择的广告媒体触及目标对象并促进产品营销的前提。一般来说，在拉式策略下，广告主会选择较多的大众广告传播媒体；在推式策略下，广告主会选择较多的小众广告媒体。

（4）竞争对手因素。竞争对手广告战略与策略，包括广告媒体的选择情况和广告成本费用情况，对广告主（或广告代理）的媒体策划也有着显著的影响。如果没有竞争对手，那么广告主就可以从容选择自己的媒体和安排其费用；如果竞争对手尚少，不足以对广告主构成威胁，就只需要在交叉的广告媒体上予以重视；如果竞争对手多而强大，广告主在财力雄厚的情况下，可采取正面交锋，力争在竞争媒体上压倒对方。在财力有限的情况下，广告主就采用迂回战术，采用其他媒体渠道。总之，广告主要针对竞争对手的特点而采取适合自己需要的媒体及推出方式。

（5）广告预算因素。广告预算是广告主投入广告活动的资金费用使用计划，包括规定在广告计划期内从事广告活动所需的经费总额、使用范围和使用方法。一个广告主所能承担的全部广告费用，对广告媒体的选择产生直接的影响。例如，一些效益不佳的中小企业，受其广告费用的限制，就很少采用报纸、杂志、广播、电视等费用昂贵的广告媒体；而一些经济效益好的大型企业，有较多的广告费用开支，像报纸、杂志、广播、电视、网络五大媒体就是其经常采用的媒体对象。

（6）媒体的成本因素。广告媒体的成本是媒体选择中需倍加关注的一项硬性指标。不同的媒体，其成本价格自然不同；同一媒体，不同的版面，不同的时间，也有不同的收费标准。在媒体选择中，广告主可能会有多个媒体颇为适合广告信息的传播，但由于费用过高而使其难以负担，那就不得不忍痛放弃，另择价格品位适合于自己的广告媒体渠道。

（7）媒体的寿命因素。广告媒体触及受众的时间有长有短，这就是媒体的寿命因素，它直接影响着广告媒体的选择。总体来说，播放类媒体寿命最短，印刷类媒体寿命长短不一。例如，报纸媒体的寿命为3~5天，杂志媒体的寿命为1~2月，电话号码簿上的广告寿命为1~2年。媒体寿命期一过，受众便难以或很少再触及这一媒体上的广告了。因此，若要广告发挥更大的效果，就应多次重复推出，以延长整体的广告触及受众的时间。可见，广告媒体的时间要求、信息传播的速度与持久性等问题，是广告媒体策划时需要认真考虑的问题。

（8）媒体的灵活性因素。广告主选择广告信息传播的媒体，必然会考虑其灵活性。能否对媒体上的广告作一定程度的调整和修改，是衡量广告媒体灵活性高低的标准。一般来说，若在广告推出前，可较容易地修改广告文本，调整推出的时间与形式，则此媒体的灵活性就高；若在某一媒体上确定广告，推出之前不太容易修改文本或调整推出时间、形式，则此媒体的灵活性就差。例如，电视广告媒体灵活性就很差，广播广告媒体的灵活性就很强。凡是促进短期销售、推销产品多样化、推销产品多变、广告文本中需标示可能调整的价格等情况，就应该选择灵活性较强的媒体。

除此之外，广告文本的特点、相关法规限制、干扰度等也是影响广告媒体选择的重要因素。

 营销视点 12-7

网红直播电商能带来忠诚消费者吗？

直播电商作为一种新的零售渠道，已被证明能够依托主播的粉丝在短期内实现销售的增长。然而，直播电商能否将主播的粉丝转化为企业的忠诚消费者，为企业带来长期的收益仍是一个未知数。

研究发现：第一，在短期营销效果上，直播电商招揽新客的能力优于线上传统营销，但提升客单价、促进新客转化为会员的能力都低于线上传统营销。第二，在长期营销效果上，直播电商中的消费者的回购率、回购金额和回购数量都比线上传统营销中的消费者低，表明直播电商并不能比线上传统营销带来更忠诚的消费者。第三，直播电商带来的效益受到主播的影响，主播的个人特征、专业领域等方面差异都会导致直播电商在短期效益和长期效益上的差异。

企业的营销渠道管理需要同时兼顾渠道的短期效益和长期效益。企业在布局直播电商时，不能仅仅看到直播电商带来的短期销售额的提升，还应当考虑直播电商对长期消费者忠诚的影响，将直播电商的长短期效益与企业的长短期目标结合起来更有益于企业进行科学的决策。

资料来源：邹玉凤，卢向华，李凤瑶. 网红直播电商能带来忠诚消费者吗？——来自某化妆品品牌消费者购买的证据[J]. 外国经济与管理，2023（5）：134-152. 经改写

三、广告诉求策略

广告诉求是广告信息内容，是界定消费者去购买产品的理由。广告活动可以把焦点放在一个或更多的广告诉求上。要选择一个最好的广告诉求，通常需要先进行营销研究。

一般来说，广告诉求策略可分为理性广告诉求、情感广告诉求和情理结合广告诉求。

1. 理性广告诉求

理性广告诉求是指直接向消费者实事求是地说明产品的功能、特点、好处等，让接收信息的消费者进

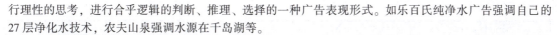

行理性的思考，进行合乎逻辑的判断、推理、选择的一种广告表现形式。如乐百氏纯净水广告强调自己的27层净化水技术，农夫山泉强调水源在千岛湖等。

2. 情感广告诉求

情感广告诉求是指依靠图像、音乐、文字的技巧，诱导消费者的情绪或情感使其产生购买欲望的一种广告表现形式。情感广告诉求容易引人注目（见营销案例 12-6）。

 【营销案例 12-6】百事可乐广告策略分析

3. 情理结合广告诉求

情理结合的广告诉求是指在广告宣传中既同消费者讲道理，又同消费者交流感情，即常说的晓之以理、动之以情。在现实中纯粹用理性诉求和感性诉求的广告所占比例是相当少的，绝大多数是情理交融的，所不同的是有的偏重于理，有的偏重于情。如加拿大电信公司的广告通过儿子在成长过程中与父亲之间的往事，表达了父子之间的感情，又强调了长途电话优惠的信息，说明应该多关心暮年的父亲。

四、广告决策的内容与步骤

广告活动的开展，一般要经过好几个步骤，由于公司的资源、产品及受众不同，步骤的多少及其实施的目标也不相同。但是任何一个机构的广告决策，一般都包括确定广告目标、确定广告预算、确定广告信息、选择广告媒体、测定广告效果五个步骤（图 12-5）。

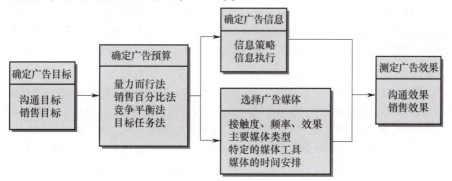

图 12-5　广告决策的内容及步骤

1. 确定广告目标

广告规划的第一步是确定广告目标。这些目标应根据过去有关目标市场、定位和营销组合来决策。营销定位和组合策略界定了广告在整个营销规划中必须做的工作。

广告目标指在一定期限内，针对既定的目标接收者要达到的特定的沟通任务。广告的目标可依据告知、劝说，或提醒等主要目的来分类（表 12-3）。

表 12-3　广告目标

告　知	
向市场推出新产品	描述所能提供的服务
揭示一种产品的新用途	更正错误的印象
通知市场价格变动	减少购买者的忧虑
介绍产品功能	建立公司形象

续表

劝 说	
树立品牌偏好	劝说顾客立即购买
鼓励消费者改用公司的产品	劝说顾客接受推销访问
改变购买者对产品特性的感觉	
提 醒	
提醒购买者不久可能会用上该产品	在产品的淡季使顾客仍记得该产品
提醒顾客购买的地点	维持极高的知名度

2. 确定广告预算

广告预算是预定用于某一时期开展广告活动所需的货币总额。这一步骤对广告活动的成功与否至关重要，因为如果广告活动各项努力建立在不充分的预算上，就会削弱广告对刺激消费者需求的作用；如果广告预算过大，又会造成企业的资财浪费。

决定广告预算的主要方法有量力而行法、销售百分比法、竞争平衡法、目标任务法等。量力而行法是将广告预算制定在企业能够负担的水平上；销售百分比法是以目前或预测的销售额的某种百分比来确定广告预算，或者以单位销售价的百分比来做预算；竞争平衡法是通过监视竞争者的广告或从刊物和商业协会获得行业促销费用的估计，然后根据行业的平均水平来确定预算；目标任务法是企业依据促销目标任务来确定它的促销预算。

3. 确定广告信息

有了广告预算后，便要拟订广告信息。广告信息策略包括四个部分：信息内容(说什么)、信息结构(信息的条理及逻辑顺序)、信息形式(信息表现)及信息来源(谁来阐述信息)。其中，广告信息的内容是关键。广告信息的内容表达必须言简意赅，并应在深入研究消费者意见的基础上形成，否则会抓不住要害，或所宣称的特点与消费者的偏好南辕北辙，大大降低或损坏整个广告活动的预期效果。

4. 选择广告媒体

媒体计划应详细说明广告活动中将使用何种媒体和广告将在何时出现。媒体计划制定者的最重要任务，就是要让在广告活动中所花的钱能使广告信息到达最大多数广告目标受众。除费用外，媒体计划者还必须考虑广告目标的居住地区及人口统计方面的各种因素，以及广告信息的内容和各种媒体沟通的受众的各种特点。媒体计划工作一般是从总体媒体决策开始的，接着是进一步选择各种媒体中的亚属媒体，最后选择为开展该项广告活动的具体媒体。

【营销案例12-7】脑白金的广告媒体策略

5. 测定广告效果

广告效果评估是整个广告活动中所不可缺少的部分。通过广告效果评估，营销人员可以调整其广告活动。广告的效果要依据广告目标来加以衡量。广告效果的测试可分为广告活动之前、之中、之后的效果测定。具体的广告效果测定方法基本上可分为直接测定与间接测定两大类。直接测定的方法主要有访问法、观察法、实验法和统计法等。间接测定则是测定者根据广告原始调查资料对广告效果进行分析与测定。

第四节　营业推广

一、营业推广的概念和特点

1. 营业推广的概念

营业推广又称销售促进，是指除人员推销、广告和公共关系之外的其他促销形式，是在短期内刺激顾客或中间商迅速和大量地购买某种特定产品或服务的促销活动(见营销案例12-8)。

【营销案例12-8】GAP 的花样折扣

2. 营业推广的特点

(1)短期性。这是营业推广最主要的特点。营业推广适用于如新产品上市时、重要节假日等短期内进行促销，它能有效地吸引新的消费者或破坏消费者对竞争对手产品的购买和品牌忠诚。

(2)非规则性。营业推广不像广告、人员推销、公共关系那样经常出现，而是用于短期和额外的促销工作，目的是解决一些更为具体的营销问题。

(3)灵活性。营业推广的形式非常多，这些方式各有各的长处和特点，企业可以根据企业经营产品的不同和市场营销环境的变化而灵活地选择和运用。

二、营业推广的工具

许多营业推广工具可以用来完成营业推广目标。不同的促销对象，各有适用的营业推广工具(表12-4)。

表12-4　营业推广对家人及其推广工具

营业推广对象	营业推广工具
消费者	样品、赠品、折扣优惠、赠券、有奖销售、特价包装、购买点陈列与展示、免费试用、产品保证、抽奖及游戏等
中间商	折扣鼓励、现金折扣、经销商推销竞赛、经销津贴、经销商推销竞赛、免费赠品等
推销人员	红利提成、特殊推销奖金等

1. 对消费者的营业推广工具

(1)样品。样品是指向消费者提供产品的货样或试用品。有些样品是免费的，有些适当收一些工本费。样品可挨家挨户地递送，邮寄，摆在商店分发，也可随同另一种产品或广告附赠。赠送样品是最有效但最昂贵的介绍新产品的方法。

(2)赠品。赠品主要是一些能够向消费者传递企业有关信息的精美小物品，如印有本企业名称、地址、电话号码，带有企业口号的日历、台历、挂历、打火机、火柴盒等，以刺激顾客的购买行为。赠送物品的形式灵活多样，主要有：①随货赠品，顾客购买某一商品则免费得到相应的赠品；②批量购买赠品，顾客购买企业其产品批量达到既定标准，或顾客购买本商店商品的金额达到一定标准，可以免费得到赠品；③随货中彩奖品，并非所有商品都随货赠送物品，只是其中少数商品内装有赠品。

(3)折扣优惠。企业或产品推销者事先通过多种方式将折扣优惠券发到消费者手中，使消费者在购买某种商品时，可凭证免付一定金额的钱款。折扣优惠券可以邮寄、附在其他商品上或广告中赠送。一般来说，优惠券的持有者通常是对企业有直接或间接贡献的消费者，或是社会影响较大且与企业业务关系密切的长期顾客，也有一部分是企业要争取的新顾客。

（4）赠券。当消费者购买某一商品时，企业给予一定数量的交易赠券，购买者将赠券积累到一定数额时，可以到指定地点换取赠品。赠券的实施可以刺激消费者大量购买本企业的产品，扩大企业的市场占有率，但对小批量购买的消费者来说，吸引力不大。

（5）有奖销售。顾客在购买产品或享受服务后，按一定金额领取一定数量的兑奖券，参加企业举办的抽奖活动，若中奖则可领取奖金或实物。这种方式是通过给予奖励的刺激，吸引消费者的注意及参与，最终达到购买产品的目的。

（6）特价包装。这是指以比正常价格低的价格向消费者提供产品。这种价格通常在标签或包装上标明。它有多种形式，如减价包装，即减少供应的单个包装（如买一送一），或组合包装，即把两件相关的产品组合包装在一起。特价包装对刺激短期销售效果较好，甚至超过了折扣优惠。

除上述这些方式外，还有购买点陈列与展示、免费试用、产品保证、抽奖及游戏等，其作用也是很明显的。

2. 对中间商的营业推广工具

（1）折扣鼓励。折扣鼓励主要是生产企业对第一次进货或大量进货的中间商给予购货折扣。另外，若中间商登广告，企业可以给予广告折扣，若中间商为产品办展销会，企业给予陈列折扣等。这些都是对中间商的合作表示的鼓励。

（2）现金折扣。现金折扣是指在商业信用和消费信贷普遍使用的市场上，企业为鼓励顾客用现金购货，对现金购货顾客给予一定的折扣。在正常情况下，企业应该预测折扣率与资金周转速度、折扣率与利息支出变动的比例关系，寻找盈亏均衡点，在此基础上确定现金折扣率。

（3）推销竞赛。推销竞赛是指企业对业绩优秀的中间商进行特殊鼓励。这种竞赛优胜者的奖励可以是现金，也可以是物品，还可以是旅游机会。

（4）经销津贴。为促进中间商增加购买本企业产品，鼓励其对购进产品开展促销活动，企业给中间商一定的津贴，主要包括新产品的津贴、清货津贴、广告津贴、降价津贴等。

（5）免费赠品。免费赠品是指企业为了加强与中间商的感情，免费赠送附有厂名的各种礼品。礼品一般为挂历、钢笔、拎包、晴雨伞、烟灰缸等日用小物品。

3. 对推销人员的营业推广工具

（1）红利提成。红利提成的做法主要有两种：一是推销人员的固定工资不变，在一定时间内（通常是季末或年度终了），从企业的销售利润中提取一定比例的金额作为奖励发给推销人员。二是推销人员没有固定工资，每达成一笔交易，推销人员按销售利润或销售额的多少提取一定比例的金额，销售利润或销售额愈大，提取的百分率也愈大。

（2）特殊推销奖金。企业给予推销人员一定的金钱、礼品或本企业的产品，以鼓励其努力推销本企业的产品。

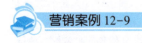 **营销案例 12-9**

喜茶之道：新式茶饮，何以领先？

在中国新茶饮行业，喜茶的横空出世毫无疑问是一件标志性的事件。2012 年，在广东省江门市一个小巷子里，第一家喜茶 HEYTEA（原名皇茶 royaltea）门店诞生。随后，这样一家街边小店在几年内迅速走红，实现快速发展，引发一轮又一轮的消费热潮，成为引领新茶饮时代的标杆品牌。

那么喜茶又是如何进行营销推广的呢？

首先，喜茶将公众号变成一个输出品牌内容的载体。"品牌定位想要传达给消费者，就需要具体的载体。在制作品牌载体的时候，一个细节或许会被人忽略，但许多细节融合在一起，消费者就无法忽视，必然会感知到喜茶的用心，从而体会到喜茶的品牌主张。"从始至终，喜茶公众号运营的核心理念就是用一种全新的风格来诠释灵感与酷。

喜茶的公众号推文内容以宣传新品为主，但每一篇推文都会紧密结合新品特点，从风格、图片、文字、排版等各方面与其匹配，具有极高的质量，使消费者保持新鲜感。例如，前段时间喜茶的新品雪山思乡龙眼，推出时间恰逢新春佳节，灵感来自喜茶的一名研发人员大辉。他很久没有回家，十分想念家人，在他的记忆里，家乡的龙眼特别甜，于是该新品围绕着思乡主题展开宣传，宣传词为"饮杯雪山思乡龙眼，盼下一次阖家团圆"，这篇推文从风格、字体、照片到文案均渲染了温暖的氛围，并带有新春限定饮品的标签，十分应景。喜茶通过公众号这一载体来创造内容，日积月累地将品牌观念传递给消费者，使品牌深入人心。喜茶公众号还包含"灵感体验官"这一功能板块，消费者可以从门店体验、食品安全、新品灵感、品牌活动等方面与喜茶分享灵感，既增强了与消费者之间的友好互动，又宣扬了品牌精神。

其次，喜茶与微博、小红书和大众点评等社交平台上的意见领袖进行合作，通过意见领袖的影响力来推广产品并获取关注度。意见领袖面对的群体大多是年轻人，与喜茶的目标市场相符，喜茶通过意见领袖的推荐与测评达成新媒体病毒式传播的目的。例如，在喜茶准备跨出华南地区登陆上海市场前，意见领袖的疯狂推荐为其积累了大量潜在用户，要求在上海开喜茶的呼声越来越高。2017年2月，上海首家喜茶在来福士商场开业，开业当天及之后的一段时间生意都十分火爆，出现了"一茶难求"的情况。在成功打开上海市场后，喜茶又陆续在杭州、北京、苏州等一线及新一线城市开业，均收到了良好的效果。

最后，喜茶积极地进行城市限定和跨界联名。一方面在不同城市出各种限定款产品和周边，例如，长沙限定臭豆腐蛋糕、上海限定四款调酒饮品、香港限定冰火鸡蛋仔等，通过产品的稀缺性和新颖性来吸引消费者，促使其产生消费需求。另一方面也与其他品牌进行联名，通过不断曝光来获得流量，提高品牌的影响力和知名度，通过流量的互通达到双赢的效果。从2017年至2020年，喜茶共计联名品牌为64个，联名范围涵盖餐饮、服饰、化妆品等领域。例如，喜茶的招牌茶饮多肉葡萄与好利来进行了联名，就此诞生多肉葡萄蛋糕，线上线下的销量均十分可观，并且具有极高的话题性。

资料来源：刘祯，汪天钰. 喜茶之道：新式茶饮，何以领先？[J]. 清华管理评论，2021(5)：106–112. 经改写

三、营业推广的计划

确定营业推广计划时通常要考虑如下一些内容。

1. 营业推广的目标

企业应当根据目标市场的特点和整体策略来制订推广目标。对于消费者个人、中间商、企事业单位等应当区别对待，短期目标必须与长期目标相结合。

2. 营业推广的对象

各种营业推广手段对于不同对象的作用差异很大。实践证明，营业推广的对象主要是那些"随意型"顾客和价格敏感度高的消费者。对于已养成固定习惯的老顾客，营业推广的作用相对要小一些。

3. 营业推广的规模和水平

规模和水平决定了营业推广的效果。因此，企业必须了解各种推广手段的效率，确定刺激强度和销售量的比例关系，争取最佳的推广效果。

4. 营业推广的媒介

企业必须通过最佳的途径来实施营业推广。比如，为了扩大某种产品的销售，企业拟给予顾客10%折

扣。那么至少可通过包装、邮寄、广告、挂牌四种媒介来传递这一信息。其中，包装只能吸引接触过产品的顾客，邮寄可以向特定的顾客推广，广告有利于大范围快速传播，挂牌则能制造推广气氛。

5. 营业推广的时间安排

营业推广的时间安排必须符合整体策略，与其他经营活动相协调，以免出现脱节现象。企业应当利用最佳的市场机会，有恰当的持续时间，既要有"欲购从速"的吸引力，又要避免草率从事。

6. 营业推广的预算

营业推广的预算可以用三种方法来制定。一是参照法，这种方法参照上期费用来决定当期预算，但必须估计到各种情况的变化；二是比例法，即根据占总促销费用的比例来确定营业推广的费用，再将预算分配到每个推广项目上，在实行中，各项目所占的比例可根据情况灵活决定；三是总和法，这种方法和比例法相反，先确定营业推广项目的费用，再相加得到总预算，其中，各推广项目的费用包括了优惠成本和实施成本(如邮寄费)两个部分。

 营销案例 12-10

今麦郎的数字化"一元换购"

今麦郎在苏打水产品上市初期，为了迅速打开市场，选择采用一元换购的方式促进动销，并声称中奖率高达50%，以高中奖率吸引消费者。

传统一元换购的模式，对于消费者而言，不知道在哪个门店可以兑奖；对于终端门店而言，增加了工作量，又无法获得对应的回报，导致活动触达的两个重要环节——终端不配合、不宣传、不曝光，以及用户不参与、不传播。

而对品牌商而言，投入大量的营销费用后，不仅要面临数据造假的问题，促销活动也达不到效果，简直是"亏了又亏"。

今麦郎把数字化应用到了"一元换购"的活动中。在全新的兑换系统中，今麦郎为不同角色设置相应的操作流程。通过系统连接不同的角色，以在线化的方式解决传统兑换方式的弊端，并更高效地获得活动最终情况、效果信息数据，见图12-6。

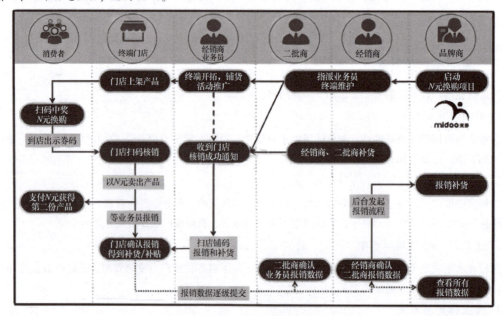

图 12-6 "一元换购"活动业务流程

从最初的印刷中奖信息，今麦郎转变为采用一物一码技术连接下游角色。比如，消费者开箱扫码后即可知晓自己是否中奖，领取奖励后，搜索"今麦郎兑换系统"并进入公众号发送关键词，即可获得到店核销的二维码。

而对于终端门店来说，开箱扫码进入页面后，单击扫码按钮并扫描消费者出示的二维码，确认产品数量等信息即代表核销成功。在这里，终端门店还可邀请店员进行个人信息与门店账号的绑定，让店员也有核销的权益。若要申请报销，上级业务员扫描门店账户的二维码即可获得核销报销等信息，及时给门店补货，避免门店产生损失，引起不满。

在数字化系统的支撑下，今麦郎的兑换系统解决了传统活动方式的多个弊端；然而，还是有消费者表示兑换流程麻烦，比如要重新搜索指定公众号兑换、兑换地址不明确等。在米多的系统支撑下，无论是消费者还是终端门店、业务员等角色的操作，都尽量"一步到位"，尽量简化操作，能够有效避免核销烦、核销难等问题，优化不同角色的体验。

资料来源：https://www.163.com/dy/article/HDV2KSOJ0538QQXU.html，2022.08，经改写

第五节　公共关系

一、公共关系的概念和特点

1. 公共关系概念

公共关系是指组织为改善与社会公众的关系，增进公众对企业的认识、理解和支持，树立良好的组织形象，采用非付费方式进行的一系列信息传播活动。随着市场营销活动的日趋复杂，公共关系在营销中的地位和作用被重新认识。当代最有影响力的市场营销大师艾·里斯(AL Ries)提出了"广告的衰落和公关的崛起"的观点，体现了西方发达国家市场营销界人士对公共关系作用的认同和肯定。

2. 公共关系的特点

从市场营销学的角度来谈公共关系(即营销公关)，只是公共关系的一小部分。公共关系作为促销组合的一个重要组成部分，具有如下特点。

(1)注重长期效应。公共关系要达到的目标是树立企业良好的社会形象，创造良好的社会关系与社会环境。实现这一目标是一个长期的过程，并不强调即刻见效。企业通过各种公共关系活动，能树立良好的产品形象和企业形象，从而长时间地促进销售和占领市场。

(2)注重双向沟通。公共关系的工作对象是各种公众，包括企业内部和外部公众两大方面。它是全方位的关系网络，强调企业与公众之间的感情传播与沟通。在企业内部和外部的各种关系中，如果处理得当，企业会左右逢源，获得良好的发展环境；企业通过公共关系听取公众意见，接受监督，也有利于企业全面考虑问题，追求更高的社会形象目标。

(3)注重间接促销。公共关系传播信息，并不是直接介绍和推销商品，而是通过积极地参与各种社会活动，宣传企业宗旨、联络感情、扩大知名度，从而加深社会各界对企业的了解和信任，达到间接促进销售的目的。

二、公共关系在营销中的作用

1. 收集信息，提供决策支持

借助公共关系，企业可采集到大量相关信息，这不仅可以帮助企业密切关注环境变化，而且能够引导企业针对性地调整各项营销决策，改善营销工作的效果。

2. 对外宣传，塑造良好形象

作为企业的宣传手段，公共关系通过将有关信息向公众传递，加深公众对企业的理解、认识，为企业塑造良好形象并赢得舆论支持。成功的公共关系，不仅可以提高企业的美誉度、知名度，还可以消除公众的误解，化害为利。

3. 协调关系，加强情感交流

公共关系可帮助企业妥善处理与各类公众的关系。交际、沟通是理解、信赖的基础，而公共关系是企业与公众沟通的桥梁。公共关系强调企业与公众的平等对话，给予公众充分的尊重，使公众可以与企业进行深入的情感交流，这使企业可以获得公众的深度支持。

4. 服务社会，追求社会效益

公共关系活动更多的是通过服务于社会、造福于公众来展现自身的意义和价值，企业因此确保了社会效益目标的实现，同时自身的无形资产也得到了增值。

 **营销案例 12-11**

"鸿星尔克现象"解读

2021年7月20—21日，河南中北部及部分地区出现特大暴雨灾害。在这一艰难时期，鸿星尔克第一时间通过郑州慈善总会、壹基金紧急捐赠5 000万元物资，低调驰援河南灾区。此事件一开始并未获得广泛关注，但是在网上鸿星尔克被爆出2020年净利润为负2.2亿元，却公益捐助5 000万元物资后，一些网民纷纷涌入鸿星尔克官方微博并积极转发捐款帖文，成功让这一事件热度飙升，成为微博热榜、媒体头条。鸿星尔克企业自身发展处境艰难却仍捐巨款，积极履行企业社会责任，这一举动给鸿星尔克这一品牌印上"爱国""良心企业家""默默无闻纯粹出力"等标签，企业一向冷清的直播间粉丝暴涨。大众关注带来的流量数据与交易数额暴涨非常明显。越来越多的人开始采取行动，用消费一双鞋、一件衣服来表达敬意。在网友情感、情绪主导下，"野性消费"出现了。大批消费者涌入企业直播间，喊着"买买买"，纷纷"晒订单""晒会员"。

根据第三方数据统计，鸿星尔克官方旗舰店淘宝直播间，在此前6天的日均直播观看次数仅为1.1万，而7月22日晚直播间单场观看次数却暴增至201.7万。此外，它的抖音直播间也在22日当晚创造了高于1 500万元的销售额。在鸿星尔克线下门店，也有很多人特意赶来抢购，导致产品一度断货。

首先，企业社会责任的正面形象增添了品牌的符号价值。近年来，随着中国综合国力的提升和"中国制造"的形象不断改善，新一代年轻人不再盲目追捧国际品牌，他们开始认可"国货"，并逐渐形成大众消费潮流。鸿星尔克在灾难时刻积极低调的捐款捐物行为彰显了企业的社会担当，正好迎合了大众的爱国情怀，为其增添了"爱国助民、正能量国货"的符号意义，使在年轻人心中的"国货"有了具体的品牌指向。

其次，企业社会责任并非"博眼球"式的营销行为，而是长期投入所积累的价值增值。在鸿星尔克捐款爆红后面临的质疑声音下，大众网友自发证明：从2008年汶川地震赈灾，到不间断地给残疾人基金会捐款，从2020年捐赠，再到河南洪灾捐赠……这是一家捐款成"瘾"的企业。

最后，面对关注流量与交易数量的暴涨，企业并未利用公众热情借势"带货"，进一步增添了品牌的符号价值。鸿星尔克在公益捐款舆论带来的"红利"下，面对公众的"野性消费"时坚持正确引导，呼吁大家"理性消费，需要就买，喜欢就买，否则不要买"，并且赠送退货险，让消费者退货无忧。

鸿星尔克的上述行为扩充了品牌的符号内涵，从过去大众认同的"便宜、实惠"到现在的"责任、担当"，企业收获了社会尊重，在为社会带来更多价值的同时，也实现了自身品牌的价值增值.

资料来源：李青青，章兴鸣.企业社会责任的符号消费效应："鸿星尔克现象"解读[J].时代经贸，2022，19(10)：37-39.有改写.

三、公共关系的构成要素

公共关系运作的构成要素可以分解为社会组织、公众、信息传播三大板块(图12-7)。

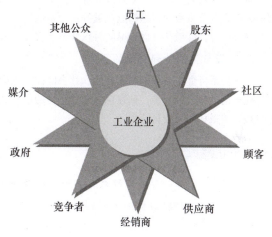

图 12-7　公共关系的构成要素

1. 公共关系的主体——社会组织

社会组织是一个群体，它是人们按照一定的目标、任务和形式建立起来的协调力量和行动的合作系统。从市场营销角度说，公共关系的运作主体指的是主动开展公共关系活动，向社会公众施加影响的各类企业。

2. 公共关系的客体——公众

公众指任何因面临某个共同问题而形成并与社会组织的运行发生一定关系的组织、群体或个人。它们是公共关系活动的直接对象，公共关系的一切活动都是围绕了解公众、沟通公众、满足公众展开的。不同组织有不同的公众，甚至同一个组织的不同公共关系活动，其公众也大不相同。

以工业企业为例，其公众有员工、社区、股东、顾客、政府、媒介、竞争者、供应商、经销商等(图 12-8)。

图 12-8　工业企业公众

3. 公共关系的手段——信息传播

信息传播是公共关系主体与客体的中介，是联系企业与公众的纽带与桥梁。公共关系的传播以引起公众赞同进而产生合作行为己任，高度重视与公众之间的信息交流与反馈。公关信息传播的过程是社会组织与公众之间的双向沟通过程，信息反馈的介入使公共关系的信息传播具有了明显的互动性。

 营销案例 12-12

华为 Mate 60 何以爆火出圈

2023 年 8 月 29 日，经过数年蛰伏、备受外界关注的 Mate 60 Pro 直接出现在了华为商城的线上货架中，未开新机发布会便开售，在几乎零宣传的情况下，依然引发广泛关注和抢购热潮。9 月 25 日，华为新品发布会上主办方虽然没有过多提及 Mate 60 系列，但它依然成为主角，现场观众多次齐呼"遥遥领先"，场外刷屏朋友圈。

华为 Mate 60 Pro 在预售当天，上架即售空。在上市一个月之内，该手机还先后经历了销售热、讨论热、拆机热，"是否为 5G 芯片""华为回归 5G""华为苹果 PK""华为回归、谁受影响最大"等热门话题的讨论。华为 Mate 60 Pro 成为近年来全球手机市场热度最高、关注度最多的现象级爆品。

这款华为手机的芯片型号和制式是什么，支不支持 5G？这是市场和消费者最关心的点。但是，华为在这个点上留下一个悬念。华为在所有的宣传页面中，并没有出现麒麟和 5G 字样。这也给了市场各种猜测、测试、遐想的空间。消费者压抑的情绪需要释放，自豪的情感需要表达。从网上的留言和刷屏，到线下的咨询和抢购，大家纷纷用实际行动来表达支持。

资料来源：吴清. 华为 Mate 60 何以爆火出圈[N]. 中国经营报，2023-10-14. 经改写

四、公共关系的活动方式

企业要实现公关目标，就必须善于运用各种公共关系活动方式。常用的营销公关活动方式有以下几种。

1. 策划新闻事件

策划新闻事件是企业营销公关最重要的活动方式。它主要是通过制造有"热点新闻"效应的事件，吸引新闻媒介和社会公众的注意与兴趣，以达到提高社会知名度、塑造企业良好形象的目的。如邀请某些新闻界人士参加企业的活动，以某些新奇的方式开展企业的活动，在社会公众普遍关心的问题上采取某些姿态或行为等。这一做法不仅可以节约广告费用，而且由于新闻媒介的权威性和广泛性，比广告更为有效。

2. 借助公关广告

企业可通过公关广告介绍宣传企业，树立企业形象。常用的公关广告有三种类型：一是致意性广告，即向公众表示节日祝贺，感谢或道歉等；二是倡导性广告，企业率先发起某种社会活动或提倡某种新观念；三是解释广告，即就某方面情况向公众介绍、宣传或解释。

3. 加强与企业外部公众的联系

公共关系可促进企业同政府机构、社会团体、供应商、中间商等建立公开的信息联络，争取他们的理解。还可通过他们的宣传，加强企业及其产品的信誉和形象，如赠送企业产品或服务项目的介绍说明、企业日报、季报和年报资料等。

 营销案例 12-13

瑞丽联名信用卡：传媒借用外部资源进行品牌推广

时尚生活杂志《瑞丽》和招商银行推出的瑞丽联名信用卡是一个典型的传媒借用外部资源进行品牌推广的案例。

对于《瑞丽》来说：

(1)将《瑞丽》"设计美丽、设计生活"的理念延伸至金融领域、日常消费领域，提升品牌知名度。

(2)在中国的时尚媒体中，《瑞丽》代表了一种独特的模式：实用的时尚。实用、时尚，这是《瑞丽》的核心价值，是《瑞丽》区别于其他时尚媒体的 DNA。在《瑞丽》创刊十周年之际，《瑞丽》联手招商银行推出面向广大女性的联名信用卡，是《瑞丽》把时尚生活和时尚文化进一步落实到实用层面的重要举措，是一种基于品牌发展理念的商业化创新。

(3)《瑞丽》将整合更多的服务奉献给广大持卡用户。《瑞丽》将通过不断增加媒体产品和服务的附加值，强化自身作为中国领先品牌媒体的形象，增加读者忠诚度。

对于招商银行来说：

(1)引入新锐时尚的品牌元素，提升品牌层次。

(2)利用合作方《瑞丽》的发行销售渠道，扩大用户圈。

(3)建立良好的媒介关系，增强媒介公关能力。

4. 参与公益活动

企业可通过参与各种公益活动和社会福利活动，协调企业与社会公众的关系，树立良好形象。这方面活动包括安全生产和环境保护、赞助文体等社会公益事业、为社会慈善机构募捐等。

 营销案例 12-14

"雪花啤酒·勇闯天涯"的品牌推广活动

"雪花啤酒·勇闯天涯"活动是由华润雪花啤酒(中国)有限公司原创的品牌推广活动。活动包括 2005

年探索雅鲁藏布大峡谷、2006年探秘长江源、2007年远征国境线、2008年极地探索、2009年挑战乔戈里、2010年共攀长征之巅、2011年穿越可可西里、2012年冲破雪线挑战贡嘎雪线、2013年翻越喜马拉雅。活动以其自然地理的独特挑战方式和对自然、环境的探访、环保等举动，引起业界的广泛关注和社会各界的高度评价，至今已成为中国最具原创精神和持续时间最长的品牌推广活动。

"雪花啤酒·勇闯天涯"所代表的以探索及户外活动为核心的"体验营销"模式，已经形成了雪花啤酒清晰、坚实的营销体系，使其品牌内涵不断丰富，品牌个性日益凸显。在确保安全性、专业性的同时，雪花啤酒将对地理地貌、环境保护、户外技巧等知识进行普及，在智慧与勇气的双重历练下，继续传承雪花啤酒"积极、进取、挑战、创新"的品牌理念。

资料来源：http：//pinpai.9928.tv/.huarunxuehuapijiu/zixun/，有改写

5. 举办专题活动

专题活动是企业与公众直接面对面接触的沟通形式。企业通过举办各种专题活动，可扩大企业的影响。在公关专题活动中，其形式可多种多样，有传播性质的、公益性质的、交流性的、娱乐性的等。常用活动形式有举办开幕式、庆祝活动、研讨会，以及开展竞赛活动等。

本章小结

促销是指通过采取各种手段刺激消费者购买产品或服务的活动。促销组合则是指将多种促销手段结合使用，以达到更好的市场效果。在移动互联时代，利用移动设备和互联网技术，可以实现更具创新性和个性化的促销活动。

在互联网时代，人员推销可以结合移动设备和在线渠道，提供更全面和定制化的销售体验。例如，销售人员可以利用移动设备、在线平台和数据分析等工具和资源，提供更智能、个性化和高效的销售体验。这种新技术的使用不仅提升了销售人员的工作效率和销售业绩，也为顾客提供了更好的购物体验和满意度。

当前，广告的形式和传播渠道发生了巨大变化。移动设备的普及使移动广告成为重要的营销手段。移动应用、社交媒体和移动网站成为广告投放的重要渠道。企业利用大数据技术对用户的地理位置、搜索历史、兴趣等个人信息进行分析，广告可以更准确地定位目标受众，并提供交互性和个性化的广告体验。人工智能技术还可以帮助企业快速生成多种广告创意，组合不同的文案和视觉效果，使广告更具创新性和吸引力。情景化广告可以让广告在合适的时间传播到用户面前，提升广告的响应率。

移动互联时代的营业推广可以结合移动技术，提供更便捷和个性化的购物体验。企业可以利用在线商店、个性化推荐、社交媒体和位置服务等工具和平台，实现更多样化、个性化和精准化的推广策略。这些变化不仅提升了企业的市场竞争力，也为顾客提供了更便捷、有趣和个性化的购物体验。例如，利用移动支付、移动优惠券和在线预订等功能，为顾客提供更多选择和便利。

公共关系是企业为树立良好形象而与公众之间的沟通和互动，移动互联网的兴起为企业提供了更广泛、即时的平台来进行公共关系活动。企业可以借助移动应用和社交媒体等渠道与公众进行更直接和即时的沟通。通过发布新闻稿、参与社交媒体话题和回应顾客反馈，利用社交媒体、即时互动和数据分析等工具和技术监测社交媒体的评论，进行舆情分析，以提高公众形象、处理危机和问题，并建立积极的互动关系。

移动互联时代为市场营销带来了许多新机遇和挑战。通过充分利用移动设备和互联网技术，企业可以实施创新的促销活动、个性化的人员推销、精准定位的广告、便捷高效的营业推广及积极的公共关系管理，从而提升市场竞争力和顾客满意度。

 **案例评析**

太平洋咖啡的绿色竞争力

太平洋咖啡是一个连锁美式咖啡店品牌，由一对美国夫妇于1992年在香港创立。2010年，华润创业集团以约3.27亿港元收购了太平洋咖啡80%的权益，并将此品牌纳入了华润万家旗下，目前，在中国和新加坡、马来西亚等地开了414家店。

"一杯一念一世界"是太平洋咖啡的品牌口号。一杯，就是为客人冲调每一杯香浓的咖啡饮料；一念，即透过每天在黑板上的名言警句让顾客有所启发；一世界，是希望顾客能在太平洋咖啡店内有一个属于自己的小世界。作为一个中西方文化融合充满书卷气的咖啡连锁品牌，太平洋咖啡一直提倡慢生活。

太平洋咖啡将自身定位锁定在"文化及商务一族的首选"，并不断努力以加深顾客对品牌的认知度、信任度。

这个快速成长的连锁咖啡品牌，其独特发展之道之一是基于企业社会责任的绿色竞争力。

- **承担环保理念的传播责任**

太平洋咖啡致力于实践社会责任，长期关怀教育、低碳环保以及引领积极健康生活式等领域。

太平洋咖啡的门店，从曾获环保奖的香港店到北京的前门总店、各地分店，都尽可能使用环保建材、节能灯具与回收再造产品。在北京国贸三期店，展示架是用旧枕木做的，装饰灯改装自旧的手提道灯和道路指示灯，很多分店能买到回收咖啡渣做的保温杯、小玩具、植物纤维(牛奶纤维、菠萝纤维等)合成的购物袋。太平洋咖啡还以优惠1~3元的方式鼓励大家自带杯具喝咖啡，以减少一次性用品的使用。

所有分店内的绿植均用咖啡渣施肥，并欢迎客人"把咖啡渣带回家"——它可以清洁地板、消除卫生间和厨房异味。太平洋咖啡通过分享小常识，传播循环利用旧物的理念。

太平洋咖啡挑战咖啡原产地农民"勤劳而不富裕"的现状。第三世界国家咖啡种植园的农民们长期"勤劳而不富裕"，于是太平洋咖啡去产地直购咖啡豆，并且设立最低交易价，这样去除中间商的公平贸易，能帮助农民提高收入，进而有利于保护原产地的生态平衡，推动优质耕作模式和高水平农业发展的良性循环。2009年，太平洋咖啡首次从产地直购有机咖啡豆，并将回收的咖啡渣送往产地加工成有机肥。

- **帮助员工成长，帮助弱者**

太平洋咖啡还成立了咖啡学院。对内培养优秀咖啡师，帮助员工成长，对外开放"咖啡工坊"分享咖啡文化，让咖啡无形中成为人们感受品质生活、扩大交际圈的纽带。

帮助弱者，关心儿童教育。从2012年开始，通过慈善机构，太平洋咖啡定期将当天闭店后剩余的食品送给流浪者；2014年，为甘肃省的一个小学盖了一座"太平洋咖啡苗圃希望综合楼"，帮助当地的孩子上学。

- **跨界共赢的"咖啡银行""医院咖啡"**

同在华润旗下，太平洋咖啡借近水楼台之势，2012年把咖啡馆开进了华润银行的营业厅，开"咖啡银行"之国内先河。顾客持华润银行的信用卡买咖啡还能打折，排号等待似乎也变得有趣。继最初在香港伊丽莎白医院开咖啡店之后，2014年，太平洋咖啡在上海仁济医院开了内地第一个"医院咖啡店"。

对于银行和医院而言，咖啡店的出现让它们冷冰冰硬邦邦的固有形象一下子变得亲切许多，让人有了服务升级的感觉，这种新鲜感带来了更多的人流量。对于太平洋咖啡而言，出现在这样意想不到的空间，品牌给人的印象会加倍深刻，广告效应不言而喻。对于顾客而言，当然是更加便利。可谓一举三得。

资料来源：和斌斌. 太平洋咖啡的"绿色竞争力"[J]. 中外管理，2015(1)：106-107. 经改写

评析：太平洋咖啡看到了咖啡产品所处产业链的自身位置，也看到了咖啡文化存续发扬所在环境的变化与需求，将企业的进化与社会责任的履行融入了整个商业环境中。

 思考题

1. 什么是促销？促销组合包含哪些内容？
2. 人员推销有哪些优点？人员推销的关键是什么？
3. 广告媒体主要有哪些？广告活动的步骤有哪些？
4. 营业推广有哪些主要工具？如何确定营业推广的时机？
5. 公共关系有哪些特点？公共关系构成要素有哪些？
6. 针对下列产品，请举出您认为最适合的三种促销工具，并说明理由。
①手机；②饮料；③健身活动；④商用电脑；⑤培训班；⑥五星级酒店。

本章实训

一、实训目的

通过对实践案例的整理和分析，学生对促销策略有感性的认知，理解促销方式灵活性及其对企业的意义，能够根据具体情况选择合适的促销方式。

二、实训内容

1. 实训资料：搜集不同行业、不同类型中外企业的促销案例。
2. 具体任务：根据本章对促销策略的介绍，分小组讨论分析案例。
3. 任务要求：
(1) 分析案例中的促销方式属于哪几类；
(2) 分析该促销方案的实施效果及可改进之处。

三、实训组织

1. 根据全班上课人数，将全班同学分成若干小组，采取组长负责制，全体组员协作完成课堂任务。为了避免不同小组所搜集案例重复，各小组组长将所选案例进行提前汇总，并进行协商，确保所选案例不重复。
2. 确定所选案例后，各小组进行下一步分工，对案例进行分析、汇总。
3. 经过小组讨论后，完成实训报告及汇报 PPT。
4. 根据课时具体安排，不同小组分别选派成员对报告进行讲解，并回答其他组成员的问题。
5. 任课教师对实训课程的结果进行总结，提出相应的意见及建议。

四、实训步骤

1. 任课教师布置实训任务，介绍实训要点和搜集材料的基本方法。
2. 各小组明确任务后，按照教师指导根据具体情况进行分工。
3. 各小组定期召开小组会议，对取得成果进行总结，遇到问题及时与指导教师沟通。
4. 完成实训报告及展示所需要的 PPT 等材料，实训报告中应包括案例来源、案例分析，以及遇到的难题与解决方案、启示等内容。
5. 各小组对案例进行课上汇报，教师对各组的汇报进行点评及总结。

第十三章 营销行动管理

📖 章节图解

```
第一节          一、营销计划的概念
营销计划        二、营销计划的基本流程
                三、营销计划的主要内容

第二节          一、营销组织设计的原则
营销组织        二、营销组织设计的步骤
                三、营销组织结构类型
                四、影响营销组织选择的因素
                五、营销组织系统的再设计

第三节          一、营销控制的基本过程
营销控制        二、营销控制的基本内容与方法
                三、营销审计
```

🎯 **学习目标**

知识目标：
- 了解不同营销观念下营销组织的设计模式
- 掌握营销计划的流程
- 掌握营销控制的内容和方法

- 学会制订营销计划

素养目标：
- 了解营销行动管理者中有效执行的重要性
- 提高学生对不同营销观念下营销组织的设计模式的认知
- 强化营销行动管理工作的整体性、预见性和协同性

关键概念

营销计划，营销组织，营销控制，营销审计

导入案例

谁是第一？

在商业世界中，不同类型的公司通过各自独特的价值创造方式取得了卓越的成功。2002 年，沃尔玛在销售额、微软在市值、可口可乐在品牌价值方面均位居世界第一（表 13-1），这背后反映了这三类公司的成功逻辑：沃尔玛的销售额反映的是市场总量，通常是那些靠量取胜的公司；微软的市值反映的是人们对一家公司未来的收益的预期；可口可乐的品牌价值反映的品牌在是消费者心中的形象，消费者记得的是他们每天接触最多的品牌。

表 13-1　不同类型公司的成功评价标准

公司名称	成功评价标准	价值创造	2002 年排名
沃尔玛 Walmart	销售额	为顾客提供物美价廉的商品，满足其基本消费需求	世界第一
微软 Microsoft	市值	通过技术创新和生态系统构建，为顾客提供高效、便捷的软件解决方案，提升工作效率和生活品质	世界第一
可口可乐 Coca-Cola	品牌价值	通过提供独特的口感和情感体验，满足消费者的精神需求，增强品牌认同感和归属感	世界第一

1. 沃尔玛：零售业的成本领先者

沃尔玛的成功逻辑是：

- **成本领先**：通过大规模采购、高效的供应链管理和物流系统，实现成本的大幅降低，以低价策略吸引消费者。

- **顾客导向**：提供种类齐全的优质商品和卓越的顾客服务，满足消费者的多样化需求。

- **市场扩张**：从美国本土扩展到全球市场，利用规模经济降低成本，提高盈利能力。

2. 微软：科技行业的创新引领者

微软的成功逻辑是：

- 技术创新：在软件开发领域持续创新，推出 Windows 操作系统等革命性产品，占据市场主导地位。
- 生态系统构建：通过构建开放的软件生态系统，吸引开发者、合作伙伴和用户，形成强大的网络效应。
- 市场布局：全球化战略，将产品和服务推广到全球各地，满足不同市场的需求。

3. 可口可乐：饮料行业的品牌典范

可口可乐的成功逻辑是：

- 品牌忠诚度：通过长期的市场推广和品牌建设，形成极高的品牌忠诚度和市场认可度。
- 分销网络：遍布全球的分销网络确保产品能够迅速到达各个市场，满足消费者的即时需求。
- 产品创新：在保持经典口味的同时，不断推出新产品和口味，满足消费者多样化的偏好。

沃尔玛、微软和可口可乐的成功案例表明，不同类型公司可以通过各自独特的价值创造方式实现卓越的商业成就。无论是成本领先、技术创新还是品牌忠诚，最终都需要围绕为顾客创造价值这一核心点展开。

引导问题：

不同类型的公司分类标准是什么？营销组织架构一样吗？

第一节　营销计划

一、营销计划的概念

营销计划（Marketing Plan）是企业从顾客导向的角度来分析现状，指出企业面临的需求、问题及机会，然后确定企业期望达成的目标及探讨达成目标的策略。

营销计划探讨的内容为：您的企业是一个什么样的企业（Who are you）；您服务的对象是谁（Who do you serve）；您提供什么（What do you offer them）；您目前所处的状况及地位如何（Where are you today）；您日后想成为什么样子（What do you want to be tomorrow）；您如何从目前的状况达到您期望的状况（How do you achieve it）。并将如何达成目标的状况变成一些执行计划（Action Plan），明确指出在何时（When）、何地（Where）、用什么资源（Which）、期望完成什么（What）、如何完成（How）、谁负责（Who）。

二、营销计划的基本流程

营销计划制订的基本流程见图 13-1。

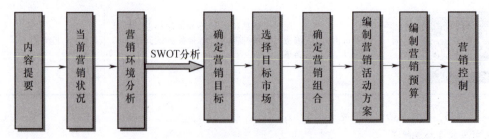

图 13-1　营销计划制订的基本流程

1. 内容提要

内容提要是对企业主要营销目标和措施的简明概括的说明，以便企业领导者很快掌握整个计划的核心内容。

2. 当前营销状况

这主要是对企业产品当前营销状况的简要而明确的分析。

(1)市场情况。市场的范围有多大、包括哪些细分市场、市场及各细分市场近三年营业额、顾客需求状况及影响顾客行为的各种环境因素等。

(2)产品情况。产品组合中每个品种的价格、销售额、利润率等。

(3)竞争情况。主要竞争者是谁,各个竞争者在产品质量、定价、分销等方面采取了哪些策略,他们的市场份额有多大以及变化趋势等。

(4)分销渠道情况。各主要分销渠道的近期销售额及发展趋势等。

3. 营销环境分析

营销环境分析的内容主要有两个方面:外部环境因素分析和内部环境因素分析。外部环境因素包括宏观环境因素(PEST因素,即政治与法律、经济、社会文化、技术)(图13-2)与微观环境因素(顾客、竞争者、分销商和供应商);内部环境因素的分析包括企业基本素质、企业财务状况、设备能力、技术能力、销售活动能力、新产品开发能力、市场决策能力、组织机构、经营者及员工队伍、经营管理基础、产品的市场地位、企业形象、企业文化等。通过对企业内外部环境的分析,可以发现企业所面临的机会与威胁,找出企业的优势与劣势。

具体的分析方法有:①外部环境要素评价矩阵;②"雷达"图分析法;③产品评价法;④内部要素评价矩阵;⑤SWOT分析法。其中,SWOT分析法运用较多。

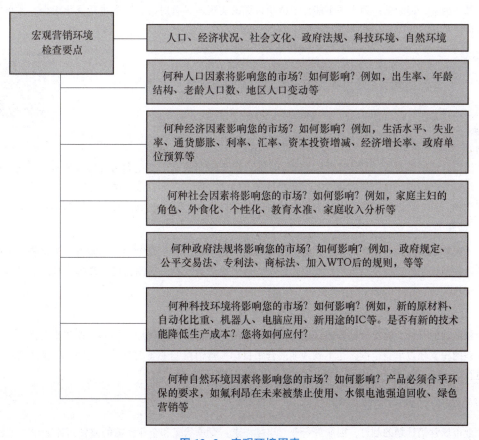

图13-2　宏观环境因素

4. 确定营销目标

营销目标的确定是为了指导营销行动，其主要内容包括销售量、销售额、销售成本、经营利润、市场占有率、品牌知名度等。

5. 选择目标市场

在选择目标市场时，企业需要在详细评价各细分市场的发展前景、潜在利益、可接近性、差异性、行动可能性的基础上，根据市场竞争状况、企业的目标和资源及企业高层决策偏好来确定企业的服务对象（表13-2）。

表13-2 公司层次目标、事业层次目标及营销功能层次目标

公司层次目标	事业层次目标	营销功能层次目标
维持不低于10%的股利发放 建立提升客户满意度的服务体制 多角化经营使营销资源利用率极大化	维持市场领导地位 市场占有率30% 产品获利率10% 产品收入金额及成长率15%	导入加盟店经营的方式 营销渠道上建立各种营销渠道 售后服务维持90分以上的知名度

6. 确定营销组合

市场营销组合是根据企业所处的市场竞争环境来确定的，以满足消费者需要为行动准则。由于产品、价格、渠道和促销这四大因素相互依存、相互影响、相互制约，因此在进行市场营销决策时，不能孤立地仅考虑某一因素，因为单一因素并不能保证营销目标的实现。只有对四大因素进行优化组合，才可能达到预期目标。

【营销案例13-1】美特斯·邦威的不同寻常路

7. 编制营销活动方案

营销组合策略需要通过具体的营销活动来实施。由于营销组合的变量和组合模式较多，因此，相应的营销活动方案也较多，如广告活动方案、新产品开发行动、促销方案、市场调研方案等。无论营销活动方案有多少种，其方案设计要素都主要为活动的目的、项目内容、时间进度、预算、人员安排、负责人等。

8. 编制营销预算

营销预算是编制企业预算的基础。营销预算编制的基本思路为：以企业的总体目标为前提，根据市场预测和以往预算基础数据及新增预算规模，经过综合平衡进行编制。编制营销预算包括预算总额和预算分配两项工作。

9. 营销控制

营销活动的开展，除了做好营销计划工作外，必须对营销活动过程加以控制，以防止营销活动与营销目标偏差的积累超过承受范围，达不到预期的营销目标。营销控制一般围绕营销战略、营销运行状态这两方面进行。

三、营销计划的主要内容

企业市场营销计划的制订，因所处行业、市场需求、竞争状况和企业实力的差异而各不相同。表13-3中的计划内容是较全面的，实际应用中可适当增减。

表 13-3　营销计划大纲

计划步骤	计划内容
第一部分：市场环境分析	政府法规、经济、人口、社会文化、技术环境、自然资源 市场状况 竞争状况 产品状况 分销状况 创新效果 制造能力 供应链整合能力
第二部分：SWOT 分析	SWOT 分析总结
第三部分：目标确定	财务目标 营销目标
第四部分：营销战略确定	目标市场 定位 调研与研发 产品与服务 价格 分销渠道 广告与公关 促销 推销人员管理
第五部分：营销活动方案制订	各种方案与策划 方案的具体落实
第六部分：营销预算	营销预算总量的确定与分配 损益表
第七部分：营销控制	营销战略控制 营销运作控制
第八部分：营销计划概述	目标 实现目标的战略 行动方案

1. 营销计划概述

这是营销计划的高度概括。企业高层决策者往往通过目标的可实现性、战略的可行性及方案的可操作性来把握计划的要点。

 【营销案例 13-2】"一汽大众"的数据库营销

2. 市场环境分析

市场环境分析是制订计划的基础。通过对营销环境进行扫描，提出利用机会、避开威胁、发挥优势、减少劣势的相应思路与措施。

3. 目标确定

营销计划应提出指导制订营销战略和行动方案的目标体系。无论是财务目标还是营销目标，都要强调目标的适度激励、明确与可量化、时间约束与可实现性。

4. 营销战略确定

营销战略是指企业要达到目标所应采取的营销方法、途径、营销组合等，包括成长、竞争、产品、战略等诸多内容。在制定营销战略的过程中，营销人员需要分析企业的资源配置能力。任何一种营销战略的实施，都需要得到供应链成员、人力资源、财务、生产、采购、后勤等部门的大力支持。

5. 营销活动方案制订

营销活动方案是营销战略的具体化结果。方案中将以表格的形式分列行动内容、时间安排、负责人、承办人、预计成本与效果等内容。

6. 营销预算

营销预算是营销活动开展的硬约束。预算的提出依据要充分、合理，切合企业实际情况，并要区别不同情况，做到刚性预算与柔性预算的统一。

7. 营销控制

企业依据目标、行动方案、预算定额等定期检查营销计划的执行情况。控制的基础是计划目标的草拟，而计划目标的准确性需要预测来保证。强化对营销活动开展的判断力训练和基于权变导向的应变计划准备都是控制环节中必不可少的。此外，各种简单易行、切合企业实际情况的营销控制机制、模式、手段、方法是防止营销计划偏离正常目标的重要保证。

 营销视点 13-1

表 13-4 是一份广告计划表示例。

表 13-4　广告计划表示例

实施项目	负责人	预估费用	进度											
			1月	2月	3月	4月	5月	6月	7月	8月	9月	10月	11月	12月
①产品分析														
②消费者购买分析														
③市场规模及需求动向														
④广告战略														
⑤草拟文案表现计划														
⑥制作试作品														
⑦媒体计划														
⑧广告预算														

第二节　营销组织

市场营销计划的落实，必须通过营销组织来进行。没有高效运行的营销组织作保证，再好的计划都可能达不到预期的目的，甚至会成为一堆废纸。因此，企业要在市场营销部门与其他职能部门之间建立一种组织关系。在营销部门内部，企业也必须有一个高效执行计划的组织形式。

一、营销组织设计的原则

（1）组织与环境相适应的原则。比起企业的其他组织机构，市场营销组织与企业外部环境尤其是市场环境存在着更加紧密的相互影响关系。设计和建立市场营销组织首先要考虑与环境的适应性问题。

（2）目标原则。市场营销组织的设计和建立，一定要服从于企业目标的实现，即营销组织机构的设置与规模，要与所承担的任务与规定达到的目标一致。

（3）责、权、利相统一原则。每个部门的设置，在明确其任务与目标的基础上，一定要弄清楚其职能与职责范围，明确规定其应拥有的权力，并把职责、权力与经济利益联系起来。三者有机结合，才能促使营销组织积极主动有效地完成各项任务。

（4）统一领导原则。无论企业的营销组织机构由多少个部门和环节组成，它必须是一个统一的有机整体，需要贯彻局部服从整体、实行统一领导的原则。

（5）精简原则。组织机构要根据营销业务发展与管理要求，设备齐全，但要力求精简，使管理部门划分得当，管理层次合理。因为部门过多，难以控制；管理层次过多，信息交流不畅。

（6）灵活性原则。营销组织应具有一定灵活变通性。一般来说，当企业面临的市场环境不利，营销规模与范围有所减少时，营销组织要有收缩能力，以使企业能生存下去；相反，随着市场的活跃与繁荣，营销规模和范围有所扩大时，营销组织要有扩张能力，便于企业迅速捕捉有利机会，求得更大发展。

（7）效率原则。营销组织的设置，要求运转灵活、高效率。市场形势瞬息万变，营销活动要反应快捷迅速，制定决策和策略安排要果断，上下传递和拍板要敏捷，协调一致。否则，将会丧失有利的盈利机会。

（8）注重人才发现与培养。人才、机构、程序是构成组织的三大要素。营销组织的不同部门和不同管理层次，需要不同素质的人才。因此，人才的发现与合理使用，对营销经理来说是至关重要的。

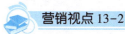 **营销视点 13-2**

扁平化组织

扁平化组织是科层组织的第一种重要演化，呈"扁平化"，缩减了层级，增加了组织管理和沟通的敏捷性。扁平化组织大幅提高了信息的沟通效率、避免信息传递失真。扁平化组织与科层组织最大的差异在于层级减少，从而提高了沟通的效率和质量，提高了敏捷管理的能力。上述组织特征使扁平化组织能够更加迅速地识别、感知和化解各类风险，改变了传统科层组织对风险承担后知后觉的不足。

扁平化组织可视为便捷风险承担中相对最强的类型。管理层级大幅压缩，最精练的组织机构甚至只有一个层级，组织中的下属只接受一个管理者(也是最高管理者)的领导，均可向最高管理者直接汇报，提高了沟通的效率，保证了协调的质量。

资料来源：蔡宁伟，贾帅帅．社会形态、组织类型与风险承担[J]．清华管理评论，2023（8）：58-65.经改写

二、营销组织设计的步骤

营销组织设计的基本步骤见表13-5。

表13-5　营销组织设计的基本步骤

基本步骤	主　要　内　容
设计导向	企业目标与战略、规模 行业特点 竞争状态 市场环境
职能设计	经营、管理职能 销售、市场、服务等管理业务总体设计

续表

基本步骤	主 要 内 容
结构设计	职能结构 层次结构 部门结构 职权结构
横向协调设计	信息方式与制度 协调方式与制度 控制方式与制度 综合方式与制度
规范设计	管理工作程序 管理工作标准 管理工作方法
人员设计	员工总量确定与岗位分配
完善与再设计	根据环境变化、企业状况和现有营销组织的运行，对上述各设计要点进行调整和创新设计

三、营销组织结构类型

1. 不同市场营销观念的企业营销组织

表 13-6 表明了不同营销观念导向下的企业营销组织架构设计。

表 13-6　不同营销观念导向下的企业营销组织架构设计

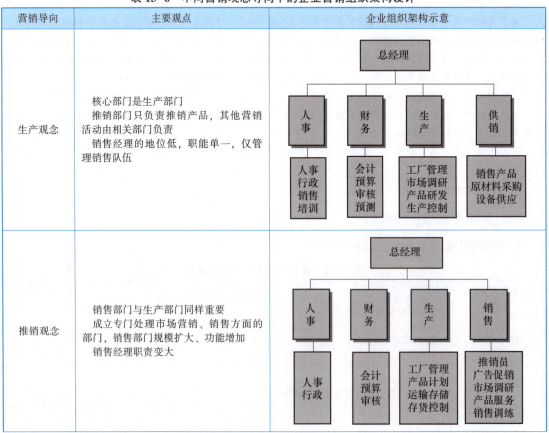

营销导向	主要观点	企业组织架构示意
生产观念	核心部门是生产部门 推销部门只负责推销产品，其他营销活动由相关部门负责 销售经理的地位低，职能单一，仅管理销售队伍	总经理 → 人事、财务、生产、供销；人事（人事 行政 销售 培训）、财务（会计 预算 审核 预测）、生产（工厂管理 市场调研 产品研发 生产控制）、供销（销售产品 原材料采购 设备供应）
推销观念	销售部门与生产部门同样重要 成立专门处理市场营销、销售方面的部门，销售部门规模扩大、功能增加 销售经理职责变大	总经理 → 人事、财务、生产、销售；人事（人事 行政）、财务（会计 预算 审核）、生产（工厂管理 产品计划 运输存储 存货控制）、销售（推销员 广告促销 市场调研 产品服务 销售训练）

续表

营销导向	主要观点	企业组织架构示意
市场营销观念	设立市场营销部门，成为企业组织结构中的核心 营销经理地位与生产经理同等重要 以营销为导向构建组织系统	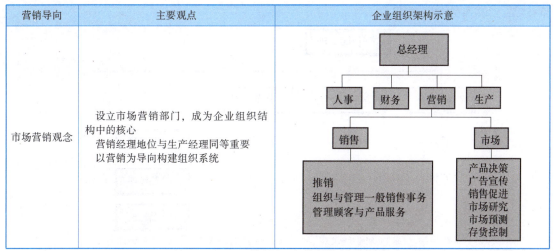

资料来源：仇向洋. 营销管理[M]. 北京：石油工业出版社，2003.

2. 营销组织结构的类型

(1)按功能设置的营销组织。这是一种常见的营销组织结构，它是按照各种功能进行组织安排。例如，从事广告活动的人员隶属广告部，由广告部经理领导，而每个部门经理向分管营销的副总经理负责，见图13-3。这一组织形式较适用于产品种类不多、市场相对集中的小企业。

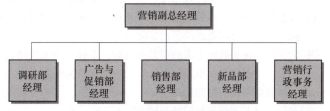

图13-3　按功能设置的营销组织

(2)按任务导向设置的营销组织。这是按不同性质的营销目标和任务进行组织安排的一种方法。它根据不同类别的产品、地区或者不同的顾客群体来设置营销组织，见图13-4。

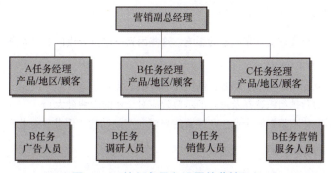

图13-4　按任务导向设置的营销组织

按任务导向设置的营销组织通常细分为产品导向、地区导向和顾客导向这三种具体的营销组织。一般而言，产品导向营销组织适合那些具有多条产品线的企业；地区导向营销组织适合那些目标顾客相对集中的企业；顾客导向营销组织适合那些目标顾客价值大，数量不多且分散在各地的企业。

(3)按项目与功能双重因素设置的营销组织——矩阵组织。矩阵组织将组织内各有关部门有机地联系在一起，从而加强了组织内各职能部门之间、职能部门与产品项目之间的协作。产品经理矩阵组织（图13-5）是一个很典型的矩阵组织。

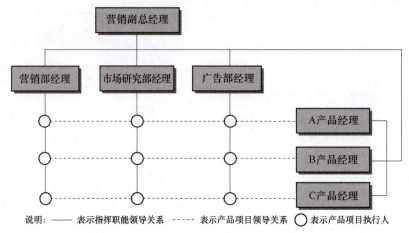

说明：—— 表示指挥职能领导关系　----- 表示产品项目领导关系　○ 表示产品项目执行人

图 13-5　产品经理矩阵组织

在营销副总经理下设各职能部门经理，各职能部门下都有管理或执行人员。营销副总经理既领导产品项目经理，又领导各职能部门。每个产品经理都要对其负责。而每一个职能部门，如广告部、市场研究部等都要为各产品部配备相关的工作人员，以协助该产品经理工作。因而职能部门配备的产品项目工作人员要受双重领导，即在执行产品项目方面受产品经理领导，而在执行其他日常工作方面，受职能部门的经理领导。由于各职能部门的垂直系统和各产品项目的水平系统组成一个矩阵，因此，这种组织结构就叫作矩阵结构。这种组织结构往往被一些大型公司或跨国公司所使用。

当企业的规模进一步扩大，并存在关联度不大的产品系列时，上述三种组织结构均不适应，事业部制的组织结构应运而生。一般而言，营销部门在事业部制的设置有以下三种形式。

①公司层不设营销部门，事业部中设营销部门。

②公司层设适当的营销部门，事业部中设相应的营销部门。

③公司层设强大的营销部门，事业部中设较小的营销部门。

上述三种形式的选择导向为：营销部门在不同层级的设置所产生的营销利益最大化。

事业部制组织结构往往被巨型跨国公司和多角化经营的企业集团所选用。

四、影响营销组织选择的因素

营销组织的选择与运行往往受众多因素的影响，这些因素一般可分成以下两大类。

1. 外部因素

①环境。主要有产业、政府政策、顾客、供应商和金融机构等。

②竞争者。竞争者的营销组织选择及运行的示范效应对企业的影响最大。

③供需关系。供需变化直接影响企业生产经营的规模和产品结构，因此，企业需要按供需变化对组织进行调整。

2. 内部因素

①组织目标。实现组织目标是设计营销组织时首先要考虑的问题。如当企业旨在完成某项任务而非注重日常管理时，任务导向的组织结构较为有效。

②战略。企业营销组织系统应适应企业战略的需要，战略决定组织，组织又会随战略的变化进行调整。如具有多条产品线的企业，选择产品导向组织形式。而企业战略调整引起的产品结构调整，会把多样产品调整为成熟的标准化产品。而且，如果企业发展战略为开拓更多的区域市场，此时，就需要将产品导向组

织形式调整为地区导向组织形式。

③规模。规模越大，分工越细，专业化要求越高，协调关系越复杂。那么功能导向和矩阵组织形式是企业优先考虑的对象。

④企业发展阶段。一般而言，在企业创办初期，规模较小，经营的产品种类单一，专业人员有限，工作任务较轻，一个人同时扮演几种不同角色。因此，在企业创办初期，组织结构较为简单，通常是由营销经理一个人承担调研、销售、广告等工作。随着企业规模的扩大，人员和责任的不断增加，专业化程度越来越高，营销经理无法同时执行多种功能。因此，企业必然就转向功能性组织结构。当一个企业所生产的产品品种数量很多，或者各种产品差异很大，按功能设置的营销组织无法正常运行时，可以采用产品经理组织结构。

⑤技术。信息技术的采用可使企业管理控制更加分权，扩大管理幅度，实现结构扁平化。具有不同技术特点的企业，其营销组织也不同。如技术水平较低的企业，产品性能简单，简单产品多样化，因此适宜采用产品导向组织形式。

⑥组织成员的能力。在设计组织结构时，企业必须考虑本企业可利用的人力资源。如果企业决定采用产品经理组织形式，那么就必须有足够数量的合适的产品经理，如果企业一时找不到合适人选，则只好改用传统的功能性组织。

⑦组织文化。组织结构必须适应本企业的组织文化。如果一个企业习惯于一种分工明确、领导绝对权威的组织文化，那么突然改用矩阵组织结构就不合适。

 营销视点 13-3

平台组织特征

平台组织通过数字技术中介进行互动创造价值。平台组织特征是以数字技术为中介，能够在用户组之间交互，并允许这些用户组执行定义的任务。在数字技术中介进行互动的这一过程中，平台组织相对于传统组织形式的价值创造过程发生了根本性的扭转，平台组织的价值创造依托不同"方"在互动中获得价值的程度，并取决于"网络效应"的存在。

平台组织通过灵活协调的分工结构适应复杂市场或社会需求。平台组织第二个特征在于其对分工形式的转变。在企业平台组织中，其分工形式与传统组织所惯用的自上而下的模式迥然不同，其中心化程度显著下降。平台组织的运作极大削弱了部门间合作的阻力，能够让专业不一的部门针对复杂社会问题和社会需求形成灵活合作的组织机制与文化。

平台组织运行大多以监督和声誉机制为主要的组织特征。平台组织的第三个特征是它独特的激励与监督功能。平台放弃了层次控制（并不是没有控制机制），用新的、更分布式的机制来控制任务的性能，即依赖于市场或社会力量的参与，而不是等级权威。

资料来源：宋锴业，徐雅倩. 平台与新组织思想兴起[J]. 科学学研究，2023(12)：1-14. 经改写

五、营销组织系统的再设计

由于企业发展、企业内部条件的变化和企业外部环境的变迁，企业营销组织的变革与再造已成为营销组织设计的一个重点。营销组织系统再造是一项涉及面广、影响深远、时间较长、阻力不小的系统工程。因此，企业应当做好以下几方面工作。

1. 做好营销组织诊断工作

营销组织诊断工作是营销组织再造的重要基础，其工作内容包括以下两个方面。

①组织调查。通过系统地收集现有资料、组织问卷调查、召开座谈会等方式了解有关营销组织的信息。

②组织分析。重点围绕营销职能、营销组织关系、营销业务活动流程和营销决策这四大方面分析研究，明确现行营销组织结构设计和运行中的成功经验和存在问题，为下一步再造方案的设计打下基础。

2. 积极稳妥的再造思想

采取系统综合调整方针。营销组织系统的再造对企业影响很大，一旦再造失误，直接影响企业产品销

售，甚至会导致企业经营业绩的严重下滑。因此，需要有计划有步骤地推进再造工作。加强宣传教育，引导全员参与，力争不出现大的波折。而且，营销组织系统的再造，往往会涉及责权利的分工，规章制度的调整，部门与人员的利益变化。所以，再造必须采取系统综合的调整方针，重点做好营销组织结构设计的配套调整。企业营销系统内部包括人员、任务、结构和技术的平衡配套调整，企业营销组织内部与外部供应链的配套调整这三个方面的工作。

3. 选择恰当的营销组织再造方式

企业营销组织系统的再造，需要在改良式、突变式、计划式及其组合的方式中进行选择。企业应当在组织诊断的基础上，根据市场环境、竞争态势、企业承受能力、员工素质等诸多因素的综合分析，确定适应本企业营销组织系统再造的方式。

 营销视点 13-4

逃脱夹缝中的尴尬，如何突围？

A企业多年来专一从事主导产品a的研发、生产和销售，产品一直处于市场领先地位。随着市场竞争形势的变化，A企业从几年前开始也逐渐进入了相关的产品领域b、c、d，但是A企业仍然采用过去管理a产品的管理模式，A企业的组织结构简图见图13-6，营销部门负责所有产品的销售，但是产品a、b、c、d的销售渠道有所不同，因为a产品是企业的主要产品，所以在有限的精力和资源情况下，营销渠道基本上是围绕着产品a而开发的。此外，制造部门和财务部门在制定计划时，都尽量先满足a产品的需求，然后考虑其他产品，从而造成其他三类产品的销售额增长非常缓慢。

图13-6　A企业现有的组织结构简图

从市场竞争来看，A企业的主要竞争对手可分为两大类：一类是单一竞争对手，这些企业只经营a、b、c、d四种产品中的一种；另一类是组合竞争对手，他们和A企业经营的产品基本相同。因为A企业从上到下的经营思想都是集中做好a产品，但是又要兼顾到b、c、d产品，所以与各个行业/市场上的个体竞争者相比，A企业的专业化程度、营销决策的针对性、竞争反应速度和创新程度等方面的竞争力在下降。

与各个组合性竞争对手相比较，A企业在组合效益的发挥和个体竞争力的发挥两个方面都具有劣势；A企业进入其他业务领域，试图通过发挥多点优势应对市场竞争。从现状来看，A企业具备多点的潜在优势，但是，与竞争对手相比，A企业一点突出、多点竞争的优势和效应未得到建立和发挥。在面对组合对手的竞争时，A企业只能发挥a产品的竞争优势，多点进攻的劣势突出。

从上面的分析可以看出，A企业处于很尴尬的地位，被夹在中间（图13-7）。

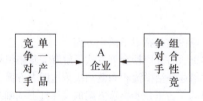

图13-7　夹在中间的A企业

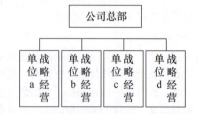

图13-8　设立战略经营单位的组织结构简图

解决之道

从市场发展来看，a产品的发展和b、c、d产品的发展有一定的相关性，A企业要想做大，不能丢弃b、c、d产品，在这种情况下，A企业应该采用事业部制，解放b、c、d产品，把它们设成独立的战略经营单位(图13-8)。

资料来源：杜展鹏，蓝海林. 逃脱夹缝中的尴尬[J]. 企业管理，2004(1)：79.

第三节　营销控制

所谓营销控制，是指市场营销管理者检查市场营销计划的执行情况，如果计划与执行结果不一致，企业要找出原因，采取措施，以保证计划的完成。营销控制的中心是目标管理。

一、营销控制的基本过程

市场营销控制过程较为复杂，涉及要素较多。一般的市场营销控制过程见图13-9。
在市场营销执行与控制的基本过程中，企业必须做好以下四个方面的工作。

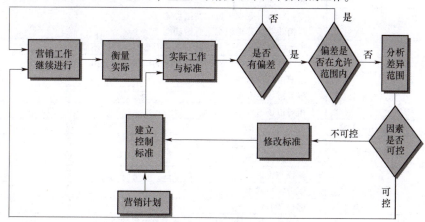

图13-9　市场营销控制过程

1. 建立标准

建立标准是检查和衡量营销实际工作的依据。而且，标准的制定，应当具体、尽可能量化。例如，麦当劳的衡量标准就包括：①95%以上的顾客进餐馆后3分钟内，服务员必须迎上去进行接待；②事先准备好的汉堡包必须在3分钟内热好并供应给顾客；③服务员必须在就餐人离开后5分钟内把餐桌打扫干净……

控制标准应切合企业实际，并有激励作用。控制标准还需考虑因产品、地区、竞争等的不同而产生的统一性与差别化，不能要求两个不同地区的推销员创造同样的销售业绩。此外，一般控制标准还应有一个变动范围，如规定每次访问一个用户的费用标准为100元±20元。

2. 衡量绩效

衡量绩效就是将控制标准与实际结果进行比较。若结果与标准相符，或好于标准，则应总结经验，继续工作；若结果未能达到预期标准，而且超过承受范围，则应找出原因。

3. 偏差分析

产生偏差通常有两种情况：一是计划执行过程中的问题；二是计划本身的问题。例如，企业的推销员没有完成预定的销售指标，可能是因为自己的能力或投入不足，也可能是由于销售指标定得过高。在实践中，造成偏差的原因往往是复杂多样的，因此，营销经理必须综合考虑各种因素。

4. 纠偏行动

明确产生偏差的原因后，一般有两种应对措施。

（1）修改标准。当导致偏差的因素不可控时，企业需要修改标准。如预计市场份额太高，企业根本无法达到，而影响市场份额的因素多且有些不可控，此时，就需要调低市场份额标准。

（2）采取纠偏措施。当导致偏差的因素可控时，企业没有必要修改标准，而是要针对可控因素，采取纠偏措施。如原定降低促销费用的8%，而实际降低了5%。分析原因发现，推销人员的差旅费几乎没有下降。因此，企业需要严格控制、减少推销人员的出差，通过其他低成本方式与客户保持联系。

二、营销控制的基本内容与方法

表13-7说明了营销控制的主要内容与方法。

表13-7 营销控制的主要内容与方法

导向	内容		对象、方法、指标
营销战略控制	营销效率等级		顾客导向　整合营销组织　营销信息
			战略导向　工作效率
	营销审计		营销环境　营销系统　营销战略
			营销效益　营销组织　营销功能
营销运行控制	年度计划控制	销售分析	销售差异分析，即分析绝对不同因素对销售的不同影响
			地区销售差异分析，即具体地区的销售差异分析
		市场占有率分析	全部市场占有率
			服务市场占有率
			相对市场占有率
		营销费用率分析	营销费用与销售额之比
		财务分析	销售利润率　资产收益率　资本报酬率资产周转率等
		客户态度	建议与投诉系统
			固定客户样本
			客户调查
		预算	按产品销售、地区销售编制预算及销售预算总表
			营销预算日进度控制
			营销预算每周评估
			营销预算月度检查
			营销预算季度评估
	赢利能力控制	渠道费用	工资、奖金、差旅费等直接推销费用
			广告、销售促进、展览会等促销费用
			租金、折旧费、保险费、包装费等仓储费用
			托运费、运输工具折旧费、运输保险费等运输费用
			营销管理工资、交通、办公费等其他营销费用
			生产的材料费、人工费和制造费
		损益表	把工资、租金等各种性质的费用分解到推销、广告、包装、运输、开单、收款等各项功能性营销活动中
			将各项功能性费用分配给批发、零售等营销渠道
			收入、生产成本和营销费用综合
		重要盈利能力指标	销售利润率、资产收益表和净资产收益率
			资产周转率　存货周转率
			现金周转率　应收账款周转率

续表

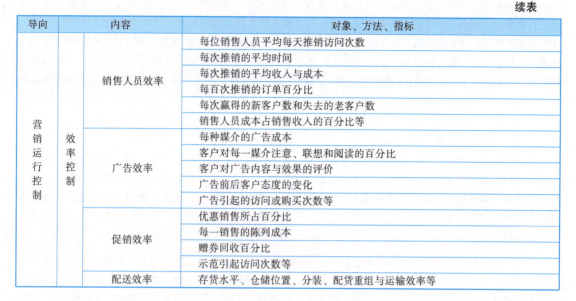

导向	内容		对象、方法、指标
营销运行控制	效率控制	销售人员效率	每位销售人员平均每天推销访问次数
			每次推销的平均时间
			每次推销的平均收入与成本
			每百次推销的订单百分比
			每次赢得的新客户数和失去的老客户数
			销售人员成本占销售收入的百分比等
		广告效率	每种媒介的广告成本
			客户对每一媒介注意、联想和阅读的百分比
			客户对广告内容与效果的评价
			广告前后客户态度的变化
			广告引起的访问或购买次数等
		促销效率	优惠销售所占百分比
			每一销售的陈列成本
			赠券回收百分比
			示范引起访问次数等
		配送效率	存货水平、仓储位置、分装、配货重组与运输效率等

三、营销审计

营销审计是指对企业市场营销环境、目标、战略和活动进行全面的、系统的、独立的、定期的检查，以便确定问题的范围和各项机会，并提出行动计划的建议，以提高公司的营销业绩。它具有全面性、系统性、独立性、定期性四个特征。

市场营销审计由以下六个主要方面组成。

1. 市场营销环境审计

市场营销环境审计包括宏观环境与任务环境两种环境的审计。宏观环境指人口、经济、生态、技术、政治、文化等环境因素。任务环境指市场、顾客、竞争者、分销和经销商、供应商、公众等环境因素。

2. 市场营销战略审计

市场营销战略审计包括企业是否用市场导向确定自己的任务、目标并设计企业形象；企业的营销是否与公司的竞争地位、资源和机会相适应，能否使确定的战略适应产品生命周期的阶段、竞争者的战略以及经济状况；企业是否运用了细分市场的最好根据，是否为每个目标细分市场确定了一个正确的市场地位和营销组合；企业在市场定位、企业形象、公共关系等方面的战略是否卓有成效。

【营销案例13-3】淘迪糖果公司的营销审计

3. 市场营销组织审计

市场营销组织审计主要是对企业正式结构、功能效率及部门间联系效率的检验。审计内容包括：企业的市场营销主管人员是否有足够的权力和明确的责任开展影响顾客满意程度的活动，营销活动是否按功能、产品、最终用户和地区最理想地进行组织，是否有一支训练有素的销售队伍，对销售人员是否有健全的激励、监督机制和评价体系，市场营销部门与企业其他部门的沟通情况以及是否有密切的合作关系等。

4. 市场营销系统审计

市场营销系统包括市场营销信息系统、市场营销计划系统、市场营销控制系统和新产品开发系统。对市场营销信息系统的审计，主要是审计企业是否有足够的有关市场发展变化的信息来源，企业管理者是否要进行充分的市场调研，企业方面是否运用最好的方法进行市场和销售预测。对市场营销计划系统的审计，主要是审计营销计划工作系统是否有效，销售预测和市场潜量衡量是否正确实施，是否进行了销售潜量和市场潜量的科学预测，是否将判定的销售定额建立在适当的基础上。对市场营销控制系统的审计，主要是审计控制程序是否足以保证年度诸目标的实现，管理当局是否定期分析产品、市场、销售地区和分销渠道的盈利情况，是否定期检查营销成本。对新产品开发系统的审计，主要包括审计企业开发新产品的系统是否健全，是否组织了新产品创意的收集与筛选，是否在新产品构思投资之前进行适当的概念调研和商业分析。

5. 市场营销生产率审计

市场营销生产率审计，是审计企业的盈利率和成本效益，主要包括审计企业不同产品、市场、地区和分销渠道相应的盈利率分别是多少，企业是否要进入、扩大、缩小或放弃若干细分市场，以及其短期和长期的利润率；审核市场营销费用支出情况及其效益，进行成本效益分析，包括营销活动花费是否合理，是否可采取降低成本的措施。

6. 市场营销职能审计

市场营销职能审计是对企业的产品、价格、分销、促销及销售队伍效率的审计，包括企业产品线目标是否合理，产品线的制定是否科学，企业产品质量、特色、式样、品牌的顾客欢迎程度，企业定价目标和战略的有效性、市场覆盖率，企业分销商、经销商、代理商、供应商等渠道成员的效率，广告目标、费用、预算、顾客及公众对企业广告的效果影响，公关宣传预算是否合理，公共关系部门的职员是否精干，销售队伍的目标、规模、素质、能动性等。

本章小结

营销行动管理是企业从顾客导向出发，通过科学的方法制订并执行营销计划，以实现企业营销目标的过程。它涵盖了营销计划的制订、营销组织的构建以及营销控制等关键环节，是现代企业营销管理的重要组成部分。在移动互联、大数据和人工智能迅速发展的今天，营销行动管理面临着前所未有的机遇与挑战。传统的营销方式正在被这些新技术深刻改变，营销计划的制订、营销组织的构建以及营销控制的方法都需要适应新时代的需求。

营销计划在移动互联和大数据时代显得尤为重要。通过精准的数据分析，企业能够更清晰地了解市场需求、竞争态势及顾客行为，从而确定出更加科学、有效的营销目标和策略。这些策略不仅提升了销售效率和客户满意度，还增强了企业的市场竞争力。

在移动互联和大数据时代，营销组织应增设数据分析部门，以数据指导决策。常见营销组织结构的类型包括：按功能设置，适用于产品种类不多、市场相对集中的小企业；按任务导向设置，如产品导向、地区导向或顾客导向，适用于不同规模和业务特性的企业；按矩阵组织设置，有利于加强部门间协作，适用于大型跨国公司。营销组织的构建，需要适应外部环境相适应，以实现企业目标为核心，明确各部门职责、权力与利益，保持组织结构的统一性和灵活性，提高效率。

在移动互联和大数据时代，营销审计更加全面和系统，包括：市场营销环境审计，关注宏观环境与任务环境的变化；市场营销战略审计，评估战略的有效性和适应性；市场营销组织审计，检查组织结构、职能分配及协作效率；市场营销系统审计，确保信息系统的准确性和及时性；市场营销生产率审计，通过数据分析，评估营销活动的成本效益；市场营销职能审计，评估销售队伍的效率。

在移动互联、大数据和人工智能时代，营销行动管理需要不断创新与适应。通过科学的营销计划制订、灵活的营销组织构建以及精细的营销控制与审计，企业能够更好地把握市场机遇，提升竞争力，实现可持续发展。同时，借助人工智能等先进技术，企业能够进一步提升营销效率与效果，为客户提供更加个性化的服务体验。

案例评析

顺丰速运的成长

顺丰速运有限公司（以下简称顺丰速运）于 1993 年在广东顺德成立，总部设在深圳，是一家主营国内、国际快递及相关业务的综合服务性企业。经过多年的发展，顺丰速运的业务范围已经覆盖了全国 31 个省市以及新加坡、韩国、马来西亚、美国、日本等地，每年以 50% 的速度在增长，拥有职工 15 万人，4 个分拨中心，2 200 多个营业网点，100 多个中转场，日处理 200 万快递件。

顺丰速运成功的原因如下。

● **直营连锁的经营模式**

在发展的初期，顺丰速运为了迅速拓展规模、建设更多的网店占领市场，与国内大多数民营快递企业一样，采用加盟连锁的方式。出现问题之后，顺丰速运果断采取新的战略，暂缓扩展市场，不惜一切代价收购原有的加盟网点，采用直营的经营模式，将服务质量放在第一位，对各个网点进行有效的监控，实行公司定制的标准化工作流程，对员工的培训与发展采取统一的策略，让服务质量和运营效率得到体制上的保障，这对于顺丰速运的形象建设有重要的作用。

● **"安全快速"的品牌建设**

"安全快速"是消费者在听到顺丰速运时的第一感觉，这是顺丰速运从一开始就致力建设的品牌。顺丰速运明白消费者们对快递服务最核心的要求，为了保证快件的安全，利用先进的技术设备和严格的规范操作，360 度全场监视系统保证作业操作的安全，每个员工在工作时都有 GPS 全球定位系统跟踪，全程跟踪运输过程。为了速度上满足消费者，顺丰速运还不惜重金买来飞机，是国内第一家使用全货运专机的民营快递企业。

● **中高端的市场定位**

顺丰速运在建设初期，就明确了自身的市场定位，不与其他民营快递企业打价格战，走差异化路线，将客户目标锁定在对价格不敏感但关注快递价值本身的客户群体上，不做大件的重货运输和派送，主要做中高端的文件和小件业务，尤其以商业信函为主。顺丰速运通过中高端的市场定位，坚持走差异化路线，占领了足够的市场份额，也有效维护了企业的形象。

● **不断地创新和完善服务**

创新对于一个企业来说至关重要，顺丰速运在运营的过程中推陈出新，为客户提供更多的产品和不断完善服务质量。顺丰对快递的派送实行"收一派二"标准，即工作人员上门收件的工作实效为一个小时，派件两个小时，不分节假日，一年 365 天都一如既往为客户提供优质服务，同时提供多项增值服务，如提供代收货款、限时派送、委托收件、免费供应纸箱等。近日，顺丰速运又推出了"四日件"经济产品，主要针对异地配送和一些不能通过航空运送的产品，承诺在四日内送达。

● **重视人才培养**

顺丰非常重视人才培养和员工素质，每年都以校园招聘和社会招聘的形式引进高素质的人才，对内部员工的培训和职业生涯规划有一套严格的标准。对于中高层的管理人员，顺丰速运定期安排见习活动，并将 MBA 等课程也列入其中；对于基层员工，顺丰速运努力营造好的工作环境和平台，为他们提供专业的培训，同时以工作绩效为基础计算薪酬，极大鼓舞了员工的工作热情。

● **完善的物流体系**

顺丰速运的成功得益于其发达完善的物流体系。顺丰速运通过高科技信息技术建设了货物安全跟踪系统，并组建了自己的运输网络，在中国大陆、中国香港、中国澳门及海外都有服务网络，并且每个区域都有一个大的集散地，集散地主要通过包机的方式承运业务。同时，顺丰速运也建立了自己的航空运输队，这是其极大的优势所在。

● **谋求多元化发展**

顺丰速运在激烈的市场竞争中努力巩固自身的市场份额，同时谋求多元化发展，不断延伸业务，拓展新的领域。中国的电商发展空间很大，基于自身强大的物流体系，顺丰速运不甘为电商服务，创建自己的电商网店——"顺丰优选"，主要做高端食品，为中高端客户群服务。顺丰速运还发展连锁便利店，并在便利店里经营快递收发业务，开拓快递与便利店结合的新模式。

资料来源：范露华，钟晓燕.浅谈顺丰速运对民营快递企业的发展启示[J].福建商业高等专科学校学报，2014（3）：68-72.经改写

评析： 顺丰快递在一个充分竞争的市场中，通过精准自己的定位，找到差异化成长与发展的空间，定位于中高端，而区别于低端的血拼；始终以顾客需求为导向，不断挖掘顾客的潜在需求，便利服务，将需求转化为商业机会。

思考题

1. 营销计划的价值主要体现在哪些方面？
2. 营销计划的制订步骤有哪些？
3. 营销组织结构有哪几种类型？各有什么优劣势？
4. 营销控制的基本内容与指标是什么？
5. 一家大型航空公司营销副总经理被要求去提高航空公司的市场份额，然而，他没有比其他职能部门更多的权力去影响乘客的满意程度：

(1)他不能雇佣或培训机组人员(人事部门)。
(2)他不能决定食品的种类和质量(供应部门)。
(3)他不能执行飞机上的清洁标准(维修部门)。
(4)他不能确定飞行的进度表(业务部门)。
(5)他不能确定票价(财务部门)。

他能控制什么？他只能控制营销调研、销售人员、广告和促销。然而，他必须花力气地通过其他部门逐渐形成能使乘客旅行舒适的主要因素。造成这种现象的原因是什么？应该如何改进？

本章实训

一、实训目的
通过制订营销计划，学生能够认知营销行动管理内容，理解营销计划制订思路。

二、实训内容
1. 实训资料：搜集不同行业、不同类型的营销计划书。
2. 具体任务：根据本章对营销计划的介绍，分小组讨论制订一份营销计划书。
3. 任务要求：

以自己熟悉的本地零售企业为例，试对其经营进行调查分析，并在此基础上撰写一份下年度的营销计划书。

三、实训组织
1. 根据全班上课人数，将全班同学分成若干小组，采取组长负责制，全体组员协作完成课堂任务。
2. 确定所选企业后，各小组进行下一步分工，对企业进行调查分析。
3. 经过小组讨论后，完成实训报告及汇报PPT。
4. 根据课时具体安排，不同小组分别选派成员对报告进行讲解，并回答其他组成员的问题。
5. 任课教师对实训课程的结果进行总结，提出相应的意见及建议。

四、实训步骤

1. 任课教师布置实训任务，介绍实训要点和搜集材料的基本方法。

2. 各小组明确任务后，按照教师指导根据具体情况进行分工。

3. 各小组定期召开小组会议，对取得成果进行总结，遇到问题及时与指导教师沟通。

4. 完成实训报告及展示所需要的 PPT 等材料。

5. 各小组对案例进行课上汇报，教师对各组的汇报进行点评及总结。

第十四章 营销策划

📖 章节图解

第一节 营销策划概述	一、营销策划的概念
	二、营销策划的特点
	三、营销策划与营销计划的区别
	四、营销策划的种类

第二节 营销策划的步骤与内容	一、营销策划的步骤
	二、营销策划的内容
	三、营销策划书的基本框架

| 第三节 营销策划实务 | 一、营销策划要领 |
| | 二、营销策划趋向——整合营销策划 |

🎯 学习目标

知识目标：
- 了解营销策划的概念和特点
- 掌握营销策划的基本步骤与内容
- 学会撰写营销策划书

素养目标：

- 认识到营销让生活更美好，而树立"四个自信"，是做好营销策划的前提
- 提高对营销策划的认知，知道营销的本质是满足需求，为顾客创造价值
- 强调系统思考、一点突破的营销思维训练，学会统揽全局地看待问题

关键概念

营销策划

导入案例

"非洲之王"传音手机是如何逆袭跻身全球前五的？

深圳传音控股股份有限公司(简称传音公司)主要从事以手机为核心的智能终端的设计、生产、销售，主要产品为 TECNO、itel 和 Infinix 三大品牌手机。2023 年传音在全球手机的出货量达 9 490 万台，同比增长 30.8%，这是出货量榜单 TOP 5 中，唯一同比增速达两位数的厂商，也是传音首次位列全球前五大智能手机厂商。据调研机构 IDC 的数据，2023 年全球智能手机出货量同比下滑 3.2%，总数为 11.7 亿部，这一数据创十年来最低纪录。2023 年出货量排名第二、三、四的三星、小米、OPPO 出货量分别同比下跌 13.6%、4.7% 及 9.9%。排名第一的苹果虽然实现了正向增长，但年出货量增速也仅为 3.7%。

一、市场的定位与策略

(1)目标市场的选择。传音手机成功避开了国内高度竞争的手机市场，选择了还处于手机技术和市场发展中的非洲市场。非洲市场虽然相对落后，但人口众多，手机普及率低，需求巨大，且竞争相对较小。2005 年，非洲大陆的手机普及率仅为 6%，过低的手机普及率意味着巨大的待开发市场。非洲人口数量仅次于印度中国，但相比中国来说，非洲市场的手机普及率低。随着非洲通信基础建设的不断发展，非洲用户对移动通信的需求日益增强，截至 2008 年，非洲手机市场仅有三星、诺基亚几个品牌。当时中国其他知名品牌的目标并不在非洲，华为在中国市场外倾向发达国家市场，而小米等品牌更多关注印度市场。传音手机 2008 年果断决策，将市场定位非洲，传音手机先从市场占主导的功能手机切入，逐步发展智能机。同时根据非洲市场存在多个运营商，不同运营商之间的通话费用较高，传音手机采用了国内常见的双卡双待模式，解决了多张手机卡的问题，以双卡双待 TECNO T780 手机和四卡四待 TECNO 4Runner 手机成功打开了非洲市场。

(2)本地化策略。传音手机深入研究了非洲消费者的实际需求，从产品设计到功能配置，都充分考虑了非洲市场的特殊性。例如，针对非洲用户肤色深导致拍照效果差的问题，传音手机研发了适用黑皮肤的美颜相机；针对非洲用户有多张 SIM 卡但无多部手机的情况，推出了双卡双待甚至四卡手机；针对非洲用户热爱音乐的传统，推出了主打音乐功能的手机，并附赠定制的头戴式耳机。这些本地化策略使传音手机在非洲市场迅速获得了消费者的认可。

(3)产品差异化。传音手机不仅注重功能的本地化，还在产品设计上进行了差异化。因非洲电力基础设施的落后，存在电路不稳定、充电不便的问题，传音手机对电池进行了升级，开发了"火箭充电"技术，充电半小时使用时间长达 7 小时，将高充电效率与超长的待机时间作为卖点。此外，针对非洲天气炎热、手机易出汗滑落的问题，传音手机设计了防热防摔功能。这些差异化的产品设计让传音手机在非洲市场脱颖而出，成为消费者的首选。

二、营销的组合策略

(1)社交媒体营销。传音手机在非洲市场积极利用社交媒体平台进行营销。通过 TikTok、Instagram 等社交媒体平台，传音手机建立了触达用户的媒体内容矩阵，输出优质内容，吸引大量精准粉丝。同时，传

音手机还与非洲当地的社交媒体红人合作，进行产品展示和测评分享，提升品牌知名度和信任度。

（2）本地化营销活动。传音手机在非洲各地举办本地文化活动、赞助体育赛事，并开展针对性的广告宣传。这些活动不仅提升了品牌知名度，还增强了与当地消费者的互动和联系。例如，通过赞助非洲杯足球赛事，传音手机获得了广泛的媒体曝光和公众关注，进一步巩固了其在非洲市场的领先地位。

（3）挑战赛营销。传音手机通过举办挑战赛等视频营销活动，吸引用户参与和分享。这些活动不仅增加了用户对产品的了解度，还在社媒平台上进行了多次曝光，提升了品牌曝光度和用户参与度。

（4）合作伙伴关系。传音手机与当地电信运营商建立了良好的合作伙伴关系，通过赞助活动、联合推广等方式扩大品牌影响力。同时，传音手机还积极与非洲当地的经销商合作，建立广泛的销售网络，确保产品能够覆盖更多的消费者。

三、售后服务与品牌建设

（1）优质的售后服务。传音手机在非洲各地建立了广泛的服务网络，提供快速响应的维修和技术支持服务。这种优质的售后服务不仅增强了消费者对品牌的信任度，还提高了客户忠诚度。传音手机还通过建立完善的售后服务体系，为客户提供更好的体验，进一步巩固了其在非洲市场的领先地位。

（2）品牌建设。传音手机通过一系列的品牌建设活动，如举办品牌发布会、参与行业展会等，提升了品牌知名度和美誉度。同时，传音手机还注重与消费者的互动和沟通，通过社交媒体平台、客服热线等渠道收集消费者反馈和建议，不断改进产品和服务质量。这些品牌建设活动使传音手机在非洲市场树立了良好的品牌形象和口碑。

传音手机通过精准的市场定位、本地化策略、产品差异化、创新的营销策略以及优质的售后服务和品牌建设，成功在非洲市场取得了霸主地位。其成功的经验不仅为其他手机品牌提供了借鉴，也为企业在国际市场上的拓展提供了有益的启示。

资料来源：根据网络资料改写

引导问题：

传音手机在非洲市场取得霸主地位，跻身全球前五有什么营销策划启示？

第一节　营销策划概述

一、营销策划的概念

营销策划及其相关概念是20世纪60年代末70年代初在美国提出的。此后，在短短的十几年时间内，营销策划在西方国家得到广泛的发展与传播，正如菲利普·科特勒所说："营销策划作为一种较高级的企业市场营销观念，体现了现代市场营销的精髓。"菲利普·科特勒认为："营销策划是一种管理程序，其任务是发展和维持企业的资源、目标与千变万化的市场机会之间切实可行的配合，策划的目的就是发展或重新开拓企业业务与产品，将它们组合起来，以期获得令人满意的利润和发展。"

国内学者认为，营销策划是一种具有创意性的专业实践，它通过人们的理念加工，以一种新颖的形式将营销理论转化为具有针对性的操作程序，从而帮助企业制定决策并加以执行和有效控制，以期获得满意的效果。

 【营销案例14-1】招商银行"微营销"之路

二、营销策划的特点

1. 目的性

营销策划，首先必须明确营销发展的目标。对任何企业来说，没有明确的营销发展目标，很容易出现营销方向偏差、缺乏营销动力等非正常状态。因此，确立正确的营销目标是企业营销策划的首要任务。只有目的明确、方向正确，才能进一步考虑什么是达成目标的最好路线，应由哪些人、在什么时间和地点、采取什么具体行动。因此，明确的目的，是确定科学有效的市场营销策划方案的前提。

2. 系统性

市场营销策划是关于企业市场营销的系统工程。营销策划的系统性首先表现在对市场环境与企业自身状况的系统、准确的分析和判断上；其次表现在它是一种战略与战术的协调和统一，营销策划必须先确定完成营销目标的营销战略，在营销战略的指导下，构思营销策略组合与具体的营销运作方案；最后表现在时间上与空间上的呼应与连续。营销策划的每一个环节总是环环相扣的，一个活动的结束，意味着下一个活动的开始，循环往复，构成了营销活动链。

3. 指向性

营销策划必须以消费者为中心，即围绕消费者消费需求、消费行为、消费心理进行营销决策，制定营销方案。营销策划的指向主体是现在的和潜在的消费群体(顾客)，除此以外还有政府、社区、供应商、股东、内部员工等。能充分体现消费者的利益，是营销策划成功的关键。

4. 可操作性

不能操作的方案，创意再奇特、再巧妙也无任何价值；不易操作的方案，则必然耗费大量的人力、物力和财力，而且使管理复杂化，成效不高甚至毫无成效。所以，营销策划必须结合企业的环境，面对企业的现实，设计务实的、可操作的营销方案。

5. 可调适性

营销策划从本质上来说是一种超前行为，它不可能预见未来市场的一切因素，不可避免会在一些特定情形下出现某些营销方案与现实脱节的情形。因此，任何策划方案都需要在实施过程中根据实际情况加以调整和补充。可见，营销方案必须具有可调适性的"弹性"，能因地制宜。

 营销视点 14-1

洞察心扉，了解顾客如何决策

营销策划是否有效，需要了解消费者是如何决策的。著名的心理学家、2002 年诺贝尔经济学奖得主丹尼尔·卡内曼教授发现，人在决策时其实是非常不理性的，通常情况下根本不会思考太多，更不会花心思去收集那么多的信息或者数据来分析。相反，顾客往往凭直觉快速决策，决策后，再去找理性的理由说服他人，当然也包括说服自己。这一研究由丹尼尔·卡内曼教授总结为著名的"第一系统和第二系统"理论。

第一系统依赖直觉、经验和情感，快速决策，它的运作过程是自动和时刻进行的，甚至是一种无意识和潜意识层面的活动。第二系统依赖推理、逻辑和数据，也需要高度的注意力，是一个慢速的决策系统。因此洞察顾客心扉，了解顾客购买不同产品的决策行为，可以大大提高营销策划的有效性。

三、营销策划与营销计划的区别

营销策划与营销计划既有区别，又有联系，而造成两者差别的关键要素在于创意。具体可以从以下五个方面来把握它们之间的关系，见表 14-1。

表 14-1　营销策划与营销计划的区别

项目	区别点			
营销策划	必须有创意	无中生有 天马行空	掌握原则与方向	做什么？ （What to do?）
	活的、变化多端	开创性	挑战性大	需要长期专业训练
营销计划	不需创意	循规蹈矩 按部就班	处理程序与细节	怎么去做？ （How to do?）
	死的、一成不变	保守性	挑战性小	只需短期培训

第一，营销策划必须要有创意，它必须有自由想象的空间，有任由思维驰骋的余地。而营销计划不需要创意，它只要按照一定的依据（如经营方针、经营战略等），遵循一定的思路，按部就班去做即可。从这个意义上讲，企划家最不适合做营销计划工作了。

第二，营销策划所要把握的是原则与方向，是一种大框架和总体思路。而营销计划需解决具体的程序与细节。前者需要"大手笔"，后者要求做耐心细致的具体工作。

第三，营销策划所要解决的是做什么的问题，而如何做的问题由营销计划去解决。

第四，营销策划富有开创性，无章可循，循规蹈矩是营销策划的大敌，营销策划人员最喜欢的是挑战、刺激、风险和机会。而营销计划绝不能异想天开；思想趋于保守的人，或许更适合担当营销计划工作。

第五，营销策划需要较强的和综合的个人素质。没有经过长期训练的人，是难以胜任这一工作的。搞营销策划，必须是"全才"或"通才"。营销计划同样需要较高的素质，但其要求并不像经营企划那么严格，它有较规范的程序与方法。

换个角度讲，营销策划与营销计划的联系在于现实性和理性，两者的区别在于以想象力为基点的创造性。营销策划是现实性、创造性和理性的有机结合，它容纳了创意中的创造性和营销计划中的理性与现实性。没有创造性的营销策划，仅仅是灵机一动的创意；仅仅有现实性和理性的策划，不过是一种计划。策划、创意与计划的关系见图14-1。

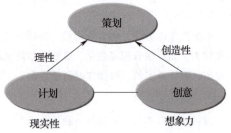

图 14-1　策划、创意与计划的关系

四、营销策划的种类

营销策划一般分为两大类十个类型。两个大类：一类为战略性策划，另一类为战术性策划。十个类型如下。

(1)事业策划。

(2)年度营销策划。

(3)新产品开发策划。

(4)广告策划。

(5)促销策划。

(6)公共关系策划。

(7)员工训练策划。

(8)投资可行性策划。

(9)企业长期发展策划。

(10)企业形象策划。

第二节 营销策划的步骤与内容

英国学者 P. R. 史密斯关于 SOSTAC 计划系统以及 3M(三个关键资源)的论述,很精练地概括了市场营销策划的主要内容与步骤。SOSTAC 计划系统包括以下内容。

(1)第一个 S,即 Situation Analysis(形势分析),意思是我们现在在哪里。

(2)O,即 Objective(目标),意思是我们现在想往哪里去。

(3)第二个 S,即 Strategy(战略),意思是我们将怎么样。

(4)T,即 Tactics(战术),意思是战略的具体内容。

(5)A,即 Action(行动),意思是对计划的实施。

(6)C,即 Control(控制),意思是尺度、监控、检查、升级和修改。

此外,要完成市场营销策划,企业应当明确完成工作所需要的资源,即 3M,这是指 Men(人)、Money(资金)、Minutes(时间)三个自始至终都要使用的重要资源。

 营销视点 14-2

营销策划如何适应数字化时代数字化营销的新变化

营销策划的关键就是要在营销过程中占领顾客心智,拥有最终用户。谁了解顾客,洞察顾客的需求,满足顾客需求,谁就赢得了市场。营销过程可以分为三个层次:客户争取、客户转化及客户维系。

客户争取。进入数字化营销时代,随着算法和大数据技术的日渐成熟,精准营销成为主流。零售端的营销开始向平台倾斜,基于消费者浏览时长、鼠标点击、消费习惯、时间停留等轨迹,淘宝、天猫、京东及美团等平台形成了自动推送模式。企业利用掌握的用户行为大数据,智能推送消费者喜爱的产品,实现了更智能、更精准的营销,预测性营销成为现实。

客户转化。数字化营销时代,AI 体验、人货场的虚拟化实现了人与人之间的直接连接,打造充分透明的空间,消除了信息不对称。夸大其词、华而不实、大公司操控的营销都将失效。企业回归产品属性,客户体验成为绝对核心,营销本我回归成为趋势。个人智能数据助理、知识库、语义搜索功能、区块链、XR 虚拟拍摄等智能工具、深度学习技术都将得到快速发展。

客户维系。数字化营销时代,平台型和 O2O 型企业是主流。每个企业都想把消费者封装在自己构建的生态中成为私域流量,全生命链管理消费者的消费行为,诱发无限次的复购。阿里和京东等平台是零售渠道的主流。在线上展示产品,打破了原先基于线下物理选址的商业模式,重新梳理了业务流程,创新性地帮助商家低成本高效触达消费者。随着元宇宙概念的出现,虚拟技术为客户体验的提升带来了极大的想象空间。商家纷纷提前布局,探索虚拟空间、虚拟人、数字藏品等元宇宙的营销玩法。

资料来源:王玮,冯茜,许师楷. 数字化营销创新的"变"与"不变"[J]. 清华管理评论,2023(5):52-66.

一、营销策划的步骤

任何一个全面而完整的市场营销策划,均包括计划、分析、思考、构想与执行五个阶段,这是市场营销策划的基本步骤(图 14-2)。

1. 第一阶段——计划阶段

在进行正式策划之前,企业必须草拟关于策划的计划。它通常以文字的形式,用计划书呈现出来,以指导整个营销策划工作。营销策划计划书主要内容包括以下四个方面。

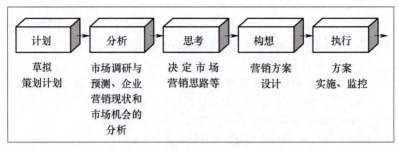

图 14-2　市场营销策划的基本步骤

（1）确立策划目的：策划目的部分要对本次营销策划所要实现的目标进行全面的描述。

（2）拟定策划进程：在草拟营销策划计划书时，必须明确策划的具体进程，列出详尽的策划进度时间表。

（3）经费预算：在草拟营销策划计划书时，要根据具体进程，预算所需要的策划费用。一般而言，用于策划方面的费用，包括以下几项。

①市场调研费：市场调研费的多少，取决于调研规模的大小和难易程度。规模大、难度大，费用必然高；反之则费用低。

②信息收集费：主要包括信息检索费、资料购置费、复印费、信息咨询费、信息处理费等。其数量由收集的规模及层次来决定。

③人力投入费：策划过程中要投入必要的人力，其费用的多少可通过预计投入人力的多少来决定。

④策划报酬：也即支付给策划人的报酬。如果由本企业内部的人员来策划，就没有这笔开支。而如果是外聘策划专家，就要支付策划报酬，其数额多少，由双方协商确定。

（4）策划效果预测：在草拟营销策划计划书时，必须对策划方案实施后的可能效果进行预测。主要包括以下两部分。

①预测经济效果。预测经济效果的好坏，是决定营销策划是否需要开展的前提。在预测时，应当客观地进行，防止夸大和低估的现象，以使决策准确，实施得力。

②预测形象效果。对方案实施后企业可能因此提高的知名度、美誉度等情况进行预测。虽然这些指标未必能立即产生经济效益，但它为企业开辟了潜在市场，是企业未来经济效益的重要保证。

2. 第二阶段——分析阶段

当营销策划计划书被企业认可后，即进入市场调查与预测与分析阶段。这一阶段要求通过分析问题发生的原因并提出必须解决的课题，包括掌握营销策划的主题与目标，收集与调查信息，根据现状提出营销存在的问题。企业营销现状分析是找出企业营销中存在的具体问题，并分析其产生原因的过程。市场机会分析是根据企业营销中存在的具体问题，仔细在市场中寻求机会，为营销方案的顺利出台进行铺垫。

3. 第三阶段——思考阶段

在调查、预测与分析的基础上，营销策划进入到设想解决营销问题的思路与方法阶段。这一阶段伴随着相关建议、意见的提出，通过对比、取舍与脑力激荡，决定市场营销思路。市场营销思路是营销策划的"主轴"。思路确定之后，各项营销策划与营销运作工作都要围绕这个思路进行。

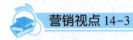　**营销视点 14-3**

创造性思维常见方法

- 脑力激荡法：这是集体进行创造性思维的一种方法。该方法遵循"不能批评，只能补充""欢迎自由

奔放的想法""努力争取尽可能多的想法"等原则。

● 互相启发法：这也是集体思维的一种。每个人在一张（或几张）纸张、卡片上写出自己对议题的思路，然后由专人将分散的想法分类、整理、归纳而发展成一种新颖而全面的想法。

● 特征分析法：将特定营销问题的特征和构成因素列成图表，然后逐一审查，从而得到新思路。该方法可以集体进行，也可以个人进行。

● 自由联想法：将随意想到的记录下来，在一大张纸上想想画画，从而得到新的思路。

4. 第四阶段——构想阶段

营销方案的设计就是针对企业营销中存在的问题和所发现的市场机会，提出具体解决问题的方案。有了思路和建议，如果不加以完善，也就只是一时的设想而已。要通过系列化和结构化，加以充实后，才能形成基本完整的营销方案（图14-3）。

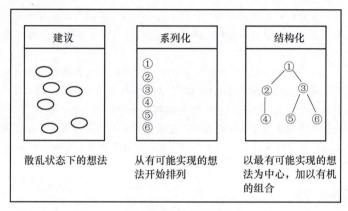

图 14-3　构想阶段

营销策划方案对市场的分析包括市场机会的捕捉与利用、目标市场的选择、市场定位、产品、订价、销售渠道、促销以及实施日程安排。

从营销策划的操作实务看，营销方案的设计与制定一般要经历以下几个阶段。

（1）准备阶段。这个阶段为营销方案的正式设计与制定进行前期准备，包括必要的物质准备、人员准备、资金准备等。这一阶段时间不宜太长。

（2）调研阶段。这个阶段主要是为营销策划收集相关信息资料，包括实地调研所获得的第一手信息与通过媒体、行业资讯等途径获得的第二手资料，它是决定策划成功和失败的第一环节。全面而准确的信息，有助于制定正确、有效的营销战略与战术。因此，该阶段必须分配较多的时间，并应当有相应的费用预算。

（3）酝酿、拟定、论证与选择阶段。这个阶段借助信息、知识和经验，酝酿、构思各种可行方案，并对设计好的方案进行可行性评估、论证，选择最好的可行方案。方案酝酿、拟定是基于大量的调研材料，并借助理论知识和实践经验进行的智力操作活动，这是营销策划的核心。而论证与选择，是根据具体需要，对拟订的方案进行尝试性运作。由于涉及面大、投入多，除了采用上述方式进行论证外，还应在一定范围内进行试运行，借助试运行的反馈信息来确认方案的可行性。

（4）确定阶段。当策划方案经过论证认为可行时，就可以将设计好的方案用文字等形式表达出来，写成具体的、方案明确的、可操作的策划书，以指导企业营销策划实施过程的各项工作。

5. 第五阶段——执行阶段

方案实施与监控，就是根据制作好的策划书，按照实施日程表开展具体的营销行动。这一阶段包括方案的具体实施、实施过程中的监控，以及相关实施效果的测评与反馈。

营销案例 14-2

史上最成功的营销策划案例："点石成金"

"钻石恒久远，一颗永流传！"这句广告词是珠宝大王戴比尔斯在1939年创作的广告词。钻石可以说是一种石头，怎么就超过了黄金的价格？这看似广告语的成功，其实是其背后营销思维的成功。那么，这个营销思维，或者是营销秘诀是什么呢？

第一，制造稀缺、创造价值。

中国有句古话叫作"物以稀为贵"，稀少的才是珍贵的。有些年份冬虫夏草的价格暴涨，有的达到了每斤（500克）17万元，超过了黄金价格。原因不但是其独特的功效，最主要的还是其产量较低，别的地方很难生长。中国是世界上最大的产茶大国，价格最高的是龙井、大红袍，据说大红袍老树的茶叶曾拍卖到30万元一两的价格，天价最主要的原因是很难买到。

劳斯莱斯汽车，其一直标榜的是手工制作，每年只生产3 000多辆，顾客想购买它不但要有钱，还需要调查身份，身份不够不允售卖，顶级配置的一辆车卖几千万元一点也不奇怪，因为稀少和独特。

第二，赋予文化、会讲故事。

营销界有句名言："会卖的卖文化，不会卖的拼价格。"卖文化最主要的是学会讲故事，不会讲故事就不会做营销。张瑞敏砸冰箱，成就了世界名牌"海尔"；牛根生讲故事，让蒙牛跑出了火箭的速度；可口可乐的美国文化和药剂师的故事，成就了世界第一饮料品牌；马云的创业史，成就了世界最大的电商品牌；俞敏洪的励志故事，让新东方独占民营教育的鳌头；汇源老总朱新礼的创业史，让汇源创出了新品类、做出大市场；一个哈根达斯，赋予冰激凌爱情和关怀的内涵，使品牌变得既有价值，又有品味，还有温情。

二、营销策划的内容

营销策划涉及的内容很多，但归纳起来，主要有五个方面，即营销分析、营销目标、营销定位、营销战略与营销策略组合（战术）、实施与监控。这五个方面依序进行，相互关联（图14-4）。其中，营销分析和营销目标是营销策划的基础；营销定位则是在营销分析与营销目标基础上的质的飞跃，是营销分析与营销目标"升华"为营销战略与营销策略的原点；营销战略与营销策略组合围绕营销定位来确定与展开；实施与监控，则是营销战略与营销策略组合的具体实践。如此循环往复，不断发展。

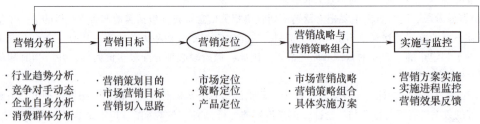

图 14-4　营销策划的内容

1. 营销分析

营销分析是营销策划过程中最基础的部分。它能告知企业"我们在哪里"，然后才能决定"我们要往哪里去"。

首先，企业需要对企业外部和内部的形势进行分析。外部分析主要是审视企业之外的各个因素，比如行业发展趋向、直接竞争对手动态、替代产品状况等。内部分析的内容包括企业一些关键方面的表现，如产品销售的市场占有率、收益率、消费者忠诚度、新产品数量，等等。

其次，企业还需要注意分析自身与竞争对手相比的优劣势。比如：所处的地理位置是否更方便？服务是否更友好、更到位？产品是否质量更优，价格更低？企业及其品牌在市场上的反应如何？自身竞争优势是什么？能否保持下去？是否更有持久性？

最后，对消费群体的消费心理与消费行为进行分析也必不可少。企业应明确这些问题：谁是目标消费群体？消费群体中的主体部分是哪些？依据重要程度划分的不同层次消费群体，分别有哪些消费心理和消费行为习惯？不解决这些问题，企业将无法界定营销目标，更难以确定营销定位。

2. 营销目标

营销分析的一个基本问题是"我们在哪里"，而营销目标的分析是明确"我们要去哪里"。营销策划有多种不同的目标，它根据企业的规模和结构而变化。对企业来说，确立中长期目标相对容易，但营销策划更多的是确立短期战术目标。由于影响短期目标的市场因素比较多，故此类目标的确立就相对困难。

比较常见的营销目标有两个，一个是市场营销目标，另一个是沟通（传播）目标。

典型意义的市场营销目标涉及的是销售量、市场占有率、消费者满意度、消费者保有量、行销渗透、新上市产品数量、收益率等。这些目标既有定性对比含义的目标，也包括量化指标，如在 6 个月内在某市场的销量增加 10%。市场营销目标还可能包括一些财务指标，如利润、贡献、收支平衡以及现金流动等。

沟通目标是常见的第二种营销目标。沟通目标一般是指目标市场中人们的心理状态。AIDA 模式是应用最广泛的沟通模式之一，常常用于界定沟通目标。AIDA 是指 Attention（注意力）、Interest（兴趣）、Desire（欲望）和 Action（行动），它表明消费者在购买之前需要经过一系列心理过程，而沟通目标可以根据这些过程来确定。策划报告经常提到增加知名度，但是单纯提及"增加知名度"不是一个精确的、量化的目标。"在一年内让 30% 的购买者将 A 牌洗衣粉列入选择范围"则是一个量化的沟通目标。

确立目标是营销策划的关键。著名管理学家彼得·德鲁克说："企业必须要有一个目标，企业没有目标就等于没有灵魂，没有目标就迷失了方向。"P. R. 史密斯的说法异曲同工："如果你不知道自己要去哪儿（目标），那么你将永远不可能到达目的地。"

目标应当尽可能精确、量化、可行、现实，而且有时间限制。

3. 营销定位

在竞争日益激烈的市场上，怎样找准市场的"切入点"，以达到预定的营销目标，是企业经常碰到的问题，理论上称之为营销定位（Marketing Positioning），营销定位在营销策划整个过程中，起着"枢纽"作用。营销定位是在营销分析与有了初步营销思路的基础上确立的。同时，营销定位又是确定营销战略与营销策略组合的"原点"。

营销定位是根据市场细分理论，找到本企业产品销售的目标市场，是为了适应企业进行市场营销行为，而对目标市场（区域）、目标消费群体、营销推广与传播的特定"位置"而进行的界定。营销定位的准确与否直接关系到目标完成的成效及企业今后采取的营销措施。现代企业经营注重以市场为中心，按照市场—产品—销售这一过程模式，可以把营销定位分为市场定位、产品定位、策略定位三个类别。

（1）市场定位。

市场定位一般分为地域定位和消费群体定位两个方向。

①地域定位。在营销策划时，首先要考虑产品的市场区域。是面对全球市场还是国内市场？面对全球市场时，是面对所有国家还是某些国家（美国、欧洲、东南亚）？面对国内市场时是一个省还是几个省或者全国？重点城市还是中等以上城市，或者是小城市，抑或是农村？

面对不同地域，要充分考虑地域特点，如人口、城市交通情况、风俗习惯等。例如，统一方便面专门针对四川消费者推出麻辣风味系列，受到广泛欢迎。

②消费群体定位。产品是面对男性还是女性，或者二者都面对？目标消费者的年龄段、收入情况怎么样？目标消费群的职业特点、文化层次、个性怎么样？

（2）产品定位。

产品定位是在营销策划时，确定产品各属性的位置。它包括产品的质量定位、功能定位、造型定位、体（容）积定位、颜色定位和价格定位等。如感冒药，面对不同的消费群体，可以开发不同包装档次、不同剂量规格的药品。高质高价感冒药，一般要求包装精美；低价普通感冒药，包装要求较低；而儿童感冒药，通常会减小剂量，包装设计得轻松、活泼、可爱。

 【营销案例 14-3】吉列：比男人更了解男人

（3）策略定位。

策略定位是在进行营销策划时，所使用策略的立足点，通常有奇正定位、新老定位、正反定位、借势或造势定位等，这些方法之间没有绝对界限，往往互相弥补、相互交叉。

4. 营销战略与营销策略组合

（1）营销战略。

战略是长期的计划。公司发展战略一般分为公司层战略、事业层战略、职能层战略三个层次。营销战略是企业发展战略的第三层次——职能层战略的重要组成部分。

营销战略是完成营销目标的方向，为企业构筑一幅营销运作的全景图。

（2）营销策略组合。

营销策略组合是战略实施的细节，通常也被称为营销战术，它是使营销战略发挥效果的具体决策。4P-2C-4O 组合分析模式见图 14-5。

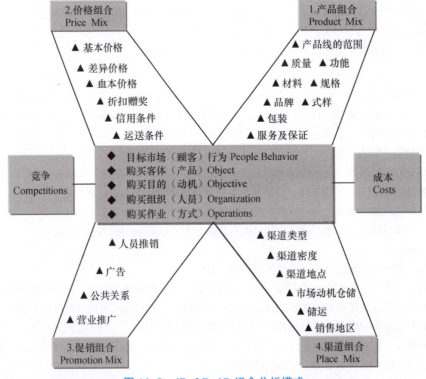

图 14-5　4P-2C-4O 组合分析模式

营销组合一般倾向于短时间内的计划，比较灵活。如果营销组合与合理的长期战略相契合并有助于营

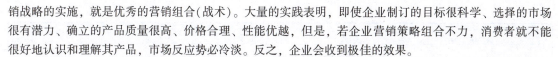

销战略的实施，就是优秀的营销组合(战术)。大量的实践表明，即使企业制订的目标很科学、选择的市场很有潜力、确立的产品质量很高、价格合理、性能优越，但是，若企业营销策略组合不力，消费者就不能很好地认识和理解其产品，市场反应势必冷淡。反之，企业会收到极佳的效果。

营销组合的内容比较广泛，包括产品、品牌、包装、服务、定价、渠道及促销组合等方面的策略规划(具体可参看本书有关章节的内容)。

5. 实施与监控

有了扎实的营销分析，明确了可行的营销目标，勾勒了清晰的营销思路并决定了营销战略与营销组合之后，下一步该做什么？当然是行动——实施与监控的具体执行！任何战略与战术最后都变为需要具体实施的行动，而且要在实施中检验错误，纠正错误。

第一，实施与监控必须有战略、策略指导下的实施、进展计划，即行动的日程安排。

第二，要有明确的人员安排(人数、组织机制、人员分工)。

第三，实施计划中的费用预算(费用、收支)相当重要。

第四，具体行动应该有一个良好的监控反馈机制，以便随时对计划中的不够合理的地方或始料未及的状况进行调整与应对，并对实施效果进行反馈。

 营销视点 14-4

搜索引擎营销

"搜索引擎营销"概念最早是由 GoTo 公司提出的(Edelman，2006)。从用户的角度来说，搜索引擎营销是指根据用户使用搜索引擎的方式，利用用户检索信息的机会，尽可能地将营销信息传递给目标用户(冯英健，2004；Sen，2005)。从企业的角度来说，搜索引擎营销是指企业通过企业网站采取提升自然排名、推出付费搜索广告等与搜索引擎相关的行为，来使企业网站在搜索引擎上显著列示的营销手段，其目的是吸引目标受众访问企业网站(Telang，2004；李莎，2005)。

当今主流的搜索引擎营销模式有两种，即付费搜索广告和搜索引擎优化。

在付费搜索广告模式下，作为广告主的企业根据自身产品和服务的特点向搜索引擎提供商购买关键词。如果用户在进行搜索时所输入的关键词与广告主购买的关键词相符，搜索结果页的推广链接区域就会出现广告主的网页链接。

搜索引擎优化就是让企业的网站更容易被搜索引擎收录并且在用户通过搜索引擎进行检索时，在检索结果中获得好的位置，从而达到网站推广的目的(Malaga，2008；Li 和 Lin，2013)。

资料来源：李凯，邓智文，严建援. 搜索引擎营销研究综述及展望[J]. 外国经济与管理，2014，36(10)：13-21.

三、营销策划书的基本框架

一份完整而严密的营销策划书(也称为营销策划报告)，应包括引言部分、营销策划概要、营销环境分析、营销策划思路、营销策略方案、实施计划及执行与监控等内容(表 14-2)。

表 14-2　营销策划书的基本框架

序号	项目	内容	备注
1	引言部分	包括封面、前言、目录	策划导读部分
2	营销策划概要	主要为营销策划思路示意图	
3	营销环境分析	行业背景分析、竞争对手分析、企业/产品自身优劣势分析、市场机会分析等	策划基础分析

续表

序号	项目	内容	备注
4	营销策划思路	包括营销策划目的、营销策划目标及营销切入思路	策划思维轨迹
5	营销策略方案	为营销策划报告的核心部分，包括营销战略的确定、营销定位、营销策略组合、营销运作总体方案，以及每个具体的营销执行方案、替代方案或备用方案	策划核心成果
6	实施计划、执行与监控	包括行动日程安排、费用预算与人员配备，监控与纠偏	策划执行指南
7	参考资料	主要参考文献、数据来源及重要的理论参考资料的出处	理论与资讯依据

第三节　营销策划实务

一、营销策划要领

熟悉策划流程、掌握策划要点是做好策划案的关键。要成功地撰写好策划书，最好的方法是先掌握要点，然后从实例中学习要领。撰写营销策划书一般要掌握如下要点。

1. 问题解决导向

在撰写营销策划书时，必须先明确地找出战略及战术上的问题，并加以解决。具有"问题解决"意识是撰写营销策划书的第一要务。因此可以说，营销策划书就是一本"问题解决书"。

"问题"可分为战略上的问题及战术上的问题。

比如，传播战略上的问题有：如何将商品在市场上定位，即如何巧妙地设定商品概念、明确抓出目标对象等营销方面的问题；诉求内容及表现方法等，有关信息方面的问题。

战术上的问题较偏向于"效率化"——执行效率及成本效率。举例来说，媒体的到达率及频次如何才能达到"最低成本、最高效果"的效率化？表现方面如何采用反应最佳的表现方法？这些是解决问题的要点。

2. 成果导向

好的营销策划书不能只提出种种"可能性"，必须具有较高的"具体性"，因此在撰写营销策划书时必须注意以下几点。

（1）目标化：营销目标包括销售额、市场占有率、试购率、品牌转换率及再购率等各种目标；传播目标则包含知名度、认知度、理解度、品牌偏好及购买欲等。不论是营销目标还是传播目标，都必须明确地标示出来。

（2）数字化：目标必须数字化，这样目标才会明确。举例来说，本次广告活动的目标为试购率由42%提高至56%。

（3）监督与控制：成果导向的营销策划书必须重视成果的监督与控制。在此期间可以不表示所期待的成果，在执行期间加以管理控制，待广告活动后再根据实际成果进行验证。

营销案例 14-4

完美日记的内容营销之道

广州逸仙电子商务公司成立于 2016 年，于 2017 年推出了彩妆品牌完美日记，致力于研发护肤及彩妆产品，为新一代中国年轻女性提供快时尚彩妆产品和美丽方案，公司仅成立 3 年就估值 10 亿美元。在 18 个月的时间内，完美日记就成为天猫彩妆类品牌销量第一。2020 年 11 月 19 日，完美日记成功在美国上市，开盘价 17.61 美元/股；2021 年 2 月，公司股价一度攀升至 25.47 美元/股，市值超 160 亿美元。那么完美日记如何实现如此快速的成长呢？

针对目标群以理念引领，精准定位。完美日记公司的经营理念是倡导年轻一代不被外界标签束缚，而要努力地突破自我，积极地探索人生更多的可能性，遇见更优秀的自己。整个公司 80% 以上的员工是 95 后，并且大多数是女性。与目标用户（目标人群 18~28 岁的女孩子）高度一致，她们泡在社交媒体上，敏锐触觉到市场发展的趋势，推出深受粉丝喜爱的产品。

以用户为中心，更新更快地推出爆款产品。通常来说，中国化妆品牌产品的开发周期为 12—18 个月，而完美日记保持每个月 5~6 款新品上新的频率，在双 11、618 等电商购物节前还会推出重量级新品。如在 2018 年跟国家地理合作推出的国家地理眼影盘，以及与发现频道联合出品的动物盘，都是卖到脱销的镇店爆款！完美日记超过七成的成交额来自 100 元以下产品，大牌同厂的供应链，每月 5~6 款上新频率，全线 SKU500+，大牌同厂的高性价比美妆好物是爆红的基础，大牌同厂的高性价比产品+高频率的产品上新+有规律的爆款打造=持续刷新品牌认知和时尚潮流彩妆的品牌形象。

从营销策略来看，完美日记采用金字塔结构的内容营销方式（明星、头部 KOL、腰尾部 KOL、素人组合营销），大面积投放种草类软广等营销素材。不断强化用户对品牌的认知，用户被"种草"后跳转到电商平台进行付费转化。

同时，完美日记强调私域流量运营。用户在购买产品后，会添加"小完子"客服微信。"小完子"除了日常客服工作，还会在自己的朋友圈和视频号上，保持每天 1 条动态的发布频率，内容包括促销和新品宣传，不断在用户的私域流量中刷存在感，提高用户黏性。

另外，完美日记后期还布局明星代言人矩阵，通过流量明星打造爆品；布局跨界联名矩阵，激活年轻群体的尝新心理。

总结而言，完美日记把 DTC（Direct-to-Consumers，直达消费者）运营模式玩得非常明白：在渠道上缩减中间环节，以直营（线上+线下）模式为主；在社交媒体营销上，营销全矩阵加强与消费者互动，对用户进行深度绑定。

资料来源：根据网络资料整理

3. 不能脱离市场与商品

营销策划书必须密切联系商品、市场及消费者。在策划前，策划者应做好了解市场、访问经销商、接触消费者的消费场所等工作，充分了解商品、市场及消费者。

4. 在设想面必须大胆，在执行面必须精细

"想得大胆、做得精细"是策划的关键，也就是说，在解决问题的大原则下，真正执行的行动策划方案越精密越好。否则在粗略的执行方案下，所呈现出的成果必定会有疏漏的地方。

5. 积极向前、具有前瞻性

营销策划书也可说是向前看的行动策划（Action Plan）。真正积极向前的策划案，必须将每年或每次的传播活动都视为一个新的出发点。简要来说，一个营销活动策划同时必须是：①行动策划；②积极向前的策划案；③一个新的出发点。

6. 系统化

有系统化的策划书才具有一贯性。特别是整合营销传播策划书，更需要系统化。此外，为了策划内容的完整与充实，有一套策划的系统或纲要，不失为一个好方法，这样才不会遗漏那些步骤或内容。

二、营销策划趋向——整合营销策划

整合营销策划是由于信息技术的迅猛发展，媒体噪声嘈杂，营销权力从制造商向消费者转移过程中衍生出的策划概念。自20世纪90年代中期以来，伴随4C理论的提出，4C理论很快被营销实践所采用。传播的"整合"，到底对谁最有利？整合传播的最大优点是使消费者"听见一种声音"，并且能毫不费力地了解产品及服务，不会产生混淆。对广告主而言，是实现传播资源（预算）效率化的机会，"用一种声音说话"，在多样化营销（传播手段）需求下，传递同一诉求。因为现在消费者已不单看商品，而且会考虑其背后企业的表现，针对这点，整合传播可将商品与企业的形象结合。对广告公司来说，过去的工作仅需企划广告，现今则趋向综合方面的考虑，也因此企划效率高，且服务范围渐广，更能与广告主密切合作。

本章小结

营销策划是构建企业竞争优势的一门学问，深入了解我国市场环境的复杂性和多样性，精准洞察顾客需求，树立"道路自信、理论自信、制度自信、文化自信"的理念，是做好营销策划的前提。随着我国社会主要矛盾的转变，人民对美好生活的追求日益强烈，营销策划作为满足消费者需求、创造价值的重要途径，其重要性愈发凸显。营销策划作为企业管理的重要组成部分，旨在通过系统的规划和创意思维，帮助企业明确市场定位，制定科学的营销战略与策略，以实现营销目标并提升市场竞争力。营销策划具备目的性、系统性、指向性、可操作性和可调适性等特点。

营销策划的首要任务是明确具体的营销目标，这些目标应具有可量化、可达成、有时间限制的特点，如提高品牌知名度、增加市场份额等。明确的目标有助于策划者聚焦于关键任务，制定有针对性的策略。通过分析市场环境，运用SWOT分析等方法，深入了解行业趋势、竞争对手状况、消费者需求及行为等多个方面的信息，为后续的策划工作提供坚实的依据。精准定位市场与消费者，明确目标市场，并针对该市场的消费者特征进行细分，了解他们的需求、偏好及购买习惯。通过精准定位，提高营销效率，更有效地传递品牌信息。制定创新且可行的营销策略：根据市场环境分析、目标设定及市场定位，制定具有创新性和可行性的策略，涵盖产品、价格、渠道、促销等多个方面，确保全方位、多角度地触达消费者。注重执行与监控：制订详细的执行计划，明确时间表、人员分工及预算等关键要素。同时，建立监控机制，对执行过程进行实时跟踪和评估，确保策划方案按照预期推进，并及时调整优化。

随着移动互联网、大数据、云计算和人工智能等新技术的广泛应用，营销策划将更加注重创新思维、新技术和人文关怀的结合，企业需要保持敏锐的市场洞察力和持续的创新能力，利用大数据分析和人工智能技术，更准确地把握消费者行为模式和市场趋势，实现精准营销，充分利用社交媒体平台，增强品牌与消费者的互动性和黏性，以应对不断变化的市场环境。同时，营销策划还需要积极融入社会可持续发展的大局之中，通过践行社会责任、推动绿色营销等方式，为企业赢得更广泛的社会认同和支持。

 案例评析

可伶可俐"油击马拉松"营销策划案例

背景

通过深入的调查研究表明：中国大城市的90后女生，很希望能有自信的外表，青春期女生最大的烦恼莫过于脸上太油；对在网络时代长大的90后来说，他们非常难被取悦，也不容易对新产品产生集中的关注度。

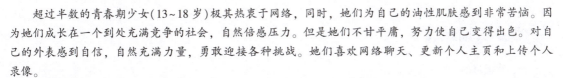

超过半数的青春期少女(13~18岁)极其热衷于网络,同时,她们为自己的油性肌肤感到非常苦恼。因为她们成长在一个到处充满竞争的社会,自然倍感压力。但是她们不甘平庸,努力使自己变得出色。对自己的外表感到自信,自然充满力量,勇敢迎接各种挑战。她们喜欢网络聊天、更新个人主页和上传个人录像。

目标

针对"可伶可俐"目标用户——申城的青少年女生,期望通过活动,加强她们对产品的喜爱,吸引她们亲身体验购买"可伶可俐"深层去油洗面乳。

活动策划

活动最初以网络数字平台闪亮登场,最终以"油击马拉松"真人秀活动华丽谢幕。

DDB设计的这个建立在数字平台上的传播活动——"油击马拉松"。带上闺中密友一起参与"油击马拉松"活动,体验趣味十足的考验:品尝麻辣美食,参与热舞竞赛等项目。经过层层考验后,脸上出油最少的那对姐妹淘就能夺冠,赢得5 000元奖金。胜出的那对姐妹淘还能成为"可伶可俐清痘调理凝露"的广告明星。

活动还邀请到了"可伶可俐"赞助的08型秀新星——丁丁和文筱丙参与其中。

该活动能够同时兼具"社区网络"与"消费者创意",并将这个活动提升到一个真人秀活动,让所有通过虚拟网络参赛的选手们能够"真实"地见面。该活动让所有参赛者明白,"可伶可俐"深层去油洗面乳不仅能洗尽脸上的油污,更能带给人自信。

活动传播

通过醒目有趣的广告语,广为流传的电视广告片吸引女生报名参加,在网络上展开激烈的讨论。每对参与活动的姐妹淘都将她们的靓照上传至活动网站。参与活动的选手们可以在官网上相互了解,增进友谊。她们更将活动信息传播介绍到其他各个网站。

超过42万名网友参与评选,选出他们最喜欢的一对姐妹淘。最终有10对选手参与最后的"油击马拉松"。网站更为选手们开通了博客,以便她们能够为自己争得更多人气和支持。有超过6万名网友浏览了选手们的博客。真人秀活动设在潮人聚集的353广场,吸引成百上千的路人驻足观看。国内最大的视频网站优酷网则在活动现场拍摄,并上传至网络,共计有100万网友观看了活动视频。

活动效果

活动期间,约有70万网友访问了活动官网,页面浏览超过250万。超过32 000张图片上传至官网,10对选手连同一对明星选手共同参与"油击马拉松",体验趣味考验,胜出的姐妹淘更赢得现金奖励。

可伶可俐控油产品优势传递给了目标消费群——90后女生,让她们体验一整天不出油的清爽感受,体验产品带来的全天控油的优点。而活动期间,可伶可俐产品销量大幅上升,增长率达37%。

资料来源:DDB中国."油击马拉松"可伶可俐广告案例分享[J].广告大观(综合版),2010(1):64-65.经改写

评析:该营销策划无论是从活动设计,还是宣传手段上都完全贴合90后爱玩、爱炫、爱出名的心态。

思考题

1. 什么是营销策划?它有何特点?

2. 营销策划的基本程序是什么?

3. 营销策划主要涉及哪些内容?

4. 撰写营销策划书应遵循哪些原则及程序?

5. 试对一家企业的产品进行调查分析,并在此基础上撰写一份营销策划书。

本章实训

一、实训目的

通过对企业的产品(服务)或某一事件营销策划，学生了解营销策划的流程与方法，理解营销策划对企业市场营销的作用与意义，学会撰写营销策划书。

二、实训内容

1. 实训资料：拟定企业的产品或某一事件营销案。

2. 具体任务：根据本章对营销策划的学习，分小组策划某企业产品营销方案或事件营销方案。

3. 任务要求：

以自己熟悉的本地企业为例，撰写企业产品或事件营销的策划书，要求根据营销策划流程掌握策划流程五个方面的内容：营销(市场)分析、营销目标、营销定位，营销战略与策略组合(战术)，实施与监控。

三、实训组织

1. 根据全班上课人数，将全班同学分成若干小组，采取组长负责制，全体组员协作完成课堂任务。

2. 确定所选企划项目后，各小组进行下一步分工，对营销企划案进行分析、汇总。

3. 经过小组讨论后，完成实训报告及汇报PPT。

4. 根据课时具体安排，不同小组分别选派成员对报告进行讲解，并回答其他组成员的问题。

5. 任课教师对实训课程的结果进行总结，提出相应的意见及建议。

四、实训步骤

1. 任课教师布置实训任务，介绍实训要点和搜集材料的基本方法。

2. 各小组明确任务后，按照教师指导根据具体情况进行分工。

3. 各小组定期召开小组会议，对取得成果进行总结，遇到问题及时与指导教师沟通。

4. 完成实训报告及展示所需要的PPT等材料。

5. 各小组对创业项目进行课上汇报，教师对各组的汇报进行点评及总结。

第十五章 市场营销新发展

章节图解

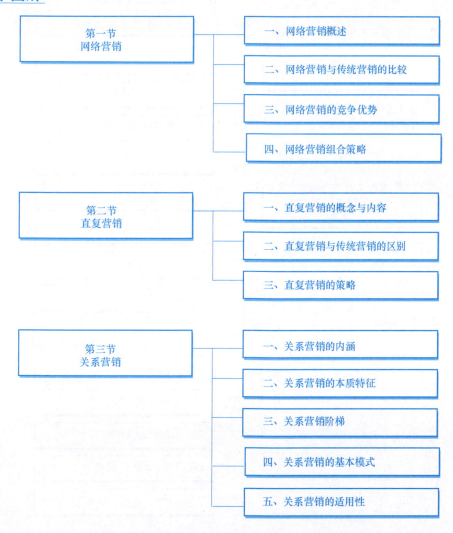

第一节
网络营销
- 一、网络营销概述
- 二、网络营销与传统营销的比较
- 三、网络营销的竞争优势
- 四、网络营销组合策略

第二节
直复营销
- 一、直复营销的概念与内容
- 二、直复营销与传统营销的区别
- 三、直复营销的策略

第三节
关系营销
- 一、关系营销的内涵
- 二、关系营销的本质特征
- 三、关系营销阶梯
- 四、关系营销的基本模式
- 五、关系营销的适用性

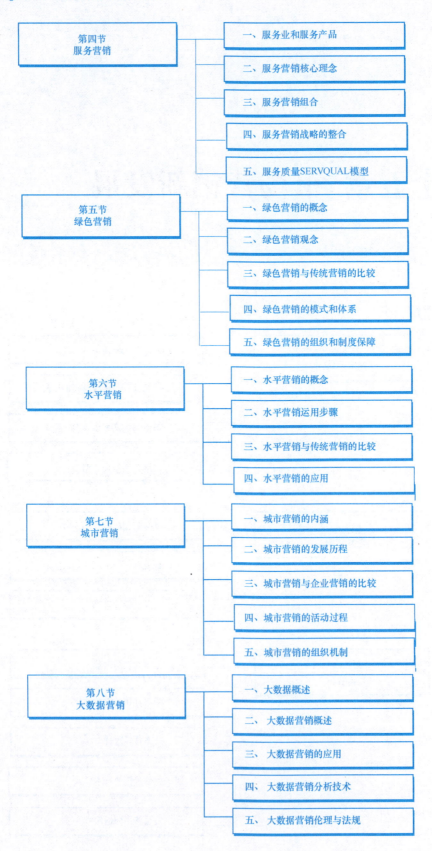

学习目标

知识目标：
- 掌握网络营销的概念及组合策略
- 了解直复营销的概念与策略
- 掌握关系营销及其基本模式
- 掌握服务营销的核心理念及服务营销组合
- 掌握绿色营销的概念及模式
- 了解水平营销的概念及应用
- 了解城市营销的内涵
- 掌握大数据营销的特征及其应用

素养目标：
- 重点了解市场营销新发展与学科交叉的应用
- 提高对市场营销发展的认知维度
- 强化市场营销新发展的道德伦理与社会责任

关键概念

网络营销，绿色营销，服务营销，绿色营销，水平营销，城市营销，大数据，大数据营销

导入案例

霸王茶姬的故事告诉了我们什么？

霸王茶姬成立于 2017 年 6 月，同年 11 月 17 日在云南昆明五一路开了第一家门店，这标志着霸王茶姬正式进入市场。霸王茶姬创始人张俊杰，从店员到创业成功，仅用不到 7 年时间开出 4 500 家门店。其避开水果茶赛道，专注原叶鲜奶茶，获得多方投资，全球门店突破 4 500 家，其中海外门店突破 100 家。霸王茶姬如何在如此短的时间里创造了如此骄人的成绩？

1. 川、滇划圈新一线二线城市

霸王茶姬最初在云南拓店，但门店最多的省份并非云南。截至 2023 年年底，霸王茶姬在浙江拥有最多的门店，有 320 家；其次是江苏，为 301 家；再次是云南，有 289 门店；四川和重庆分别有 261 家和 155 家门店。从分布省份看，除了经济发达的江苏、浙江和广东，其他更多是华中和华南地区，更确切地说，是围着四川和云南周边扩散。

城市分布上，作为霸王茶姬总部的成都拥有最多门店，共有 165 家，其次是重庆，有 155 家门店，再次是最早开店的昆明，拥有 128 家门店。杭州和南京也有不少门店，分别有 111 家和 74 家门店。

选址上，霸王茶姬在全国有 53% 的门店在购物场所，24% 的门店在住宅区。一线城市基本扎堆在商场，一线城市 62% 的门店在购物场所，新一线和二线城市中商场门店也不少，分别占到 50% 和 57%，三线城市有 60% 的门店在购物场所，五线城市商场门店和住宅区门店分别占比 37% 和 34%。

根据极海品牌监测数据，霸王茶姬在一线城市门店占比仅有 7.91%，超一半门店开了新一线及二线城市，一定程度上避免了与喜茶、奈雪的茶等对手的正面交锋，类似农村包围城市。目前，霸王茶姬的门店规模正式跻身第一梯队，虽然不及蜜雪冰城、茶百道、古茗和沪上阿姨等，但它已经在奋力追赶。2023年，与沪上阿姨近 7 600 家门店相比，霸王茶姬国内门店数是 3 511 家。

2. 产品差异化后的标准化

张俊杰创业之初的一个明智选择是避开水果茶赛道，选择从原叶鲜奶茶切入，从而避开了激烈竞争，获得了更大的发展空间。这也印证了"与其更好，不如不同"这句话。

霸王茶姬选择用"原叶鲜奶茶"的定位切入新中式茶饮，取名来自传统戏曲《霸王别姬》，品牌 Logo 也是京剧花旦脸谱，门店设计也融入了戏曲戏服和手工刺绣等传统工艺，国风气质是霸王茶姬的差异化之一。

在跟风泛滥的新茶饮业，霸王茶姬打造了一条属于自己的路：和当前的主流茶饮品牌形成错位竞争，凭借新中式及"原叶鲜奶茶"的差异化定位在短短 7 年内就挤上了新茶饮头部品牌的牌桌。目前霸王茶姬的产品分原叶鲜奶茶、云顶茶、果茶、纯茶四类，SKU 约 40 个，其中使用鲜果的产品占比仅约 35%，并且多使用葡萄、杧果等常见水果，客单价在 20 元左右。在茶饮中加入时令鲜果非常考验公司对供应链与门店出品的运营与把控，而霸王茶姬的产品创新以茶叶拼配为主，并进行了现萃茶的多种尝试，这种主打原叶鲜奶茶的产品策略令霸王茶姬更容易实现标准化。

3. "爆品+营销"抢占心智市场

霸王茶姬是营销高手，擅长以"病毒式传播"为新品造势。2023 年 8 月，霸王茶姬新功能——"产品身份证"正式上线，首批 6 款饮品热量公布，实现营养信息透明化。正如元气森林的"0 糖 0 卡"理念，在朋克养生的 Z 世代里屡试不爽，让用户无后顾之忧。通过"热量可视化"和"成分参数化"互动，无形打破喝奶茶会发胖的固化认知。

在超级单品方面，霸王茶姬打造出了"伯牙绝弦"这一超级爆品，迅速形成产品记忆点。2023 年，霸王茶姬针对"伯牙绝弦"，发出 1 亿张"以茶会友"券，一年销售更是超过 2.3 亿杯。霸王茶姬方面的公开数据显示，以"伯牙绝弦"为主的前三大 SKU 奉献了 60%~70% 的销售额。即便是做"买一送一"的优惠活动，依然能实现盈利。截至 2024 年 5 月 20 日，霸王茶姬注册会员数量已突破 1.3 亿，而在 2023 年年底，这个数字是 6 900 多万，不到半年，注册会员数实现了近乎翻倍的增长。

4. 结束语

根据艾瑞咨询在 2023 年的预测，2023—2025 年新茶饮行业的市场规模增速分别为 13.4%、6.4%、5.7%，增量转存量趋势明显。在行业普遍走下坡路之时，霸王茶姬却逆流而上，保持销量高增，2023 年霸王茶姬总销售 108 亿元。张俊杰表示，2024 年霸王茶姬的总销售额将超过 200 亿元。2023 年第四季度霸王茶姬单店月均销售收入为 57.4 万元。而在 2024 年第一季度，霸王茶姬单店月均销售 54.9 万元。"霸王茶姬 2024 年一季度的店均销售额超越了所有的现制茶饮企业，同时超越了星巴克中国。"他认为，即使剩下三个季度环比没有增长，也能在 2024 年实现超 200 亿元的保底销售规模，因此他提出了 2024 年的目标：超越星巴克中国的销售额。霸王茶姬以全球化、标准化、规模化为目标，要做"东方星巴克"。

引导问题：

1. 霸王茶姬为什么在短短的不到 7 年时间里成为行业的一匹黑马？
2. 霸王茶姬差异化营销的特点有哪些？它可以成为"东方星巴克"吗？

第一节　网络营销

20 世纪 90 年代中期，随着互联网的逐渐普及，传统营销受到猛烈的冲击，网络营销成为流行的营销手段。在现代公司的客户中，互联网用户占了相当大的比例，互联网已逐渐成为公司与客户之间沟通的新渠道。

一、网络营销概述

1. 网络营销的概念

网络营销是一个非常广泛的概念，它包括新时代的传播媒体、信息高速公路、数字电视网、电子货币支付方式等，其运作过程包括网上的信息收集、商业宣传、电子交易、网上客户服务等。因此可以说，网络营销（Cyber Marketing、Online Marketing 或 Electronic Marketing）是利用计算机网络、现代通信技术以及数

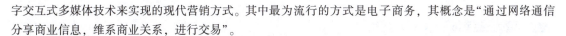

字交互式多媒体技术来实现的现代营销方式。其中最为流行的方式是电子商务，其概念是"通过网络通信分享商业信息，维系商业关系，进行交易"。

2. 网络营销的功能

网络营销的特点是覆盖全球，没有地域和时间的限制，随时传递企业的形象、经营和产品等信息。同时，网络营销具有多路传送、适时快捷的功能，可将产品的最新信息提供给众多客户同时阅览或查询。

网络营销和其运作的环境 Internet(因特网)在市场营销中所发挥的功能可归纳为以下几点。

(1)推广企业的形象与经营理念。

在开放的市场竞争态势下，企业除了制造和销售产品外，更应强化品牌和形象，而利用 Internet 的功能可使企业的形象推广变得更加生动。精心设计的网页，可以深刻表达企业的形象与经营理念，及时传播各种信息，如企业的基本状况、近期规划、发展远景、技术及服务等，这些都有助于企业贴近自己的客户，与客户间达成更多的共识，建立起相互信赖的关系。

(2)产品的推广与信息发布。

推销产品是网络营销的核心。运用计算机网络可以使产品的推销过程更加生动，除提供产品的规格型号及销售信息外，产品的外观、功能、使用方法甚至制造过程等都可以通过多媒体信息形式呈现给客户，增加了知识性、趣味性和真实性。另外配合营销活动开展的多姿多彩的促销活动，如虚拟旅游等是网上常用的促销手段，这些都有助于吸引客户或潜在的客户。

(3)与客户进行在线交易。

通过网络收集订单，交付"集成制造系统"——根据订单，实现产品设计、物料调配、人员调动，完成生产制造，实现在线交易。

自 1998 年 7 月，英特尔(Intel)公司营销网站开通以来，其平均月营业额达 10 亿美元，这个数字使 Intel 在 Internet 所有商务网站排行榜中名列榜首；戴尔(Dell)公司的网络订单曾经每天高达 1 000 万美元，每月营业额为 3 亿美元，比由其他渠道卖出的电脑带来的利润高出 30%；思科(Cisco)公司曾经每月营业额约 4 亿美元，如今该公司全部业务量的 62% 来自 Internet。

(4)通过网络收集各种信息。

通过网络还可收集各方面的信息，如时事、经济、技术、用户需求等，并反馈给生产销售活动的主体——企业，由此开拓新思路、采用新技术、开发新产品，再通过网络进行宣传，与需求者进行沟通。例如，通过网页上在线填写的一些调查表格，可获取客户信息及他们的反馈，甚至可据此先期分析出不同的消费习性群体，为下一个生产、销售循环做好准备。

(5)提供多元化的客户服务。

网络服务就像一个虚拟的销售人员，通过友好的网页界面和丰富的数据库，同时提供多人、多层次的数据咨询、意见交流、业务技术培训及售后服务等，客户获得自己所需要的内容，享受多元化的服务。

3. 网络营销的分类

根据不同的营销主体，网络营销大致分为三种不同的种类。

(1)根据营销主体与对象的不同，可分为：企业对消费者(Business to Customer，B2C)，在网上从事零售；如 www.amazon.com 网站。企业对企业(Business to Business，B2B)，企业采购，如 www.freemarkets.com 网站；消费者对企业(Customer to Business，C2B)，消费者提出报价，从企业购买产品，如 www.priceline.com 网站；消费者对消费者(Customer to Customer，C2C)，消费者拍卖，如 www.ebay.com 网站。

(2)根据营销主体有无网站，分为无站点营销和有站点营销。前者利用因特网资源进行信息发布、电子邮件联络等售点进行营销活动。后者利用自己的网站进行营销活动，如网上直销、网上服务等。

(3)根据营销主体的经营性质，可分为基于网络公司的"网站营销"和基于传统公司的"网上营销"。

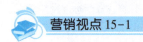 **营销视点 15-1**

微信传播

作为网络传播时代的新媒介，微信拥有独具一格的传播特性。第一，社会化关系网络的属性使微信具有点对点、实名交际的特征，在一定程度上跨越了真实空间与虚拟空间的鸿沟，更加贴近人们的生活。第二，微信的信息传播会出现同质群体范围的扩散，传播者在进行点对面的信息发布时，可以自行选择所面对的"面"，从而加强信息的传播效果。

与微博的公共社交、人人网的泛熟人社交不同，微信主打的交流范围是熟人群体。尤其在微信客户端与私人手机号码绑定的情况下，现实中存在的真实社会交往关系被直接复制到微信中。微信社交中，社区化网络传播的特点十分明显，微信用户会依照现实中的社交格局进行人际交流。

二、网络营销与传统营销的比较

网络营销是一种新兴的营销方式，它并不是要取代传统的营销，而是基于信息科技的发展，来创新与重组营销方式。传统营销与网络营销的区别见表 15-1。

表 15-1　传统营销与网络营销的区别

项目	传统营销	网络营销
营销环境要点	农业经济、工业经济环境，注重实物流、货币流及形成的流程环节	以 Internet 为基础的信息经济环境，注重信息的公开性，实物流与货币流
营销接触界面	面对面，或电信手段辅助下的面对面	远程，以 Internet 的信息资源平台 Web 为网络营销的界面
产品	目标市场确定慢、产品定位批量大，产品生命周期长，新产品开发风险大	任何种类的产品或服务项目，但最适合的营销产品是一些流通性高的产品，如图书、报刊、信息软件、消费性商品等
价格	取决于企业的合理利润及顾客可以接受的范围，符合公司的竞争策略	与传统营销所用的营销基本相同，但在 Web 上进行销售时，价格调整更具竞争力
地点	取决于营销双方或多方间的物理距离	虚拟电子空间中的 WWW 成为营销的新途径，电子空间距离代替物理空间距离
促销	企业通过广告、公关、营业推广和人员推销等手段将产品信息传递给消费者以促成消费行为的达成	线上促销具有一对一的特性，并且以消费者的需求为导向
销售模式	产品物流过程，依赖库存和中间环节的迂回模式	实现零库存甚至无分销商的高效运作，直接模式
决策	根据企业营销环境、对企业产品的组织、市场定价、销售渠道、物流管理、促销手段及广告等进行综合决策，主要依赖人工、经验	除传统营销因素外，增加了以 Intranet（企业内部网）连接 Internet 构成的信息系统综合环境下的在线决策

三、网络营销的竞争优势

（1）营销功能的整合，实现一对一营销。网络营销能够将产品说明、促销、顾客意见调查、广告、公共关系、顾客服务等各种营销活动整合在一起，进行一对一的沟通，真正达成营销组合所追求的综合效益。

（2）营销活动不受时间与地域的限制，结合文字、声音、影像、图片及视讯，用动态或静态的方式显

现，并能轻易迅速地更新资料，同时消费者可重复上线浏览查询，从而使企业具有低成本优势。

（3）网络营销减少了中间流通环节，实施低库存甚至零库存生产，显著降低经营成本，提高经营效率与经济效益。

（4）网络营销能运用问卷、网络、资料库等手段，以最新、最快的方式获取顾客信息。通过网络上互动的资料修订与强大的统计功能，企业能拥有大量主要顾客与潜在顾客的完整资料。

四、网络营销组合策略

网络营销组合与传统营销的实质是一样的，即满足有利益的市场需要，不管这些消费者是通过网络还是通过传统渠道进入。但是，对于如何发挥营销组合的各种因素和在网络环境中把它们组合成一个营销战略，是有很大差异的。必须切记，网络是个变化多端的营销环境，网络营销组合必须同步地经常改变。

1. 产品因素

因特网和万维网的迅速发展为向消费者和企业出售产品提供了机会。通过因特网购买，企业降低了销售成本，改进了客户服务，加强了与顾客和供应商的交流。计算机和计算机外延产品、工业用品和软件包是企业主要的网上购物内容。消费品只占因特网的一小部分，但增长迅速，消费品中的购买主要是证券、旅游和书籍。通过网络营销，公司可以提供产品，包括商品、服务和创意，这会带来独特的益处，即提高顾客的满意度。

在线销售的商品，如计算机硬件和软件、书籍、影碟、唱片、玩具、汽车，甚至杂货都以惊人的速度在增加。例如，戴尔公司每天向消费者和企业出售总价值 1 200 万美元的计算机。美国亿贝（eBay）作为一个网上拍卖场所，将各种产品与购买者连接起来。然而，公司运送有形产品的能力受到了由于定制化送货的较低边际利润的挑战。

某些服务也可以上网销售，甚至可能会比商品更成功。许多因特网在线经纪商提供网上股票和债券的交易，还提供报价、新闻、研究、计划和其他特别服务。航空公司通过其网站订购机票。

2. 价格因素

因特网使消费者能获得更多的产品成本和价格信息。例如，汽车购买者可以进入许多汽车制造商的网页，确定理想的车型，获得及时的价格信息。然后，他们可以带着更多的信息去购车。因特网不仅帮助消费者进行比较购物，而且使那些把价格作为营销组合中关键因素的生产商有机会将定价信息传递给顾客。营销人员可以利用因特网促进价格和非价格竞争。

一些组织在因特网上实行低价政策。例如，航空公司推广网上订票，并通过网上旅行安排给顾客提供省钱的机会。网上的低成本促销保证了产品的低价。例如，邮寄目录非常昂贵，但假如公司可以节约成本，并以较低的价格让利给消费者，就可取得竞争优势。

在网络营销领域，数字货币（Digital Currency）作为一种与价格相关的支付方式，目前仍处于萌芽阶段。消费者在网上建立账户，使用信用在线交换系统，这一系统的功能类似于今天的记账卡，但不同之处在于其信用完全是数字化的。然而，数字货币的广泛应用可能还需时日。考虑到互联网公开的结构和无法预测的发展，许多长期用户已习惯于免费获取大部分内容，他们可能会拒绝为所使用的信息支付费用。营销者们因此面临着挑战，需要说服用户相信网上提供的信息具有支付价值。同时，消费者也习惯于使用信用卡或移动支付网上购物的费用。如果大量消费者习惯于使用移动支付信用卡进行网上支付，而缺乏创新性的营销策略来推动数字货币的接受度，那么数字货币系统是很难成功的。因此，营销战略的创新对于数字货币的推广至关重要。

3. 分销因素

分销渠道让产品以正确的数量、在正确的时间和正确的地点运送。实体分销适合网络营销。电子制定订单和通过因特网提高交流速度的能力，减少了营销分销渠道成本，提高了效率，同时加快了传送速度，提高了为顾客服务的水平，因特网的互动性使公司能与其供应链的成员发展紧密的合作关系。

准许供应商获取顾客交易的数据有利于促进营销渠道更好的协调。通过电子方式了解公司的顾客们订购了什么，供应商可以精确地知道什么时候运送原料来满足需求，使其可以减少手头的库存，这就降低了公司的运输成本。例如，沃尔玛与宝洁公司和其他生产商交换有关库存量和产品的信息，因而建立了伙伴关系，使它所有供应链成员的竞争优势最大化并获取利益。由于因特网提供了必需的积极合作和沟通，供应链的管理得到加强。

越来越多的公司正在推进搜索信息技术的进步，以同步推进它们的生产或与顾客的合作的关系，这种在公司内各种运营间信息共享的发展更易于产生。营销人员可以利用他们的网站获取顾客的需要，然后生产顾客需要的产品。例如，盖特威（Gateway）和戴尔，通过询问顾客所需配件，帮助顾客建造他们自己的计算机，然后这些公司在几天内直接将定制的产品送到顾客手中。

由于生产商和供应链上其他成员之间先进技术网络的建立，企业对企业的交易得到了进一步发展。企业外部网（联系公司与顾客、供应商的安全网络）的使用推进了产品的分销、订单处理、库存管理的协调。企业对企业网络营销基础设施的发展令产品分销更有效、灵活和低廉，因而提高了顾客的满意度。

4. 促销因素

因特网是一个互动的载体，可以用它来通知、说服目标市场接受企业的产品。因特网给营销者带来令人激动的机会以扩大和完成他们传统的促销服务，使消费者得到最好的产品。大量的电影制片厂都建立网站让访问者可以看到最新的电影剪辑，新影片的电视广告节目常常鼓励观众访问这些网站。另外，一些电视网也设立网站，提供观看指导和额外的内容来增强其娱乐性。

网络营销的特性使因特网上的促销活动不同于运用传统媒体的活动。首先，因特网用户可以控制他们浏览什么，顾客选择访问一个公司网站，这就暗示着他们对公司的产品有兴趣，因此，可能会更积极地参与公司提出的信息和对话。其次，因特网的互动性使营销人员能进行与顾客的对话，以更好地了解顾客的兴趣与需求。这种信息可以用于个体顾客，以减少促销广告。例如，亚马逊公司根据名字来辨认顾客，如果他们从前从该网站购买过图书，亚马逊就会根据他们的购买记录推荐他们可能感兴趣的书目。最后，可获取性意味着直接面对具体顾客的营销活动可以更有效。事实上，结合顾客数据库有效分析的直接营销可能成为一个网络营销最有价值的促销工具。

【营销案例 15-1】"罗辑思维"的微信营销

第二节　直复营销

直复营销起源于 20 世纪 50 年代，直复营销最早以直接邮寄的方式出现，这种一对一的营销方式自诞生以来，就以其独特的魅力掀起了一场营销方式观念的变革。

一、直复营销的概念与内容

1. 直复营销的概念

直复营销是为了达到量化的市场营销目标，公司与顾客或潜在的顾客之间进行直接接触，并系统地使用数据信息的沟通过程。直复营销（Direct Marketing）是无店铺销售的一种主要形式（图 15-1）。

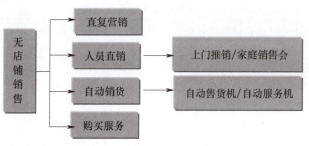

图 15-1 无店铺销售的主要形式

直复营销意味着企业与顾客是一对一的营销形式，绕过代理商、分销商和零售商等中间环节，直接面对消费者。直复营销进行促销的目标在于与顾客建立一种长期的关系，并通过直接联系及时获得反馈信息和传播公司的产品与服务，从而最终建立顾客忠诚。

2. 直复营销的内容

直复营销并不仅局限于大众所熟知的直接邮寄的方式，直复营销所包含的内容非常广泛。直复营销体系根据媒介的种类不同而分为直接邮寄、直接反应广告、电话营销、目录销售、网络营销、新媒体等。另外，营销数据库是基础，各种直复营销媒介都需要通过营销数据库才能找准目标客户。

（1）直接邮寄。直接邮寄简称直邮，是营销人员直接将信件经过邮局寄到客户或潜在客户手中的一种方法。直邮是一种具有独特化和目标性的营销形式。直邮分为硬销方式（Attention/Interest/Desire/Action，AIDA）——注意力+兴趣+愿望+行动，以及软销方式（Situation/Complication/Resolution/Action/Politeness，SCARP）——情景+困难+解决方案+行动+礼貌。

（2）直接反应广告。与一般反应广告不同，直接反应广告要求客户和潜在客户作出反应：索要样品、寄回参赛券、电话预约、写信等。这种直接营销方式的发展得益于技术的进步和企业期望准确测定沟通的结果。许多广告商将其作为一种建立数据库的基础。

（3）电话营销。电话营销通常分为外向拨打电话和内向接受电话（比如 800 免费电话）。电话营销不仅指电话销售，也可作为其他销售方式的补充，因为通过电话营销人员可以与顾客或潜在顾客进行直接交流。电话营销展示了直接营销的广阔应用领域：销售、询问解答、接受订货、关心顾客、市场调研、顾客不满的处理、支持其他直销活动等。

（4）目录销售（邮购）。目录销售是营销人员把目录直接寄给顾客和潜在顾客并附上购货单的一种方法。其目的是将给分销商的利益转移给消费者。

（5）网络营销。这是将公司的网站与在线促销技术，如搜索引擎、标题广告、直接电子邮件和来自其他网站的链接和服务等结合起来，通过这些技术获得新的顾客和向现有的顾客提供服务，从而建立顾客关系。为了使网络营销获得成功，公司有必要将它与其他媒介整合起来。

（6）新媒体。随着技术的发展，直复营销的推动力越来越强。互联网技术缩小了企业与客户之间的距离，也降低了成本。同时，客户数据库的管理由于联机网络、电脑、通信、交互式数字媒体等技术的引进而更加完善。

二、直复营销与传统营销的区别

直复营销与传统营销是有区别的，传统营销强调的是树立企业形象和引起人们对产品的注意。直复营销则强调购买某产品能给消费者带来的利益，并且广告中还为顾客提供了直接反应的工具。例如，直复营销人员向顾客提供免费电话的号码，或者是附上一张购买优惠券，有时也附一个回言卡。

下面主要以邮购为例来研究一下直复营销与传统营销的本质区别（表 15-2）。

表 15-2　直复营销与传统营销的区别

项目	直复营销	传统营销
对象及细分依据	单个顾客 以消费者资料库（姓名、购买习惯、地址）为依据	目标顾客群 以人口、心理等因素为依据
销售途径	媒体	零售店
销售服务	营销人员全程跟进	仅到分销渠道
媒体应用	针对性很强的媒体	利用大众媒体
广告目的	让消费者立即订货或查询	传递信息，产生兴趣，消费者接受广告与产生购买行为存在时间间隔
促销手段	隐蔽性	比较公开
决策资讯	部分	全面
风险	可能性大，因看不见产品	相对小，接触产品直观

直复营销与传统营销相比，具有以下独特性。

（1）直复营销更强调与顾客建立并维持良好的关系。

（2）直复营销的服务提高了产品的附加值。

（3）媒体就是销售场所。

（4）直复营销刺激顾客立刻查询或订货。

（5）直复营销具有效果反馈功能。

通过比较可知，直复营销在某些方面与传统营销相比确实具有优越性。直复营销之所以具有多方面的优越性，最根本的原因只有一个：直复营销人员直接针对每一个目标顾客开展营销活动。

 营销案例 15-2

基于新媒体的邮购公司

基于新媒体的邮购模型具备完善的系统配置，包括基于浏览器的前台系统、数据库和完整严密的后台系统。其中，前台系统主要负责提供产品信息浏览，接受网上订购，记录客户信息，将信息输入客户数据库、产品数据库和交易数据库。后台系统主要负责根据库存安排发货，处理交易过程中可能发生的各种情况，并对客户及公司客户服务部门提供准确的信息反馈，见图 15-2。完整、严密和高效率的系统配置是基于新媒体的邮购公司发展网上邮购的保障。客户通过搜索引擎发现邮购公司的网站并访问这一网站，邮购公司可以通过门户网站和公共邮件列表上的广告向网民宣传本公司的网站，网友间也可通过交流，传播有关的网站信息。引入电子商务后，邮购公司将建立新的客户资源获得渠道，并及时输入客户数据。另外，在互联网上树立形象、生动的三维产品展示和后台交易模型，有助于吸引客户和提高面向客户的服务质量，充分利用互联网技术，从而开发和建立新的客户管理模式，在网上和后台系统中获得的信息，见表 15-3。

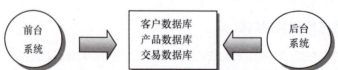

图 15-2　基于新媒体邮购模型的系统配置

表 15-3　基于电子商务邮购模型获取的信息反应

信息来源	客户属性	促销方向
登录的频率 经常单击的商品 订单的数量和平均定价	忠诚度	关于促销活动和激励方法的通知
	消费支出能力	新产品信息
	活跃程度	有针对性的导购服务
	喜好的商品	技术支持服务
	个人的品位	邮购公司的品牌提升

三、直复营销的策略

直复营销是一个相互联系的有机整体，直复营销人员通过消费者资料库的信息，有效地开展直复营销，如营销人员负责顾客的订单，这些订单要求企业直接供货。直复营销人员的作用在于与顾客建立直接关系以激发其迅速反应。这些购买反应提供了很重要的顾客信息，企业通过记录每一个顾客的购买反应，便可以知道顾客订货的频率，最近的一次订货及平均支出，并预测潜在的未来购买量。企业采用直复营销的方法需要进行策略的规划，主要内容包括以下四项。

1. 建立客户数据库

建立客户数据库是直复营销的起点和终点，完善、有效的客户数据库将为直复营销提供所需的信息并进行有效的分析。客户数据库不是单独的数据库，而是与财务、生产等数据库紧密相连的综合客户数据库。高效的客户数据库具备三个特征。

（1）根据客户号组建数据库。

（2）综合各类信息，包括个人信息、地址信息、付款信息和行为信息等。

（3）从不同的查询路线均可查到信息。

 营销案例 15-3

大众汽车 App 营销

App 是 Application 的缩写，是指移动设备（主要是手机、平板电脑）上的应用程序。App 营销就是通过这些应用程序来进行品牌宣传、促销、沟通等营销活动。App 在品牌企业手里，可以是产品手册，可以是电子体验，可以是社交分享，可以是公关活动……几乎涵盖整个营销流程。

品牌 App 要吸引用户一般有三大法宝：挑战、分享、DIY。举例来说，大众汽车选择了三面出击，分别进行了以下尝试。

（1）推出一款帮助驾驶者节能的软件，通过记录下驾驶过程中的加速、减速等数据计算出环保得分和省钱潜力。这个数据还能上传到网上与其他用户 PK。这个软件推出后得到了很多人的喜爱，在享受挑战极限的快乐的同时，还能省钱和更环保。

（2）推出一款"尚酷夜摄会"的 App，让用户拍摄夜生活的照片并上传，来赢取一年的尚酷试驾权。这不仅击中了尚酷的目标群体爱炫、爱社交的特点，而且通过他们都喜爱的夜生活这个特点把他们联系在一起，形成圈子。

（3）在 DIY 方面，推出了大众自造 App，用户可以发挥个性和创意，创造属于自己的专属汽车，还能把做出来的汽车放在实景当中拍照，上传到相册上与朋友分享。

资料来源：白静，刘俊玮. App：营销新战场 [J]. 销售与市场（渠道版），2012（5）：42-43. 经改写

2. 选择目标市场

确定目标市场是直复营销的重点，公司实施直复营销是想将新产品上市，还是想用产品目录或网站的

链接吸引新的消费者，抑或是发掘潜在客户去购买产品或服务，公司要先明确营销的目标，然后通过对客户数据库的分析，寻找和挑选出最合适的客户和潜在客户，确定目标市场。戴尔计算机公司进入中国瞄准的就是能与美国技术同步的市场，70%的产品卖给在中国的跨国企业，如花旗银行（Citybank）、摩托罗拉（Motorola）、通用电气（General Electric）、强生（Johnson&Johnson）等。50%的顾客是中国本地企业如电信、银行等需要计算机的部门。

3. 寻求合适途径

直复营销的方式有六大类：直接邮寄、直接反应广告、电话、上门推销、邮购和新媒体。不同的途径所花费的成本和效益是不同的。公司要根据过去营销活动的分析、公司的目标市场、公司的财务、产品的特色和不同途径的特色等方面决定接近客户和潜在客户的相对较佳的途径，花费较少的费用获取最佳的效益。戴尔计算机公司原先通过免费直拨电话向顾客提供技术支持，进入网络时代的戴尔进一步利用互联网推广其直销模式。

4. 设计创造性的直复营销

确定目标市场和途径之后，还有一个重要的问题就是如何用设计的方式进行营销。公司要依据不同的客户设计不同的广告、产品目录、传单或宣传材料，在实践过程中不断反馈给客户数据库，使每个设计的细节都能体现公司的良好形象，注重视觉效果，并运用刺激的手段协同说服性的宣传材料，以调整到最好的设计方式。图15-3揭示了直复营销上述活动流程。

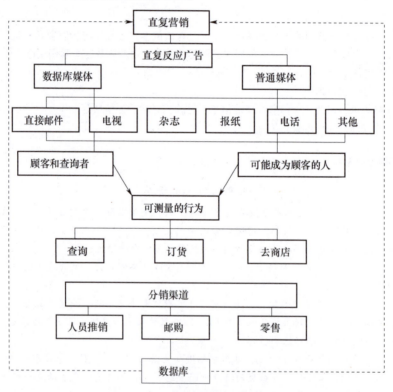

图15-3　直复营销活动流程图

图15-3的上半部分代表向顾客或可能成为顾客的人传递信息的广告媒体；下半部代表着分销渠道，在直复营销活动中，公司主要是通过邮购这条分销渠道处理顾客的订单，然后将顾客订货的有关信息存入数据库，这些新的数据库又返回到流程图上半部分，为下一次广告决策提供依据。

在流程图中，有几点必须注意。流程图所列的所有媒体中，只有直接邮件和电话这两种媒体能与目标顾客直接联系，故一些美国学者把这两种媒体又叫作"数据库媒体"。

除了自动售货机外，市场营销人员可通过三种分销渠道将产品送至消费者手中，这三种分销渠道包括人员推销、零售和邮购。无论采取哪种分销渠道零售商品，都可进行直复营销活动来促进商品的销售。例如，通过零售店零售时，直复营销人员可将商品目录或奖券通过邮寄送至消费者手中，引导消费者来商店购买；采用人员推销这种分销渠道时，也可通过直复营销先将有购买意向的顾客确定下来，指导推销人员对这些顾客进行重点推销，从而极大地提高人员推销的效率。

【营销案例 15-4】《读者文摘》——吟唱直复营销的"波斯诗人"

第三节　关系营销

关系营销是在传统营销的基础上融合系统论、协同学、传播学等社会学科的思想而发展起来的。关系营销于 20 世纪 70 年代首先由北欧的学者提出，自 20 世纪 80 年代以来，关系营销理论得到了广泛的传播、发展与应用，成为一种以科学理论和方法为指导的新型营销观念，是营销理论发展的又一个里程碑。

【营销案例 15-5】IBM 借网球赛进行关系营销

一、关系营销的内涵

传统的市场营销是企业利用营销 4P 组合策略来争取顾客和创造交易，以达到扩大市场份额的目的。随着消费文化与心理的改变，以及计算机网络的发展和扩大，市场竞争日趋激烈，与寻求新顾客相比，保留住老顾客更重要、更经济。以顾客的满意与忠诚度为标志的市场份额的质量取代了市场份额的规模而成为决定利润的主要因素，由此产生了新的营销理念——关系营销。

关系营销突破了传统的 4P 组合策略，强调充分利用现有的各种资源，采取各种有效的方法和手段，使企业与其利益相关者如顾客、分销商、供应商、政府等建立长期的、彼此信任的、互利的、牢固的合作伙伴关系，其中最主要的是企业与消费者的关系。关系营销体现了更多的人文关怀色彩，它更注重和消费者的交流和沟通，强调通过顾客服务来满足、方便消费者，以提高顾客的满意与忠诚度，达到提高市场份额质量的目的。如何留住顾客，并与顾客建立长期稳定的关系，是关系营销的实质。这一理论强调营销活动要与涉及的各方建立起相互信任的合作关系。争取顾客和创造交易（识别和建立关系）是重要的，维护和巩固已有的关系更重要；营销的责任不仅是给予承诺，更重要的是履行承诺。

关系营销与传统市场营销有很大的区别，传统营销建立在"以生产者为中心"的基础之上；而关系营销建立在"以消费者为中心"的基础之上。传统营销的核心是交易，企业通过与消费者发生交易从中获利；而关系营销的核心是关系，企业通过建立双方良好的互惠合作关系从中获利。传统营销把视野局限于目标市场上；而关系营销所涉及的范围包括顾客、供应商、分销商、竞争对手、银行、政府及内部员工等。传统营销关心的是如何生产、如何获得顾客；而关系营销强调充分利用现有资源来保持自己的顾客。传统的交易营销与关系营销的主要区别见表 15-4。

表15-4　传统的交易营销与关系营销的主要区别

项目	交易营销	关系营销
适用的顾客	适合眼光短浅和低转换成本的顾客	适合具有长远眼光和高转换成本的顾客
企业的着眼点和重心	短期利益，市场占有率，一次交易利润，不一定要顾客满意	长远利益，回头客比率、顾客忠诚度、顾客满意
核心概念	交换	建立长期关系
企业与顾客的关系	不牢靠的联系，竞争者很容易破坏企业与顾客的关系，如价格	较牢靠，竞争者很难破坏企业与顾客的关系
营销管理的追求	单次交易的利润最大化	追求与对方互利关系的最佳化
市场风险	大	小
是否了解对方文化背景	否	是
最终结果	属于传统营销渠道概念范畴	超出营销渠道的概念范畴，可能成为战略伙伴，发展成营销网络

二、关系营销的本质特征

1. 双向信息沟通交流

在关系营销中，交流是双向的，既可以由企业开始，也可以由顾客或其他被营销方开始。由企业主动和顾客联系进行双向交流，对于加深顾客对企业的认识、察觉需求的变化、满足顾客的特殊需求及维系顾客等方面有重要意义。广泛的信息交流与信息共享，可以使企业赢得支持与合作。

2. 协同合作的战略过程

在关系营销中，企业营销的宗旨从追求每一笔交易的利润最大化转向追求各方利益的最优化，通过与公司营销网络中成员建立长期、良好、稳定的伙伴关系，保证销售额和利润的稳定增长。不仅企业与顾客之间需要保持良好的合作关系，而且企业与企业之间也需要保持长期合作关系。

3. 互利互惠的营销活动

真正的关系营销是达到关系双方互利互惠的境界。因此，关系协调的关键，在于了解双方的利益需求，寻找双方的利益共同点，并努力使共同的利益实现。实行输赢策略的企业往往与竞争者完全对立起来，有时会导致双输的结果。关系营销的基本目标是赢得公众的信赖、好感与合作，因此当关系双方的利益相冲突时，企业只能舍弃实质利益，换来宝贵的关系利益。相对于过去的营销技巧中的赢与不赢的结果，关系营销展示了双赢的选择。

4. 以反馈为职能的管理系统

关系营销要求建立专门的部门，用以追踪顾客、经销商及营销体系中其他参与者的态度。因此，关系营销必须建立一个反馈的循环，用以连接关系的双方，公司可以由此了解环境的动态变化，根据关系方提供的反馈信息改进产品和技术。

 营销案例 15-6

苹果公司的 Macintosh 上市

1984年苹果公司推出了Macintosh计算机。第一台Macintosh问世时，几乎没有应用软件，内存也无法扩充。但得益于一群全力支持的使用者不断提出建议苹果公司不断改进产品。在推出Macintosh的前几个月，苹果公司把样机送给100位有影响的公众使用，并请他们提出意见；同时聘请100多家软件供应商来开发能充分利用 Macintosh 优势的应用软件，公司从中获得一批敢于提出意见的支持者。苹果公司创造了营销的对话模式，即公司为现有和潜在的顾客提供各种机会，包括产品的展示和提前使用，并收集反馈信息，进行产品的改善和深入的创新。关系营销的动态应变性来源于公司的组织结构和经营风格，这便于公司收集和利用反馈信息，挖掘新的市场机会。

三、关系营销阶梯

关系营销是识别、建立、维护和巩固企业与顾客及其他利益相关人的关系的活动，并通过企业努力，以诚实的交换及履行承诺的方式，使活动涉及各方面的目标在关系营销活动中实现。其关键在于：同顾客结成长期的、相互依存的关系，发展顾客与企业及其产品之间的连续性的交往，以提高品牌忠诚度和巩固市场，促进产品持续销售。关系营销以顾客忠诚度为依据将顾客划分为不同的类型，建立关系营销阶梯（见图 15-4）。

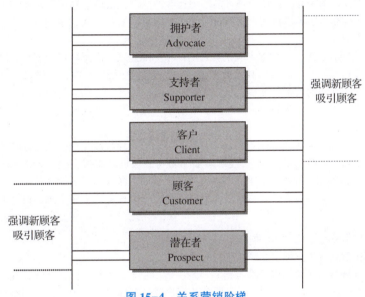

图 15-4　关系营销阶梯

企业经营不仅要重视阶梯的下两级，即识别潜在顾客，进而试图将他们提升到目标顾客，并不断地重复这一过程，而且要重视阶梯上三级，即将企业现有的顾客深化为经常性的客户，乃至更紧密的支持者和拥护者。当然，将顾客推上忠诚度阶梯也并非易事，企业需要深入并确切地了解每一个顾客在购买什么，以及如何差别化地继续保持顾客满意。

关系营销不仅将注意力集中于和顾客的关系，而且扩大了营销的视野。企业不仅需要与顾客发生关系，而且需要内部各层次、各部门员工的共同努力，需要与外界保持各种联系。关系营销涉及的关系包含企业与利益相关者之间所发生的所有关系。譬如企业与渠道的关系，生产厂家和零售商如果从事战略性的关系营销，包括及时配货（Just-in-time，JIT）、电子化数据交换、有效的顾客反馈等，都有利于建立良好的关系和顾客忠诚。

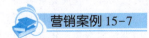
营销案例 15-7

海尔的关系营销

海尔 2000 年 2 月在全国 48 个城市成立了海尔俱乐部，凡购买海尔产品总量达到会员资格要求的消费者都有机会成为海尔俱乐部的会员，获得会员资格的消费者将享受延长保修期 5 年，参加俱乐部定期的文体活动，获赠半年当地报纸等一系列优惠政策。

资料来源：中国品牌营销网

四、关系营销的基本模式

图15-5是关系营销的基本模式。

图15-5　关系营销的基本模式

1. 关系营销的中心——顾客忠诚

关系营销以顾客需求为中心，协调各种可能影响顾客的活动，最终达到满足顾客需求的目标。其核心是顾客忠诚。怎样才能获得顾客忠诚呢？发现正当需求—满足需求并保证顾客满意—营造顾客忠诚，构成了关系营销中的三部曲。

（1）企业要分析顾客需求。顾客需求满足与否的衡量标准是顾客满意程度，满意的顾客会给企业带来有形的好处（如重复购买该企业产品）和无形产品（如宣传企业形象）。有营销学者提出了导致顾客全面满意的七个因素及其相互间的关系：欲望、感知绩效、期望、欲望一致、期望一致、属性满意、信息满意；欲望和感知绩效生成欲望一致，期望和感知绩效生成期望一致，然后生成属性满意和信息满意，最后导致全面满意。

（2）满足需求并保证顾客满意。期望和欲望与感知绩效的差异程度是产生满意感的来源，因此，企业可采取下面的方法来取得顾客满意：提供满意的产品和服务；提供附加利益；提供信息通道。

（3）顾客维系。市场竞争的实质是争夺顾客资源，维系原有顾客、减少顾客的叛离，这比争取新顾客更为有效。维系顾客不仅需要维持顾客的满意程度，还必须分析顾客产生满意感的最终原因，从而有针对性地采取措施来维系顾客。

2. 关系营销的构成——梯度推进

贝瑞和帕拉苏拉曼归纳了三种建立顾客价值的模式。

一级关系营销（频繁市场营销或频率营销）：维持关系的重要手段是利用价格刺激对目标公众增加财务利益；企业向经常使用和购买本企业产品和服务的用户或顾客提供额外的利益，如航空公司向经常乘坐本公司班机的旅客提供奖励，饭店向老顾客提供更多的服务和奖励，零售商向经常光顾的消费者提供额外的利益等，从而使企业与顾客之间建立起某种关系。然而这种方法通常很容易被竞争者所模仿，难以形成永久的差异。

二级关系营销：这种营销在建立关系方面优于价格刺激，增加社会利益，同时附加财务利益；企业的营销人员在工作中要不断增强对消费者所应承担的社会责任，通过更好地了解消费者个人的需要和欲望，使企业提供的产品或服务个性化和人性化，更好地满足消费者个人的需要和要求，使消费者成为企业忠实的顾客。如对消费者的选择表示赞赏，向消费者提出使用更好的产品和服务的建议，不回避产品使用中的问题，勇于承担责任并通过有效的方法解决等。二级关系营销的主要形式是建立顾客组织，包括顾客档案和正式的、非正式的俱乐部以及顾客协会等。

三级关系营销：增加结构纽带，同时附加财务利益和社会利益。与客户建立结构性关系，它对关系客户有价值，但不能通过其他来源得到，可以提高客户转向竞争者的机会成本，同时增加客户脱离竞争者而转向本企业的收益。如帮助网络中的成员特别是一些较小的成员提高其管理水平，合理地确定其进货时间和存货水平，改善商品的陈列；向网络中的成员提供有关市场的研究报告，帮助培训销售人员；建立用户档案，及时向用户提供有关产品的各种信息等。

3. 关系营销的模式——作用方程

企业不仅面临着同行业竞争对手的威胁，而且面临着外部环境中潜在进入者和替代品的威胁，以及供

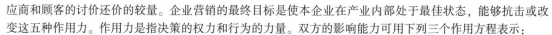
应商和顾客的讨价还价的较量。企业营销的最终目标是使本企业在产业内部处于最佳状态，能够抗击或改变这五种作用力。作用力是指决策的权力和行为的力量。双方的影响能力可用下列三个作用方程表示：

"营销方的作用力"小于"被营销方的作用力"；

"营销方的作用力"等于"被营销方的作用力"；

"营销方的作用力"大于"被营销方的作用力"。

引起作用力不等的原因是市场结构状态的不同和占有信息量的不对称。在竞争中，营销作用力强的一方起着主导作用，当双方力量势均力敌时，往往采取谈判方式来影响、改变关系双方作用力的大小，从而使交易顺利进行。

营销视点 15-2

中国国际航空公司与中国工商银行的关系营销

2001年2月，中国国际航空公司与中国工商银行关于国航旅客奖励计划和工行牡丹国际信用卡持卡人消费奖励计划合作项目的签字仪式在北京举行，此项合作的开展将在国内第一次实现航空里程累积奖励与银行卡消费积分奖励的有机结合。此次合作的主要内容是：国航知音会员使用中国工商银行发行的牡丹国际信用卡每消费2元人民币或者港币可获得1点消费积分，每消费1美元可获得4点消费积分，每5 000点消费积分可以兑换500千米国航知音里程。达到规定的累计里程时，可获得中国国际航空公司提供的免费机票、免费升舱及其他方面的奖励与服务。合作将为双方客户提供更全面、更优质的服务，有利于实现合作双方客户资源的优势互补，也将为双方展开全方位、深层次合作打下坚实基础。

资料来源：中国管理咨询网

五、关系营销的适用性

关系营销具有许多其他营销方法不可比拟的优越性，但不适用于任何类型企业。要明确关系营销的适用性，首先要分析企业与顾客之间关系的层次性。菲利普·科特勒将企业与顾客之间关系水平区分为如下五种。

（1）基本型，销售人员把产品销售出去就不再与顾客接触。

（2）被动型，销售人员鼓励顾客在遇到问题或有意见时与公司联系。

（3）负责型，销售人员在产品售出后，主动征求顾客意见。

（4）能动型，销售人员不断向顾客询问改进产品用途的建议或者关于有用新产品的信息。

（5）伙伴型，公司与顾客共同努力，寻求顾客合理开支方法，或者帮助顾客更好地进行购买。

以上五种不同的关系类型适用于不同类型的企业，其考虑点主要有两个：一是购买的集中度，如果企业的产品主要是由少数顾客购买的，则集中程度高，反之，则集中程度低；二是行业边际的利润。这两方面考虑点的不同组合，形成不同的顾客—企业关系类型（图15-6）。

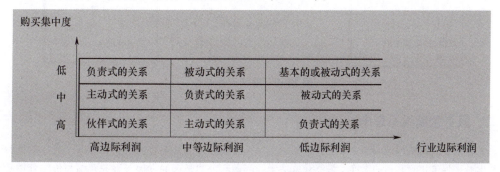

图 15-6　顾客—企业关系类型

第四节 服务营销

随着服务业的发展和产品营销中服务活动所占比重的提升，服务营销成为国内外营销学界的研究热点。菲利普·科特勒明确指出，服务营销代表了未来市场营销学研究的主要研究领域之一。

营销案例 15-8

IBM 顾客服务

IBM 公司尽管在技术方面一直处于领先地位，但它的优势更多体现在顾客服务上。顾客也因此形成了以下看法：尽管许多公司的产品的技术性能胜过 IBM 的产品，软件使用也方便，但只有 IBM 肯花功夫真正了解他们的需要。在业务咨询中，服务人员不但反复细致地了解顾客的业务需求，而且用通俗易懂的话来讲解计算机的内部结构，尽管其产品价格比同类产品价格贵25%，但 IBM 提供了机器可靠性和维修的绝对保证。

一、服务业和服务产品

1. 服务业

服务业指专门生产和销售服务产品的生产部门和企业。服务业有广义和狭义之分：狭义服务业仅指商业、餐饮业、修理业等传统的生活服务业；广义服务业（又称第三产业）指为社会提供各种各样的服务活动，生产和经营各种各样的服务产品的经济部门和经济组织。

2. 服务产品

服务产品本质上是无形的，也无须将任何东西的所有权转让。与有形产品不同，它具有无形性、不可分离性、不稳定性和易消逝性（图15-7）。

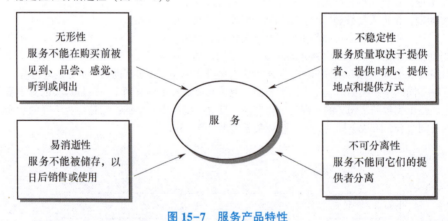

图15-7 服务产品特性

二、服务营销核心理念

服务营销不能简单地被归纳为以服务来促成交换，其核心理念是顾客的满意和忠诚，通过取得顾客的满意和忠诚来促进相互有利的交换，最终获取适当的利润和公司长远的发展。服务营销与传统营销相比有很大的不同（表15-5）。

表15-5　服务营销与传统营销差异

项目	服务营销	传统营销
营销哲学	顾客不全是忠诚的	顾客永远是对的
侧重点	保留与维持现有的顾客	销售产品，扩大市场份额
服务作用	服务在留住顾客上起关键作用	服务是事后的想法，游离于营销之外
服务表现	细心跟踪服务表现	对服务表现不进行度量
服务项目	丰富	有限
承诺	提供足够承诺	提供有限承诺
质量	与产品和服务有关	与生产部门有关
顾客关系	注重沟通，形成伙伴关系	较少接触，关系浅
顾客数据库	发挥核心作用	不存在

三、服务营销组合

服务营销理念在理论上获得的支撑是对营销组合的重新定义。这里着重介绍 4P+3R 服务营销组合和 7P 服务营销组合。

1.4P+3R 服务营销组合

20 世纪 80 年代以来，企业逐渐认识到以顾客忠诚度为标志的市场份额的质量比市场份额的规模对利润有更大的影响，因此企业将营销重点放在如何保留顾客，如何使他们购买相关产品，如何让他们向亲友推荐公司的产品上，所有的一切最终落实到如何提高顾客的满意和忠诚，这就产生了 3R，即顾客保留（Retention）、相关销售（Related Sales）和顾客推荐（Referrals）。由传统营销 4P 组合加上 3R 形成服务营销组合（图15-8）。

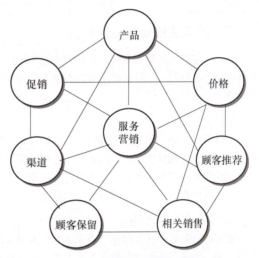

图 15-8　4P+3R 服务营销组合

（1）顾客保留。

顾客保留是指通过持续地、积极地与顾客建立长期关系以维持和与保留现有顾客，并取得稳定收入。研究发现，顾客的保留率每上升 5%，公司的利润率将上升 75%，而吸引一位新的消费者所花的费用是保留一位老顾客的 5 倍以上。随着老顾客对公司产品的熟悉，对这类顾客的营销费用将降低，因而，从长期来看，公司对这类顾客销售产品的利润率将提高。

（2）相关销售。

由于老顾客对公司的产品建立了信心，因此在新产品销售的时候，广告与推销费用会大大降低。此外，老顾客在购买公司的新产品时，对价格不是很敏感，因此，相关销售的利润率往往比较高。相关销售是建立在企业提供良好服务、顾客对企业满意和忠诚的基础上的。

（3）顾客推荐。

提高顾客满意度和忠诚度的最大好处之一就是忠诚顾客对其他潜在顾客的推荐。当今是一个信息爆炸时代，广告信息十分泛滥，消费者对大众传播媒介的信任越来越少，而在购买决策时越来越看重朋友及亲人的推荐，尤其是已有产品使用经验者的推荐。

2. 7P 服务营销组合

20 世纪 80 年代初，布姆斯（Booms）和比特纳（Bitner）在传统营销组合 4P 的基础上增加了 3 个"P"：参与者（People），即作为服务提供者的员工和参与到服务过程中的顾客；物质环境（Physical

Evidence），即服务组织的环境以及所有用于服务生产过程及与顾客沟通过程的有形物质；过程（Process），即构成服务生产的程序、机制、活动流程和与顾客之间的相互作用与接触沟通，从而形成了服务营销组合的7P，见表15-6。

表15-6　服务营销组合的7P

要素	内容
产品	领域、质量、水准、品牌名称、服务项目、保证、售后服务
定价	水准、折扣、佣金、付款条件、顾客的认知价值、质量/定价
渠道	所在地、可及性、分销渠道、分销领域
促销	广告、人员推销、营业推广、公共关系
参与者	人力配备（包括训练、选用、投入、激励、人际行为等）、态度、顾客
物质环境	环境（包括装潢、色彩、陈设等）、装备实物
过程	政策、手续、活动流程、顾客参与度

四、服务营销战略的整合

企业一定要从战略的高度认识并实施服务营销。服务营销战略是一个系统工程，需要管理者和员工从思想观念上进行转变，并且要求企业有条不紊地安排各项工作。服务营销战略整合通常包括如下五个方面的内容。

1. 树立服务理念

实施服务营销首要的、关键的一步就是使企业所有员工树立服务理念。只有员工理解顾客服务的巨大价值，他们才会积极投入，为顾客服务。树立服务理念除了通过与员工进行交流沟通，让他们认识到顾客服务的价值外，领导者还要在这方面起带头作用。此外，一名领导者不但要服务于顾客，还要真诚地服务于员工，从而在整个企业培养一种互相尊重、互相服务的气氛。

2. 确定顾客服务需求

要想给顾客提供优质服务，企业必然先准确了解顾客需要什么样的服务，以及顾客对企业现在的服务有何不满。企业了解顾客需求的方式很多，可以进行问卷调查、电话访问，也可用顾客座谈的方式了解顾客的服务需求，还可以从企业内部了解，由于服务于顾客的员工直接与顾客接触，因而他们深知顾客的服务需求和抱怨，能提出建设性的意见。

3. 服务设计与实施

由于顾客服务是一个全面系统的工程，因而顾客服务除了涉及服务设计本身以外，还要涉及产品设计及服务基础设施。服务设计涉及两种理论与实践，一种是流水线法，它要求服务员工进行统一的、规范的训练，让他们按照统一的模式为顾客提供很好的服务。麦当劳是流水线模式的典范。另一种是授权法，给服务人员一定的自主权，让他们主动地、创造性地解决顾客服务中出现的问题（见营销实例15-9）。

 营销案例 15-9

美国西南航空公司服务营销战略

当大部分航空公司把精力放在为顾客提供更多的服务，如更加可口的机上用餐、先进的机上娱乐设备等时，美国西南航空公司却选择了一条回归"核心"服务（交通服务）的道路，把与核心服务关联不大的"边缘服务"统统弃之不用。

该航空公司只提供航空服务的最核心部分——运送旅客，较少或不提供其他常被看作是"超值"部分的边缘服务，如机上用餐、娱乐等。美国西南航空公司这种策略的成功，很大程度上归功于科学的服务内容及服务系统的设计。这种策略的核心是在提供核心服务的前提下尽量降低成本，将运作成本降到最低，以此来保持强有力的价格竞争优势。乘坐美国西南航空公司飞机的乘客会注意到，该公司的登机卡是塑料制成的并可反复使用。飞机上不提供正式的机上用餐，只有一袋花生和一杯橘子汁；如果有乘客需其他饮料，则必须付费，而且可选择的品种也很少。乘客和机组人员经常自带饮料和食品。机上没有娱乐设备，也不提供特殊照料服务。与其他航空公司不同，乘务人员没有华丽的空勤制服，只身着简朴的亮色短袖或T恤。服务也是非正规的，但具有较浓的人情味。服务的简单化大大降低了公司的运作成本，使其在短程航线上拥有绝对的价格优势。在短程航线的竞争中，飞机在机场的停留起飞时间是非常重要的，时间短则能大大提高飞机的利用率。公司不提供机上用餐，所以机舱清洁度较高，乘务人员在机场停留时不用每次都要打扫卫生，只要定期做一下简单清扫即可，这就缩短了停留时间。不提供机上用餐还省去搬运餐食上机的时间，减少了组织餐食生产的成本和管理费用。不提供娱乐服务也省去了在设施设备上的大笔投资。

这个案例说明，一个服务组织要选准市场，确定相应的战略，并辅以相配的服务及服务系统设计，即使是"简单"的服务，也能获得成功。服务战略与设计，复杂化、个性化能成功，简单化、标准化照样能奏效。

资料来源：根据网络资源改写

4. 服务人员的管理

对于顾客来说，服务员工是公司的化身。如果员工工作认真负责，那么顾客会认为整个公司都具备这种对顾客负责的态度。相反，如果服务员工工作疏忽，不负责任，顾客会将这一印象投影到对整个公司的概念。因此，服务人员是公司非常重要的广告。服务人员的管理主要有对员工的严格挑选、培训和激励等。

5. 服务质量的管理

服务结果的好坏，最终取决于顾客的评价，即服务质量的高低。只有通过对服务质量的有效管理，企业才能知道提供的顾客服务是否满足顾客的服务需求，以及与竞争对手相比是否处于优势地位，才能评估服务人员对服务工作的负责与投入程度。服务质量管理的内容包括服务标准的设立、服务内容的制定、服务结果的反馈和服务质量评估等内容。

五、服务质量 SERVQUAL 模型

服务是服务营销的基础，服务质量则是服务营销的核心。服务质量的内涵与有形产品质量内涵有区别，消费者对服务质量的评价不仅要考虑服务效果，而且要涉及服务的过程。鉴于服务交易过程的顾客参与性和生产与消费的不可分离性，服务质量必须经顾客认可，并被顾客所识别。

经过长期营销实践，美国学者帕拉索拉曼（A. Parasuraman）、泽塞莫尔（V. A. Zeithmal）和贝里（Leonard L. Berry）三人提出了"感受—期望"评估框架，即服务质量 SERVQUAL 模型，专门用来分析服务质量问题（图 15-9）。

该模型说明了服务质量是如何形成的。模型的上半部涉及与顾客有关的现象，下半部涉及与服务提供者有关的现象。分析和设计服务质量时，该模型说明了必须考虑哪些步骤，然后查出问题的根源。要素之间有五种差距，也就是所谓的质量差距。

（1）差距1：不了解顾客需要什么（管理者认定的顾客期望与顾客对服务期望之间的差距）。

（2）差距2：服务质量标准与管理者认定的顾客期望不符（服务质量规格与管理者认定的顾客期望之间的差距）。

（3）差距3：服务表现与服务质量规格不符（服务表现与服务质量规格之间的差距）。

（4）差距4：服务的传送与营销沟通行为的承诺不符（跟顾客的外部交流沟通与服务的传送之间的差距）。

（5）差距5：顾客感知的服务与顾客对服务的期望不符（感知服务与服务期望之间的差距），这是最主要的差距。

服务质量 SERVQUAL 模型指导管理者发现引发质量问题的根源，并寻找适当的消除差距的措施。差距

分析是一种直接有效的工具，它可以发现服务提供者与顾客对服务观念存在的差异。明确这些差距是制定服务营销战术，以及保证期望质量与现实质量一致的基础。

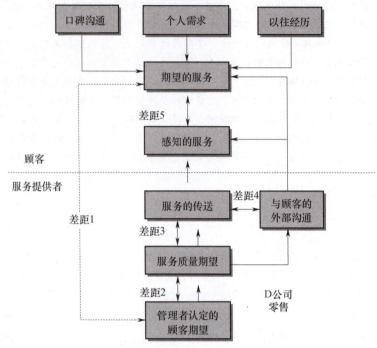

图 15-9　服务质量 SERVQUAL 模型

【营销案例 15-10】从德国慕尼黑机场的发展看服务营销的魅力

第五节　绿色营销

绿色营销作为一个完整的概念是 20 世纪 80 年代在欧洲被提出来的，其出现顺应了 20 世纪 80 年代出现的绿色运动的要求。随着以可持续发展为目标的绿色革命的蓬勃兴起，绿色营销日益成为理论界和企业界关注的焦点。

一、绿色营销的概念

绿色营销是指企业在充分满足消费者需求、争取适度利润和发展水平的同时，注重自然生态平衡，减少环境污染，保护和节约自然资源，维护人类社会长远利益及长远发展，将环境保护视为企业生存和发展条件与机会的一种新型营销观念和活动。绿色营销旨在实现有限资源的有效配置，追求企业短期营销行为和长期营销战略与社会、经济、资源、环境的有机协调，以及对企业长远发展的良性影响。可见，绿色营销有两层含义：第一层主要指企业在营销活动中，谋求消费者利益、企业利益与生态环境利益的协调，既要充分满足消费者需求，实现企业利润目标，也要充分注意自然生态平衡；第二层主要指在企业的营销活动中，谋求消费者利益、企业利益与社会环境利益的协调，既要充分满足消费者需求，实现企业利润目标，也要充分注意对社会价值观、伦理道德观的影响，倡导文明、进步、符合社会发展方向的社会风气。

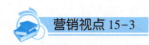

可持续发展

1987年，挪威首相布伦特兰在世界环境与发展委员会大会上以《我们共同的未来》为题作的长篇报告中指出："可持续发展是指既满足当代人的需要，又不损害后代人满足需要的能力的发展。"1989年5月，在第15届联合国环境署理事会通过的《关于可持续发展的声明》中明确："可持续的发展，系指满足当前需要而又不削弱子孙后代满足其需要之能力的发展，可持续发展意味着要有一种支援性的国际环境，从而导致各国特别是发展中国家的持续经济增长与发展，这对于环境的良好管理也是具有很大重要性的。可持续发展还意味着维护、合理使用并且提高自然资源基础，这种基础支撑着生态抗压力及经济增长。再者，可持续发展意味着在发展计划和政策中纳入对环境的关注与考虑，而不代表在援助或发展资助力一面的一种新形式的附加条件。"1992年，《关于环境和发展的里约热内卢宣言》和《21世纪议程》要求世界各国要不断地改变现行的政策，实行生态与经济的协调发展。可持续发展的核心思想是要在不对后代人满足其需要的能力构成影响的条件下，尽可能地满足当代人的需要，最终达成社会、经济、资源与环境的可持续的协调发展。

二、绿色营销观念

绿色营销观念是人类环境保护意识与市场营销观念相结合的一种现代营销管理哲学，是适应21世纪的消费需求而产生的一种新型营销观念。绿色营销观念融进了对环境友好的理念，是兼顾企业利益和环境保护的营销理念，是可持续发展观念的具体体现。

绿色营销观念直接源于社会营销观念，是社会营销观念的具体深化和发展。绿色营销观念是企业实施绿色营销的基石，它要求企业承担社会责任，注意企业营销对社会环境的影响，在满足消费者需求的基础上实现社会长远利益发展，即企业实施的是可持续营销活动。绿色营销观念和以往的营销观念相比，差异主要体现在以下几个方面。

（1）绿色营销观念强调需求的全面性。为实现人类生活质量的全面提高，企业经营活动必须关注消费者需求的全面性，包括对健康、安全、无害的产品的需求，对美好生存环境的需求，对安全、无害的生产方式和消费方式的需求。

（2）绿色营销观念强调不仅要发现需求、满足需求，而且要引导需求。绿色营销观念认为，企业在经营活动中，在处理生产和消费的关系时，不应单纯地把消费者看成实现利润的手段和工具，把自然界看成征服的对象，消极地去发现需求、满足需求，从而实现利润，而应积极主动地引导消费者进行合理消费，树立新的伦理价值观，避免不合理需求引发的不合理生产方式和消费方式，引起自然资源的浪费和损耗、生态环境的恶化以及人的异化，造成人与自然的对立、人与人的不和谐。

（3）绿色营销观念强调经营活动的可持续性。可持续发展的核心原则是可持续性，它不单指经济的持续增长，还指人类社会全面的持久发展。它包括生态持续性、经济持续性和社会持续性。可持续性原则要求在生产和消费中，资源可得到补充和不超过吸收污染能力，以确保人类长期的生存和发展需要。企业作为资源的消费者和产品弃物的生产者，在人类的可持续发展过程中具有重要作用。

（4）绿色营销要求重建竞争观念。自然资源的有限性和相互依存性要求人类必须采取共同行动，才能在全球范围内实现可持续发展。生态系统的整体性和相互依存性，把全球企业的命运连在一起，企业之间除了竞争的一面，还有相互配合、相互联系的一面，所有企业都是经济体系的命运共同体，更是整个生态系统的命运共同体。

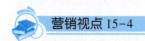

绿色营销理论的发展阶段

英国学者肯·皮迪将绿色营销理论的发展过程归纳为以下三个阶段：第一阶段为生态性绿色营销阶段；

第二阶段为环境性绿色营销阶段；第三阶段为持续性绿色营销阶段。

我国知名营销学者万后芬把绿色营销理论的发展归纳为以下四个阶段：产品中心论，强调以环境保护为宗旨，从本质上改变产品的构成，改变产品的生产过程和消费后的废弃物的处理方式；环境中心论，这种观点着眼利用绿色问题来推销产品，并没有从真正意义上去解决环境问题；利益中心论，强调企业在实施绿色营销时，不仅要满足消费者的需求从而获取利润，而且要符合环境保护的长远利益，可以正确处理消费需求、企业利益和生态保护之间的矛盾；发展中心论，将企业的永续经营和人类社会的可持续发展与企业的绿色营销联系起来考虑。

三、绿色营销与传统营销的比较

绿色营销是一种兼顾消费者与环境的营销方式，它与传统营销在目标、服务对象、营销重点、营销导向、营销手段和企业运营等方面均有所不同，见表15-7。

表15-7　绿色营销与传统营销的比较

项目	绿色营销	传统营销
目标	实现利润目标，也注意自然生态平衡	利润最大化
服务对象	消费者、社会	消费者
营销重点	产品生产和消费过程的绿色、环保、无害和有效	注重的是刺激消费，并使其无限扩张
营销导向	长期导向，带有教育性的价值观	短期导向，着重最终利益
营销手段	营销手段必须与自然环境、社会环境的和谐统一	采用各种手段来达到企业的营销目标，但忽视了营销手段产生的负面影响
企业运营	积极主动	被动
	合作	竞争
	整体观	细分部门

四、绿色营销的模式和体系

1. 绿色营销模式

从营销目标角度看，绿色营销模式基本上可分为生态营销、环境营销和可持续营销三种形态，并从生态营销向可持续营销演进。生态营销是起点模式，环境营销是过渡模式，可持续营销是终极目标。无论哪一种营销主体，都需要从细处做起，首先解决生态保护问题，较长时期内依靠社会的共同努力，实现可持续营销目标。

（1）生态营销。企业发现和认识到了自身经营行为对自然生态系统的负面影响，并采取措施努力控制这种影响，阻止生态系统继续恶化。在自然生态条件较好、企业环保能力有限的条件下，选择生态营销目标仍然是企业营销观念和营销模式的一种进步。西部地区的企业可以考虑这种营销模式。

（2）环境营销。企业自觉开发或利用一些先进的环保技术，力争使企业的经营活动促进环境的优化。大多数环保型企业可以考虑选择这种绿色营销模式。只要企业绿色营销具有明确的环境导向战略，在政府有关环境政策和产业政策的配合下，这种模式容易得到企业的实施。我国许多绿色产业园区的企业基本上达到了环境营销模式的要求。

（3）可持续营销。按照可持续发展理论，企业营销活动在与环境互动中达到友好状态，在环境不断优化中实现企业生产、社会消费和经济发展的可持续。这是一种最高级营销目标支配下的绿色营销模式，它代表了绿色营销发展的趋势。这种模式将企业营销社会责任放大到了极致，在当前社会经济条件下，具有一定的局限性，是企业绿色营销的努力方向。

2. 绿色营销体系

绿色营销体系主要包括以下要素：①树立绿色营销观念；②开展绿色调研，收集处理绿色信息；③制订绿色营销计划；④进行绿色市场细分与绿色市场定位；⑤推行整体绿色产品策略，包括研发绿色产品、树立绿色品牌、使用清洁技术生产绿色产品、进行绿色服务和产品包装绿色化；⑥制定绿色价格；⑦开辟绿色渠道；⑧策划绿色营销传播行动；⑨进行绿色审核，获得绿色标志；⑩引导绿色消费；⑪实施绿色营销的监管；⑫建立绿色的企业组织和企业文化。

 营销视点 15-5

ISO 14000

ISO 14000 是国际标准化组织 ISO 为推动可持续发展，统一协调各国环境管理标准，减少世界贸易中的非关税贸易壁垒而制定的环境管理系列标准。实施该系列标准具有保护环境和消除贸易技术壁垒的双重作用，因此受到世界各国的广泛关注。该项标准通过在企业内部建立一套科学规范的环境管理体系，提高环境管理水平，持续改进环境状况，达到节能降耗、减少污染的目的，同时有利于树立企业形象和开拓产品市场，将环境保护和市场直接联系。

五、绿色营销的组织和制度保障

企业绿色营销的实施离不开有效的组织和制度保障。通过有效的组织和制度保障，绿色营销观念才能得到贯彻和落实。

1. 绿色营销的组织保障

在管理体制上，企业可以成立企业绿色管理委员会，实行集体领导，由它决定和解决企业的绿色生产、绿色设计、绿色销售等重大问题；实行企业内部分级管理，整合企业各个职能部门的力量，层层抓好生态环境保护与建设，共同做好企业的绿色营销工作；建立企业各级专职环保职能部门。

2. 绿色营销的制度保障

（1）建立绿色采购制度。供应端是绿色营销活动的上游，供应端的绿色化能极大地提高绿色营销的环境效应。为此，企业要建立严格的原材料绿色采购指南，对供应商进行严格的绿色调查与评估，发挥供应商在优化企业绿色营销、环境绩效等方面的重要作用。

（2）建立绿色教育制度。企业绿色营销理念的树立源自深入的绿色环保教育，为此，企业应完善绿色环保教育体系，包括强制性的基础环保知识教育和针对特定职位的专业环保技能教育，为提高教育效果，企业应设环境奖、绿色营销奖等。

（3）建立绿色认证制度。绿色认证是表明企业产品从生产到利用再到回收处理的整个过程符合特定环保要求的标志。取得绿色认证不仅可以规范企业在产品生命周期全过程中的环境行为，还可以为企业带来巨大的社会效应。因此，企业应该依靠科学管理和科技进步，争取通过 ISO 14000 国际环境标准体系认证或各国绿色环境标志认证，来提升企业的绿色形象，增强企业的市场竞争优势，突破绿色壁垒的限制。

（4）建立绿色评价制度。绿色指标是一个包含减少能源消耗类指标、控制污染类指标、环境改善投入类指标在内的指标体系，它是企业行为的指挥棒，引导着企业的行为。因此，企业应该积极构建绿色评价指标体系，以监督企业的绿色营销行为。

第六节　水平营销

水平营销是营销理念的新突破，就是将本来无关的概念同现有商品相结合，以探索这种结合能否创造出新的产品类别。水平营销理论由现代营销学大师菲利普·科特勒教授提出，是具有创新思想的市场营销理念。

一、水平营销的概念

水平营销（Lateral Marketing）是一种水平思考，就是跨越原有的产品和市场领域进行横向思考，通过原创性的理念和产品开发激发新的市场和利润增长点的营销思维方式。它不同于纵向营销的逻辑思维，本质上是一种基于直觉的创造。

水平营销思维是对垂直营销思维的一种补充，并且区别于垂直营销思维，它通过对产品作适当改动来产生新用途、新情境、新目标市场以开创新类别，从而重组市场。在思维方式上，水平营销与纵向营销具有步骤性、分析性和确定性的思维过程不同，它是一种多方向、跨领域思考的交叉性思维过程。水平营销的这种思维捕捉一切可能使产品发生变化的点子和创意，跳跃于不同的概念之间，思维过程不一定符合习惯逻辑，但只要结果是有效的，它的过程就是有意义的，水平营销不淘汰任何与产品无关而可能导致新产品诞生的概念。因此，水平营销是一个具有突发性、启发性和充满可能性的思维过程。

 营销案例 15-11

星巴克的"早安闹钟"——水平营销的跨界创新

在竞争激烈的咖啡市场中，星巴克作为全球连锁咖啡品牌的领头羊，一直在寻找新的增长点和顾客触点。传统营销多聚焦于产品本身（如口味、包装）或直接的促销活动，而星巴克创造性地推出了"早安闹钟"活动，探索产品与消费者生活方式的全新连接点，将咖啡这一实体产品与用户的日常生活习惯（早起）相结合，而非仅仅聚焦于咖啡本身的特性或口味。用户只需在星巴克 App 中设置闹钟，并在规定时间内到达指定门店，即可享受一杯免费或优惠的咖啡。这一策略不仅促进了咖啡销售，更重要的是，它以一种非传统的方式融入了消费者的日常生活，创造了新的消费场景和情感链接。

"早安闹钟"活动推出后，星巴克不仅看到了短期内销量的提升，更重要的是，它成功地通过水平营销的方式，将品牌与消费者的日常生活更加紧密地联系在一起，提升了品牌忠诚度和用户参与度。这一案例启示我们，水平营销的核心在于跳出产品本身，寻找与消费者生活方式的创新连接点，通过创造新的消费体验，实现品牌价值的深度传递。

二、水平营销运用步骤

水平营销本质上是一种基于直觉的创造。这种思维的基本步骤是：选择一个焦点进行横向置换以产生刺激，并建立一种联想。水平营销是一个过程，虽然它属于一种跳跃性的思维，但也是有法可依的。应用创造性研究的结果，水平营销有六种横向置换的创新技巧（替代、反转、组合、夸张、去除、换序），并分别应用到市场层面、产品层面和营销组合层面上。水平营销的具体运用步骤如下。

1. 选择一种产品或服务

一个企业的产品往往并不只有一种，在对企业进行水平营销时，必须选择其中的一种特定的产品或服务。水平营销的起点就是选择一种产品或服务。对产品或服务的选择一般有两种：一是选择企业要营销的产品或服务；二是选择企业难以竞争的产品或服务。由于纵向营销是从考察消费者需求而不是产品开始的，所以选择以产品为起点的水平营销就显得与众不同，其原因是创造力发源于具体的事物。

2. 选择一个焦点

一旦选定了产品或服务，就应该在其中选择一个焦点。选择焦点的方法可以从纵向营销中得到。在纵向营销中，有三个层面可以作为水平营销的横向发展平台，分别是产品层面、市场定义层面及营销组合层面。产品定义层面包括实际的解决方案（什么）；市场层面包括功能或需求（为何）、消费者和购买者（谁）、用途或情境（何时、何地、和谁在一起）；而营销组合层面并不关心这些问题，它只关心如何去销售产品。水平营销的过程就是对这些因素中的某一种即焦点进行横向置换。

3. 营销空白的制造

水平营销的基础就是制造营销空白。没有空白，就没有水平营销。假如发生置换后没有产生营销空白，就表明正在进行的是纵向营销，而不是水平营销。制造空白的唯一途径是暂时中断逻辑思维。运用替代、反转、组合、夸张、去除、换序六种基本方法进行横向思考，由此产生营销空白。这六种思维方法可以针对同一个焦点制造出不同的空白点，从而为水平营销的下一步活动提供机会。

4. 建立联结

对于已经产生的不合逻辑的刺激，应当具体分析，以提取其中有价值的信息，建立联结。

一个完整的水平营销必然经历以上阶段，其最终结果就是新产品的开发或者产品新功能的发现，从而达到开发新市场、领先市场并激发利润增长点的目的。

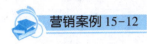 营销案例 15-12

日本 7-11 便利店的水平营销

日本 7-11 便利店 24 小时出售日常食品、日用品及饮料，它的连锁店遍布全球。20 世纪末，7-11 便利店注意到电子商务的蓬勃发展，并认为这对它会造成潜在的威胁。

于是，管理层决定和电子商务联手，把便利店变成网上购物的存货点。无论在日本哪个地方进行网上订购，都可以到 7-11 提货付款。这样，遍布日本的 7-11 因"地利"而赢得了利润；由于省去了运费，网上购物也就便宜了，顾客们在白天或晚上的任何时候都可以去取回自己订购的商品。这是一次跳出常规市场定义的水平营销创新。

三、水平营销与传统营销的比较

水平营销是市场营销理论的新突破，它是在传统的营销思维理论基础上发展而来的。因此，水平营销既与传统营销有千丝万缕的联系，也区别于传统营销。水平营销与传统营销不管是在思维方式还是实践运用中都有着明显的区别，具体见表 15-8。

表 15-8　水平营销与传统营销的区别

项目	水平营销	传统营销
出发点	先确定企业当前要提供什么产品，然后进行创新	先确定企业要成为一家什么样的公司，然后进行创新
技术运作	水平方向的，在营销过程之外	垂直方向的、遵循营销过程垂直方向的、遵循营销过程
作用与地位	新的市场、产品类别或子类别被创造出来，且能照顾到现有产品无法顾及的目标客户或产品用途	市场发展壮大、潜在客户成为真正客户
销售	完全新增的，不影响其他市场，或在广泛的竞争范围内影响到多种产品的市场份额	夺取竞争对手的市场份额及将潜在客户转变为真正客户，或将潜在用途转变为真正用途
运用时机	在一个市场或一种产品生命周期的成熟阶段，能使用高风险策略、高端资源（利用替代品）从外围进攻市场	在一个市场或一种产品生命周期的早期阶段（成长阶段），能使用低风险策略、低端资源通过分割市场来保护市场
负责部门	不一定是营销部门负责，还有创意部门、研发部门、工程师等	由营销部门负责

四、水平营销的应用

水平市场的作用是创造出全新的产品和服务，但它的开展需要基于传统的纵向营销框架。

1. 市场层面的应用

在市场层面，水平营销对具有或可能具有产品或服务所能满足需求的个体或企业的传统市场定义进行横向延伸，认为市场是需求、目标、地点、时间、情境、体验的结合体，进而对传统营销战略——市场渗透战略、市场开发战略、产品开发战略、多角化战略的思维定式进行尝试性的改进，通过调整需求定位、市场细分，改变消费场合、时间、情境等要素，探索出适用于水平营销的市场战略。

2. 产品层面的应用

在产品层面，水平营销主张对现有的产品进行分解，参照传统的核心产品、有形产品、附加产品的整体概念，对有形的产品或服务、包装、品牌特征、使用或购买等给予实际的解决方案。

3. 营销组合层面的应用

在营销组合层面，水平营销针对传统的 4P 营销组合封闭的、内循环式的缺陷，迎合信息时代竞争超强化、信息网络化、技术快变化、市场全球化的市场环境，提出水平营销模式下的横向协作的水平营销策略，对过去激烈的零和博弈观念进行更新。

第七节　城市营销

城市营销实践始于欧美国家，最早可追溯到 14 世纪的意大利，其目的主要是促进旅游胜地的发展。直到 20 世纪 80 年代，因国家经济衰退，城市之间竞争加剧，真正意义上的城市营销实践才在美国诞生。当时，在经济全球化的趋势下，城市营销作为城市吸引外部发展资源、应对城市危机和增强城市竞争力的有效手段而备受瞩目，同时城市相关学科的崛起，也为城市营销理论的研究助力。

一、城市营销的内涵

城市营销就是以充分发挥城市整体功能为立足点，通过树立城市独特形象，提升城市知名度、美誉度，从而满足政府、企业和公众需求的社会管理活动和过程的总称。城市营销的立足点是发挥城市整体功能和提升城市内在能力。城市整体功能是指城市的政治功能、经济功能、社会功能和文化功能的集合。城市内在能力是城市人文环境、要素禀赋、产业结构、政府作为等方面的集合。

城市营销的目的是满足政府、企业和公众的需求。从一定意义上讲，城市营销就是通过提升城市形象，获得与城市内在能力对应的收益，让本地企业的品牌更鲜明，使本地居民更富裕，对投资者更有吸引力，使旅游者满意而归，最终使城市政府的绩效更突出。国内外关于城市营销定义的学术流派见表 15-9。

表 15-9　国内外关于城市营销定义的学术流派

名称	代表人物	主要特征
北美学派	菲利普·科特勒（Philip Kotler）、迈克尔·波特（Michael Porter）、威特（Waitt）	将城市当作企业来经营，将经济发展视为城市营销的终极目标，运用整套营销战略体系营销城市
欧洲学派	阿斯沃兹（G. J. Ashworth）和沃德（H. Voogd）	将城市视为产品来看待，通过"需求导向"的城市规划向目标市场提供符合市场需要的"城市产品"
国内学术派	郭国庆、倪鹏飞	以充分发挥城市整体功能为立足点，通过城市知名度、名誉度的提升，满足政府、企业和公众需求

续表

名称	代表人物	主要特征
国内实践派	陈放、踪家峰	强调城市形象、品牌战略，关注远期效益以及城市 CIS 的构建，按照营销策划的思路指导城市营销实践

二、城市营销的发展历程

近代城市营销实践产生于 20 世纪 30 年代的欧美国家，至今城市营销实践经历了三个阶段的发展。

1. "城市销售" 阶段（1930—1950 年）

"城市销售"以城市土地、风光、房屋及相关产业特别是制造业的销售为目的。如何通过地区促销手段，宣传本地形象，以吸引更多的游客移民等消费群体到本地居住和生活，同时吸引大量的资金到本地投资设厂，成为该阶段城市营销研究的核心内容。

2. "城市推销" 阶段（1960—1970 年）

"城市推销"的特征是重视城市改造更新、形象重塑及特定领域目标营销。该阶段营销的目的是吸引投资商对城市（传统工业城市）的改造进行投资，并通过旅游和文化等相关领域的营销，赋予城市新的历史价值和文化内涵。

3. "城市营销" 阶段（1980 年至今）

"城市营销"突出和强调城市营销的竞争因素、主客体界定、城市定位、城市形象品牌策略及营销战略组合。该阶段的研究强调在彰显城市特色的前提下，将城市营销的思维深入到合理开发城市产品的途径层面。

 营销视点 15-6

国家营销理论

1997 年菲利普·科特勒（Philip Kotler）与桑基德·加图斯里皮塔克（Somkid Jatusripitak）、苏维特·米辛西（Suvit Maesincee）合作出版了《国家营销——创建国家财富的战略方法》（*The Marketing of Nations*），从而将区域营销的理念与方法进一步扩展到了国家层面。他们提出将国家看作一个特殊的产品或企业，采取营销战略方法促进国民财富的增长。国家营销理论是市场营销理论的新进展。

科特勒认为，国家可以视为一种特殊的区域或企业，国家营销是国家创建财富的新战略方法。他说，我们希望一个国家可以像一个企业一样经营，这样，这个国家就可以采用战略市场管理的方法而受益。这并不是忽略管理国家时更为复杂的文化和政治因素，战略市场管理是一个持续的自我纠正的过程，它一直在思考：国家将向何去，想要去何方，以及如何更好地达到目标。

三、城市营销与企业营销的比较

城市营销是将城市当成一个企业来经营。但它与企业营销在目标、目标市场、产品、产品所有权和评价标准等方面均有所不同，见表 15-10。

表 15-10　城市营销与企业营销的比较

项目	城市营销	企业营销
目标	追求公共利益最大化	追求利润最大化
目标市场	高素质的人口、适合城市的产业与观光人口等	目标顾客

续表

项目	城市营销	企业营销
产品	城市任何方面和细节都是产品，而且产品是在城市内部销售	有某一个或几个是企业的产品，产品是在企业自身外部消费和销售
产品所有权	不为特定个体所有	为某一特定个体所有
评价标准	一个复杂的综合体系	以财务指标为主

四、城市营销的活动过程

1. 城市环境分析

城市环境分析是指对城市发展的内外环境的全面分析，主要包括历史分析、宏观环境分析、资源分析、市场分析、竞争合作分析和 SWOT 分析。在分析过程中营销人员应当面向全部市场审视城市的社会经济特征、人口规模结构、产业经济特征、房地产、自然资源、交通设施、社区发展、旅游文化资源、教育科研和社会治安等内容，从而总结城市在不同市场上的吸引力特征，如适合旅游者观光游览、休闲度假，适合工商业者投资开发，以及适合居民居住等。

2. 城市战略定位与目标确定

城市战略定位决定城市的发展前景，因而本质上决定着城市的竞争力和城市营销能否成功。因此，要从不同的城市发展目标定位方案中进行比较选择。定位方案的确定并非简单地区分城市增长路径，而是需要较为系统的思考。营销人员可以将目标细化为具体的问题，通过问题的回答以及城市营销过程自身的思考统筹考虑城市持续发展问题，继而解决城市战略定位问题。

3. 城市战略规划

战略规划是在目标确定之后为实现目标规定的任务所必须进行的整体安排。任何战略的实施都必须考虑两个层次的问题：一是为实施该战略，城市所具有的有利条件是什么；二是城市是否具有一个成功的战略推进所需要的资源，如果缺乏这种资源的话，城市就必须选择创造性的战略安排。

4. 城市行动规划

城市行动规划即推进战略安排的具体措施，通过时间进度的框架明确各类任务。行动计划里面必须涉及执行者（Who）、工作内容（What）、时间（When）、地点（Where）、原因（Why）等方面的内容，同时还要回答城市发展定位怎么确立、需要耗费多少资金等十分具体的问题。行动计划应当做到方方面面的人都清楚自己的职责所在，并对其工作绩效同样可以进行评估，而且若出现超支等情况，或者出现新趋势，还要允许退出原方案并进行积极调整，因此城市营销的行动计划本身应当是一个时间性较强的重复循环过程。

5. 城市营销的实施与控制

规划在完成上述内容的基础上，最后面临的就是实施的问题。在该部分内容的安排中，营销人员应当设计定期检查并调整的反馈机制，同时利用公众、媒体适度公开也可以形成对规划执行者的一定压力，催促其完成规划任务，实现城市营销的预期目标。

营销案例 15-13

首尔的城市营销

首尔是韩国的政治、经济、文化中心，也是东北亚重要的枢纽城市。近年来首尔推行专业化的城市营销策略，大大提升了城市品牌形象，促进了城市的发展。

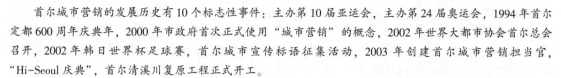

首尔城市营销的发展历史有 10 个标志性事件：主办第 10 届亚运会，主办第 24 届奥运会，1994 年首尔定都 600 周年庆典年，2000 年市政府首次正式使用"城市营销"的概念，2002 年世界大都市协会首尔总会召开，2002 年韩日世界杯足球赛，首尔城市宣传标语征集活动，2003 年创建首尔城市营销担当官，"Hi-Seoul 庆典"，首尔清溪川复原工程正式开工。

从 2002 年开始，首尔的城市营销迅速上升到战略营销的层次，取得了良好的效果。一方面，首尔已建立了比较完备的城市品牌系统，极大促进了城市形象的推广和提升；另一方面，确立了核心的规划和协调组织，并在营销城市方面初步形成了官、产、学、民、媒的良性互动。

资料来源：刘彦平."首尔模式"的营销学观察 [J].决策，2007（2）：19-21. 经删减

五、城市营销的组织机制

城市营销的成效同城市围绕此项工作所设计安排的组织机制是密不可分的。城市营销的组织机制主要有如下五种。

1. 城市主要领导者直接领导和参与城市营销

城市领导人不只是城市的政治、经济、文化生活的管理者，更是城市品牌、城市形象的重要代表人和城市营销的核心运作者。城市高层领导者参与到城市营销之中，证明了一个城市对城市营销工作的重视，能够有效地达到宣传效果，协调城市营销各个机构之间的关系，并通过其城市代表的地位形成与其他城市、组织之间的多层次合作和对话。

2. 设置政府框架内的城市营销专门职能机构

设置专门营销职能机构是成功开展营销的重要经验。营销职能机构可以负责城市营销政策制定、宣传策划、实施和监管等具体工作，并作为一个机构有力地支持和代表城市营销的系列活动。在具体的设置中，存在两类显著不同的专职营销部门组织机制，即完全官方机构和以民间身份组建的机构。

3. 以民营独立机构策划和实施城市营销

民营城市营销机构体制为西欧和北美城市所普遍采用。其运作的基本特征是由政府和民间共同发起，成立作为独立法人的非营利性质或有限公司制的城市营销机构。该机构通过"赞助人制度"获得来自政府和民间的经费资助，同时在其运作中通过收取服务费用解决经费问题。尽管不是政府性质，但并不影响这类营销机构的官方地位。同时，因为商界力量、市民社会力量也通过赞助人身份而获得平等的发言权，此类机构在运转中能够吸收更多的企业运作方式，而更具进取性。德国各城市都普遍采用公司制方式，比如"柏林伙伴"（Berlin Partner GmbH）、"推广莱比锡"（Marketing Leipzig GmbH）都是本城市品牌营销负责机构，而 GmbH 意味着它们都是有限公司制机构。

4. 建立立体营销网络，动员社会各界力量

一个好的城市营销组织机制应当使其他公共部门（大学、研究机构等）、民间组织（非营利的福利会、基金会等）、商业企业和个人的合作都受到重视，从而在全社会寻找和形成推动力量，共同打造和实践城市营销战略。比如，多伦多的实践中就强调城市营销管理部门要从战略高度同各类非官方部门、企业和个人形成广阔的联系。该市专门组成城市营销和城市品牌打造的公共意识战略联盟——"战略意图的联盟"，即在政府、私有部门、公共和私有机构、非官方（非营利）部门、社区之间形成共同的远景，将营销工作上升到战略高度。其具体的行动包括：建立市长/CEO/CAO 经济委员会，加强同中央政府和省之间的经济对话，支持政府之间、区域之间的政策和活动联合，加强同加拿大其他城市之间就共同关注问题的合作等。

5. 跨城市合作推动城市营销

在城市间网络联系广泛开展的今天，一些新的营销组织机制正在被开发。以一些区域性的合作组织作为城市营销的载体，通过多城市联合营销和交叉营销，不仅可以通过成员城市形成合力，作为一个整体在

更宽广的全球舞台上开展宣传，还可以实现城市之间的互动和交流，相互开发新机遇。比如，21 世纪亚洲城市网络联盟（ANM C21）是亚洲主要城市的合作网络。它主要的参与城市包括曼谷、德里、河内、雅加达、吉隆坡、马尼拉、首尔、新加坡、台北、东京和仰光，旨在通过亚洲主要城市之间的合作提高世界对亚洲的认知，以及加强亚洲在国际事务中的重要性。该组织通过发布宣言，主办了"ANM C21 Information"的杂志，举办博览会、艺术节，来达成扩大整体影响力的目的。

第八节　大数据营销

在数字化时代，大数据营销已成为企业获取竞争优势的关键手段。通过对海量数据的深入挖掘和分析，企业能够更精准地理解市场需求，制定有效的营销策略，利用大数据分析技术来优化营销策略，提高营销效率，从而实现营销效果的最大化。

一、大数据概述

1. 大数据的定义

在学术研究领域和产业界，大数据目前并没有一个标准的定义。在维克托·迈尔–舍恩伯格编写的《大数据时代》一书中，大数据是指不用随机分析法（抽样调查），而采用所有数据进行分析处理的数据。麦肯锡全球研究所则将大数据定义为一种规模大到在获取、存储、管理、分析方面大大超出了传统数据库软件工具能力范围的数据集合，具有海量的数据规模、快速的数据流转、多样的数据类型和价值密度低四大特征。对于企业来说，大数据是关于消费者认知、情绪、行为和反应的数字化内容的"聚宝盆"，这些对正在进行的数据驱动的营销革命至关重要，将对市场营销、商品销售和供应链运营产生积极影响。

2. 大数据的特征

大数据通常具有四个关键特征，即数量（Volume）、速度（Velocity）、多样化（Variety）和价值（Value），这四个特征被称为大数据的"4V"。

（1）数量（Volume）：随着互联网的普及和物联网技术的发展，数据量呈爆炸性增长。根据国际数据公司的预测，到 2025 年，全球数据量将从 2019 年的 41 泽字节增加到 175 泽字节。庞大的数据量为企业提供了丰富的信息资源，但也对数据处理和存储能力提出了更高要求。

（2）速度（Velocity）：大数据的生成速度极快，企业需要实时处理和分析这些数据以快速响应市场变化。例如，在线零售商可以实时获取消费者的交易数据和社交媒体反馈，从而及时调整营销策略。

（3）多样化（Variety）：大数据来源广泛，包括结构化数据（如数据库记录）和非结构化数据（如社交媒体文本、图像和视频）。这种多样化要求企业具备处理不同类型数据的能力。

（4）价值（Value）：尽管大数据量庞大，但其中真正有价值的信息往往占比较低。企业需要通过先进的数据挖掘和分析技术，从海量数据中提取有用的商业洞察。

3. 大数据的类型

大数据类型主要包括结构化数据、半结构化数据和非结构化数据三类。

（1）结构化数据：关系型数据库中的数据，如 SQL Server、Oracle、MySQL 等数据库中存储的数据。这些数据以表格形式组织，具有固定格式和长度的数据，具有明确的行和列。

（2）半结构化数据：具有一定结构但格式不固定的数据，如 XML、JSON、CSV 等格式的数据，这些数据具有一定的结构，但不像关系型数据那样严格。它们通常用于 Web 服务、日志文件、配置文件等。

（3）非结构化数据：文本文件、图像、音频、视频等。这些数据没有固定的数据模型，难以直接用传统的数据库二维表来存储。社交媒体内容、电子邮件、文档、多媒体文件等都属于非结构化数据。

营销视点 15-7

数字视频营销的价值

在数字化时代，视频的种类不再仅是电视和户外屏幕设备的固定视频，而是发展出了一系列包括品牌视频、产品视频、客户推荐视频、直播视频、说明性操作视频、企业培训视频、娱乐视频等可以随时随地通过便携式电脑或智能移动终端接收、播放、分享、评论和上传的视频。这些视频在营销活动中的价值也得到了进一步的提升，形成了更高层次的数字视频营销。概括而言，数字视频营销的价值主要体现在信息传播的高效率、个性化需求的满足、品牌传播的卓越效果和分享欲望的满足四个方面。

相较于文字、图片、GIF 动画等传播媒介，数字视频形式的媒介更快捷、承载信息量更大，也更易于被受众接受。同样的信息，使用集文字、图形、动画于一身的数字视频媒介，信息接收者接受的意愿会更高，对内容的解读也会更容易和准确。数字视频内容精简、形式活泼，使数字视频的信息内容呈现病毒式的扩散传播，信息传播力度强、范围广、交互性强。传统营销受限于经济规模、技术等，以大众传播为主。数字时代中的数字视频传播能解决个性化传播的需求，大数据算法的发展实现了数字视频信息的精准推送。

有效的数字视频营销考虑的是将企业的产品或服务以及品牌理念融入到特定的场景中，让消费者自然地接受这种价值。因此，发挥数字视频营销的关键价值之一就是要实现场景融入的品牌传播。

资料来源：王永贵，郭笑笑. 数字视频营销的价值与效果评价 [J]. 清华管理评论，2022（12）：41-47. 经改写

二、大数据营销概述

1. 大数据营销的定义

大数据营销是指利用大数据技术和分析方法，对海量数据进行深度挖掘和分析，以洞察消费者行为和市场趋势，进而制定更加精准的营销策略的过程。大数据营销的核心在于数据驱动的决策过程，通过收集、处理和分析消费者行为数据，企业可以更加准确地了解消费者需求和市场变化，从而制定更加个性化的营销策略。

百度百科对大数据营销的定义是：通过互联网采集大量的行为数据，首先帮助广告主找出目标受众，以此对广告投放的内容、时间、形式等进行预判与调配，并最终完成广告投放的营销过程。

本教材认为，大数据营销就是利用大数据技术对巨量的结构化、半结构化和非结构化顾客行为数据进行深度挖掘、分析，获取商业价值，并在此基础上开展针对性的营销活动，满足顾客的需求，为顾客创造更大的价值。

2. 大数据营销特征

（1）多样化、多平台化数据采集。多样化、多平台化的数据采集有助于对网民行为的更加全面准确的刻画。多平台采集可包含互联网、移动互联网、广电网、智能电视，未来还有户外智能屏等数据。

（2）强调时效性。在网络时代，网民的消费行为和购买方式极易在较短的时间内发生变化。因此，在网民需求点最高时及时进行营销非常重要。

（3）个性化营销。在网络时代，广告主的营销理念已从"媒体导向"向"受众导向"转变。现在广告主完全以受众为导向进行广告营销，因为大数据技术可让他们知晓目标受众身处何方，关注着什么位置的什么屏幕。大数据技术可以做到当不同用户关注同一媒体的相同界面时，广告内容不同。

（4）性价比高。和传统广告"一半的广告费被浪费掉"相比，大数据营销在最大程度上，让广告主的投放做到有的放矢，并可根据实时的效果反馈，及时对投放策略进行调整。

（5）关联性。大数据营销的一个重要特点在于网民关注的广告与广告之间的关联性。由于大数据在采集过程中可快速得知目标受众关注的内容，可知晓网民身在何处，而这些有价值的信息可让广告的投放过

程产生前所未有的关联性。大数据营销能够分析消费者在不同渠道和平台上的行为数据，实现广告的深度互动和关联性投放。

3. 大数据营销的过程

（1）数据采集和存储。企业营销人员收集信息消费者的年龄、通话、短信、App访问、网址访问、位置等信息，形成海量数据信息库。

（2）数据准备和预处理。在使用数据之前，要经过诸如提取（Extract）、加载（Load）、转换（Transform）等过程。这些工具预处理数据以适应操作需求，并将数据加载到数据库中。通过这种方式，信息在用于在线分析和数据挖掘之前被清理、记录和转换。

（3）数据分析。通过对信息的汇聚和分析绘制用户画像，形成不同的识别标签。

（4）形成数据报告及应用。完成完整的数据分析报告，然后根据选定的标签关联具体信息主体（消费者），制定价格策略或将产品/服务信息推送给消费者。

 营销视点 15-8

数字营销战略 4R 模式

数字时代不仅要从"STP+4P"的思维模式上升级，我们也需要帮助高管建立一套具备战略性的，又可操作的，同时可容易理解并精准概括数字营销战略的方法论。KMG 将这套方法论的核心，即数字化战略平台的营销实施的核心步骤，总结为 4R 模式，分别是 Recognize，消费者数字画像与识别；Reach，数字化覆盖与到达；Relationship，建立持续关系的基础；Return，实现交易与回报。

第一步 Recognize。前数字化时代我们主要谈的是目标消费者的整体分析，大多通过样本推测与定性研究，而数字化时代最大的变化在于可以通过大数据追踪消费者的网络行为，如对 Cookie 的追踪，SDK 对移动数字行为的追踪，支付数据对购物偏好的追踪，这些行为追踪的打通可以形成大数据的用户画像，这些技术手段与营销思维的融合是数字时代最大的变化，如用户画像的所包含的基本信息、行为、需求与目标。

第二步 Reach。这也是绝大多数参与数字营销游戏企业所实施的一步。以前触达消费者的手段在数字时代发生了变化，如 AR、VR、社交媒体、App、智能推荐、O2O、DSP 等各种触达手段，是前数字时代所完全不具备的，那如何基于消费者画像来实施触达，各种实施工具的特质是什么，是我们在这部分系统论述的。

第三步 Relationship。它应该作为 Reach 的后续步骤，因为仅仅做完前两个"R"，并不能保证数字营销的有效性，因为上面两步只解决了瞄准、触达的问题，没有解决上述营销投资如何转化客户资产的问题，这其中最关键的一步在于数字营销"是否建立了持续关系的基础"，而很多社群的建立，可以保证企业在"去中介化"的情境中与客户直接发生深度联系；这是企业 2.0 形态，也是菲利普·科特勒在东京会议上提到的"营销 4.0：帮助客户来自我实现"。

第四步 Return。它是最后一步，解决了"营销不仅是一种投资，也是可以得到直接回报"的问题。很多企业建立了社群、吸收了很多品牌粉丝，但是如何变现，这是这一步要解决的问题。我们提出了很多方法，如社群资格商品化、社群价值产品化、社群关注媒体化、社群成员渠道化、社群信任市场化等操作框架，变现客户资产。

三、大数据营销的应用

1. 大数据驱动产品创新

大数据在新产品创新中起到至关重要的作用，新产品开发需要从客户那里获得大量信息。例如，时尚行业的一些品牌从社交媒体上的热门帖子中获取灵感，并主要根据对这些热门帖子的分析来决定新产品的发布。通过使用大数据和数据分析，营销人员可以准确地定位客户，提供个性化的解决方案，轻松接触客户并获得竞争优势，准确预测顾客下一步的购买意愿。例如，通过 LDA 文本分析模型，从消费者的角度识别倾向于一起购买的产品集，用于预测客户在一定时间内的未来购买需求。如亚马逊最大的竞争优势是由大数据驱动的客户洞察提供的由外而内的导向创造的。而且，亚马逊还擅长利用自动决策支持引擎，最大限度地减少在定价、分销和沟通上花费的成本和时间。

通过分析消费者的需求和行为数据，企业可以精准定位目标客户群体，提供个性化的解决方案。大数据驱动的产品创新具有以下价值：①加速产品上市。利用大数据分析缩短产品开发周期，加快新产品推向市场的速度。②识别市场需求。通过消费者行为数据分析，确定产品的主要功能和特性，满足市场需求。③优化产品设计。根据用户反馈和行为数据优化产品设计，提高用户体验和满意度。

大数据使企业快速适应新环境，通过三种主要机制的创新来打破现状：成本、可访问性和商业模式结构。这些机制代表了颠覆性创新的传统方式的巨大转变。具体来说，颠覆性创新不是从低端市场开始，而是从数据来源开始。例如，在优步（Uber）和 Netflix 的案例中，新产品开发利用大数据和创新来利用这三种机制。

（1）大数据使优步（Uber）能够通过低成本司机、结构性成本优势和比出租车价格更便宜、服务更方便的交通替代方案来获取交通和物流市场。

（2）大数据使 Netflix 能够颠覆内容生产流程，通过提供低价的消费者解决方案，而不是提供增强可访问性的最先进流媒体分发平台，从而打破传统的内容分发渠道。

2. 大数据驱动的全渠道营销策略

"全渠道"一词源自零售行业，英文为"Omni-channel"，由"Multi-channel"（多渠道）演变而来。多渠道是指商户在线下（实体门店）、线上（自营平台、第三方平台、媒体平台等）多个渠道分别进行营销活动，这些活动相互独立、没有直接关联；而全渠道，并不是指"所有渠道"，而是指"全方位、顾客体验与权益一致、互通的跨渠道体系营销"。相对多渠道，全渠道更强调"渠道间的整合性"与"顾客权益与体验的一致性"。

全渠道营销是指通过整合线上线下多种渠道资源，为消费者提供无缝衔接的购物体验。大数据在全渠道营销中的应用主要体现在以下几个方面。

（1）协调配合：通过大数据实现线上线下渠道的协同作业和信息共享，提升整体运营效率。

（2）需求导向：利用大数据分析消费者需求和行为模式，制定有针对性的营销策略和服务方案。

（3）技术驱动：运用大数据和人工智能技术优化供应链管理和物流配送流程，提高服务质量和效率。

例如，某电商平台通过大数据分析消费者购物习惯和偏好，实现商品的精准推荐和个性化推送；同时，利用物联网技术实现库存管理和物流配送的自动化处理，提高订单处理速度和准确率。

3. 大数据背景下的价格策略

大数据个性定价策略，又称动态定价或差别定价策略。大数据个性化定价策略是指企业借助大数据技术，对海量的用户数据进行分析和挖掘，以实现为每个用户或用户群体制定独特价格的策略。例如，在线旅游预订平台可能会根据用户的搜索历史、浏览行为及预订时间的紧迫程度来调整酒店房间或机票的价格。如果用户频繁搜索某个特定目的地的酒店，且预订时间临近，平台可能会提高价格；反之，如果用户提前很久预订，或者是该平台的常客，可能会获得较低的价格。电商平台也常采用个性定价策略。比如，对于经常购买高端商品的消费者，在他们浏览某些品牌商品时，可能会看到相对较高的价格；而对于对价格较为敏感、总是寻找优惠的消费者，可能会展示更多的折扣价格。

大数据个性化定价策略有以下几种主要形式。

（1）动态定价。根据不同消费者的个人特征、购买历史、消费行为、地理位置、时间等因素，为每位消费者提供独特的价格方案。比如在线旅游平台根据旅游旺季、淡季及实时的预订情况，动态调整机票和酒店的价格。在节假日等旅游高峰期，价格会上涨；而在旅游淡季，价格相对较低。网约车平台根据不同时段的供需关系调整乘车费用，高峰期价格高于平峰期。

（2）差别定价。针对不同地区的消费者，根据经济发展水平、消费能力等因素的差异，制定不同的价格。例如，某品牌的化妆品在一线城市的售价可能高于二、三线城市。按照消费者的年龄、性别、职业等特征进行差别定价。例如，儿童游乐场所对儿童和成人收取不同的门票价格。

（3）捆绑定价。将相关的产品或服务组合在一起，以一个总价出售。比如手机套餐中包含通话时长、短信条数和一定的数据流量，其价格低于单独购买这些服务的总和。购买电脑时，搭配鼠标、键盘等周边设备组成一个套餐，以优惠的价格出售。

大数据动态定价策略具有两大特点：一是灵活性，能够快速响应市场变化，使价格与市场条件保持紧密匹配。二是实时性，可以在短时间内对价格进行调整，甚至可以实现实时定价。

4. 大数据精准广告传播

大数据营销的核心在于，让网络广告在合适的时间，通过合适的载体，以合适的方式，投给合适的人。大数据营销衍生于互联网行业，又作用于互联网行业。因为互联网的技术性特征使网络广告具备了实时投放管理优化以及针对海量数据挖掘的基础。目前，在美国，精准广告已经由最初基于媒体主题频道和页面内容定向，演进到基于 Cookie 交换等数据分析服务，实现统一平台管理跨网络媒体并通过大数据技术实现精准广告投放的阶段。移动互联时代精准广告营销已经成为主流的营销手段。根据相关数据统计，广告精准程度、受众覆盖规模和广告平台拥有的媒体资源是广告主考量广告平台的三大关键因素，而广告精准程度以 69% 的比例，成为广告主考量广告平台的因素之首。

（1）大数据精准广告的优势。

精准广告是指通过大数据分析技术实现广告内容的精准投放和效果监测。大数据精准广告具有以下优势。

①提高广告效果：通过精准定位目标受众和优化广告内容提高点击率和转化率。

②降低成本：减少广告浪费并提高投入产出比，降低营销成本。

③提升用户体验：根据用户兴趣和行为习惯推荐相关广告内容，提升用户体验和满意度。

在大数据精准广告传播过程中，企业可以采用实时竞价（Real Time Bidding，RTB）、定向广告推送、窄告和点告等多种形式实现精准投放。同时结合机器学习技术和数据分析方法不断优化广告内容和投放策略，提升广告效果和转化率。例如，一家在线服装零售商实施大数据精准广告。首先，从其网站、社交媒体和合作的第三方平台收集用户数据。其次，对这些数据进行整合和清洗，分析用户的购买行为和浏览偏好，构建用户画像，比如发现某些用户经常浏览时尚女装且购买价位在中高端。再次，制定广告策略，决定在社交媒体上投放中高端时尚女装的广告，并选择在周末和晚上这些用户活跃的时间段投放。同时，投放过程中实时监测点击率和购买转化率，发现某款裙子的广告点击率低，立即优化广告图片和文案。最后，投放结束后评估效果，发现销售额有显著增长，同时总结经验，为下一次广告投放做准备。

（2）大数据精准广告的形式。

大数据精准实时广告竞价方式的常见几种形式。

①CPC（Cost Per Click，每次点击成本），即按点击计费，广告主只有在用户点击广告时才需要付费。这种竞价方式注重广告的点击率，因为点击率越高，广告主的成本相对越低。这是目前最主流的互联网广告计费方式，是最高效的成单广告之一。优点：广告主可以更直接地衡量用户对广告的兴趣，成本相对可控。可以根据自身产品的目标受众，选择投放人群的年龄、性别、爱好、地域、上网时间、上网工具等一系列人群画像信息，在这个范围内看到的广告，并且愿意点击查看的目标受众，一般来说都是有购买需求的。如果广告主的落地页面做得足够吸引人，成单率还是相对比较乐观的。缺点：可能存在恶意点击或误点击，导致成本增加。

②CPM（Cost Per Mille，每千次展示成本），即按千次展示计费，广告主为每一千次广告展示付费。CPM 是一种展示付费广告，只要展示了广告主的广告内容，广告主就为此付费。以这种方式计费的广告平台最典型的就是微博粉丝通，起步价是 5 元一个 CPM。也就是说，广告每被展现 1 000 次，就付 5 元钱。这期间无论广告被用户点击了多少次，价格也不会变。优点：适合品牌推广，能够保证广告获得大量的曝光。缺点：无法准确衡量用户对广告的实际兴趣和行动。

③CPA（Cost Per Action，每次行动成本），即按用户行为计费，也就是说先给需要计费的用户行为做

一个设定，当用户完成这个行为之后，就开始计费。行动可以是注册、购买、下载等具体的用户行为。只有当用户完成指定的行动时，广告主才需要付费。以这种方式计费的广告形式最典型的就是各大 App 下载平台，如百度手机助手、豌豆荚、小米应用商店、91 助手、安卓市场等。用户在进入一个 App 应用商店的时候，一般在推荐位置和 Banner 广告里的 App，都是投了 CPA 广告的。优点：对于广告主来说，风险相对较小，能确保获得实际的转化效果。缺点：由于转化行为的定义和监测较为复杂，可能存在争议和误差。

④CPT（Cost Per Time，按时间付费），即按展示时长计费，广告主按照广告投放的时间长度付费，不论广告的展示次数、点击次数或其他效果如何。以这种方式计费的广告形式最典型的就是现在各种 App 的开屏广告，例如用户打开爱奇艺的 App，启动图出现的是雅诗兰黛的广告图片。这种广告一般是品牌广告主选择投放的，价格也比较高，动辄 10 万元、20 万元。其实早在门户时代，新浪首页的大图广告也算是 CPT（或者叫 CPD，Cost Per Day，按天计费，意义和 CPT 相同）。优点：广告主可以获得稳定的广告展示时间，便于规划和预算控制。缺点：无法保证广告的效果和实际回报。

⑤oCPX（optimized Cost Per X），这是一种基于目标转化的智能出价方式，平台会根据广告主设定的转化目标（如购买、表单提交等），利用大数据和机器学习算法自动优化出价，以提高转化效果，如 oCPC（optimized Cost Per Click，优化后的每次点击成本）和 oCPM（optimized Cost Per Mille，优化后的每千次展示成本）等。例如，一家电商公司在推广一款新的智能手机时，如果更注重品牌曝光，可能会选择 CPM 竞价方式；如果希望直接获得用户的购买行为，可能会选择 CPA 竞价方式；而如果希望在控制成本的同时提高点击率和转化率，oCPC 或 oCPM 可能是更合适的选择。优点：结合了大数据和智能算法，能更精准地实现广告主的转化目标。缺点：对数据的质量和数量要求较高，需要一定的技术和经验来设置和优化。

5. 大数据营销与顾客关系管理

企业可以利用大数据分析进行客户关系管理（Customer Relationship Management，CRM）来提高公司绩效，大数据及以客户为中心的市场信息处理能力对客户关系管理具有积极影响。

（1）客户画像——顾客群体划分。

客户画像是对特定客户群体进行深入分析和描述的过程，旨在更好地理解其需求、行为和偏好，以便为企业制定更精准的营销策略提供依据。顾客群体的划分是客户画像构建的重要环节。大数据客户画像是指基于大数据技术和算法，对目标客户群体进行多维度的数据分析和挖掘，从而构建出客户的详细描述和分析模型。这一过程不仅涉及客户的基本信息，还涵盖了消费行为、兴趣爱好、社交行为、地理位置等多方面的数据，旨在深入了解客户的需求和行为习惯，为企业制定精准的市场营销策略提供依据。

（2）客户画像划分维度。

在大数据背景下，客户画像用于更精准地对顾客群体进行划分。以下是一些基于大数据的常见划分方式。

①基于线上行为数据。网站浏览路径：例如频繁浏览特定产品页面的客户、在多个产品页面间快速跳转的客户。页面停留时间：长时间停留在某些产品介绍页面的客户可能表示更感兴趣。搜索关键词：通过分析用户输入的搜索词来了解其需求和兴趣。

②社交媒体数据。关注的话题和兴趣群组：比如关注健身、美容、科技等不同主题的群体。发布和分享的内容类型：经常分享旅游经历的可能是旅游爱好者。社交互动频率和活跃度：活跃的社交用户与相对沉默的用户可能有不同的消费倾向。

③消费交易数据。购买的时间序列：周期性购买某些商品的客户，如每月购买护肤品。购买组合：总是同时购买某些相关产品的客户，如购买电脑时搭配购买鼠标和键盘。退货和投诉记录：频繁退货或投诉的客户可能对产品质量有较高要求。

④地理位置数据。经常活动的区域：常出现在高端商业区的客户与常出现在普通社区的客户消费能力可能不同。旅行轨迹：经常跨地区旅行的客户可能对旅行相关产品有需求。

⑤移动应用使用数据。使用的应用类型：经常使用理财类应用的客户可能对金融产品更感兴趣。应用内的操作行为：在购物应用中频繁查看优惠信息的客户可能对价格敏感。

⑥情感分析数据。对产品或服务的评价情感：积极评价多的客户与负面评价多的客户群体。

例如，一家电商企业通过大数据分析发现，一部分客户经常在晚上浏览并购买零食，页面停留时间短，可能是冲动型消费的"夜间零食爱好者"群体。另一部分客户会在周末长时间浏览家居用品，搜索关键词多为"环保""高品质"，可能是注重生活品质的"周末家居采购者"群体。利用这些基于大数据的客户画像和顾客群体划分，企业能够更精准地满足不同群体的需求，制定更有效的营销策略和个性化服务。

（3）客户画像划分策略。

①数据收集与分析。通过市场调研、顾客访谈、社交媒体轨迹等收集顾客数据。运用数据分析工具和技术对收集到的数据进行处理和分析，挖掘顾客群体的特征和规律。

②聚类分析。采用聚类分析等数据挖掘技术将具有相似特征的顾客归为同一群体。常见的聚类算法包括 K 均值聚类、层次聚类和密度聚类等。

③RFM 模型。结合顾客最近一次购买时间（Recency）、购买频率（Frequency）和购买金额（Monetary）三个维度构建 RFM 模型，对顾客进行价值评估和分层。

④个性化细分。根据顾客的个性化需求和偏好进行更精细化的细分。这要求企业深入了解每个顾客的特点和需求，并提供定制化的产品和服务。

 营销案例 15-14

个性化与标准化：索菲亚数字化转型之路

2003 年，索菲亚家居股份有限公司（以下简称"索菲亚"）在广州增城成立，2011 年于 A 股上市。经历二十多年的快速发展，索菲亚已成为中国定制家具行业的龙头企业。2020 年，索菲亚确立了"多品牌、全品类、全渠道"的战略布局，推出"索菲亚""司米""华鹤""米兰纳"四大品牌组合，以定制衣柜为拳头产品，提供 7 大品类、8+1 空间整体解决方案。2021 年企业营收达 104 亿元，实现百亿目标。数字经济时代，企业面临的不确定性首先表现为数字技术的巨大革命，数字技术已成为驱动企业转型的主要力量。只有基于数字技术才能实现大规模生产与个性化定制的有效结合。因此，新索菲亚从研发、营销、制造、服务四个方面进行数字化转型。

1. 研发数字化

索菲亚充分利用数字技术赋能产品创新，通过大数据平台抓取用户、竞品和行业等各类数据，并进行精细筛选和深度解析，挖掘场景化需求，引导新产品设计和研发，促进产品与需求的高度匹配。2017 年，索菲亚上线了 DIY Home 设计软件，对终端线上设计的行为数据进行收集、清洗、存储与分析，并通过对区域性需求的挖掘和季节性需求的预判，有针对性地设计和调整产品，刺激需求并提升成单率。

2. 营销数字化

2013 年，索菲亚正式成立新零售中心，包括线上引流团队、线上服务转化团队、赋能终端转化团队等，通过大数据分析定位细分人群，精准投放广告，获取客户资料并实现流量转化。新零售中心后续在天猫、京东、抖音、小红书等互联网平台进行布局，以开店和自建线上官方商城的方式，开设线上渠道，为线下经销商引流。索菲亚通过发展数字化营销覆盖全域流量，整合社群营销、直播裂变、网红带货等多种营销方式。

3. 制造数字化

数字化转型使索菲亚制造中心发生根本性变革，以前产品打孔受制于专业师傅，封边质量难以保证，这些难题在数字化发展中迎刃而解。通过营销协同系统，订单数据从经销商直接进入工厂订单池，解决了数据时效和数据准确的问题。此外，智能计料系统（MCS）的成功应用能够自主实现 65% 的订单拆分，在销量增加 3 倍的情况下，计料人数下降了 80%，极大提升了人均效能，排产时间缩短 50%，车间流速提升 62.7%。

4. 服务数字化

在售前服务方面，索菲亚通过客户画像寻求差异化服务创新，利用大数据平台收集客户数据并构建客户

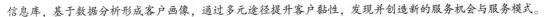

信息库，基于数据分析形成客户画像，通过多元途径提升客户黏性，发现并创造新的服务机会与服务模式。

在售后服务方面，2018年索菲亚建立客户服务指数体系（CSI），通过各项指标的在线测评，考核提升经销商服务水平，优化客户体验。比如，在安装服务上，索菲亚自主研发"索菲亚安装"小程序，将标准件安装上传视频，非标准件安装扫描二维码查看教程，在提升服务质量的同时促进区域间知识和经验共享。索菲亚还建立了400呼叫系统，收集终端客户反映的各类信息，及时反馈给经销商和工厂，加快各方响应速度，解决客户痛点。

资料来源：张玉利，田震. 个性化与标准化：索菲亚数字化转型之路［J］. 清华管理评论，2023（3）：104-114.

（4）大数据客户画像的构建过程。

①用户细分。根据客户的年龄、性别、地域、收入水平等基本属性，以及消费习惯、兴趣爱好等行为特征，将客户细分为不同的群体。每个细分群体都具有独有的特征和需求，需要制定针对性的营销策略。

②标签体系设计。设计一套完整的标签体系，用于描述客户的各种特征和属性。标签体系应涵盖基本信息标签（如性别、年龄）、行为偏好标签（如购买偏好、浏览偏好）、心理特征标签（如价值观、消费观念）等多个维度。

③算法建模。运用数据挖掘和机器学习算法，对客户的行为数据进行深度分析，发现其中的规律和模式。基于算法分析结果，为每个客户打上相应的标签，形成完整的客户画像。

（5）大数据客户画像的应用。

①精准营销。个性化推荐：电商平台通过分析用户的历史购买行为和浏览记录，构建用户画像，从而向用户推荐他们可能感兴趣的商品或服务。这种个性化推荐能够显著提高用户的购买率和平台的销售额。广告精准投放：广告主可以基于用户画像，将广告精准地投放给潜在的目标用户，提高广告的点击率和转化率。例如，银行可以根据客户的信用记录和交易行为，推送个性化的贷款或信用卡产品广告。

②产品设计与优化。产品布局调整：通过分析用户画像，企业可以了解目标用户的需求和偏好，从而调整产品的布局和设计。例如，一个智能电视类视频App在发现家庭用户中有很多小孩后，可能会推出一款专门针对有小孩家庭的少儿类视频节目和教育课程App。用户体验优化：企业可以通过用户画像了解用户在使用产品过程中的痛点和需求，从而优化产品的功能和界面设计，提升用户体验。

③客户关系管理。客户细分：根据用户画像，企业可以将客户细分为不同的群体，以便制定针对性的营销策略和服务方案。例如，银行可以将客户细分为高端客户、中端客户和低端客户，并为每个群体提供不同等级的服务和产品。客户生命周期管理：通过用户画像，企业可以识别出处于不同生命周期阶段的客户，并采取相应的措施来延长客户的生命周期。例如，对于即将流失的客户，企业可以通过提供优惠或增值服务来挽留他们。

④风险控制。信贷风险评估：金融机构可以利用大数据客户画像来评估客户的信贷风险。通过分析客户的信用记录、交易行为和其他相关数据，金融机构可以更准确地判断客户的还款能力和意愿，从而降低不良贷款率。欺诈行为识别：通过分析用户的行为数据和网络数据，金融机构可以发现异常交易和盗刷等欺诈行为，并及时进行防御和打击。这有助于保护客户和金融系统的安全。

⑥社交媒体与内容推荐。用户画像构建：社交平台通过分析用户的关注、好友关系、兴趣爱好等数据，构建用户画像，从而为用户提供更加个性化和精准的内容推荐和社交推荐。这有助于提高用户的活跃度和黏性。舆情分析与危机监测：社交平台可以利用大数据分析技术对用户的言论进行舆情分析和情感分析，实时监测和预警舆情风险，确保平台的稳定和用户的安全。

四、大数据营销分析技术

1. 统计分析

统计分析就是基于数学领域的统计学原理，对数据进行收集、组织和解释的科学。统计的方法主要用于对变量间可能出现的关系如定量关系进行分析处理。在该领域，经典的统计分析工具是 R 语言工具包。R 语言是开源的统计分析软件，提供了丰富的经典统计分析算法和绘图技术，包括线性和非线性模型、统计检验、时间序列、分类、聚类等算法。例如，聚类是通过距离度量将所有对象划分为相似的组。来自网络的消费者文本资料包含许多因素（变量），营销人员可以根据这些变量对所有检索到的文本利用 K-Means 聚类方法进行聚类；利用文本聚类的结果，可以根据消费者特征和消费者行为进行比较。因此，来自网络平台的信息如果仔细提取和分类，可以及时反映消费者的意图。

2. 数据挖掘

数据挖掘就是从大量的、不完全的、有噪声的、模糊的、随机的实际应用数据中，提取隐含在其中的、人们事先不知道但又潜在有用的信息和知识的过程，是统计学、数据库技术和人工智能技术的综合运用，是通过在数据库管理系统上综合运用统计和机器学习的方法从大数据集中提取出模式的一组技术。常见的数据挖掘方法包括关联规则学习、聚类分析、分类分析、序列分析、偏差检测、预测分析、模式相似性挖掘和回归分析等。典型的商用数据挖掘工具有 IBM SPSS、SGI MineSet、Oracle Darwin，开源的有 Weka 等。这些工具主要站在 BI 的角度，提供从分析到可视化的商业解决方案。

3. 社交媒体分析

为了进行合理有益的决策，营销人员和营销分析师需要在许多不同方面获得相同的信息，如客户及其需求、竞争、产品、分销渠道、服务提供商、法律等。然而，通过移动营销和社交媒体平台，通过添加详细的个人信息，如地理位置、时间、兴趣、性别等，企业将获得更加广泛的消费者信息。由于数字化和新技术的采用，营销数据的性质和来源已经发生变化。营销分析数据已从消费者手动记录其购买行为的面板数据，转向提供实时信息的大数据。同样，以前通过客户满意度调查等渠道收集的数据，现在可以通过社交媒体平台自动挖掘。消费者在社交媒体上留下的持续痕迹可以通过使用文本挖掘、用户分析和本地化、情感分析、社会感知等进行更深入的分析。例如，社交媒体情感分析中机器学习的应用。情感分析在社交媒体分析中起着举足轻重的作用，并已被非常有效地用于分析社交媒体内容。机器学习应用于各种社交媒体数据集的研究，主要是微博消息、产品评论、酒店评论和餐厅评论等。社交媒体上产生的大数据，机器学习还有很多其他的应用，比如性别和性别检测。这些应用程序帮助营销人员更有效地定位他们的客户，确立社交标签与品牌绩效之间的关系。

4. 自然语言处理

自然语言处理（Natural Language Processing，NLP）是基于计算机科学和语言学，利用计算机算法对人类自然语言进行分析的技术，属于人工智能领域的一个重要方法。其关键技术涉及词法分析、句法分析、语义分析、语音识别、文本生成等。很多自然语言处理算法都是基于机器学习的方法。该技术领域典型的应用就是基于社交媒体对语言的情感进行分析、法律领域的电子侦查，其他应用还包括欺诈检测、文本分类、信息检索和过滤、文字转换系统、机器翻译等。该技术领域的国产应用工具有 OpenNLP、FudanNLP 和哈尔滨工业大学的 LTP，第一个用于处理自然语言文本，后两个主要针对中文语言处理提供词法、句法、语义、分类等相应的处理。该领域目前的研究热点在语义分析和情感分析等方面。

5. 机器学习

大数据环境下，机器学习的主要应用领域可以总结为三方面：搜索、迭代优化和图计算。机器学习作为人工智能领域的重要内容之一，被分为监督学习和无监督学习两大类。监督学习要求算法的使用者知道要预测什么（即目标变量的分类信息），主要采用分类和回归算法，如果预测的目标值为离散型（如是/否、A/B/C 等）则适合用分类算法，如 K 近邻算法、决策树算法、朴素贝叶斯算法、支持向量机算法、AdaBoost 算法等；如果预测的目标值为连续性的数值（如 0~100、0.1~150 等），则适合回归算法，如 Logistic 回归、CART 算法（分类回归树算法）等。无监督学习则不预先指定数据分类和目标值，主要算法有聚类和密度估计等算法，如 K 均值聚类算法、Apriori 算法、FP-Growth 算法等。也有资料提出半监督学习和强化学习等概念，在半监督学习模式下，输入数据部分被标识分类，主要用来预测分析，算法模块先要学习数据内在结构以合理组织数据，主要采用分类和回归的算法，是对常用监督式学习算法的扩展，如拉普拉斯支持向量机算法等。强化学习模式则是将输入数据直接反馈到模型，模型作出动态修正调整，常见的应用场景包括动态系统、机器人控制等。Mahout 作为基于 Hadoop 的数据挖掘和机器学习算法框架，解决了相关算法在大数据并行计算架构下的使用问题，提供了基因算法、序列分析算法、分类分析算法、聚类分析算法等算法库，是一个提供给开发者使用的工具框架。

　　该领域目前的研究热点在于采用新的机器学习算法实现深度机器学习。深度学习是对人工神经网络的发展，其本质就是通过构建具有很多隐层的机器学习模型和海量的训练数据来学习更有用（相对于采用传统机器学习算法的浅层机器学习而言）的特征，从而提升最终分类或者预测的准确性。在深度学习领域，谷歌、微软、IBM、百度等企业走在最前沿。以 GoogleBrain 项目最为出名，该项目搭建了有 16 000 个 CPU 核的并行计算平台，用于训练深度神经网络（Deep Neural Network，DNN）的机器学习模型，该模型在语音识别和图像识别领域取得了巨大成功。

 营销案例 15-15

FOH 希望树的数字化营销

　　FOH 希望树锁定了除甲醛这个"蓝海"市场，2020 年 6 月，"Full of Hope 希望树除甲醛魔盒（昵称：FOH 除甲醛果冻）"正式上线，同年 11 月植物除醛急救喷雾正式上线，除甲醛产品的品类更加丰富。

　　1. 打造差异化产品，占领消费者心智

　　希望树在产品中添加激活材料，并特意设置了可视化的产品变色机制。消费者在使用时，需将盒内的激活液滴在蓝色果冻凝胶表面，随着产品被激活，蓝色果冻会在 24 小时内开始变色，果冻中的核心除醛成分复合雪松除醛因子便会开始挥发，7 天内盒中的果冻逐渐变为乳白色、淡紫色，直至两个月后彻底干瘪；同时在除醛果冻中添加清香好闻的雪松精油，提升了消费者的嗅觉感知。"看得见、闻得到"的除醛过程，很大程度上消解了消费者因无法感知除醛效果而对除醛产品产生的怀疑，让消费者获得了全新、可信赖的除醛体验。

　　2. 圈定目标人群，聚焦抖音平台

　　希望树根据前期的投放结果与内部商议，将品牌用户画像圈定在了一、二线城市，25~35 岁，对健康安全更敏感的高知宝妈群体。在与抖音平台合作后，巨量云图数据显示本品在精致妈妈、新锐白领、资深中产这三种人群中的渗透率最高，这也进一步验证了希望树在标的用户投放上的精准性。

　　希望树团队认为抖音用户人群与本品目标客户高度契合，抖音平台非常适合做品牌宣传，它能为产品提供涵盖生意诊断、定向优化、品效爆发的全链路扶持，孵化出满足客群消费需求、品质过硬的新锐品牌，助力团队提高自运营能力。

　　3. 活用巨量引擎，增速品牌传播

　　希望树根据"O-5A 模型"（其中，O 为尚未接触过品牌信息的机会人群，A1 为被品牌触达一次的被动人群，A2 为被品牌触达多次的浅度认知人群，A3 为对品牌有主动行为的深度互动人群，A4 为实施了购买行为的人群，A5 为与品牌形成了长期互动的私域人群），对各类客户采取了不同的营销手段和广告投放机制。例如，通过老用户的购买时间和客户关系进行筛选，利用抖音进行推送和曝光，提醒其进行复购。针对潜在购买人群，会将其分为 A1、A2、A3，再进行与之匹配的营销方式，通过丰富的触点尽可能多地积累 A1 人群，通过竞价广告和直播间来收获 A2 和 A3 人群。

　　资料来源：杜雨轩，胡左浩，赵子倩，等. 数字营销赋能品牌破圈成长：以初创企业 FOH 希望树为例 [J]. 清华管理评论，2023（6）：112-121.

五、大数据营销伦理与法规

　　大数据营销的发展也伴随着数据安全与隐私保护的挑战。如何在充分利用大数据的同时，确保消费者隐私不受侵犯，是每一个企业需要深思的问题。在享受大数据营销带来的便利的同时，企业也不能忽视其伦理与法规问题。企业需要高度重视数据安全与隐私保护在大数据营销中的重要性，为确保大量数据在收集、存储、处理、传输和使用过程中的机密性、完整性和可用性，应采取一系列措施和方法。我国已经颁布了《中华人民共和国网络安全法》《中华人民共和国数据安全法》等法律法规，对数据处理活动及其安全监管进行了明确规定。数据安全法建立健全数据安全管理制度，通过严格规范数据处理活动切实加强数据安全保护，提高了数据乱用、滥用等行为的违法成本，更好守护广大人民群众在数字化发展中的获得感、幸福感和安全感。

本章小结

随着市场环境的不断变化和技术的飞速发展，市场营销领域正经历前所未有的变革。营销新进展涵盖了网络营销、直复营销、服务营销、关系营销、水平营销、绿色营销、城市营销和大数据营销等多个方面，呈现出多元化、个性化和智能化的特点。网络营销的兴起使品牌能够通过视频内容、用户生成内容（UGC）等吸引和留住受众，而数据驱动的个性化营销成为满足用户个体化需求的关键。同时，服务营销和关系营销强调提供优质服务和建立长期客户关系，以提高客户满意度和忠诚度。直复营销和水平营销则通过直接渠道和横向思考寻找新的市场机会，实现精准营销和跨界合作。绿色营销和城市营销分别关注环境保护和城市品牌形象提升，以满足消费者对可持续性和城市特色的需求。企业通过绿色供应链管理、环保产品开发和绿色公益活动等方式，推动整个产业链的绿色转型，实现企业与环境的和谐共生。城市营销通过整合城市资源，提升城市品牌形象和吸引力，促进城市经济发展。而大数据营销利用大数据技术和分析工具，深入挖掘消费者行为数据，为精准营销提供有力支持。企业通过收集和分析消费者购买历史、浏览记录、社交媒体互动等数据，构建用户画像，实现个性化推荐和精准投放。

进入数字化时代，市场营销正在经历深刻的变革，随着大数据分析在市场营销中的应用日益广泛和深入，企业迎来了前所未有的机遇和挑战。数据驱动的个性化营销成为趋势，品牌利用用户数据和行为模式提供定制化内容和体验，满足用户的个体化需求。新兴技术如增强现实（AR）、虚拟现实（VR）和人工智能（AI）的应用，进一步提升了用户体验和互动性。企业通过整合多种营销手段，打造个性化的用户体验，才能在激烈的市场竞争中脱颖而出，赢得消费者的青睐和忠诚。大数据分析的应用成为推动营销创新的关键力量，企业必须与时俱进，提升学习能力，不断将大数据分析融入网络营销、服务营销、关系营销、直复营销、水平营销、绿色营销、城市营销等多个领域，不断创新营销理念和手段，以满足消费者日益多样化的需求，才能实现可持续发展。

 案例评析

阿里巴巴网络的商业模式分析

背景情况

1999年3月，马云以50万美元在杭州创建了阿里巴巴中国，为B2B交易提供软件及技术服务。2009年，阿里巴巴的业务主要划分为B2B、网络购物及电子商务服务系统（支持系统）。其中，B2B业务的代表为阿里巴巴网络公司，网络购物的代表为淘宝网，服务系统则包括支付宝、中国雅虎、阿里软件等公司。

阿里巴巴网络是阿里巴巴集团旗下专门从事B2B业务的企业，也是阿里巴巴集团的旗舰子公司。阿里巴巴网络有限公司已发展为全球领先的B2B电子商务公司及中国最大的电子商务公司。阿里巴巴网络每天通过旗下三个网上交易市场连接世界各地的买家和卖家。国际交易市场集中服务全球的进出口商，中国交易市场中服务中国本土的贸易商，而日本交易市场通过合资企业经营，主要促进日本外销及内销。三个交易市场形成一个拥有来自240多个国家和地区的4 000万名注册用户的网上社区。数据显示，2008年阿里

巴巴网上 B2B 平台交易额突破 11 577 亿元人民币。

阿里巴巴网络商业模式元素分析

（1）定位。

阿里巴巴网络成功的起点得益于精准的定位。阿里巴巴网络的目标是建立全球最大最活跃的网上贸易市场，让天下没有难做的生意，坚持用电子商务为中小企业服务，可以说阿里巴巴网络从一开始创建就有了明确的定位。反观早期的一些互联网企业，则主要是以技术为驱动的，创业团队都是计算机或通信技术等方面的人才或爱好者，由自娱自乐到创造出有特色的网站，进而摸索可能的网络服务模式，因此，失败的可能性极高。

（2）业务系统。

阿里巴巴网络的业务系统也始终围绕着实现它的目标定位，即建立全球最大最活跃的网上贸易市场，专注于信息流领域。通过阿里巴巴的平台，买卖双方进行各类供求信息匹配，从而达成交易。

阿里巴巴的 B2B 模式，可以说是回避了物流环节，专为供应商提供销售支持的模式。也就说它提供的是一个网上交易市场。其基本架构如下：阿里巴巴的 B2B 服务在网上提供交易信息，不参与买卖契约和买卖货款的结算。阿里巴巴提供名为支付宝的网上结算工具，这个结算工具兼具第三者保证功能，并推荐优良物流公司供买卖双方使用。

（3）盈利模式。

阿里巴巴网络的盈利模式相对简单明了，主要依靠收取等级不同的会员费和提供各类型增值服务取得收入。

来自中国交易市场的营业收入包括：

◆ 销售中国诚信通会籍及增值服务所得营业收入；

◆ 其他收入，主要包括企业在中国交易市场刊登网上品牌推广展位所取得的收入。

在国际交易市场的营业收入包括：

◆ 销售 Gold Supplier 会籍及增值服务所得营业收入；

◆ 销售国际诚信通会籍所得营业收入；

◆ 其他收入来自作为阿里软件（阿里巴巴全资附属公司）的销售代理商，把阿里软件开发的阿里软件外贸版销售给 Gold Supplier 会员所得的佣金收入，但 2008 年 11 月起，阿里巴巴已停止销售阿里软件外贸版，专心销售公司新推出的产品。

阿里巴巴网络商业模式成功的关键策略分析

（1）聚焦信息流的运作策略。

回顾阿里巴巴网络的发展历程，可以发现其中两个关键性的决策对阿里巴巴网络成功起决定性作用，即坚持采用"免费注册"的策略和确立了"聚焦信息流"的模式。事实证明，免费注册的策略帮助阿里巴巴网络迅速跑马圈地，为阿里巴巴网络的发展奠定了坚实的基础，也为阿里巴巴赢取了宝贵的市场先机，而"聚焦信息流"的模式，避免了自建物流的庞大投入和精力耗费，在电子商务领域更加游刃有余。

（2）品牌策略。

网站建立后，阿里巴巴利用从风险投资基金募集的资金，在美国的 CNN、CNBC、国内的中央电视台等国内外著名的媒体发布广告，聚集人气，成功地建立了自己的品牌。特别是将欧美的采购方吸引到这个平台，大大提高了其吸引力，促进了购买量的提高。基本的吸引采购方战略就是针对日美欧客户，可以免费注册。

（3）销售策略。

阿里巴巴销售策略的重点就是将国内的供应商吸引到这个平台上来。首先通过推荐免费试用，待取得实际业绩后再阶段性实行有偿服务。实际上，在 3 年之前卖方只认可免费会员这种方式，这些会员即使现在还可以免费正常登录。

吸引收费会员的方法有个别访问销售、电话销售和代理销售三种。面向国内市场的"诚信通"会员促销方法就是电话销售。面向国际市场的"Gold Supplier"会员促销方法则是访问销售，合同不是传真合同，而是纸质合同。比起面向国内市场的"诚信通"，面向国际市场的"Gold Supplier"附加价值更高（会费是前者的十几倍）。

在销售区域上，阿里巴巴2005年前集中在中小供应商聚集的浙江、江苏、广东等五个区域，从2005年后开始将销售网络扩展到内地和东北区域。

（4）技术策略。

对电子商务企业来说，平台的安全性、稳定性和搜索引擎的方便使用，是吸引顾客的重要因素。

阿里巴巴挖来雅虎的搜索技术开发人员作为本公司的CTO，技术团队从世界范围内搜罗人才，以确保平台的安全性和稳定性，提高开发的效率；2004年提供商业搜索引擎，充实完善以顾客为中心的搜索功能；2005年收购雅虎中国为自己的子公司，将雅虎的优秀搜索技术补充到平台，以此向客户提供智能化的商业信息检索技术。

（5）致力于保证可信性的平台策略。

提供网上交易服务的电子商务市场，就必须努力保证客户对交易体系的信任。阿里巴巴在提供上述具有第三方担保功能的名为支付宝的网上结算工具的同时，委托第三方认证机构（面向国内和面向国外，分别采用不同的国内和国外认证机构）对收费会员的资质进行认证和评价，赋予相应的信用指数并引入公开体系。在"诚信通"，通过检索该信用指数的结果排序，发挥其评价标准的作用。在阿里巴巴的平台上公开会员企业的信用指数，就是鼓励会员企业保证交易信用。阿里巴巴将会员企业的交易记录和支付记录提供给会员企业，有效地发挥了信用记录的作用。

资料来源：杨安怀，钱明慧，张琪. 阿里巴巴的B2B商业模式研究及启示 [J]. 消费导刊，2009（9）：20-21. 经改写

评析： 简单地复制发达国家电子商务的运营模式，由于并不一定契合中国的国情，其结果是实际状况远逊于当初设想。而阿里巴巴考虑并立足于中国的现实国情，从规避物流等中国比较落后的环节出发，以信息提供、销售支持等商业模式开始，通过创新符合本国国情的盈利模式，发掘和培养电子商务参与者的积极性，取得了很好的效果。

思考题

1. 什么是网络营销？网络营销与传统营销有何区别？
2. 什么是直复营销？直复营销工具有哪些？
3. 关系营销与传统的交易营销有何区别？关系营销基本模式怎样？
4. 服务营销与传统营销有何区别？服务营销组合是什么？
5. 什么是绿色营销观念？绿色营销与传统营销有何区别？
6. 什么是水平营销？水平营销与传统营销有何区别？
7. 城市营销的内涵是什么？城市营销的活动过程是什么？
8. 什么是大数据营销？大数据营销分析技术有哪些？

本章实训

一、实训目的

通过对实践案例的整理和分析，学生对营销创新有感性的认知，理解营销新发展的背景及其对企业的意义，能够发现当前环境下营销创新的机遇和挑战。

二、实训内容

1. 实训资料：搜集不同行业、不同类型的营销创新案例。

2. 具体任务：根据本章对营销新发展的介绍，分小组讨论分析案例。

3. 任务要求：

（1）分析案例中的营销创新是在什么背景下产生，属于哪一类的营销创新。

（2）对比以往创新形式有哪些变化。

（3）该营销创新对企业有哪些意义。

三、实训组织

1. 根据全班上课人数，将全班同学分成若干小组，采取组长负责制，全体组员协作完成课堂任务。为了避免不同小组所搜集案例重复，各小组组长将所选案例进行提前汇总，并进行协商，确保所选案例不重复。

2. 确定所选案例后，各小组进行下一步分工，对案例进行分析、汇总。

3. 经过小组讨论后，完成实训报告及汇报 PPT。

4. 根据课时具体安排，不同小组分别选派成员对报告进行讲解，并回答其他组成员的问题。

5. 任课教师对实训课程的结果进行总结，提出相应的意见及建议。

四、实训步骤

1. 任课教师布置实训任务，介绍实训要点和搜集材料的基本方法。

2. 各小组明确任务后，按照教师指导根据具体情况进行分工。

3. 各小组定期召开小组会议，对取得成果进行总结，遇到问题及时与指导教师沟通。

4. 完成实训报告及展示所需要的 PPT 等材料，实训报告中应包括案例来源、案例分析，以及遇到的难题与解决方案、启示等内容。

5. 各小组对案例进行课上汇报，教师对各组的汇报进行点评及总结。

参 考 文 献

[1] 菲利普·科特勒,凯文·莱恩·凯勒,亚历山大·切尔内夫. 营销管理 [M]. 陆雄文,蒋青云,赵伟韬,等译. 16 版. 北京:中信出版社,2022.

[2] 尹一丁. 市场营销二十讲 [M]. 北京:清华大学出版社,2023.

[3] 郭国庆. 市场营销学通论(第 9 版·数字教材版)[M]. 北京:中国人民大学出版社,2022.

[4] 符国群,费显政. 市场营销学 [M]. 北京:清华大学出版社,2023.

[5] 王永贵. 市场营销 [M]. 3 版. 北京:中国人民大学出版社,2024.

[6] 连漪. 营销策划原理与实务(数字教材版)[M]. 北京:中国人民大学出版社,2022.

[7] 王永贵. 服务营销 [M]. 2 版. 北京:清华大学出版社,2023.

[8] 马尔科姆·麦克唐纳. 营销策划:理念·步骤·方法 [M]. 张雪,译. 北京:中国铁道出版社,2016.

[9] 菲利普·科特勒,费南多·德里亚斯迪贝斯. 水平营销:突破性创意的探寻法 [M]. 科特勒咨询集团(中国),译. 北京:机械工业出版社,2019.

[10] 丹尼尔·卡内曼. 思考,快与慢 [M]. 胡晓姣,李爱民,何梦莹,译. 北京:中信出版社,2012.

[11] 尹一丁. 高势能品牌 [M]. 北京:中信出版社,2022.

[12] 马尔科姆·麦克唐纳. 营销策划:精于思,易于行 [M]. 高杰,译. 6 版. 北京:电子工业出版社,2011.

[13] 王永贵. 市场营销 [M]. 3 版. 北京:中国人民大学出版社,2024.

[14] 施炜. 连接:顾客价值时代的营销战略 [M]. 北京:中国人民大学出版社,2018.

[15] 杨明刚. 营销策划创意与案例解读 [M]. 上海:上海人民出版社,2019.

[16] 赵旭隆,陈永乐. 智能营销:数字生态下的营销革命 [M]. 上海:上海文艺出版社,2016.

[17] 连漪,窦均林. 广告学 [M]. 北京:高等教育出版社,2015.

[18] 格雷厄姆·胡利,奈杰尔·皮尔西,布里吉特. 营销战略与竞争定位 [M]. 楼尊,译. 6 版. 北京:中国人民大学出版社,2019.

[19] 华彬,华楠. 超级符号就是超级创意 [M]. 南京:江苏凤凰文艺出版社,2019.

[20] 曹虎,王赛,乔林,等. 数字时代的营销战略 [M]. 北京:机械工业出版社,2017.

[21] 汤姆·布朗,特雷西·苏特,小吉尔伯特·丘吉. 营销调研基础 [M]. 景奉杰,杨艳,译. 8 版. 北京:中国人民大学出版社,2019.

[22] 路江涌. 图解创新管理 [M]. 北京:机械工业出版社,2018.

[23] 郑毓煌. 营销:人人都需要的一门课 [M]. 北京:机械工业出版社,2016.

[24] 凯文·莱恩·凯勒. 战略品牌管理 [M]. 王海忠,陈增祥,译. 4 版. 北京:中国人民大学出版社,2014.

[25] 安德森. 长尾理论:为什么商业的未来是小众市场 [M]. 乔江涛,石晓燕,译. 北京:中信出版社,2015.

[26] 庄贵军. 营销渠道管理 [M]. 3 版. 北京:北京大学出版社,2018.

[27] 郑毓煌. 科学营销 [M]. 北京:中信出版社,2023.

[28] 梁东,连漪. 品牌管理 [M]. 北京:高等教育出版社,2012.

[29] 艾·里斯, 杰克·特劳特. 定位（重译版）[M]. 邓德隆, 火华强, 译. 北京：机械工业出版社, 2017.

[30] 乔治·贝尔奇, 迈克尔·贝尔奇. 广告与促销：整合营销传播视角 [M]. 郑苏晖, 林薇, 陈宇, 等译. 11 版. 北京：中国人民大学出版社, 2019.

[31] 卢泰宏, 朱翊敏, 贺和平. 促销基础：顾客导向的实效促销 [M]. 5 版. 北京：清华大学出版社, 2016.

[32] 艾伦·H. 森特, 帕特里克·杰克逊, 斯泰西·史密斯, 等. 公共关系实务：管理案例与问题 [M]. 张丹丹, 张素洁, 张政, 译. 8 版. 北京：清华大学出版社, 2017.

[33] 戴鑫. 新媒体营销：网络营销新视角 [M]. 北京：机械工业出版社, 2017.

[34] 余来文, 朱文兴, 苏泽尉. 数字品牌：新商业、新媒体与新口碑 [M]. 北京：企业管理出版社, 2020.

[35] 罗伯特·J. 多兰, 赫尔曼·西蒙. 定价圣经 [M]. 董俊英, 译. 北京：中信出版社, 2010.

[36] 戴维·W. 克雷文斯. 战略营销 [M]. 10 版. 董伊人, 葛琳, 陈飞龙, 译. 北京：中国人民大学出版社, 2016.

[37] 吉姆·柯林斯. 飞轮效应 [M]. 李祖滨, 译. 北京：中信出版社, 2020.

[38] 董志勇. 生活中的行为经济学 [M]. 北京：北京大学出版社, 2024.

[39] 迈克尔·A. 希特, R. 杜安·爱尔兰, 罗伯特·E. 霍斯金斯. 战略管理：概念与案例 [M]. 刘刚, 梁晗, 耿天成, 等译. 北京：中国人民大学出版社, 2017.

[40] 郑毓煌, 苏丹. 理性的非理性 [M]. 北京：中国友谊出版社, 2022.

[41] 彼得·德鲁克. 公司的概念 [M]. 慕凤丽, 译. 北京：机械工业出版社. 2018.

[42] 郝志中. 用户力：需求驱动的产品、运营与商业模式 [M]. 北京：机械工业出版社. 2016.

[43] 彼得·蒂尔, 布莱克·马斯特斯. 从 0 到 1：开启商业与未来的秘密 [M]. 高玉芳, 译. 北京：中信出版社, 2015.

[44] 瓦拉瑞尔·A. 泽丝曼尔. 服务营销 [M]. 张金成, 白长虹, 译. 北京：机械工业出版社 2018.

[45] 郭国庆. 服务营销 [M]. 4 版. 北京：中国人民大学出版社, 2017.

[46] 伯特罗·森布罗姆. 营销渠道管理 [M]. 李乃和, 译. 北京：机械工业出版社, 2010.

[47] 李小红. 分销渠道设计与管理 [M]. 3 版. 重庆：重庆大学出版社, 2015.

[48] 李先国, 杨晶, 梁雨谷. 分销渠道管理 [M]. 5 版. 北京：中国人民大学出版社, 2019.

[49] 查尔斯·M. 富特雷尔. 销售管理 [M]. 熊银解, 译. 4 版. 北京：高等教育出版社, 2017.

[50] 李兴国. 公共关系学（数字教材版）[M]. 北京：中国人民大学出版社, 2018.

[51] 王晓锋. DTC 转型战略：直面消费者业务的顶层设计、架构与方法论 [M]. 北京：机械工业出版社, 2022.

[52] 景奉杰, 曾伏娥. 市场营销调研 [M]. 北京：高等教育出版社, 2010.

[53] 强海涛. 商务策划原理与实践 [M]. 北京：机械工业出版社, 2011.

[54] 彼得·德鲁克. 管理的实践 [M]. 齐若兰, 译. 北京：机械工业出版社, 2018.

[55] 阳翼. 大数据营销 [M]. 北京：中国人民大学出版社, 2017.

[56] 符国群. 从供需"匹配"视角重新诠释和理解市场营销：兼论市场营销知识体系构建 [J]. 营销科学学报, 2021 (7)：17-30.

[57] 蒋青云, 褚荣伟, 陆雄文. 中国市场营销学：如何从必然王国走向自由王国 [J]. 营销科学学报, 2021 (7)：31-58.

[58] 海游. 没有哪个新模式可以颠覆深度分销 [J]. 销售与市场, 2021 (12)：82-84.

[59] 张明. 小红书 从"种草"到"拔草" [J]. 企业管理, 2022 (8)：48-53.

[60] 王国才, 刘文静, 王希凤. 不同促销方式下促销购买限制的作用情境研究：框架效应视角 [J]. 南开管理评论, 2023 (4)：58-65.

[61] 胡建伟, 仇海燕. 网络爬虫技术促大数据与 CPI 调查融合发展 [N]. 中国信息报, 2019-09-12.

［62］龙亮海. 完美日记×中国国家地理：画眼影，学地理［J］. 销售与市场（管理版），2020（1）：105.

［63］高建华，王思听. 消费者视域下价格差异化策略研究——基于经济学中价格歧视理论的分析［J］. 价格理论与实践，2021（8）：145-149.

［64］谢佩洪，朱一. 海尔集团的品牌国际化升级路径［J］. 清华管理评论，2018（12）：52-60.

［65］解学梅，王丽君. 用户参与对企业新产品开发绩效的影响机理：基于在线社区视角［J］. 南开管理评论，2019（6）：91-102.

［66］胡左浩，洪瑞阳. 人文货场：数字化时代的4C新营销模式［J］. 清华管理评论，2022（10）：6-16

［67］陆涛，张世斌. 线上线下双渠道供应链定价策略研究——基于交货期敏感对价格影响的零售商双渠道定价分析［J］. 价格理论与实践，2019（7）：124-127.

［68］周雄伟，汪苗蓉，徐晨. O2O模式下服务商的价格和时间决策［J］. 中国管理科学，2018（2）：54-61.

［69］庄贵军，邓琪，卢亭宇. 跨渠道整合的研究述评：内涵、维度与理论框架［J］. 商业经济与管理，2019（12）：30-41.

［70］杨媛媛. 新零售模式下的渠道研究——以名创优品为例［J］. 现代营销（经营版），2018（9）：117-118.

［71］蔡海燕. 基于"新零售"模式的实体渠道炒店策划和流程分析［J］. 现代经济信息，2019（11）：121-123.

［72］陈梅婷. 认知神经科学在广告研究中的范式创新［J］. 广告大观（理论版），2019（4）：22-28.

［73］张智华，宋斌. 论垂直类网络直播平台的兴起逻辑和圈层传播［J］. 现代传播，2019（9）：89-93.

［74］钱丽娜. 2019"双11"，自然堂和开心麻花要搞"开心"大事［J］. 商学院，2019（10）：33-34.

［75］王昶，彭佳慧，孙蕊. 茶颜悦色出圈的秘籍［J］. 商业评论，2021（8）：33-40.

［76］侯文培. Vlog内容营销传播策划要点探析：以知名博主"@ACui阿崔"的Vlog为例［J］. 新媒体研究，2019（12）：64-65.

［77］覃毅. 五菱向上挣扎［J］. 21世纪商业评论，2022（7）：28-30.

［78］潘颖. 公共关系视域下的借势营销策略分析：以"杜蕾斯"品牌营划为例［J］. 新闻前哨，2018（3）：40-42.

［79］董大海，马芳，宋晓兵. 善因营销与赞助营销对品牌忠诚影响的对比研究［J］. 科技与管理，2018（8）：90-95.

［80］张伟，李晓丹，郭立宏. 不同微博营销渠道对产品销量的影响研究：品牌自有媒体VS第三方媒体的路径对比［J］. 南开管理评论，2018（2）：43-51.

［81］贺爱忠，蔡玲，高杰. 品牌自媒体内容营销对消费者品牌态度的影响研究［J］. 管理学报，2016（10）：1534-1545.

［82］宋小康，朱庆华，赵宇翔. 社会化媒体中表情包使用对信息交流效果的实证研究：基于言语行为理论［J］. 情报科学，2019（5）：121-165.

［83］沈国梁. 直面Z世代：品牌应如何创新应变［J］. 中国广告，2019（11）：112-114.

［84］张益铭. IP跨界营销赋能新媒体传播方式的创新发展：以人民日报社新媒体中心为例［J］. 出版广角，2019（11）：70-72.

［85］陈心怡，杨佳蓉. 利用整合营销传播观点建立感性品牌形象：以"江小白"为例［J］. 海峡科学，2019（7）：55-57.

［86］胡左浩，孙倩敏. 良品铺子：数字化助力渠道变革［J］. 清华管理评论，2020（9）：18-25.

［87］李玉霞，庄贵军，卢亭宇. 传统零售企业从单渠道转型为全渠道的路径和机理：基于永辉超市的纵向案例研究［J］. 北京工商大学学报（社会科学版），2021（1）：27-36.

［88］周文辉，张煜帆，付子航，等. 三顿半：咖啡新锐品牌的"价值创造"［J］. 商业评论，2021（8）：22-28.